# 21世纪上海纪事

## 2017—2018

黄 婷◎主编

上海人民出版社

2017年1月28日至2月2日，首届淀山湖渔文化节在东方绿洲举行（傅国林 摄）

2017年3月8至11日，作为亚洲最大的设计展之一的“设计上海 Design Shanghai”举行（朱岚 摄）

2017 年 4 月 21 日，上海国际汽车展人头攒动（崔铁军 摄）

2017 年 4 月 25 至 26 日，2017 中国（上海）国际物联网大会在嘉定召开（嘉定区提供）

2017 年 5 月，上海张江国创中心一期工程投入使用（赵立荣 摄）

2017 年 6 月 29 日，上海博物馆外，参观大英博物馆百物展的观众排起长队等候入场（王溶江 摄）

2017 年 6 月底，滨江公共空间黄浦段率先实现贯通。图为滨江琴键春园（黄浦区方志办提供）

2017 年 7 月 3 日，债券通开通仪式举行（外汇交易所提供）

2017 年 7 月 30 日，“2017 全球人工智能可持续发展高峰论坛”在金桥经济技术开发区举行（金桥管委会提供）

2017 年 9 月 1 日，上海乒乓球队时隔 52 年再夺全运会男子团体冠军（陈龙 摄）

2017 年 9 月 10 日，由上海宝山区组织的“上海宝山号”援疆旅游专机从上海虹桥机场正式启航，承载着 115 名上海游客走进喀什叶城，通过观光旅游和体验当地民族风情，促进上海宝山和喀什叶城两地人民的交往，这是上海首个以区政府名义组织的援疆旅游专机（赵立荣 摄）

2017 年 9 月 15 日，2017 中国国际青年艺术周（上海・奉贤）大型多媒体歌舞表演《丝路音画》在奉贤区会议中心举办（奉贤区提供）

2017 年 9 月 24 日，长宁区第一届境外友人运动会系列赛事举行（长宁区提供）

2017 年 9 月 28 日，2017 上海南翔小笼文化展在嘉定区南翔镇开幕。作为上海旅游节、上海市民文化节、上海购物节系列活动之一，南翔小笼文化展已经连续举办 11 年，每年吸引大量国内外游客（王溶江 摄）

2017 年 10 月 9 日，第十六届“上海法国周”在上海市中心休闲街雁荡路开幕。作为对公众开放的大型户外介绍法国生活方式和产品的活动，“上海法国周”已经成功地举办 15 年（王溶江 摄）

2017 年 10 月 13 日，由沪东中华造船（集团）有限公司建造的 17.4 万立方米液化天然气船“泛亚”号投入使用（资料图片）

2017 年 10 月 19 日，皇家加勒比邮轮公司海洋量子号与丽星邮轮公司处女星号同时停靠吴淞口国际邮轮港（张锁庆 摄）

2017 年 12 月 8 至 10 日，由中国国际贸易促进委员会上海市分会、中国国际商会上海商会主办的“2017 一带一路名品展”在上海展览中心举行（王溶江 摄）

2017 年上海工博会上一家上海民营人工智能机器人企业的展台（陈志民 摄）

2017年12月17日，第二架C919大型客机在上海浦东国际机场完成首次飞行（赵立荣 摄）

2017年12月30日，轨交17号线开通运营（市交通委提供）

2018 年 10 月 9 日，上海虹桥南站和北京南站始发的 G2、G3 次“进口博览会主题宣传列车”在两地同时上线运行。通过列车内的海报、座椅头枕套、小桌板、车门贴以及音视频系统，宣传介绍举办中国国际进口博览会的意义（赵立荣 摄）

2018 年 11 月 18 日，选手在 2018 年上海国际马拉松赛上参赛（郭长耀 摄）

2018 年 12 月 14 日至 18 日，由人民日报新媒体发起的致敬改革开放四十周年创意体验馆“时光博物馆”全国巡展落户长宁来福士，这也是时光博物馆继北京三里屯、国家博物馆开展后全国巡展的首站（袁婧 摄）

上海援建人员在云南独龙江乡开展整乡推进、整组帮扶项目。图为孔当村村民告别破旧的木板房，入住新修建的安居房，并发展起特色旅游产业（王星 摄）

上海航运交易所“一带一路”贸易额实时指数显示牌（袁婧 摄）

位于普陀区苏州河畔凯旋北路的瑞华公馆曾经是一栋几乎废弃的百年老宅，经过平移修缮后已列入上海市第五批优秀历史建筑（娄承浩 摄）

上海国际旅游度假区薰衣草花海（张呈君 摄）

黄浦滨江苏州河口段历史与现代相映成辉（楼定和 摄）

黄浦滨江世博园区段休闲的市民（王溶江 摄）

黄浦滨江徐汇龙腾大道绿化带（郑宪章 摄）

黄浦滨江杨浦段亲水平台夜景（郑宪章 摄）

位于虹桥商务区的核心建筑群——国际会展中心(上海)和虹桥世界中心(王鹤春 摄)

紧邻国家会展中心（上海）的大型住宅区——西郊家园（王鹤春 摄）

首届中国国际进口博览会入口（朱岚 摄）

# 目　　录

## 专题纪事



## 每日纪事

# 目 录

# 专题纪事

# 改革开放四十年的上海城市中心功能演变

中国近现代史上，作为远东重要的中心城市以及中国最大的多功能中心城市的上海，在地区经济、国际经济中发挥重要的枢纽功能。20 世纪 20 至 30 年代，中国最主要银行的总部均在上海，外资银行林立，上海是当时中国乃至远东的金融中心。20 世纪初，上海已形成内河、沿海及外洋三大航线，出入上海的商船吨位数占全国 20%以上。20 世纪 20 年代末，上海港的进口净吨位已跻身 14 个世界大港之列。上海的进出口贸易占全国的比重处于绝对优势地位。1949 年前，上海的城市发展方向，基本形成以商业为主，工商业并重，兼具航运、金融、贸易、信息等功能的多功能经济中心格局。1949 年后，中央提出上海从消费型城市向生产型城市转变，工业在上海经济总量的比重迅速上升，重工业比轻工业的发展速度更快。优先发展重工业的战略，使上海工业结构从 1949 年前的加工型工业主导，转化为重工业主导的格局。1949 年后三十年间，上海的经济规模实现较快的增长，但更多体现在数量和规模上的扩张，其城市功能的发展重心主要集中在生产方面，形成工业为主、商业为辅的城市功能体系。同时，高度集中的计划经济体制使上海的中心功能更多反映在对国家建设工业体系的服务上，近代以来形成的贸易中心、金融中心、航运中心、文化交流中心的功能日渐淡化。

1978 年起的改革开放，开放的重心在南方、改革的重点在农村。在整个 80 年代，上海成为全国改革开放的“后卫”。1979 年上海市计划委员会提交题为《上海国民经济三年调整方案》(1979—1981 年)的汇报提纲。提出上海要应对全市国民经济实施“调整、改革、整顿、提高”的方针。提出 1979 年至 1981 年上海经济工作的基调是“调整”。对于上海的定位是“先进的工业基地、外贸基地和科学技术基地，为支援全国胜利进行四个现代化建设打下扎实的基础”，其中“三个基地”是上海当时的定位，“支援全国”是上海当时的国家责任。

随着改革开放政策的推进，上海以工业为主的发展路径和高度计划经济体制带来的问题愈发突出，上海的经济结构与战略功能调整成为从国家到本市高度关注的问题。1984 年 9 月，中央派出由宋平和马洪等领导率领的上海经济发展调查组，对上海进行为期半个月的调查研究。在沪期间，调查组邀请全国专家学者，召开由近百人参加的“上海经济发展战略战役研讨会”。1984 年 12 月，上海市政府与国务院改革振兴上海调研组发布《关于上海经济发展战略汇报提纲》，《提纲》对上海中心功能的主要定位进行了分析和展望。国务院于 1985 年 2 月正式批准的这份汇报提纲指出:在新的历史条件下,上海的发展要走改造、振兴的新路子,充分发挥中心城市多功能的作用,使上海成为全国四个现代化建设的开路先锋;要在 1990 年以前尽快转上良性循环,力争在本世纪末把上海建设成为开放型、多功能、产业结构合理、科学技术先进、具有高度文明的社会主义现代化城市。

通过 1980 至 1985 年的调整和建设,上海整体经济开始实现从半封闭型转向开放性的战略转变;城市建设加快步伐,人民生活水平有明显的提高。这些都为上海的改造和振兴打下了基础。80 年代,上海在外贸体制和经营体制上进行了以"简政放权、搞活经营"为中心的改革,响应国际贸易的发展方向,探索出口代理制,大力推进工贸结合、技贸结合,在外贸业务上进行了以"搞活经营"为主旨的探索,推进外贸承包经营责任制,进行以"改善环境"为重点的拓展。外贸进出口规模从 1979 年的 38.78 亿元发展到 1991 年的 80.33 亿元,年均增长 5.8%。

1990 年浦东的开发开放,为上海带来新机遇和大发展,"一个龙头、三个中心"战略逐步确立。上海市计划委员会计划经济研究所所长蔡来兴主持完成的《迈向现代化的抉择——九十年代上海经济发展大思路》课题,提出 20 世纪 90 年代上海经济发展的三大战略思路:贸易兴市,发展现代化大贸易,重构上海经济中心的功能;调整中心城功能,增设二级市,强化城市网络,发挥规模效应和积聚效应,建立世界级大上海都市圈;三是以东带西,内外循环,逐步建立与国内外市场相衔接的新的经济运行机制。这三大思路概括为大贸易、大都市、大联动,作为上海 90 年代迈向外向型、多功能、现代化的国际城市的三大通道。提出重构上海经济中心的战略目标:第一步,到本世纪末,初步形成 6 340 平方公里的大上海都市圈,成为全国的最大经济中心;第二步,到 2020 年初步形成以上海为核心、长江三角洲大中城市为基础的世界级巨型城市带,从而成为太平洋西岸最大的经济、贸易中心之一。1992 年 3 月 20 日,李鹏在第七届全国人民代表大会第五次会议上所作的《政府工作报告》中指出:"上海浦东新区是今后十年开放开发的重点。要进一步加强基础设施建设,创造良好的投资环境,建设一些投资效益好的项目,通过上海浦东的开放开发带动长江三角洲地区乃至整个长江流域经济的发展,逐步使上海发展成为远东地区经济、金融、贸易中心之一。"1992 年 10 月 12 日,中共中央总书记江泽民在中国共产党第十四次全国代表大会上的政治报告中指出:"以上海浦东开发开放为龙头,进一步开放沿岸城市,尽快把上海建成国际经济、金融、贸易中心之一,带动长江流域地区经济的新飞跃。"

蔡来兴的课题第一次提出把上海发展成为"西岸二中心"(太平洋西岸的经济、贸易中心)。李鹏提出"远东三中心"(远东地区的经济、金融、贸易中心),通过上海浦东的开发开放带动长江三角洲地区乃至整个长江流域经济的发展，逐步使上海发展成为远东地区三中心。这是首次在国家重要文件中专门提及上海的发展开放事务，上海的发展正式上升成为国家战略。中国共产党第十四次全国代表大会明确上海"一个龙头、三个中心"的发展战略。上海的城市定位逐渐由"西岸二中心""远东三中心"提升为"国际三中心"。

"一个龙头、四个中心"战略的确立。1994年5月，李鹏在视察上海期间提出：上海要建成国际航运中心。1995年12月，中央领导批示：把上海建成国际航运中心是开发浦东，使其成为远东经济中心，开发整个长江的关键。1996年1月，李鹏代表中共中央、国务院，向全世界宣布要建设上海国际航运中心。同时，中共上海市委书记黄菊明确指出：上海未来发展的关键是"三港"，即信息港、国际航空港和深水港，其中深水港是上海迈向21世纪最为重要的基础性设施项目。1999年，上海市人民政府在修订新一轮城市总体规划时，明确提出要在2010年基本建成上海国际航运中心。2001年，上海城市定位进行了进一步的修订提升。2001年2月通过《上海市国民经济和社会发展第十个五年计划纲要》发展目标："21世纪初，是上海加快建设国际经济、金融、贸易、航运中心的新时期，也是确立社会主义现代化国际大都市地位、全面提高城市综合竞争力的新阶段。"同年5月，国务院批复并原则同意《上海市城市总体规划(1999—2020)》，明确指出，上海是全国重要的经济中心。上海应建设成为经济繁荣、社会文明、环境优美的国际大都市，国际经济、金融、贸易、航运中心之一。由此，上海的城市定位从"三个中心和国际经济中心城市"提升到"四个中心和国际大都市"，这也是在政府文件中首次将航运中心与其他"三个中心"并列。2004年，中共上海市委制定《中共上海市委关于制定上海市国民经济和社会发展第十个五年计划的建议》，提出"要以深水港建设为重点，继续推进外高桥港区建设，加快黄浦江岸线功能调整和内河航道改造与建设，推进集装箱多式联运，完善上海国际航运中心的设施体系和综合功能"。2006年，胡锦涛总书记在十届全国人大四次会议上，提出大力推进上海国际经济、金融、贸易、航运"四个中心"建设。2007年5月召开的上海市第九次党代会确定"四个中心"建设的推进步骤：五年内"四个中心"建设取得突破性进展，形成国际经济、金融、贸易、航运中心基本框架；到2010年，以新型产业体系为有力支撑的国际经济中心建设要取得重要成果，国际金融中心建设要取得重大进展，国际贸易中心建设要取得显著成效，国际航运中心建设要取得重大突破，城市国际竞争力要明显提高。

在20世纪90年代上海的转型与振兴快速发展的同时，面对21世纪经济全球化快速发展的全新趋势，上海开始谋划城市面向21世纪的主要定位和战略功能方向。自1993年下半年开始，上海就迈上21世纪的机遇与挑战启动了新一轮的战略研究《迈向 21 世纪的上海》，该项研究高度关注世界经济和国际城市发展的总体方向，其目标设定起点是“要把上海未来的发展放到世界经济发展的大趋势中去把握，要研究世界大城市崛起的基本规律并借鉴正反经验，在此基础上，探索上海迈向新世纪的发展思路”。《迈向 21 世纪的上海》规划中，对于自贸区与创新中心功能进行了分析和阐述。报告提出应以建立自由贸易区为重点，加快建设贸易中心。将外高桥保税区更名为“上海自由贸易区”，实现功能向自由贸易区转变，形成直接与国际市场接轨的自由贸易区，为上海成为国际贸易中心奠定基础。极化、扩散与创新的关系。上海要真正形成在转移中实现持久发展的机制，必须在极化、扩散过程中把技术创新放到特别重要的位置，不断提高上海接受转移的层次，率先发展第五次长周期成长中具有导向性的产业，形成 21 世纪上海新一代的主导产业，争取下一世纪发展的主动权。

2007 年 8 月，席卷美国、欧洲的“次贷危机”很快转化成一场影响全球的国际性金融、经济危机。面对危机冲击及上海的转型需求，国家对上海中心建设提出了新的发展意见和转型导向，其着力点在于“四个中心”功能的强化。2009 年 4 月，《国务院关于推进上海加快发展现代服务业和先进制造业建设国际金融中心和国际航运中心的意见》发布。上海市委、市政府，制定《上海市人民政府贯彻国务院关于推进上海加快发展现代服务业和先进制造业建设国际金融中心和国际航运中心意见的实施意见》，这标志着上海“四个中心”建设，特别是国际金融中心和国际航运中心建设进入新阶段。2011 年 1 月发布的《上海市国民经济和社会发展第十二个五年规划纲要》中，将创新驱动、转型发展与“四个中心”建设紧密联系起来，进一步丰富上海的中心功能内涵。《十二五规划》中，对上海“四个中心”的阶段性目标进行界定，提出根据国家对上海的战略定位和要求，到 2020 年上海要基本建成与我国经济实力和国际地位相适应、具有全球资源配置能力的国际经济、金融、贸易、航运中心，基本建成经济繁荣、社会和谐、环境优美的社会主义现代化国际大都市，为建设具有较强国际竞争力的长三角世界级城市群作出贡献。

十二五期间，上海城市中心功能建设也获得新的方向，创新功能成为新的中心建设重点。2014 年 5 月 22 至 24 日，习近平总书记在上海考察时提出，上海要努力在推进科技创新、实施创新驱动发展战略方面走在全国前头、走在世界前列，加快向具有全球影响力的科技创新中心进军。2015 年 5 月，中共上海市委、上海市人民政府在《关于加快建设具有全球影响力的科技创新中心的意见》中明确提出，上海作为我国建设中的国际经济、金融、贸易和航运中心，必须服从服务国家发展战略，牢牢把握世界科技进步大方向、全球产业变革大趋势、集聚人才大举措，努力在推进科技创新、实施创新驱动发展战略方面走在全国前头、走到世界前列，加快建设具有全球影响力的科技创新中心。在目标方面,《意见》提出,应努力把上海建设成为世界创新人才、科技要素和高新科技企业集聚度高,创新创造创意成果多,科技创新基础设施和服务体系完善的综合性开放型科技创新中心,成为全球创新网络的重要枢纽和国际性重大科学发展、原创技术和高新科技产业的重要策源地之一,跻身全球重要的创新城市行列。2016年2月1日,《上海市国民经济和社会发展第十三个五年规划纲要》中提出,上海承担着到2020年基本建成国际经济、金融、贸易、航运中心和社会主义现代化国际大都市的国家战略。同时,上海《十三五规划》中提出上海到2020年中心功能的主要目标,即,到2020年,形成具有全球影响力的科技创新中心基本框架,走出创新驱动发展新路,为推进科技创新、实施创新驱动发展战略走在全国前头、走到世界前列奠定基础。到2020年,基本建成与我国经济实力和国际地位相适应、具有全球资源配置能力的国际经济、金融、贸易、航运中心。

2016年后,全球化面临一系列新的变化,全球化与区域化的共同作用对世界经济格局的影响日益显现,全球经济格局、政治格局面临新的转型挑战。信息化推动的新技术发展浪潮反映出创新驱动的知识经济时代正在到来。城市在经济发展的主目标之下,其生态、人文、区域作用更趋凸显。而上海也面临城市功能转型、人口持续增长、环境资源约束等新的压力。在这一背景下,上海首次编制面向2040年的中长期城市远景规划《上海市城市总体规划2016—2040》。该规划在"四个中心"与科创中心建设的基础上,将上海未来的定位明确为"卓越的全球城市"。《规划》在城市的目标远景中提出,至2040年上海建成卓越的全球城市,以及国际经济、金融、航运、科技创新中心和文化大都市。这一规划,首次将"全球城市"这一国际城市理论概念作为城市发展的主要定位,进而使"四个中心"与科创中心的功能,统一到"对全球资源配置具有支配和控制话语权的国际中心城市"这一新的城市体系之中。

改革开放四十年来,上海城市中心功能的调整不断深化,其发展的依托,始终是对国家战略的高度响应。上海作为中国的首位城市,其中心功能的能级与作用水平,与国家整体发展水平息息相关。上海的中心定位无论是中心城市、太平洋西岸经贸重心,抑或是四个中心、全球影响力科创中心、全球城市等,均承载了一定阶段的国家对外经济战略需求。上海的国际金融中心、贸易中心、航运中心建设,也与人民币国际化、国际贸易转型升级等国家战略关系紧密。因此,上海城市中心功能的演进,反映出国家战略需求与上海城市对外影响力能级提升之间的双向互动。

# 改革开放四十年的上海城市治理

改革开放以前,上海的城市治理是我国高度集中的计划管理制度的典型和缩影。改革开放后,特别是浦东开发开放后,上海经济社会发展发生翻天覆地的变化:经济结构深刻变化,经济体制基本完成由计划经济体制向社会主义市场经济体制的转变,城市功能由传统的工业基地和商业中心向国际经济、金融、贸易和航运中心转变,经济运行由比较单一、半封闭的运行模式向多元的、全方位开放的模式转变,城市形态从单中心、城乡二元向多中心、城乡一体转变,人民生活从温饱向小康转变;社会结构深刻变化,现代社会阶层结构基本形成;利益格局深刻变化,利益主体日趋多元,利益关系十分复杂,传统利益协调机制不适应新形势的问题日渐突出。这些对上海的城市治理提出了前所未有的挑战。

上海城市治理体系建设的基本思路为:以政府改革为主线,着重处理好政府内部机构、职能等方面的关系以及政府与市场、企业、社会等方面的关系,发挥好各方面的作用,构建政府主导、多元共治的治理体系,不断推进城市治理体系和治理能力现代化。

四十年来,上海推进城市治理体系建设主要有六大举措:第一,着力转变政府职能。1983 年,上海启动第一次政府机构改革,不仅明确规定各级各部门领导班子的职数、年龄和文化结构,减少副职,还建立正常的老干部离退休制度,在打破领导干部职务终身制方面迈出实质性步伐,但在机构减少方面收效不明显。1984 年,党中央在《关于经济体制改革的决议》中明确提出,要"实行政企职责分开,正确发挥政府管理经济的职能"。1988 年,上海再次启动政府机构改革,首次提出转变政府职能这一核心目标。总体上看,80 年代上海政府明确职能转变的方向和途径,推进机构改革,但由于计划经济的影响还比较深厚,新的经济体制还没有完全形成,整体效果还比较有限。

1992 年党的十四大提出,加快政府职能的转变,是上层建筑适应经济基础和促进经济发展的大问题。1997 年党的十五大进一步指出,要按照社会主义市场经济的要求,转变政府职能,实现政企分开,把企业生产经营管理的权力切实交给企业;根据精简、统一、效能的原则进行机构改革,建立办事高效、运转协调、行为规范的行政管理体系,提高为人民服务水平。按照党的十四大、十五大的要求,上海围绕建立社会主义市场经济体制的目标,全面推进政企分开、增强公共服务职能。这一时期,上海在政府职能转变和管理创新上取得较好成效,政府角色定位更加合理,政府职能配置更加科学,政府管理体制更加优化,政府决策的民主化科学化水平进一步提高。进入 21 世纪后,为化解上海经济增长的巨大潜力与体制机制缺陷之间的矛盾,公共服务需求全面快速增长与基本公共产品短缺之间的矛盾,经济发展、社会进步和城市治理滞后之间的矛盾,上海明确提出"服务政府、责任政府、法治政府"的自身建设目标,以此全面推进政府职能转变。2008 年以来至今,上海政府职能转变向纵深推进,上海以"两高一少"(建设全国行政效率最高、行政透明度最高、行政收费最少的行政区之一)为目标,按照"两高两少两尊重"(高度透明、高效服务,少审批、少收费,尊重市场规律,尊重群众创造)的要求,以行政审批制度改革为突破口,以理顺政府与市场、政府与社会、市与区县、政府部门之间、政府与事业单位之间的关系为主线,大力推进简政放权,完善政府机构设置和职能配置,理顺部门职责体系,优化人员队伍结构,创新政府服务和管理方式,切实提高行政效能,探索形成系统完备、科学规范、运行有效的制度体系。

改革开放四十年来,上海大力推动政府机构改革,从 1982 年到 2013 年,持续开展了七次政府机构改革,上海政府职能转变的经验:坚持以简政放权为根本推进各项改革。即减少机构和人员,优化整合职能,缩减行政管理的空间,让"全能政府"向"有限政府"转变。上海市政府机构经过七轮改革,由 1978 年的 78 个调整为 2013 年的 44 个,机构数量精简将近一半,人员编制大幅减少,管理职能不断整合,行政权力不断规范。简政放权,需要放管结合,齐头并进。将"放管服"理念贯穿于改革全过程,强化为民服务能力,更加注重社会管理和公共服务,更加注重民生问题的改善和解决,在推进政府机构改革的同时,不断强化社会保障、环境保护、农业和农村工作、服务业管理等事关社会和谐稳定、经济社会发展全局的职能。

上海的政府机构改革一直较有特色,其中有许多开创性的举措。比如,在 20 世纪 80 年代,成立了浦东新区管理委员会,探索"小政府,大社会"管理模式,探索摆脱传统的管理模式,把管理重点放在市场上。在 90 年代,组建国资委和国资办,率先探索形成国家统一所有、政府分级管理、企业自主经营的国有资产管理体系,为今后深化国资国企改革开了先河。2000 年,全国率先开展行政审批制度改革,2004 年,上海在全国省级政府中率先制定出台《上海市政府信息公开规定》,确立政府信息"公开为原则,不公开为例外"的基本方针,明确政府信息公开的途径、程序、监督机制等,在政府信息公开方面迈出第一步。此外,上海还坚持不懈地推进电子政务建设,提高政府工作效率。上海在建设自贸试验区过程中,为了健全符合市场经济规则和治理能力现代化要求的政府管理体系,上海系统推进放管服改革,创新事中事后监管机制,比如在市场监管领域探索"三合一"改革,整合机构职能和监管平台,加强事中事后监管。

第二,着力探索“两级政府、三级管理、四级网络”的政府管理体制。上海是最早开展城市管理体制改革的城市,从 20 世纪 80 年代开始,逐步探索建立城市管理新体制,通过下移管理工作重心、下放社会管理权力、下沉服务管理资源,上海在 90 年代后半期构建起独具特色的“两级政府(郊区为三级政府)、三级管理、四级网络”的城市管理体制。在调动区县改革积极性方面,从财政入手,建立市区分税制财政体制,以财权下放带动事权下放,坚持“财随事转、费随事转”原则,推动市与区两级政府财力配置合理优化,既增强区县工作活力,又保障市对改革发展稳定大局的调控。与此同时,下放规划、土地、基建、工商等审批权限,加强管理重心下移,发挥区县管理职能,通过制度创新,降低企业成本,激发市场活力,增强改革动力。

在机构改革的同时,上海还在不断探索行政管理体制的改革,推动城市管理格局从完全集权向适度集权和分权相结合的转变。上海按照权责一致的原则,根据不同历史阶段的问题和特点,逐步调整优化,形成了目前“两级政府、三级管理、四级网络”的行政管理体制,不仅让市级政府摆脱了大量繁琐的事务性管理工作,将更多精力投入到政策研究、指导监督、组织协调、提供服务上,更重要的是充分调动区县发展的积极性,为区县创造想做事、能做事并且能办成事的体制环境。上海还把目光聚焦到街道、镇以及居村,着力解决街镇体制机制、基层队伍力量建设等问题,通过下沉街镇管理职能、取消街道招商引资职能、做实基本管理单元等措施,尽可能把资源、服务、管理放到基层,使基层有职有权有物,提高基层的服务治理水平。

第三,着力发挥企业和市场的作用。改革开放以来,上海围绕处理好政府与市场、企业、社会的关系,推进政企分开、政资分开、政社分开,努力使市场在配置资源中起决定性作用和更好发挥政府作用。上海的国资国企改革始终走在全国前列,1995 年将 19 个专业局改制为企业集团或控股公司,推进政企分开;2003 年率先成立市国有资产监督管理委员会,推进政资分开,初步建立国资监管体系;党的十八届三中全会后,率先发布首个地方国资国企改革方案,全面深化国资国企改革。随着市场经济的进一步发展,上海采取政府购买等方式,大力推动城市管理领域养护作业市场化改革,颁布国内首个关于市政设施养护作业市场的规范性文件,明确养护作业市场的准入条件,规定市政设施的养护维修和运营管理必须公开招投标。1999 年,上海社会信用体系建设在国内率先起步,围绕打造“诚信上海”战略目标,着力构建以制度为核心、以数据为基础、以平台为抓手、以应用为关键、以行业为支撑的“五位一体”发展模式,有效推动各领域信用信息的记录、公开、共享和使用。在政府掌握的信用信息公开方面,本市对行政和司法部门公开企业信用信息的现状进行梳理汇总，编制发布《上海市行政和司法部门企业信用信息公开目录（2012版）》，涉及27个部门的171类近700个数据项，方便社会主体进行查询。2002年上海在全国率先开展行业协会的改革，积极推进行业协会商会与行政机关脱钩，努力发挥行业自律在规范市场秩序中的作用。

第四，创新社会治理。上海是全国较早开展社区建设、自觉探索基层社会治理体制由单位制—街居制向现代社区制转型的城市之一，在完善社区服务、创新社区管理、夯实基层基础、推动社区共治自治等方面进行了不少有益探索和实践，特别是2014年，将“创新社会治理，加强基层建设”作为市委一号课题，形成“1+6”文件，按照核心是人、重心在城乡社区、关键是体制创新的要求，更好地解决街镇体制机制、基层队伍力量建设、管理和执法等治理资源配置、基层组织建设等问题。上海的城市网格化管理在全国起步较早，至2015年底已在全市所有街镇建立网格化综合管理中心，形成了以空间时间领域全覆盖、信息系统互联互通为特征的上海模式。面对迅猛增长的常住人口以及随之带来的管理难题，上海坚持制度创新，率先建立居住证制度，实施“一口管理”和属地化管理；坚持全覆盖，将居住证制度扩展到在上海居住的境内非户籍人员，并以此为基础推行“实有人口、实有房屋”管理；坚持统筹协调，促进人口与产业、基础设施、城乡体系建设、资源环境协调发展。制定并实施“史上最严”的道路交通条例，聚焦交通这一特大城市管理的世界性难题，大力实施公交优先战略，依法开展道路交通违法行为大整治，力补城市交通管理短板，取得良好效果。在应急管理领域，上海是全国最早启动突发公共事件应急管理体系建设的城市。在化解社会矛盾的问题上，上海立足维护群众合法权益，建立了重大事项社会稳定风险分析和评估机制，创立了公开公平的旧区改造动迁机制，构建大调解工作格局，最大限度地减少不和谐因素，确保社会稳定。着力加强社区建设。20世纪90年代初，随着经济体制改革和产业结构调整步伐加快，上海出现下岗待业人员增加、外来人口增多、居民动迁安置量增大和“单位人”变成“社会人”等新情况、新问题，这些问题都集中反映在社区，迫切需要加强社区建设。为此，1996年，在前期调研和试点的基础上，上海提出要积极探索社区建设和管理的新机制，着力解决理顺条块管理体制、建立综合执法队伍、完善街道和居委会财力机制、增加社区服务资源等问题，着力提高社区服务市民、加强社区管理和精神文明建设等方面的能力和水平，初步构建社会管理的“网底”。大力推进再就业工程和社会保障制度建设。1994年市政府决定开展再就业工程试点，1995年全面实施再就业工程，当年共分流安置下岗待业人员33.7万人次。至1998年底，全市共建立市、区县、街镇三级再就业服务中心308个，基本形成就业托底网络和服务载体。同时，加快了社会保障制度建设，着力完善救助、福利等社会政策。1993年在全国率先实施城镇职工养老保险制度整体改革,1996 年全面建立农村社会养老保险制度,1993 年开始实行城镇居民最低生活保障线制度。这些政策对保证经济体制改革顺利推进、促进社会稳定,发挥了重要作用。

2000 年起,上海根据经济社会发展需求和城市发展目标,开始有意识、有步骤地构建社会管理的基本制度,其标志是集中推出一系列创新社会管理的重要举措,初步建立适应新要求的社会管理制度框架。全面推进社区建设,2004 年,上海明确提出,社会管理和公共服务的基础工作集中在社区,要通过社区党建全覆盖、社区建设实体化、社区管理网格化,努力建设"管理有序、服务完善、环境优美、文明祥和"的现代化社区。随后,上海重点推进社区事务受理服务中心、社区卫生服务中心、社区文化活动中心建设以及公共服务设施资源共享、居委会规范化建设、社区网格管理和综合执法等工作。经过努力,上海社区"三个中心"实现了全覆盖,社区管理和服务能力明显增强。探索形成符合特大型城市特点的人口管理模式。针对外地来沪人口持续快速增加以及传统的户籍管理制度不适应人口流动性增强的矛盾,2002 年,上海开始探索建立居住证制度,推进外来人口属地化管理。2002 年,上海率先在引进人才中试行居住证制度。2004 年,为了保障来沪人员的合法权益,进一步规范人口管理,上海出台新的居住证政策,把居住证的适用对象从原来的引进人才,扩大到在上海居住的境内非户籍人员。在实现居住证管理全覆盖的同时,上海依托居住证不断完善来沪人员基本公共服务,建立人口信息采集机制,使居住证成为来沪人口管理的重要载体。2009 年,探索"实有人口、实有房屋"全覆盖管理,推出了居住证转户籍政策,大力推进实有人口服务和管理。

进入 21 世纪,上海社会组织快速发展。为促进社会组织发育,发挥社会组织参与社会管理的作用,从 2000 年起,上海密集出台发展和规范社会组织的一系列政策。2000 年,上海首先从养老领域开始探索购买社会组织服务,并随后在市、区、街镇分别建立了政府向社会组织购买服务的机制。2002 年,上海出台了促进行业协会发展的地方性法规和政府规章,着力推进政社分离。同年,上海在市、区、街镇推动建立民间组织服务中心,为社会组织提供服务。这些举措有力地促进了社会组织的发育。

第五,强化依法治市。立法方面,上海在地方立法实践中创下了多项全国第一,为本市改革开放和现代化建设提供有力的法制保障。2008 年筹备世博会期间,上海市人大常委会通过决定的形式,将"应急立法"与"长久之治"相结合,针对世博会筹备工作中已出现及可能出现的问题,授权市政府在社会治安、道路交通等领域,采取临时性行政管理措施,制定政府规章或者发布决定,对地方立法而言是一次有益的探索,拓宽了大城市在举办国际活动期间或者特殊情况下,依法解决城市管理难点问题的新思路。行政执法方面，上海积极探索综合执法改革，在全国率先启动行政执法类公务员分类管理改革试点，以改革难度大、群众呼声高的城管执法与市场监管两支队伍为关键突破点，探索建立符合执法工作规律与行业特点的单独序列管理制度，逐步形成健全有效的激励约束机制和向基层一线执法岗位倾斜的正确用人导向，建设一支符合现代化国际大都市管理要求的高素质职业化、专业化行政执法队伍。司法改革方面，上海于2014年成为全国首个在省级层面全面推开司法体制改革试点的地区，建立完善主审法官、合议庭办案机制，法官、合议庭办案责任制，审判权监督制约机制，司法廉洁监督机制，员额制和遴选制，取得明显成效。

第六，加强社会主义民主政治建设。党的十五大以后，上海逐步形成地方党委“总揽全局、协调各方”领导格局，建立健全“一个班子、三个党组、几个口”的领导体制和相应的运行机制。党的十六大后，又对领导体制和机制进行调整完善，同步建立人大、政府、政协各负其责、协调一致的工作格局，努力做到各司其职、团结奋进，形成推进工作的整体合力。上海作为全国群团改革试点城市之一，通过对组织设置、干部管理、运行机制和支持保障的改革，使群团工作力量明显增强，各类资源下沉基层到位，群团组织协同运作进一步强化，起到了较好的示范效应。上海在改革开放过程中，智库对科学民主决策起到了不可或缺的作用，已初步形成党政智库、科研院所智库、高校智库及社会智库协调发展的地方智库格局。此外，上海在公众参与城市治理方面也进行积极的探索，闵行区举办了2009年财政预算初审听证会，强化了人大在政府预算编制之前的审查监督，在全国开创了先河。

总体上，经过四十年的探索，上海在城市治理体系建设方面取得了显著的成效，形成了一套与时俱进、切合实际的治理思路和有效做法，为进一步提升城市治理能力和水平奠定基础，也为全国其他城市的治理体系建设提供了丰富的、可供借鉴的经验。但是，上海在老龄化、如何留住人才、让更多优秀企业留在上海，如何多方参与、共同治理等方面，还任重而道远。

# 改革开放四十年的上海城市建设

改革开放前，在“先生产、后生活”建设方针的主导下，上海城市基础设施建设投入少，市民住房困难，市内交通拥堵，环境污染严重，自来水、煤气、电话等公共产品供给严重短缺，城市生产与生活矛盾突出。改革开放后，特别是90年代浦东的开发开放、21世纪多中心城市的规划布局、2010年世博会的筹备和召开以及近十年来对智慧城市、生态城市、人文城市等可持续前沿议题和实践的关注，40年来不断地推动上海基础设施的建设、发展和优化。

1978年以来的上海城市建设历程大致划分为四个阶段：

第一阶段为1978年至20世纪80年代的过渡发展期。一方面，作为工业重镇的沉重负担，上海在民生和城市建设上历史欠账较多；另一方面，新旧体制之间的摩擦和碰撞比较严重，拖累了上海城市发展与建设的脚步。1984年5月，党中央、国务院决定开放上海等14个沿海港口城市。上海开始探索有中国特色、上海特点和时代特征的城市发展之路，积极研究和论证各种历史遗留问题和历史欠账的解决途径与方法，1986年获得国务院批复的《上海市城市总体规划方案》为指导上海城市建设和发展提供重要依据。同时，打破计划经济束缚，尝试多元化的投融资方式，充分利用有限的资金，重点推进基础设施和住房建设，完成了若干意义重大的建设项目，如延安东路隧道、铁路上海站、虹桥机场改扩建、沪嘉高速公路等；卫星城的建设有所复苏；对上海近代历史建筑的调查和保护工作开始启动。城市发展格局呈现以中心城为核心的单中心圈层式扩张的基本特征，年均新增建设用地约57平方公里。在该阶段的尾声，上海城市建设逐步开始加速并进入正轨。

1950年代上海开始陆续进行工人新村建设，但由于当时的住宅分配采用“大统一”方式进行，政府财政和行政管理上面临双重压力，住宅建设规模和速度均受限制。随着70年代末知青和落实政策人群返沪，城市对于居住空间的新建和更新需求更为紧迫，这直接触发了80年代第一批旧区改造的发生。1980年3月的“住宅建设会议”提出“住宅建设与城市建设结合，新区住宅建设与旧区改建结合，新建住宅与改造、维修原有住宅相结合”的发展方针，并在此会议中确定了著名的23片旧区改造地段，由此开启了80年代规模化的旧区改造进程。改造遵循“见缝插针”和“有条件的成片改造相结合”的原则。市城市规划建筑管理局编制了上海旧区七年住宅改建基地分布规划，计划拆除旧住宅331万平方米，新建多层、高层住宅802

万平方米，公共服务设施 54 万平方米，可以居住 116.4 万户市民。这一时期旧城改造的代表性项目有药水弄棚户区改造为长寿新村、瑞福里改造、凌家宅改造、久耕里改造等项目。同时，考虑到用地紧张的情况，用地规模小的独幢高层集合住宅作为居住增容的空间手段被大量建造，并成为上海城市发展进程中、在该阶段产生的特有的空间类型。据统计，上海在 1980 至 1990 年建成高层住宅 531 幢，建筑面积 605.83 万平方米。这些高层公寓一方面解决了城市用地紧张的问题，但因选址分散，部分建筑无法实现完善的居住配套设施。因而在 90 年代中期之后，随着旧区改造模式和住房制度的改革，在中心城择地植入单体高层的做法逐渐被发展新的集合空间类型所替代。

改革开放初期，上海市内基础设施较为落后，尤其是交通拥堵问题，拥挤程度甚至到了早晚高峰期公交车 1 平方米挤 12 个人的地步。因此，20 世纪 80 年代上海在改善和提高基础设施方面首先聚焦于交通设施的建设。为加强上海对外交通能力，建设了上海铁路新客站，扩建了虹桥机场。配合宝钢的兴建，上海加快北翼配套基础设施的建设，先后改造和拓宽宝钢外围道路 33.7 公里，新建跨越蕴藻浜的蕴川路桥；配合第五届全运会，上海拓宽市中心通往五角场江湾地区的四平路等多条干道；同期，建造漕溪路、大连西路和真北路等一批车行和人行立交工程，实现了人车分流、机动车与非机动车分隔，并改建曹杨路桥竣工通车，苏州河上的木桥全部改造完毕；结合“海陆空”三大门户建设需求，上海先后新建、拓宽、改造了铁路新客站周边、从市区通往虹桥机场以及十六铺客运码头附近的道路，增强了这些重点区域交通集散的能力；从 1985 年起，市政府将基础设施建设列入实事项目，提出凡具备条件的项目，集中财力、物力、人力，确保当年完成，并在此后的多个文件中将交通设施建设列为基础设施建设的重点。

70 年代初，上海隧道工程公司引进盾构技术，并建成了我国第一条城市越江公路隧道——上海打浦路隧道。1980 年，国家计划委员会同意上海建设第二条黄浦江过江隧道——延安东路隧道，总投资 9 350 万元，全长 2 261 米，全部资金、材料由上海市自筹。1988 年 12 月 28 日，延安东路越江隧道工程举行试通车典礼，次年 5 月 1 日正式通车。重大工业设施建设方面，在 80 年代，上海相继建成宝钢一、二期、金山石化总厂二、三期，“桑塔纳”轿车一期以及耀华皮尔金顿浮法玻璃和永新彩色显像管厂等一批调整经济结构的重大工业项目。

第二阶段为 20 世纪 90 年代的开拓发展期。党中央、国务院做出开发开放浦东的重大战略决策，各种新的改革政策和举措层出不穷，上海总体的经济发展呈现持续、快速、稳步的增长趋势，一批具有竞争优势的支柱产业形成，继而推动城市建设以前所未有的速度和规模发展。在浦东开发开放和中心城“退二进三、优化布局”战略的带动和影响下，中心城向浦东、宝山、闵行地区拓展，郊区工业区建设带动了郊区城镇发展，城市格局呈现中心城圈层式扩张与郊区城镇发展并行的趋向，十年间年均新增建设用地约 70 平方公里。浦东的广大地区，尤其是滨江东岸小陆家嘴的城市景观日新月异；由高架、隧道、越江大桥和轨交共同形成的立体化、东西联结的交通体系显现雏形；浦东国际机场一期建成通航，使上海成为国内第一个拥有两大机场的城市；住宅建设采取新区开发与旧区改造同步推进的策略，完成 365 万平方米危棚简屋的改造任务，土地批租政策与住房制度改革的成效初步显现；苏州河环境综合整治迈出坚实的第一步。至此，长期困扰上海“住房难、交通难、环境难”的三难问题开始得到缓解。

1991 年上海市政府确定 365 万成片危棚简屋改造计划，简称“365 危棚简改造”，成为本轮旧区改造开始的标志。1993 年 12 月，市政府批准发布《上海市利用外资开发经营内销商品住宅暂行规定》，鼓励外商投资企业在危棚简屋、二级旧里密集地区（两者建筑面积须占总量的 70%以上，前者须占总量的 50%以上）或“三废”工厂搬迁地块上开发内销的商品住宅。1993 年之后，上海的住宅建设和旧区改造蓬勃发展起来。至 2000 年底，上海在十年间共拆除危棚简屋 500 万平方米，动迁居民 64 万户，建造住宅一亿多平方米，中心城的面貌发生了根本变化，城市功能得到提升，基础设施状况和生活环境得到改善。

这一时期，上海继续深化住房制度改革。1991 年，上海市人大通过“上海市住房制度改革实施方案”，并得到国务院批准。改革的主要内容是：推行公积金、提租发补贴、配房买债券、买房给优惠、建立房管会，试点进行住房制度改革。1998 年 12 月，市政府明确停止住房实物分配，逐步实施住房分配货币化，在这一改革过程中，上海在全国率先建立公积金制度并提出旧公房出售这一市场化的根本性举措。这一时期商品化住宅小区开始在城市中大量出现，并作为一种典型的城市空间和建筑类型深度改变了上海中心城的城市面貌。

随着住宅市场商品化的深入，上海市政府以“居者有其屋”为目标，不断调整政策，加大廉租房建设力度，并创新探索共有产权保障房，进一步完善保证性住房“四位一体”体系。为解决城市贫困人口的居住困难，早在 1998 年上海市政府即开展了保障性住房供给机制研究，并在 21 世纪初于闸北、长宁两区首先展开廉租房试点，后在全市推广。

这一时期，上海的城市建设进入一个崭新的阶段。在“八五”期间，确定了南浦大桥、杨浦大桥、合流污水治理一期、外高桥港区和电厂一期、虹桥机场扩建和外滩交通综合改造、地铁一号线、高架快速内环线道路、煤气工程及供水工程等十大基础设施骨干工程；在“九五”期间又提出了第二批十大工程，包括上海深水港、浦东国际航空港、浦东通信工程、城市外环线、地铁二号线一期、成都路和延安路高架、延安东路隧道复线、浦东铁路工程、合流污水治理二期、电站、城市电网和东海油气等能源工程等。以这两批工程为重点，上海勾勒了整合浦东、浦西的立体化交通网络雏形，加强了通信、能源和环境保护的能力。

第三阶段为迈入21世纪后至世博会成功举办的高速发展期。该时期明确了上海未来的发展目标是社会主义现代化国际大都市，提出打造"四个中心"的宏大战略，并在此基础上完成《上海市城市总体规划（1999—2020）》，提出"多轴、多层、多核"的空间布局结构，强调城乡一体化，以及与长三角地区和全球经济物流体系的衔接，中心城区坚持"双增双减"，郊区坚持"三个集中"。世博会的筹办、郊区新城建设和以重工业为主导的制造业快速发展成为推动城市建设的主因，城市格局呈现近域蔓延与轴向延伸的空间特征，初步形成大都市区的空间框架。十年间年均新增建设用地约128平方公里，上海进入城市空间快速扩张阶段。世博会的举办不仅提升了上海的国际形象和国际影响力，而且为5.28平方公里园区及18.2平方公里周边地区的二次开发提供了机遇，后续开发利用为促进上海中心城区功能深化提升提供新的战略空间载体。在世博会的主导和推动下，上海的城市轨道交通建设获得前所未有的高速发展：2005至2010年的六年间，新增运营里程324公里，年均增加54公里，是国外常规年增5公里的10倍以上。这一基本完整的轨交系统，再加上15条高架快速路和十多条高速公路，共同构成了覆盖地下、地面、空中的全互通的立体交通网络；虹桥枢纽、城际铁路等重大基础设施建设取得重大进展，浦东、虹桥两大国际机场功能得到扩升，国际航空枢纽港初步形成；同时，伴随着长江口深水航道工程、长江隧桥、东海大桥、洋山深水港、临港新城等一系列重大工程的顺利完成，上海国际航运枢纽港的建设目标也初步实现；通过深化住房制度改革，发展和规范房地产市场的同时大力建设住房保障体系，至2010年，上海人均住房面积达到17.5平方米，基本实现"居者有其屋"；作为上海与长三角一体化的前沿阵地，郊区建设得到前所未有的重视，"一城九镇"试点建设，以及"1966"城乡规划体系的提出，极大地改变了上海过去城乡二元对立、发展不均的状况；"历史文化风貌区"概念的提出以及"点、线、面"三级体系的形成标志着上海城市历史遗产保护系统性框架的建立；生态优化和环境保护的力度持续加大，2000年后，上海先后实施四轮三年环保计划，黄浦江江心的青草沙水源地建成投入使用，约1 100万上海居民享用上了优质的长江原水。

第四阶段为2010年"后世博"时代的平缓发展期。这一时期，中国的城市发展模式面临重要转型：一方面，在经历了三十年大规模快速建设后必然进入平缓发展，另一方面，快速发展所带来的城市品质亟须提升，同时我国国情也不允许城市建设用地无限制增长,土地利用必然从增量型走向存量型发展。在这一语境下,上海面向 2040 年的总体规划提出,“为应对资源环境紧约束的挑战和城市未来发展的不确定性,未来上海将以成为高密度超大城市可持续发展的典范城市为目标,牢牢守住土地、人口、环境、安全等底线,实现内涵发展和弹性适应,积极探索超大城市睿智发展的转型路径”。上海明确了城市愿景,要建设成为一座“卓越的全球城市”,“创新”“生态”与“人文”是实现这一愿景的三大分目标。这一时期,上海城市规划与建设模式存在明显的转型趋势:城市空间品质、公共服务功能和建成环境质量成为建设者关注的重点;对既有城区和建成环境进行合理保护、有机更新和精细化治理取代过去多年的“大拆大建”;“智慧城市”“低碳绿色建筑”等新理念和新技术逐渐成为城市建设和城市资源规划调控的重要支撑手段。

整个 80 年代,上海城市建设在基础设施上的建设主要以还历史欠账和试点探索为主,在艰难的情况下为接下来三十年的大发展初步奠定基础。从 20 世纪 50 年代的卫星城建设开始,上海城郊一体和新城建设历经了六十余年的发展,城乡体系逐渐完善,规划和建设机制日渐成熟。经过改革开放四十年的深耕细作,上海的城市发展进入新一轮的转型期,上海城乡一体化也在新形势下灵活调整发展目标。2016 年,上海发布新一轮总体规划《上海市城市总体规划 2016—2040》,其中明确提出构建开放紧凑的市域空间格局,促进城乡一体化发展,制定差异化空间发展策略,形成“主城区—新城—新市镇—乡村”的市域城乡体系。在主城区,以提升功能能级为目标,以中心城为主体,将中心城周边的宝山、闵行、虹桥、川沙 4 个主城片区共同纳入主城区统一管理,作为全球城市功能的主要承载区。新城以突出综合性节点城市功能为目标,以区域重要功能廊道为依托,将嘉定、松江、青浦、南桥、南汇等 5 个新城培育成在全球城市区域中具有综合性辐射带动能力的节点城市。金山滨海地区、崇明城桥地区,发展形成相对独立的门户型节点城市。新市镇以促进分类协调发展为原则,突出新市镇统筹镇区、街道、集镇和周边乡村地区的作用,根据新市镇的功能特点和职能差异,形成核心镇、中心镇、一般镇、中心城周边镇四类推动协调发展。乡村区域以凸显人与自然和谐的宜居功能为定位,通过生产方式转变带动农民生活方式的转变,改善人居环境,保护传统风貌和自然环境。未来的上海,将以 2040 城市总体规划为指引,以生态基底为约束,以重要的交通廊道为骨架,以城镇圈促进城乡统筹,以生活圈构建生活网络,优化城乡体系,培育多中心公共活动体系,形成“网络化、多中心、组团式、集约型”总体空间结构。

改革开放四十年,上海城市建设取得惊人成就:1978 年上海住宅竣工面积为 199.6 万平方米,2018 年 1—4 月上海市商品住宅竣工面积为 664.72 万平方米。上世纪 80 年代,上海有 121 栋超过 24 米的高层建筑,如今已发展到 3 万多栋,其中超高层建筑有400多栋;改革开放前,黄浦江上仅有一座越江隧道——打浦路隧道以及一座远离市区的松浦大桥,而四十年后,上海共建设完成12条越江隧道和11座越江大桥,实现了浦东、浦西的联结和协同发展,城市快速路长度达到197公里;轨道交通的建设速度与规模让人咋舌,从1993年地铁一号线正式运营开始,截至2018年3月底上海轨道交通浦江线开通之后,上海已经开发的轨道交通线路包括1至13号线,16号线、17号线,浦江线共16条线路。单项建设工程所创造的纪录和奇迹更是不胜枚举:从金茂大厦(420米)到环球金融中心(492米),再到上海中心(632米),上海乃至中国的高度不断被突破,每一次都带来超高层建造技术的前沿性突破和创新,并成为举世闻名的上海改革开放和浦东开发开放的标志性建筑;卢浦大桥是世界第一拱桥,工程创造了十项世界纪录;世界上最大、最复杂的长江口深水航道治理工程,从7米水深治理到12.5米,仅用了12年;洋山深水港是中国首个在微小岛上建设的港口,其配套工程东海大桥是中国第一座真正意义上的跨海大桥;长江隧桥在南隧部分长达7.5公里的大口径盾构一次性掘进为世界首例;青草沙水源地水库面积大过十个西湖,龙口的合龙难度要超过三峡。

上海城市建设的成就并不是一蹴而就的,而是在党的领导下,上海全市人民以及各项建设工程的规划者、设计者、管理者和施工者四十年来坚持不懈、努力奋斗、筚路蓝缕的结果。这些城市建设工程项目有一共同点,那就是都具有极高的品质,这背后是上海追求卓越、不断创新的城市精神特质和文化基因。

# 改革开放四十年的上海区域合作

区域合作在人类社会自古有之，部落、城邦、王国等地区内部很早就有相互之间的交流互动，这种区域的互动既有竞争也有合作还有冲突。现代意义的区域合作，即工业革命促进了世界各地经济联系的加强，加速世界市场的形成，从而促成的区域合作潮流。20 世纪八九十年代至今，苏联解体后世界两极格局瞬间崩塌，区域合作再次重新组合，形成新兴区域合作模式。当前的区域合作以不断增多的、在区域层面的、跨越相互联系的多重领域（安全、发展、贸易、环境、文化等领域）的行为体为主要特征。

随着我国改革开放大幕的拉开，长江三角洲的区域合作日益紧密，此时适逢新兴区域合作浪潮的兴起，包括美国、欧盟、日本、中国、巴西等在内的世界主要国家或国家集团都对区域化作出正面回应，积极建立、参与甚至主导各种区域组织或区域制度，制定与本国国情相符合的区域合作战略，并将其作为本国经济发展战略的一个重要组成部分。

中央顺势对上海乃至长江三角洲提出要实现对内对外两个开放、开拓国内国外两个市场、利用国内国外两种资源的重要发展战略。但当时的区域经济是非流通的、条线分割的，严重地阻碍了改革开放大流通的需求。作为长江三角洲区域合作的重要组成部分，贯彻国家区域协调发展战略，加强区域合作交流，既是上海应尽的重大政治责任，也是在更高起点上实现更大发展的战略选择。上海理应发扬海纳百川、兼容开放的精神，服务江浙地区，服务泛长江三角洲乃至服务长江经济带上争取做出更大作为和更大贡献。上海和长江三角洲区域合作，分为以下阶段：

上海经济区诞生（1982—1992 年）。1978 年，党的十一届三中全会的召开，随着改革开放国策的确定和解放思想、实事求是的思想路线的恢复，上海作为全国核心城市的区域功能定位也得以重新认识。1980 年国务院颁发《关于推动经济联合的暂行规定》，明确提出走联合之路，组织各种形式的经济联合体。国家政策的引导和企业间的合作让上海看到了经济合作发展的迫切性。在此之前，各地方政府为防止市场和社会要素的流失，借助行政边界实施管制，上海与江苏、浙江等邻省市条块分割的僵化模式严重违背经济全方位发展的战略要求。1982 年 12 月，《国务院关于成立上海经济区和山西能源基地规划办公室的通知》明确指出上海经济区是以上海为中心，包括长江三角洲的苏州、无锡、常州、南通和杭州、嘉兴、湖州、宁波等城市，通过中心城市和工业基地把条条块块协调起来，形成合理的经济区域和经济网络。上海经济区应运而生。1983 年“国务院上海经济区规划办公室”正式挂牌，标志着长三角区域合作进入探索试验阶段。

上海经济区并不是经济实体，它是上海、江苏、浙江、安徽、江西四省一市经济横向联系的协调组织，是一种松散与紧密相结合的经济联合形式，打破了传统经济体制的僵化模式。通过经济联合划分达到区域经济协调发展的战略目标，突出经济区的整体性、系统性。1984 年 10 月，上海市人民政府颁布《关于兄弟地区来本市开店办厂的暂行办法》。11 月，又颁布《关于本市企业同兄弟地区企业经济技术合作若干问题的规定》，刺激了上海企业到兄弟地区开店办厂，引发区域经济融合的高潮。这一时期“星期六工程师”“联营”等不同形式的民间合作层出不穷。

1986 年 8 月 22 日，上海市人民政府颁布《上海市进一步推动横向经济联合的试行办法》，规定对经济联合组织不应重复征税，对经济区内产品流通时产生的产品税、增值税、营业税等都有了明确的规定和需遵循的原则。通过税收措施使上海经济区内部的横向联系进一步加强，对本地资源以及外来原料加工、技术流动提供更好的市场平台，提高产品在国外市场的核心竞争力。这种产销结合的方式也使“内联、外挤”的队伍更加壮大。

1986 年上海改变原来“一个省、一个部可在沪设一个办事处”的规定，提出欢迎沿海开放城市和地市一级政府在沪设立联络处，以加强各地区的横向经济联合，并颁布《上海市关于发展企业集团的试行意见》，通过企业之间的相关联系，加强地区之间的合作。

长三角区域合作成型（1992—2007 年）。20 世纪 80 年代末 90 年代初，我国正处在工业化中期发展阶段，需要依托便利的对外交通网络和发达的基础设施，形成高度关联的产业体系。党中央、国务院审时度势，做出开发开放浦东的重大战略决策，旨在通过开发开放浦东，改造振兴上海。在拓展对外开放的同时，上海牢牢把握住开发开放内外需求相互交叉的这一战略性机遇，按照“立足大局、扩大开放、服务长三角、互融共进”要求，大力吸引中央各部委和兄弟省市的企业共同参与浦东开发，推动和加强同国内兄弟省市的合作交流工作。

浦东开发开放的突飞猛进，将上海带入了“一年一个样、三年大变样”的高速发展时期。党的十四大作出建立社会主义市场经济体制的决定，提出要以上海浦东开发开放为龙头，进一步开放长江沿岸城市，尽快把上海建成国际经济、金融、贸易中心之一，带动长江三角洲和整个长江流域地区的新飞跃，更是让浦东开发开放如虎添翼，同时，也为上海进一步开展区域合作工作指明方向。

中共上海市委、市政府贯彻落实党的十四大精神，提出要在加快经济发展的同时，更好地服务长三角的发展，积极探索新型区域合作模式。这一时期，区域合作工作以“优势互补、互惠互利、联合发展、共同繁荣”为指导方针，政府行政干预不断减少，强调建立以市场为导向、以企业为主体、以产业为主线、以资本为纽带的新型区域合作关系，构建生产要素双向流动机制；实施“走出去”“引进来”战略，以推进跨地区、跨行业、跨所有制的产业结构战略性调整为主线，与兄弟省市共同提高产业结构层次和综合经济实力，形成合理的产业布局和产业价值链整合；吸引全国各地参与上海大市场建设，培育完善全国统一市场，进一步增强上海市场配置资源的中心作用，使上海在为长三角服务的过程中加快发展，在加快发展的过程中增强为长三角服务的功能。

浦东开发开放带动整个长三角地区对外开放，为长三角地区抢占全球产业链转移机遇拔得头筹，吸引了大量的外资，促进长三角逐步成为全球价值链的重要一环，形成以高科技研发为主导、以发达制造业为主体、现代服务业为支撑的经济新格局。从 1992 年到 2002 年 10 年中，FDI(外商直接投资)对长三角地区经济发展起到了重要的推动作用，长三角地区 FDI 投入对 GDP(国内生产总值)的贡献率是 0.51。长三角利用外资在全社会固定资产投资中的比重不断上升，整个长三角 FDI 和 GDP 年均增长速度也分别高达 58.6% 和 19.0%，均远远高于全国年均增长水平。

1990 年长三角的 GDP 为 2 433 亿元，占全国 GDP 比重 13.12%，城市化率约为 40%；2009 年长三角的 GDP 达 71 794 亿元，占全国 GDP 比重 21.4%，城市化率达 60%，长三角区域协调体制机制建设也正是始于浦东开发开放。在这个时期，长江三角洲地区合作多层协调机制逐步建立，合作层次不断提升。1996 年 11 月 28 日沪宁高速公路开通，1998 年 12 月 29 日沪杭高速公路相继开通，大大缓解了长三角地区贸易物流的压力。

1996 年，在“长三角城市协作办主任联席会议”的基础上成立“长三角城市经济协调会”，上海市为协调会常任主席方，执行主席由成员城市轮值，其主要任务是加大政府层面推进合作力度，推动长三角城市间合作项目实施，协调解决城市间的实际问题。2001 年起，每两年举行一次“江浙沪省(市)长座谈会，进一步推动长三角城市群政府间的合作”。2003 年后协调会在上海市人民政府合作交流办公室设立常设联络处，协调日常事务，2005 年后常设联络处改建为协调会办公室。上海市积极参与和组织协调，通过常设于上海的长三角协调会办公室，在城市合作中发挥着主要协调作用，增强了对长三角经济的组织能力和对资源的整合能力，进一步提升其区域核心地位，也为其他合作城市创造新的发展机遇，带动长三角整体经济实力的提高。

随着上海金融市场体系日益完善,初步形成一个由证券市场、外汇市场、期货市场等构成的、比较健全的全国性金融市场体系,集聚和辐射功能不断增强。在资本市场快速发展的同时,包括生产资料市场、技术市场、产权市场、人力资源市场等在内的要素市场以及市场中介组织发展迅速,逐步完善。2006 年 11 月,长三角城市经济协调会第七次会议确定“长三角高校毕业生就业合作”。至此,长三角区域初步形成了能够沟通国内外资金流、商品流、技术流、人才流和信息流的全国要素集散中心和交汇枢纽。

泛长三角合作起步(2008—2014 年)。泛长三角即所谓的“3 + 2”模式,在已有的江浙沪基础上,把安徽和江西两省纳入长江三角洲。这一概念的提出追溯于 2008 年初,胡锦涛总书记在视察安徽时,第一次明确提出了“泛长三角”的概念和“泛长三角区域发展分工与合作”问题;之后不久国务院常务会议审议并原则通过《进一步推进长江三角洲地区改革开放和经济社会发展的指导意见》,在国家层面明确提出长三角区域合作的总基调。

2009 年,上海和江苏、浙江、安徽三省建立“三级运作、统分结合、务实高效”的长三角地区合作协调机制。2010 年,江浙沪和安徽、江西、湖北和河南七个省市联合组织召开泛长三角流动人口计划生育服务管理区域合作交流会,共同签订《泛长三角流动人口计划生育服务管理区域合作协议书》,保证七个省市范围内流动人口在流入地将能够享受到和户籍人口同等的生育待遇。2011 年下半年,中国国际旅游交易会上,沪苏浙皖整体打包对外推广宣传,走联合推广品牌之路。2012 年,在上海的倡议下,长三角地区发起设立长三角合作与发展共同促进基金,通过公开招标的方式,研究解决长三角合作与发展中的共性问题和主要“瓶颈”。2015 年,浙江、安徽、江苏、上海、江西近 100 个旅游局、旅游景区、旅行社的代表在浙江横店共同见证“泛长三角旅游景区联盟”的成立。

长三角是我国市场经济、产权经济最活跃的地区,加强长三角地区产权市场的合作,加快产权市场一体化、产权投资便捷化、产权并购异地化等进程,对完善整个长三角产权市场,探索全国产权市场的发展之路具有重要意义。2011 年,长江流域产权共同市场中小企业融资服务中心正式揭牌。其运作模式是以产权交易的方式,为中小企业融资服务,强化泛长三角地区产权交易市场的“中小企业服务功能”。

泛长三角地区检验检疫机构通过《泛长三角地区检验检疫技术性贸易措施工作合作方案》《泛长三角地区检验检疫进出口转单数据内容填制规范》《泛长三角检验检疫出境货物口岸查验管理办法》等三个文件,开通“合作机制信息平台”。2014 年首届“泛长三角区域现代金融创新发展峰会”召开,来自江浙皖主要城市的金融主管部门负责人签订“泛长三角城市金融办共同维护区域金融安全稳定合作备忘录”。此外,三省一市还合力推进生态环境联防联控,共建绿色长三角:建立大气污染防治专项协作机制,积极参与太湖流域水环境综合治理。同时,还加快交通能源等基础设施互联互通,夯实一体化发展基础。

长三角城市群合作发展(2015 年至今)。在面临着如何集聚大中小型城市协调发展,着力突破城市发展不平衡,进一步释放城市间空间溢出效应的挑战下,长三角走向了城市群合作发展的时代。2015 年 12 月召开的中央城市工作会议提出城市发展实现生产空间集约高效,生活空间适宜适度,生产空间的山清水秀;以城市群为主体形态,科学规划城市空间布局。2016 年 5 月,国务院发布《国务院关于长江三角洲城市群发展规划的批复》,长三角城市群发展规划正式获批。

按照《长江三角洲城市群发展规划》,长三角城市群将建设成为面向全球、辐射亚太、引领全国的世界级城市群。上海作为长三角城市群的核心城市,发挥龙头引领作用和辐射带动作用日益凸显,带领长三角城市群参与全球竞争。上海通过拓宽城市间经济合作领域、增加了政府间的合作项目,牵引长三角发展,不断辐射周边城市。为避免出现“各地争相发展制造业基地”“产业同构”等现象,上海积极与长三角城市群一起探索、健全协调机制,创新合作方式,因地制宜发挥自身的沿海、沿江及铁路与高速公路发达的交通优势与区位优势,形成各具特色的优势产业进而形成新的产业分工格局,跳出产业同质竞争的困境。

同时长三角城市群发展的网络化空间格局更加明晰。依托交通运输网络培育形成多级多类发展轴线,推动南京都市圈、杭州都市圈、合肥都市圈、苏锡常都市圈、宁波都市圈的同城化发展,强化沿海发展带、沿江发展带、沪宁合杭甬发展带、沪杭金发展带的聚合发展,构建“一核五圈四带”的网络化空间格局。

长江经济带的合作与发展。20 世纪 80 年代中期,中央作出“以上海浦东开发开放为龙头,进一步开放长江沿岸城市,进而带动整个长江流域经济”的战略决策。1985 年 2 月,重庆、武汉、南京三市主要负责人就“如何发挥中心城市作用,联合开发利用长江黄金水道”等问题达成共识。1985 年 12 月底,沪、宁、汉、渝四市领导聚会重庆,长江沿岸中心城市经济协调会正式成立,标志着长江区域合作的机制开始建立起来。

经过多年努力,协调会成员扩大到沿江 29 个城市,召开十七次联席会议,已成为国内成员最多、成立时间最早、影响力最广的协调机制之一。在这样基于政府层面的平台基础上,沪、宁、汉、渝等中心城市建立多边或双边高层领导及部门对话和议事机制,相互衔接和沟通发展规划、产业结构调整、重大项目(特别是跨地区的基础设施项目)建设、环境和资源保护等方面的发展思路和重大决策。1988 年 11 月

23日，长江沿岸中心城市经济协调会市长联席会议在上海召开，上海市在同沿江城市就合作重点方向达成一致，提出“抓区域、促流域、抓专题、促联合”的工作方针，并围绕重点领域提升政府合作能级形成具有价值的经验：一是加强同沿江城市间的双边合作，建立更加紧密的合作交流机制。二是积极推动沿江中心城市企业合作，促进流域经济又好又快地科学发展。

20世纪90年代起，国家对长江沿岸省市的开发开放和发展作出一系列重大部署。1992年，全国人大批准并通过兴建三峡工程的提案，上海利用协调会这一政府协作平台的纽带作用，积极呼吁将浦东开发开放战略对接三峡对口支援。

2000年12月8日，以国家西部大开发战略思想为指导，协调会通过《长江沿岸中心城市联合参与服务西部大开发，形成新的经济发展优势的框架意见》《长江沿岸地区产业发展规划》《进一步发展长江流域产权交易共同市场的工作意见》等文件。2001年，上海市、区、县领导带队出访长江中上游沿线城市近300次，并先后组织5个大型经贸团到中西部10个省区洽谈合作，达成合作项目500多项。2002年9月8日，上海浦发银行与重庆市交通委员会签订贷款协议，承诺在四年内对渝黔高速公路二期工程项目发放中长期贷款6亿元人民币。2003年至2007年为支持西部地区开发和促进重庆基础设施的建设，上海企业在重庆投资达到60亿元。2008年10月30日，长江沿岸29个中心城市相聚武汉，共商开发长江黄金水道、促进产业合作大计。之后几年，上海、南京、武汉、重庆等沿江中心城市，联合打造长江流域“黄金经济区”，建立统一、协调的水运发展规划。

随着区域统筹发展总体战略，信息化越来越成为推动经济社会发展的动力，长江沿岸中心城市对加强信息合作的重要性和紧迫性已达成共识。2007年7月12日，长江沿岸34城市联合发出主题为“创新、合作、共赢、协调发展”的宣言，提出要共同“致力于通过信息资源的整合与共享，推动长江流域经济的协调发展”。2012年12月6日，长江沿岸中心城市经济协调会第十五届市长联席会议在沪举行，会议通过《长江流域城市合作发展（上海）宣言》，上海对外合作办等部门建议加快建立长江沿岸中心城市信息交换合作机制，推动上海与长江沿岸城市在产业、信息化、环境基础设施建设等方面进一步加强合作，实现产业互补、信息共享、相互促进和共同发展的目标。

充分发挥长江黄金水道的作用，不仅对于进一步推动长江流域经济的发展，对我国实现可持续发展、区域统筹发展也有着重要作用。2004年，中央领导对开发长江黄金水道提出新要求，沿江29个中心城市聚会上海。中央领导作出“高度重视水运，充分发挥长江黄金水道作用”的重要指示后，上海启动“长江黄金水道建设”课题研究，提出牵头组织交通部及沿江省市的专门部门集中围绕长江水运规划、建设和管理重点，建立工作机制，推进长江黄金水道的进一步深入发展。在和长江沿岸城市建立合作机制层面，上海形成诸多探索：一是，筹建专题合作组织机构。2005 年 11 月由上海、湖北、重庆和交通部共同发起，联合江苏、安徽、江西、湖南、四川、云南等省市在北京共同召开“合力建设黄金水道，促进长江经济发展”座谈会。会议明确长江水运发展的总体目标，并成立长江水运发展协调领导小组及办公室。次年，长江水运发展协调领导小组出台《“十一五”期间长江黄金水道建设总体推进方案》，重点推进航道治理、港口规划与建设、船型标准化、三峡过坝运输扩能、水运保障、干支联动等六项工程。自此，长江黄金水道建设迈出实质性步伐。二是，积极开展专项课题研究。上海市政府发展研究中心通过赴重庆、武汉、南京实地考察交流，与当地政府的综合部门、港口管理部门等进行座谈，开展推进长江黄金水道建设课题研究。三是，协同出台重大政策措施。2009 年 5 月，上海与武汉签署《关于进一步加强沪汉全面战略合作的协议》，两地政府进一步加强战略合作，重点围绕上海国际航运中心建设，服务长江黄金水道建设等方面建立联络沟通长效机制，加强先进制造业和现代服务业合作等。四是，强化各方信息、资源共享机制。上海立足于主动服务国家区域协调发展的战略，率先提出建立长江经济带信息交流沟通机制，及时交流沟通长江黄金水道建设工作中出现的新情况、新问题，搞好协作配合。

2006 年，上海市口岸办围绕依托黄金水道，发展现代物流，支持中部地区扩大对外开放的主题，在与中部六省门岸办加强沟通交流的基础上，形成建立区域大通关合作机制的共识，并在首届中博会上共同签署《上海与中部六省加强口岸大通关合作，促进现代国际物流发展》合作框架协议，掀开了上海口岸与长江流域各省市口岸合作的新篇章。2008 年 3 月 26 日，上海、重庆、四川三省市口岸办在重庆市签署《沪渝川三省市口岸大通关合作框架协议》。2008 年 5 月 14 日、8 月 26 日和 11 月 13 日，上海口岸办还先后与江西、湖北、湖南口岸办签署《赣沪口岸对接合作协议书》《鄂沪加强口岸大通关合作协议》《涌沪口岸大通关合作协议》，至此，上海与长江流域口岸合作框架体系已经形成，标志着上海口岸的辐射作用和服务能级的提升，服务长江流域、服务长三角的水平得到了提高。

2010 年，上海、安徽围绕落实沪皖合作框架协议，举办“落实沪皖合作协议，推进沪皖合作工作”座谈会。这也为上海同长江沿线城市建立共享合作机制提供良好的样板。2016 年 8 月，长江经济带科技资源共享论坛在上海召开，来自九省二市的科技主管部门达成共识，将紧紧抓住上海建设具有全球影响力的科创中心的契机，从促进大型科研仪器向社会开放做起，共同推动资源共享创新跨区域合作。

2014 年 3 月 5 日十二届全国人大二次会议上，李克强总理在政府工作报告中首次提出，要依托黄金水道建设长江经济带。同年9月，国务院发布《关于依托黄金水道推动长江经济带发展的指导意见》，长江经济带正式上升为国家战略，给长江黄金水道沿线省市社会经济建设带来新的发展机遇。2015年上海市政府发布关于贯彻《国务院关于依托黄金水道推动长江经济带发展的指导意见》的实施意见，提出上海市要搞好与国家层面战略对口衔接，全面贯彻《指导意见》和国家可能即将出台的各种发展规划纲要，率先在改革开放、创新发展、交通设施和生态环保等重点领域取得突破性进展，从而促进沿江产业转型升级，加强生态环保管理，完善交通等基础设施网络建设，激发科技创新活力与有效转化，协调长江经济带合作机制，推进全流域协调发展和深化对内改革对外开放，实现沿江区域合作领域深化与机制创新发展。

长江经济带战略的提出，一方面可以使上海将目光聚焦本地产业发展转型升级，促进自身高新技术领域以及金融服务等第三产业发展以及发挥好长江经济带沿线带头作用与示范作用，将在本地不具备相对竞争优势的部分传统制造业产能合理转移到长江沿线集聚度高的地方转化为当地新竞争优势产业并带动当地经济发展，形成长江经济带区域资源有效流动与合理配置，沿线地区依托上海人才、资金、技术等要素支持和辐射能力，横跨中国的一条"黄金带"呼之欲出。另一方面，长江经济带战略规划也为长江沿线及其腹地地区对外交流带来重大机遇，特别是使部分省市在外贸新趋势下顺势而为实现对外创新发展，区域优势企业产业以及资源能够在国际市场优化布局和拓展业务，有助于形成长江经济带区域多个增长极。在长江经济带漫长贯通的线路上，上海方面物流、人流、资金流、技术流，沿长江延伸到重庆，因此重庆等地抓住战略发展机遇，充分利用上海方面的资源，结合自身资源、人才等竞争优势以及扶持政策的大力推进，在2015年一季度能够保持10%以上的GDP增长。

国家重视长江经济带的规划建设非始今日，而是基本上十年就有一次，这充分说明长江经济带在全国特别重要的战略地位。2015年3月28日"一带一路"的提出更是为上海和长江经济带的合作发展提供重大机遇。作为长江经济带的龙头，上海与长江经济带合作发展虽然已在多领域取得成果，但是上海与长江经济带互动合作程度还是偏低，主要表现在东西部交通联系不畅、上海与长江经济带城市创新联系少、资金境外联系强而境内联系弱、上海与长江经济带产业链联系不强，严重影响了上海与长江经济带的一体化进程。

# 改革开放四十年的上海产业升级

1949 年后，国家“一五”计划中提出优先发展重工业的方针，要求上海在发展轻纺工业的同时努力发展重工业，并给予机械、冶金和化工等重工业部门大力资金扶持。自此至改革开放前，上海产业发展完全以工业为中心，第二产业占生产总值的比重从 1949 年的 47.1%上升至 1977 年的 76.8%，第三产业则从 45.7%下降至 19.7%。从 1977 年上海工业内部行业结构来看，机电、纺织、化学和冶金这四大工业行业的产值占全市工业总产值的比重分别为 34.13%、21.08%、13.42%和 11.26%，位居前四名。上海从解放前的远东金融、贸易、交运、文化中心转变为一个为国内提供工业产品的工业基地。

20 世纪 70 年代新技术革命浪潮席卷全球，世界经济重心逐步向亚太地区转移，国内改革开放事业全面铺开，内外部环境出现一系列的新变化。上海在原有计划指导下构建的以单一工业为主体的产业体系暴露出诸多弊端，被迫重新调整经济发展战略，推动产业升级。纵观 1978 年改革开放至今上海经济产业结构调整升级的历程，大体可以分为三个阶段：1978 至 1990 年为适应性调整阶段；1991 至 2000 年进入战略性调整阶段；2001 年至今实现跨越式调整。

第一阶段：1978 至 1990 年产业结构适应性调整阶段。

在 20 世纪 70 年代末 80 年代初，上海提出“全面规划，综合平衡，边调整边前进，在调整中改革，在调整中整顿”的总体要求，重点发展轻纺工业和电子工业，实现轻重工业协调发展。从“六五”计划开始逐步调整“以工业为中心”的产业发展战略。1985 年，国务院对“关于上海经济发展战略的汇报提纲”的批复，标志着上海经济发展战略中三次产业结构的重大调整正式起步。该提纲中明确提出把上海建设成为开放型、多功能、产业结构合理、科学技术先进、具有高度文明的社会主义现代化城市的战略目标，还特别提出“走活第三产业这着棋，更好地发挥经济中心的作用，运用综合功能为全国经济建设服务”的设想。

80 年代中期，上海注重轻重工业协调发展，以节约能源、原材料为原则，优先发展工艺技术先进、物资消耗低和有利于扩大出口的产业。关闭、迁移市区内的高污染企业，治理钢铁 17 条“黄龙”、控制黄浦江污水排放、减少工业降尘，大大改善了市区环境。同时，以外向型经济为特征的虹桥开发区建设成为上海现代服务业发展的起点，并在此基础上逐步形成了环虹桥地区商务集聚区，有 1 000 余家外商投资企业和外企办事机构入驻，咨询、审计、企业策划和广告等服务业发展迅速。此阶段是上海服务业发展最迅速的时期。

上海金融服务业体系也在这一时期开始逐步建立，迈出艰难探索的征程。1984年11月，上海飞乐音响公司成立，这是新中国第一家股份制上市公司。1986年在南京西路1806号的静安证券业务部开出了全国第一家股票交易柜台。同年，中国人民银行上海市分行允许上海的大中型企业发行短期融资券、企业债券，并允许企业债券上市流通。1987年1月，上海真空电子器件股份有限公司成立，这是我国第一家由大型全民工业企业转制而成的股份制企业，开国有企业股份制改革的先河。1988年起，上海万国、申银、海通、财政四家证券公司先后成立，使得上海成为国内最早出现专业证券公司的城市。1990年12月19日，经国务院授权，由中国人民银行批准建立的上海证券交易所正式成立，这是建国以来内地的第一家证券交易所，标志着中国证券业发展进入一个新的阶段。

然而在整个80年代，上海经济发展却陷入了增速缓慢、效益下降、出口停滞的艰难处境。财政上缴任务重，粗放型工业发展惰性太强而无法从劳动密集型向资金技术密集型转化，缺乏吸引外资的政策机制，发展空间受到限制等一系列原因导致上海经济发展落后于一些沿海地区，成了中国沿海经济发展的"谷区"。1986年，上海市场更是出现商品供大于需的情形，经济转型升级迫在眉睫。

1978至1990年这一阶段，上海开始逆转解放后产业结构"二进三退"的演变态势，第三产业占地区生产总值的比重逐步上升，由1978年的18.61%提高到1990年的30.94%，同期第二产业占地区生产总值的比重由77.36%下降至64.68%。虽然第三产业慢慢得以恢复，但主要是为了应对市场竞争而进行适应性调整的结果，与改革开放前相比并未有显著改变，工业生产仍具有压倒性优势，总体产业发展依然唱响着"二、三、一"的主旋律。加上1988—1990年的结构固化，上海在产业结构调整的过程中并未获取改革开放初期的红利，还是一个典型的工业城市。

第二阶段：1991至2000年产业结构战略性调整。

进入20世纪90年代，世界正朝着多极化方向不断发展，国内改革开放进一步深入，上海面临的内外形势以及自身的战略定位都发生了巨大而深刻的变化。市场经济新体制的建立和国内外市场竞争的加剧使得上海原来的工业结构、产品结构与市场需求不相适应。同时由于能源、原材料等资源缺乏，土地、劳动力成本高于国内其他地区，导致上海企业内部矛盾日趋突出，工业企业经济增速下降，经济效益出现滑坡。面对严峻的发展形势，寻找新的经济突破点成为当务之急，为此中共上海市委、市政府向中共中央、国务院提出浦东开发开放的基本构想。

在邓小平的推动下，1990年4月，国务院正式宣布开发开放上海浦东的重大战略决策。1992 年党的十四大报告中明确提出了确立社会主义市场经济体制的改革目标,同时提出要以上海浦东开发开放为龙头,进一步开放长江沿岸城市,尽快把上海建成国际经济、金融、贸易中心之一,带动长江三角洲和整个长江流域地区经济的新飞跃的要求。同年 10 月,国务院批复设立上海市浦东新区。此举成为上海城市发展史上的又一里程碑。这一时期,浦东开发开放伴随着上海整体产业结构战略性调整释放了巨大的经济活力。

上海主动响应国家一系列战略部署的要求,积极推出新的经济发展战略,在《上海市国民经济和社会发展十年规划和第八个五年计划(1991—1995 年)纲要的报告》中正式提出了"三、二、一"的产业发展方针。1992 年年底,中共上海市第六次代表大会上作出了上海进行产业结构战略性调整的决定,明确将上海经济发展的产业顺序从"二、三、一"调整为"三、二、一",即优先发展第三次产业,积极调整第二次产业,稳定提高第一次产业。这次战略性调整的决定,对上海的经济结构和工业结构都具有极大的影响,大大地推动了上海第三产业的发展进程。到了《上海市国民经济和社会发展"九五"计划(1996—2000 年)与 2010 年远景目标纲要的报告》继续倡导这一产业发展顺序,力求 2000 年时三次产业结构比例达到 2∶53∶45,同时还更加具体、深入地指明了第二产业和第三产业内部主要行业的发展方针。

整个 90 年代,工业依然是最主要的产业,但其内部结构遵循方针指引发生了显著的变化,形成了新一轮支柱产业,高新技术产业也初露峥嵘。1992 年末,上海第一次正式提出将汽车、通信设备、石油化工与精细化工、家用电子电器、钢铁工业、电站成套设备作为"八五"计划上海工业的支柱产业。具体表现为:1994 年,六大支柱产业新产品产值、销售额占全市比重的五成。新产品产值为 198.33 亿元,占全市新产品产值的 50.5%,新产品销售额达 173.39 亿元,占全市的比重为 49.3%。支柱产业的新产品利税额占全市比重的六成。1994 年支柱产业新产品利润为 29.7 亿元,新产品税金总额达 12.6 亿元,占全市新产品利润、税金的比重分别高达 63.9%和 61.3%。

"九五"计划提出壮大新确立的汽车、通信设备、电站成套设备及大型机电设备、家用电器、石油化工及精细化工和钢铁等六大支柱产业;加快培育和扶持集成电路与计算机、现代生物技术与新药、新材料、航空航天等高新技术产业;大力支撑食品加工、印刷包装、服装加工、精密元器件等都市型工业的建设。"九五"时期,上海经济发展的重心从调整结构转到促进发展,强调在"发展中调整",加快工业支柱产业技术和产品的升级换代,建立"产、学、研"一体化的科研开发体系,推动重污染企业的关停并转以及对重污染地区的综合整治。20 世纪 90 年代后期,上海逐步形成了以信息产业、现代生物与医药及新材料等三大高科技产业为主导、六大支柱产业为支撑、都市型工业为特色的新型工业体系。其中,上海信息产业生产总值2000年猛增到1 000亿元,增加值为338.18亿元,成为上海新的“第一支柱”。

1991至2000年,上海产业结构调整市场要素起到了重要作用。随着商品市场率先基本形成,资本市场、技术市场、房地产市场和劳动力市场也迅速发展起来,整个要素配置的市场化程度明显提高,这些都成为第三产业发展中新的增长点。

针对第三产业,上海提出积极推进金融保险业、现代流通业、邮电通信业、房地产业以及中介服务(如信息、咨询、会计、审计和法律等)等行业的发展,国际航运中心的建设也同时被纳入进来。至此,“四个中心”的城市功能定位,加上上海产业发展从“六五”“七五”计划时期的第二三产业适应性调整向“八五”“九五”计划时期明确的“三、二、一”战略性调整转变,引发了三次产业尤其是第二和第三产业之间投资结构的变化。在资源有限的条件下,上海第二产业固定资产投资额占全社会固定资产投资总额的份额下降,第三产业的固定资产投资则旋即上升,并一举取代第二产业成为上海固定资产投资的首要产业领域,第三产业占全市固定资产投资总额的比重大幅上升。上海第三产业的发展迎来了自建国以来的第一波高峰,不仅在国民经济中的地位持续攀升,更重要的在于各类现代服务业如雨后春笋般快速成长起来。其中,以金融、物流、信息为代表的现代服务业更是呈现蓬勃发展势头,形成了诸如虹桥、陆家嘴、南京西路等一批现代服务业集聚区。这一时期,上海吸引外资也迎来高速发展的崭新局面,1992年利用外资项目数、合同外资、实到外资金额等于前十三年的总和。跨国公司在上海投资大项目增多,1992至1997年世界最大100家工业跨国公司投资项目1 253个,总投资1 000万美元以上项目的合同外资占比高达75.3%。据统计1990年至2000年,上海服务业增加值年均增速达到13.8%,高出全市国民生产总值增速1.6个百分点,占全市国民生产总值比重由31.9%提高到50.6%,每年提高近两个百分点。

整个阶段内,第三产业的增长率始终领先于第二产业,环比增长率较第二产业平均高出9.36个百分点。同时,1992年以来快速的市场化进程促使计划价格体系加快向市场价格体系过渡,全国和上海第三产业与第二产业的相对价格水平发生了重大变化,第三产业的价格水平以相较于第二产业以更大的幅度在攀升。第三产业与第二产业之间增长率的部门差距以及相对价格水平的重大变化致使第三产业在全市生产总值中所占份额逐步上升并从1999年起首次超过第二产业,成为上海地区生产总值中所占份额最大的部门,并直接决定了上海产业结构演变的基本态势,即三产构成比从1991年的3.81∶61.61∶34.58演变为2000年的1.61∶46.27∶52.12,超出“九五”计划中提出的2∶53∶45的预期目标。

第三阶段:2001 年至今产业结构跨越式调整。

进入 21 世纪,特别是 2001 年正式加入世界贸易组织(WTO)以后,我国开始在更大范围和更深程度上参与经济全球化。这是上海加快建设国际经济、金融、贸易和航运中心之一的新时期,也是进入确立社会主义现代化国际大都市地位、全面提高城市综合竞争力的新阶段。作为全国的经济中心城市和中国对外经济贸易的"桥头堡",上海主动把握这次历史机遇,以期在中国经济与世界经济接轨过程中抢占先机。但从另一角度来看,这也就意味着上海的产业和企业将在一个更加开放的环境里面临越发激烈的国际竞争。为此,在原有的基础上,上海经济发展战略又做出了进一步的调整深化。按照江泽民总书记"瞄准世界发达国家、先进水平,奋发努力,力争实现生产力跨越式发展,率先基本实现现代化"的要求,上海着眼于提高工业产业的竞争力,通过实施规划和政策引导,加大产业结构调整步伐,加强对重大产业项目的"政策聚焦",确立了新世纪发展的"东西南北"战略,加快建设新兴的四大产业基地,并进一步优化工业布局。这一阶段,上海产业实现了历史上一个极为重要的跨越式发展:从传统的重化工业的中期推进到了初步信息化基础之上的重化工业化的后期。

上一阶段,《上海市国民经济和社会发展"九五"计划与 2010 年远景目标纲要》提出的上海城市发展战略地位是:到 2010 年把上海建设成为国际经济、金融、贸易中心之一,并初步确立国际经济中心城市的地位。迈入 21 世纪,《上海市国民经济和社会发展第十个五年计划纲要》提出了更高的奋斗目标,即力争到 2020 年把上海建设成为国际经济、金融、贸易、航运中心之一,成为现代化国际大都市。事实上,"四个中心"建设主要侧重于产业功能,并特别强调现代服务业发展的重要性。为了提升城市产业发展水平,以更快、更好地促进城市功能演进,上海市"十五"计划(2001—2005 年)提出上海工业结构和生产力布局结构将实施新一轮战略调整:在工业结构方面,提出了"面向新世纪、建设新高地、再创新辉煌"的战略目标。深化"三、二、一"战略,大力发展高增值、强辐射、广就业的产业。具体任务包括:快速推进信息业、金融服务业、商贸流通业、汽车制造业、成套设备和房地产业六大新支柱产业的发展;积极培育生物医药、新材料、环境保护、现代物流等四大新兴产业;加快发展都市型农业、工业和旅游业等;优化发展石化、钢铁两大基础产业,努力改造传统产业。在生产力布局调整方面,根据郊区着重抓好"1+3+9"市级工业区建设("1"即浦东新区,占地面积 520 平方公里,区内先后成立金桥出口加工区、外高桥保税区、张江高科技园区、陆家嘴金融贸易区四大国家级开发区,成为上海高端产业的集聚地;"3"即闵行经济技术开发区、漕河泾新兴技术开发区和上海化学工业区;"9"即 9 个市级工业区,包括莘庄、康桥、嘉定、奉浦、松江、青浦、崇明、金山和宝山工业区。上海制造业加快从中心城区 600 平方公里转向全市 6 000 平方公里区域的布局，逐步实现工业战略转移）、中心城区着重抓好都市型工业园区（楼宇）建设的方针，即在外环线以外，东部建设微电子产业基地，北部建设汽车产业基地，南部建设石化工业基地，北部建设精品钢材基地；外环线以内重点发展以都市型工业为代表的高科技工业和为支柱工业及第三产业服务的配套工业，形成“东西南北中，三环五条龙”的产业新格局。打造由国家级工业园区、市级工业区和郊区乡镇工业园区、专业街区和都市经济园区共同组成的多级、多层次、多样化新经济空间格局。

在优先发展生产性服务业是上海加快推进“四个中心”建设目标的战略选择的思想指引下，“十一五”期间（2006—2010 年），上海市编制发布《上海产业发展重点支持目录》和《生产性服务业发展重点及空间布局规划》等指导具体产业发展的文件，前者重点支持 10 个现代服务业和 10 个先进制造业的发展，后者则主要确立了上海市生产性服务业的发展方向。上海“十二五”规划（2011—2015 年）继续把生产性服务业作为推动产业转型升级的战略重点，并进一步加大了发展力度，提出“双倍增一提升”计划，即实现战略性新兴产业增加值翻番，生产性服务业增加值翻番，实现先进制造业优化提升。

正是在“十五”“十一五”和“十二五”三个时期不断调整、深化的产业发展战略的提出和实施过程中，上海第三产业发展迎来了继前一阶段第一波小高峰之后的第二波大高峰，服务型经济特征日趋显现，突出表现为门类更加齐全、业态更添新颖、层级更趋高端，其中现代服务业发展更是驶入“快车道”，实现“大提速”，接踵而来的便是众多跨国公司和功能性机构的大量集聚。2002 年，上海市正式提出鼓励跨国公司设立地区总部的规定，发展总部经济成为了建设“四个中心”和优化产业结构的一项战略举措。十多年来，上海市推出了一系列优化总部运营环境的试点措施，并发挥自身区位、品牌效应、商业环境、人力资源、产业配套、人居环境和政府服务等方面的集成优势，吸引了众多跨国公司地区总部入驻，逐步形成总部经济。这为上海带来了人才、资金、管理、信息、技术的枢纽功能，提升了上海的城市形象，为经济发展提供了巨大的动力。根据外商投资企业联合年报数据，截至 2015 年底，地区总部投资总额累计达 457 亿美元，地区总部营业收入 5 926 亿元人民币，纳税总额 417 亿元人民币，吸纳就业 17.73 万人。截至 2016 年年底，外商在上海累计设立跨国公司地区总部 580 家（比 2015 年新增 45 家），投资性公司 330 家，研发中心 411 家。跨国公司地区总部的集聚对吸纳本地就业和上海经济的发展贡献巨大。在 2016 年上海市第三产业税收百强榜中，跨国公司地区总部占据了 12 席。

通过集聚区建设，吸引集聚优势资源，培育上海具有国际竞争力的高端服务业,进而推动现代服务集聚区成为上海现代服务业加快发展的动力源泉。2016 年上海第三产业增加值 19 362.34 亿元,增长 9.5%。第三产业增加值占全市生产总值的比重达到 70.5%,比上年提高 2.7 个百分点。

2008 年全球金融危机爆发后,美国、日本和以法国为代表的部分欧洲国家纷纷制定并出台"再制造业"战略,此举进一步加大我国开放市场的压力、恶化外部经贸环境、增加出口结构升级的难度并拉大我国与发达国家在新兴技术的差距,上海对此做出积极应对。先进制造业的发展有助于科技的进步、中心商务城区商务功能的提升、资本市场的发展等,发展先进制造业能为上海经济社会发展提供新的动能。上海工业也进入以发展先进制造业为目标的"发展调整中提升"阶段,产业能级明显"上台阶",形成一批资本技术密集化特征显著的支柱产业和战略性新兴产业,与服务经济相适应的新型工业体系逐步建立起来。由此,上海对工业六大支柱产业进行了调整,由原先的信息业、金融服务业、商贸流通业、汽车制造业、成套设备和房地产业调整为电子信息产品、汽车制造、石油化工及精细化工制造、精品钢材制造、成套设备制造、生物医药制造六个支柱产业。

上海六大支柱产业总产值由 2003 年的 6 559.56 亿元上升到 2015 年的 20 964.36 亿元,2015 年六大支柱产业总产值占上海市比重为 66.9%,同时高技术产业(制造业)也得到了长足发展,高技术产业(制造业)总产值由 2003 年的 2 980.64 亿元,上升到 2015 年的 6 809.93 亿元。

2011 年 1 月 19 日,经国务院批准,在上海张江高新区建设国家自主创新示范区,使张江示范区成为培育战略性新兴产业的核心载体和实现创新驱动、科学发展的示范区域,实现规模与质量、速度与效益的均衡发展。截至 2015 年 10 月,示范区总收入 2.9 万亿元,同比增长 10.4%;净利润 1 514.39 亿元,同比增长 5.8%;实缴税收 1 297.41 亿元,同比增长 7.4%。

2013 年 9 月 29 日,中国(上海)自由贸易试验区(简称自贸区)挂牌成立,这是中国第一个自由贸易试验区。建设自贸区,是党中央、国务院从国内外发展大势出发、统筹国际国内两个大局,在新形势下推进改革开放的重大举措,也是上海推进转型发展的又一个重大机遇。2014 年,中国(上海)自由贸易试验区围绕面向世界、服务全国的战略要求和上海"四个中心"建设的战略任务,以简政放权、放管结合的制度创新为核心,加快政府职能转变,探索体制机制创新。上海自贸区建设成效显著,2015 年新设企业数 1.8 万家,约相当于浦东开发开放二十五年来新设企业总数的十分之一。外商投资方面,2015 年新设外资企业数量相当于 2014 年的 1.5 倍,全市近一半外资企业落户在自贸区,新设外资企业数占比从自贸区挂牌初期的 5%上升到 2015 年的 20%。境外投资方面,2015 年上海自贸区共办结境外投资项目 636 个。在自贸区金融改革的带动下,2015 年上海市金融市场交易额达到 1 463 万亿元、相当于五年前的 3.5 倍,上海市金融业增长值同比增长了 22.9%、占全市地区生产总值的比重达到 16%(浦东达到 26%)。贸易功能方面,2015 年上海自贸区内的保税区片区完成进出口额 7 415.5 亿元人民币、占上海市 26.4%。航运功能方面,2015 年洋山港和外高桥港区合计完成集装箱吞吐量 3 357.2 万标箱、增长 3.7%,支撑上海港继续位列全球第一。自贸区还推动浦东新区经济转型升级步伐进一步加快。扩区后的自贸区以十分之一的面积创造了浦东新区四分之三的生产总值,以五十分之一的面积创造了上海市四分之一的生产总值。在自贸区建设的带动下,2015 年浦东新区生产总值增长 9.1%,比全市高 2.2 个百分点,其中三产比重达到 70%,近两年年均提高 3 个百分点。

改革开放四十年以来,上海产业调整与升级一直在国家战略的调整、引领下循序渐进地完善产业体系。产业升级逐渐从被动调整转变到主动升级,产业资源的整合也从封闭转向开放的国内国际两个市场,产业的技术水平和发展环境也在不断提升和完善,产业调整的方式也从政府主导为主逐渐向政府引导、市场主导转变。在产业调整与升级的历程中,不管是体现国家战略导向还是内生的产业调整诉求,上海在诸多方面都发挥了排头兵、先行者的作用。在产业升级过程中,上海并不是单纯为产业而产业,而是将产业调整与整个城市功能的提升结合在一起,对于一个城市来说,除了产业本身发展的高端追求外,契合城市的特点与功能定位显得尤为重要。在具体的实施路径上,上海也充分发挥产业结构调整和升级的内生动力机制,利用技术创新的推动力和市场需求的拉动力促进产业的升级;并根据产业特点,在一些积累型产业上也充分利用了集中力量办大事,以重大工程攻关的方式促进产业的发展。

# 改革开放四十年的上海教育体制改革

党的十一届三中全会后，上海教育发展迎来新的春天，教育改革也伴随着城市发展持续深入，从整顿秩序、满足基本需求逐步发展到以遵循教育规律、回归育人本原为重点，形成促进学生德智体美诸育全面发展和终身发展的育人制度体系，形成教育与经济社会发展合作共赢的协同联动制度体系。经过近四十年风雨征程，上海教育成为上海城市发展的重要助推器和发动机，成为上海城市吸引力、影响力和辐射力的重要载体。

义务教育改革。义务教育，即依照法律规定，适龄儿童和少年都要接受的，国家、社会、学校、家庭必须予以保证的国民教育。实行义务教育，为现代生产发展和社会生活所必需，是现代文明的一个标志。中央对此非常重视，1985 年 5 月，中共中央颁布《关于教育体制改革的决定》，提出："现在，我们完全有必要也有可能把实行九年制义务教育当作关系民族素质提高和国家兴旺发达的一件大事提出来，动员全党、全社会和全国各族人民，用最大的努力，积极地、有步骤地予以实施。"《决定》还提出包括上海在内的沿海经济发达地区应在 1990 年左右完成普及九年制义务教育的要求，并规定地方各级人民代表大会根据本地区的情况，制定本地区的义务教育条例，确定本地区推行九年制义务教育的步骤、办法和年限。

上海在教育领域存在着教育资源不均衡问题，体现在城市和农村之间，本地青少年和外来务工子女之间，重点学校和"菜场学校"之间不均衡，这些问题严重影响了上海教育事业的发展，为了解决上述问题，上海在义务教育阶段进行了大刀阔斧的改革，持续推进义务教育均衡化发展。义务教育推进均衡发展分三阶段：第一阶段是教育机会均衡阶段，以保证儿童接受教育权益为重点；第二阶段是外延式条件均衡，主要任务是办学基本条件的标准化；第三阶段是内涵式发展的高级阶段，以注重教育过程、提高教育质量、关注学生差异、促进学生个性发展为标志。

加大对义务教育的投入力度。多年来，上海通过政策导向不断采取措施，推进义务教育阶段的教育经费投入快速增长。2005 年减免杂费、减免书本费、补助生活费等。从 2006 年春季新学期起，对 9 个郊区和浦东新区义务教育阶段公办学校学生免除学杂费；2006 年秋季新学年起对全市义务教育阶段公办学校学生全部免除学杂费，免收学杂费；2007 年秋季，上海先郊区后城区逐步免除公办学校义务教育阶段教科书的费用；自 2008 年春季起，上海免费向义务教育阶段公办和民办学校中，有本市学籍的在校学生（含外省市借读生）提供教科书和作业本。

大力扶持农村教育事业发展。针对农村教育依然薄弱，优质教育资源尚未完全辐射到郊区的实际情况，从2005年开始上海实施“农村学校三年行动计划”，每年从市级教育费附加中拿出3亿元专项经费，重点支持崇明、奉贤、南汇、金山、青浦、松江等远郊区县的义务教育。同时安排不低于3 000万元的资金，对闵行、嘉定、宝山、浦东等区的中小学给予资助，全面提升郊区农村义务教育阶段学校办学水平，区财政按一定比例追加配套经费，以增加对农村义务教育的经费投入。2007年7月开始，上海又推行城区学校委托管理农村学校的新模式，由郊区县教育行政部门出资，将城区优质资源“请进来”，委托教育机构或学校派出校长和老师管理农村学校，并由他们推荐校领导人选。

着力保障农民工子女平等接受义务教育的权利。从2004年起，市政府有关部门每年拨付3 000万元改善农民工子女学校办学条件，2007年市教委又为本市农民工子女学校义务教育阶段的学生统一购买校方责任险，并积极落实农民工子女教育以公办学校为主的方针。公办学校招收的符合条件的农民工同住子女，同样注册学籍，享受拨付公用经费，不交借读费，免除学杂费，在评优奖励、招任学生干部、参加团队组织等方面与本市学生待遇相同。在扩大公办学校接收比例基础上委托民办学校接收农民工同住子女，将农民工子女学校纳入民办教育管理体系等，确保在沪工作和居住的农民工同住子女接受义务教育的权利。

实施“加强初中建设工程”。2002年9月，上海市教委召开加强初中教育工作会议，正式启动“加强初中建设工程”（简称“初中工程”），明确提出用三年左右的时间，重点改造190余所相对薄弱的初中学校，全面缩小校际之间、地区之间初中教育的差距，让广大初中生在居住区内的对口公办初中接受条件均衡的教育，实现政府对初中教育资源均衡配置的目标，促进教育均衡化发展。同时，形成一批主要通过内涵发展提升办学水平的初中先进学校群体，整体提升初中办学水平和教育教学质量。经过各方共同努力，到2005年底“初中工程”顺利完成。全市小学升入初中的学生选择民办和转制学校的比例明显减少，就近选择公办学校的学生逐步增多。

全面推进素质教育。市委、市政府认真贯彻《中共中央国务院关于深化教改推进素质教育的决定》精神，根据建设“一流城市、一流教育”的目标，坚持以提高公民素质为根本宗旨，以培养学生的创新精神和实践能力为重点，通过深化中小学二期课程教材改革，加大招生考试制度改革，进一步完善教育评价体系等，全力推进素质教育，努力培育造就“有理想、有道德、有文化、有纪律”的德智体美全面发展的社会主义事业建设者和接班人。

实施中小学二期课程教材改革。2002 年上海颁布普通中小学课程方案(征求意见稿)和学前教育课程指南(征求意见稿),按照“先立后破,先试验后推广”的工作方针,2002 年秋二期课改进入课程教材整体实验阶段,在全市 179 所课改研究基地学校的各学段及其他有关年级开展试验,包括 50 所小学,50 所初中,50 所高中,29 所幼儿园,全部使用新编教材。通过二期课改,以“学生为本”的课程与教学理念渐入人心,学生实践能力得到较大提升,教育质量有了明显提高,对全面促进素质教育发挥了积极作用。

深化招生制度改革。一是进一步深化义务教育阶段招生制度改革。2003 年 11 月,市教委提出要推进中小学评价与招生考试制改革,核心是构建中小学生综合素质评价体系,构建学生学科文化水平考试成绩、综合评价情况和学校招生录取相结合的体系和机制。2004 年 8 月,上海首次试行把学生初中阶段的学习、德育、体育、社会活动各方面的综合评价作为升入高中的新标准,并把评价范围由学校扩展到社会。为贯彻上海未成年人保护条例中“义务教育阶段公办学校实行免试就近入学”的规定,从 2005 年开始本市各义务教育阶段的公办学校都实行免试就近入学,没有举行与入学挂钩的选拔考试或者进行与入学挂钩的测试或面试的要求,实行免试入学,当就近入学的学生人数超出招生计划人数时,采用“电脑派位”等方式来录取学生。2006 年,上海中考首设“自主招生”,部分中学拥有自主招生计划,有自主招生权限的学校拥有 5%的招生计划。二是高中阶段招生考试改革继续推进。优秀应届初中毕业生推荐升入实验性示范性高中的比例从 2004 年的 10%扩大到 2006 年的 30%,2007 年市政府又提出试行普通中学在校学生综合素质评价,注重学生发展内涵。2008 年 1 月,教育部提出要深入推进招生考试改革,实施初中毕业生学业考试与综合素质评价相结合的高中阶段招生考试制度改革,推广将普通高中招生指标均衡分配到区域内初中的办法。三是试行春季高考。从 2000 年春季起,上海率先在全国试行春季招生考试制度,选取上海大学、上海师范大学、上海理工大学、上海水产大学、上海中医药大学、上海电力学院、立信合计高等专科学校和上海金融高等专科学校进行试点。这一方案的实施,打破了长期以来“一年一考”的格局,初步形成春秋“两次考试、两次招生”的新格局,给更多的考生提供入学机会。四是推出“专升本”和“插班生”改革方案。2000 年秋季,上海高校推出专科生升本科生的改革试点方案。试行从普通高校专科层次(高专和高职)应届毕业生中选拔部分优秀学生进入本科教育学习(简称“专升本”),打通了应届专科毕业生进入普通本科教育的通道。此外,上海高校还推出招收插班生的改革试点方案,确定由部分普通高校通过考试,招收其他普通高校中在读学生作为插班生。“专升本”和“插班生”两项重大措施的实施,促进了学生选择高校和专业的自由度，也有助于促进高校的教学改革和教育质量的提高。五是进一步扩大高校依法自主招生试点。自2005年起，本市部分高职院校试点自主招生，学校自主确定招生计划和招生方案，自主组织或委托考试机构实施入学考试，自主进行录取。2006年复旦大学、上海交大在全国率先进行。同时首次实施高校招生“阳光工程”，确保招生录取工作全程公开、信息透明，推进招生的公平、公正。2007年9月，上海市政府又提出在继续实施国家统一招生考试基础上，探索、建立“依法自主招生与统一考试入学相结合”的高等学校招生考试制度，促进高等学校自主选拔，学生自主选择。2008年2月，市教委提出要继续支持复旦大学、上海交大等部属高校实行“深化高等学校自主选拔录取改革”试验，进一步做高职、高专学校自主招生改革试验，试点学校由11所扩大至16所。

完善教育评价体系。一是加大对“减负”工作的检查和考核。2004年，上海首次将“减负”指标纳入学校和教师考核范围，并取消小学阶段的期中考试，以促进不同层次学校的发展。2006年2月，上海又推出五大“减负”举措来推进素质教育，即继续发挥中招考试的导向作用，继续推行初中小学免试就近入学，杜绝“考试招生”现象，建立“减负”工作定期向区长汇报制度，在部分区县率先进行“减负”监控机制试点，对中小学课程计划的执行情况、学生课外作业量、学生睡眠时间、集体补课和考试成绩排名与公布名次等问题进行督查，将“能否减轻学生过重课业负担”作为评选中小学素质教育实验校和中学高级、特级的重要指标等。二是改进对学生的综合评价。2004年上海开始在中小学生中实施《上海市中小学生成长记录册》，从德智体美等方面，分别针对小学低年级、小学高年级、初中、高中四个学段学生身心发展特点，提出培养目标要求，注重“立足过程，促进发展”。

高等教育改革。高校布局结构调整，是上海改革开放四十年中投入力度最大、持续时间最长、影响最深远的重大教育工程。1977年全国高考恢复，上海高等教育的布局结构调整也从此拉开帷幕。复旦大学、上海交通大学等重点高校建立分校，师范、财经、政法、外贸、医药、旅游等方面学校得到重点建设。1983年复旦大学、华东师范大学、上海外国语学院等大学的分校实行合并，组成了上海大学。20世纪90年代中后期，上海按照国家“共建、调整、合作、合并”的高等教育改革调整方针，实施较大规模撤减、合并、重组，扩充本科层次资源，做大做强重点高校，提升高等教育整体水平。1994年起，上海工业大学、上海科技大学和上海科技高等专科学校与上海大学合并，组建新上海大学；上海技术师范学院和上海师范高等专科学校、上海旅游高等专科学校等先后并入或划归上海师范大学。1996年，上海城建学院、上海建材学院并入同济大学（2000年，上海铁道大学与同济大学合并组建新同济大学）；华东工业大学（原上海机械学院）与上海机械高等专科学校合并组建上海理工大学，之后上海医疗器械高等专科学校、上海出版印刷高等专科学校划归上海理工大学管理。1997 年和 1998 年，上海幼儿师范高等专科学校、上海教育学院、上海第二教育学院先后并入华东师范大学。1999 年，上海农学院并入上海交通大学(2007 年，上海第二医科大学与上海交大合并组建新上海交大)。2000 年，复旦大学与上海医科大学合并成立新复旦大学。1999 年中央做出扩大高等教育招生规模的重大决定，上海积极响应，充分挖掘办学潜力，扩大招生，进行了大规模新校区建设。以 2000 年 6 月启动的松江大学园区建设为标志，上海高校空间布局结构调整和新校区建设全面展开。建设南北两个以重点大学为核心的高校集聚群。即西面松江大学园区，东面南汇科教园区，奉贤区和临港新城再建两个大学园区，即依托若干产业开发区和工业园区建设高校。最终形成“2 + 2 + 2 + X”格局。第一个“2”，是建设南北两个以重点大学为核心的高校集聚群。北面以复旦为核心的杨浦知识创新区，有同济大学、上海财经大学等 11 所高校、22 个国家级重点实验室、100 多家科研院所；南面以交大为核心的闵行紫竹科学园区，集聚华东师范大学等高校。第二个“2”，即西面松江大学园区，有上海外国语大学、东华大学、华东政法大学等 7 所高校入驻；东面南汇科教园区，有 4 所大学、2 所民办学校和一所独立学院入驻。第三个“2”，2005 年市委、市政府决定在奉贤区和临港新城再建两个大学园区，奉贤大学园区及配套社区约 10 平方公里，有华东理工大学、上海师范大学、上海应用技术学院和上海商学院等高校入驻；临港新城科教创新园区，已有上海海洋大学、上海海事大学等高校进入，上海电机学院校区建设正在规划中。“X”，即依托若干产业开发区和工业园区建设高校。同济大学在嘉定安亭建新校区，成为嘉定汽车产业发展重要科技研发平台和人才培养基地；上海中医药大学和复旦微电子研究院等迁入浦东，参与张江以微电子、软件、生物医药为核心的高科技产业发展。

率先实行高校后勤化改革。上海高校后勤社会化改革始于 20 世纪 70 年代末、80 年代初，当时主要是借鉴农业和商业部门改革的做法，实行单项经济承包制；1985 年后，开始推行以总务处为单位的全面承包；1993 年后，探索进行事企分开、两权分离。1998 年 4 月，上海高校后勤服务股份有限公司成立大会在上海交通大学召开。公司采用“股份合作、市场连锁、优势互补、资源共享、风险共担、利益共得”的机制，联办高校后勤，组建高校后勤共同体。学校后勤实体采取四种方式进入市后勤中心，一是并入，学校分离出的后勤实体与原校不存在隶属关系，全面融入市后勤中心；二是托管，学校将分离出来的后勤服务项目部分或全部委托市后勤中心管理和经营，双方签订有限期的托管协议，其人员、资产和经费均与并入方式相同；三是联办，学校转制后的后勤实体加盟市后勤中心，成为市后勤中心与学校合作的联办实体，由学校与市后勤中心共同管理，各负其责；四是连锁，市后勤中心在学校设立服务网点，开展连锁经营。

大力发展民办教育。1989年，根据《中共中央关于教育体制改革的决定》有关“必须从教育体制人手，有系统地进行改革”的精神，上海市人民政府颁布《上海市社会力量办学管理办法》，率先以地方性法规的形式，为规范和保障上海民办教育的发展奠定广泛基础；为多元化办学格局的发展确立了指导思想和法律依据。20世纪80年代起，上海的各类民办学校和“非政府办学校”应运而生。1989年，上海学前教育出现第一所民办幼儿园——上海市白玉兰幼儿园。1992年9月，长宁区新世纪中学、新世纪小学、闸北区杨波中学、杨波外国语小学、黄浦明珠中学等5所民办中小学诞生。第一批民办中小学的诞生，改变了上海基础教育单一由政府办学的格局，促进了多元化办学模式的探索，冲击着传统的公办学校办学模式，激发了公办学校办学体制与机制的改革。1992年由上海交通大学、北京大学、清华大学部分教授发起创办了上海杉达大学，1994年2月，经国家教育委员会批准建校，校名定为“民办杉达学院”，这是1949年后上海市第一所具有学历教育资格的全日制民办普通高校。2002年3月，经教育部批准上海杉达学院升格为本科层次的民办普通高校。经过十多年的发展，多种类型、不同性质的办学主体进入了上海民办教育领域，办学主体多元化格局基本形成。各级各类民办教育快速发展，上海的民办教育机构从无到有，从小到大，不但在学校数量上增长了数十倍，而且在资产总值、学校师资、占地面积等方面都有了新的突破。

大力发展终生教育。在20世纪80年代前，上海市关于职业技术教育的管理权限集中在市一级，既影响了区县积极性的发挥，也使得学校缺乏必要的自主权。同时，在管理中还存在着领导多头、政出多门以及宏观上缺乏统一规划等问题。上海市在管理体制上进行了多方面的改革。自20世纪90年代特别是1996年9月《中华人民共和国职业教育法》在我国全面施行以来，上海职业成人教育管理体制的改革在实践中不断深化并逐步完善。在1988年3月起施行的《上海市职业技术教育条例》中，对职业教育的领导和管理作了明确规定：本市职业技术教育实行市和区、县人民政府领导下各部门分工负责的管理体制。区县的管理体制进一步得到加强。市政府从1985年起建立了由分管副市长主持的市职业技术教育工作联席会议制度，由市教育、计划、劳动、人事、财政部门与各大口经济部门的分管领导参加。从1992年起，联席会议改为市职业技术教育协调委员会；1995年又改为市职业技术管理委员会。同时，大多数区县政府也都广泛建立了由区县有关部门组成的职教协调委员会和联席会议，定期研究和协调本区县的职业技术教育的发展与改革。1995年3月，在市政府部门机构改革中撤销了市政府教卫办、高教局与教育局的建制后,进一步明确上海市各级各类职业技术教育由新组建的市教育委员会负责统筹、协调和管理,其中技工学校的业务仍由市劳动局归口管理。1998年4月,市政府发出了关于贯彻实施《中华人民共和国职业教育法》的若干意见,强调要进一步完善管理体制,明确规定:在市政府统一领导下,按照既有利于调动各方面办学的积极条件,又有利于合理配置教育资源,提高教育质量和办学效益的要求,进一步完善本市职业技术教育的管理体制。

大力发展成人教育。《中华人民共和国教育法》《中国教育改革和发展纲要》提出了终身教育的发展方向,为成人教育的发展提供了有力的思想武器和法律保障。1991年,《上海市成人教育十年规划和"八五"纲要》中提出,要理顺教育领导体制,建立和完善宏观调控体系。1995年,上海市成人教育工作会议上,再次提出以理顺体制为重点,深化成人教育管理体制改革的目标任务。1996年上海教育事业"九五"计划和上海2010年发展规划中又强调,职业教育、成人教育以区县、行业和企业管理为主,充分调动区、县政府和部门办学的积极性,进一步推进职业教育、成人教育的发展与改革。要适应经济体制改革深化的需要,建立和完善行业教育培训管理体制和现代企业教育制度。2001年的《上海教育事业"十五"计划和2015年规划纲要》中提出深化和完成教育体制改革,理顺政府、社会与学校的关系,完善教育管理体制。20世纪90年代,成人教育得到较好发展。在社区和企业,兴办一批社区学院和社区学校。推进了学习化社区和学习化企业建设。在农村,大力发展农村成人教育,继续实施"燎原计划"和"绿色证书"制度,建立了现代农村成人教育制度。

上海教育改革经过多年的探索,取得丰硕的成果。在义务教育领域,校际、城乡、区域义务教育发展差距逐步缩小,教育更加公平;素质教育全面普及,改变单一的评价准则,为青少年全面发展、素质发展建立基础条件。在高等教育领域,高校学科布局调整,实现特色办学、内涵建设、科学发展,为高等教育持续健康发展奠定坚实的基础;后勤改革实现了减员增效的目标,壮大后勤实力,形成了后勤集约管理、规模经营的特色。在民办教育领域,形成了多主体、多种办学类型的民办教育发展格局,促进了上海民办教育的多样化发展,并为多元形式办学探索了经验。在终身教育领域,成人教育机构、网络学习机构发展迅速,极大提升了百姓文化、知识水平和技能。整体看来,上海在教育公平、教育质量、教育服务能力上均有大幅度的提升,形成了各级各类教育蓬勃发展的喜人局势。

# 改革开放四十年的上海文化体制改革

上海文化体制改革从 1978 年起步,走过四十年的历程。分为三个阶段,1978 年至 1991 年(起步阶段)、1992 年至 2002 年(深化阶段)、2003 年至 2018 年(继续深化阶段)。

1978 年中共十一届三中全会的召开,标志着进入改革开放和社会主义现代化建设新时期。伴随着经济体制改革,政治、文化和社会事业改革也开始起步。在计划经济体制下,上海文化系统以国营文化事业单位为骨干,以政府财政拨款为主要经济来源,文化管理部门对文化实现高度集中的管理,实现人财物、产供销统一管理。主要特征是机关化、国家统包统管、等靠要、平均主义、大锅饭。从机构设置看,总体布局不尽合理,重复设置,叠床架屋。人事制度上,缺乏流动制和淘汰制,人浮于事。分配上,平均主义"大锅饭",缺乏优胜劣汰的激励机制和竞争机制。面对这一状况,上海文化体制改革开始起步。

1980 年春,上海杂技团率先进行体制改革的试点。采取自愿组合的办法,建立一个 30 人的魔术队,实行"全民所有,集体经营,自负盈亏,结余分红"的管理体制,进行承包经营责任制。两年试行结果,成绩显著,魔术队一跃而为全市表演团体中唯一能全部自给和结余经费最多的单位,并投资 300 万元新建全国第一所马戏学校。此后,京剧、评弹、滑稽、淮剧、话剧、越剧及音乐舞蹈等艺术表演团体也相继进行承包责任制的改革试点,取得了不同程度的成效。80 年代中后期,商品经济大潮势如破竹,电视机、录像机、VCD、"家庭影院"深入千家万户。曾经火爆的戏曲、电影、文学一日不如一日,文艺单位大多也陷入经济困境。文艺院团体开始探索院团体制管理模式的改革,注重从剧种艺术的自身特点出发,以解放艺术生产力、出人出戏为目标,加强领导、放权搞活。在深入调查研究的基础上,试行四种管理模式:上海越剧院红楼剧团的有偿合同制、上海交响乐团的音乐总监制、上海歌剧舞剧院仲林舞剧团的导演中心制、上海滑稽剧团顺开喜剧社的名角经理制。四种管理模式的探索起点较高,且有明确的艺术追求和艺术生产指标,但其发展过程也暴露了一些问题,特别是在内部管理、人事矛盾、政策配套等方面遇到困难。

1984 年,上海人民出版社全面推广"事业单位企业管理"体制,实行全行业由单一生产型向生产经营型体制的转变:首先实行经济目标责任制,后推行利税承包制,引进了竞争、激励机制。1985 年,为了探索上海电影体制的改革,市电影局与上海电影制片厂(简称上影厂)合并,成立了上海电影总公司,原电影局所属的各电影制片厂等单位继续由电影总公司领导。实践后发现,必须按现代企业管理制度的要求,实现政企分开。1987 年,又恢复了上海市电影局,撤销上海电影总公司,恢复上影厂建制。上影厂实行厂长负责制,导演摄制影片开始依靠贷款和自筹资金,实行"小承包",主创人员不承担经济风险的局面被打破。拍摄的《开天辟地》《烛光里的微笑》和《留守女士》《人、鬼、情》等影片,不仅受到观众的欢迎,还分别在国内和国际电影节上获奖,显现了改革的成效。

1987 年,上海市广播电视局进行第一次体制改革,建立"五台三中心"格局。上海电视台的两个编辑室转制为上海电视一台和上海电视二台。上海人民广播电台下设的 3 个编辑室重组为新闻教育台、经济台和文艺台。同时建立上海广播电视技术中心、上海广播电视服务中心和上海广播电视发展中心,确保电台、电视台的领导把主要精力集中到宣传业务上。当年广播电视局以广告为主的多种经营收入达 2 190 万元,到 1991 年超过 1 亿元人民币。实行五台三中心的体制,机构作了较大的变动,但实际上当时的五台只是一个大的部门,没有人、财、物的自主权,机制并没真正转换,竞争也受到很大制约。

肇始于 20 世纪 80 年代的文化体制改革,先是从内部承包经营责任制入手。承包责任一明确,"有本事的活了,没本事的急了,混日子的毛了","鼓励了干的,促进了看的,教育了懒的"。这一阶段改革不同程度上冲击了"大锅饭""平均主义"等几十年隐伏下来的弊端,坚硬的壳中渗出一道缝隙。但同时是初步的、不完善的,是单纯以提高经济效益为目标的短期行为。1984 年 12 月 2 日,上海举行文艺体制改革座谈会,会议达成一致共识"大锅饭非砸不可,文艺体制改革不搞不行"。中共上海市委第二书记胡立教指出,"目前文艺体制改革还只是在试点阶段、摸索阶段,表演团体实行经营责任制只是文艺体制改革的开端,但这是良好的开端。搞试点,肯定会碰到不少问题,但也会由此积累经验,闯出一条新路子。各文艺单位情况不一样,改革不要千篇一律,要从实际出发,坚持实事求是,不搞一刀切、一阵风,具体情况要具体分析。精简人员的工作还是要稳步进行,多种经营、以副养文的工作要有领导、有步骤地展开"。

1992 年邓小平南方重要谈话和党的十四大的召开,表明我国改革开放和现代化建设进入一个新阶段。深化改革,扩大开放,发展社会主义市场经济,既为文化发展奠定基础,也促进了文化自身的体制改革。1996 年党的十四届六中全会通过《中共中央关于加强社会主义精神文明建设若干重要问题的决议》,提出文化体制改革的任务和一系列方针。2000 年 10 月,中国共产党第十五届五中全会通过《中共中央关于制定国民经济和社会发展第十个五年计划的建议》,第一次在中央正式文件里提出“文化产业”这一概念，标志着我国对于文化产业的承认和对其地位的认可。2001年中共中央办公厅发布《中央宣传部、国家广电总局、新闻出版总署〈关于深化新闻出版广播影视业改革的若干意见〉的通知》。《意见》提出文化体制改革要以发展为主题，以结构调整为主线，以集团化建设为重点和突破口，着重在宏观管理体制、微观运行机制、政策法律体系、市场环境、开放格局五方面进行探索创新。2002年党的十六大召开，第一次将文化分成文化事业和文化产业，强调要积极发展文化事业和文化产业。

1992年，上海人民出版社推行以“双效益”（社会效益和经济效益）评估考核为核心内容的责任制，发展至1997年，已趋完善，形成了数字管理模型，使责任人责、权、利一体化。从1992年起，新闻出版系统全面推行劳动人事制度改革。到1996年，新闻出版局属企业全部完成劳动合同制的转换，并打破单一的固定用工制度，实行多种形式的用工办法。在这期间，并探索新的出版业生产经营组织形式：成立出版公司，如上海电子出版（有限）公司、上海书店出版社；发行企业建立上海科技图书公司、上海音乐图书公司等。组建以国有资产为纽带的大型集团，如23家印刷企业组成的印刷集团总公司。1999年2月，全国第一家出版集团——上海世纪出版集团成立，由上海人民出版社、教育出版社、译文出版社、汉语大辞典出版社和上海书店出版社联合组成。2000年6月，上海第一家图书发行集团——上海新华发行集团成立，以上海新华书店及各区县店、新华书店上海发行所、上海书城、中国科技图书公司、上海音乐图书公司等24家企业为基础，经资产重组而组建。

90年代初，上海文化单位主要进行承包制和股份制改革。院团长负责制、总经理负责制、艺术总监负责制、执行馆长负责制等不同形式的管理模式在各院团全面铺开。在人事及分配制度上，文艺院团、媒体、影视单位开始推行全员聘任制和工效挂钩。90年代中期，联合和兼并形式的机构改革开始出现。1994年，新民晚报社兼并《体育报》和《围棋》杂志，更名为《新民体育报》和《新民围棋》；又与上海社会科学院新闻研究所主办的《新闻记者》杂志，上海市作家协会主办的《萌芽》进行合作办刊。另外，创建了一批独立法人形态的文化单位，如东方电视台、东方广播电台、上海永乐股份有限公司、东方影视发行公司、上海图书公司、上海科技图书公司等。90年代后期，大规模的合并与兼并“流行”，文汇新民联合报业集团、世纪出版集团、新华发行集团、解放日报报业集团及文广影视集团等相继成立。集团的组建，打破了原体制行政性分割的围墙，将分散的资金、技术、人才集结为整体优势，实现了资源的有效增量。但大部分集团公司多以行政力量整合，是原有文化企事业单位自身的内部组合，不是符合公司法要求的公司，也不是按照公司法要求组建的现代企业法人。集团定位不清楚，有许多是事业型集团，事业与产业职能性质交叉,集团内部出现“集而不团”等问题,人为制造出许多不必要的矛盾。

2000年4月,上海在全国率先实行“文化与广播影视合流”,成立上海市文化广播影视管理局,并实行内部管理的“十个统一”和政府职能与企业职能、宣传职能与经营职能、非经营性国有资产与经营性国有资产、专业化生产与社会化生产的分离,标志着上海文化体制改革再次迈出关键一步。2001年3月,上海市将原上海市文化广播影视局下属的16个文艺院团分别委托给上海两家报业集团、两家电视台、两家广播电台及其他有关单位管理。2002年5月,上海整合广播电视资源,成立了上海文化广播新闻传媒集团,除上海沪剧院归解放日报报业集团、上海越剧院归文汇新民报业集团外,其余院团均归上海文广新闻传媒集团托管。媒体托管院团在全国尚属首次,它为政府部门与文艺院团的管办分离,政企分开,实现政府对院团管理的职能全面转换提供了基础。一些文艺界人士对文艺院团托管后片面强调演出场次和上座率的倾向表示忧虑,认为文艺院团需要有演出计划、创作计划,过多地强调市场会削弱艺术创作的计划性。

2003年,党的十六届三中全会通过《完善社会主义市场经济体制若干问题的决定》,将文化体制改革的目标进一步深化和明确。提出了文化事业和文化产业的改革方向和目标:公益性文化事业单位要深化劳动人事、收入分配和社会保障制度改革,加大国家投入,增强活力,改善服务;经营性文化单位要创新体制,转换机制,面向市场,壮大实力。第一次明确提出文化体制改革要形成一批大型文化企业集团。2003年6月,中央召开文化体制改革试点工作会议,确定北京、上海、广东、浙江等9个省市为综合性试点地区。

上海列为试点区后,从2003年底到2004年上半年,从市委主要领导到各级文化主管部门的同志,展开了大规模的调研活动。提出要逐步把上海变成“名人、名作、名团、名校”的汇聚之城,使上海成为汇聚名家大师的高地、培育青年才俊的摇篮。根据中央要求并结合上海实际制订的《上海文化体制改革试点工作方案》,确定了文化体制改革综合试点的一系列原则和重点。2004年,上海颁布《上海文化发展纲要(2004—2010年)》,确定了上海文化体制改革的方针:坚持政企分开、政事分开,转变政府职能,积极打造市场主体、完善市场体系、改善宏观调控,解放和发展文化生产力。

2003年至2006年,上海首先从构建文化管理新体制和塑造文化市场新主体两方面试点改革。宏观层面,建立了文化领域国有资产监管的“上海模式”,建立了公益性文化资助(上海文化发展基金会)和经营性文化产业投资(上海精文投资有限公司)平台,建立了公共文化服务内容配送体系(六个“东方”系列),建立文化市场行政执法体系,推动组建14家文化行业协会。微观层面,完成世纪出版集团、文艺出版总社和电影集团的整体转企改制，完成新华发行集团的股份制改造和借壳上市，以上海大剧院艺术中心为载体探索了非营利演艺机构的运作模式。2005年以来，上海文化体制改革的重点转为投融资体制改革，鼓励社会力量通过参股、合伙经营乃至控股的方式参与文化建设。这些改革试图解决文化资产的产权问题。虽然还不能从根本上解决国有文化产业的产权问题，但无疑在委托权上有了显著的突破。这些突破一是为了解决文化企业的效率和激励问题，二是要确保文化资产以及文化产品的安全。其后，上海瞄准“三大体系”即公共文化服务体系、文化产业体系、文化市场体系的建设目标。2006年至2008年间，上海开展社区文艺指导员派送工作，规划建设重点公共文化设施22个，总投资约73.3亿元。着力推动文化产业公共平台建设，先后建立了国际文化服务贸易平台、文化产业投融资平台、文化产权交易平台、张江国家数字出版基地和动漫谷等。

2009年以来，上海认真务实地完成“规定动作”，同时积极深化改革的“自选”项目。上海经营性出版单位全部按期转企改制；广播电视节目制播分离，成立上海广播电视台、上海东方传媒(集团)有限公司；完成广电传输网络整合和国有市属及区县属文艺院团体制改革；完成第一批非时政类报刊的转企改制；完成区县电影院转企改制；完成世纪出版集团与文艺出版集团的重组。2011年12月29日，百视通在上海证券交易所挂牌上市，成为国内首家实现广电新媒体可经营性资产整体上市的公司，宣告借壳广电信息重组成功，成为“广电新媒体第一股”，此举标志着上海进一步深化文化体制改革取得实质性进展。

从2004年至2012年5月，文化体制改革中上海市属宣传文化系统共撤销事业单位建制54个，核销事业编制7 824名。电影、出版、发行、印刷、广播电视节目制作等完成全行业改制，重塑一批国有骨干文化企业。以国有文艺院团体制改革为例，对市属16家国有文艺院团“分三类”确定改革任务。市委市政府领导深入各院团，一个团一个团地了解情况、分析实情，对上海京剧院、上海昆剧团、上海交响乐团、上海芭蕾舞团、上海歌剧院、上海民族乐团6家市属文艺院团确定保留事业体制；对上海越剧院、上海沪剧院、上海淮剧团、上海评弹团4家作为国家级非物质文化遗产保护项目的地方戏曲院团，划转建立“公益性保护传承机构”，继续实行事业体制；将杂技团、话剧艺术中心、滑稽剧团、歌舞团、轻音乐团、木偶剧团等6家院团转制为企业。由于谋篇布局得当，使得多元体制发展演艺文化、多样手段扶持院团和创作的新格局形成，连同11家区县属国有文艺院团体制改革工作的完成，为上海进一步发展文化演艺事业和产业打好体制框架。

2014年，上海进一步深化文化国资的改革重组，推动上海文广集团深化市场化改革，加快互联网化转型。3月，原上海文化广播影视集团与上海广播电视台、上海东方传媒集团有限公司全面整合，正式组建上海文化广播影视集团有限公司，与上海广播电视台一体化运作。11月，旗下百视通、东方明珠实施重大资产重组，注入东方购物、尚世影业、五岸传播和文广互动等优质资产，同时定向增发募集资金，引进优质战略投资者，从而构建完整产业链布局，打造统一、高效的产业和资本平台，加大对互联网渠道和平台的投资，加快推动互联网化转型，成为国内首家市值超千亿级的新型文化传媒上市企业，跻身全球传媒娱乐行业上市公司前15强。

四十年来，上海文化体制改革不断改革不适应文化发展的体制性因素，为国际文化大都市建设提供一个健康的体制环境。在文化体制改革的实际操作中，自觉坚持以下具体做法。一是注重整体布局。从宏观文化管理体制的构建到微观运行主体的打造；从公益性文化单位的内部综合性改革到经营性文化单位的转企改制；从制度安排、机制创新到运作程序、手段、组织架构的设计，形成整体推进的总体布局，体现文化体制改革综合性效益。二是注重政策配套。改革项目特别是转企改制项目涉及员工利益，政策性特别强。涉及社会保障、财政资助、国有资产清产核资核减核销、税收优惠、事业机构编制等等政策，必须通过与政府各部门的反复沟通协调，做到各项政策在项目正式实施前充分协调落实到位，保证项目方案得到改制单位职代会高票通过，形成“政策保障先行，项目启动在后”的改革模式，确保先改革者先得益。三是注重攻克难点。在文化领域国有资产监管、国有文化企业改制(新华集团混合所有制改造)、文化事业单位转企改制(上影集团整体转企、世纪出版集团转企改制)、文艺院团改革(明确产权关系及组建大剧院艺术中心)等难点问题上，集中力量探索，取得成效，为下一步改革提供了有效案例和路径。

四十年的文化体制改革，面临新的问题与契机。在新一轮文化体制改革中，需要特别注意以下几个环节。第一，培育文化企业的市场主体地位。上海文化集团20世纪90年代末期如雨后春笋繁荣滋长，但大多不是以资本联合而是以经营业务为纽带、政府行为下的联合。对经营性文化单位，应进行现代企业制度的改造，按企业的标准进行改制，学会按企业的方式在市场定位，按企业的经营理念运作，使之真正成为归属清晰，权责明确、流转顺畅的现代文化企业。第二，进一步转变政府职能。即要从经办文化事业的具体事务中解脱出来，把主要精力放到定政策、做规划、抓监管、为文化发展环境提供公平竞争、百家争鸣、科学民主的良好氛围，转到依法行政、社会管理和公共事务上。具体说，实现“三转变”，即由“办”文化向“管”文化转变，由管“微观”向管“宏观”转变，由主要管理“直属单位”向管理“社会”转变。上海政府在努力构建公共文化服务体系方面不遗余力，还应该在农村文化建设及为外来民工提供更多的服务等方面推进公共文化服务对象及方式的多元化。在把有限的资源投入到高雅艺术发展之际，不要忽视了民间文化艺术的存在。

应把那些不具有市场竞争力的传统文化请到博物馆中，拨付经费加以保护。第三，加速文化领域的投融资体制改革。第四，大力发展文化中介机构。伴随文化产业分工的日趋细化、专业化和社会化，中介机构及经纪人将成为文化生产、供应、销售、消费链中重要一环。然而上海的文化中介机构还不尽如人意，如上海交响乐团几次赴欧美巡演，反映甚佳、但却没有一家本土经纪“相中”这支曾经在柏林爱乐大厅、纽约林肯中心演出过的优秀乐团，代理其海外市场的演出权。本地文艺团体能在海外市场拥有常年演出项目的更是不多。因此，上海应大力发展文化中介机构，建立以中介机构、经纪人为中心的文化市场体制。政府要特别重视吸引多元资本进入文化中介机构，支持成立演艺人员自治性中介组织，演艺人员与中介组织建立劳动关系，中介组织与文化企业建立服务关系，鼓励独立性文化经纪人的自我发展。要考察学习国外中介机构的成功经验，探索出一条具有中国特色、上海特点的文化经纪新路。

# 《上海市城市总体规划（2017—2035年）》获国务院批复

2017年12月15日，《上海市城市总体规划（2017—2035年）》（简称“上海2035”）获得国务院批复同意。“上海2035”是党的十九大以后国务院批复的第一个超大城市总体规划，也是改革开放以来上海经国务院正式批准实施的第三轮城市总体规划，是指引上海新时代城市发展的纲领性文件。“上海2035”以习近平新时代中国特色社会主义思想为指导，全面贯彻党的“十九大”精神，全面对接“两个阶段”战略安排，全面落实创新、协调、绿色、开放、共享的发展理念，明确了上海至2035年并远景展望至2050年的总体目标、发展模式、空间格局、发展任务和主要举措，为上海未来发展描绘了美好蓝图。

规划明确，上海的城市性质确定为：上海是我国的直辖市之一，长江三角洲世界级城市群的核心城市，国际经济、金融、贸易、航运、科技创新中心和文化大都市，国家历史文化名城，并将建设成为卓越的全球城市、具有世界影响力的社会主义现代化国际大都市。

城市总体规划是引领城市发展的纲领性文件。改革开放以来，上海先后编制了两轮城市总体规划。1986年4月，中共上海市委、市政府根据国务院批准的《关于上海经济发展战略的汇报提纲》和中共上海市委《关于制定上海市“七五”计划的建议》，上报《上海市城市总体规划方案的汇报提纲》，对原规划方案中的城市性质、发展方向、布局等作了修改补充。中共中央书记处召开专门会议，听取汇报和讨论，对上海城市发展提出了许多重要的指导性意见，中共上海市委、市政府根据中央指示精神对规划报告又作了修改，形成了《上海市城市总体规划方案（修改稿）》。国务院于1986年10月13日批复原则同意。这是上海历史上第一个经国家批准的城市总体规划方案。1986年国务院批复的上海市城市总体规划，明确提出上海是我国最大的港口城市和重要的经济、科技、贸易、金融、信息、文化中心，进一步指明了上海现代化建设的方向，为上海城市建设快速有序发展提供了重要保证。

20世纪90年代以来，上海紧紧抓住浦东开发开放的历史机遇，掀起城市建设的新高潮。陆家嘴金融贸易区、外高桥保税区、金桥出口加工区、张江高科技园区以及一批现代化生活园区基本形成，浦东新区功能开发和形象建设取得令人瞩目的成绩，南浦大桥、杨浦大桥等一批越江工程的建成，为进一步扩大对外开放、增强上海城市的综合功能创造了有利的条件。党的十四大明确提出“尽快把上海建成国际经济、金融、贸易中心之一”的战略决策。上海围绕建设交通工程、调整工业布局、改造危棚简屋地区三大重点，加快了大规模城市建设的步伐。一批展示现代化国际大都市面貌的标志性建筑拔地而起，中心城集聚、辐射功能得到进一步加强，郊区经济实力明显提高，上海逐步从传统的工商业城市转向国际经济中心城市，城市能级显著提升。2001 年 5 月国务院正式批复并原则同意《上海市城市总体规划》(1999—2020 年)(以下简称“新一轮城市总体规划”)，明确提出要把上海建设成为现代化国际大都市和国际经济、金融、贸易、航运中心之一，翻开了上海城市建设发展新的一页。

随着城市发展和人口、空间规模的持续快速扩张，上海面临资源环境紧约束和城市转型发展的压力。站在新的起点，上海面临的发展形势和要求发生了巨大变化，迫切需要编制新一轮城市总体规划。

经过充分研究和评估，在国家有关部委的大力支持下，中共上海市委、市政府对《总体规划》编制工作高度重视。2014 年 4 月，市委、市政府成立由韩正书记担任组长、杨雄市长担任第一副组长的总体规划编制工作领导小组。2014 年 5 月 6 日，上海市委、市政府召开第六次规划土地工作会议，正式启动并全面部署“上海2035”的编制工作。韩正书记多次召开专题会议，对编制好《总体规划》提出一系列明确要求。2015 年 8 月，编制形成《总体规划纲要》，住房城乡建设部召开《纲要》审查会，原则通过《纲要》。通过学习贯彻党的十八届五中全会和中央城市工作会议精神，深入细化了《纲要》。2016 年 6 至 7 月，围绕目标定位、空间布局、综合交通、生态安全、文化风貌和规划转型等六个重大问题，向市人大常委会作了 3 个专场系列讲座。2016 年 8 月 22 日至 9 月 21 日，市政府依法开展 30 天的“上海2035”《草案》公示工作。8 月底，市政府就《草案》向市人大、市政协作了专题汇报。9 月修改形成《总体规划(送审稿)》。市规划委员会全体会议、市政府常务会议、市委常委会、市委十届十三次全会先后审议《送审稿》。2017 年 1 月，“上海 2035”上报国务院。5 月 26 日，住房城乡建设部召开城市总体规划部际联席会议，审查通过“上海 2035”《送审稿》，7 月 12 日将建议批复的请示上报国务院。党的十九大召开以后，上海对照十九大报告，对“上海 2035”进行全面修改完善。12 月 15 日，获得国务院批复。

新一轮城市总体规划编制的一个突出特点是坚持开门编规划。建立专家委员会，来自不同领域的百余名中外专家参与规划咨询工作。成立公众参与咨询团，全过程参与规划编制。开展“上海，我的 2040”公众调查活动，广泛征求市民意愿，调查对象包括户籍居民、非户籍居民、外籍人士，回收了 1.6 万份有效问卷。《草案》

形成后，用一个月的时间进行公示，充分听取社会各界意见，“上海发布”推送的关于《草案》的文章阅读量达到120万，共收到书面意见1 800余条。同时，在编制的不同阶段，分别就《纲要》《草案》等专门听取市人大、市政协的意见，多次征求各委办局、各区的意见。对各方面意见和建议，本着“能吸收尽量吸收”的原则，认真研究，充分采纳。可以说，新一轮城市总体规划是集思广益的成果，是全市人民智慧的结晶，充分体现了科学决策、民主决策的精神。

在编制《总体规划》的过程中，市委、市政府贯彻落实党的十八大、十八届三中、四中、五中全会精神和中央城市工作会议精神，贯彻落实习近平总书记系列重要讲话精神，牢牢把握当好全国改革开放排头兵、创新发展先行者的总要求，全面贯彻创新、协调、绿色、开放、共享的发展理念，坚持“一个尊重、五个统筹”，着力提高《总体规划》的引领性、指导性、操作性。主要有以下四个方面的具体考虑。一是坚决服从服务于国家战略。党的十八大提出实现“两个一百年”奋斗目标、实现中华民族伟大复兴的中国梦，中央对上海提出建设“四个中心”、建设具有全球影响力的科技创新中心等要求。新的历史时期，上海要肩负起新的历史使命，代表国家在更高层次、更广领域参与国际竞争与合作，强化综合服务功能，更好地服务长三角、服务长江流域、服务全国。二是充分体现全球发展的趋势。谋划上海未来发展，站位要高，视野要宽，思考要深。必须把握国际大都市发展的规律和趋势，把握新一轮科技革命和产业变革迅猛发展等新变化，既充分借鉴国际先进经验，少走弯路，发挥后发优势，又顺势而为，抓住重大机遇，在某些方面成为领跑者，塑造先发优势。三是更加突出以人民为中心的发展思想。“城市，让生活更美好”，是上海世博会的主题和留给我们的宝贵财富，是贯穿新一轮城市总体规划的重要理念。未来上海的城市发展，不仅要关注生产方式的转变，也要关注人们生活方式的转变；不仅要成为更加宜业的城市，也要成为更加宜居的城市。只有这样，人民群众才能更有获得感，上海才能更有竞争力。四是牢牢守住城市发展的底线。上海作为一个超大型城市，越是谋划长远规划，越要强化底线思维。实现更高质量、更可持续发展，关键是守住人口、土地、环境、安全四条底线。要围绕有约束、可操作、易评估、能检查，把这四条底线在《总体规划》中加以明确、落到图上，并通过不懈努力，使上海成为超大型城市绿色、循环、低碳发展的典范。

新一轮城市总体规划在成果体系和内容形式上进行了创新，完整成果包括“1+3”成果体系。“1”为规划报告，包括六大部分、八个章节。一是概述，对应第一章，简要说明总体规划的定义、编制特点以及成果构成。二是发展目标，对应第二章，明确未来上海发展的目标愿景和城市性质。三是发展模式，对应第三章，明确“底线约束”“内涵发展”和“弹性适应”等的具体要求，明确人口、土地两个关键性要素的规划导向，系统阐述新的规划理念和方法。四是空间格局，对应第四章，从区域和市域两个层次明确上海未来的空间格局。五是发展策略，对应第五章至第七章，围绕建设创新之城、人文之城、生态之城，提出综合交通、产业空间、住房和公共服务、城市文化、生态环境、安全低碳等重点领域的发展策略。六是实施保障，对应第八章，从推进城市治理体系和治理能力现代化的角度，探索建立规划编制、实施、管理的新模式。“3”为分区指引、专项规划大纲和行动规划大纲，是在实施层面上，从分区、部门、时间三个维度构建《总体规划》的管控体系，是《总体规划》向下落实的重要载体。

“上海 2035”牢固树立和贯彻落实创新、协调、绿色、开放、共享的新发展理念，把新发展理念作为一根红线贯彻始终。首先，由注重经济导向，转变为更加突出以人民为中心的价值导向。“上海 2035”在目标定位上，更加关注“人”的需求，将在上海生活、工作、学习、旅游等不同人群对于城市发展的愿景，真正反映和具体落实到规划中。在实施策略上，积极适应未来生活方式转变趋势，更加强调“社区”这一城市基本空间单元的建设，以 15 分钟社区生活圈组织紧凑复合的社区网络，促进生活、就业、休闲相互融合，提升市民的幸福感。其次，在资源环境紧约束的背景下，“上海 2035”转变了规划的思维方式，明确上海的城市发展要牢固树立“底线思维”，严守土地、人口、环境、安全四条底线，实现内涵发展和弹性适应，探索超大城市睿智发展的转型路径，力争成为高密度超大城市可持续发展的典范。

人口规模方面，严格控制人口规模，缓解人口快速增长与资源环境紧约束之间的矛盾，至 2035 年常住人口控制在 2 500 万人左右，并作为长期调控目标。在常住人口基础上，以实际服务人口需求进行公共资源配置，提高城市对服务人口的基本保障能力。城市住房养老、基础教育、体育、绿地等基本公共服务设施以满足常住人口需求为主。水、能源、安全、交通等设施需要满足实际服务人口的需求，规划考虑在常住人口基础上预留 20%以上的弹性。文化、医疗、教育、体育等高等级公共服务设施需要满足常住人口以及更大区域内人群的需求。

土地资源方面，上海未来将严守建设用地总量的“天花板”，建设用地总量控制在 3 200 平方公里内。进一步优化用地结构，适度减少工业用地比重，增加绿地、公共服务设施等用地的比例。加强历史文化风貌保护，坚持“整体保护、积极保护、严格保护”的原则，中心城区从“拆、改、留”转向“留、改、拆”，以保护保留为主，不断拓展保护对象体系。生态环境方面，锚固城市生态基底，全面划定并严守生态保护红线，确保生态用地只增不减。加强生态空间的保育、修复和拓展，从城乡一体和区域协同的角度加强生态环境联防联治联控。安全保障方面，加强水资源、能源和信息基础设施支撑保障，提升城市生命线安全运行能力，强化防灾减灾救灾空间保障和设施建设,提高城市应急响应能力和恢复能力。

在区域层面,主动服务"一带一路"建设、长江经济带重大战略,主动融入长三角区域协同发展。推进区域交通一体化,实现近沪地区 90 分钟通勤。推动上海与周边城市协同发展,构建上海大都市圈,打造具有全球影响力的世界级城市群。在市域层面,努力推动城乡发展一体化,优化空间格局,构建由"主城区—新城—新市镇—乡村"组成的城乡体系和"一主、两轴、四翼;多廊、多核、多圈"的空间结构。"一主、两轴、四翼"即:主城区以中心城为主体,沿黄浦江、延安路—世纪大道两条发展轴引导核心功能集聚,并强化虹桥、川沙、宝山、闵行 4 个主城片区的支撑,提升主城区功能能级,打造全球城市核心区。"多廊、多核、多圈"即:强化沿江、沿湾、沪宁、沪杭、沪湖等重点发展廊道,完善嘉定、松江、青浦、奉贤、南汇 5 个新城综合性节点城市服务功能,培育功能集聚的重点新市镇,构建公共服务设施共享的城镇圈,实施乡村振兴战略,实现区域协同、城乡统筹和空间优化。结合城乡体系和市域空间布局,构建由主城区和郊区两类地域,城市主中心(中央活动区)、城市副中心、地区中心和社区中心四个层次组成的公共活动中心体系。中央活动区包括小陆家嘴、外滩、人民广场、徐家汇等区域。城市副中心共 16 个,包括五角场等 9 个主城副中心、5 个新城中心和金山滨海地区、崇明城桥地区的核心镇中心。在市域层面,构建"一主、两轴、四翼;多廊、多核、多圈"的空间结构,控制中心城周边区域蔓延,发挥新城、新市镇县人口和带动地区发展的作用。

互联网技术的迅猛发展,正在深刻地改变全球城市发展,"上海 2035"也致力于构建更加开放协调的发展格局,呈现"全球互联、区域协同"的规划视野。充分考虑以互联网为代表的新一代信息技术对城市生活、生产、治理方式产生的深刻影响,在空间和功能布局上予以积极应对。从更开阔的视野、更高的定位去研究上海未来城市发展的战略框架,形成"网络化、多中心、组团式、集约型"的空间体系。

"上海 2035"聚焦提高城市治理能力,系统性地提出上海市城市总体规划实施保障体系,使城市总体规划更加可实施、可操作,更管用。一是优化空间规划体系。以主体功能区规划为基础,以城市总体规划和土地利用总体规划为主体,整合各类专项规划中涉及空间安排的要素以及相关政策,优化形成"两规融合、多规合一"的空间规划体系,努力实现"一本规划,一张蓝图"。二是健全政策法规体系。强化差别化、综合性政策支撑,研究制定有利于重点领域和重点地区发展的特定政策,既突出政策措施的针对性,又强化各部门、各地区的政策措施在空间上的统筹协同。三是创新空间管理体系。划定生态保护红线、永久基本农田保护红线、城市开发边界和文化保护控制线,构建"三大空间、四条红线"的空间分区管控体系,确保城镇空间不被突破,农业、生态空间不被侵占。四是完善社会参与体系。按照"政府引导、市场运作、社会参与"的思路，不断完善政府、社会、市民广泛、深度参与的社会参与体系，营造有利于城市总体规划实施的良好社会氛围。五是构建规划维护体系。依托大数据、信息化平台建设，建立动态监测、定期评估和及时维护机制，依法完善规划，动态维护规划，确保"一茬接着一茬干，一张蓝图干到底"。

2018 年 1 月 15 日，市委、市政府举行《上海市城市总体规划（2017—2035 年）》实施动员大会。市委书记李强强调，上海新一轮总体规划集中体现了党中央和习近平总书记对上海发展的要求，为上海未来发展指明了方向。要坚持以规划为引领，进一步坚定追求卓越的发展取向，面向全球、面向未来抓好规划实施，牢牢把握高质量发展和高品质生活这两大落脚点，在规划的细化落实上下更大功夫，努力建设卓越的全球城市和具有世界影响力的社会主义现代化国际大都市。

# “崇明 2040”发布：建成世界级生态岛

2017 年 7 月，由上海市崇明区人民政府会同上海市规划和国土资源管理局共同组织编制的《上海市崇明区总体规划暨土地利用总体规划(2016—2040 年)》草案(以下简称“崇明 2040”)发布。“崇明 2040”确立了崇明至 2040 年的发展总目标：以生产、生活方式的转变促进崇明发展模式的全面转型，至 2040 年，把崇明区建设成为在生态环境、资源利用、经济社会发展、人居品质等方面具有全球引领示范作用的世界级生态岛。

目前，生态文明已成为党治国理政的重点，党的十八大、十九大报告、十八届三中全会《决定》和《中共中央、国务院关于加快推进生态文明建设的意见》等一系列文件，清晰阐释了生态文明建设的科学内涵。党的十八大提出包含生态文明建设在内的“五位一体”总体布局，党的十九大报告在社会主义现代化强国建设目标中加上“美丽”二字，“人与自然和谐共生”成为习近平新时代中国特色社会主义思想重要内涵和基本方略的重要内容。全国各地正在扎扎实实推进生态文明建设。贯彻落实中央精神，崇明是上海“生态优先、绿色发展”的排头兵和先行者，是长江经济带生态大保护的标杆和典范，是“绿水青山就是金山银山”的典型案例。

崇明岛区由崇明本岛、长兴岛和横沙岛三岛组成，总面积近 1 500 平方公里。崇明岛区坐落于长江口，长江奔泻东下，流入河口流速变缓，所夹大量泥沙于此逐渐沉积，从一个露出水面的河口沙岛到最后形成大岛，成陆已有 1 300 多年历史，经历了千余年的涨坍变化。相传明太祖朱元璋曾称之为“东海瀛洲”，并御笔赐予而闻名。自唐武德年间(618—626 年)，长江口先后涨出东、西两沙而成陆。唐万岁通天年间(696—697 年)，始有渔民、樵夫在西沙定居。五代杨吴时期崇明设镇。南宋嘉定十五年(1222 年)，在姚刘沙设置天赐盐场，抽征盐税，隶通州。元至元十四年(1277 年)，升镇为州，隶属于扬州路。明洪武二年(1369 年)，降州为县，先后隶扬州路、苏州府、太仓州。民国时期，隶属于江苏南通，沦陷期间曾隶上海特别市。1949 年后隶属南通专区。1958 年 12 月改隶上海市。

崇明岛形似春蚕，头西尾东，卧伏于长江入海口的金涛碧波之上。它是世界上最大的河口冲积岛和中国第三大岛，占上海市陆域面积近五分之一，具有巨大的自然资本价值。全岛地势平坦，土壤肥沃，林木茂盛，岸线绵长，物产富饶。该岛东濒东海，南与浦东新区、宝山区和江苏省太仓市隔江相望，北同江苏省海门、启东两市一水之隔。现状为崇明岛东、北方滩地仍在继续淤涨，其中东滩每年以 100 余米的速度向东海推进。崇明岛还是国际鸟类迁徙六大重要路线和栖息地之一，世界自然基金会全球 200 个生态保护区之一。

崇明选择生态发展之路，筚路蓝缕，艰辛不易。20 世纪 90 年代以来，崇明受区位、交通、政策、人才等因素制约，在改革开放的大潮中逐渐掉队，客观上保持了相对良好的生态环境，也引发全社会对崇明未来发展道路的深入思考。1997 年，有学者提出“把崇明建设成具有国际影响的国家级国际化绿色生态岛”的概念。1998 年，上海市政府正式提出建设崇明生态岛的设想，并将其列入《上海市城市总体规划（2017—2035 年）》中。2001 年，国务院批复并原则同意《上海市城市总体规划》，提出“将崇明作为 21 世纪上海可持续发展的重要战略空间”。2003 年 7 月，上海市市长韩正在崇明调研时提出“生态绿岛”的发展定位，从此，崇明以生态岛建设为目标，逐步树立“生态优先、环境优先”的发展理念，通过各项工作举措，扎实推进崇明生态岛建设。2005 年，上海市报经国务院批准将长江口的长兴、横沙两岛划归崇明县，11 月，市政府成立崇明生态岛建设协调小组。2006 年 11 月市政府发布《崇明三岛总体规划》，明确提出建设现代化生态岛的总体目标，生态岛建设的推进机制初步建立，生态发展基础进一步夯实。2010 年 1 月，市政府正式对外发布《崇明生态岛建设纲要》，2011 年成立由副市长任组长的崇明生态岛建设推进工作领导小组，滚动实施三轮生态岛建设三年行动计划，生态岛建设步入正轨，生态发展的基础日益坚实。2016 年 7 月，经国务院批准，崇明撤县建区。2016 年 12 月，上海市政府发布《崇明世界级生态岛发展“十三五”规划》，明确崇明未来要努力建成具有国内外引领示范效应、社会力量多方位共同参与等开放性特征，具备生态环境和谐优美、资源集约节约利用、经济社会协调可持续发展等综合性特点的世界级生态岛。崇明，从此迈上了建设“世界级生态岛”的征程。上海举全市之力，高标准、高质量推进崇明世界级生态岛建设。2017 年，上海市政府投入市级建设财力 500 亿元，加快崇明生态岛现代化基础设施和环保设施建设。对此，联合国环境规划署将把崇明生态岛建设作为典型案例，编入绿色经济教材，建议全球 42 个岛国（屿）学习。2017 年 7 月 20 日，上海崇明区发布世界生态岛建设的“崇明 2040”规划，标志着崇明生态岛建设迈上新征程。

“崇明 2040”规划的发布，为崇明区建成世界级生态岛指明了方向。规划明确，崇明区坚持生态立岛，坚决不搞大开发，坚持“绿水青山就是金山银山”，坚持高标准、高视野、高质量。充分运用“中国智慧”促进生态自然优势与生态发展优势整合，走出一条生态文明发展的新路径，为上海生态文明建设和迈向卓越的全球城市做出重要贡献。规划要求，到 2040 年，崇明区常住人口控制在 70 万人以内，城镇化水平为80%左右,城镇人口56万人左右。自然湿地保有率从38%提升到45%,森林覆盖率从22%提升到35%,人均公园绿地面积从6.8平方米提升到20平方米,水面率从9.54%提升到10.3%。

"崇明2040"明确要坚守人口、用地、生态、安全底线,优先保护生态环境、进一步厚植生态基础、完善生态资源、提升生态价值,使崇明成为上海重要的生态屏障和长三角乃至全球生态系统的重要节点。规划指出,要结合"中国元素、江南韵味、海岛特色"的总体风貌定位,对全域空间进行总体城市设计,未来崇明将逐步形成它独特的风貌景观,综合展现乡土情怀、田园风光和海岛肌理。其中,优化调整开发边界是举措之一。规划由现行规划157平方公里瘦身至133平方公里,减少15%。扣除河流水面,全区城市开发边界内规划建设用地规模控制在126平方公里,开发边界内可新增建设用地的空间同步由53平方公里压缩至36平方公里,减少32%。原集建区瘦身的区域,现状为优质耕地的,可划入永久基本农田予以保护;现状已配套交通基础设施的,可作为生态林地空间。规划空间过于集中的陈家镇、长兴镇、城桥镇是城市开发边界瘦身的重点。

规划至2040年,崇明区战略留白空间规模为17.2平方公里。战略留白空间包括崇明工业园区、城桥东侧、新村冠华产业区块、新河北侧、新河南侧、堡镇滨江、现代农业园、轨道编组站预留区、论坛商务区、上实东滩、振华备用地、橘林小镇、横沙乡等片区。

根据规划,全区划定文化保护控制线,保护文化战略资源,提升城市文化内涵。将堡镇光明街历史文化风貌区和三星镇草棚村历史文化风貌区纳入历史文化保护线。重点保护历史文化资源与环境,科学引导历史遗产的更新与活化利用。将崇明东滩鸟类国家级自然保护区、东风西沙湿地、东平国家森林公园、明珠湖公园纳入自然文化景观保护线。加强自然景观的保护与修复,严格控制保护线内的开发建设活动。

规划对崇明区生态环境方面提出了要求。以符合本土自然环境为原则,在崇明骨干道路周边、环崇明岛道路两侧、乡镇主干道和主要河道两侧及其他宜种植或补植的区域加强种植力度。整体形成"三环四轴五景、多廊多带、多园多点"的林地总体格局。规划指出,保护及恢复内陆湿地与湖泊河道,至2040年全区河湖水面率达到10.3%左右,新成陆区域按不低于15%控制河湖水面率。

根据规划,崇明将实施"+生态"和"生态+"发展战略,积极推进生态、生产、生活融合发展。大力实施"+生态"战略。坚持生态优先,厚植生态基础,着力推进"五个+"。一是要+生态底线,最大限度划定生态底线,提升生态价值。识别生态敏感与风险地区,对生态敏感地区与潜在的生态风险地区进行预先管控与防治,严守底线、提升生态价值。二是要+生态资源，提高自然湿地保有率和森林覆盖率，完善生态资源系统，改造植被单一性，提高生物多样性。三是要+生态网络，连通蓝绿空间体系，构建全岛生态环境建设框架，形成贯穿各层次的生态空间网络。四是要+生态节点，塑造特色生态空间，构建国家公园、郊野（区域）公园、城市公园、地区公园、社区公园等多层次的公园体系。五是要+生态修复，减少生态负债，减少人工干预，切实加强水体修复、土壤修复和绿地修复，实现城乡生态的自然化。

稳妥推进“生态+”战略。发挥生态优势，提升生态价值，着重“+三个力”。一是生态+活力，通过完善就业政策、人居环境、公共服务设施等吸引高端人才与年轻人群，提升人口活力；积极策划多样化的生态友好型活动与赛事，提升国际影响力。二是生态+动力，注入生态型功能，重点关注农业、旅游、创新三大方向。发展农业科技和特色农业，提升休闲旅游能级，拓展以文化创意、智慧数据和人文艺术为核心的创新产业体系。三是生态+魅力，以“中国元素、江南韵味、海岛特色”为总体定位，提升全域风景品质。以水系为脉，打造景观河道系统，彰显岛屿生长脉络；以生态为底，引导农田种植结构调整，塑造大地景观；以文化为核，挖掘文化资源内涵，提供多元包容的文化空间。切实转向“生态化的生活生产方式”。牢固树立生态保护理念，积极引导居民在衣食住行游等方面向绿色低碳、文明健康方式转变，促进传统产业生态化改造，全面推进经济发展方式的绿色转型。

“崇明 2040”严格划定全区生态空间，总面积 1 401.1 平方公里，其中陆域面积 1 021.2 平方公里，落实并深化一、二类生态空间，优化并拓展三、四类生态空间。规划全区生态空间总面积 1 401.1 平方公里，其中陆域面积 1 021.2 平方公里。按照市级生态空间划定要求，落实并深化一、二类生态空间，优化并拓展三、四类生态空间。

一类生态空间为崇明东滩鸟类国家级自然保护区的核心范围（位于崇明区界内），总面积约 102.4 平方公里（均为长江口及近海海域面积）。目标成为全球鸟类的重要栖息地、世界自然资源多样性的重要保护地。

二类生态空间包括崇明东滩鸟类国家级自然保护区非核心范围和长江口中华鲟自然保护区（崇明区界内），东风西沙水库、青草沙水库饮用水水源一级保护区、东平国家森林公园核心区以及西沙、北湖等重要湿地空间，总面积约 157.0 平方公里（其中长江口及近海海域面积 133.9 平方公里，陆域 23.1 平方公里）。

三类生态空间包括东风西沙水库、青草沙水库饮用水水源二级保护区，永久基本农田、重要林地、湿地、湖泊河道、重要生态走廊等生态修复区域，总面积 1 137.8 平方公里（其中长江口及近海海域面积 143.6 平方公里，陆域 994.2 平方公里）。

此外，规划形成“五源多廊”的总体生态空间结构，崇明东滩、西沙、北湖、东平国家森林公园、长兴青草沙湿地等五个重要生态源地,是代表崇明生态价值的核心名片,重点保护自然生态环境,减少人为干预,适度允许少量公共功能建设;1条市级生态走廊和10条区级生态走廊,串接生态基本片区及重要生态源地,构建崇明生态骨干网络。

交通方面,坚持"快到慢行,减少穿行"的发展理念,倡导绿色、低碳交通出行,构建"外畅内优、高效集约、绿色生态"的综合交通体系。大力发展以"公交+慢行"为主导的绿色交通模式,率先实现绿色交通出行比重达85%的发展要求。依托干线公路和以轨道交通为主体的骨干交通系统,构建60分钟交通圈,其中崇明重点地区至上海主城区60分钟可达,城桥核心镇至区内中心镇45分钟互通,城镇圈内30分钟覆盖。

除了交通方面,规划还给崇明居民带来一系列利好消息:构建城乡一体的公共服务体系,发展面向未来、服务全生命周期的公共设施网络体系,以及依托城镇圈及社区生活圈,强化均等覆盖的基本公共服务设施布局等。此外,市政基础设施建设坚持"生态优先"原则,实现"海绵崇明""零碳岛"的目标。

经过十多年坚持不懈的努力耕耘,崇明在绿色发展、厚植生态等方面取得重大成绩,先后获得"中华环境奖""全国绿化模范县""中国长寿之乡""国家生态文明先行示范区""国家生态县""国家全域旅游示范区""国家农业可持续发展试验示范区"等荣誉称号。回顾和展望崇明的生态建设之路,尽管取得了一些成绩,积累了一些经验,但是与全面建成小康社会的奋斗目标相比,与人民群众对生态文明建设的殷切期盼相比,崇明世界级生态岛建设还存在着不少难点、痛点和堵点。如,理念认识不够清。以生态理念统筹全局工作的系统集成程度不够,种树的只管种树,治水的只管治水,护田的单纯护田,往往顾此失彼,不利于生态环境的系统保护。发展动力不够强。多年来生态岛建设依靠市级资金下沉,依赖投资驱动,创新驱动能力较弱,生态优势向发展优势转化的路径还不明确,符合生态文明要求的产业支撑体系还没有形成。发展标准不够高。世界级生态岛是个全新命题,"世界级"就意味着生态岛建设需要版本升级,需要自然资本不断增值,生活质量不断提高,产业经济不断升级。由于缺少可资借鉴的参考,生态岛建设的标准离世界级还有较大的差距,从既有的生态岛建设成效来看,示范性和引领性还不强。

# 2017—2018 年上海历史风貌保护工作纪实

2017 年 2 月 3 日，农历新年过后上班第一天，市委书记韩正前往黄浦区老城厢和静安区老闸北的安康苑和老静安的张园，实地调研历史建筑风貌区保护工作。整整一个上午，韩正马不停蹄边走边看，听取市委、市政府相关部门负责同志关于全市历史建筑风貌区保护的情况汇报和下一步工作计划。考察结束，韩正做出指示：历史文脉要精心保护、文化记忆要用心留存，上海必须下更大决心、花更大力气保留保护更多历史建筑，保留保护更多成片的历史建筑风貌区。要以城市更新的全新理念推进旧区改造工作，进一步处理好留、改、拆之间的关系，处理好历史建筑保留保护与改善旧区居民居住条件的关系。第一，要从“拆、改、留并举，以拆为主”，转变为“留、改、拆并举，以保留保护为主”。第二，在更加注重保留保护的过程中，要创新工作方法，努力改善旧区居民的居住条件。要抓紧研究出台针对性的政策措施，实实在在落实历史建筑和历史建筑风貌区最严格的保护要求，保护好上海的历史文脉和文化记忆。

习近平总书记提出，历史文化是城市的灵魂，要像爱惜自己的生命一样保护好城市历史文化遗产。上海是中国历史文化名城，拥有丰富的历史文化资源，历史底蕴深厚。截至 2018 年 9 月，上海已陆续公布：一是全国重点文物保护单位 29 处，市级文物保护单位 238 处，区级文物保护单位 423 处，文物保护点 2 745 处，共计不可移动文物 3 435 处。二是五批共计 1 058 处优秀历史建筑，主要集中在黄浦、徐汇、长宁、静安、虹口等中心城区，从使用功能上几乎包括各种建筑类型，有办公、商业、文教、宗教、居住、工厂等。三是中心城区 12 片历史文化风貌区（占地约 27 平方公里），郊区和浦东新区 32 片历史文化风貌区（占地约 14 平方公里），250 处风貌保护街坊，397 条风貌道路（其中永不拓宽道路 64 条）。四是上海于 1986 年被国务院公布为国家历史文化名城，全市共有 1 处国家级历史文化街区，2 个村落被批准为中国历史文化名村，3 条历史文化名街，10 座中国历史文化名镇。建立了合理的“金字塔”是保护体系。但仍存在历史街区被成片拆除、城市文脉与历史肌理消失等令人痛惜的现象，历史风貌保护工作在实际操作层面仍然面临较大困难。

2017 年 2 月，市委市府办公厅牵头，市规土局、市文物局、市住建委等相关部门共同开展上海中心城区五十年以上建筑普查。经普查，上海外环内现存五十年以上（建成时间 1966 年以前）历史建筑约 2 559 万平方米。其中里弄类 813 万平方米。根据市委、市政府要求,应当对其中 730 万平方米予以保留保护,这是下一步文脉传承、历史风貌保护工作的“底线”与“红线”。

为深化落实市委领导精神,2017 年 7 月 13 日,按照市委、市政府旧区改造的指导思想要转变到“留改拆并举,以保留保护为主”的方针上来的总体要求,市政府发布《关于深化城市有机更新促进历史风貌保护工作的若干意见》(沪府〔2017〕50 号),从规划、土地、财政等多个方面提出促进城市有机更新及风貌保护的一系列创新政策建议,为下一阶段保护工作开展提供强有力的政策保障。《若干意见》的出台,堪称市委市政府的最严“刹车令”,标志着上海旧区改造工作口径的重大调整,城市更新理念发生质变,上海历史风貌保护工作进入新的阶段,确立了传承城市历史文脉、留住城市记忆、严而又严地保护好上海历史风貌的工作基调。

对于恶性破坏历史风貌的行为,市委、市政府采取的是“零容忍”态度。2017 年 6 月,巨鹿路 888 号优秀历史建筑保护被拆事件遭市民个人自媒体曝光,公共舆论充分发挥主流媒体的舆论监督作用,将其发酵成为公共事件,进而引起市委市领导的高度重视。经过两个星期的调查,6 月 23 日,上海市委市政府开出风貌保护历史上史无前例的“全国第一罚单”,对违法行为人王某罚款人民币 3 050 万元,责令其在 10 个月内恢复建筑原状;对 2 个政府责任部门及 10 名责任人员严肃问责。这件事情的处理,充分反映了上海市委市政府对此事的高度重视,亦回应了韩正书记不久前在静安调研时提出的要求:“对破坏历史建筑的行为,一查到底、绝不姑息。”通过这个事件,可以看出广大上海市民已对于城市历史风貌保护形成文化共识,并正在唤起一种行动自觉,这也是一座城市的成熟与进步的体现。静安区政府负责人表示,这一事件性质恶劣、教训深刻。痛定思痛,静安区将吸取教训,深刻反思,积极整改,建立机制,要着力做好三方面工作:一是全力抢修,恢复原样;二是全面普查,落实责任;三是完善制度,长效管理。

然而,上海近现代建筑呈现出与北京、西安等中国传统古建筑以及希腊、罗马等西方古典建筑不同的特殊性:一方面,建成仅百年左右,尚属“年轻”;另一方面,普遍在使用之中。上海近现代建筑仍有很高的使用价值,历史人文价值仍在增长积累中,因此保护和利用、继承和发展之间的平衡至关重要。

2017 年 11 月,市政府发布《关于坚持留改拆并举,深化城市有机更新,进一步改善市民群众居住条件的若干意见》(沪府发〔2017〕86 号),明确坚持以人民为中心的发展思想,深化城市有机更新,在城市建设中更加突出历史风貌保护和城市文脉传承,同时进一步探索多渠道多途径地改善居民居住条件。

2017 年 11 月 14 日,市委书记李强上任后调研的第一站中,详细了解徐汇区“衡山路—复兴路历史文化风貌区”的情况,并提出:“历史建筑、历史风貌是一座城市活着的历史，是非常宝贵的财富。要保护好历史文化遗产，讲好城市故事，留住城市记忆。”上海历史风貌保护利用工作处于一个千载难逢的绝佳发展机遇期。

为了探索城市有机更新之路，作为上海从“拆、改、留”变为“留、改、拆”的先期试点，全市第一个“留户留人”里弄房屋内部整体改造项目，保存原有房屋加以修缮，将居民临时安置，改造完成后再迁回原址。2017 年 5 月正式启动，12 月，春阳里完成改造，第一批居民陆续回搬。春阳里建造于 1921 年至 1936 年，属虹口区历史风貌保护街坊，多为二层，部分带三层阁楼，建筑面积逾 1.5 万平方米。目前的春阳里共有 23 栋单体，270 个单元，住有居民 1 181 户。春阳里的居民一直过着厨房合用、马桶相伴的生活，再加上房屋老化带来了结构不稳、消防隐患等诸多问题。改造方案注重建筑外部保留历史建筑风貌，内部解决房屋安全问题，并实现每户厨卫独用，由原先不成套房屋改造为成套房屋。在改造过程中，居民在外租房过渡，由政府承担租金，改造完成后居民再“回搬”。此外，由于春阳里属于直管公房，所有改造的费用由市区财政共同出资。如今春阳里一期已经完成改造，外墙保留老虎窗、红砖外墙等细节并修复原有纹路，走进屋内，坡度明显提升，每户人家增设独立卫生间和厨房，平均增加面积 3.5 平方米。像春阳里这样的更新改造，通过非商业化的形式，留住里弄原住民的探索意义重大，更是城市更新和民生保障的有机结合。同济大学建筑与城市规划学院建筑学副教授李彦伯认为，“春阳里是城市有机更新的重要尝试，它集合了空间和社会两个主体，从文史研究、策划设计、施工、运维以及到最后的社区营造，都缺一不可”。

2018 年 7 月，承兴里旧里完成“抽户”居民签约，达到目标释放面积。黄浦区承兴里是上百年的石库门建筑，首次尝试“抽户”改造居住密度较高的老旧房屋。“抽户”是“留房留人”的创新模式，部分居民通过解除租赁关系方式搬离承兴里，降低居住密度，释放充足空间面积满足改造需要；里弄内部空间结构可能发生调整，居民家的楼层、单元、房屋形状会有所变化。

黄浦区福佑地块尝试“人走房留”模式探索。征收后成片保留历史肌理和风貌，并将原有居民住宅改造为商业开发和公共空间。黄浦区建设和管理委员会建设科相关负责人介绍，未来将在福佑地块周边构建慢行系统，开辟公共绿地，原有的老城厢将“变身”连接新天地商务区和外滩金融区的桥梁。黄浦区还重点推进外滩历史文化风貌区等区域性保留保护项目，预计将完成历史风貌建筑保护开发 20 万平方米。在资金方面，区政府设立保留保护专项资金，并探索拓宽融资渠道，吸引社会资金共同参与。

2018 年 8 月 13 日，“坚持‘留改拆’并举、深化城市有机更新、切实加强历史风貌保护、加快改善市民居住条件”专题培训班开班，市委副书记、市长应勇作开班动员。应勇指出，新一轮旧区改造必须从“拆改留并举，以拆为主”转到“留改拆并举、以保留保护为主”，走城市有机更新的新路子。应留的必须留，作为做好“留改拆”工作的底线，必须保留保护好 730 万平方米里弄住宅，保留保护好城市肌理、街坊肌理和历史建筑。该改的全力改，要全力修缮改造各类旧住房，既要坚持历史建筑修旧如旧，也要切实改善房屋条件和城区风貌。当拆的加快拆，要加快拆除没有保留保护价值的二级旧里以下房屋。强调要“分类施策”“应留的必须留”“该改的全力改”“当拆的加快拆”。

尽管先后两次发布《若干意见》，但还是没有明确“保护什么”“谁来保护”“怎么保护”的问题。“一刀切”全部叫停后，很多已经审批的项目暂停了，如何继续下去的方法路径却没有。尽管开展了春阳里“微改造”、承兴里“抽户”“试点”探索，政府投入大量资金，相关部门和街道做了大量工作，“试点”尚未找到可复制、可推广的成功经验。今后五年是我国全面建成小康社会的决胜期，实现“两个一百年”奋斗目标的历史交汇期，也是上海全面打响“四大品牌”，基本建成“五个中心”和社会主义现代化国际大都市的决胜期，上海历史风貌保护利用工作必须抓住历史机遇期，以人民的需求为出发点，转变发展思路，优化管理体系，动员社会力量，创新利用模式，把历史风貌保护利用工作做得更深、更硬、更实。一要提高认识，统一思想。要强化担当意识，各区、各部门、各单位主要领导要亲自抓部署、抓推进、抓落实。要强化创新意识，区里要跳出传统思维，大胆探索。市里要尊重基层首创精神，及时总结推广好经验、好做法。二要加强资源整合，优化管理体制。尽快解决“保护什么”“谁来保护”“怎么保护”的问题。三要加大政策支持力度，激励社会力量参与保护。四要创新利用模式，让文化遗产“活起来”。

# 上海援疆工作纪实

1996 年 3 月 19 日，党中央、国务院从维护新疆稳定的大局出发，作出内地东中部省市对口援助新疆的重大决策。1997 年 2 月 13 日，上海市和河南省的首批援疆干部，开始对口援助新疆维吾尔自治区阿克苏地区；2005 年，3 家中央直属企业也加入对口支援阿克苏地区的行列。1997 年至 2010 年，上海市对口支援阿克苏工作中，以智力、技术、物资和项目援助为重点，以选派干部支持为龙头，以传、帮、带为手段，大力实行经济、科技、文化等全方位的援助，推动了阿克苏地区的经济社会发展。上海市主要对口支援阿克苏地区有关部门和阿克苏市、温宿县和阿瓦提县。对口援疆中，上海市成立了由市领导挂帅的上海市援藏援疆工作领导小组；2005 年 4 月，成立上海市合作交流与对口支援工作领导小组，市政府合作交流办承担领导小组办公室职能。

2010 年 3 月 29 至 30 日，全国对口支援新疆工作会议召开，新一轮对口援疆工作启动。根据中央部署，全国 19 个援疆省区市建立人才、技术、管理、资金等全方位对口援疆的有效机制，深入推进对口援疆工作。上海由对口支援新疆阿克苏地区调整为对口支援新疆喀什地区的莎车、泽普、叶城、巴楚四县。8 月，上海市对口支援新疆工作前方指挥部成立，在对口支援的四县设分指挥部。此后，市政府驻新疆办事处与指挥部实行合署办公。在上海市委、市政府的领导下，指挥部具体组织实施对口援疆工作。上海市选派干部人才到喀什地区，围绕“民生为本、产业为重、规划为先、人才为要”的援疆工作总体思路，夯实产业、教育、卫生、文化和人才等领域援疆工作基础，助推四县经济社会发展，帮助对口四县不断改善民生。

2016 年 11 月起，上海市开展了第九批援疆干部人才选派工作。第九批援疆干部共 193 人，其中，170 人到市对口支援新疆工作前方指挥部、喀什地区第二人民医院、喀什大学、喀什地区第六中学和对口支援四县工作，23 人到克拉玛依市工作。根据对口援疆工作需要，27 名援疆中学教师和 20 名援疆干部骨干分别于 2016 年 8 月和 12 月提前到喀什工作。2017 年 2 月 19 日，上海第九批援疆干部人才启程进疆工作。该批干部人才中，党政干部在疆工作期限为三年，专业技术人才在疆工作期限为一年半。

2017 年至 2018 年，在上海市委、市政府的领导下，在上海、新疆各部门及社会各界的支持下，上海市对口支援新疆工作前方指挥部精心组织推进援疆各项工作，在对口支援喀什地区中(浦东、闵行、宝山、静安等区重点支援四县),坚持精准发力,助力脱贫攻坚;加大招商引资合作支持力度,推进产业发展,促进群众就业;推进沪喀农产品产销合作;推动医疗教育人才"组团式"援疆,加大人才传帮带,完善沪喀职教联盟建设;支持安居富民房建设,推动优质医疗资源向基层延伸,推进"三降一提高"(降低传染病发病率、降低孕产妇死亡率、降低婴幼儿死亡率,提高人均寿命期望值)工作;推进干部人才培训,组织开展文艺演出交流活动。同时,上海组织实施了支援克拉玛依市的相关工作。

上海市对口支援新疆工作前方指挥部全力推进产业援疆,把发展产业促进就业作为促进受援地贫困群众精准脱贫的主要举措,在为新疆经济发展注入活力的同时,带动对口支援的喀什地区农村富余劳动力转移就业和脱贫致富,开辟了一条符合受援地实际的产业援疆助力精准脱贫的新路子。上海在对口支援中专门成立产业促进就业小组,多渠道支持当地产业发展,多形式推动产业促进就业,多路径拓宽地方特色商品销售,多领域开发地方旅游资源,助力援建地区脱贫。

上海在援建中,积极让村民走出家门,走进卫星工厂,转型为产业工人,使援建地区群众在家门口就业,增加贫困人口的收入。喀什地区招商引资来的企业大多聚集在工业园区,与村子相距较远,当地人上班不方便。为此,上海援疆中以发展乡镇卫星工厂为重要举措,以工业园区为依托,充分发挥政策优势,鼓励企业按"总部+卫星工厂+农户"的模式逐步向各乡镇小微产业园和深度贫困村辐射,让建档立卡贫困户在家门口实现就业。2017年,上海援疆对口四县企业新增就业5.2万人,贫困人口就近就地就业和转移疆内外企业就业9 700余人。

在上海对口支援的四县,许多乡镇建有卫星工厂,招工中,就近优先招收建档立卡贫困户,由此实现贫困户长期稳定就业,为村民持续脱贫提供可靠保障。在上海援疆工作的推动下,社会力量投入"促就业"中来,浦发银行与中国彩棉集团强强联手,合作建设精准扶贫卫星工厂,采取"彩棉集团运营,浦发银行包销"的模式,使村民在家门口实现长期稳定就业。

在推进安居富民房建设过程中,大力推行庭院经济,想方设法让贫困居民在自家庭院赚钱。援疆资金帮助村民在每座安居富民房的庭院里,发展"五个一",即一畦菜园、一座畜舍、一片果树、一架葡萄、一座拱棚。在实施中,在整体规划上别出心裁,合理利用新房子里的庭院,用木头搭起天棚,便于葡萄藤依附攀爬;在屋后开辟菜地,种上西红柿、辣椒、番茄等蔬菜;在房顶上搭个小窝养鸽子,发展庭院经济,促进当地贫困居民增收。

莎车是上海对口四县中的农业大县。2017年,莎车现代农业示范园在上海孙桥农业园区的帮助下引进无土栽培技术,试种43个新品种,其中有12个品种的番茄、18个可食用可观赏品种的南瓜、13个观赏品种的南瓜。农业技术人员给每个乡镇的技术员讲解相关种植技术，回去之后，技术员挨家挨户上门指导，帮助增加产量，让群众在庭院里种出最大效益。与此同时，示范园的组培中心与孙桥组培中心联手开展巴旦木、核桃等莎车本地主要经济作物的组培技术研发，通过种苗的提纯复壮，解决由于种性退化引起的品质和产量下降，从而实现增产增收。培育出的好种苗，免费发放给群众，让其在自家田地或庭院里种出更多好的果实，增加了当地群众的收入。

援疆中推进喀什农产品与上海及周边市场的产销对接，帮助农产品打开销路、提高销量，促进贫困群众脱贫。在巴楚县，上海援疆干部把当地"库克拜热瓜"改名"巴楚留香瓜"，尝试通过电商平台推动农产品销售，帮助农民卖瓜增收。与多家商超合作，举办专场推介，线上线下双管齐下，打造"巴楚留香瓜"品牌，一时间出现"一瓜难求"的火爆场面，巴楚留香瓜一跃成为"网红"，带动当地收购价格上涨、农户增收。2017年，上海市对口支援新疆工作前方指挥部巴楚分指挥部从种植、分挑、冷链仓储物流、品牌营销、农业保险等各环节入手，通过对援疆项目科学化、系统化的谋篇布局，为巴楚留香瓜特色产业长远发展打造了一套"带不走"的完整产业链。帮助当地建设巴楚留香瓜标准化种植基地，邀请有甜瓜种植成功经验的农业技术专家，到田间地头手把手对瓜农进行种植技术指导。从种子杀菌开始介入，到育苗、整蔓、水肥、翻瓜等各环节全程指导，改变传统的种植技术，通过提高标准化的田间管理为品控打好基础。组建一支由当地瓜农组成的"巴楚留香瓜技术服务队"，队员优先选择建档立卡户瓜农参与，就近为本地更多瓜农开展技术指导和田间管理服务。上海市对口支援新疆工作前方指挥部及巴楚分指挥部积极推动巴楚留香瓜在上海的销售，2018年7月组织上海援疆"双线九进"2018年巴楚留香瓜社区品鉴会，在静安区共和新路街道、曹家渡街道、宝山路街道陆续举办，深受上海市民欢迎，据不完全统计，活动期间销售400余吨。

上海市对口支援新疆工作前方指挥部依托上海在品牌管理、市场营销上的优势和资源，力推喀什农产品在上海的"双线九进"活动。将莎车巴旦姆、泽普红枣、叶城核桃、巴楚羊肉、喀什西梅等特色农产品引入商圈、社区、菜场、地铁、学校、银行、机关、宾馆和企业，在线上线下形成良好口碑。在2018年上海国际茶文化旅游节上，"喀什好味道社区团购"正式发布，进一步推进喀什农产品与上海及周边市场的产销对接，帮助农产品打开销路、提高销量，也让上海市民品尝到质优价美的农产品。

上海援疆中，深挖并开发喀什地区旅游资源，促进旅游事业发展，带动第三产业扩大就业。2011年，锡提亚迷城被列为旅游援疆项目由上海与叶城共同打造，此后两地联合开发，景区逐渐成为叶城县最热门的国家3A景区之一；景区内大大小小的工作岗位，统统交给当地的洛克乡老百姓，其中相当一部分人是建档立卡贫困户。2017年至2018年，慕名而来的游客越来越多，尤其是暑假，一批批的上海旅行团陆续到景区参观。景区红火了，周边老百姓的收入也跟着上去了。巴楚县阿纳库勒乡14村紧邻国家级4A景区红海景区，2017年有些游客玩得不过瘾，多次跟当地人打听能不能住在农民家里体验乡村生活。得知游客需求后，2018年，上海市对口支援新疆工作前方指挥部和当地有关部门几经规划，拿出250万元援疆资金，在14村建设8到10栋样板民宿，打造旅游扶贫示范村。民宿的外观保留当地特色风情，内部装修按照三星级宾馆的水准实施。自愿加入改造的农户除自掏腰包承担一部分装修款，还参加当地旅游部门组织的标准化服务培训，而民宿所产生的收益大都归农户所有。上海援疆干部在帮助作为国有林场的泽普金湖杨景区创建5A的过程中，并未将景区中的群众迁走，而是统统留下来，通过将安居富民工程与景区开发相结合，既改善了群众的居住质量，又将民居打造成亮丽的风景线，同时帮助当地村民，轻轻松松在家门前实现就业。

上海积极引入到喀什的旅游专机和火车专列，助推当地旅游产业。2017年开始，上海旅游援疆从"强功能"为主转向"扩市场"为重点，上海市对口支援新疆工作前方指挥部专门成立旅游援疆专项工作推进小组，以"引客进喀""送客进疆"为主要突破口。8月3日、9月7日、9月10日，以新疆喀什为旅游目的地，采取"政府主导、援疆支持、市场运作、企业主体"的形式，"四季上海—喀什号"援疆旅游专列和"四季上海—喀什(莎车)号"旅游包机、"上海宝山号"援疆旅游专机陆续开通。其中，536位上海游客搭乘旅游专列到喀什，游览四天三夜；旅游包机、旅游专机把近300位上海游客带到喀什。2018年，旅游专机6月15日首航，7月起每周发出至少一架旅游专机。旅游专列、旅游专机的辐射效应，带动越来越多的上海人看新疆、游喀什。据喀什地区旅游局统计，2017年上海到喀什的游客数超过130万人次，占喀什疆外游客的三成以上。2018年上半年上海到喀什的游客数达到60余万人次。游客的增加、旅游产业的发展，带动了文化、住宿、餐饮、交通等多行业、多方面发展，促进了当地经济社会发展，助推当地群众脱贫致富。

上海对口援疆中，深入推进安居富民房建设，积极帮群众解决住房问题。2010年至2016年，上海在四县规划并支持建设约20万套安居富民房，惠及对口支援四县约四分之一人口。在安居富民房建设中，中央、自治区、上海援疆都有资金补贴。2017年，安居富民工程每户补助标准为中央1.05万元、自治区0.8万元、上海援建补助1万元，纳入安居富民工程建房范围的建档立卡贫困户，上海援疆补助资金每户增加1万元，再加上低息贷款，老百姓负担不重。

在安居富民房建设中，充分考虑群众生活需求，配置基础设施，为发展庭院经济创造条件。在基础设施配套上，天然气管线、乡村路灯、太阳能路灯、农村生活垃圾填埋场、人行道、广场都在考虑范围之内。沪疆两地干部在多次深入乡村调研的基础上，科学提出贫困户脱贫庭院经济发展所需的条件，如标准牲畜棚圈、菜园、果园、葡萄架等，在建设中认真组织实施。建成的安居富民点里的生活配套设施较为齐全，几乎每个安居富民点都有小卖部、小吃铺、裁缝铺、理发店、机电修理店等，店主都是本村人，村里的环卫工人也是本村人。

上海在对口支援中，推进公共卫生服务体系建设，推动优质医疗资源向基层延伸，实施“三降一提高”项目，不断提高当地的医疗卫生服务水平。上海与喀什两地携手打造“医疗联合体”，上海三甲医院援建喀什二院，浦东、静安、闵行、宝山四区对口帮扶喀什四县人民医院，上海基层医疗机构与喀什本地的乡镇卫生院、村卫生室结对子，上海援疆医疗团队在喀什打造“根系繁茂”的医疗联合体，通过前方与后方、医院和卫生院等联动，形成点面结合的援疆工作机制。

2011 年 5 月，以喀什二院为龙头、带动上海对口四县医院共同发展的全疆首个“医疗联合体”正式成立。此后，两地携手夯实医疗援疆工作，致力于打造内涵更丰富、形式更多样的南疆（喀什）新型医疗联合体。至 2018 年底，“医联体”成员单位发展到 26 家，联合体各单位间运行良好，远程医疗、双向转诊、医疗巡诊、业务讲座、手术示范、学术讨论和医院管理等工作常态化。沪喀两地真正实现医疗全面对接，将上海先进的管理理念和优质医疗资源辐射到基层各级医疗机构。上海援疆医疗团队从医院管理、临床诊疗、学科建设、教学科研、人才培养等多个角度，全面深入持续地帮扶喀什二院提升综合诊疗能力和管理水平，推动医院实现跨越式发展。2015 年 1 月，喀什二院以自治区所有参评医院第一名的成绩顺利通过三级甲等医院评审。喀什二院充分发挥龙头作用，建立危重病人转接绿色通道，尽力缓解南疆地区老百姓看病难的问题。上海各级医疗行政部门、医学院校、医疗卫生机构及社会力量在“后方支援”，进一步支持在“前方工作”的援疆医疗团队，实现由单纯的人力资源援疆向系统的综合资源援疆的转变。上海的中山、华山等八家三甲医院与喀什二院携手打造心血管疾病、神经疾病等八个临床医学中心，上海交大医学院附属瑞金医院与喀什二院联合成立实验研究中心，形成上海三甲医院扶持喀什二院的“8 + 1”模式。上海援疆医疗团队扎根基层，在基层普及卫生观念、组织免费义诊、推行各项筛查、创建随访机制，开展医疗卫生服务。援疆中，健全喀什地区的医疗体系，在莎车县人民医院城南分院，新建了小儿脑瘫康复中心。为保障人民群众的健康安全，2018 年上海援疆莎车分指投入援建资金帮助各乡镇卫生院新建 27 个卫生水厕。其他各县也先后新建卫生水厕。

由于卫生条件有限，上海对口援建四县健康指标并不理想，部分传染病患病率较高。2012 年 4 月，喀什地区行署联合上海市对口支援新疆工作前方指挥部，立足当地实际情况、有效整合各类资源，探索组团式卫生援疆的新模式。实施“三降一提高”项目，通过完善服务网络、加强基础建设、柔性专家援疆、加大健康宣教等全方位支持，有效降低了传染病发病率、孕产妇死亡率、婴幼儿死亡率，提高了人均寿命期望值。2017 年，国家卫计委对上海援建模式高度肯定。

上海开展医疗人才“组团式”援疆，注重对本地医疗卫生人才的培养，加强和医院干部职工的交往交流交融，积极“造血”。2010 年至 2018 年，上海派出 150 多名医疗人才赴喀什地区第二人民医院工作，加大人才培养力度，推动医院发展。上海援疆医疗队制定“导师带教制”，与本地医疗人才结对跟学，由科教部负责督导，有效保障了带教质量，至 2018 年 12 月“传帮带”76 人次。从师傅做徒弟看，到师傅指导徒弟做，再到徒弟做师傅看，许多之前不能开展的手术和疑难杂症的诊治，援建后喀什二院的本地医生能够独立开展。上海援疆医生“传帮带”的主要对象是主治医生等本地医疗人才的中坚力量，同时通过定期的教学查房、手术排演等方式，使更多喀什基层医疗人才从中获益。上海援疆专家定期举办学术讲座，每月组织业务学习，内容包括科研项目申报、科研论文撰写、科研数据统计与整理、实验技术等，通过交流培训，本地医疗卫生人员的医疗科研水平进步明显。

同时，沪喀两地合作开展在职研究生培养项目，组织喀什地区的临床、医技、护理、管理等学科的研究生到复旦大学深造，学员毕业拿到毕业证和学位证书后，回到喀什工作，成为各科室的骨干和未来的学科带头人。2018 年，沪喀两地继续实行优秀人才、紧缺岗位人才培养计划，组织临床专业技术人员及管理科室骨干赴上海等地进行专项培训。

上海教育援疆以双语教育推进、职业教育发展、教师队伍建设等为重点，助力对口帮扶学校及喀什四县教育质量提升。援疆中，努力构建国家通用语言教育工作体系，创设“学和说”的良好语言环境。对口支援地区学校都有国家通用语言教学，在泽普五中，校园文化以资源同享、科研同步、节日同庆、就餐同桌、就寝同舍、校园同护、困难同度、万里同课的“九同”活动为载体，加强民族团结和国家通用语言教育效果。上海援疆中大力推广学生喜爱的动漫辅助教程，开发学习国家通用语言的新产品，让学生学起来更加简单轻松。至 2018 年 8 月，动漫教程覆盖 500 多所学校，累计受益学生近 60 万。在社区、在工厂，都会定时组织群众、工人学习国家通用语言。掌握国家通用语言成为对口支援地区群众更快更好就业的助力，学习和运用国家通用语言在当地形成一种良好、自觉的社会氛围。

2014 年沪喀职教联盟成立，依托职教联盟，上海积极推进南疆职业教育全覆盖工作，实施“二对一”帮扶模式，上海14所中高职院校多次与喀什7所职业学校的十个品牌专业，在专业建设、师资培训、课程教材开发、实训基地建设等方面开展全面精准帮扶。2017年，先后派出15批次70余名专家到喀什指导、送教，开设讲座8场、培训800余人。通过长期努力，喀什地区7所受援学校毕业生的就业率由2013年的30%提高到2017年的80%。2018年沪喀职教联盟《聚联盟之力　落援疆之实——沪喀协同培养南疆技术技能人才的探索与实践》荣获国家教学成果一等奖。

2017年，上海共派出援疆教师干部人才51名，其中有27名在地区及四县学校任教（喀什六中3名、莎车三中6名、泽普五中10名、叶城二中4名、巴楚二中4名）。在9所“组团式”教育援疆试点学校之一的泽普五中，援疆教师团队从自身优势和实际情况出发，集中力量培养当地教师。他们设计适合教师实际需要的培训活动，通过集中培训、专家讲座、读书活动、沪泽联动等形式，使教师不断提高履行岗位职责的能力。每位援疆教师发挥辐射、引领作用，带教、指导一个教研组长、若干名青年教师，对重点对象进行重点指导，为学校培养学科带头人、教学骨干。这样把广大教师队伍动员起来，去影响更多的学生，使教育援建持久发挥作用。

上海注重对喀什高等教育的支援，援疆教师以“带课程、带教师、带学科”为抓手，全面助推喀什大学建设。带好课程是每位教师的基本任务，上海援疆教师在喀什大学开设多门专业主干和核心课程，承担许多教学课时。带好教师指助力学校培养高素质教师，通过结对带徒带教、师徒合作教学科研项目、教师教学技能大赛等方式，指导帮助青年教师在教学和科研方面成长。带好学科则是用好上海优势资源，聚焦土木工程、电气工程、旅游管理、教育学、社会学、法学、食品科学与工程等南疆经济社会发展的急需学科，助力提升学科发展水平，援疆教师还为喀什大学开设多门新课程，助力喀什大学持续推进内涵式发展。2018年10月，华东理工大学与喀什大学开始试点师生结对同上一堂课，实现精品课程共享，同步课堂开启上海智力援疆的新途径。课程运行阶段，华理教学团队负责课程方案的设计与实施，喀什教学团队负责考察喀大学生的学习状况并及时反馈，以便快速调整。教学中，两地画面清晰可按需切换，教师兼顾沪喀学子个性施教，两校学生可在线上线下结对子，互帮互学互进。

上海市积极为当地培养干部人才。2017年，全年培训干部人才近8万人次。2018年，为加强沪喀两地公务员管理业务交流，上海市公务员局专家团赴新疆喀什开展公务员能力素质提升培训与公务员培训需求调研。喀什地委高度重视培训送教活动，将培训纳入全地区公务员重点培训内容。培训设地直单位主会场与12县市视频分会场，地区副科级以上公务员、地委党校教师、新招录的内地优秀高校毕业生共计约4 000余人参加培训。该次培训是上海人才援疆的具体举措。

上海市积极推动文化援疆,组织开展文艺演出交流活动。2016年,上海歌舞团经典舞剧《朱鹮》和上海木偶剧团金奖作品《卖火柴的小女孩》赴喀什展演,掀起观看热潮。2017年5月,上海杂技团海派杂技《炫》在喀什影剧院演出,连加座票也一售而空,演员以高超技巧为喀什观众送上海派艺术大餐,深受观众喜爱。7月24日、25日晚,上海芭蕾舞团豪华版《天鹅湖》在喀什影剧院上演,影剧院座无虚席,喀什的观众们被上海芭蕾舞团带来的世界级演出所折服,感谢上海援建队伍将如此精彩绝伦的演出送到喀什。

2017年至2018年,在上海市委、市政府的领导下,在上海、新疆各部门及社会各界的支持下,上海援疆各项工作深入推进,对口支援地区产业发展提速,群众脱贫致富步伐加快;教育、医疗卫生等公共服务资源加快向基层延伸;干部人才队伍培训工作取得新进展;对口援疆工作结出累累硕果。

# 黄浦江两岸全线贯通

随着上海徐汇滨江 4.5 公里龙水南路—徐浦大桥段、上海浦东滨江 7 公里川杨河—塘桥段等建成，2017 年 12 月 31 日正式宣告上海黄浦江两岸从杨浦大桥至徐浦大桥 45 公里岸线公共空间贯通，2018 年 1 月 1 日正式向市民开放。

黄浦江是上海的母亲河，曾孕育上海近代工业文明。1882 年，在黄浦江畔的杨树浦诞生机器造纸局，其后又诞生机器织布局、杨树浦电厂、自来水厂等。黄浦江畔的南市老城厢地区出现江南制造局、和兴化铁厂等近代工业企业。经过百年发展，黄浦江两岸码头密布、工厂林立，到 20 世纪 80 年代黄浦江市区段除外滩以外几乎没有公共岸线。2015 年，黄浦江西岸杨浦大桥至徐浦大桥长约 22 公里岸线实际贯通(建成)率不足 50%。

进入 21 世纪，上海城市经济进入转型发展新阶段，黄浦江的经济功能也随之逐步退化，正逐步向文化、旅游、休闲等多功能转化。2002 年 1 月 10 日，中共上海市委、市政府为了重塑黄浦江两岸功能，宣布实施黄浦江两岸综合开发，从 2002 年至 2012 年的十年，黄浦江两岸逐渐突破了码头、仓库和工厂的包围，取而代之的是滨江绿地和创意园区，黄浦江两岸综合开发工作全面启动。这是上海为进一步增强城市综合竞争力实施的一项意义深远的重大战略决策。

为举办 2010 年上海世博会，2003 年，上海划出黄浦江两岸(南浦大桥—卢浦大桥段)的城市老工业区重新规划布局，作为世博会选址区域，进行世博场馆建设。按照“百年大计、世纪精品”的总体思路，动迁江南造船厂、上钢三厂等一批百年老企业，搬迁数以十万计的居民，拆除一大批老旧住宅，开展大规模建设改造，既为成功举办一届“精彩难忘的世博会”，也为正在“创新驱动发展、经济转型升级”的上海提供发展新动力，更为市民观赏、游玩黄浦江增添一段公共空间，滨江绿地和公共开发空间面积 596.8 万平方米，亲水岸线长度 23 公里，对公众开放的亲水岸线长度 20.5 公里。但黄浦江两岸公共空间仍存在着形式单一、断点较多、公交不便、配套不足等问题。

2013 年，上海市委、市政府明确黄浦江两岸地区是上海市六大重点功能区之一，是上海城市功能转型的重要空间载体。要秉持“以人为本，造福于民”的根本宗旨，把黄浦江两岸逐步打造成公共开放空间。通过搬迁企业、新建绿地、新增亲水岸线等措施，逐步将两岸开发工作重心聚焦到公共空间建设上来，实现还江于民。

为贯彻市委、市政府的决策，2014 年，市黄浦江两岸开发领导小组办公室组织制定并发布《黄浦江两岸地区公共空间建设三年行动计划(2015—2017 年)》，提出两岸中心区段(杨浦大桥—徐浦大桥)单侧长约 22 公里(总长 45 公里)的范围内，力争用三年时间，集中建设一批高品质的公共空间，将黄浦江两岸地区打造成世界级的滨水公共开放空间。

建设高品质的两岸公共空间，必须高起点、高标准规划。市有关部门坚持规划设计先行，邀请国际、国内优秀规划设计团队参与方案规划和设计，凝聚各方面的智慧，形成高水平的设计方案。各区根据自身特点进行详细规划，突出区域特色，形成具有鲜明区域特色的滨江公共岸线。两岸开发建设，广大市民热情参与，在规划阶段提出许多建议。两岸地区政府深刻领会市委、市政府关于“高品质”的工作要求，不断推进公共空间建设和管理标准规范的优化完善。坚持贯彻“三性统一”(特色性、整体性、协调性)，规范完善公共空间建设标准。黄浦江两岸公共空间在整体性、协调性中体现区域特色性，力争让人民群众有更好的体验贯通获得感。

2016 年，上海市委、市政府明确提出，沿江各区、各有关单位要齐心协力把黄浦江两岸建设成为全市人民共享的公共空间。到 2017 年底，实现从杨浦大桥至徐浦大桥 45 公里岸线基本贯通开放，将上海美丽的黄浦江两岸向全体市民开放，让老百姓有切实的获得感，有更多共享改革开放成果的幸福感。2016 年国庆节前夕，《黄浦江两岸公共空间贯通开放概念方案》正式发布，详细呈现了将黄浦江两岸打造成世界级滨水区的规划愿景。

贯通工程建立完善的市、区推进机制。市政府确立专题例会制度，分管副市长每月主持召开，定期研究贯通工程遇到的问题。在市发展改革委、市重大办支持下，45 公里贯通工程涉及的十四个大项、年度投资约 26 亿元的建设项目，被列入 2017 年重大工程计划，按照重大工程要求和标准实现全面协调、督促推进。各区段结合自身条件，建立强有力的区级协调平台，形成合力，聚焦重点区段、重点项目、重点问题，全力推进。

市级各部门增强服务意识，主动跨前支持。各部门与各区段开发主体加大沟通协调力度，对贯通工程推进中的难点问题，积极建立解决通道，帮助区里解决一系列困难问题。市住房城乡建设管理委(市浦江办)加大组织、协调、督促和检查的力度，细化分解任务，落实项目责任主体，并搭建平台协调重点难点问题，加强工作统筹、及时跟踪进展；市发展改革委、市经济信息化委、市国资委等部门协调部队、中央在沪单位、央企、市属国企等沿江企事业单位，破解土地腾让难题；市交通委、市绿化市容局、市水务局等部门优化完善沿江基础设施建设标准，加大指导力度；市发展改革委、市环保局、市规划国土资源局、市财政局、市绿化市容局、市水务局等按照工程节点要求，优化项目前期手续办理。各部门的主动跨前服务，为各区段项目的顺利推进提供保障。

沿江区政府承担主体责任，抓好推进落实工作。沿江各区完善责任机制，严格按照市委、市政府部署的各个时间节点，在保障质量安全的前提下抓推进、保进度，确保贯通工程按计划顺利建成。

浦东新区段岸线长 22 公里，岸线最长、开发主体多、工程量最大，区政府充分发挥体制优势，深化完善整体改造方案，加大不同开发主体间的协调力度，通过建设云桥打通浦东段全线所有断点堵点，最终实现全线“统一规范、统一标准”的贯通。杨浦区段岸线长 3.4 公里，结合滨江公共空间和综合环境工程项目全面推进，完成杨树浦水厂、宁国路轮渡站等难点改造，超计划完成杨浦大桥下游延伸 600 米的工程任务，实现全线贯通。虹口区段岸线长 2.5 公里，在上港集团、沿线央企及海关边检单位支持下，结合国际航运中心沿江贯通和置阳段、国际客运码头景观品质提升同步实施，扬子江码头区域部队腾让工作取得突破，实现全线贯通。黄浦区段岸线长 8.3 公里，南外滩区域内海事、轮渡、环卫等码头设施全面腾让，七个主题公园分布于世博滨江，十六铺二期、南外滩亲水岸线亮灯成为滨江新景观，沿线江南造船厂工业遗产保护利用开发启动，实现全线贯通。徐汇区段岸线长 8.9 公里，充分依托市、区合作推动项目实施，云峰油库、上粮六库等完成拆迁腾让，新建淀浦河桥等桥梁，结合沿线大型市政设施改造同步推进，打通沿岸的断点，实现全线贯通。

随着黄浦江核心段公共空间实现贯通，为上海市的体育、文化、旅游等功能发挥创造广阔的空间。2017 年，滨江健身大联动、上海马拉松、上海杯帆船赛等重大体育活动相继在滨江地区举行，篮球场、小型足球场等一系列体育设施向市民开放。浦东老白渡艺仓美术馆、民生城市空间艺术季等文化展览积聚人气。杨浦烟草仓库、永安栈房和黄浦“江南造船厂”等一批工业遗产保护设计方案启动。徐汇滨江传媒港等功能项目实施，西岸艺术与设计博览会、西岸音乐节、秋冬文化艺术季等一系列活动成功举办。虹口白玉兰广场、国际航运和金融服务中心和黄浦十六铺二期等功能项目进展顺利。推动邮轮产业发展，全年接靠邮轮 427 艘次，接待出入境游客 265 万人次，继续稳居亚洲第一和全球第四大国际邮轮母港的位置。

按照“贯通一段、开放一段”的要求，在确保实现 45 公里全面贯通开放目标的同时，加大贯通开放区域的管理力度，确保公共空间安全、整洁、有序。2017 年 9 月，市住房城乡建设管理委出台《关于加强黄浦江两岸滨江公共空间综合管理工作的指导意见》，界定滨江公共空间的管理范围，明确以属地化管理为主的职责分工原则，在公共秩序、社会秩序、交通秩序、公共活动、商业活动等方面坚持从严管理的指导思想。根据属地化原则,各区都制定滨江公共空间管理实施细则,建立相应的管理体制和工作机制,确保已建成开放的公共空间安全有序运行。

滨江两岸贯通后,虹口、浦东新区、黄浦等五区都继续完善沿线配套服务设施。浦东新区在每一公里布局一个公共服务圈(一共25个),逐步实现休闲餐饮点、便民服务点、社区文化场所、环卫设施、体育健身设施等多项功能。虹口区在滨江贯通建设过程中,已经增设了大量体育、文化设施,北外滩滨江原有市民健身步道1.2公里,经过建设,目前各类步道(漫步道、跑步道)7.4公里、骑行道4公里,增设了三处智能体育运动设施,成为儿童游乐的好场所。同时进一步加大配套设施的建设和投入。包括公共厕所、商业配套、服务用房的增设,滨江公共空间的信息和监控系统的完善,为市民游览滨江提供更好更人性化的服务。在滨江两岸有很多的工业遗存和自然景观。在这方面,杨浦在工业历史遗存的保护利用中,突出历史与未来、科技与文化、技术与艺术的交互式体验,桥接创新者与消费者,全方位打造新文化经济,助推创新产业的加速发展。另外要在滨江公共空间的规划和建设中,"点缀式"的布局体验式的场馆和活动,打造功能复合的生态绿地,提升滨江区域活力。徐汇区则努力打造亚洲范围内最大的文化载体群落,徐汇滨江区域内的上海梦中心、油罐艺术公园、西岸美术馆将陆续建成并投入使用,至"十三五"期末近20个文化艺术载体将提供逾10 000个座位。

卓越的全球城市,需要打造世界一流的卓越水岸。45公里滨江公共空间全线贯通,既满足市民的生态需求,也给游客带来更好的品质体验,更将助力上海建设成为创新之城、人文之城、生态之城,卓越的全球城市和社会主义现代化国际大都市。

# 中国（上海）自由贸易试验区设立五周年

2018 年 9 月 29 日，中国（上海）自由贸易试验区（简称上海自贸区）挂牌运作五周年。五年来，作为党中央、国务院在新形势下全面深化改革和扩大开放的一项战略举措，上海自贸区按照中央的部署和要求，在国家有关部门的指导和支持下，以建设开放度最高的自由贸易园区为目标，把制度创新作为核心任务，把防范风险作为重要底线，在建立与国际通行规则相衔接的投资贸易制度体系、深化金融开放创新、加快政府职能转变和构建开放型经济新体制方面，取得了重要成果，许许多多前所未有的“中国第一”在这里诞生，复制推广到全国。

2013 年 9 月 29 日上海自贸区正式成立，面积 28.78 平方公里，涵盖上海市外高桥保税区、外高桥保税物流园区、洋山保税港区和上海浦东机场综合保税区等 4 个海关特殊监管区域。自由贸易区（Free Trade Area），简称 FTA，是指两个以上的国家或地区，通过签订自由贸易协定，取消绝大部分货物的关税和非关税壁垒，鼓励自由贸易，带动各自国家的经济发展。例如比较知名的贸易区有中日韩自由贸易区（中国、日本、韩国）、东盟自由贸易区（包括东盟十国）等。中国为什么要设立自贸区呢？在国际上，中国加入世贸组织（WTO）以后，必须遵守世贸组织贸易规则，否则，我国在国际贸易体系中的地位将被迫边缘化，我国的经济发展将会受到非常大的负面影响。在此背景下，中国政府坚定改革开放的步伐，积极创建上海自贸区。以上海作为改革开放的龙头，做一个对接的小窗口，并大幅促进上海的离岸经济、港口经济和总部经济的发展，同时给长江三角洲地区的经济发展以正面辐射效应。在国内，中国为了更好地融入国际舞台，参与国际经济，中国新一届政府以更加开放的姿态面对国际竞争，积极创立上海自贸区来“倒逼”中国的改革进程，真正实现简政放权，给中国的经济注入活力，促进本国经济发展。另外，推进人民币国际化和促进东部地区发展。尽管中国现在已经是全世界最大的生产国，第二大的资源消费国和未来最大的消费国，但中国在目前全球货币竞争格局中仍然处于非常被动的地位。自贸区作为推进贸易和投资便利化的有效工具，已经成为世界各国在全球范围内聚焦生产要素、参与国际分工和推进经济发展的重要手段。建立上海自贸区，通过投资体制改革和金融自由化的改革，构建与国际接轨的金融市场，有利于推进人民币国际化进程，提升人民币的国际地位。同时，通过推进上海“四个中心”建设，增强其区域发展的聚变、辐射和带动效应，为促进东部地区持续健康发展提供机制保障。

2014 年 6 月 28 日,国务院批准了《中国(上海)自由贸易试验区进一步扩大开放的措施》。31 条措施涉及服务业领域 14 条、制造业领域 14 条,采矿业领域 2 条,建筑业领域 1 条。7 月 25 日,上海市人大常委会第十四次会议高票通过《中国(上海)自由贸易试验区条例》。这是我国第一部关于自由贸易试验区的地方性法规,《条例》定位为综合性立法,集实施性法规、自主性法规、创制性法规的性质于一身,堪称自贸区建设的“基本法”。《条例》共 9 章 57 条,从管理体制、投资开放、贸易便利、金融服务、税收管理,到综合监管、法治环境等方面,对推进自贸区建设进行了全面的规范。12 月 28 日全国人大常务委员会授权国务院扩展中国(上海)自由贸易试验区区域,将面积扩展到 120.72 平方公里。上海自贸区范围涵盖上海市外高桥保税区、外高桥保税物流园区、洋山保税港区和上海浦东机场综合保税区、金桥出口加工区、张江高科技园区和陆家嘴金融贸易区七个区域。

2015 年 1 月 29 日,中国政府网发布《国务院关于推广中国(上海)自由贸易试验区可复制改革试点经验的通知》,对上海自贸区可复制改革试点经验在全国范围内的推广工作进行全面部署。明确,上海自贸区可复制改革试点经验,原则上,除涉及法律修订、上海国际金融中心建设事项外,能在其他地区推广的要尽快推广,能在全国范围内推广的要推广到全国。有关部门结合自身深化改革的各项工作,已在全国范围复制推广了一批经验和做法。在此基础上,进一步在全国范围内复制推广五方面的改革事项 28 项。2015 年,上海自贸区已成为世界自贸区联合会荣誉会员。

2017 年两会期间,习近平总书记就上海自贸区建设提出要求:“上海要解放思想、勇于突破、当好标杆,对照最高标准、查找短板弱项,大胆试、大胆闯、自主改。”3 月 30 日,为贯彻落实党中央、国务院决策部署,对照国际最高标准、最好水平的自贸区,全面深化自贸区改革开放,加快构建开放型经济新体制,在新一轮改革开放中进一步发挥上海引领示范作用,党中央、国务院批准《全面深化中国(上海)自由贸易实验区改革开放方案》(下文简称“方案”)。这是上海自贸区设立以来,国家出台的第三个改革方案,被外界称为“上海自贸改革的 3.0 版”。方案首次提出设立自由贸易港区。制定上海自由贸易港区建设方案,列入 2017 年上海自贸试验区 24 项重点工作。10 月 18 日,党的十九大作出“赋予自由贸易试验区更大改革自主权,探索建设自由贸易港”的决定,为自由贸易试验区的发展指明了新方向。

《方案》指出,建设中国(上海)自由贸易试验区是党中央、国务院在新形势下全面深化改革和扩大开放的一项战略举措,对探索建立新的政府经济管理体制,率先建立同国际投资和贸易通行规则相衔接的制度体系,推动高水平对外开放,具有重要意义。根据方案，上海自贸区将在洋山保税港区和上海浦东机场综合保税区等海关特殊监管区域内，设立自由贸易港区。对标国际最高水平实施更高标准的“一线放开”“二线安全高效管住”的贸易制度。还将依托信息化监管手段，取消或最大程度简化入区货物的贸易管制措施，最大程度简化一线申报手续。

《方案》提出，上海自贸区要围绕重点任务和薄弱环节继续深化改革探索，坚持以制度创新为核心，解放思想、勇于突破、当好标杆，以可复制可推广为基本要求，主动服务“一带一路”建设和长江经济带发展等国家战略，加强与上海国际经济、金融、贸易、航运中心建设和具有全球影响力的科技创新中心建设的联动，不断放大政策集成效应，在构建开放型经济新体制、深化投资管理体制改革、优化贸易监管服务体系、推进金融开放创新、完善创新促进机制等方面，率先挖掘改革潜力，破解改革难题，建设法治化、国际化、便利化营商环境。

《方案》明确，上海自贸区要加强改革系统集成，建设开放和创新融为一体的综合改革试验区；要加强同国际通行规则相衔接，建立开放型经济体系的风险压力测试区；要进一步转变政府职能，打造提升政府治理能力的先行区；要创新合作发展模式，成为服务国家“一带一路”建设、推动市场主体走出去的桥头堡；要服务全国改革开放大局，形成更多可复制推广的制度创新成果。

《方案》强调，要坚决贯彻党中央、国务院部署，坚持稳中求进工作总基调，进一步解放思想、勇于突破，统筹谋划、加强协调，大胆实践、积极探索，支持上海自贸区先行先试。要加强组织领导，明确责任主体，精心组织实施，抓好改革措施的落实，有效防控各类风险。国务院自由贸易试验区工作部际联席会议办公室、上海市人民政府、有关部门要创新思路、寻找规律、解决问题、积累经验；要充分发挥积极性，及时总结评估试点任务实施效果，加强试点经验系统集成，持续形成可复制可推广的改革试点经验，进一步彰显自贸试验区全面深化改革和扩大开放试验田作用。

上海自贸区挂牌 5 年，在其 120.72 平方公里范围内，外高桥保税区、外高桥保税物流园区、洋山保税港区和上海浦东机场综合保税区、金桥出口加工区、张江高科技园区、陆家嘴金融贸易区……每一寸土地都发生着日新月异的变化。

以开放倒逼改革，是上海自贸区设立的初衷。2013 年 9 月 29 日，上海自由贸易试验区揭牌当晚，“外商投资准入特别管理措施列表”如约上网，中国第一份负面清单由此揭开面纱。自那天起，自贸区内的外商投资不再需要事事审批，参与负面清单外的投资项目备案即可。五年来，这里走出了一家又一家通过备案设立的外资企业。从 2013 版的 190 条到最新 2018 版的 45 条，五年来，已修订四次的负面清单不断瘦身，从上海版到全国版，在没有人见过“负面清单”长什么样的时候，上海自贸区走出了我国经济管理方式变革的第一步，按照“法无禁止即可为”的原则，形成与国际通行规则相衔接的市场准入方式,大大激发了市场活力。

2013 年 10 月 1 日,上海自由贸易试验区企业准入“单一窗口”上线。2016 年,企业准入“单一窗口”的受理范围从外资企业备案证明、营业执照,延伸至对外贸易经营者备案、报关单位注册登记证书、自理报检企业备案登记、印铸刻字准许证、法人一证通等 5 个新增办事事项(即七证联办)并基本做到无纸化办理,不仅实现“单一窗口”服务模式由企业主体资格的注册登记向进出口经营资质的备案登记延伸,而且还将企业设立时的共性办事事项(印铸刻字准许证、法人一证通)纳入其中,简化办事流程,缩短办事时限。原先全部证照完成至少需要一个月左右,改革后可在 9 个工作日全部完成。同时,企业准入“单一窗口”与上海市国际贸易“单一窗口”实现信息共享。2017 年“单一窗口”3.0 版上线运行,功能模块增加到 9 个,覆盖 23 个口岸和贸易监管部门,实现了与国家“单一窗口”标准版全面融合对接。上海口岸货物申报和船舶申报 100%通过“单一窗口”办理,服务企业数超过 24 万家,企业申报数据项在船舶申报环节缩减 65%,在货物申报环节缩减 24%累计为企业节省成本超过 20 亿元。允许自贸区内律师事务所将其办公场所作为企业住所进行登记。大幅降低对办公场地要求不高的公司的商务成本。同时,主动对标国际通行规则,鼓励律师事务所、会计事务所等第三方专业机构为企业提供登记代理、创业指导、商务秘书、法律协助等专业服务。律师事务所作为第三方平台,其服务功能更全面,与客户联系更紧密。

2015 年 12 月 16 日,国务院常务会议审议通过《关于上海市开展证照分离改革试点总体方案》,决定于 2016 年 4 月 1 日起在浦东新区率先开展“证照分离”改革试点。改革聚焦许可证办证难、办证烦等问题,针对审批频次比较高、市场关注度比较高的 116 项行政许可事项,按照取消审批、审批改备案、实行告知承诺、提高透明度和可预期性、强化准入监管等五类方式开展改革试点。上海自贸区坚持以“制度创新”为核心,大胆先行先试,在服务业扩大开放领域取得显著的成效,先后推出两批 54 项扩大开放措施,其中服务业领域 37 项,制造业等领域 17 项。截至 2017 年底累计有 2 400 多个项目落地,融资租赁、工程设计、旅行社等行业的扩大开放措施取得明显成效。

上海自贸区确立符合高标准贸易便利化规则的贸易监管制度,形成具有国际竞争力的口岸监管服务模式。借鉴国际经验,海关、检验检疫、海事等口岸监管部门推出近百项创新举措,如“先进区,后报关报检”“一区注册,四地经营”“十检十放”等,探索建立具有国际先进水平的贸易监管制度,促进区内货物、服务等各类要素自由流动。海关、国检等部门推出“先进区,后报关报检”“一区注册,四地经营”“十检十放”等一系列创新举措,保税区进出境时间较全关水平缩短 78.5%和

31.7%，货物入区通关时间平均缩短2至3天，企业物流成本平均降低约10%。自1990年外高桥保税区成立之时，保税区域就是浦东各项改革举措率先探路、试水的最佳试验场之一。随着上海自贸区的成立，以外高桥保税区为主的保税区域进一步发挥自贸区制度创新和保税区功能创新的叠加优势，也成功获得越来越多国内外企业青睐。截至2018年6月，保税区域累计新设企业3.07万家，累计办结境外投资项目1 281个；跨境金融创新业务的开展，鼓励890家企业发生跨境双向人民币资金池业务，95家企业参与跨国公司总部外汇资金集中运营试点，2018年上半年，区内跨境人民币结算总额为12 369.6亿元，占到全市的50%……

智能化卡口建设应用成效显著。一是不断优化软硬件系统。2016年以来智能化卡口共完成自动化验放作业20万车次，其中一线进出境环节卡口智能化验放比例达85%以上，运作成熟区域的一、二线总体智能化验放比例超过76%。二是不断提升通关便利化水平，将卡口验放环节由原来8个串联式流程改为6个并联式流程，并一次性自动化完成，车辆过卡时间大幅缩短90%以上，企业物流周转效率提升20%至50%。三是将卡口多种繁杂验放凭证统一简化为“卡口核放单”。集成载货车辆、货物、集装箱等监管信息数据，实现“一车一单、联网校验、自动验放、快速通行”。四是应用“互联网＋”提升管理效能，实现智能手机终端二维码扫描自动验放、业务现场自助终端机服务等功能，开发上线“货物配载平台”，支持企业自主拼载货物、调度车辆。2016年，货物配载平台注册企业855家、运输车辆3 043部，服务进出区货物2.4万批(车)次。

2015年4月上海自贸区扩区后，涉及金融服务、航运服务、专业服务、社会服务等领域一大批服务业扩大开放项目密集在陆家嘴落地生根、开花结果。例如，全国第一家以“先照后证”方式设立的持牌金融机构、全国第一家再保险经纪公司——江泰再保险经纪有限公司；全国第一家CEPA项下的合资全牌照券商——申港证券；全国第一家航运财产保险公司——中远海运财产自保公司；全国第一家外商独资营利性非学制类职业培训机构——普华永道商务技能培训上海有限公司等。

继普华永道之后，2018年安永也设立了同样的商务技能培训公司。自贝克·麦坚时国际律师事务所和北京市奋迅律师事务所在陆家嘴片区共同设立全国第一家中外律师事务所联营办公室以来，上海自贸区已有五家中国律所与国际律所联营办公室均设在陆家嘴，有力推动了中国法律服务行业的国际化。全球排名第一、第二的国际船舶管理公司威仕、中英中船在内的8家外商独资船管公司在陆家嘴设立。值得注意的是，2018年以来，在中央关于金融服务业全面对外开放的战略部署和“上海扩大开放100条”等政策带动下，陆家嘴在吸引外资金融机构集聚等方面不断前进。比如,2018 年 4 月外资保险经纪公司经营范围限制全面放开,可与中资保险经纪机构享有同等经营范围,注册于陆家嘴的韦莱保险经纪有限公司成为全国第一家获准扩展经营范围的外资保险经纪机构。怡和保险经纪有限公司获准成为全国第二家扩大经营范围的外资保险经纪公司。此外,上海自贸区扩区以来,一批面向国际的要素市场和功能性金融基础设施机构相继落户陆家嘴,金融服务实体经济和服务国内外金融市场的能力与效率进一步提高。

2016 年 6 月上海保险交易所挂牌成立,打通国内与国际保险市场,推动上海形成区域性再保险交易、定价中心。2016 年 12 月中国信托登记有限责任公司正式揭牌,推动形成统一有效的信托市场。2017 年 12 月,中央国债登记结算有限公司在上海自贸区设立上海总部,将人民币债券跨境发行中心、人民币债券跨境结算中心、中债担保品业务中心、中债估值中心、上海数据中心等一系列核心功能集群落户浦东,服务上海国际金融中心建设。2018 年 3 月中国首个国际化期货品种——原油期货在上海国际能源交易中心正式挂牌交易,弥补了现有国际原油定价体系的缺口,建立了反映中国及亚太市场供求关系的原油定价基准。在自贸区"负面清单"框架下,借助自贸区扩区带来的跨境资产管理业务创新的新机遇,2015 年 9 月欧洲最大独立资产管理机构——安本资产管理集团独资设立的安本投资管理(上海)有限公司落户陆家嘴,成为全国第一家落户境内的外资资产管理机构。2017 年,全球资管规模排名前十的资管机构有 9 家落户,已有 39 家国际知名资管机构在陆家嘴设立了 57 家外商独资资产管理公司。2017 年 1 月富达利泰投资管理(上海)有限公司正式获准在中国基金业协会登记注册成为私募基金管理人,成为全国第一家可在中国境内募资后投资 A 股市场的外商独资私募证券投资基金管理机构。2018 年,意大利最大独立资产管理公司(安中)、全球最大对冲基金(桥水)、全球最大期货基金(元胜)都成功获得私募基金管理人资格,至此全国 15 家已获得私募管理人资格的外商独资资管公司有 12 家都落在陆家嘴。

另一方面,陆家嘴也在持续防范区域金融风险。在国家和地方加强金融风险防控背景下,陆家嘴金融城探索形成了涵盖标准监管、科技监管、梯度监管、协同监管、业界监管等"五位一体"工作方法,形成《潜在风险名单》《重点监测名单》《预警处置名单》三张名单,与相关部门形成合力,完善金融风险监测预警,加强分析研判和动态发现。

依托自贸区优势,张江全面落实上海市"人才 20 条""人才 30 条""加快实施人才高峰工程行动方案",以及浦东"人才 35 条"等人才创新政策,通过国际化、市场化的人才发展机制创新,集聚一批站在行业科技前沿、具有国际视野和产业化能力的领军人才"创梦"张江,打造对接国际的国家级人才改革试验区,推进人才政策先行先试，为人才工作体制机制创新突破提供可复制、可推广的经验。

2018 年，张江有各类人才约 37 万，比 2010 年翻了一番，其中博士 6 200 余人、硕士 5 万余人，诺贝尔奖得主 4 人、海外院士 8 人、国内院士 46 人，国家“千人计划”专家 151 人，上海“千人计划”专家 168 人，浦东新区“百人计划”专家 54 人。

张江率先落实自贸区永久居留推荐直通车制度，张江科学城罗氏制药总经理周虹女士获得全国首张由自贸区推荐的永久居留身份证；率先落实自贸区外籍高层次人才持永久居留身份证注册科技型企业享受国民待遇，张江科学城江磊、张伟两位“千人计划”专家创办的企业首批获得内资企业营业执照；率先开展涉及外籍人才“多证联办”试点，设立一站式服务平台，开展外国人就业证、外国人居留许可两类证件试点联办；率先试点张江核心园人才办事窗口“无否决权”改革。

一方面，张江加快各类人才培养平台建设，现已设立 21 个院士专家工作站、24 个企业博士后工作站和 215 家研究生联合培养单位。同时，积极向全球科技创新中心拓展布局，在美国（硅谷）、以色列（贝尔谢巴）、芬兰（赫尔辛基）等地设立海外人才工作站，为海外人才携带技术、项目到张江创新创业开列“直通车”。

另一方面，充分发挥外资研发中心人才溢出效应。张江科学城现有 158 家外资研发机构和 50 家跨国公司地区总部，为外资研发中心人才携技术和项目在张江创新创业创造了有利条件，张江全力做好服务支撑工作，目前由外资研发中心高端人才杜莹离职创办的再鼎医药公司已在美国成功上市，由陈力创办的华领医药公司已在香港上市。

2017 年，上海自贸区完成外贸进出口总值 1.35 万亿元，比上年增长 14.7%，占上海同期外贸进出口总值的 42%。上海自贸区有力推动了浦东新区转型发展。浦东新区全年地区生产总值比上年增长 8.7%，达到 9 651 亿元。

# 2017 上海国际马拉松赛：全马时代，荣耀前行

2018 年 4 月 23 日，由人民体育、人民网舆情数据中心共同制作的“2017 最具影响力马拉松赛事排行榜”Top100 正式发布，拥有 22 年历史的上海国际马拉松赛（以下简称“上马”）连续第三年入围前十。特别值得一提的是，排行榜今年在舆情热度部分首次加入了微信 WMI 指数（微信传播力指数），上马在该指数上综合得分最高。

2017 年是中国马拉松赛事高速良性发展的一年。众多利好政策的出台、更多高品质赛事的涌现、越来越多的人走上赛道参与马拉松，表明马拉松赛的影响力在不断扩大。参与排行榜统计的赛事为中国田径协会认证的 A 类和 B 类赛事以及入选“2016 最具影响力马拉松赛事排行榜”Top100 的赛事，共计 263 场赛事。排行榜从舆情热度、赛事级别、参与情况、奖金情况、专业性五大维度进行评估，共涉及 40 余项具体的评估指标。在如此众多的马拉松赛事中脱颖而出、名列前茅，上马的优势不仅体现在赛事的品牌和历史中，更体现在赛事的服务及品质上。

2017 年 11 月 12 日的天气情况极佳：多云，东北风 3—4 级，气温 11—17 摄氏度，空气质量优。清晨，来自 86 个国家和地区的 38 000 名跑者，在黄浦江畔金牛广场欢乐开跑，拉开了 2017 上海国际马拉松赛的帷幕。

清晨 7 时整，随着一声发令枪响，浩浩荡荡的参赛队伍途经南京路、上海展览中心、淮海路、徐汇滨江等上海标志性景点，向着终点上海体育场进发。最终，南非选手 Stephen Mokoka 以 2 小时 08 分 35 秒的成绩获得男子组冠军，女子组冠军则被埃塞俄比亚选手 Roza Dereje Bekele 摘得，成绩是 2 小时 22 分 43 秒。

首次进入全马时代的上海国际马拉松赛以更专业细致的服务，提供了完善的赛事保障。健康跑、10 公里跑率先安全完赛；6 小时 15 分钟后，全程马拉松顺利收官，组委会芯片计时统计数据显示，2017 年全程马拉松比赛完成率为 94%。

2017 年“上马”组委会正式取消了半程马拉松项目，仅设全程马拉松项目、10 公里跑以及健身跑（5 公里）。其中全程马拉松限报 28 000 人，10 公里跑限报 5 000 人，健身跑限报 5 000 人，总体的报名人数仍然控制在 38 000 人。从最近几年的上马报名数据分析，报名全马的跑者持续快速增长：2015 年上马预报名总数 126 789 人，其中全马 48 399 人、占比 38.17%，半马 45 073 人、占比 35.55%；2016 年上马预报名 153 163 人，其中全马 64 067 人、占比 41.83%，半马 54 338 人、占比 35.48%。近几年的中国马拉松完赛数据显示，2015 年半马完赛人次 20.6 万人，全马完赛人

次 14.6 万人，而 2016 年半马完赛人次为 33.7 万人，全马完赛人次 24.3 万人，半马完赛人次增长率为 64%，全马完赛人次增长率为 66%。

正是顺应跑者大势所趋的需求，2017 年“上马”组委会取消半程马拉松赛并将名额加在全马之上，而全马 94%的完赛率证明，上马参赛人群正逐渐向严肃型跑者靠拢。

从纽约、波士顿到伦敦、柏林，这些国际大都市无一不通过独具匠心的路线规划，借助电视直播的方式，将一年一度的马拉松赛事变成展示城市景观的窗口。进入第二十二个年头的上马，也一直以更合理的赛道设计、更漂亮的城市风光、更妥帖的服务保障、更温暖的细节考虑，努力将城市马拉松打造为上海这座城市的著名景观体育赛事。

为了将赛道调整至更适合 28 000 名全马跑者进行自我挑战的路线，组委会对赛道再度优化。从金牛广场到上海体育场，南京东路、静安寺、龙腾大桥，这一路 42.195 公里的距离，比赛线路由之前的局部微调，变成了重点区域大调。黄浦江两岸 45 公里公共空间全面贯通开放，赛事新增部分滨江赛段，选取黄浦及徐汇滨江符合赛事规模条件的路段，不仅让跑者近距离感受浦江两岸的景观文化，体验滨江新公共空间，更能通过新增的距离减少后半程的折返。赛道还取消了后半程爬升两次上桥的路线设置，更有利于全马跑者创造好成绩。赛事起点同样进行了优化，从以往四川中路起集结区管控分流，提前至从江西中路开始分流。拉长的起点流线让原本有些许局促的空间变得更宽广，跑者们在通过安检后能够方便地如厕、拉伸，为大赛做好充分准备。在终点上海体育场，选手冲线后发放奖牌、毛巾流线科学合理，在不让跑者感觉枯燥的同时，也通过赛后流线的设置使跑者逐步平缓，避免急停。2017 年上马优化过的赛道总长约为 4 公里，就是这精心设计、反复论证的“4 公里”，帮助更多跑者创造个人最佳成绩。

2017 年上马全方位多层次，打造跑者“嘉年华”。11 月 12 日清晨 7 点整，医疗指挥中心的液晶电视屏上，密密麻麻的选手们开始移动。当 38 000 名跑者一路前行，会路过 22 个沿途医疗救助点、4 个起终点重点医疗站、22 辆专业救护车辆。2017 年上马赛道，平均每 1 公里有骑行队跟随，每 2 公里有救护车待命，253 名专业医务人员、800 多名急救志愿者、100 多名急救陪跑员全程紧盯。从运动员倒地，到急救人员上前查看和救治，全部过程仅仅发生在 1 分钟之内。这已是陆乐率领的“第一反应”救援志愿者团队连续第五年执行上马保障任务，他们的急救志愿者 2013 年只有 50 人，2017 年已达 445 名，占上马医护人员、医疗志愿者的近半数。配合赛事路线调整，进入黄浦及徐汇滨江后，在救护车不易通行处，安排辅助运输工具，协助有医疗需求的跑者尽快送往终点医疗大棚。除了医疗设施广覆盖，在全程跑终点前 500 米和健康跑、10 公里终点前 150 米举健康提示告知牌，提醒运动员注意自身保护，及时处理相关医疗情况。此外，骑行保障队几乎覆盖全程，协助做好跑者安全保障。医疗护跑团也分时段、分路段进入赛道，进行流动赛道医疗观察，越来越科学、多元的医疗救护方案让跑者更安心参赛。

医疗急救是上马逐年提升服务保障质量的一个缩影。赛前，赛事推出急救跑者技能培训班，提供 250 个免费学习名额；上海气象部门赛前为“上马”度身定做精细化天气预报，从起点到终点以每十公里为基准发布气象数据，帮助选手提前做好准备。赛中，上马增加移动厕所、海绵块、饮用水、运动饮料、补给站、小食品和志愿者的数量。从 15 公里开始，设立 8 个能量补给点，向跑者提供香蕉、番茄、能量棒、蛋糕、巧克力等补给品。选手在后半程容易产生腿部肌肉僵硬、抽筋，组委会在相关路段设置“滚轴补给站”，由志愿者为有需要的跑者放松腿部肌肉。终点处，组委会为全马完赛的选手准备了大毛巾以及泡脚放松服务。赛道沿线特设“拉拉队指导”志愿者，将充气棒、折叠扇等加油物品发放给前来观赛的市民，带动大家一起为跑者加油。在终点上海体育场内，赛道旁特设的观众席让参赛跑者的家人更近距离地与亲人一起共享这一荣耀时刻。比赛当天，部分道路采取临时交通管制措施。为了尽可能减少赛事对周边市民的出行影响，组委会在赛前发放 10 万份安民告示，请市民谅解并提前做好相应准备。

“奔跑的城市”背后，是一支庞大的保障团队。除了赛事 380 位裁判、3 800 名志愿者外，公安、卫生、城市建设管理、交通、市容绿化、文明办、环保、气象、通信、工商、旅游、广播电视等部门，以及黄浦、静安、徐汇等区干部职工一同为赛事保驾护航，近万人的保障团队为赛事构筑起安全服务网。

1981 年，上海举办了第一届“上海杯”马拉松赛。1996 年，上海国际马拉松被正式定名并确定在每年定期举办，这是真正意义上的上海国际马拉松元年。从 1996 年到 2017 年，作为国际田联认证的路跑金标赛事，上马一直致力于满足更多的跑步人群，为不同类型的跑者打造一场盛大的嘉年华。

2017 年“上马”，轮椅选手首次出现，以里约残奥会轮椅击剑冠军周景景为代表的 20 位轮椅选手组成的方阵，成为 5 公里健康跑中的一道新风景。视障选手继 2016 年首次出现后，也继续奔跑在 2017 年的上马赛道上，最终，14 位参赛的视障选手中的 3 位，在陪跑员的陪伴下参加了全程马拉松赛。

每年有超过 6 000 人的外籍跑者参加赛事，不仅体现了“上马”的国际化特性，也体现了上海海纳百川的城市形象。而随着“上马”的专业水平不断提升、国际影响不断增强，上海国际马拉松赛的友好城市马拉松也不断增多，“‘上马’跑向世界”国际交流活动，拉近了“上马”与世界顶级赛事的距离。

2015年二十周年之际,“上马”成立公益基金,首次开设200席慈善名额,每席3 000元报名费的名额为“上马”公益募集了60万元善款。2016年上马开设500席慈善名额,为“上马”公益基金募集150万元善款,2017年“上马”同样募集150万元善款。这些善款,帮助“上马”公益在体育运动及弱势群体方面捐助了一系列公益活动。

以“上马”为核心,近年来“上马”系列赛已经为上海这座城市提供了较为多元的路跑赛事体系。据不完全统计,2017年全年“上马”系列赛近10场赛事,覆盖了5公里、10公里、半程、全程等短、中、长距离赛事,涵盖个人赛、情侣跑、家庭跑等多元化赛事项目。不仅仅让跑者参与一场符合标准的赛事,致力于让跑者在更宽阔、不受干扰的赛道中畅跑,在更专业、更定制化的赛事服务中超越自我,才是“上马”以及“上马”系列赛的初心。

放眼全世界,由波士顿马拉松、柏林马拉松、伦敦马拉松、纽约马拉松、芝加哥马拉松和东京马拉松组成的“六大满贯”,代表了目前马拉松办赛和竞技的世界最高水平。以东京马拉松为例,“全世界最安全的马拉松”之誉,绝非浪得虚名。其组织之细致、服务之完善、保障之给力,令人叹为观止。资料显示,东京马拉松一般配备约40名救援医生、70名护士、420名专业急救人员;赛事救助站前半程每5公里一个,后半程2—3公里一个;每隔一段距离就会有两个携带生命支持装备的志愿者在赛道旁;身穿红色马甲的专业骑行救护人员穿梭在跑者中;许多医生错开时间、等间隔地在赛道上观察,移动救护人员全部携带GPS定位,方便总部指挥。举办至今,东京马拉松从未发生参赛者死亡事件,这在大型马拉松赛事中极其罕见。2017年7月,国家发改委发布的一份文件中,提及制定马拉松的办赛指南和规范。2017年11月,国家体育总局制定《关于进一步加强马拉松赛事监督管理的意见》,重点提及规范赛事医疗急救服务,主动减少和科学应对人身伤害事故的发生。“上马”在医疗保障方面,已经积累了相当的经验。据统计,2017年“上马”共提供医疗服务7 322次、出车15次、送医院11人,重病案例少于2016年。“上马”这些年取得的成绩有目共睹,但对标东京马拉松,“上马”仍有需要提升的空间。

其余几项久负盛名的国际顶级马拉松赛事,也均有值得“上马”借鉴之处。一场马拉松赛事,考验的不仅是一座城市的赛事保障、组织和执行能力,更是这座城市的群众健身水平和运动文化。与全民健身的热情相比,运动知识、医疗和急救应对知识,也需更快、更好地成长,甚至全民推广。

相关统计显示,上海人均体育场地已增加到1.83平方米,经常参加体育锻炼的人口比例增加到4成以上,跑步是上海人最喜欢的体育运动项目。2025年,上海将建设成为全球体育都市,我们期待并相信,一年比一年都有进步的“上马”,在提高这座城市的健康水平和幸福指数方面,发挥越来越大的作用。

# 2018 世界人工智能大会

2018 年 9 月 17 日至 19 日，为期三天的 2018 世界人工智能大会（WAIC）在上海西岸举办。大会的主题是“人工智能赋能新时代”，以“高端化、国际化、专业化、市场化”为办会方针，分为论坛峰会、特色活动、展示应用、创新大赛四大板块。大会由国家发展改革委、科技部、工业和信息化部、国家互联网信息办公室、中国科学院、中国工程院和上海市政府共同主办。来自近 40 个国家和地区的专家学者、企业家等围绕人工智能技术前沿、产业趋势和热点问题开展对话交流，200 多家人工智能领域领军企业参加论坛和展示活动。

人工智能（Artificial Intelligence），英文缩写为 AI。它是研究、开发用于模拟、延伸和扩展人的智能的理论、方法、技术及应用系统的一门新的技术科学。人工智能是计算机科学的一个分支，它企图了解智能的实质，并生产出一种新的能以人类智能相似的方式做出反应的智能机器，该领域的研究包括机器人、语言识别、图像识别、自然语言处理和专家系统等。人工智能从诞生以来，理论和技术日益成熟，应用领域也不断扩大，可以设想，未来人工智能带来的科技产品，将会是人类智慧的“容器”。人工智能可以对人的意识、思维的信息过程进行模拟。人工智能不是人的智能，但能像人那样思考，也可能超过人的智能。

人工智能是一门极富挑战性的科学，从事这项工作的人必须懂得计算机知识、心理学和哲学。人工智能是包括十分广泛的科学，它由不同的领域组成，如机器学习、计算机视觉等等，总的说来，人工智能研究的一个主要目标是使机器能够胜任一些通常需要人类智能才能完成的复杂工作。但不同的时代、不同的人对这种“复杂工作”的理解是不同的。

1956 年夏季，以麦卡赛、明斯基、罗切斯特和申农等为首的一批有远见卓识的年轻科学家在一起聚会，共同研究和探讨用机器模拟智能的一系列有关问题，并首次提出了“人工智能”这一术语，它标志着“人工智能”这门新兴学科的正式诞生。从 1956 年至今人工智能的发展可分为四个阶段：起步阶段（20 世纪 50 年代至 60 年代末）、停滞阶段（20 世纪 70 年代）、曲折发展阶段（20 世纪 80 年代初至 21 世纪初）和高速发展阶段（21 世纪 10 年代至今）。人工智能概念很宽，有多种分类方法。如按照人工智能的总体水平，可将人工智能划分为弱人工智能（仅在某些方面擅长）、强人工智能（与人类智能相当）和超人工智能（全面超越人类智能）三个等级；从人工智能发展总体水平来看，目前人类已经掌握了弱人工智能，但强人工智能尚未实现。

20 世纪 70 年代以来，人工智能被称为世界三大尖端技术之一（空间技术、能源技术、人工智能），也被认为是 21 世纪三大尖端技术（基因工程、纳米科学、人工智能）之一。通过六十多年的迅速发展，人工智能在计算机领域内，得到了愈加广泛的重视，并在机器人、经济政治决策、控制系统、仿真系统中得到应用。人工智能发展进入了新阶段，人工智能的发展成为全球科学界和工业界的研究热点，许多国家也出台规划将人工智能上升为战略。Google 和百度分别推出“谷歌大脑”和“百度大脑”计划，微软成立人工智能研究院。2017 年 7 月，Science 发布《人工智能改变了科学》特刊，专门对人工智能在各个学科领域取得的进展和应用进行介绍；2016 年 10 月，美国、英国均将人工智能发展列为核心战略，德国将 AI 作为工业 4.0 的核心一环；日本布局推进“超能社会 5.0”等。

2015 年 7 月，我国出台《关于积极推进“互联网”行动的指导意见》，明确了推进“互联网”人工智能，依托互联网平台，提供人工智能公共创新服务；2016 年 3 月，《十三五规划纲要》提出要发展人工智能，同年 5 月，发改委牵头制定《“互联网”人工智能三年行动实施方案》。2017 年 3 月，首次将人工智能、虚拟现实等内容写入《政府工作报告》；7 月 20 日，国务院印发《新一代人工智能发展规划》。《规划》提出面向 2030 年我国新一代人工智能发展的指导思想、战略目标、重点任务和保障措施，为我国人工智能的进一步加速发展奠定了重要基础。党的十九大报告明确提出，要推动互联网、大数据、人工智能和实体经济深度融合，在中高端消费、创新引领、绿色低碳、共享经济等领域培育新增长点、形成新动能，为抢抓人工智能发展的重大战略机遇，构筑我国人工智能发展的先发优势，加快建设创新型国家和世界科技强国。

上海作为全国改革开放排头兵、创新发展先行者，将发展人工智能产业作为上海加快建设具有全球影响力科技创新中心的重要引擎和打响上海“四个品牌”的蓬勃动力。2017 年 11 月，上海发布《关于本市推动新一代人工智能发展的实施意见》，提出全面实施“智能上海（AI@SH）”行动，推动人工智能全面赋能实体经济发展和新型智慧城市建设。

目前，上海已经具备发展人工智能的良好基础条件。

一是产业发展有基础。上海人工智能产业链较为齐全，配套体系完善。目前本市人工智能相关产业规模 700 亿，形成了较成熟的产业技术和商业模式，智能驾驶、智能机器人等领域达到全国领先水平。上海正在组建人工智能发展联盟，已经集聚了近 300 家相关企业、投融资机构及科研院所。

二是智慧应用有条件。海量数据资源是人工智能训练和应用的助燃器。目前上海已建成法人库、实有人口库和空间地理库三大基础数据库;数据交易中心日均数据交易量占全国 50%。近期深化新型智慧城市建设,打造千兆宽带接入网和覆盖全城的窄带物联网;每年滚动扶持 100 项智慧城市及大数据创新项目,支持市高院、司法局等率先运用人工智能,为企业开放大量应用场景。

三是人才集聚已形成。人才是人工智能发展的创新动力源。目前全国有三分之一人工智能人才集聚上海,在计算机视觉、语音语义识别、脑智工程等领域掌握话语权;拥有张旭、吴志强等一批人工智能领域院士;复旦设立类脑智能研究院;上海交大成立了人工智能研究院。

四是赋能生态具雏形。已初步形成创新活跃、开放协同的融合生态。目前复旦、交大、中科院等构建了理论研究、技术研发、产品应用的完整创新链,数据交易和医疗信息国家工程实验室已分别成立;上海消费市场高端开放、金融资本市场活跃,是新技术、新业态、新模式的试验场。

1950 年,“人工智能之父”阿兰·图灵在论文《计算机器与智能》中,向全人类首次提出了“人工智能”的概念。巧合的是,也在这一年,上海飞机制造厂在这片后来被称为西岸的地方成立,新中国首架水上飞机“飞龙一号”就在厂门前的岸边诞生。上海世博会后,徐汇开始对西岸沉寂的滨江地区进行空间再造。转眼,时光来到 2018 年,人工智能也终于来到浦江西岸的创新原点。世界人工智能大会期间,包括 10 位图灵奖得主在内的全球 500 余位顶尖科学家和学者聚集在建造于 1950 年的飞机制造厂房,如今更名为“西岸艺术中心”的巨大空间内,人类当下最前沿的科技创新成果,从这里飞跃浦江,飞向整个世界。

2018 世界人工智能大会论坛峰会由一个主论坛、若干主题论坛组成。主论坛包括开幕式和全体会议两部分。开幕式包括政要致辞、学界代表发言、企业代表发言。全体会议主要对重点议题进行全面交流。主题论坛主要从技术、产业、应用等角度对人工智能技术和产业的发展现状进行深入探讨、包括脑机融合、人工智能算法、框架平台、智能芯片、大数据、智能图像、智能语音、智能驾驶、投融资等主题论坛,以及部分国际国内顶级企业举办的论坛。

9 月 17 日,2018 世界人工智能大会在上海西岸正式拉开帷幕。开幕式上,中共中央政治局委员、上海市委书记李强宣读国家主席习近平的贺信并致辞。习近平致信,向大会的召开表示热烈祝贺,向出席大会的各国代表、国际机构负责人和专家学者、企业家等各界人士表示热烈欢迎。习近平在贺信中指出,新一代人工智能正在全球范围内蓬勃兴起,为经济社会发展注入了新动能,正在深刻改变人们的生产生活方式。把握好这一发展机遇,处理好人工智能在法律、安全、就业、道德伦理和政府治理等方面提出的新课题，需要各国深化合作、共同探讨。中国愿在人工智能领域与各国共推发展、共护安全、共享成果。习近平强调，中国正致力于实现高质量发展，人工智能发展应用将有力提高经济社会发展智能化水平，有效增强公共服务和城市管理能力。中国愿意在技术交流、数据共享、应用市场等方面同各国开展交流合作，共享数字经济发展机遇。希望与会嘉宾围绕“人工智能赋能新时代”这一主题，深入交流、凝聚共识，共同推动人工智能造福人类。李强表示，习近平主席的贺信，为我们推动人工智能快速健康发展指明了方向。上海要以面向全球、面向未来的视野，把握机遇，营造环境，全力打造人工智能创新策源、应用示范、制度供给和人才集聚高地。

中共中央政治局委员、国务院副总理刘鹤出席开幕式并讲话。他表示，习近平主席专门发来贺电，充分体现了中国政府对本次大会和人工智能发展的高度重视。中国人工智能发展逐步走出了一条需求导向引领商业模式创新、市场应用倒逼基础理论和关键技术创新的独特发展路径。下一步，要坚持以需求引领发展，强化基础研究和基础设施，激发微观主体创新活力，大力加强人才培养。中国愿与世界各国共同努力，使人工智能向有益于人类的方向发展。

在这次大会上，数十场论坛群贤毕至，充分体现了大会国际化、高端化、专业化、市场化的办会主旨。与此同时，分散在黄浦江西岸的主题体验展也人气爆棚。“论坛 + 展示”“技术 + 应用”“观点 + 方案”的办会方式，覆盖了人工智能所涉及基础科研、行业解决方案和沉浸式体验，让参与的企业和嘉宾既为“世界智慧”所折服，又能身临其境感受到“人工智能赋能新时代”的价值。

大会中，看得见、用得上的人工智能技术，让很多人惊讶：有穿梭在会场里的人工智能售货机器人热情地邀请参与者“和我交流，买瓶水吧”；有无人驾驶汽车稳稳地载着乘客前行并自动避障；有人工智能识图软件给每个参观者“颜值”打分，或者帮着用户把照片上不需要的图像处理掉……

看不见的技术同样有着更大的发展空间和赋能力量。在主论坛的主旨演讲中，国家新一代人工智能战略咨询委员会组长潘云鹤院士提到，跨媒体智能是人工智能 2.0 时代发展的重要领域之一，他预测跨媒体智能将带来“大众艺术家时代”。在大会的应用展示中，就看到不少企业已经开始利用跨媒体智能，让每个人都有可能成为“艺术家”。比如，万达信息展示了通过人工智能识别不同艺术家的画风和习惯，然后让不同艺术家“同题作画”，把原先的艺术作品进行多风格演绎。

更多的技术还在不断发展完善，从而带来更多可能性。主攻人机交互技术的追一科技参加了本次大会的人机交互比赛，并参与相关主题论坛和主题展示。追一科技首席执行官吴悦说，短短三天，让他也对企业未来的发展目标更加明确：“通过算法升级,人工智能客服不仅能胜任 APP 里的文字交流,还可以与人进行电话交流。”种种体会,让他感受到这场在上海举办的世界人工智能大会是一个世界顶尖的人工智能合作交流平台。

令与会者同样印象深刻的,是上海浓厚的人工智能发展氛围。在这里,既有丰富的应用场景、海量数据和要素资源,还吸引汇聚了一大批全球人才。而且随着此次世界人工智能大会的召开,一系列“上海方案”“上海首发”更是显示出上海构建人工智能高地的信心和决心。

9 月 18 日,为深化落实《关于本市推动新一代人工智能发展的实施意见》,集聚人工智能领域人才,突破关键核心技术,推进人工智能示范应用,加快建设国家人工智能发展高地,上海市政府制订了《关于加快推进上海人工智能高质量发展的实施办法》(简称《实施办法》),标志着上海在推进人工智能产业发展方面将形成更加精准、更具特色、更可持续的政策体系。

根据《实施办法》,在集聚高端人才方面,上海将符合条件的人工智能人才和核心团队纳入本市“人才高峰工程”,并以“一人一策”的方式,为人工智能人才在上海的创新创业、工作生活等提供保障措施,配置具有国际竞争力的事业发展平台。《实施办法》提出要加快出台《公共数据和一网通办管理办法》,并配套公共数据开放的实施细则,促进数据资源有序开放及共享应用。通过制定公共数据资源开放清单,依法向 AI 企业开放教育、医疗、旅游等重点领域的数据,建设文献语言、图像图形、环境传感、地图位置等行业大数据训练库,满足人工智能深度学习需求。另外,优化交通运输等城市管理应用场景的供给,支持新技术、新产品、新模式在本市落地生根、开花结果。《实施办法》提出,将人工智能纳入本市战略性新兴产业重点领域,对符合条件的人工智能重大项目及平台给予有力支持。加快推进国家智能传感器制造业创新中心建设,加大 AI 领域研发投入及产学研合作力度;争取在类脑智能研究等领域实现突破,加快开展计算处理、智能执行等关键共性技术的攻关。

针对各区 AI 产业分布较为分散等问题,上海加快编制本市人工智能产业地图,构建“人形分布、多点联动”的产业空间布局(宝山、杨浦、普陀、长宁、徐汇、闵行、松江产业带,张江—临港产业带),打造华泾北杨等 3—4 个人工智能特色小镇,建设 5 个人工智能特色示范园区。同时,适应产业创新融合发展的趋势,优先在 AI 领域建立宽松灵活的产业空间管理机制,鼓励探索以提高容积率上限,配建创新性产业用房等方式,给予人工智能初创企业资源空间等支持。在资本支持方面,上海将引导社会资本设立千亿规模的人工智能发展基金,为企业发展提供资本和金融支持。此外,上海还进一步鼓励企业参与制订人工智能相关标准、安全等制度规范。

打造“上海高地”,是一项大战略,也是一个大命题。人工智能之于城市,是一个新技术、新事物，但也应当是一种基本场景、甚至一种思维方式。面对浪潮，我们的思想需要更解放，观念理当更开放，头脑当然也要更清醒，而行动应当更果决。把“内功”修炼到位，将AI用到准处、落到实处、用得恰到好处，一座卓越城市未来可期。

在政策催化下，上海要发挥好人工智能对经济发展的赋能作用，培育新经济动能。一方面，上海要加快构建人工智能芯片及传感器、机器人及智能硬件、智能无人系统及软件等完整的产业体系，形成世界级的新兴产业集群，凝聚变革生产力的核心力量，到2020年实现人工智能重点产业规模超过1 000亿元，成为新增长点。在此基础上，加速AI与实体经济的融合，促进智能制造、现代金融、商贸服务、现代物流、现代农业等领域AI的深度应用，推动产业智能化改造，以此提升全要素生产率，促进经济的高质量发展。

其次，发挥人工智能对城市建设的赋能作用，提高城市管理和社会治理水平。针对超大城市在管理服务等方面面临的难题，上海要深入推动AI向智慧政务、智慧交通、智能医疗、智能健康和养老等领域拓展，形成应用场景广泛覆盖、城市管理智能升级、社会治理效能优化，三者相辅相成的发展格局。同时，要以人工智能的协同应用为抓手，加快智慧长三角建设，助力长三角地区在产业经济、社会治理和公共服务等领域，实现更高质量的一体化发展。

再次，要发挥人工智能对美好生活的赋能作用，更好服务民生发展。这次世界人工智能大会期间，通过高端论坛、精品展示、应用体验、创新大赛四大板块活动，让公众全方位感受AI的魅力。特别是在油罐艺术区和龙华直升机场，集中展示了交通、金融、零售、健康、智造、教育和服务7个领域的“AI+”现场体验，让观众感受到最前沿的AI生活。

来自政府方面的积极作为，也迅速得到企业的响应。包括阿里巴巴、腾讯、百度、亚马逊、微软等在内的国内外领先科技企业纷纷加大了在上海的人工智能布局力度，选择在上海、在世界人工智能大会上落地和“首发”新项目。腾讯发布其机器人实验室“Robotics X”和AI开放平台“AI.QQ.COM”。亚马逊则表示，将在上海成立AWS人工智能研究院，并在会上首发亚马逊AWS文本转语音服务“Amazon Polly”的全新普通话女声版，意味着很多中国应用也能接入亚马逊的人工智能语音服务。

就人工智能的发展而言，不是一家企业的事，也不是一个国家、一个地区的事；只有全球联手，才能推动新技术的发展。现代化国际大都市上海，恰恰具备这样的吸引力，通过这场盛会，向海内外的创新者发出了邀请函。

# 首届中国国际进口博览会

2018年11月5日，首届进口博览会在上海国家会展中心举行。中国国际进口博览会（简称进博会），是迄今为止世界上第一个以进口为主题的国家级展会，是国际贸易发展史上一大创举。举办中国国际进博会，是中国着眼于推动新一轮高水平对外开放作出的重大决策，是中国主动向世界开放市场的重大举措。这体现了中国支持多边贸易体制、推动发展自由贸易的一贯立场，是中国推动建设开放型世界经济、支持经济全球化的实际行动。

2017年5月，中国国家主席习近平在"一带一路"国际合作论坛上宣布，中国将从2018年起举办中国国际进口博览会。2017年8月24日，首届中国国际进口博览会筹备委员会第一次会议在北京召开，会议由汪洋主持。2018年4月16日，首届中国国际进口博览会筹备委员会第二次会议在北京召开，会议由中共中央政治局委员、国务院副总理胡春华主持。4月26日，商务部新闻发言人高峰表示，中国国际进口博览会各项筹备工作正扎实推进，已有61个国家正式确认参展。5月6日，由中国驻阿联酋大使馆和阿联酋经济部联合主办的中国国际进口博览会推介会在阿联酋首都阿布扎比举行。阿联酋政府官员、企业高管和驻阿中资机构代表等参加了推介会。7月27日，首届中国国际进口博览会倒计时100天誓师动员大会在上海举行。胡春华出席大会并讲话。会议结束后，胡春华赴上海国家会展中心考察场馆改造现场和安保指挥部，并为进博会标识及吉祥物"进宝"揭幕。10月8日，首届中国国际进口博览会执行委员会第一次会议在上海召开，会上宣布执委会成立文件，通报各工作组筹备进展情况，对下一步工作进行研究部署，要求从六方面着手加强工作，将进口博览会办成国际一流博览会。10月9日，首届中国国际进口博览会综合演练在上海举行。胡春华出席相关活动并讲话。11月4日，首届中国国际进口博览会新闻中心正式运营；11月5日至10日，首届中国国际进口博览会在国家会展中心（上海）举行，习近平出席开幕式并举行相关活动。习近平在首届中国国际进口博览会开幕式演讲中强调：举办中国国际进口博览会是中国坚定支持贸易自由化和经济全球化、主动向世界开放市场的重大举措，有利于促进世界各国加强经贸交流合作，促进全球贸易和世界经济增长，推动开放型世界经济发展。中国政府诚挚欢迎各国政要、工商界人士，以及参展商、专业采购商参展参会，拓展中国市场，分享各国经贸合作商机，实现互惠互利，共赢发展。中国愿与各国一道，将中国国际进口博览会打造成为世界一流的博览会，为各国开展贸易、加强合作开辟新渠道，促进世界经济和贸易共同繁荣。为打造“永不落幕的进口博览会”，“6天+365天”常年展示交易平台陆续上线。11月13日，“中国国际进口博览会‘6天+365天’常年展示交易平台——绿地全球商品贸易港”正式开港。

2018年中国国际进口博览会包括展会和论坛两个部分。展会即国家贸易投资综合展（简称国家展）和企业商业展（简称企业展），论坛即虹桥国际经贸论坛。国家展是本届中国国际进口博览会的重要内容，共有82个国家、3个国际组织设立71个展台，展览面积约3万平方米，各参展国展示国家形象、经贸发展成就和特色优势产品。国家展中，印度尼西亚、越南、巴基斯坦、南非、埃及、俄罗斯、英国、匈牙利、德国、加拿大、巴西、墨西哥等12个主宾国均设立了独具特色的展馆。作为东道主，中国设立了中国馆，包括港澳台展区。中国馆以“创新、协调、绿色、开放、共享”的新发展理念为主线，展示中国改革开放的巨大成就，以及中国发展、共建“一带一路”给世界带来的新机遇。企业展分7个展区、展览面积27万平方米，来自130多个国家的3 000多家企业签约参展。这届进博会以“新时代，共享未来”为主题，欢迎各国朋友，把握新时代中国发展机遇，深化国际经贸合作，实现共同繁荣进步。共有172个国家、地区和国际组织参会，3 600多家企业参展，展览总面积达30万平方米，超过40万名境内外采购商到会洽谈采购。

首届进博会期间，国资委和中央企业举办58场现场配套活动。进博会充分利用博览会的资源，发挥各方的积极性，组织开展一系列高层次、高水准、高质量的配套现场活动，丰富展会功能，提升展会价值，促进展会的成交。这些配套活动主要有以下三个特点：一是活动主办方范围广泛。配套活动的主办方既有联合国工发组织等国际机构，也有中央部委办；既有参展国家和地区的政府、贸易促进机构，也有国内各省区市人民政府；既有大型的央企，也有世界五百强的跨国公司；既有中外行业协会，也有有关的研究机构。二是活动内容丰富多彩。配套现场活动多以政策解读会、行业论坛、采购对接签约、新技术新产品发布、投资说明会等形式呈现。比如，有关的国际组织发布其所在领域的年度报告，一些“一带一路”相关国家将主办商务论坛、地方合作论坛，等等。三是活动主题特色鲜明。配套活动中，很多参展国家举办商务合作推介、国家发展成就展示、合作前景推介等，一批参展企业举办行业发展趋势前瞻、技术解决方案分享、新产品发布等活动。比如一些大型的电商就供应链、贸易新动能等主题举办论坛活动，介绍和展示中国电子商务的发展情况，交流探讨跨境电商新课题和全球供应链新构想。这些活动在很大程度上丰富此次展会的内容，成为首届进博会的新亮点。

进博会成功举办引起世界各大媒体的广泛关注。2018 年 11 月 8 日,俄新社发表题为《中俄关系发展进入新阶段》的文章。报道中说,进博会展现了中国经济发展中开放、包容、合作的理念,对于经济全球化和贸易自由化有着促进作用。俄新社还重点报道进博会上中俄两国在农业领域的合作项目,报道认为中俄两国在农业领域有着天然的互补性,有着广大的合作前景。白俄罗斯国家媒体 1 频道在黄金时段重点报道进博会。报道中认为,这是一次规模空前的盛会,吸引了来自世界各地的领导人前来参加。报道中还援引了习近平主席在开幕式上的重要讲话——“中国开放的大门不会关闭,只会越开越大”,并强调,进博会为世界各国与中国的经济合作提供良好平台,同时也为贸易自由化提供强大的推动力。作为哈萨克斯坦主流媒体之一的哈萨克斯坦《共青团真理报》也对进博会进行了大篇幅的报道。报道中提到,中国扩大外国商品进口的举措使更多国家在中国经济发展的进程中受益,与中国经济合作能够达到互惠双赢。此外,报道中还说,进博会的召开推动了中国经济向更开放、更有活力的方向快速前进,同时也向世界展示了中国坚定支持贸易自由化和经济全球化的决心。格鲁吉亚主流媒体黑海通讯社对进博会进行重点报道。报道中写道,中国为格鲁吉亚企业提供广阔的发展平台,与中国的经济合作能够为格鲁吉亚企业提供更多的发展机会和就业岗位。进博会的召开向世界表明,中国经济将进一步向全世界开放。

进博会永不落幕,发展永无止境。进博会对国内企业而言,是“史无前例”的商机、难能可贵的体验。从长远看,在供给侧结构性改革的发展背景下,国内一些企业对先进技术装备和技术具有庞大需求,在生产流程设计、软件编程优化等方面存在实际困难。举办进博会,就是通过引进全世界的新产品、新技术、新服务、新模式、新业态,让国内企业了解行业前沿,借鉴发展经验,从而进一步倒逼改革,提升服务水平,提高生产效率,增强创新能力。正如会场中一位企业负责人所说:“只有在开放的环境中,中国企业的创新精神和竞争能力才能充分激活,为转型升级提供全新动力。”反过来看,企业转型升级的巨大动力,最终来自消费升级的现实需求。“追求美好生活是各国人民共同愿望。”可以说,美好生活千姿百态,但更强调品质、更注重健康、更讲究享受,正在成为消费的趋势。进博会为国内消费者提供了一个与世界一流产品和服务直接接触的机会,更为享受国内企业提供同等品质供给创造了可能。可以预见的是,汲取进博会带来的营养和能量,一个更加繁荣、便利的国内市场正在壮大,这无论对消费者还是生产者来说,都无疑是巨大的利好。

# 上海足球：全运会包揽四金牌、足协杯囊括冠亚军

2017年是上海足球大丰收的一年：在全运会赛场上，上海女子U18队、上海男子U18队、上海女子足球队、上海男子U20队包揽专业组全部四块足球金牌；在职业足球赛场上，绿地申花与上港两支来自上海的球队会师决赛，最终绿地申花时隔十九年后再捧足协杯。

光荣的桂冠，从来都用荆棘编成。上海足球大丰收背后，扎实的青训体系居功至伟，一波又一波年轻人从肥沃的足球土壤中生长壮大。1900年，梁启超在《少年中国说》中预言，“少年强则国强”。一百多年后的今天，这样的判断，同样适用于足球。

2017年8月3日，第十三届全运会男足U18决赛在上海队和四川队之间展开。此前的半决赛中，以徐根宝崇明基地U18为班底的上海队3比1战胜新疆队，四川队在点球大战中6比5淘汰江苏队。虽然这是四川队历史上首次晋级全运会男足决赛，但在双方此前的交战纪录中，上海U18年龄段的球队还从来没有战胜过四川队，因此这场比赛到底谁能笑到最后，一度引发了两地球迷和媒体的口水大战。

开场后，双方都侧重防守，没能创造太好的进攻机会。第27分钟，上海队换人，刘国博上场换下苏亦昊。这次换人收到奇效，5分钟后，上海队周俊辰左路底线拿球转身传到门前，刚刚替补出场的刘国博门前一脚捅射，皮球直入网窝，上海队1比0先声夺人。第66分钟，前卫球员徐皓阳禁区内面对防守球员的倒地封堵，一个360度拉球转身躲过防守，再稍稍调整后左脚冷静打门，帮助上海队取得2比0的领先优势。第88分钟，四川队获得点球机会，鱼竣伟主罚点球命中，四川队扳回一球。可惜最后所剩时间无几，上海队最终2比1力克四川队，夺得U18男足决赛桂冠。夺冠后，队员们将所有金牌挂在笑逐颜开的根宝的脖子上，成为当天比赛中最温馨的场景。15天后的8月18日，天津全运会女足U18组别决赛中，上海队和广东队这对老对手狭路相逢。由于双方知根知底，比赛踢得非常胶着，而上海队也一度面临得势不得分的尴尬局面。好在关键时刻闫颖颖挺身而出，凭借这粒宝贵进球，上海队1比0力克广东队，时隔16年后再次在全运会舞台上笑到最后。从小组赛到半决赛乃至最后的决赛，虽然上海队遇到了不少困难，但她们始终迎难

而上，以全胜战绩最终问鼎，冠军可谓实至名归。从 2009 年就开始带领这拨球员的主教练黄坚雄由衷地感慨道："根宝是十年磨一剑，我这属于八年磨一剑。"

收获的喜悦还在延续。9 月 6 日晚，天津全运会女足成年组决赛打响，由天津女足迎战上海女足。虽然天津队打破了全运会东道主无法闯入决赛的魔咒，并占据地利优势，但奈何上海队实力明显高出一筹，比赛最终变成一边倒的场面。第 25 分钟，张馨分球到右路，队长刘洁茹人球分过突破对手边后卫，随后低传禁区中路，跟上的缪斯雯低射死角入网，上海队 1 比 0 领先。下半场的比赛，彻底变成上海队的进球表演：第 47 分钟，张馨开出定位球，李佳悦后点头球破门，上海队 2 比 0 领先；第 55 分钟，肖裕怡在禁区内一脚门前铲射破门，将比分改写为 3 比 0；第 80 分钟，闫锦锦禁区内抽射远角得分，上海队 4 比 0 锁定胜局；第 90 分钟，唐佳丽帮助上海队将比分扩大为 5 比 0。补时阶段，天津队打入挽回颜面的一球，最终上海队 5 比 1 横扫对手夺冠。5 比 1 的比分，创造了全运会女足决赛的最大分差。特别值得一提的是，这也是上海女足继第八届、第九届全运会之后第三次问鼎全运会冠军。众将赛后高高抛起主帅水庆霞，庆祝这场激动人心的胜利。

一天之后，上海队和浙江队联袂奉献了全运会男足 U20 决赛。面对由德甲球员张玉宁领衔的浙江队，以上港 U20 梯队为班底组建的上海队本来有机会在 90 分钟之内解决战斗，但可惜雷文杰在第 44 分钟主罚的点球击中立柱没能得分，随后双方直到踢完加时赛都没有能够破门，比赛进入残酷的点球大战。上海队五位球员全部主罚命中，门将陈威在第二轮扑出了浙江队严鼎皓的点球。当魏来罚进最后一个点球之后，上海队实现了全运会男足 U20 三连冠。

包揽女子 U18 组、男子 U18 组、女子成年组、男子 U20 组四块专业组金牌，完成天津全运会足球"大四喜"，在检验足球青训人才储备的全运会上实现如此壮举，彰显出上海的足球实力。

上海足球在全运会赛场上大放光芒，在职业赛场上同样收获颇丰。在 2017 年中国足协杯决赛中，上海绿地申花与上海上港会师决赛，经过两回合比赛，上海绿地申花凭借客场进球优势最终问鼎冠军，会师决赛的两支上海球队同时取得了代表上海职业足球征战下赛季亚冠联赛的资格。

除了上海绿地申花摘得足协杯冠军、上海上港摘得足协杯亚军，2017 年中国足协杯的其他各大奖项，也分别被上海足球摘得：来自上海绿地申花的曹赟定荣膺最佳球员，来自上海绿地申花的尼日利亚外援奥巴费米·马丁斯以 6 粒进球荣膺最佳射手，荣膺公平竞赛奖的上海申鑫足球俱乐部还同时摘得黑马奖。

申花队上一次夺得足协杯冠军，要追溯到遥远的 1998 年，当时申花在决赛中击败辽足夺冠。这一次，申花与上港两支球队会师决赛，但最终的夺冠过程并不简单。2017 年 11 月 19 日双方的第一回合比赛中，主场作战的上海绿地申花仅取得了 1 比 0 的胜利，领先优势极为微弱。11 月 26 日的第二回合比赛，回到主场并且已经无路可退的上港队明确表示将放手一搏。针对首回合比赛中进攻手段单一的问题，上港队的调整立竿见影，第 15 分钟，上港王牌胡尔克成功吸引了防守队员的注意力，得到传球空间的奥斯卡助攻吕文君破门，上港 1 比 0 先声夺人。第 44 分钟，曹赟定利用上港年轻后卫魏震的防守失误，一脚抽射帮助申花队将比分扳平。第 67 分钟，马丁斯利用强悍的个人能力，连续晃开两名上港后卫兜出一记弧线球，帮助申花客场 2 比 1 反超比分。被逼入绝境的上港随后迎来进球运：第 71 分钟，曹赟定禁区内放倒傅欢，主裁判罚点球，胡尔克操刀命中，上港队将比分追成 2 比 2 平；第 76 分钟，胡尔克任意球重炮轰门，被申花球员挡出底线，随后胡尔克将角球送到前点，柏佳骏解围未果，但皮球却打在门前的莫雷诺胳膊上弹入球门，上港戏剧性 3 比 2 领先。最后时刻，上港队试图再进 1 球夺冠，可惜无果而终。最终，双方第二回合比赛以上港队 3 比 2 获胜告终。两回合比赛双方总比分踢成 3 比 3，上海绿地申花凭借客场进球优势最终夺冠。

于上海绿地申花而言，足协杯冠军弥足珍贵。一方面，申花藉此直接获得参加 2018 亚冠的正赛资格；另一方面，这是申花时隔十九年后再次问鼎足协杯，算得上“久旱逢甘霖”。一路走来，申花的冠军之路经历了颇多硬仗。2017 年 5 月 2 日，上海绿地申花客场 3 比 0 轻取丽江飞虎之后，旋即迎来老对手北京中赫国安。6 月 21 日，主场作战的申花凭借瓜林的制胜球，1 比 0 艰难淘汰国安。八强之战，上海绿地申花的对手是足协杯历史上夺冠次数最多的山东鲁能，7 月 19 日的双方首回合比赛中，梅开二度的马丁斯和单骑突进的毛剑卿帮助客场作战的申花队取得 3 比 1 的领先优势，8 月 2 日双方第二回合踢成 0 比 0 平，申花队以总比分 3 比 1 淘汰山东鲁能，晋级四强。

申花半决赛的对手，是另外一支上海球队申鑫，这支最终赢得年度黑马奖的球队表现十分抢眼。不过，面对各方面实力都更占优势的申花，申鑫还是略微稚嫩了一些，在 8 月 15 日和 9 月 29 日的两回合比赛中，申鑫队均以 0 比 1 告负，申花队总比分 2 比 0 挺进决赛，并在随后的决赛中取胜。

上港队的足协杯之路，并不比申花队平顺多少。虽然上港队首次亮相便在 5 月 3 日的石家庄裕彤国际体育中心 2 比 0 客场轻取石家庄永昌队，但 6 月 21 日与中乙球队苏州东吴的比赛，却着实惊出了上港队一身冷汗。双方在 90 分钟内战成 1 比 1 平之后进入点球大战，经过 17 轮点球大战方分出胜负，上港队以 16 比 15（点球比分 15 比 14）战胜苏州东吴闯进八强。上港队的四分之一决赛对手是天津权健，在 7 月 19 日首回合 0 比 3 大败的情况下，8 月 3 日回到主场的上港队三军用命,取得了 4 比 0 的胜利,并最终以 4 比 3 的总比分淘汰对手进入四强。半决赛,上港队迎战中超豪门广州恒大淘宝,8 月 16 日上港队主场 2 比 1 取胜之后,又在 9 月 30 日的比赛中再接再厉,客场 4 比 1 大胜广州恒大淘宝,昂首晋级决赛,与上海绿地申花实现会师。

客观来说,足协杯亚军已经是一份非常不错的成绩单,但对于赛季初即喊出“至少夺一冠”口号的上港队而言,距离冠军一步之遥的亚军确实有点苦涩,而且上港虽然取得了参加 2018 亚冠联赛的资格,但他们却必须从附加赛打起。

无论如何,冠军上海绿地申花、亚军上海上港,加上最佳球员、最佳射手、公平竞赛奖以及黑马奖等各大重量级奖项纷纷被上海足球收入囊中,毫不夸张地说,2017 年中国足协杯的赢家只有一个,那就是实现了足协杯“大满贯”的上海足球。

从全运会到足协杯,从青训体系到职业赛场,上海足球在 2017 年取得累累硕果。问题由此而来:为什么是上海?上海又是如何做到这一点的?

探根究底,上海足球之所以能够笑傲江湖,至少在以下三方面是做得非常到位的:浓厚的足球氛围、优秀的教练团队、扎实的青训体系。

足球在上海一直受到高度重视,甲 A 时代,申花队就一直是中国足坛一支老牌劲旅,更不要说 2003 年末代甲 A 上海申花队与上海中远队火爆一时的上海德比了。如今,申花队依然保持强劲实力,并培育了中国足坛非常罕见的球迷群体,“不狂不放不申花”更成为很多年轻人愿意印在 T 恤衫上的青春宣言。而多位上海领导也持续关注上海足球的发展,曾担任上海市委书记的俞正声就多次批示,“政府应该关心群众的热爱,支持上海足球事业的发展,不能以‘市场化’放弃政府的责任”,并多次登上崇明岛探访根宝基地。多年担任上海市委书记、上海市长的韩正,也同样十分重视足球青少年人才培养。市里领导重视,上海体育局也一直在为上海足球创造很好的发展、训练和备战条件。作为上海球队备战基地的东方绿舟,其食宿训练等方面的水准,在国内球队中肯定是一流的。而上海专门安排女足球员前往法国和德国参加青少年女足比赛的举动,更证明了上海这座城市的气度与眼光。

持续涌现的优秀教练员团队,为上海足球的有序传承打下坚实的基础。作为名满天下的国字号教练,徐根宝甘于放弃功名利禄,扎根崇明岛专注青少年球员的培养,如今上海各支球队中都少不了根宝基地的小球员,证明了老帅的成功。以十年磨一剑的徐根宝为代表,上海足球得以持续飘红。率队夺得天津全运会女足 U18 组别冠军的主教练黄坚雄,从 2009 年便开始带领这拨球员;率领上海女足夺得天津全运会女足成年组冠军的水庆霞和率领上海队实现全运会男足 U20 三连冠的成耀东,昔日都是名震中国足坛的著名球员,如今都以主教练的身份,将他们的宝贵经验传递给一代又一代新人。更可贵的是，这些优秀的教练员，甘于扎根青少年培养工作，2015 年的青运会足球比赛中，成耀东执教的男足 U18 和黄坚雄带领的女足 U16，就已经代表上海夺得冠军。经过两年磨炼，这两支球队的战斗力得到进一步提升，所以双双拿到天津全运冠军，完全水到渠成。

浓厚的足球氛围和优秀的教练团队，为上海的青训体系打下扎实的基础。从启动 2009 年山东全运会的备战工作开始，上海足协就明确调整了战略方向：所有纳入全运体系进行集中训练的球员，所有权归俱乐部，但是球员日常衣食住行的费用，所有的财力物力全部由上海市足协进行保障。各俱乐部对于青少年培养的主动性被极大地激发出来，如今，上海足球的青训体系，以根宝基地和幸运星为龙头，昔日申花队的几员干将如吴承瑛、刘军、姚力君、孙吉等，也都加入到了人才培养行列中来，他们依靠自己的资源，分别在浦东、徐汇、宝山、杨浦等区域，施展着自己的青训人才合作计划。上海绿地申花和上海上港已经搭建了完整的人才体系，尤其值得一提的是 2017 年在各条战线上强烈冲击中超豪门广州恒大淘宝队的上港队，其合作机构已经在全上海乃至安徽、山西、内蒙等地铺开。

上海对于足球科研工作的重视，在国内恐怕也极为罕见。专注研究体能训练和恢复的曹晓东博士，从 2010 年成耀东带着 93/94 年龄段上海队在东方绿舟拉练便开始介入，之后他一直辅佐成耀东。年轻的上海队不管面对多么强大的对手，在身体不占什么优势甚至处于明显劣势的情况下，体能和对抗却并不落下风，扎实有效的足球科研功不可没。而能在梯队建制里长期配备像曹晓东博士这样的高端技术人员，在其他省市是难以想象的。

上海足球的雄起，背后肯定还有很多其他的重要因素。也许，一句曾经流行的电影台词，可以解释为什么上海足球能够成为一种现象：人生没有白走的路，每一步都算数。

# 上海再夺中国足球顶级联赛冠军

2018年11月7日，上海上港提前一轮获得2018年中超联赛冠军，这是继上海申花1995年夺得甲A联赛冠军之后，上海足球时隔二十三年再度夺得中国足球顶级联赛冠军。有意思的是，这两次夺冠都跟一代名帅徐根宝息息相关：1995年，徐根宝作为主教练带领上海申花夺冠；2018年，徐根宝的上海根宝足球俱乐部基地有限公司培养的武磊等多人构筑了上海上港的核心框架。

2018年11月7日晚19时35分，2018年中超联赛第29轮上海上港在上海体育场主场迎战北京人和。上半场第19分钟，上港外援艾哈迈多夫禁区外射门首开纪录。下半场第46分钟，上港多名队员配合，武磊巧打球门左侧死角得分，打进个人本季中超第27球。第64分钟，北京人和外援迪奥普接后场长传，杀入禁区怒射追上一分。最终上海上港主场2比1战胜北京人和，29战积68分，提前一轮获得2018赛季中超联赛冠军。

虽然在与北京人和的比赛中上海上港才真正锁定冠军，其实在之前一轮与中超巨无霸广州恒大的天王山一役，早已经决定了冠军归属。11月3日晚19时35分，上海上港在广州天河体育中心客场挑战广州恒大。本场比赛之前，上海上港27战积62分排名第一，广州恒大27战积60分排名第二。两队历史上共交锋11次，恒大5胜5平1负保持绝对领先优势，两队本赛季第一回合交锋，上海上港队主场在被动局面下惊险地以2比1战胜广州恒大队。此役，上海上港队虽有领先优势，但如果输掉与广州恒大的比赛，唾手可得的中超冠军仍然会像煮熟的鸭子一样飞走；反观广州恒大，强大的冠军底蕴加上主场作战的巨大优势，可谓势在必得。

事实证明，这是一场充满了技术含量的中国足球最高水平的正面对决。上半场第14分钟，上港外援胡尔克开出右路角球，郜林头球解围却把球顶到禁区中路，吕文君用胸部把球顶入门内。第29分钟恒大队李学鹏左路传中，保利尼奥头球扳平。第39分钟张琳芃头球解围顶到禁区中路，蔡慧康抽射得分，上港再次超出比分。第41分钟于汉超任意球开到禁区内，阿兰中路轻松头球，把比分扳成2比2。第47分钟于汉超开出角球，冯潇霆头球攻门被颜骏凌扑出，保利尼奥近距离捅射得分，上半场广州恒大3比2领先上海上港。下半场第49分钟胡尔克送球，武磊单刀突入禁区射门得分，上港3比3扳平比分。第77分钟奥斯卡外围送球，王燊超右路跟进推传，张成林拦截，却把球推进自家大门，上港4比3领先。第86分钟胡尔克突破入禁区，保利尼奥拦截犯规，胡尔克点球得分。上港5比3领先。第93分钟贺惯禁区里压倒阿兰吃到点球，阿兰怒射球门左上角得分，最终上海上港客场5比4战胜广州恒大。

丢掉这场比赛的广州恒大就此失去了争冠主动权。在这场双方毫无保留刺刀见红的针尖对麦芒的比赛中，恒大的战术针对性极强，屡次击中上港七寸，但是毕竟积分落后两分，打平就是输，所以大举压上，双方攻防转换速度极快，导致恒大狂攻大半场打入三球后无力再进球。上海上港队本赛季主客场双杀广州恒大，恒大主教练卡纳瓦罗祝贺上港队的同时，认为恒大丢掉这场比赛的关键原因是“队员太想以个人能力终结比赛”。

与强大的广州恒大两回合比赛只是一个缩影，折射出上海上港队2018赛季的强悍。从本赛季第一轮主场8比0狂胜大连一方开始，上港队就一直保持着非常巅峰的状态。第二轮客场2比0战胜同城老大哥上海申花，第三轮客场5比2大胜广州富力，第四轮主场2比1小胜重庆斯威，第五轮客场2比1拿下河南建业，第六轮主场2比0轻取河北华夏，直到第七轮才开始出现状态起伏。第七轮主场与天津泰达1比1战平，第八轮1比2客场输给长春亚泰，第九轮主场1比2不敌北京国安，第十轮客场1比1与贵州恒丰握手言和。

随后，上港队以第十一轮主场2比0战胜江苏苏宁开始，进入新的起飞阶段，第十二轮客场1比1与山东鲁能踢平，第十三轮主场2比1战胜强大的广州恒大，第十四轮客场5比1大胜北京人和，第十五轮主场4比1轻取天津权健，第十六轮客场0比1不敌大连一方，第十七轮主场2比0战胜上海申花，第十八轮主场3比1取胜广州富力，第十九轮客场3比2力克重庆斯威，第二十轮主场2比1拿下河南建业，第二十一轮客场1比1逼平河北华夏，第二十二轮客场5比2大胜天津泰达，第二十三轮主场3比1大胜长春亚泰，第二十四轮客场1比0挑落北京国安，第二十五轮主场5比0横扫贵州恒丰，第二十六轮客场0比0与江苏苏宁互交白卷，第二十七轮主场4比2大胜山东鲁能，第二十八轮客场5比4挑落广州恒大，第二十九轮主场2比1战胜北京人和，在事实上锁定冠军。最后一轮，开始练兵的上海上港客场2比3输给天津权健。

最终，在整个赛季30轮比赛中，上海上港以21胜5平4负进77球失33球净胜44球积68分的成绩夺冠，领先第二名广州恒大5分。77球的总进球数仅次于广州恒大的82球，33粒失球与江苏苏宁并列为最少失球数。在射手榜上，上港队的武磊以27粒进球荣膺2018赛季金靴奖，在他之后，一众外援射手包揽了射手榜第二到第17的排名。

随着独霸七年的广州恒大被拉下马，上海上港完成新王登基，中国的职业足球是将进入新的霸王时代,还是进入群雄争霸的时代?广州恒大自从2011年升入中超以来,就一直稳坐着中超冠军的宝座,可以说是中超的巨无霸。“恒大王朝”是彻底落下大幕,还是只是短暂的“中场休息”,尚需假以时日才能给出答案。从球队年龄结构来看,中场核心郑智已步入职业生涯末期。在未来的三到五年,38岁的郑智、33岁的冯潇霆和即将年满33岁的郜林等人,如何与20多岁的武磊、石柯等人对抗?恒大阵容的老化确实让人们对“七冠王”的前景难以乐观,不过,恒大若能短时间完成换血,在换挡升级后,凭着七连冠的经验和底气,仍然有很大机会夺回王座。而在俱乐部投入层面,随着奖杯数量越来越多,冠军给恒大品牌带来的边际收益在缩减。随着恒大将更多资源投向一队之外,从设立“人才交流中心”,到“人才一条龙计划”,未来的恒大足球还将在哪些方面成为引领中国职业足坛的“风向标”?

广州恒大之外,山东鲁能、北京国安和江苏苏宁等挑战者,也有希望将中超重新拉回群雄争霸的“战国时代”。2018赛季,国安和鲁能两强曾轮流坐上中超头把交椅。但由于状态欠缺稳定性,随着赛程的深入,他们最终退出争冠行列。不过,这两个老牌劲旅还是能进入四强,获得亚冠资格。此外,不可忽视的一股力量是苏宁,在经历了2017年的低谷后,他们今年位列中超第五。值得一提的是,苏宁本赛季仅失33球,与上港并列成为中超防守最好的球队,而本赛季球队的进攻潜能并未得到有效开发,头号球星特谢拉13个进球的数据只能算是差强人意。2019赛季,如果苏宁能在个别位置进补,在保持良好防守体系的情况下在进攻上迎来爆发,没有亚冠“分心”的他们也足以成为强有力的挑战者。

当然,新王登基的上海上港队目前处在最有利的位置上。上港的一线队正处在年龄结构的黄金点上,在阵容没有特别大变化的情况下,上港在未来两到三年时间都是冠军的最大热门。这方面,就不得不感谢上海足球的功勋人物徐根宝了。从上海东亚到上海上港,从远郊的崇明岛到上海八万人体育场,从中乙起步到成为中超新冠军,崇明岛走出来的少年们用了整整十三年的时间,帮助恩师徐根宝和自己实现了当年的梦想。

2002年,徐根宝扎根上海的崇明岛开始搞青训,专注于青少年球员的培养。2005年,他成立上海东亚足球俱乐部。从2006年开始征战中乙联赛,上海东亚用7个赛季实现了中乙冠军、中甲冠军的飞跃,并成功跻身中超联赛。“冲超”成功后,徐根宝为上海东亚提出“631”的目标,即作为升班马首赛季打进前6,第二年杀入三甲,第三年拿下中超冠军。但是,此时的中超联赛已经在恒大的带领下掀起了“金元足球”的浪潮,东亚队在2013赛季第9名、2014赛季第5名的成绩距离徐根宝当初设立的目标都有一定的差距。

2014 赛季结束后，上港集团收购球队，球队更名为上海上港。此后的四年里，球队开始加大投入，名帅、大牌外援接踵而至。在过去的三个赛季里，上海上港始终排在中超联赛的三甲。但在与争冠对手广州恒大的直接对话中，上港始终难求一胜，这让他们在过去的三个赛季均与中超冠军擦肩而过。直到 2017 赛季，上港在亚冠四分之一决赛中淘汰广州恒大，才真正迈出阻击对手的第一步。本赛季中超联赛双杀广州恒大，是上海上港最终拿下冠军的关键所在。

在中超强队的外援都已足够顶级的情况下，本土球员的表现，往往会成为决定球队能走多远的重要因素。上港阵中，颜骏凌、武磊、蔡慧康、王燊超、吕文君这 5 名出身于崇明岛的球员，出场时间全部排在球队的前 11 位，是球队的绝对主力或者重要的轮换球员。另外几名来自根宝青训基地的球员，比如傅欢、张卫等人也同样是上海上港的中坚力量。武磊本赛季表现十分出色，打进 27 球，超越所有的大牌外援，成为中超射手王。蔡慧康在抢断、拦截等数据榜上均名列前茅，是本赛季中超联赛里十分抢眼的强力后腰。这些正值当打之年的本土球员，是上海上港能顺利夺冠的重要砝码。

主帅的出色指挥，是上港夺冠的另一个重要因素。葡萄牙新帅佩雷拉来到球队之后，对球员的位置做出了改变。他先将于海放到左后卫的位置，解决了上赛季球队防守端的弊病。其次，他将外援浩克的位置后移，使来到中场的浩克凭借出色的拿球、过人技术，成为中超赛场上所有后卫都惧怕的“绿巨人”。13 球外加 12 次助攻，浩克的表现十分抢眼。另一名外援奥斯卡在佩雷拉的战术体系下，也完美地找到了自己的位置。本赛季，他送出 18 次助攻，高居助攻榜第一位。外援和外教的出色表现，是上海上港夺冠的关键因素之一。

上海上港成为中超霸主，只是一个新的开始，更加巨大的挑战横亘在这个中超新贵面前。已尝到中超冠军滋味的上港，势必想在亚冠联赛中更进一步。而双线作战、甚至三线作战的上海上港，在阵容厚度上仍无法与 2013—2015 年巅峰时期的广州恒大相提并论。因此，上海上港能否在现有的基本班底下，增加阵容厚度，在明年经受住多线作战的严酷考验，是判断他们是流星般昙花一现，还是开启一段辉煌王朝的关键。与此同时，中超也将进入更加波诡云谲的新阶段，即将推出的“财政公平”政策，是 2019 年以及未来数年，悬在中超头上最大的不确定性因素，也将与上海上港队的未来走势密不可分。

“财政公平”政策之前的 U23 政策和转会调节费等政策，都给中超联赛带来了较大影响，甚至改变了很多球队的走势，但这些政策还都是应用于局部的政策。而“财政公平”政策，则是有可能改变整个联赛生态的系统性政策。实施该政策的主要目的无非在于两点：一是改善俱乐部的财务状况和公司治理；二是促进整个联赛的竞争平衡。目前,中超绝大部分俱乐部都是净亏损状态,而球员和教练团队工资占中超各俱乐部的总成本高达60%以上。如果加上球员的转会费摊销,一线队球员和教练的实际成本比例可能要超过80%。而中超各俱乐部并非严格的独立运作、自负盈亏的经营实体,要依赖母公司的注资才能生存。

在这方面,上海上港队应该深有体会。公开报道显示,上港进入中超后,连续几年的投入接近60亿:2014年11月18日,完成上海东亚足球俱乐部的整体收购,包括一线队、预备队和梯队的全部球员,花费2亿元以上;2015年花费500万欧元引进孔卡;2016年花费1 200万欧元引进吉安,花费1 850万欧元引进埃尔克森,花费5 580万欧元引进胡尔克;2017年花费6 000万欧元引进巴西球员奥斯卡,创下中国最贵转会费纪录,埃尔克森年薪650万欧元、艾哈迈多夫年薪500万欧元、胡尔克年薪2 000万欧元、奥斯卡年薪2 440万欧元……开启中超"金元足球"的广州恒大同样投入巨资,公开数据显示,广州恒大自2013年以来累计亏损额高达44.41亿元。

表面上看,实行"财政公平"政策、设置"工资帽"可以减轻中超各俱乐部的财务负担。但事实可能并非如此简单。首先,"道高一尺,魔高一丈",俱乐部有太多方式可以规避"工资帽"这个紧箍咒。例如,利用球员的肖像权做文章实现工资的"转移支付",就是这场猫鼠游戏中的惯用伎俩。此外,实行"财政公平"政策的前提,是俱乐部财务状况的透明化,乃至公司治理的现代化。显然,目前的中超各俱乐部距之甚远。

中国职业足球的消费市场目前还在培育期,消费的拐点还远未来临,靠限制投入能否换来财务状况的改善,业界很多人士对此并不乐观。而"财政公平"政策对于联赛的竞争平衡是否有帮助,是强化了竞争还是强化了垄断,在欧洲经过十多年的实践后,仍然有非常大的争议。

无论如何,充满了不确定性的争冠格局,不管对新贵上海上港,还是对传统豪门广州恒大,以及其他各支球队,都意味着一个充满了巨大变数的未来。

# 每日纪事

# 2017 年

## 1月

1 日

● 新年第一天，天气晴朗，申城市民以新年倒计时、看日出、登高、跑步等形式迎接新一年的到来。

● 上海城市业余联赛首个赛事——“静安元旦迎新跑”鸣枪起跑，市民以跑步的形式迎接新年。5 000 余名市民从静安公园出发，跑向终点上海火车站白玉兰广场。

● 沪上规模最大的迎新路跑赛事——“2017 蒸蒸日上迎新四环跑”开幕。这是国内唯一在 F1 赛道举行的大型跑步比赛。

● 闵行区元旦的品牌赛事“闵行旗忠迎新半程马拉松赛”在旗忠网球中心开幕。比赛设男女半程马拉松、10 公里健康跑、5 公里家庭跑等组别，共有 4 800 名选手参赛。

● 全球首个专为球迷打造的路跑赛事——2017“盈来杯”易跑 · 球迷跑在虹口足球场开幕。近 2 000 名跑步爱好者参加。上海绿地申花队队员毛剑卿和前女足世界小姐孙雯到现场为跑者助阵。

● “2017 滴水湖迎新跑”活动在临港主城区拉开帷幕。近 2 000 名市民及参赛选手在上海东南端，迎接 2017 年第一缕阳光。

● 新修订的《上海市行政规范性文件制定和备案规定》通过市政府常务会议，开始施行。此次修订的一大亮点是明确街道办事处有权制定规范性文件。

● 第三次全国农业普查正式进入现场调查阶段。上海市近 2.2 万名经过培训的普查指导员和普查员纷纷走村入户，开始对全市 120 个乡镇(街道)、1 685 个村(居委)、近 6 000 家农业经营单位和 80 万农户进行全面调查。

● 上海医保官方网站发布消息，对部分高价药品集中采购后试行医保支付。明确为规范试行医保支付的部分药品使用，实行“定医院、定医生、定指征”的“三定管理”。

● 第二十三届“蓝天下的至爱”慈善活动中的千店慈善义卖在徐家汇拉开帷幕，活动由市慈善基金会、市精神文明办、市商务委、市商业联合会、徐汇区政府和市老年基金会联合倡议。

●“蓝天下的至爱——安利之夜新年音乐会”在上海大剧院上演。一年一度的“蓝天下的至爱——新年音乐会”是上海市慈善基金会创建的慈善文化品牌。

●市人力资源社会保障局、市财政局、市民政局、市残联联合印发《关于进一步做好本市就业援助工作的若干意见》。新政策大幅提高用人单位吸纳“就业困难人员”补贴标准,由原政策规定的一次性补贴,调整分设为岗位补贴和社会保险费补贴。

2日

●市第二体育运动学校等57家单位挂牌为上海市青少年体育精英培训基地。市体育局在2015年创建青少年足球精英培训基地的基础上有全新布局。在项目选择上,优先发展田径、游泳等基础大项,重点发展自行车、射击、射箭等奥运优势项目。

3日

●市长杨雄主持召开市政府常务会议,研究部署2017年市政府实事立项等工作。会议审议并原则通过《2017年市政府要完成的与人民生活密切相关的实事》。

●全面深化公安改革推进大会召开,对上海全面深化公安改革阶段性进展情况进行通报。市委常委、市委政法委书记姜平出席会议并讲话。会上明确把“保稳定、守安全、攻改革、严治警”作为2017年公安工作的总体思路。

●国家开发银行上海市分行完成对上海郑明现代物流有限公司流动资金贷款发放2 500万元。国家开发银行全资子公司国开金融公司下属科技创业投资平台——国开科创与郑明物流签署投资协议,标志着上海首单科创企业“投贷联动”试点业务成功落地。

●以“创无界”为主题的张江国际创新港正式揭牌。张江四大创新创业集聚区已逐步成型,成为上海建设全球科创中心,吸引创新创业人才的重要载体。

●由上海医药卫生行风建设促进会主导、复旦大学公共卫生学院共同开展的“2016年上海市公立医疗机构服务质量病人满意度调查”发布。调查发现申城门诊、住院病人对公立医疗机构服务质量总体处于较满意水平。

4日

●市委召开常委扩大会议,传达学习贯彻习近平总书记对上海自贸试验区建设的重要指示精神。市委书记韩正强调,要确保自贸区建设“百尺竿头,更进一步”,继续当好全国改革开放排头兵、创新发展先行者,更好地服务国家战略。

●市长杨雄主持召开座谈会,就将提交市十四届人大五次会议审议的2017年《政府工作报告》(征求意见稿)和政府工作,听取8位基层干部代表的意见和建议。市委副书记、常务副市长应勇,副市长时光辉参加座谈。

●上海市首批15名援克拉玛依干部人才回到上海。自2015年8月上海开展赴克拉玛依对口支援工作以来，全面对接各项工作，有力推动克拉玛依市经济社会事业发展。上海援克干部人才的辛勤劳动和无私奉献，赢得当地党委政府和各族干部群众的广泛赞誉。

● 各民主党派市委、市工商联负责人和无党派代表人士新年学习会在市社会主义学院举行。

● 民盟市委召开新闻发布会，介绍民盟参加市政协十二届五次会议拟提交提案以及大会发言情况。民盟市委就深化“文创与科技融合，激发上海众创空间的‘双创’活力”作大会发言。

● 十二届市政协2016年度新任委员学习培训班举办，35名2016年度届中增补的新任政协委员参加培训。市政协副主席姜樑出席并讲话。

● “上海法院庭审公开网”开通，这是继律师服务平台之后，上海法院建立的第十一个司法公开平台，是上海法院全面深化司法公开的又一项重要举措。

● 上海电影（集团）有限公司、上海电影家协会、上海电影评论学会共同主办的纪念著名电影导演桑弧诞辰100周年座谈会在上海文艺会堂举行，电影界人士回忆桑弧的艺术人生，表达对他的缅怀之情。

● 美国费城交响乐团驻团指挥克里斯蒂安·马斯拉如在上海大剧院执棒上海爱乐乐团新年音乐会，这标志着两个乐团自2016年5月缔结的战略合作拉开序幕。

● 市食药监管局公布2017年第一期上海食品安全监督抽检信息，680批次食品经抽检，10批次不合格被曝光。

● 蚂蚁金服旗下支付宝发布2016年全民账单。数据显示，上海用户最能买，也最会买，支付宝人均购物金额高达1.68万元、年度人均总支付金额14.84万元，均名列全国省级行政区之首。

● 市检察院发布消息，经审查决定，上海仪电（集团）有限公司监事会原主席李耀新（正局级）以涉嫌受贿罪被立案侦查并采取强制措施。

● 国产大型客机从中国商飞公司浦东总装基地来到试飞中心。从C919大型客机项目研制进展来看，此举进入崭新阶段。

5日

● 市委、市政府召开加强综合交通管理、依法整治交通违法行为推进大会，在总结前一阶段工作的基础上，以修订后即将实施的《上海市道路交通管理条例》为新的契机，进行再动员、再部署。

● 市商务委发布数据和指标体系显示，上海迈向国际消费城市的步伐正在加快。2016年1至11月，上海社会消费品零售总额9 965亿元，增速达7.8%左右，全年数有望在2015年之后再次突破1万亿元，位居全国主要城市前列。

● 2017 年上海市慰问高层次人才暨在沪外国专家新年文艺晚会在上海大剧院举行。目前上海人才总量已超过 476 万人,894 名海外高层次人才入选中央“千人计划”,798 名海外高层次人才入选上海“千人计划”;3 073 名优秀留学人员入选“上海市浦江人才计划”;1 292 人入选上海市“领军人才计划”;1 268 人入选上海市首席技师“千人计划”。来沪工作和创业的留学人员已达 14 万余人,留学人员在沪创办企业 4 900 余家,注册资金超过 7 亿美元,常住上海的外国专家达 9.3 万人。

● 国家发改委、民航局批准在长宁区建立上海虹桥临空经济示范区,目标是在未来逐步建设成为国际航空枢纽和全球航空企业总部基地。

● 民革上海市委召开 2016 年度提案新闻发布会,介绍民革参加市政协十二届五次会议拟提交提案以及大会发言情况。民革市委拟就“重视法律数据,提高治理能力”作大会发言。

● 民建上海市委召开“两会”履职动员暨新闻通气会,介绍民建参加市政协十二届五次会议拟提交提案以及大会发言情况。民建市委就“推进‘五违四必’,为建设卓越全球城市奠基”作大会发言。

● 市红十字会在杨浦区平凉社区文化中心,举行 2017 年“千万人帮万家”迎春帮困活动启动仪式。“千万人帮万家”项目是市红十字系统开展的一项传统迎春募捐帮困活动。

● “蓝天下的至爱——第二届上海公益微电影节”颁奖仪式举行。本届微电影节以“帮助他人,阳光自己”为主题,共征集到 248 部参赛作品。

● 在习近平总书记对邹碧华同志先进事迹作出重要批示两周年来临之际,市高级人民法院召开全市法院座谈会,深入学习贯彻习近平总书记重要批示精神,深化向邹碧华同志学习,争做“公正为民的好法官、敢于担当的好干部”。

● 上海国际设计创新研究院在同济大学揭牌成立。全新成立的上海国际设计创新研究院是依托同济大学设计学以及华东理工大学、东华大学等沪上院校的相关优势学科,同时协同行业企业而建立的全新研究平台。

● 2016 年全国电影总票房数据经统计为 457.12 亿元,同比增长 3.73%。上海电影总票房为 30.37 亿元,占全国总票房的 6.64%,夺得 2016 年度城市票房冠军。

● 市地方志办公室创办的《上海滩》杂志举办研讨会,30 多位专家学者聚焦讨论如何更好地“讲好上海故事,传播上海精彩”,呈现、梳理、阐释上海这座城市丰厚的历史文脉。

6 日

● 市生态文化协会会员大会在市政协召开。2017 年,协会将以垃圾治理、崇明生态岛生态文化建设、绿色生活等为主题进行调研、开展研讨,并推进“生态文化村”评选等绿色行动。

●《上海市土壤污染防治行动计划实施方案》正式发布并实施，提出到"十三五"末，基本建成土壤污染防治体系，确保上海土壤环境质量总体保持稳定；到本世纪中叶，上海土壤环境质量得到全面改善，土地生态系统实现良性循环。

● 市委宣传部、市思想政治工作研究会、市企业文化促进会共同主办的 2016 年度上海企业创新文化品牌联展开幕，《上海市企业文化建设三年行动计划纲要(2017—2019)》发布。

● 市商务委召开 2017 年家政服务工作会议。会上，表示愿意主动承担春节市场"保基本"任务的全市 37 家骨干家政服务机构，向社会公示服务热线电话、经营地址、服务区域等基本信息，承诺节日期间服务热线畅通。

● 市环保局在其官网上发布数据，上海大气污染防治取得阶段性成绩，提前一年实现 PM2.5 浓度比基准年 2013 年下降 20%的短期治理目标。

● 上海地铁在建 17 号线首列新型 1701 号列车由吉林长春安全运抵上海 17 号线朱家角车辆基地。这是上海地铁 2017 年首列抵沪的新车。

● 市教委发布《2017 年本市义务教育阶段学校招生入学工作的实施意见》。2017 年，全市义务教育学校招生全面应用"上海市义务教育入学报名系统"(www.shrxbm.cn)。

● 上海歌舞团原创舞剧《朱鹮》在香港沙田大会堂上演。《朱鹮》的演出是香港康文署主导的庆祝香港回归二十周年的第一场重要活动。

● 中国抗癌协会癌症康复与姑息治疗专业委员会、上海医药行业协会共同主办，上海长征医院承办的首届"长征疑难肿瘤论坛暨肿瘤临床新进展大师讲坛"在沪举办，这是全国首个聚焦疑难肿瘤的论坛。

7日

● 第二十三届"蓝天下的至爱"慈善活动最高潮——"2017 爱心全天大放送"活动举行，来自全市各行各业近 200 名"两新"组织人士齐聚一堂，共同关爱孤寡老人、残障人士和肿瘤儿童三个困难群体。

● 上海市 2017 年春考开考。此次春考报名人数较 2016 年有所增加，连续三年上涨。本次考试是 2017 年本市整体实施考试招生综合改革方案的重要组成部分。

●"新形势下高校思想政治工作的使命担当"高端论坛在华东理工大学举办，全国 70 多名思政领域的知名专家和上海各高校思政工作负责人共同探讨高校思想政治工作改革创新。"高校思想政治工作研究中心"也同时揭牌成立。

8日

● 市商务委员会统计显示，截至 2016 年底，全球 340 家跨境零售企业中，有 180 余家入驻上海,数量仅次于伦敦和迪拜列全球城市第三。上海已成为全球商业开放程度最高的城市之一。

● 上海首家以政企合作模式运行的 24 小时开放的公共图书馆延伸服务点“我嘉书房”在嘉定区菊园新区揭牌启用。

● 中国传统工艺(剪纸)大赛成果展在上海朵云轩艺术中心开幕,展出的 300 余件作品,以独具匠心的创意巧思定格出纸上的“中国风”。

● 复旦大学附属华山医院、华东医院、同济大学附属第十人民医院等三甲医院,静安区中心医院、静安区闸北中心医院等二甲医院以及社区卫生服务中心外科共同组成的“静安外科联盟”在第十人民医院宣布成立。这是上海市第一个区域医疗专业联盟。

● “同唱一台戏”2017 越剧春晚在上海东方艺术中心上演。演出以“洞房之夜”为主题,来自越剧九大流派的梅花奖得主登台演绎八出经典折子戏。

9 日

● 中共中央、国务院在北京隆重举行国家科学技术奖励大会。上海共有 52 项牵头及合作完成的重大成果荣获国家科学技术奖,占全国获奖总数的 18%,占比之高创历年之最。在高等级奖项中,奖励大会颁发国家科学技术进步奖特等奖 2 项,上海均有参与;颁发国家技术发明奖一等奖 3 项,上海参与完成 2 项;颁发国家科学技术进步奖一等奖 17 项,上海牵头完成 1 项,参与完成 4 项。

● 市人大常委会召开学习研讨会,市委书记韩正出席并强调,做好人大工作,必须始终坚持党的领导,牢固树立政治意识、大局意识、核心意识、看齐意识,更加自觉地在思想上政治上行动上同以习近平同志为核心的党中央保持高度一致。

● 市长杨雄主持召开市政府常务会议,研究进一步加强“12345”市民服务热线建设等工作。在第三方机构对全国“12345”热线服务质量监测中,上海总分第一。

● 市政协召开十二届八十二次主席会议,听取 2016 年市政协委员履职统计分析等情况汇报。

● 上海纳税百强企业名单公布。市税务部门组织的税收收入达到 11 847.0 亿元,同比增长 5.5%,增收 616.6 亿元;剔除证券交易印花税后,税收收入完成 11 380.6 亿元,同比增长 15.1%。

● 2017 年市旅游工作会议召开。会议明确,2017 年上海将突出重点区域重点项目,提升上海都市旅游整体形象,提高旅游公共服务品质。

10 日

● 市各相关部门共同发布上海自贸试验区第七批金融创新案例。在此次发布的 15 个案例中,共有 8 个案例聚焦金融市场创新。

● 市人大财经委召开2017年计划、预算草案解读会。市发改委副主任、市物价局局长阮青就《关于上海市2016年国民经济和社会发展计划执行情况与2017年国民经济和社会发展计划草案的报告》编制起草情况作专题通报解读。市财政局局长宋依佳就《关于上海市2016年预算执行情况和2017年预算草案的报告》和《上海市2016年全市及市本级预算执行情况、2017年全市及市本级预算(草案)》的起草编制情况作专题通报解读。

● 上海市"文明交通最美市民"颁奖仪式暨文明交通、新"七不"规范集中宣传活动在上海科技馆举行,10名个人与集体获得上海市"文明交通最美市民"殊荣。

11日

● 市委常委会召开民主生活会,以深入学习贯彻党的十八届六中全会精神为主题,围绕"两学一做"学习教育要求,重点对照《关于新形势下党内政治生活的若干准则》和《中国共产党党内监督条例》,结合思想和工作实际,进行党性分析,开展批评和自我批评,为上海继续当好全国改革开放排头兵、创新发展先行者提供坚强政治保证。市委书记韩正主持会议。

● 市政协召开工作学习讨论会。市委书记韩正出席会议并强调,做好政协工作,必须坚持加强和改进党的领导,全面增强政治意识、大局意识、核心意识、看齐意识,坚决同以习近平同志为核心的党中央保持高度一致。

● 国务院召开全国安全生产电视电话会议,市长、市安委会主任杨雄在上海分会场讲话指出要坚决贯彻十八届六中全会、中央经济工作会议和中央领导重要指示批示精神,更加细致扎实地做好安全生产各项工作,为上海推进创新驱动发展、经济转型升级创造良好环境。

● 市金融青年联合会第三届委员会第一次全体会议在展览中心召开。新一批第三届委员会共有278名委员。太平洋保险(集团)股份有限公司党委副书记、副总裁贺青当选新一届市金融青联主席。

● 市人大常委会副主任吴汉民在人民大厦会见巴西议会巴中议员友好小组代表团一行。

● 市交通执法总队会同公安交警、治安等属地管理部门,在铁路上海站、上海南站,虹桥交通枢纽,浦东机场等区域开展非法"网约车"专项整治,拉开2017年上海"整治非法客运、维护交通秩序"大战的序幕。

●《鲁迅小说人物百图》专题展在上海鲁迅纪念馆开幕,展出中国美术学院教授吴永良用十年时间潜心创作的近百幅鲁迅小说人物画。

12日

● 2016年度上海市重点工程实事立功竞赛表彰大会召开。市委书记韩正会见先进集体和先进个人代表。韩正代表市委、市人大、市政府、市政协,向受到表彰的重点工程实事立功竞赛先进集体和先进个人表示祝贺,向常年奋战在一线的广大城市建设者和管理者致以敬意,向理解、关心、支持城市建设和重大工程的广大市民群众表示感谢。

● 市政府党组召开民主生活会。这次民主生活会以深入学习贯彻党的十八届六中全会精神为主题,围绕“两学一做”学习教育要求,重点对照《关于新形势下党内政治生活的若干准则》和《中国共产党党内监督条例》,结合思想和工作实际,进行党性分析,开展批评和自我批评,进一步增强“四个意识”,扎实推进上海改革发展稳定各项工作。市长、市政府党组书记杨雄主持会议。

● 上海碳配额远期交易中央对手清算业务正式上线。上海碳配额远期,是指以上海碳排放配额为标的、以人民币计价和交易、在约定的未来某一日期清算、结算的远期协议。

● 全球中央对手方协会(CCP12)在上海正式开业,标志着 CCP12 在上海进入实体化运营新阶段。

● 2016 年上海市级国有文艺院团“一团一策”考核举行。2016 年,全市 18 家市级国有文艺院团新创(含改编)大型剧目 71 部,较两年前增加 17 部,增幅 31%;演出收入 2.43 亿元,较两年前增长 0.41 亿元,增幅 20%。

● 浦东新区总部经济十大经典样本发布。最新统计,浦东已汇聚 400 多家各类总部:经认定的跨国公司地区总部 265 家,其中亚太区总部 24 家,均占全市总量的一半左右;国内大企业总部、区域性总部达到 170 家。

● 上音—英皇联合学院成立,双方携手探索青年音乐英才培养模式。英国皇家音乐学院由威尔斯亲王(后为国王爱德华七世)于 1882 年创立,是世界著名音乐教育与研究机构。此次是其首次在海外与其他音乐学院联合办学。

13 日

● 市妇女联合会第十四届第九次执委(扩大)会召开,市委常委、市委秘书长尹弘出席会议并讲话。会议审议通过市妇联十四届九次执委会工作报告,增补 1 位市妇联第十四届常委、替补 11 位市妇联第十四届执委。

● 上海知识产权交易中心正式成立,落户漕河泾开发区。2016 年 12 月底市政府批复同意上海联合产权交易所牵头组建上海知识产权交易中心,发起成立上海知识产权交易中心有限公司。

● 以“就业帮扶,真情相助”为主题的 2017 年就业援助月活动拉开帷幕。各区结合实际情况,开展现场政策咨询、专场招聘推介、见习培训报名、维权普法宣传、就业创业指导讲座、为就业困难人员送岗位等服务活动。

● 国家级非物质文化遗产项目——2017 豫园新春民俗艺术灯会亮灯，50 组大型灯组、近千盏气氛灯点缀豫园商城的地面、墙面、湖面、桥面和道路上空。

14 日

● 中国人民政治协商会议上海市第十二届委员会第五次会议在世博中心开幕。吴志明代表政协上海市第十二届委员会常务委员会向大会报告工作。

● 上海市 2017 年应届高校毕业生首场招聘会在上海世贸商城召开。522 家单位共提供 1.1 万余个岗位，各单位共收到简历 14 107 份，达成初步意向 3 660 人次，入场人数 12 000 人次。

● 由崇明区委、区政府主办的"天眸·崇明志"航拍摄影展在上海图书馆开幕。

● 上海交通大学医学院附属上海儿童医学中心心脏中心发起的中国心脏出生缺陷一体化诊疗协作组成立，并发布《中国胎儿心脏缺陷诊断规范、临床评估及多学科管理专家共识》。该共识填补国内胎儿医学缺乏预后和多学科管理评分的空白。

15 日

● 市第十四届人民代表大会第五次会议在上海世博中心召开。大会执行主席是韩正、殷一璀、钟燕群、姜斯宪、蔡达峰、郑惠强、吴汉民、洪浩、薛潮、马乐声、王为人、王治平、田春华、庄木弟、吴信宝、赵奇。杨雄市长代表上海市人民政府向大会作政府工作报告。

● 市委书记韩正参加浦东新区代表团全团审议。韩正说上海正处于全面深化改革、创新驱动发展攻坚期，浦东新区要当好改革开放排头兵中的排头兵、创新发展先行者中的先行者。

● 上海市 2017 年公务员录用考试笔试合格分数线公布，笔试合格人员成绩同时发布。达线考生进行职位报名后，市公务员主管部门将根据各招录单位资格审核结果，按照笔试总成绩从高到低顺序，以各职位招录人数 1∶3 的比例，确定各职位参加面试的人员，并向社会统一公布。

● 2017 年中国青年志愿者服务春运"暖冬行动"启动仪式在上海虹桥站举行，260 多名春运青年志愿者参加宣誓。

16 日

● 市委书记韩正参加市政协十二届五次会议"坚持大胆闯、大胆试、自主改，深化自贸试验区建设和改革系统集成"专题会议。韩正说要深入贯彻落实习近平总书记关于上海自贸试验区建设的重要指示精神，坚定不移、百折不挠深化上海自贸试验区改革创新各项工作。

● 市长杨雄，市委副书记、常务副市长应勇等市领导分别出席市政协十二届五次会议专题会议,围绕市委、市政府重点工作,听取政协委员意见建议,与大家一起交流讨论。

● “2017 走进大剧院——汉唐文化国际音乐年”在上海大剧院开幕。秉承普及古典音乐、传播剧院文化宗旨,2013 年 12 月至今,汉唐文化国际音乐年已成功举办近 70 场演出,吸引近十万人次观众走进剧院。

● 上海老新闻工作者协会主办、上海量健生物科技有限公司支持的“老新闻工作者迎新春自然健康快步走”活动在中山公园举行。

17 日

● 市十四届人大五次会议召开第二次全体会议,听取市人大常委会、市高级人民法院和市人民检察院的工作报告,并表决通过关于接受杨雄辞去上海市人民政府市长职务请求的决定。

● 市十四届人大五次会议主席团召开第三次会议。市十四届人大常委会主任殷一璀主持会议。会议听取大会副秘书长诸葛宇杰作的关于各代表团审议市人民政府工作报告、计划草案报告和计划草案、预算草案报告和预算草案的情况汇报。

● 市政协举行十二届三十三次常委会议。市政协主席吴志明主持。会议通过政协上海市第十二届委员会常务委员会部分组成人员离任名单(草案),同意提请全体会议通过;通过增选政协上海市第十二届委员会常务委员会部分组成人员候选人名单(草案)。

● 市公安局境外非政府组织管理办公室举行“境外非政府组织驻沪代表机构登记证书颁发仪式”,首批在沪登记注册的 6 家境外非政府组织驻沪代表机构在上海获颁登记证书。

● 市人民政府外事办公室、上海市人民政府港澳事务办公室和上海市人民对外友好协会联合召开 2017 年迎春招待会,各国驻沪领事机构官员、金砖国家新开发银行代表、驻沪新闻机构代表、友好城市代表办事处代表、白玉兰荣誉奖获得者、香港特区驻沪机构代表以及本市有关单位代表 400 余人出席。

● 2016 上海教育年度新闻人物评选揭晓,10 名个人或团队从 60 多个参评者中脱颖而出。他们是上海交大医学院乐飞,东华大学服装与艺术设计学院师生,华东理工大学特聘副研究员应佚伦,上海中医药大学的解剖学教师张黎声,世外中学校长厉笑影;中考拿到 590 高分的延安初级中学学生马旭峰为梦想而选择了上海市工业技术学校“中本贯通”机械工程专业,成为今年被中职校录取的最高分考生;巧用心理学原理建班育人的班主任、虹口区红旗小学教师李莉;“组团式”教育援藏的 80 后队长、上海师范大学附属中学副校长、日喀则上海实验学校校长傅欣;为中国芭蕾舞界精准捕捉人才的“伯乐”、上海戏剧学院附属舞蹈学校教师林美芳、上海市幼儿园男教师团队。

● 地铁1、8号线人民广场站迎来首次封站大修,1号线和8号线列车在人民广场站采取“跳停”方式直接通过,不上下客。

● 上海检察机关预防职务犯罪公益宣传增添新渠道,首批200余份带有“上海预防专递”廉政公益广告的邮政速递EMS封套的信函,由市检察院向中国邮政速递物流上海分公司交寄。上海检察机关职务犯罪预防部门对外寄送的资料、函件,将统一使用“上海预防专递”专用封套递送。

● 市慈善基金会与市卫生系统文明委共同评选出的第二届全科医师“基层服务卓越奖”在复旦大学附属中山医院颁奖。37名全科医师“基层服务卓越奖”及提名奖获奖者受到表彰。

18日

● 中国人民政治协商会议上海市第十二届委员会第五次会议完成各项议程,在世博中心胜利闭幕。市政协主席吴志明主持闭幕会议。中共中央政治局委员、市委书记韩正讲话。

● 市委书记韩正参加市十四届人大五次会议闵行代表团联组审议。韩正说,食品安全是上海市民群众关注度最高的问题之一,要坚决按照习近平总书记提出的“最严谨的标准、最严格的监管、最严厉的处罚、最严肃的问责”要求,完善机制、依法严管,建设市民满意的食品安全城市,维护人民群众“舌尖上的安全”。

● 市国资委、市财政局、市金融办、上海证监局联合发布《关于本市地方国有控股混合所有制企业员工持股首批试点工作实施方案》,稳妥有序推进上海地方国有控股混合所有制企业员工持股首批试点工作。

● 轨道交通3、4号线上海火车站西站厅正式开放使用。总建筑面积约3 690平方米的西站厅与上海火车站北广场地下空间联通。

● 台湾收藏家王水衷文物藏品捐赠仪式在崇明学宫学海堂举行。由他捐赠的4枚印章及印盒弥补了崇明区博物馆基本陈列“崇明岛史与古船”相关部分展品的缺失,为崇明现代史研究提供珍贵的实物材料。

● 上海首次颁发“医树”科技创新奖,以表彰女医生在医学创新领域的成就,上海多家医院的18名女医生获此殊荣。“医树”科技创新奖由上海女医师协会和医树传媒设立,是上海女医生科技创新领域的最高奖。

19日

● 市委召开区、大口党委书记一季度工作会议,全面部署2017年市委八项重点推进和督查工作。市委书记韩正主持会议并强调,全市各区、各部门必须以习近平总书记系列重要讲话精神和治国理政新理念新思想新战略为指导,推动各项工作再上新台阶,为全国改革发展作出更大贡献。

● 市十四届人大五次会议主席团召开第四次会议。市十四届人大常委会主任殷一璀主持会议。会议听取大会副秘书长诸葛宇杰作的关于各代表团审议市人大常委会工作报告、市高级人民法院工作报告、市人民检察院工作报告的情况汇报会议听取大会副秘书长王瑜作的关于各代表团酝酿、讨论市人民政府市长,市人大常委会副主任、秘书长、委员候选人和市人大部分专门委员会主任委员人选名单的情况汇报。

● 上海城市业余联赛推介会召开。上海男排主教练沈琼、队员戴卿尧共同揭晓赛事会徽。

● “2016年度沪台交流十大新闻”发布仪式在上海召开。“2016台北上海城市论坛在台北成功举办”等十条新闻成为2016年沪台交流领域影响力最大的十个交流活动。2016年上海口岸出入境台胞人数2 230 045人次,其中入境台胞为1 110 231人次,同比上升5.68%;出境台胞1 129 814人次,同比上升5.25%。

20日

● 市第十四届人民代表大会第五次会议召开第三次全体会议,补选市人民政府市长、市人大常委会副主任等。会议以无记名投票方式,补选应勇为市人民政府市长,徐泽洲、沙海林为市人大常委会副主任。在圆满完成预定的各项议程后,会议在上海世博中心闭幕。

● 市政府在上海城市规划馆市政府新闻发布厅召开记者招待会。新当选的上海市长应勇与中外记者见面,并回答记者提问。

21日

● 市委召开2016年度区、大口党委书记抓基层党建工作述职评议会。市委书记韩正强调,各区、大口党委要坚持党要管党,切实负起主体责任。要把党建工作与各项工作一起抓,同部署同落实,切实发挥好党组织的核心作用和党员的先锋模范作用。

● 延安路中运量公交进行空载联调联试,2月1日起正式载客运营。社会车辆24小时不得进入延安路中运量专用道。

22日

● 市宣传思想文化工作会议召开。会议强调,要深入贯彻习近平总书记系列重要讲话精神和全国宣传部长会议精神,按照市委和韩正书记部署要求,全面做好宣传思想文化各项工作,为党的十九大和市十一次党代会胜利召开营造良好理论氛围、舆论氛围、文化氛围、社会氛围。

● 市统计局发布2016年上海全市经济运行情况。2016年上海全市GDP为27 466.15亿元,同比增长6.8%,比2015年回落0.1个百分点,但比全国2016年增速快了 0.1 个百分点。这是自 2008 年以来,上海年度 GDP 增速第一次超过全国增长速度。

● 上海新一批援疆援三峡库区干部人才培训班在市委党校举办。市委常委、组织部部长徐泽洲出席开班式并作动员讲话。

● 市政府召开全市民政工作会议,明确 2017 年上海民政工作将以"十三五"规划为引领,稳中求进,把"社会政策要托底"的要求落实到各项民政工作中。

● 2017 年上海市科普工作会议召开。"十三五"期间,科普工作将注重政府引导与社会推动相结合、公益属性与市场机制相结合。

● 微软加速器上海首期启航仪式在徐汇区漕河泾开发区举行。微软加速器上海是微软在全球范围内开设的第八家、中国开设的第二家加速器,首个中国加速器坐落于北京中关村。此举令中国成为目前唯一拥有两个微软加速器的国家。

● 2017 上海学生新年音乐会在上海交响乐团音乐厅举办。这是上海第七年举办由大中小学生演出的新年音乐会。近 1 000 名学生青春洋溢的高水平演出,展示了上海青少年学生艺术教育的成果。

23 日

● 市委书记韩正,市委副书记、市长应勇会见即将在春节后奔赴对口支援一线的新一批援疆和援三峡库区干部。韩正说希望大家牢固树立大局意识,不辱使命、不负重托、珍惜机遇,全力以赴完成好中央交给上海的光荣政治任务,支持和帮助对口地区坚决打赢脱贫攻坚战。

● 市委副书记、市长应勇主持召开市政府常务会议,审议 2017 年市政府重点工作安排;研究 2017 年市"两会"代表建议和提案办理;部署春节期间帮困送温暖等工作。

● 市人大常委会党组召开 2016 年度民主生活会。各位党组成员以深入学习贯彻党的十八届六中全会精神为主题,围绕"两学一做"学习教育要求,重点对照《关于新形势下党内政治生活的若干准则》和《中国共产党党内监督条例》,联系自身工作,进行自我检查、党性分析,认真开展批评和自我批评,不断增强发现和解决自身问题的能力。

● 市高级人民法院召开全市法院院长会议,全面总结 2016 年工作,部署 2017 年任务。2016 年,上海法院依法独立公正行使审判权,全年收案 71.49 万件,审结 71.09 万件,同比分别上升 14.8%和 15.7%。

● 市食品药品安全委员会办公室与国家统计局上海调查总队联合开展的 2016 年上海市民食品安全满意度调查结果出炉,对于 2016 年起上海建设市民满意的食品安全城市,市民支持度得分高达 99.8 分,接近满分。

●“安妮·弗兰克:历史的见证”展览在上海犹太难民纪念馆开幕,展览通过照片、文字等形式,向世人讲述《安妮日记》作者安妮·弗兰克的故事和一段警醒世人的历史。

●“纪念一·二八淞沪抗战 85 周年馆藏抗战文物特展”在上海淞沪抗战纪念馆开幕。展览遴选馆藏书籍《淞沪御日血战大画史》中的历史照片为重点展陈内容。

●上海在国内率先推出“个性化价格诚信承诺制”,希望发挥信用体系的作用,提高行政效率,弥补监管不足,形成社会共治的局面。

●2017 年上海市社会文艺工作者艺术专业技术水平认定工作正式启动。这项工作是上海对广大社会文艺工作者在上海创业就业发展提供专业化、社会化服务的举措。

●《国家卫生计生委关于设置国家儿童医学中心的函》正式印发,明确将以首都医科大学附属北京儿童医院为主体设置国家儿童医学中心(北京),以复旦大学附属儿科医院、上海交通大学医学院附属上海儿童医学中心为联合主体设置国家儿童医学中心(上海),共同构成国家儿童医学中心。

24 日

●市委书记韩正,市委副书记、市长应勇分别带队前往驻沪部队,代表市委、市政府和全市人民,向驻沪部队广大官兵、离退休老同志及家属们致以诚挚的节日问候,感谢大家为上海当好全国改革开放排头兵、创新发展先行者作出的积极贡献。

●市文史研究馆迎春团拜会在锦江小礼堂召开,百余位新老馆员喜聚一堂,共贺新春。市委常委、统战部部长沙海林出席团拜会,副市长赵雯出席并致祝辞。

●市商务委与杨浦区政府签署“互联网+”科技服务创新实践区建设合作协议。市区联动推动“互联网+”商务创新实践区建设,是市商务委实施“互联网+”流通战略的主要举措。

25 日

●上海市各界人士欢聚一堂,出席 2017 年春节团拜会。市领导韩正、应勇、殷一璀、吴志明与各界嘉宾一起,共同祝愿伟大的祖国繁荣昌盛、国泰民安,上海的明天更加美好,全市人民新春吉祥、阖家幸福。

●市委书记韩正,市委副书记、市长应勇和市委、市人大、市政府、市政协负责同志,分赴全市 16 个区的街镇村居,看望困难群众,慰问帮困救助一线工作者,倾听大家心声,送上新年祝福。

●上海公安启动一级加强勤务等级,全警动员、全员上岗,进一步加强社会面整体防控,全面强化烟花爆竹管控工作措施,全力维护上海城市公共安全,确保市民群众度过一个欢乐祥和、平安稳定的新春佳节。

● 市商务委发布消息，2016年，上海新设外资项目5 153个，合同利用外资再次突破500亿美元，达到509.78亿美元；实到外资185.14亿美元，同比微增0.3%，连续十七年实现增长，实到外资预计占全国的15%。

● 上海市儿童听力障碍诊治中心在上海交通大学医学院附属第九人民医院挂牌，院听力中心正式开张。上海市儿童听力障碍诊治中心长期在承担患儿的诊断和干预等环节起着至关重要的作用。

● 第三批国家一级博物馆名单揭晓，陈云纪念馆获此荣誉。它是继上海博物馆、中共一大会址纪念馆、上海鲁迅纪念馆、上海科技馆后，上海市的第五家国家一级博物馆。

● 市卫生和计划生育委员会发布消息，2016年上海市民平均期望寿命首次超过83岁，达83.13岁(其中男性80.83岁、女性85.61岁)。婴儿死亡率为3.67‰，孕产妇死亡率首次低于6/10万，为5.51/10万。三大健康指标连续十多年达世界发达国家和地区水平，并居于全国领先水平。

● 市教育考试院公布2017年上海春考和2017年上海高考“外语一考”成绩，并同时公布春考本科录取最低控制分数线。2017年上海市普通高校春季招生统一文化考试本科录取最低控制分数线为256分。

26日

● 上海市老干部迎春茶话会在上海展览中心召开。市委书记韩正代表市委、市人大、市政府、市政协，向出席茶话会的老干部、老同志拜年，向全市广大离退休干部及其家属致以节日的问候和新春的祝福。

● 洋山港海事局联合嵊泗县渔政部门开展2017年度海上“清网”行动，对洋山港中小型锚地及其附近水域的违规布设渔网进行清理处置。

● 市政府征兵办发布2017年度网上兵役登记通告。凡具有上海市常住户籍，2017年年满18至22周岁(1995年1月1日至1999年12月31日期间出生)的男性公民(不含本市高校在校大学生和应届毕业生)，以及具有本市部属、市属全日制公办普通高等学校、民办普通高等学校和独立学院学籍，年满18至22周岁的男性在校生(本科三年级，年龄放宽一周岁)和年龄不超过24周岁的男性应届毕业生必须参与登记。

27日

● 市委常委、市委政法委书记姜平带领市公安局、市综治办等相关部门负责同志先后来到徐汇、浦东、普陀、静安等区，检查各项安保措施落实和烟花爆竹管控工作情况，并慰问坚守在工作岗位上的公安民警、武警官兵、消防战士、单位职工、居委干部及平安志愿者。

● 央视鸡年春晚设置上海、凉山、桂林、哈尔滨四个分会场。上海的分会场设置在地标建筑东方明珠下。

28日

● 市环保局发布数据:2017年除夕至大年初一凌晨,上海受益于良好的污染扩散条件和烟花爆竹燃放的减少,PM2.5小时浓度始终处于平稳的低位,大年初一零时的PM2.5浓度低至13微克/立方米,6时的PM2.5浓度只是略升至21微克/立方米。与2016年同期相比,上海PM2.5小时浓度维持在较低水平。

29日

● 市委书记韩正,市委副书记、市长应勇先后前往黄浦公安分局备勤点、豫园民俗灯会、黄浦消防支队车站中队,检查城市安全保障工作,亲切看望慰问一线公安干警、消防战士和平安志愿者,感谢所有为确保上海城市安全、社会祥和、市民平安而坚守一线、尽心履责的人们,向大家致以诚挚的节日问候。

30日

● 上海2017年春节假日前4天,共接待游客263万人次,同比增长11.9%。全国旅游接待总人数累计25 810万人次,同比增长14.2%;实现旅游收入累计3 160亿元,同比增长16%。

31日

● 市公安局启动社会面防控一级加强勤务等级,全面提升烟花爆竹管控和社会面整体防控强度。5万余公安民警与30万平安志愿者混合编组、走街串巷,全面强化街面社区巡查守护工作,及时劝阻非法燃放行为。

● 副市长陈寅带队检查全市春运安全管理工作,要求切实做好春运期间本市路网和水陆交通枢纽安全运行保障工作。

## 2月

1日

● 副市长赵雯率市假日旅游工作联席会议部分成员单位,前往上海国际旅游度假区、东方明珠电视塔、上海豫园等客流密集的景区点,检查春节假日旅游安全工作。

● 长三角地区铁路返程客流启动,上海铁路局发送旅客162万人次,同比增13万人次,增8.7%,铁路部门计划增开198趟(其中直通客车99趟,管内客车99趟)客车方便旅客出行。

● 上海中运量公交71路开通载客试运营。作为上海首条专道行驶、信号优先的快速公交线路,延安路中运量公交71路东起延安东路外滩,西至沪青平公路申昆路,全长约17.5公里,贯通上海中心城区极为重要的东西向交通走廊。

2日

● 春节七天，上海共接待游客445万人次，实现旅游收入48.68亿元，同比增长分别为10.9%和20.4%。全市各主要公园累计游客游园量达438.45万人次；135家旅游景区景点累计接待游客462.6万人次，同比增长13.1%。全市420家大中型商业企业1月20日至2月2日期间营业额同比增长10.6%。上海生活垃圾处置总量82 296吨、日均生活垃圾处置量达11 757吨，较去年同期减少了5.58%。各类垃圾中，烟花爆竹垃圾的减量尤为明显，春节期间，全市道路保洁人员共清扫烟花爆竹垃圾17.5吨，较去年同期的62.1吨锐减72%。全市社会治安持续稳定，"报警类"110警情同比下降17.6%，未发生造成影响的重大刑事、治安案件和重大火灾、交通事故，实现外环线内"零燃放"、外环线外燃放量明显减少的烟花爆竹禁放管控目标。

3日

● 市委书记韩正前往上海报业集团解放日报社·上观新闻、文汇报社、新民晚报社和澎湃新闻调研媒体改革进展，并召开媒体融合工作座谈会。

● 市委书记韩正前往黄浦区老城厢和静安区老闸北和老静安部分区域，实地调研上海历史建筑风貌区保护工作。

● 市政府召开一季度工作会议，部署2017年重点工作和开局工作。市委副书记、市长应勇指出，2017年将召开党的十九大和市十一次党代会，各区、各部门要尽快把年度目标任务细化为具体的工作方案和措施，确保2017年工作起好步、开好局，为完成全年目标任务奠定扎实基础。

● 市商务委发布：2016年上海电子商务交易额首次突破2万亿元，达20 049.3亿元，同比增长21.9%。其中，B2B(Business To Business，指商家对商家的电子商务）交易额14 445.6亿元，同比增长17.3%；网络购物（B2C/C2C，B2C指Business To Consumer，商家对个人进行交易；C2C指Consumer To Consumer，个人对个人进行交易）交易额5 603.7亿元，同比增长35.4%。

● 市卫生和计划生育委员会发布消息：从除夕至大年初六的春节长假期间，申城每天有7.6万名医务人员坚守岗位，默默守护市民身体健康和生命安全。全市535家公立医疗机构为市民群众提供门急诊服务97万人次、住院服务9.8万人，120急救系统受理出车业务4 879车次。

4日

● 市政协、市委统战部领导走访民主党派市委、市工商联及有关团体。市政协主席吴志明一行先后来到民主党派大厦和工商联大厦，走访民革、民盟、民建、民进、农工党、致公党、九三学社、台盟市委和市工商联，向民主党派市委、市工商联负责人及机关干部致以新春祝福。

● 市统计局公布数据，2016年，上海新建住宅平均销售价格25 910元/平方米。从区域分布看，内环线以内87 426元/平方米，内外环线之间44 984元/平方米，外环线以外18 127元/平方米。

● 金山区开展全区"河长"巡河大行动，1 000多位各级"河长"来到各自负责的河道，实地查看河道现状，明确"一河一策"整治方案以及沿河企业、住户"三包"方案。

5日

● 上海边检发布消息，苏浙沪144小时过境免签政策实施一周年，上海口岸共为近3.9万人次外籍旅客签发144小时过境免签临时入境许可。其中，从浦东机场口岸过境人数逾3.6万人次。

6日

● 市政协召开十二届八十五次主席会议，审议"聚焦中共建党百年诞辰，以一大会址为核心建设'红色源头'历史文化风貌区"调研报告(草案)等事项。市政协主席吴志明主持。

● 市政府召开新闻发布会，正式发布《关于本市全面推行河长制的实施方案》，明确将提前一年完成这一目标：在2017年年底前，按照分级管理、属地负责的原则，建立市、区、街镇三级河长体系。

● 市高级人民法院诉讼服务中心正式投入运行。上海法院的诉讼服务中心建设起步于2005年，目前全市法院均建立了诉讼服务中心，标志着上海法院"全方位、零距离、无障碍"诉讼服务体系的建成。

● "上海发布"政务微信(微信号：shanghaifabu)添加"快处易赔"服务新功能，市民只要关注"上海发布"微信，就可快速线上处理车辆事故。

● 第六届摩纳哥蒙特卡洛"新一代"国际青少年马戏节比赛中，由国家文化部批准、中国杂技家协会选送的杂技节目《担当》(抖杠)，获本届比赛唯一金奖。该剧目由上海市马戏学校、新疆杂技团制作，四位来自上海市马戏学校新疆班的维吾尔族学生挑大梁。

7日

● 市委书记韩正出席区委书记、副书记专题培训班开班动员会，韩正强调上海各级领导干部必须牢固树立、全面增强"四个意识"，特别是核心意识、看齐意识，始终在思想上、政治上、行动上同以习近平同志为核心的党中央保持高度一致。

● 市委副书记、市长应勇在市委党校为区委书记、副书记专题培训班学员作上海经济社会发展形势任务专题报告。

● 教育部、上海市人民政府在沪召开深化上海教育综合改革2017年度工作推进会，回顾总结2016年上海教育综合改革进展情况，研究部署2017年上海教育综合改革各项工作。

● 科技部发布《国家科技成果转化引导基金设立创业投资子基金公告》，公布8支创业投资子基金，其中2支在上海。国投（上海）科技成果转化创业投资基金的首期规模达到100亿元，排名8支子基金之首。

● 市商务委发布消息，2016年上海对外直接投资备案1 425项，备案中方对外投资总额366.5亿美元，实际对外投资251.29亿美元，同比增长51.7%，占全国14.7%，位居首位。2016年，上海企业对外承包工程新签合同额达118.45亿美元，同比增长6.7%，完成营业额66.56亿美元。

● 崇明区食品安全检测中心正式启用，这是全市首家挂牌的区级食品安全检测中心，将为保障崇明食品安全提供强有力的技术支撑。

8日

● 春节长假后首场高校毕业生招聘会"上海市高新技术企业高校毕业生招聘会"在上海人才大厦召开。现场50余家上海市知名高新技术企业带来580余个岗位，涉及软硬件开发、系统集成、通讯电子等多个专业。

9日

● 市委召开常委学习会，深入学习党的十八届六中全会精神和习近平总书记在中央政治局民主生活会上的重要讲话精神，集体交流学习体会。市委书记韩正主持会议。

● 市商务委员会发布数据，2016年，上海主要展馆共举办各类展会880个，平均每天2.4个，同比增长3.41%，其中，国际性展览占比达三成以上。2016年，上海共举办国际性展览287个，占展览总数的32.61%；展览面积1 177.47万平方米，比上一年增长4.75%，占全年上海展览总面积的比例高达73.27%。上海正稳步迈向"国际会展之都"。

● 上海迎来2017年第一场雪。上海交警部门全员上岗，加强执法管理，应对恶劣天气对交通带来的影响。

● 上海仪电（集团）有限公司与富士通株式会社在上海共同举办以"创联未来"为主题的战略合作签约仪式。

● 市人力资源和社会保障局在全市范围内开展"春风行动"。2017年"春风行动"主题是"促进转移就业，助力脱贫攻坚"。

10日

● 上海推进科技创新中心建设办公室召开第二次全体会议，研究部署2017年科创中心建设重点工作。市委副书记、市长应勇，国家发展改革委副主任林念修共同主持会议并讲话。

● 上海检察工作会议召开，回顾总结 2016 年上海检察工作，研究部署 2017 年工作任务，围绕“创一流业务、建一流队伍”的目标，进一步凝心聚力、抓好落实，推动上海检察工作创新发展。

● 上海出台实施《关于进一步加强住房公积金提取审核工作的通知》《〈关于进一步加强住房公积金提取审核工作的通知〉的操作细则》，旨在强化监管，防范骗提套取行为，对职工购买拥有所有权自住住房提取住房公积金的申请时间、范围、材料等作了明确规定。

11 日

● 市委副书记、市长应勇调研黄浦、徐汇滨江贯通工程。应勇指出：要坚持目标导向、问题导向、需求导向，抓紧贯通重要节点，确保以 2017 年年底 45 公里岸线贯通开放回应好市民期待，真正实现还江于民、还岸线于民、还景于民。

● 市委常委、市委政法委书记姜平，副市长、市公安局局长白少康，前往静安区上海火车站南广场、虹口区四川北路街道多伦小区、黄浦区民俗灯会现场，实地督导检查元宵节安保和烟花爆竹管控工作，慰问节日期间坚守岗位的公安民警、消防战士、武警官兵和平安志愿者。

● 上海公安消防部门共出动上千警力，各辖区消防支队组成数百个检查组，在全市范围展开元宵“零点行动”，对商业广场、健身、洗浴、汗蒸、影院等人员密集场所、大型公共聚集场所进行全面夜查，确保城市平安祥和。

● 地铁人民广场站改造结束后恢复正常运营，几乎同期改造并恢复运营的还有沈杜公路站和张江高科站。

● 近现代中国重要的出版机构——商务印书馆，这家中国出版业的巨擘，已经走过 120 年。“起步——中国现代出版”专题展在天通庵路 190 号商务印书馆第五印刷所旧址举行。

● 上海文艺会堂文艺大厅时隔三年重新召开上海文艺界新春茶话会，来自上海各艺术门类的老中青艺术家秦怡、吕其明、尚长荣、陈佩秋、高式熊、陆春龄、黄准、舒巧、黄允、吴宗锡、江明惇、戴炜栋等 250 余人欢聚一堂。

12 日

● 浦东滨江贯通的规划获得正式批复。根据规划，在北起杨浦大桥，南至徐浦大桥的岸线上，浦东将用三根连续的步道组织起多彩金丝，依次布置低线漫步道、中线跑步道、高线骑行道。

● 上海口岸迎来全国首批秘鲁蓝莓。上海国检局设立绿色通道，第一时间受理报检。通过现场查验和采样送实验室检测合格后，这批秘鲁蓝莓被迅速放行并进入市场，这标志着秘鲁蓝莓输华贸易的正式开启。

13 日

● 市政府新闻发布会透露，2016 年上海口岸的进出口货物总值达 6.9 万亿元，同比增长 1.5%，占全国的比例高达 28.3%，为全国各口岸之首。2016 年，上海口岸出入境旅客数量同比增长 12.7%，达 3 845.3 万人次。

● 上海白玉兰戏剧表演艺术奖评审机制从 2017 年起做出重大创新调整：评委聘期由原来的三年一聘缩短至一年一聘；形成“戏戏评”“季季议”制；改进终选投票制。

● 上海口岸工作领导小组会议召开，上海将再用三年进一步升级单一窗口，向国际先进水平看齐，力争与国际上的单一窗口互联互通，成为国际贸易网络的重要枢纽节点。

● 2017 世界广播日高峰论坛在上海国际会议中心举办，来自亚太广播联盟、欧洲广播联盟等国际组织和全球多个国家与地区广播机构的数百位嘉宾出席，无线电领域的专用域名“.radio”在论坛现场正式启用。2017 年的世界广播日以“人人皆广播”为主题。

● 市交通委、海事局、公安局等多部门联合发文，确定全面彻底清退黄浦江上的浮吊设施。此项工作列入 2017 年上海市委、市政府重点工作任务事项。

● 徐汇区文明出行主题行动暨文明交通宣讲团成立启动仪式在徐汇区龙华街道办事处举行。来自公安、学校、社区和企业的 21 位市民受聘成为首批区级文明宣讲团成员。

● 著名指挥家陈燮阳执棒指挥、上海爱乐乐团演奏的《星期广播音乐会》新春专场演出在上海大剧院奏响。这场音乐会是中国大陆首场面向全欧洲通过音视频直播的古典音乐会，30 余家欧洲广播电台转播本场音乐会。

● 在海峡两岸暨港澳盛演十三年之久的华语音乐剧《地下铁》首次走进上海地铁车站。在上海市中心人民广场站“地铁音乐角”，台湾青年歌手演出《地下铁》3.0 版的多首经典曲目。

14 日

● 市十四届人大常委会第八十次主任会议召开，会议听取市人大常委会 2017 年度工作要点（草案）编制情况的说明。市人大常委会主任殷一璀主持。市人大常委会 2017 年度工作要点（草案）紧紧围绕本市经济社会发展的中心工作和人民群众关心的切身利益问题进行谋篇布局。

● 市政协主席吴志明会见法国奥弗涅—罗阿大区议会主席洛朗·沃基耶率领的代表团一行。吴志明对访问上海的客人表示欢迎，并介绍上海改革发展近况和市政协履职情况。上海市政协愿意在推动双方友好交往中发挥积极作用，深挖合作潜力，促进各项交流合作迈上新台阶。

● 副市长陈寅在市政府会见来访的法国奥弗涅—罗讷—阿尔卑斯大区议会主席洛朗·沃基耶一行，双方回顾结好三十余年来的交流成果，就进一步推进双方在各领域的友好交流与合作进行深入探讨。陈寅与沃基耶共同签署《上海市与奥弗涅—罗讷—阿尔卑斯大区 2017—2021 年友好交流备忘录》。

●《上海市鼓励跨国公司设立地区总部的规定》正式发布。总部经济已成为上海“四个中心”建设的重要支撑，在产业带动、人才集聚、技术创新和要素辐射等方面发挥重要作用。

● 被上海众多学生和家长称为“四大杯赛”中的三项热门奥数比赛，分别宣布停办或更名。小机灵杯竞赛活动组委会表示，2017 年将不再举办“小机灵”杯数学竞赛活动。上海四季教育培训有限公司发布公告称，将不再协办上海地区 2017 年第二十八届“亚太小学数学奥林匹克邀请赛”新加坡第一回合及第二回合比赛。上海青少年思维能力训练活动组委会表示，将不再举办 2017 年第十八届中环杯思维能力训练活动。

● 市科技系统党政负责干部会议召开。会议明确，到 2020 年上海将培育形成约 30 家研发与转化功能型平台，与张江综合性国家科学中心共同组成上海科创中心建设的“四梁八柱”。

● 市组织部长会议召开。会议学习贯彻全国组织部长会议和十届市委十四次全会精神，回顾总结 2016 年工作，研究部署 2017 年任务。市委常委、组织部部长徐泽洲出席会议并讲话。

● 2017 年上海市市级机关党的工作会议召开，回顾总结 2016 年工作，部署 2017 年机关党的工作。市委常委、市委秘书长、市级机关工作党委书记尹弘出席会议并讲话。

● 市政府召开 2017 年人力资源和社会保障工作会议，明确 2017 年上海在促进就业、人才发展、社会保障、劳动关系四个方面的主要任务。

● 市政府办公厅、市政府新闻办、市网信办联合召开上海政务新媒体工作会议。会上发布《2016 年度上海政务新媒体发展报告》，并对上海 53 家政务新媒体工作先进单位进行表彰。@上海发布获“上海政务新媒体特别贡献奖”。

**15 日**

● 市人大代表建议和政协提案办理工作会议召开。2017 年上海市“两会”期间，市人大代表提出代表建议 588 件、市政协委员提出提案 682 件，上海已将代表建议和提案办理工作纳入政府绩效考核体系。

● 市政法工作会议在上海展览中心召开。会议总结 2016 年全市政法工作，贯彻落实习近平总书记重要指示和中央政法工作会议精神，部署 2017 年全市政法工作。市委常委、市委政法委书记姜平出席会议。

● 上海首个休闲农业和乡村旅游设施布局规划用地试点项目诞生。市农委、市规划国土资源局、市旅游局联手尝试突破，开展上海休闲农业和乡村旅游设施布局规划用地试点，首批试点项目确定 4 个，嘉定的沥江生态园项目就是其中之一。

● “光荣城市 · 梦想绽放——党的诞生地的故事”市民微电影节在大光明电影院举行，现场揭晓本次微电影大赛获奖名单。《安乐》《“无言”的秘密》分别获得剧情类、综合类金奖。

● 市高级人民法院与科大讯飞股份有限公司签署战略合作协议，利用智能语音技术，双方将在智能语言庭审系统、合议庭评议音字转换智能系统等方面达成合作。

● 上海通报 2017 年全市信息安全重点单位运行安全情况，在网络安全形势总体可控、重大活动信息安全有效保障的同时，一些潜在问题也正在不断暴露。特别是工业控制领域和基层信息系统，其防护能力亟待提高。

16 日

● 市商务工作会议召开。2016 年，上海商品销售总额突破 10 万亿元，增长 7.9%，社会消费品零售总额再次超过 1 万亿元，增长 8%。2017 年本市商务工作确立的主要预期目标为：商品销售总额增长 7%左右，社会消费品零售总额增长 7%以上，电子商务交易额增长 20%左右；货物进出口力争实现增长，服务进出口增长 10%左右。

● 根据中央全面深化改革和高检院、司法部的部署，上海市人民监督员的选任管理由检察机关移至司法行政机关。由市司法局组织公开选任的首届 150 名人民监督员名单正式向社会公布，人民监督员颁证和宣誓仪式同时举行。

● 市新闻出版（版权）工作会议召开，2016 年上海新闻出版各行业总计实现营业收入约 1 962 亿元，同比增长 8.1%。其中，数字出版继续快速增长，实现营业收入约 883 亿元，同比增长 18%，首次超过印刷行业的 833 亿元，成为上海新闻出版第一大产业，占比超过 45%。

● 共青团上海市第十四届委员会第九次全体（扩大）会议召开。市委常委、市委秘书长尹弘出席会议并讲话。尹弘代表市委对过去一年上海共青团的改革和工作给予充分肯定。

● 市国资国企工作会议召开，2016 年上海地方国有企业实现营业收入 3.1 万亿元、利润总额 3 058 亿元、资产总额 16.8 万亿元。2016 年上海地方国有企业实现营业收入、利润总额、资产总额均排名全国省市和计划单列市之首。

● 市农村综合帮扶工作会议召开，本轮帮扶“造血”项目申报工作已提前完成，截至 2016 年底，5 个受援区共申报项目 21 个，形成物业建筑面积约 71 万平方米，项目总投资 33.8 亿元。

● 市政府召开电视电话会议,部署全市消防安全隐患大排查大整治,要求全市各地区、各部门迅速行动,全面排查整治火灾事故隐患,确保城市消防安全。

● 上海沪剧院大型沪剧《回望》座谈会举行。《回望》根据王愿坚小说《党费》改编,以当下年轻人的视角回望革命历史。

17日

● 全国政协副主席卢展工率全国政协"无障碍环境建设"调研组在沪调研,实地考察部分公共场所、养老机构、残疾人家庭无障碍环境建设情况,并听取市政府相关情况汇报。市政协主席吴志明出席调研座谈会。

●《上海手册——21世纪城市可持续发展指南》在联合国总部举行发布仪式。仪式由中国常驻联合国代表团、上海市人民政府、第三次联合国住房和城市可持续发展大会秘书处共同举办。

● 市第三中级人民法院对发生在2016年的浦东国际机场爆燃案作出一审判决,以爆炸罪判处被告人周兴柏有期徒刑8年,剥夺政治权利两年。

● 上海图书馆和云南省图书馆联合玉龙纳西族自治县图书馆推出的"圣灵之光"纳西族东巴古籍文献与丽江古代绘画展在上海图书馆开幕。

● 注册于上海自贸试验区的中远海运财产保险自保有限公司正式宣告成立。这是继中石油、铁路总公司相继设立自保业务后,我国航运领域迎来的首家自保公司,也是上海市第一家自保公司。

● 著名越剧表演艺术家、"范派"艺术创始人范瑞娟因病在华东医院逝世,享年93岁。在第一部国产彩色电影《梁山伯与祝英台》中,范瑞娟成功饰演梁山伯一角,家喻户晓。

18日

● 市委召开常委扩大会议,传达学习省部级主要领导干部学习贯彻十八届六中全会精神专题研讨班精神。市委书记韩正强调,全市各级领导干部要学深悟透习近平总书记在开班式上的重要讲话精神,全面从严治党首先要从政治上看,必须旗帜鲜明地讲政治。

● 中共中央批准:尹弘任上海市委副书记。

● 全国综合性大学工程教育发展战略研讨会在复旦大学召开,教育部将借"双一流建设"的契机,探索在高水平研究型大学内开设未来技术学院,培养面向未来的融合交叉类"新工科"人才,为我国经济发展和产业升级提供支撑。

● 亚太肝病学会年会在上海召开。上海交大医学院附属仁济医院与德国海德堡大学会上公布最新联合研究称,找到决定肝脏能否恢复功能的关键因素——"肝细胞的毛细胆管化"。这项新发现有望降低终末期肝病患者的换肝率及死亡率。

19日

● 市长应勇会见加拿大蒙特利尔市市长德尼·科德尔和魁北克省旅游厅长舒莉·布莱一行，并出席上海市与魁北克省、蒙特利尔市旅游合作协议签字仪式。应勇对蒙特利尔与上海开通直航航线表示祝贺。希望两市发挥所长，加强经贸、科技、环保等领域的合作交流，并借助直航航线开通的契机，促进两市政府及民间的友好交往。

● 上海第九批援疆干部人才启程进疆工作，市委常委、组织部部长徐泽洲，副市长时光辉前往市委党校送行。新一批援疆干部共193人，其中，170人到市对口支援新疆工作前方指挥部、喀什地区第二人民医院、喀什大学、喀什地区第六中学和对口支援的莎车、叶城、泽普和巴楚四县工作，23人到克拉玛依市工作。

20日

● 市委副书记、市长应勇主持召开市政府常务会议，研究部署进一步做好重要信息发布和重大政策解读工作，研究促进本市快递业发展等事项。

● 十二届全国人大五次会议召开在即，在沪全国人大代表举行会前活动，就转化专题调研成果，酝酿提出代表高质量的议案和建议等进行交流。全国人大代表、市委副书记、市长应勇出席活动，并与代表们交流。

● 市政协召开十二届八十六次主席会议，听取部分专门委员会2017年工作计划汇报。市政协主席吴志明主持会议。会议听取关于加强协商成果转化和建立协商建言数据库工作方案的汇报。

● 上海国有商业“航母”百联集团与国内互联网巨头阿里巴巴签订战略合作协议。签约双方将基于全业态、全渠道开展全方位合作。

● 市统计局发布数据显示：2016年全年上海规模以上工业企业每百元主营收入中成本为79.9元，同比下降1.2%，比全国低5.6元。

● 市高级人民法院、市人民检察院联合发布《上海市2017年从律师和法学专家中公开选任法官、检察官公告》，面向本市律师和法学专家公开选任法官、检察官。

21日

● 市政府召开全市审计工作会议暨中央在沪单位审计工作会议，市委副书记、市长应勇强调，要认真贯彻落实党中央、国务院对审计工作的新要求以及全国审计工作会议精神，全面提高审计工作质量和水平，更好地发挥审计的监督保障作用，推动上海创新驱动发展、经济转型升级迈上新台阶。

● 市委副书记、市长、市总河长应勇调研苏州河水环境综合整治，并召开上海城乡中小河道综合整治工作推进会暨河长座谈会。应勇指出要咬住目标、综合施策，全力以赴打好城乡中小河道综合整治攻坚战，以实实在在的水环境治理成果回应广大人民群众的期盼。

● 2017年春季上海高校党政负责干部会议召开，全面落实全国高校思想政治工作会议精神及中央和市委一系列教育决策部署，研究部署2017年重点工作。

● 市机关事务管理会议暨《上海市机关事务管理办法》实施动员会议召开。《上海市机关事务管理办法》是上海第一部全面规范机关事务管理工作的政府规章，涉及经费管理、资产管理、服务管理、资源节约管理、监督检查和法律责任等内容。

● 全市统战部长会议在市委统战部召开。会上传达全国统战部长会议精神，总结2016年工作，部署2017年任务。市委常委、统战部部长沙海林出席并讲话。

● 市委组织部召开会议，认真传达学习市委通知精神，部署市第十一次党代会代表选举、十一届市委委员、候补委员和市纪委委员候选人初步人选的推荐工作。

● 上海科创联盟正式启动，意在打造创新生态系统，实现创新生态圈各环节的共享共赢，助力上海建设成具有国际影响力的科创中心。

● 2017年上海市文化科技卫生"三下乡"活动启动仪式暨"文化育农"集中示范活动在青浦区徐泾镇社区文化活动中心开幕。

● 市网信办会同市文广局、市网安总队、市文化执法总队，就直播中的低俗色情问题依法联合约谈熊猫直播和全民直播，要求上述直播网站进行全面整改。

● 自2017年1月13日启动的2017年春运落下帷幕。春运40天，上海浦东和虹桥两大机场共保障航班起降8.28万架次，相比2016年春运增长2.5%，实现旅客吞吐量1 213万人次，同比增长8.75%。2017年春运，上海两大机场日均航班量超过2 000架次，日均旅客吞吐量超过30万人次。

● 上海市重要薄弱学科"急诊与危重症"学科建设启动会暨同济医院学科建设论坛在同济大学附属同济医院举行。该院获批立项的国家卫生计生委脑卒中防治工程高级卒中中心建设单位和同济医院胸痛中心、创伤救治中心揭牌。

22日

● 市委、市政府在松江区九亭镇北场居委会社区活动中心召开第五次"补短板"综合治理现场会，对2017年全市"五违四必"区域环境综合整治工作进行全面动员部署。

● 以"万家灯火　平安上海"为主题的第六届上海市"平安英雄"颁奖典礼在上海大剧院举行。市委书记韩正，市委副书记、市长应勇出席，并会见第六届上海市"平安英雄"和候选人代表。

● 市十四届人大常委会第三十五次会议召开，表决通过《上海市人大常委会2017年度工作要点》。市人大常委会主任殷一璀主持会议并讲话。会议听取市人大常委会秘书长陈靖所作的关于《上海市人大常委会2017年度工作要点(草案)》编制情况的说明，并对工作要点草案进行分组审议。

● 市经济和信息化委员会正式印发《上海市工业互联网创新发展应用三年行动计划(2017—2019年)》。计划提出到2019年，上海工业互联网发展生态体系初步形成，力争成为国家级工业互联网创新示范城市。

● 浦东新区长江口水域出现2017年首次咸潮，浦东新区水务部门及时采取应急避咸调水措施，全力确保水环境安全和工农业生产用水。

● 市人大常委会第三十五次会议表决通过《上海市人民代表大会常务委员会关于停止执行小城镇社会保险制度的决定》。此次市人大常委会作出停止执行小城镇社会保险制度的决定，标志镇保制度调整基本完成。

● 金山区人民法院公开审理一起消费者因使用三星Note7手机发生爆炸自燃的消费索赔案。这是上海首起因三星Note7手机爆炸而诉至法院的案件。三星公司当庭道歉，赔偿原告损失共计人民币近3万元，双方达成和解。

● 市高级人民法院正式对外公布《上海法院网络司法拍卖实施细则(试行)》，全市法院将从3月1日起按照新的规定和要求进一步推进网络司法在线拍卖。

● 上海全民健身工作会议召开。2017年上海全民健身将围绕"健康上海"的目标，重点抓好"体医结合"项目落地，不断完善全民健身公共服务体系。

● 团中央学校部、全国学联秘书处在全国寻访一批树立和践行社会主义核心价值观的2016年度全国"最美中学生"。上海市少云中学高二(2)班邵逸菲获此殊荣。

23日

● 市委书记韩正主持召开高考综合改革专题座谈会，落实中央部署要求，全力以赴做好2017年高考综合改革试点工作。韩正强调，高考综合改革是一项系统工程，必须举全市之力，统筹推进，力争取得预期成效。市委副书记、市长应勇对全市形成合力做好高考综合改革试点工作进行全面部署。

● 市政府召开上海市安全生产工作会议暨市安委会全体会议。市委副书记、市长、市安委会主任应勇强调，要以对人民、对城市高度负责的态度，把安全工作落实到各个方面、各个领域、各个环节，全力维护城市运行安全和人民群众生命财产安全。

● 以国家安全监管总局副局长徐绍川为组长的国务院安委会第十四考核工作组来沪开展安全生产工作考核。市委副书记、市长、市安委会主任应勇出席举行的汇报会并介绍情况。市委常委、常务副市长周波汇报2016年度全市安全生产工作情况。

● 上海交通大学召开全校教师干部大会，中共中央组织部宣布中共中央、国务院的任免决定：林忠钦任上海交通大学校长(副部长级)；因另有任用，张杰不再担任上海交通大学校长职务。

● 上海市农村工作会议召开。2016年上海市农村常住居民人均可支配收入达25 520元,同比增长10%,农村居民人均可支配收入的增幅已经高于城镇居民收入的增幅。

●《2016年上海市重大文化活动国际影响力评估报告》发布。报告显示上海国际影视节已成为亚洲一流、具有国际影响力的文化活动。

● 上海歌剧院发布招聘公告,在全球范围内物色优秀音乐人才。这是上海歌剧院首次面向全球招聘。

● 上海2017年整治非法客运工作动员大会召开。2016年,公安部门共计查获"五类车"各类交通违法案件471.49万余件,同比上升569.44%,暂扣"五类车"22.9万余辆,行政拘留各类车违法当事人4 926名。

24日

● 2017年上海市信访工作会议在上海展览中心召开。市委书记韩正强调,要认真贯彻落实党中央关于信访工作的决策部署,认真领会落实习近平总书记的重要讲话和批示精神,严格落实信访工作责任,不断提高信访工作法治化水平,切实加强信访干部队伍建设。

● 市长应勇会见意大利总统赛尔焦·马塔雷拉率领的代表团一行,代表上海市政府和上海人民对总统阁下访沪表示热烈欢迎。应勇说,上海愿在中意全面战略合作伙伴关系和"一带一路"的框架下,与意大利进一步加强经贸、科技、医疗卫生、时尚创意、人文旅游等领域合作。

● 市委常委、市人大常委会副主任、市委组织部部长徐泽洲会见由总书记艾哈迈德·哈里里率领的黎巴嫩未来阵线代表团,他向来宾们介绍了上海改革开放和经济社会发展等情况。

● 市商务委召开推进上海市夜市建设交流会。由市商务委牵头,正式启动"打造具有国际消费城市特征的夜市模式",力争推出4个到5个能够体现国际大都市美食文化水准、展示城市民俗风情、满足多元消费需求的"地标型夜市"。

● 上海吴淞炮台湾国家湿地公园揭牌,继崇明西沙湿地公园被国家林业局命名为国家湿地公园后,正式成为上海第二个国家湿地公园。上海吴淞炮台湾国家湿地公园位于上海市宝山区内,蕰藻浜、黄浦江、长江三江交汇处,总面积106.6公顷。

● 市经信委正式发布《新能源汽车生产厂商、车型备案登记要求(2017年)》。备案要求明确了新能源汽车生产厂商可以继续申请新能源汽车车型备案,也允许企业预售新能源汽车产品,但需要事先承诺其向消费者出售新能源汽车产品的时候要先行承担上海市新能源汽车补贴额度不确定的风险。

● 市文明办、市建交委、市交通委、市交警总队主办的上海市"文明交通进社区"暨普陀区文明交通深化专项行动启动。

● 上海贯彻落实电影产业促进法座谈会在上海影城召开，上海各主要制片、院线、发行主体代表进行交流座谈。

25日

● 市长应勇会见英国伦敦金融城市长庞安竹一行。应勇说，上海与伦敦金融城自1996年建立友好交流关系以来，双方以促进金融发展为共同目标，合作交流富有成效。上海要在2020年基本建成与我国经济实力和人民币国际地位相适应的国际金融中心。欢迎伦敦金融城发挥自身优势，积极参与上海自贸试验区和科创中心建设，推动双方合作交流迈上新台阶。

● 在上海宋庆龄基金会的支持下，国内第一本以临床实例为主的罕见病专著《可治性罕见病》问世，科普光盘《预防罕见病从现在做起（系列片之一）》及罕见病科普读本同步推出。

26日

● 国内首家“达芬奇手术机器人国际培训中心”在长海医院落成启用，中心将提供每年500人以上的使用和维护培训。

● 上海市第十五届中学生古诗文阅读大赛高中组团体决赛举办。上海中学获得团体金奖，上外附中和七宝中学获得团体银奖。

27日

● 市委书记韩正前往百联集团和光明集团，调研上海市国资国企深化改革的进展情况。韩正强调，上海国资国企改革蹄疾步稳，三年多来取得重大突破。2017年要全面深化改革，为上海经济社会发展作出更大贡献。

● 市委副书记、市长应勇调研部分外资企业并召开座谈会，听取外企对上海进一步扩大开放、优化投资环境的需求和建议。

● 市委副书记、市长、市政府党组书记应勇主持召开市政府党组会议，学习贯彻习近平总书记在省部级领导干部专题研讨班上的重要讲话精神。

● 市人民检察院在长宁区人民检察院举行“群众最满意基层检察院”揭牌仪式，并同时授予长宁区人民检察院“上海市先进检察院”称号。

● 破解执行难工作推进会在上海市高级人民法院召开，下发《上海市高级人民法院2017年关于破解执行难推进工作要点》。市委常委、市委政法委书记姜平出席并讲话，市高级人民法院党组书记、院长崔亚东在会上对破解执行难工作进行再动员、再部署。

● 上海国检局宣布，2017年上海首张“进口CCC产品诚信示范企业”证书花落一家地区总部企业——罗克韦尔自动化（中国）有限公司。

● 宝钢股份吸收合并武钢股份上市仪式在上海证券交易所举行。合并重组后的宝钢股份,目前在全球上市钢铁企业中粗钢产量排名第三、全球汽车板市场产量排名第三、全球取向硅钢市场产量排名第一。

● 全球首批成功应用“胚胎植入前单体型连锁分析”(PGH)的试管婴儿在复旦大学附属妇产科医院上海集爱遗传与不育诊疗中心出生。该技术能够精准阻断染色体平衡易位向下一代遗传传递,是国际生殖医学领域又一大重要突破。

28 日

● 市委书记韩正赴崇明区调研,主持召开镇村干部群众座谈会,听取基层对于崇明生态岛建设的建议,出席崇明世界级生态岛建设推进工作大会并讲话。市委副书记、市长应勇主持崇明世界级生态岛建设推进工作大会。

● 市委副书记、市长应勇主持召开民营企业代表座谈会,听取大家对上海优化营商环境、支持民营企业发展的意见和建议。应勇指出,民营经济要为上海创新驱动发展、经济转型升级作出更大贡献。

● 市人大常委会举办“新任市人大常委会和委员会组成人员履职培训班”,市人大常委会主任殷一璀出席并作总结讲话。

● 市委党校、上海行政学院 2017 年春季开学典礼举行。市委常委、组织部部长、市委党校校长徐泽洲出席开学典礼并作动员报告。

● 市政府召开全市消防工作会议,总结 2016 年工作,部署 2017 年任务。2016 年,上海市共发生火灾 4 464 起,死亡 44 人,受伤 38 人,直接经济损失 7 885.1 万元,同比分别下降 3.1%、15.4%、5%、47%,未发生重大及以上火灾事故。

● 最高人民检察院、教育部联合组织的“法治进校园”全国巡讲活动来到上海,在浦东新区进才实验中学开展首场巡讲活动,由此拉开为期一周的“法治进校园”上海站巡讲活动的序幕。

● 2017 年上海市重点体育赛事推介会召开。市体育局宣布:首次将一批占用本市公共资源的专业体育赛事集中推介。路跑、骑行、水上运动、铁人三项等四大类共 14 项赛事的承办权,将正式上线本市重点体育赛事交易平台。

● 市舞蹈学校、上海戏剧学院舞蹈学院正式入驻位于虹桥路上的上海国际舞蹈中心,标志着上海国际舞蹈中心迈出“文教结合”的第一步。

● 市食药监局发布公告,决定将上海福喜食品有限公司及其相关责任人胡骏、刘立杰、张晖等列入“上海食品药品严重违法生产经营者与相关责任人员重点监管名单”。

● 轨道交通 9 号线三期东延伸实现全线长轨贯通,这是上海新一轮轨道交通 800 公里建设目标里第一条实现贯通的线路,为后续机电设备安装以及列车上线调试打下坚实基础。

● 虹口区档案馆编著的《虹口(1843—1949)》由上海人民出版社出版,该书首次披露大量史料,中国书法泰斗沈尹默当年亲自填写的户籍档案影印件也在书中首次公开亮相。

● 2017 年上海国际摄影节暨上海第十三届国际摄影艺术展在中华艺术宫拉开帷幕。这是国内唯一一个同时获得世界三大摄影组织——国际影艺联盟、美国摄影学会、英国皇家摄影学会论证的国际摄影艺术展。

● 上海图书馆馆藏数字资源开放平台向社会免费新开放 3 052 种家谱数字资源。这是上海图书馆第三次对外开放馆藏家谱数字全文,至此,该馆在线的家谱总数达到 6 086 种。

## 3月

### 1日

● 市委召开专题协商座谈会,听取各民主党派对开展专项民主监督的意见建议。此次"五违四必"专项民主监督,由民革市委对口杨浦、宝山,民盟市委对口普陀、嘉定,民建市委对口浦东、崇明,民进市委对口长宁、青浦,农工党市委对口徐汇、闵行,致公党市委对口虹口、奉贤,九三学社市委对口静安、金山,台盟市委对口黄浦、松江。

● 市委副书记、市长应勇调研在沪央企并召开座谈会,听取央企负责人对上海服务国家战略、支持央企发展的意见和建议。

● 市统计局正式发布《2016 年上海市国民经济和社会发展统计公报》。2016 年上海经济社会保持平稳健康发展,在创新驱动发展、经济转型升级方面取得积极进展。全年全市居民人均可支配收入 54 305 元,比上年增长 8.9%,增速提升 0.4 个百分点,第一次超过了 5 万元。全市用于研究与试验发展经费支出为 1 030 亿元,第一次突破千亿元大关。全市用于环境保护的资金投入为 823.57 亿元,全社会环保投入占 GDP 的比重第一次达到 3%。

● 市人力资源和社会保障局发布《关于调整职称外语和计算机应用能力考试政策有关工作的通知》,从 2017 年起,职称外语和计算机应用能力考试成绩不再作为上海市职称评审申报的前置条件,专业技术人员的外语水平、计算机应用能力,由用人单位结合岗位工作需要自主确定。

● 工商总局商标局在上海徐汇区行政服务中心设立商标受理窗口,成为上海首家受国家工商总局委托设立的商标注册办事窗口。

● 国内外贸领域"新春第一展"——第二十七届华交会在上海新国际博览中心开

幕。本届展会11个交易团共组织3 900多家企业参展,展位总数达到5 670个。

● 修订后的《上海市公共场所控制吸烟条例》正式施行。《条例》规定:室内公共场所、室内工作场所、公共交通工具内禁止吸烟。

● 财政部PPP中心与上海联合产权交易所合作共建的PPP资产交易流转平台——上海联交所"PPP资产交易中心"正式揭牌。PPP即政府与社会资本合作,是公共基础设施中的一种项目运作模式。

● 上海自贸区发布消息,非特殊用途化妆品进口在上海自贸试验区实行"审批改备案"试点。这意味着,国内消费者有望第一时间用到全球最新上市的化妆品。

● 中国高校首家"文物保护与修复学院"在上海视觉艺术学院成立。

● 上海市人民检察院原检察长陈旭涉嫌严重违纪,接受组织审查。

2日

● 在沪全国人大代表抵京,出席十二届全国人大五次会议。代表们关注的议题既有"一带一路"、科创中心建设、自贸区建设、精准扶贫等国家战略层面的重大问题,也有聚焦基层社会治理、生态环境、医养结合、培训教育等群众关心的热点话题。

● 在沪全国政协委员抵京,出席全国政协十二届五次会议。

● 常务副市长周波会见巴基斯坦审计长拉纳·阿萨德·阿明一行。周波向客人介绍上海社会经济发展情况,宾主就进一步加强上海与巴基斯坦的合作交换意见。

● 2017年上海交通工作会议召开。2017年全市交通工作将着力深化改革攻坚,破解发展难题,推动重大项目建设、综合交通补短板、公交优先、国际航运中心建设等重点工作取得进展。

● 杨浦区作为全国首批、上海唯一的区域"双创"示范基地,向符合条件的外籍人才颁发全市首张"双创"区域的《中国永久居留权申请外籍人才认证函》和《外籍人才签证认证函》。

● 全市100名全国道德模范及提名奖获得者、市杰出志愿者和其他优秀志愿者等分别走进六院、中山、华山、瑞金等沪上九家综合性医院接受免费体检。

3日

● 出席十二届全国人大五次会议的上海市代表召开组团会议,推举殷一璀为上海市代表团团长,徐麟、王乃坤、徐泽洲为上海市代表团副团长。

● 市经信委发布消息,作为先进制造业的代表,上海集成电路产业2016年实现两位数增长,销售收入达1 053亿元,首次突破千亿大关。整个产业向高端发展,设计业和芯片制造分别实现销售366亿元和262亿元,同比增长均超过20%。其中,设计业规模首次超过封装测试,成为真正的产业龙头。

● 临港管委会、市科协、临港集团三方携手合作成立的上海市院士专家工作站科技成果转化基地正式启动，首批共三位院士带着项目入驻基地。这三位院士分别是上海交通大学校长、中国工程院院士林忠钦和中国工程院院士丁文江、庄松林。

● 上海高校首家以雷锋为主题的纪念馆在上海建桥学院落成开馆，免费向社会公众开放。

● 上海交通大学正式与上海联影医疗科技有限公司成立“医学影像先进技术研究院”，共同打造世界一流的医学影像设备前沿研究和创新转化高地，并且为未来新一代的医疗影像提前进行基础科研领域的布局。

● 市重大工程建设工作会议召开，2017 年上海共安排市重大工程正式项目 120 个，预备项目 13 个，新开工项目 14 个，基本建成项目 10 个，全年计划投资不低于去年水平。

● 市人民防空工作会议召开，《中国(上海)自由贸易试验区人防行政审批改革试点方案》已报国家人防办并获批准。根据方案，将探索在浦东新区建立国家级人防改革试验区。

4 日

● 中宣部、中央文明办在北京召开全国学雷锋志愿服务工作座谈会，公布并表彰 2016 年学雷锋志愿服务最美志愿者、最佳志愿服务组织、最佳志愿服务项目和最美志愿服务社区“四个 100”先进典型，上海 18 个志愿者、项目、组织及街道社区上榜。

● 23 所参加上海市 2017 年春季考试招生试点的高校开展自主测试。2017 年春考是上海整体实施考试招生综合改革方案的重要组成部分，经考生确认后的普通高中学生综合素质评价信息，在本次校测中首次使用。

5 日

● 中共中央总书记、国家主席、中央军委主席习近平参加十二届全国人大五次会议上海代表团审议。习近平强调，上海要解放思想，勇于担当，敢为人先，坚定践行新发展理念，深化改革开放，引领创新驱动，不断增强吸引力、创造力、竞争力，加快建成社会主义现代化国际大都市。上海代表团讨论气氛活跃、发言热烈。应勇、李林、金锋、张兆安、孙跃明、樊芸、许宁生等 7 位代表分别就上海经济社会发展情况、发挥科研人员创新活力、加强海洋人才培养、崇明生态岛建设、加强农村基层治理、推进财税体制改革、深化教育改革等问题发表意见。中共中央政治局委员、上海市委书记韩正等参加审议。

● 市委宣传部、市文明办等举办系列纪念活动，并启动“快乐志愿、光明同行、为好人点赞——上海市邻里守望志愿服务活动”。

● 第二十七届华交会落下帷幕。本届华交会累计成交 23.17 亿美元，比上届增

0.28%。其中,对亚洲成交 13.16 亿美元,下降 4.99%;对欧美成交 7.67 亿美元,增长 2.5%;对大洋洲成交 0.4 亿美元,增长 0.55%;对非洲成交 0.44 亿美元,增长 20.5%。日、美、韩仍居成交前三位,对日本成交 7.5 亿美元,下降 5.5%;对美国成交 3.4 亿美元,下降 2.96%;对韩国成交 1.9 亿美元,下降 11.9%。

● 2016—2017 赛季中国男排联赛总决赛第一场比赛举办,客场作战的上海金色年华男排以 3 比 2 力克老对手北京队。

6 日

● 上海代表团召开全团会议,认真审议政府工作报告。中共中央政治局委员、国务院副总理刘延东,中共中央政治局委员、上海市委书记韩正,市委副书记、市长应勇,市人大常委会主任、上海代表团团长殷一璀参加审议。

● 上海代表团召开全团会议,中共中央政治局委员、上海市委书记韩正代表,上海市委副书记、市长应勇代表,上海市人大常委会主任、上海代表团团长殷一璀代表回答境内外记者的提问。

● 纪念“三八”国际劳动妇女节 107 周年暨“爱心妈咪小屋”创建升级推进会召开。市总工会推出爱心妈咪小屋升级版——“职工亲子工作室”,探索在职工需求集中且有条件的企业、园区、楼宇等单位开展职工子女晚托、暑托、寒托等各类形式的托育服务。

7 日

● 以“挥弦梦想乐章　绽放智慧风华”为主题的上海市纪念“三八”国际劳动妇女节 107 周年大会召开。市委副书记、秘书长尹弘出席会议并讲话。10 位上海市三八红旗手标兵、10 位上海市三八红旗手标兵提名奖获得者、十佳妇女之家、578 位上海市三八红旗手和 200 个三八红旗集体获得表彰。

● 《中国(上海)自由贸易试验区航运法治建设公约》签署,包括航运法律和仲裁机构、行业协会、高校航运法律研究机构在内的共 22 家单位集体签署公约,将为自贸区航运企业提供优质的法律仲裁服务。

● 市住房城乡建设管理工作会议召开。市住建委联合市规划和国土资源管理局、市历史文化风貌区和优秀历史建筑保护委员会等部门,对全市建成满 50 年以上的建筑进行全面甄别。在历史建筑普查的基础上,进一步加大对各类历史建筑的保护,稳妥有序推进房屋征收、拆除等工作。

8 日

● 正在北京出席十二届全国人大五次会议、全国政协十二届五次会议的市委书记韩正,市委副书记、市长应勇,市人大常委会主任殷一璀,市政协主席吴志明等市领导向上海女代表、女委员致以节日祝贺,祝全市各界妇女同志节日快乐、身体健康、事业进步。

● 市委、市政府召开2017年上海市档案工作会议。会议指出，2017年上海档案部门将进一步加强服务能力建设，围绕党的十九大、市第十一次党代会等重要节点和重大活动，发挥档案资源独特优势，努力服务中心大局。

● 市政府召开“十三五”规划推进落实工作会议。市发展改革委将会同相关部门，重点围绕分解落实、推进实施、跟踪监测和监督考核等关键环节，推动规划全面落实落地。

● 上海商务情况通报会召开，2016年，上海社会消费品零售总额再次超过1万亿元，增幅达8%，消费对经济增长的贡献率接近65%，实现经济增长由投资和外贸拉动向消费拉动的重大转型。外资企业营业收入增长5.5%、利润增长12.3%。规模以上工业企业中，外商及港澳台商投资企业实现利润总额增长16%。在沪外资企业为上海贡献了三分之二的工业总产值、三分之二的货物进出口和三分之一的税收。2016年上海工业、第三产业纳税百强企业中，外资企业合计上榜110家，占百强企业税收总额的35%，占比较上一年提高2.7个百分点。

● 云南省政府在沪召开2017南亚东南亚国家商品展暨投资贸易洽谈会（商洽会）推介会，感谢上海长期以来对云南的对口支持，希望通过商洽会推动两地深化合作、共同发展。

● 市侨办和上海开放大学合作办学，开设“上海华侨学院”，成为全国首家由地方侨务部门与高校合作成立的华侨教育专门机构。

9日

● 上海代表团分别召开全团会议和分组会议，审议全国人大常委会工作报告。中共中央政治局委员、上海市委书记韩正代表，市委副书记、市长应勇代表，上海代表团团长、市人大常委会主任殷一璀代表参加审议。

● 上海市生活垃圾分类减量联席会议全体（扩大）会议召开。上海2017年将全面推进单位生活垃圾强制分类，全市公共机构及企事业单位将逐步实现“不分类、不收运”，监管部门还将开展面向单位的执法工作。

● 副市长陈寅会见以星屋秀幸为团长的上海市白玉兰奖获得者日本联谊会一行，他表示，期待该会成员能为上海实施创新驱动发展战略，推进建设具有全球影响力的科技创新中心进一步发挥积极作用。

● 上海股权托管交易中心金山服务中心在金山挂牌成立。今后将完善金山区内多层次资本市场体系，为金山乃至周边地区中小企业提供一站式金融服务。

● 市委办公厅、市政府办公厅印发《上海市社会治理“十三五”规划》，这是上海第一个社会治理五年专项规划。

● 上海图书馆馆藏一级文物《庞虚斋藏清朝名贤手札》由凤凰出版社出版,正式首发。该手札集规模惊人,收录明末至清嘉庆十年200余年间的260位名贤586通手札。

● “千年古港——上海青龙镇遗址考古展”在上海博物馆开展。青龙镇建于唐代天宝年间,是上海地区设立的第一个镇。唐宋时期,青龙镇因占据得天独厚的地理优势而成为上海地区最早的对外贸易港口。

10日

● 上海代表团召开全团会议和分组会议,审议民法总则草案等。市委书记韩正代表,市委副书记、市长应勇代表,上海代表团团长、市人大常委会主任殷一璀代表参加审议。

● 上海图书馆、上海科学技术文献出版社、上海科学技术出版社联合举办《科学》影印出版首发座谈会召开,这是1915年至1960年间出版的《科学》(1至36卷)首次全文影印。《科学》杂志1915年在上海创办,是中国近现代延续时间最长、影响最为深远的综合性科学期刊。

11日

● 第二十九届“3·15为民志愿服务活动”在上海报业集团举办。62家单位、市消保委以及解放日报社共接待近千名前来咨询、投诉的市民。

12日

● 上海代表团召开全团会议,审议民法总则草案修改稿等以及最高人民法院工作报告、最高人民检察院工作报告。市委书记韩正代表,市长应勇代表,上海代表团团长、市人大常委会主任殷一璀代表参加审议。代表们在审议时认为,“两高”过去一年做了大量的工作,有亮点、有成效,一些创新实践发挥了改革“试验田”和“排头兵”作用。

● 中国民主革命伟大先行者孙中山先生逝世九十二周年纪念活动在上海香山路的孙中山故居内举行。市领导尹弘、钟燕群、翁铁慧、徐逸波和各界代表在孙中山先生铜像前肃立,行三鞠躬礼,共同缅怀先辈的崇高精神。

13日

● 全国政协十二届五次会在人民大会堂闭幕,出席会议的在沪全国政协委员圆满完成会议各项议程,乘东航班机返回上海。委员们表示,回到上海后,要努力将“两会”精神落实到各项工作当中,立足本职工作,深化委员履职,为国家和上海经济社会发展贡献力量。强化责任担当,积极议政建言,汇聚强大正能量。

● “童心童梦　益路同行”沧源县少数民族贫困家庭心胸疾病救助项目在沪签约。这是2017年云南省临沧市被纳入沪滇合作对口帮扶地区后的首批“精准扶贫”医疗援助项目之一。

● 第四届上海市科普讲解大赛举办。300 名报名者中脱颖而出 40 名优秀讲解员，争夺上海市“十佳科普使者”。

14 日

● 副市长陈寅会见乌兹别克斯坦塔什干市副市长拉赫莫诺夫一行，双方就两市在“一带一路”框架下加强友城交往事宜深入交换意见，并共同签署《上海市与塔什干市友好合作交流备忘录 2017—2019》。

● 市质监局向中国石化上海高桥石化公司颁发《工业产品生产许可证》，这是全国首张含多个类别产品的《工业产品生产许可证》。获证企业可节省检验时间 27 天，效率大幅度提高。上海自贸区在全国率先实施工业产品生产许可证“一企一证”改革试点。

● 2017 年伦敦书展开展，哈珀·柯林斯出版集团与上海世纪出版集团签订协议，将翻译出版上海基础教育的数学教材。这套教材已被英国卓越数学教学中心(NCETM)列为范本教材，供教师学习。

● 市人社局、市妇联会、静安区政府联合主办的 2017 上海市青年女性职业飞翔计划暨上海市女性创业大赛启动。在女性创业大赛脱颖而出的团队，将获得优先入驻“上海市女性创业基地”的机会以及多项创业扶持优惠政策。

15 日

● 出席十二届全国人大五次会议的在沪全国人大代表圆满完成会议各项议程，乘坐班机回到上海。会议期间，代表们积极履职，对政府工作报告等进行认真审议，就加快自贸试验区建设、科创中心建设、推进政府职能转变、抓好金融体制改革、推进超大型城市精细化管理、从严治党等议题展开热烈而深入的讨论。

● 市总工会十三届九次全委(扩大)会议召开，市委副书记、市委秘书长尹弘出席会议并讲话。经大会选举，莫负春当选为新一任上海市总工会主席。

● 上海市纪念国际消费者权益日座谈会召开，上海各级消保委 2016 年共受理消费者投诉 122 453 件，和 2015 年数量基本持平，相当于平均每天就有 330 多起消费投诉。

● 上海市农委联合上海海洋大学等单位，举办中华绒螯蟹“江海 21”品种使用权授权许可签约仪式。这是中华绒螯蟹“江海 21”品种首次许可授权，此举也意味着水产新品种科技成果转化全国第一单落地。

● 第三期“上海市普教系统名校长名师培养工程”职校校长二组培养基地顺利结业。15 名来自沪上各职业院校的校长们，经过 34 次集中主题培训，成长为沪上职业院校的合格“掌舵人”。

16 日

● 市委召开常委扩大会议,传达学习习近平总书记在参加十二届全国人大五次会议上海代表团全团审议时的重要讲话精神。市委书记韩正强调,全市各级领导干部要认真学习、深刻领会、全面贯彻落实习近平总书记的重要讲话精神,切实做到"四个新作为",努力当好全国改革开放排头兵、创新发展先行者。会上,市长应勇围绕习近平总书记参加上海代表团全团审议时的重要讲话精神交流学习体会。市人大常委会主任殷一璀传达习近平总书记在参加上海代表团全团审议时的重要讲话精神。

● 市领导韩正、应勇、殷一璀、吴志明、尹弘等来到浦东三林楔形绿地,参加全民义务植树活动。在植树现场,韩正一行听取三林楔形绿地规划设计和建设情况汇报。

● 上海市政府分别与科技部、中国科学院举行工作会谈,并与中科院签署院市合作补充协议。全国政协副主席、科技部部长万钢,科技部党组书记、副部长王志刚,中科院院长、党组书记白春礼,上海市委副书记、市长应勇,中科院党组副书记、副院长刘伟平,科技部副部长李萌,中科院副院长相里斌,上海市委常委、常务副市长周波等出席相关会议。

● 市第一中级人民法院公开开庭审理上海市政府原副秘书长戴海波受贿、隐瞒境外存款一案。庭审中,戴海波进行最后陈述,当庭表示认罪悔罪、服判。法庭宣布休庭,择期宣判。

● 由国家卫计委支持、中央电视台主办的大型公益活动,2016"寻找最美医生"评选揭晓,10 位"最美医生"中有 2 位来自上海,一位是中科院院士、"中国肝胆外科之父"吴孟超,另一位是徐汇区斜土街道社区卫生服务中心的 70 后家庭医生朱兰。

17 日

● 市委、市政府召开食品安全工作会议,对贯彻落实《上海市食品安全条例》、全面推进市民满意的食品安全城市建设进行动员部署。会议以视频形式在全市各区和市食药监局设立 17 个分会场,把食品安全工作直接部署到基层。

● 市人大常委会在上海展览中心友谊会堂召开传达贯彻十二届全国人大五次会议精神大会。全国人大代表、市人大常委会主任殷一璀就学习贯彻落实会议精神提要求。全国人大代表、市委常委、组织部部长、市人大常委会副主任徐泽洲传达十二届全国人大五次会议主要精神,并介绍代表履职情况。

● 市教育考试院公布《上海市 2017 年普通高等学校招生志愿填报与投档录取实施办法》。2017 年高招的志愿填报工作将在统一高考成绩公布后进行;投档录取工作仍按照教育部统一部署进行,本科普通批征求志愿次数由 1 次改为 2 次。

●《王安石全集》由复旦大学出版社推出,对王安石现存全部文字加以搜集、整理、校勘，在历史上尚属首次。《王安石全集》立体呈现王安石思想学术文学成果的整体风貌。

● 市养老机构服务标准化建设现场会召开，宣布将在全市实施“养老机构服务质量提升三年行动计划”（2017—2019 年），力争到 2020 年，基本建立起完善的养老机构行业信用体系。

● 市公安局召开“社区警务改革进行时”——第七届“十佳”优秀社区民警评选大会。10 名优秀社区民警是：横沔派出所盛峰、枫林路派出所童晓卿、大宁路派出所吴晓兰、长寿路派出所孙钰旻、广中路派出所林杰、五角场派出所傅维勤、双城派出所陈祯巍、杜行派出所费锋、安亭派出所施继明及朱家角派出所倪宝贵。

● 上海海关缉私局开展打击废物走私第二轮集中收网行动，共出动关警员 75 人，分赴安徽、江苏、浙江、上海四地同时开展行动，进行刑事立案侦查，初步查证涉案货物废矿渣等约 500 吨。

18 日

● 市委副书记、市长应勇调研杨浦、虹口滨江贯通工程时指出，要切实按照市委、市政府的决策部署，特别注重两岸公共空间开发利用的风貌整体性和文脉传承性，提升公共空间功能和品质，提高市民群众的获得感。

● 市教委发布 2017 年中等学校高中阶段考试招生政策。2017 年全市中招报名条件的学生约为 7.4 万人，普通高中学校招生计划和高中阶段录取率与 2016 年持平，普通高中录取率稳中有升。

● 上海市推进《“中国制造 2025”上海行动纲要》工作领导小组第一次会议召开，发布 2017 年上海振兴实体经济、推进制造业转型升级的工作安排。

● 上海地铁再次刷新最高单日客流，全网总客流达 1 179.2 万人次，其中换乘客流达 497.7 万人次。这是继 2017 年 3 月 3 日、3 月 10 日，连续两个周五创客流新高后的第三次刷新客流最高纪录。

19 日

● 市委书记韩正在浦东新区调研。韩正强调，习近平总书记要求上海在深化自由贸易试验区改革上有新作为、在推进科技创新中心建设上有新作为、在推进社会治理创新上有新作为、在全面从严治党上有新作为，不断增强吸引力、创造力、竞争力。中央把许多重大改革试点任务交给上海，其中很多都集中在浦东，浦东各级领导干部必须始终保持强烈的改革创新意识，努力当好改革开放排头兵中的排头兵、创新发展先行者中的先行者。

● 2017 年春季长三角联合师资招聘专场会在上海世贸商城召开。为了吸引优秀人才，2017 年虹口教育系统教师招聘政策突破户籍限制择优录取，吸引优秀的有志从事教育的应届毕业生和优秀的高层次、高学历教师到虹口就业生活。

● 第三十二届上海市青少年科技创新大赛颁奖仪式在科学会堂举行，24个一等奖项目入围全国青少年科技创新大赛。

● 上海市第十届律师代表大会召开。截至2016年底，全市律所总数1 463家，同比增长3.83%；律师总数20 319名，同比增长9.1%。2016年全市律师共承办公益法律咨询、法律援助案件43万余件。

● 美国时尚设计师协会(CFDA)在上海宣布，携手迅驰时尚打造中国首个时尚IP资源交易平台——时尚交易所。该平台将通过互联网集合全球时尚产业的知名品牌IP与设计师资源，用“请进来”的方式加速中国时尚产业“走出去”的步伐。

● 作为校友、校董，李达三携夫人叶耀珍与复旦大学签署捐赠协议，在复旦商科教育创立百年之际，再次捐赠1亿元人民币，用于支持母校管理学科发展。

20日

● 市委召开常委学习会，听取国务院参事室特约研究员姚景源所作的《经济发展新常态与供给侧结构性改革》专题辅导报告。市委书记韩正强调，全市各级领导干部必须始终立足大局、把握大局，紧密结合上海实际，全面贯彻落实中央关于推进供给侧结构性改革的要求部署。

● 副书记、市长、市政府党组书记应勇主持召开市政府党组会议，学习贯彻习近平总书记在参加十二届全国人大五次会议上海代表团审议时的重要讲话精神以及市委常委会要求。

● 市政协召开十二届八十七次主席会议，传达市委近期重要工作情况，审议2017年度市政协平时视察活动安排等事项。市政协主席吴志明主持会议。

● 市政府发布《上海市被征收农民集体所有土地农业人员就业和社会保障办法》。该办法实施后，新被征地人员和已经参加小城镇社会保险的被征地人员的社会保障将整体纳入国家基本社会保障制度，保障待遇也将有所提高。

● 国家发改委和住建部公布全国“重大市政工程领域PPP创新工作重点城市名单”，上海市青浦区重固镇名列其中。重固镇新型城镇化PPP项目是上海首个落地实施的新型城镇化PPP项目，也是上海市目前唯一进入国家发改委PPP项目库跟踪落实的区域综合开发项目。

● 2017年沪疆“银龄行动”老年志愿者招募正式启动。自2003年开展以来，沪疆“银龄行动”先后组织335名老专家赴疆开展志愿服务，填补医疗、教育、农业等诸多领域的科技空白，被誉为时间最长、规模最大、领域最宽的老龄工作品牌。

● 中国社会科学院法学研究所、社会科学文献出版社联合发布2017年《法治蓝皮书》《中国海事司法透明指数报告》，上海海事法院以77.2的总分位列全国海事法院之首。

21日

● 市委、市政府召开上海市卫生与健康大会，全面贯彻落实全国卫生与健康大会精神，动员全市力量共同推进健康上海建设。市委书记韩正强调，要学深悟透习近平总书记在全国卫生与健康大会上的重要讲话精神，从全局和战略上把握卫生与健康事业发展，扎实有力推进健康上海建设。市委副书记、市长应勇对推进健康上海建设作全面部署。

● 市委书记韩正在申通地铁集团调研。韩正强调上海轨道交通运行里程已超600公里，必须始终把安全作为头等大事、放在更加突出的位置，始终贯穿于运行和建设的全过程。

● 市委书记韩正，市委副书记、市长应勇会见由贵州省委常委、遵义市委书记王晓光，遵义市委副书记、市长魏树旺率领的贵州省遵义市党政代表团一行。韩正说上海要全面贯彻落实好以习近平同志为核心的党中央的决策部署，不折不扣落实对口帮扶各项工作。要按照贵州省委、省政府和遵义市委、市政府的要求，为贵州省和遵义市打赢脱贫攻坚战作出上海的更大贡献。

● 国务院第五次廉政工作电视电话会议召开，市委副书记、市长应勇在上海分会场讲话强调，要认真学习领会习近平总书记和李克强总理关于党风廉政建设的重要讲话精神，深入贯彻落实十八届中央纪委七次全会、国务院第五次廉政工作会议和市纪委六次全会精神，努力以管党治政的新成效推动上海改革发展稳定工作取得新进步。

● 市政协举行委员学习会，传达全国政协十二届五次会议精神。市政协主席吴志明对学习贯彻好会议精神，推进市政协工作提出要求。会议传达全国两会期间习近平总书记重要讲话精神。

● 市委常委、市委政法委书记姜平会见由阿根廷创新阵线领袖、众议员马萨率领的阿根廷创新阵线代表团，他向来宾们介绍上海改革开放和经济社会发展等情况。

● 市民政局举行2017年“国际社工日”系列宣传活动启动仪式。揭晓了“上海社会工作标识”，同时启动2017年上海市社会工作优秀项目和优秀社会工作者评选工作。

● 上海电力交易中心市场管理委员会成立，这是继2016年5月成立上海电力交易中心后，上海在电力体制改革之路上又迈出的重要一步。

● 国际篮联和2019篮球世界杯组委会在上海共同发布赛事会徽。中国篮球协会主席、2019年篮球世界杯形象大使姚明和上海业余篮球运动员代表张亦驰共同揭晓会徽。会徽以“强者的舞台”为主题，在整体造型上与篮球的形象相呼应。

● 上海城市业余联赛公开招标会在上海东方体育大厦举行。上海市体育局委托第三方专业机构,以“竞争性磋商”的形式对城市业余联赛的承办服务项目实施招标。

22日

● 上海市科学技术奖励大会召开,表彰在上海科技创新中作出突出贡献的科技工作者。市委书记韩正强调,科技改变世界,创新成就未来,广大科技工作者要勇担科技强国、勇攀科技创新高峰的历史重任,为上海继续当好全国改革开放排头兵、创新发展先行者作出更大贡献。市委副书记、市长应勇主持大会。2016年度上海市科学技术奖授奖265项(人),10人获得青年科技杰出贡献奖,22项成果获得自然科学奖,30项成果获得技术发明奖,201项成果获得科技进步奖,俄罗斯籍专家米哈伊尔·弗拉基米诺维奇·伊万诺夫、美国籍专家陈俊获得国际科技合作奖。

● 市委书记韩正,市委副书记、市长应勇会见上海市老干部工作先进集体和先进个人代表。市领导与受到表彰的全市老干部工作先进集体和先进个人代表亲切握手。韩正代表市委、市人大、市政府、市政协,向大家表示热烈祝贺,向全市老干部和老干部工作者致以崇高敬意和诚挚问候。

● 市长应勇分别会见沙特亲王、沙特基础工业公司董事长萨乌德,上海市长国际企业家咨询会议前主席、美国史带公司董事长兼首席执行官格林伯格,美国铁狮门公司总裁兼首席执行官徐瑞柏。

● 中共上海市委统战部和民革市委、民盟市委、民建市委、民进市委、农工党市委、致公党市委、九三学社市委、台盟市委在上海民主党派大厦联合召开新闻发布会,通报上海各民主党派市委换届工作和代表大会筹备情况。

● 纪念上海工人第三次武装起义胜利九十周年图片文献展《上海1927》在中共四大纪念馆开幕。

23日

● 上海警备区党委十二届十四次全体(扩大)会议召开。上海市委书记、上海警备区党委第一书记韩正讲话。上海警备区党委书记、政委马家利代表警备区党委作工作报告。

● 市委副书记、市长应勇主持召开调研座谈会,分析上海经济发展形势,研究进一步稳增长、促改革、调结构。

● 市人大常委会部分组成人员视察大世界试运行工作,市人大常委会主任殷一璀参加。常委会组成人员对大世界试运行及开放准备工作表示肯定,希望大世界这个荟萃非遗珍品的平台,能为上海建设国际文化大都市作出新贡献。

● 在上海扎根多年的虹桥喜来登酒店,更名为虹桥锦江大酒店,成为上海本土酒店管理集团锦江国际从上海外资高端品牌翻牌为锦江高端品牌并自行管理的第一家酒店。

25日

● 2017年上海市民文化节暨文化服务日正式启动,17场精彩纷呈的活动在市群艺馆奏响文化交响曲。

● 新版《上海市道路交通管理条例》正式实施,市文明办、市公安局、市司法局、市法宣办、市建交党委、市交通委、市公安局交警总队、市公安局轨交总队等部门举办“上海交通大整治一周年暨新修订道交条例实施”文明交通主题宣传活动。

26日

● 历时两年多施工改造的虹桥国际机场1号航站楼A楼及交通中心正式投入运营,迎来首批值机旅客。同时,为期一周的“新旅程”开航活动在A楼出发大厅拉开序幕。

27日

● 上海市委创新社会治理加强基层建设推进大会在上海展览中心举行。市委书记韩正强调,创新社会治理、加强基层建设,事关上海长远发展,要努力走出一条符合超大城市特点和规律的社会治理新路子,在推进社会治理创新上有新作为。

● 市长应勇会见日本前首相、博鳌亚洲论坛理事长福田康夫一行。应勇对福田康夫来沪出席中日青少年书法交流活动表示欢迎。他说,上海要在2020年基本建成“四个中心”,2030年形成科创中心城市的核心功能,2040年建成卓越的全球城市,希望与日本东京、大阪、横滨等地加强合作交流,促进共同发展。

● 市长应勇会见奥地利施泰尔马克州州长赫尔曼·许岑霍夫率领的代表团一行,并与许岑霍夫共同签署两地友好合作交流备忘录。希望双方以签署备忘录为契机,进一步推进务实合作,取得更多成果。

● 市人大常委会召开第八十二次主任会议,市人大常委会主任殷一璀主持会议。会议听取市人大常委会第三十六次会议议程和日程,有关人事任免案的说明,决定提请市人大常委会第三十六次会议审议、表决。

● 市政协召开中心组(扩大)学习会,听取“认真学习习近平总书记省部级主要领导干部专题研讨班重要讲话,深入贯彻十八届六中全会精神”专题辅导报告。市政协主席吴志明出席并讲话。

● 市民政局、市老龄办、市统计局联合召开2016年上海市老年人口和老龄事业监测统计暨上海老年人养老意愿状况信息发布会。会议透露到2016年末,上海户籍60岁及以上老年人口457.79万人,占全市户籍人口的比例达到31.6%,人均预期寿命再创新高,超过83岁。

● 市人社局下发《关于深化简政放权优化事业单位人事管理有关工作的通知(试

行)》,进一步简化事业单位公开招聘程序,采取集中招录与分散招录相结合,集中笔试改为一年一次。

28 日

● 市委书记韩正赴后滩地区调研,专题研究并部署世博文化公园的规划建设。韩正强调,建设世博文化公园意义重大,要形成合力精心规划、加快建设,充分听取广大市民的建议,把这片珍贵的区域打造成开放、共享的大公园,回应广大市民对于建设令人向往的生态之城的期盼。

● 第四十六届世界技能大赛申办工作委员会第一次全体会议在上海召开,人力资源社会保障部部长尹蔚民,上海市委副书记、市长应勇出席并讲话。世界技能大赛是最高层级的世界性职业技能赛事,被誉为"世界技能奥林匹克",由世界技能组织每两年举办一次。

● 上海临港地区加速推进航空、深海产业布局。通用电气(GE)航空(中国)智能制造与再制造创新中心在临港工业园区启用。作为 GE 航空集团在我国建造的第一家再制造技术中心,它将致力于航空发动机修理技术研发及产业化。

● 全国检察机关首创的"命名检察官办公室"在浦东新区人民检察院正式成立。首批命名的 4 名检察官为陈钢、吴菊萍、施净岚、顾琤琮。办公室以检察官名字直接命名,命名检察官依法独立行使办案决定权,独立承担办案责任,直接对检察长或检委会负责,这是上海检察机关深入推进检察改革的又一全新举措。

● 第二军医大学附属长海医院与美国约翰·霍普金斯医院携手共同建立的"长海医院——美国约翰·霍普金斯医院胰腺疾病联合诊治中心"在长海医院揭牌成立。双方将在胰腺肿瘤外科手术、精准治疗及前瞻性临床研究等方面开展深度国际合作。

● 2017 年第 26 届"FIRST 机器人挑战赛"深圳区域赛决赛在西丽大学城体育中心落下帷幕,上海市奉贤区曙光中学 6361 战队,与澳大利亚 4631 队和英国伦敦 1884 队共获冠军联盟,将赴美国休斯敦参加世锦赛。

● 第二十届上海国际电影节组委会发布官方海报。2017 年的海报在延续电影节经典红的同时,配以虚实交错的色块与线条,烘托金爵的主体形象。

● 上海国际电影节宣布:罗马尼亚著名电影导演克里斯蒂安·蒙吉将担任本届金爵奖评委会主席。

● 第二十四届东方风云榜在沪揭榜,张杰、张靓颖分获最佳男、女歌手。薛之谦、周笔畅则分获最受欢迎男、女歌手。他们四人均是选秀节目出身。

29 日

● 市政府廉政工作电视电话会议召开,市委副书记、市长应勇指出,要坚决把思想和行动统一到中央对党风廉政建设和反腐败斗争的形势判断、任务部署上来，深入贯彻落实中纪委七次全会、国务院第五次廉政工作会议和市纪委六次全会精神，以更坚决的态度、更有效的举措抓好本市政府系统党风廉政建设。

● 市长应勇会见台湾两岸共同市场基金会荣誉董事长萧万长一行。应勇说，希望在“九二共识”的基础上，继续深化沪台在经贸等相关领域的合作交流，携手努力，共同为两岸人民创造更多福祉。

● 市政协举行十二届三十五次常委会议，围绕“着力推动实施具有全球影响力的科技创新中心建设国家战略”协商议政。市政协主席吴志明出席并讲话。市委常委、常务副市长周波通报有关情况。

● G60科创走廊建设要素对接大会在松江召开。G60科创走廊质量标准创新基地、上海低碳产业技术研究院、上海股权托管交易中心G60松江科创走廊服务中心、上海分析技术产业研究院等8个平台项目，以及12家重点企业，纷纷揭牌或签约落地。

● 市人大常委会举行全市新农村建设情况专项监督动员会。市农委相关负责人介绍，全市在巩固村级改革成果的基础上，依法稳妥推进镇级产权制度改革工作，已有1 068个村基本完成确权登记颁证工作，农户确权登记率达到99.3%。

● 市人民检察院举办上海检察机关2017年“反贪青年论坛”活动。论坛以“改革背景下上海检察机关侦防青年干警的作为与担当”为主题。

● 市慈善基金会第五届理事会第三次会议召开。市慈善基金会2016年募款收入6.37亿元、募物收入8 465万元。全年项目支出5.87亿元、物资支出7 940万元。全年实施项目1 641个，受益人数约136万人次。

● 市公安局经侦总队会同杨浦公安分局，在市税务部门的配合下出动120余警力，分成20余行动队，将一个盘踞上海多年的虚开增值税发票职业犯罪团伙一举歼灭。这一团伙以“咨询费”“服务费”之名累计虚开发票金额高达10亿余元。

● 中国社会科学院—上海市人民政府上海研究院发布2016年度上海市移动通信用户感知度测评报告。数据显示，在行业类别中，大型公园的用户感知度排名首位；全市16个区中，浦东新区位居第一。

● 上海学生戏剧团及上海学生戏剧联盟在复旦大学成立。联盟将整合上海话剧艺术中心有限公司和上海戏曲艺术中心的优势和专业院校教育资源，共同推进戏剧教育教学发展，全面提升上海学生戏剧艺术水平。

30日

● 中共上海市委召开常委扩大会议，传达学习中央全面深化改革领导小组第三十三次会议精神。市委书记韩正主持会议并强调，全市各级领导干部要深入学习贯彻习近平总书记在中央全面深化改革领导小组第二十三次会议上的重要讲话精神和参加十二届全国人大五次会议上海代表团全团审议时对上海工作“四个新作为”的要求,结合上海实际,谋划推进各项改革。

● 市长应勇主持召开金融工作调研座谈会,听取当前金融形势分析和上海金融改革发展的意见和建议。

● 市人大常委会部分组成人员前往崇明开展实地调研,并分别召开会议听取市政府有关部门和崇明区的工作汇报,了解崇明区在发展规划、环境保护、绿色交通、社会事业发展、新农村建设等方面的情况。市人大常委会主任殷一璀参加并讲话。

● 全国政协副主席马培华率“完善房地产调控,有序推进新型城镇化建设”调研组在沪调研。市政协主席吴志明出席汇报会。

● 中国民主建国会上海市第十三次代表大会在上海展览中心召开,选举产生民建上海市第十三届委员会。全国政协副主席、民建中央第一副主席马培华,中共上海市委副书记尹弘分别代表民建中央和中共上海市委到会祝贺发表讲话。选举周汉民为民建上海市第十三届委员会主任委员。

● 中共中央批准,吴靖平同志任上海市委委员、常委,翁祖亮同志任上海市委常委。

●《长宁区 2017—2021 年城市更新总体方案》发布。未来五年,长宁将重点建设宜居社区、重塑商务片区、提升历史风貌区,发展城市低碳生态和开发利用地下空间也被明确列入方案。

● 上海市邮政管理局、江苏省邮政管理局、浙江省邮政管理局在上海联合发布《长江三角洲地区快递服务发展“十三五”规划》,具体描述“十三五”时期长三角地区快递服务发展指标。

31日

● 市长应勇在奉贤区调研。应勇指出,郊区发展空间广、潜力大,要全面贯彻习近平总书记对上海提出的“四个新作为”的要求,按照市委、市政府工作部署,全力以赴抓推进、抓落实。

● 市长应勇会见墨西哥莫雷洛斯州州长、墨西哥全国州长会议主席格雷科·拉米雷斯率领的代表团和美国美银美林集团全球首席运营官托姆·蒙塔格。欢迎美国、墨西哥等世界各国企业来沪投资兴业,共享发展机遇。

● 市十四届人大常委会第三十六次会议表决通过有关人事任免案,任命许昆林为上海市人民政府副市长。市人大常委会主任殷一璀主持会议并讲话。

● 上海市住宅小区综合治理工作推进会召开,会议在全市 16 个区设立分会场,以视频直播方式面向广大街道基层干部。市政府与各区签订《2017 年住宅小区综合治理工作任务书》,静安等区的代表作交流发言。

● 市委召开专题会议，总结 2016 年关键信息基础设施网络安全检查工作，动员部署 2017 年检查工作。市委副书记、市委网络安全和信息化领导小组副组长尹弘出席会议并讲话。

● 市政府召开新闻发布会，上海将出台新一轮的企业“减负”方案，通过减税降费、降低制度性交易成本等一揽子举措，进一步降低申城企业负担，预计年内将为上海企业减负 400 亿元人民币左右。

● 由市规划和国土资源管理局、徐汇区人民政府、市体育局及上海久事（集团）有限公司联合组织编制的市徐家汇体育公园控制性详细规划局部调整及附加图则编制《公众参与规划草案》出炉，面向社会听取公众意见。

● 市证券、基金、期货业纠纷联合人民调解委员会揭牌仪式在上海期货大厦举行，市高级人民法院与中国证券监督管理委员会上海监管局签署《关于建立证券、基金、期货业纠纷诉调对接工作机制的合作备忘录》。

● 2017 年全国人体器官捐献缅怀纪念暨宣传普及活动在沪召开。全国人大常委会副委员长、中国红十字会会长陈竺出席。

● 2017 年全国国际象棋新人王赛在上海海湾国家森林公园落幕。经过 5 天 7 轮角逐，来自全国各地 8 位国际象棋新星决出胜负，上海小将徐译荣获新人王桂冠，刘言、王桐森分别位列第二、三名，另一位上海棋手胡豫获得第六名。

● 大世界正式对外开放。来自全国各地的非物质文化遗产曲艺、传统戏剧、传统技艺、民俗、传统美术等领域的六位非遗传承人，共同为上海大世界开业启动剪彩。

由市改革创新与发展战略研究会、上海东方青年学社主办的第二届“读懂世界”上海论坛（2017）在市委党校举行。论坛主旨为“以中国立场观察世界，用全球视野把握时代”，围绕逆全球化、中美关系、“一带一路”等热点，就如何“读懂世界”以及在“读懂世界”前提下进一步“读懂中国”，进行了交流与讨论。

● 被称为上海自贸区改革 3.0 版的《全面深化中国（上海）自由贸易试验区改革开放方案》正式公布，目标是到 2020 年把上海自贸区建设成为投资贸易自由、规则开放透明、监管公平高效、营商环境便利的国际高标准自由贸易园区。

● 市第一届纪念革命先烈暨纪念中国人民解放军建军九十周年草地诗歌会在市龙华烈士陵园举行。

● 上海新四军研究会在青浦区新四军广场举办新四军老军长、新中国第一任市长陈毅元帅逝世四十五周年纪念活动。武警上海市总队第二支队的官兵也在清明节前夕与陈毅元帅后人一起来到新四军广场，寄托哀思、缅怀先烈。

● 由奉贤区体育局、奉贤区青村镇人民政府以及上海报业集团昕健康传媒共同主办的“名医进奉贤”2017 年奉贤区全民健身科学指导大讲堂启动仪式在青村镇隆重举行。区体育局副局长诸春梅和上海报业集团(新闻晨报)昕健康传媒首席执行官崔颖进行签约仪式。

● 全国最大的业余高尔夫赛事、2017 上海高尔夫球大奖赛,在上海旭宝高尔夫俱乐部开杆。今年是大奖赛举办的第二个年头,总体奖励超过一百万,也吸引到江浙沪地区的众多业余高手前来参赛。

● 以中国社区金融未来发展为唯一研究课题的"中国社区金融 30 人论坛"在上海浦东成立,三十位在政府、理论学界、金融机构、社区服务领域等具有深厚理论基础和丰富实践经验的行业翘楚和专家学者共聚一堂展开首次主题研讨并联合署名,承诺为推动中国社区金融的发展建言献策,贡献力量。

## 4 月

### 1 日

● 市政府召开新闻发布会。市发展与改革委员会、浦东新区人民政府等单位介绍上海自由贸易试验区建设情况、下阶段工作重点以及今年上海自贸试验区工作重点。

● 由市委宣传部、市文化广播影视管理局组织实施的"开天辟地——中华创世神话"文艺创作与文化传播工程推进会举行。会议深入贯彻落实习近平总书记关于传承弘扬中华优秀传统文化系列重要讲话精神、中央《关于实施中华优秀传统文化传承发展工程的意见》和中宣部中华优秀传统文化传承发展工作座谈会精神,统一思想认识、凝聚各方力量,全力以赴推进工程向纵深发展。

● 第二届长江经济带律协会长年会在沪召开。市委政法委书记姜平出席并致辞。

● 市公安局境外非政府组织管理办公室向美国大豆出口协会上海代表处、美国国际棉花协会上海代表处、美国国际商标协会上海代表处、西班牙纺织行业研究协会上海代表处等 8 家境外非政府组织驻沪代表机构颁发"境外非政府组织代表机构登记证书"。

● 清明来临之际,上海中国人民志愿军纪念广场和上海淞沪抗战纪念馆分别举办祭悼仪式,缅怀先烈。

● 一批传统连环画艺术家、评论家齐聚南翔老街檀园内的"三画"基地,市动漫行业协会连环画专业委员会落户在此。

● 为维护上海海域治安和安全生产秩序,深入推进上海九段沙申报加入"国际重要湿地""世界人与生物圈保护区"两项创建活动,从今日始,上海海警联合海监、渔政、边防、浦东新区水上治安派出所等 12 家执法部门开展"长江口水域・九段沙之春"联合执法系列整治行动。

● 上海国际急性肾损伤和血液透析论坛在沪举办。上海地区近五年来接受血液透析治疗的患者增长一倍，年增长率约13%。

2日

● 清明长假首日，上海铁路局南京站全天进出站旅客近60万人，是平时客流量的2倍以上，其中客发量达30.48万人，刷新了该站单日客发量历史记录。

● 上海各大公园迎来清明小长假第一天的大客流。上海植物园、上海共青森林公园、上海古猗园当天游客量均超过1万人次。

●《风·范》越剧宗师范瑞娟追思会在上海文艺会堂举行，来自上海、杭州、宁波、南京、温州等地九代范派弟子缅怀一代表演艺术家范瑞娟。

● 市食药监局公布清明节前夕对上海生产经营青团食品的监督检查结果，有74件符合食品安全标准，合格率98.67%。

● 清明节小长假首日，沪上往苏浙方向的高速公路迎来祭扫车流高潮，高速路网图全线飘“红”，尤其是往崇明方向的长江桥隧至高东收费口一线的车流，长时间呈“蠕动状态”，交警新辟一根车道试图加以缓解。

● 新版《市道路交通管理条例》今日实施。

● 市人社局下发“关于本市2016年职工平均工资有关事宜的通知”。2016年本市职工平均工资为78 045元，月平均工资为6 504元，比上年增长9.5%。

● 在“世界自闭症关注日”，国内首支自闭症儿童篮球队在沪成立，命名为“蓝色海洋俱乐部”，12个自闭症孩子成为首批队员。

3日

● 沪上一座有着120多年历史的老校园——上海交通大学的徐汇校区，师生们在校内史霄雯、穆汉祥烈士墓前，深切缅怀以两人为代表的献身民族独立解放、国家繁荣富强、真理探索传承的先辈校友们。

● 沪上主题乐(公)园迎来客流高峰。老牌的上海欢乐谷、锦江乐园、上海动物园等客流同比翻番。

● 沪上重点工程中心城区大型污水输送干线工程——白龙港片区南线输送干线完善工程正式投入运营。至此，浦西至浦东地区污水过江输送瓶颈被打破，黄浦区、徐汇区、长宁区、闵行区和浦东新区等区域的污水可被输送至白龙港污水处理厂，上海中心城区污水收集率达到85%。

● 顾村公园全天入园人数达182 966人次，一举创下上海公园单日客流量历史新高。

●《感悟爱与时间》——当代昆曲美学分享会在刘海粟美术馆举行，现场可容纳110人的会场座无虚席。

4 日

● 市委召开区和大口党委书记、中央在沪单位负责同志、老同志、专家学者、基层党组织和党员代表等多场座谈会，征求大家对《市第十一次党代会报告(征求意见稿)》的意见和建议。市委书记韩正主持座谈会，市委副书记尹弘参加座谈。

● 上海公安机关持续深入推进道路交通违法行为大整治，严格按照新修订的《市道路交通管理条例》，坚持全覆盖整治、零容忍执法。

● 清明小长假的最后一天，清明大戏以客流攀至最高潮作为结局。截至 17 时，当天全市高速公路总流量为 91.27 万辆，较去年同期增加 2.31%。

● 武警七支队官兵来到宝山区“淞沪抗战纪念馆”，深切缅怀为了国家和平安宁、人民幸福安康而英勇就义的革命先烈。

5 日

● 市委召开党外人士座谈会，征求对《市第十一次党代会报告(征求意见稿)》的意见和建议。市委书记韩正主持会议并讲话。市委副书记尹弘参加座谈。

● 市委书记韩正会见世界技能组织主席西蒙·巴特利一行。韩正代表 2 400 万市民对西蒙·巴特利主席一行来沪考察表示欢迎。人力资源社会保障部副部长汤涛、市副市长时光辉参加会见。

● 市长应勇主持召开市政府常务会议，研究部署全面推进本市政务公开工作；审议 2017 年本市价格发展重点工作；听取第五届中国(上海)国际技术进出口交易会筹备情况的汇报。会议还研究了其他事项。

● 市电子商务发展联席会议召开，出台的《市电子商务发展“十三五”规划》首次提出上海建成具有全球影响力的电子商务中心城市的路径图。副市长周波出席会议。

● 静安区新闻办通过“上海静安”公布 28 个重点路段从 4 月 5 日起违规停放非机动车，最高罚款 50 元。如果是共享单车的用户乱停放车辆，共享单车公司会受处罚。

● “世越号”打捞项目组经过 590 天连续作业，不辱使命，圆满完成打捞任务，胜利返航。

● 武警上海总队召开表彰大会，武警上海总队九支队特勤中队获评全国武警部队基层建设“十大标兵中队”，并荣立集体一等功。

● 第十三届全运会 U20 男足预赛上海赛区比赛，上海全运队以 6 比 0 击败重庆队，以三战全胜的成绩晋级决赛阶段。

6 日

● 中国农工民主党市地方组织成立七十周年纪念大会在市政协召开。全国人大常委会副委员长、农工党中央主席陈竺出席并讲话。农工党中央副主席蔡威代表农工党市委讲话，九三学社市委主委赵雯代表市其他各民主党派、市工商联致贺词。农工党老党员朱冰玲等在会上作交流发言。

● 上汽集团在上海安亭举行2017年上汽集团前瞻技术论坛，发布上汽集团“新四化”的战略愿景：电动化、网联化、智能化、共享化。

● 2017创新创业大赛上海赛区的比赛开锣，大赛以“开放、融合、提升”为理念，截至目前，有近9 000家企业和团队报名参赛，他们将在全市16个区、81家分赛点展开角逐。

● 今起在上海图书馆揭幕的“海艺存珍——市文化艺术档案馆馆藏珍档特展”，带领观众重温海派演艺史上的经典瞬间和上海舞台艺术所走过的光辉岁月。

7日

● 上海高校思想政治工作会议召开，深入学习贯彻习近平总书记在全国高校思想政治工作会议上的重要讲话精神，全面部署新形势下高校思想政治工作。市委书记韩正讲话，市长应勇主持会议，教育部副部长朱之文在会上讲话。市领导尹弘等出席。

● 上海首个通过专家方案评审的海绵城市试点区域建设，在桃浦地区正式启动。桃浦将重点打造“一路一河一池一带一区”，使之成为一座融“创新、人文、生态”于一体的科技智慧之城，为公众带来不一样的“生态体验”。

● 第二十七届上海白玉兰戏剧表演艺术奖获奖演员名单揭晓暨颁奖晚会在上海大剧院召开。本届白玉兰戏剧奖以“在人民中间生根开花”为题，秦怡、尚长荣、奚美娟等著名表演艺术家揭晓奖项并为获奖者颁奖。

● 一场高水平的精彩对决在上海体育场上演，上海上港凭借主场之利2∶1力克前三轮取得全胜的领头羊山东鲁能。

● 由上海外语教育出版社策划编译的“一带一路”社会文化多语图解系列词典，推出首期13种外语分册。

● 市绿化和市容管理局发布消息，世博文化公园的建设已启动国际方案征集，即日起同步启动社会金点子征集，征集内容主要围绕如何更好地建设世博文化公园，使之成为延续世博记忆的重要承载区、彰显文化内涵的集中体验区和可持续发展建设的生态实践区。

● 2017年上海城市业余联赛项目联赛和品牌特色赛事活动办赛单位签约仪式举行。市排球协会、拳跆空（上海）体育经纪发展有限公司等20家中标的办赛主体与市体育局签订合作协议，30家办赛单位获颁2017年市城市业余联赛合作伙伴证书。这是继第二届市民运动会后，市体育局再次采取政府购买服务的方式，吸引市场和社会主体共同参与全民健身赛事活动。

● “寻根之旅”2017 年在沪华裔留学生夏令营开营式在同济大学举行。活动以“科创”为主题,来自复旦、交大、同济等六所高校的华裔学生参观上海光源、上海中心大厦等地,并与留学归国人员进行交流,了解上海科创中心建设最新情况。

8 日

● 市长应勇会见挪威首相埃尔娜·索尔贝格率领的代表团一行,代表市政府和上海人民对首相阁下访沪表示热烈欢迎。向客人介绍了上海经济社会发展情况。

● 市长应勇会见瑞士巴塞尔州州长伊丽莎白·阿克曼一行。

● 市政协主席吴志明会见瑞士巴塞尔州州长伊丽莎白·阿克曼率领的代表团一行。吴志明代表市政协欢迎客人来访上海,并介绍人民政协作为协商民主重要渠道和专门协商机构的性质定位以及市政协履职实践。

● 复旦大学管理学院首届国际文化节“挪威日”嘉年华成功举办。正在中国进行访问的挪威首相索尔贝格出席活动,并在启动仪式上致辞。复旦管院院长陆雄文主持“挪威日”的启动仪式。

● 市社会科学界联合会召开第七次代表大会。这是时隔七年后,市社联承前启后的一次重要会议。市委书记韩正出席开幕式,市委副书记、市长应勇等出席会议。

● 上海第三十六届“爱鸟周”在世纪公园拉开帷幕,经过大量的前期调研并征求多方意见后,市野生动植物保护协会等单位从上海目前有记录的 476 种鸟类中选出 50 种。

● “2017 上海艺术商圈暨合作商业企业授牌仪式”启动,正大广场、上海新天地等来自浦东、黄浦、静安、长宁等 8 区 30 家商场入选。

● 2017F1 中国大奖赛在上海国际赛车场拉响引擎。上海站是本赛季的第二站。

● 在上海举行的国际消化内镜研讨会暨第十届中日 ESD 高峰论坛上,复旦大学附属中山医院内镜科主任周平红教授创新开展的经内镜隧道切除胃肠道腔外肿瘤(ETER)以直播方式,点燃了与会医学专家的兴奋点。

● 由上海海洋大学深渊科技中心与彩虹鱼公司共同建立的国内首个深渊生物样品大数据中心启用,它标志着临港在深渊科技与产业化发展中,迈出重要一步。

● 由复旦大学美国研究中心、市美国问题研究所主办,文汇报社、新民晚报社协办召开的“‘习特会’评估与中美关系展望”研讨会上,与会专家们对刚刚结束的中美首脑会晤给予高度评价,认为中美关系初步实现从奥巴马政府到特朗普政府的平稳过渡。中国外交部长王毅出席会议并讲话。

● 第二十八届 TREK100 骑行在上海启幕。作为 TREK100 的官方战略合作伙伴,一汽一大众 C-TREK 蔚领助力骑行,并力邀消费者开启“4 + 2”新旅行生活。

● 在上海举行的第八届 CSCO 上海国际肺癌论坛上，国际知名肿瘤专家、美国国家肺癌研究项目主任、美国西达·赛奈医疗中心 Ronald B.Natale 博士表示精准医疗已成为治疗癌症的新趋势。

● 以"基本公共教育、优质均衡发展"为主题的 2017 年第十四届上海教育博览会在上海展览中心开幕。作为促进教育优质均衡发展的最重要手段之一，互联网与教育的融合成为本届展会的最大亮点。

9 日

● 2017 年 F1 中国大奖赛在上海国际赛车场落下帷幕，梅赛德斯车队的汉密尔顿全程领跑夺冠，法拉利车队的维特尔、红牛车队的维斯塔潘分获第二、三名。副市长翁铁慧为获奖选手颁奖。

● 2017 第六届上海民俗文化节在浦东三林举办。作为市民文化节的一项重要活动，民俗文化节秉持民俗文化传承与城市多元文化融合并举，本地民俗展示与各地文化交流结合的办节理念，充分发挥"上海古镇文化联盟"和"三林文化论坛"的平台优势，探索"社团联手、古镇联合、文化联动"的办节机制，将民俗文化节办成民俗文化盛会和人民大众的节日。

● "溶酶体贮积症专项救助基金"在沪设立，这是国内首个溶酶体贮积症专项救助基金。

10 日

● 市委书记韩正赴青浦区实地察看中小河道综合整治工作进展，主持召开座谈会听取基层干部群众对该项工作的感受和建议。

● 市委书记韩正会见加拿大新任驻华大使麦家廉一行。

● 市长应勇主持召开市政府常务会议，研究本市一季度经济形势和经济工作；部署推进产业结构调整；审议本市 2017 年节能减排和应对气候变化重点工作安排。

● 副市长翁铁慧在人民大厦会见美国麻省总医院院长彼特·斯莱文博士一行。

● 市人大常委会召开第八十四次主任会议，决定市十四届人大常委会第三十七次会议于 4 月 19 日至 20 日召开，将继续审议《市社会信用条例(草案)》等。市人大常委会主任殷一璀主持会议。市人大常委会副主任钟燕群等出席会议。

● 市政协召开十二届八十八次主席会议，传达市委近期重要工作情况，审议 2017 年重点协商办理提案专题等议题。市政协主席吴志明主持。市委政法委书记、市政协副主席姜平出席。

● 全市"规范居村功能、畅通为民服务"工作推进会在虹口召开。来自虹口、静安、松江等区的代表们介绍各自推进居村为民服务的举措。

● 市长江口中华鲟自然保护区管理处工作人员在长江口三甲港附近水域监测到今

年第一尾鲟鱼幼鱼。经比对,初步判断是野生中华鲟幼鱼。这是继 2016 年野生中华鲟幼鱼监测“0”的纪录后,长江口首次发现野生中华鲟幼鱼,标志着去年秋季自然繁殖的野生中华鲟幼鱼已陆续抵达长江口水域。

11 日

● 亚洲最大的公务航空展——2017 亚洲公务航空会议及展览会在上海虹桥机场公务机基地拉开帷幕,吸引 178 家参展商与会,参展商数量创历届之最。

● 市委全面深化改革领导小组召开第十六次会议,市委书记韩正主持会议并讲话。市长应勇,市委副书记尹弘出席会议并讲话。市委全面深化改革领导小组成员董云虎、姜平等出席。会议审议通过全面深化中国(上海)自由贸易试验区改革开放方案的 2017 年重点工作安排。听取关于深化司法体制改革、强化生态环境保护相关制度建设等的情况汇报。

● 上海图书馆发布《市公共图书馆 2016 阅读报告》,2016 年,共有 85.4 万读者在上海图书馆借过书刊,年人均外借量为 29.4 册。

● 市政府召开本市第一次全国海洋经济调查工作会议,正式启动首次海洋经济调查。总体目标是全面系统掌握上海的海洋经济基本情况,为国家提供全口径、规范化的基础信息,加强调查成果应用开发,为上海海洋经济发展提供信息支撑和服务。

● 上海之春组委会发布第三十四届上海之春国际音乐节精彩内容。将有 39 台音乐和舞蹈演出上演,包括 34 台音乐类演出和 5 台舞蹈类演出。

● 上海医学院神经内科分会帕金森病和运动障碍学组联合各大医院成立“上海帕金森病防治联盟”,以助提升帕金森病的规范诊疗水平。

● 市青少年体育竞赛与活动推进会召开,今年本市计划举办青少年体育比赛 203 个、国家级青少年体育活动 30 个、市级青少年体育专项活动 12 项。

● 黄浦区正式公布共享单车投、骑、停禁限区域。

● 上海交通大学创新设计中心正式成立。依托于上海交大设计学科的传统优势和零号湾国际创新创业集聚区的产业活力,创新设计中心旨在建成面向国家创意和新兴产业发展需求的多学科交叉融合、国际化深度合作、产学研三位联动的平台。

12 日

● 中央第二环境保护督察组向市委市政府反馈通报督察意见,朱之鑫通报,韩正作表态讲话把整改作为重大政治任务,严明责任严格督查严肃问责,不折不扣落实党中央国务院决策部署,确保问题条条有整改件件有着落,市委市政府将成立整改工作领导小组制定整改方案,把落实反馈意见作为重要机遇和强大动力,应勇主持会议,黄润秋出席。

● 市委召开区、大口党委书记二季度工作会议。市委书记韩正作重要讲话，市长应勇对二季度全市经济社会发展重点工作进行部署。市委副书记尹弘，市领导姜平、翁祖亮等出席会议。

● 市政协主席吴志明会见即将离任的美国驻沪总领事史墨客，对其在任期间所做的工作表示感谢，并就在构建中美新型大国关系框架下，进一步增进了解，深化合作交换意见。

● 市人大常委会副主任洪浩在人民大厦会见由纽约州众议院副议长奥蒂兹率领的美国纽约州议员代表团一行。

● 从即日起，外籍人才可凭上海自贸区管委会出具的《中国(上海)自由贸易试验区外籍高层次人才申请在华永久居留推荐函》，到市出入境管理局申请办理外国人永久居留证，其外籍配偶和未成年子女也可随同申请。

● 市文物工作会议召开。传达国务院第一次全国可移动文物普查总结电视电话会议精神，回顾了近几年全市文物工作，并对2017年工作任务进行部署。国家文物局局长刘玉珠，副市长翁铁慧出席会议并讲话。

● 上海知识产权法院发布《2016年度知识产权司法保护状况白皮书》。2016年上海知识产权法院受理各类知识产权案件共计1 877件，同比上升79.27%，审限内结案率94.14%；二审改判发回瑕疵率、裁定再审率和生效案件改判发回率均为零，审判质效总体良好。

● 上海海事法院发布《上海海事法院五年发展规划纲要(2017—2021)》，围绕海洋强国、“一带一路”、上海自贸区和国际航运中心等建设，主动适应国际国内形势发展对海事司法提出的更高要求，进一步强化海事司法职能，提升战略定位和服务层级。

● 上海车展组委会宣布，2017上海国际车展将于4月19—28日(19日、20日为媒体日)在国家会展中心(上海)亮相。本届车展以“致力·美好生活”为主题，将集中展现汽车行业最前沿技术与产品，聚焦新技术、新趋势、新产品给人类生活带来的无限可能，体现当下汽车发展电动化、智能化、网联化的新趋势。

● “2016年度全国十大考古新发现”正式揭晓，上海青龙镇遗址成功获选。

● 同济大学承办的环境设计类作品分类展示活动在上海城市规划馆启动，出自学生之手的数百件环境艺术设计作品亮相。

● 由《萌芽》杂志社联合北京大学、复旦大学、南京大学等著名高校一起举办的首届“新概念作文大赛”启动。大赛倡导“新思维”“新表达”“真体验”的理念，号召写作要有真情实感，要有想象力和创造性。

13日

● 国家卫计委全国家庭医生签约服务现场推进会在上海召开。国务院医改领导小组副组长、国家卫计委主任李斌表示,将总结推进家庭医生签约服务工作取得的进展和成效,并推广上海等地区的典型经验和有效做法。国家卫计委副主任马晓伟主持会议,副市长翁铁慧参加会议。上海市、浙江省杭州市等单位的代表进行大会经验交流,与会代表现场观摩考察市社区卫生服务中心。

● 市人民政协理论研究会召开会员大会并举办“政协协商民主论坛”,通报 2016 年工作情况和 2017 年工作安排,表彰 2016 年度获奖论文,以“准确把握性质定位,增强民主监督实效”为主题交流研讨。市政协主席吴志明,市政协副主席高小玫等出席。

● 普陀区召开标准化服务业政策发布会暨市标准化服务产业试点区启动会,首次发布含 11 条具体政策扶持措施的《普陀区促进标准化服务业发展的若干意见(试行)》,积极鼓励引导标准化服务业市场主体落户普陀。

●《大上海》开机仪式暨 2017 年度 SMG 重大主题宣传项目新闻发布会召开,上海广播电视台向社会发布“SMG 献礼 2017”重大创作项目。市委宣传部部长董云虎出席仪式并讲话。

● 由市国税局、地税局、杨浦区政府联合主办的“税立方”服务品牌发布仪式暨“税企同舟、共话双创”主题论坛在杨浦区创智天地会议中心举行。作为全国首个享受到科技成果转化项目税收优惠的科研团队,上海理工大学科技处处长张大伟分享“创业税事”。

● 1 号店泰国馆开幕仪式在沪举办。在 1 号店与泰王国驻上海总领事馆商务处的通力合作下,中国消费者可以在 1 号店尽情体验优质的泰国产品和文化。

14 日

● 市政府召开二季度工作会议。市长应勇讲话,副市长翁铁慧、白少康分别部署有关重点工作。副市长许昆林出席。

● 在《中华人民共和国国家安全法》发布实施的第二个“全民国家安全教育日”到来之际,市国家安全局举办全民国家教育日系列活动并举行上海国家安全教育馆网上开通仪式。

●《上海社会发展报告(2017)》发布,本市民生状况持续改善,市民对城市和国家发展的信心显著提升。《上海社会发展报告》是上海社会科学院“上海蓝皮书”系列成果之一。

15 日

● 市长应勇会见瑞士联邦委员兼财政部长于利 · 毛雷尔率领的代表团一行。

● 2017“未来之星”全能小记者选拔团体初赛,在百脑汇上海店“翼世纪电竞馆”全面开赛。活动由上海报业集团旗下的《上海学生英文报》联合《上海教育》杂志等多家机构共同主办，以选拔小记者的形式，通过多项趣味任务，对中小学生的知识储备、思维能力、团队合作能力等进行全面考察。

● 全球高层次科技人才数据库和信息服务平台已完成第一阶段建设。数据库整合3.9万名全球顶尖专家、1.4万名华人顶尖专家和5万名本市科技专家。

● 复旦大学与杨浦区合作打造国家级人工智能（AI）研究和产业化应用中心。双方签约共建上海智能产业创新研究院，采用公司化运作，注册资本2 000万元，落户杨浦区湾谷科技园，主要承接复旦大学类脑人工智能相关技术的转化。

● 2017年市学生职业体验日活动启动。今年全市将有66所职业学校、94个市级开放实训中心，面向全社会开设17个专业大类的367个职业体验项目。

● 由市体育局、市自行车运动协会主办的2017斯柯达HEROS中国自行车系列赛环上海滴水湖站落下帷幕。滴水湖站也是本年度自行车系列赛环上海的第二站，吸引近450名国内外车手的62支实力车队参加比赛，精彩的赛事同样吸引不少市民前来观赛。

● “跑在春天，跑向健康”——2017上海医药“健康中国四季跑（春季站）”在上海东方体育中心月亮湾广场圆满落幕，共有约3 000名市民参加这场别开生面的“最大规模的光脚赛跑”。

● 市业余篮球大联盟首届“来伊份杯”分级赛，在上海交通大学附属中学开幕。市篮球协会专职副会长陈德春、上海来伊份股份有限公司公共关系中心总监马剑、上海莛果文化传播有限公司董事长陆伟等嘉宾以及34支业余篮球队队员和裁判员代表参加开幕式。

16日

● 国产大飞机C919在上海浦东国际机场4号跑道进行首次高速滑行测试，测试顺利。跑道高滑测试是大飞机首飞前的最后一关。

● 从零时起，全国铁路实行新的列车运行图，调整后，增开动车组列车25.5对，开行旅客列车总对数达到3 615对。铁路上海站正式实行新的列车运行图，其中由上海站至成都东、重庆北分别开行1对动卧列车。

17日

● 市长应勇会见圣多美和普林西比总理特罗瓦达率领的代表团一行，并对其到访表示热烈欢迎。

● 由新华社、上海人民广播电台、解放日报社等单位共同主办的“2017上海民生访谈”拉开帷幕，首期访谈聚焦市民关切的食品安全问题。

● 在浦东开发开放二十七周年纪念日到来之际，市政府新闻办举办“走进陆家嘴”中外媒体采访活动。“十三五”期间，陆家嘴金融城将紧紧抓住人民币国际化进程加快的机遇，充分发挥上海自贸区改革开放和制度创新的平台作用，努力建成国际一流的金融城、世界级中央活动区和金融贸易制度创新先行区，成为上海建设全球城市的战略支点。

● 第四届浦东年度经济人物颁奖典礼在上海科技馆举行。历时一年的遴选，活动评选出中国商飞公司制造总工程师姜丽萍等 10 名浦东年度经济人物并颁奖。活动现场还举行“国家战略与浦东发展”浦东经济 2017 展望主旨演讲。浦东新区区委书记、中国(上海)自贸区管委会常务副主任翁祖亮出席活动，并为著名经济学家吴敬琏颁发特别奖——“浦东新区杰出贡献奖”。

● 市人大常委会副主任吴汉民在虹桥迎宾馆会见以欧洲保守与改革联盟主席、欧洲议会国际贸易委员会副主席、捷克籍欧洲议员扎赫拉迪尔为团长的中东欧国家欧洲议员代表团一行。

● 第四届“上海好童书”评选、阅读推广活动在普陀区图书馆启动。本届评选共有 29 家出版社自荐政治思想类、传统文化类、科技类、儿童文学类、低幼绘本类等各类童书 137 种，56 种图书获得提名。

● 市文化广播影视管理局召开 2017 年市舞台艺术作品评选展演工作动员会。会上宣布申报工作即将启动，鼓励上海各类舞台艺术团体贡献优质新人新作。

● 市国资委系统中青年知识分子联谊会、上海中青年知识分子联谊会外企专委会与德勤中青年知识分子联谊会签署战略合作备忘录，以“联知、联智、联情、联谊”为理念，搭建优秀党外知识分子的成长平台，促进国资国企与外资跨国企业间的交流与合作。

18 日

● 市委常委学习会听取清华大学环境学院院长、中国工程院院士贺克斌所作的《大力推进生态文明建设》专题辅导报告。市委书记韩正主持会议。

● 市委书记韩正，市长应勇会见由州委书记武玉嶂，州长白加扎西率领的青海省果洛藏族自治州党政代表团一行。市领导尹弘、沙海林参加会见。

● 市精神文明建设工作会议召开。市委宣传部部长董云虎出席会议并讲话，市人大常委会副主任钟燕群宣读命名表彰决定，副市长翁铁慧主持会议。市政协副主席方惠萍等向市文明行业、单位、小区、村和社会主义精神文明十佳好人好事获得者代表颁奖。

● 在浦东开发开放二十七周年之际，世博管委会综合服务中心央企服务站揭牌。利用央企总部集聚的优势，世博地区将着重提升服务水平，优化营商环境，真正成为中国企业走出去的“桥头堡”。

● 在第 34 个“国际古迹遗址日”，第三届“全国优秀文物维修工程”评选结果揭晓。

上海四行仓库修缮工程最终全票获选。作为10个入选项目中唯一的近现代项目，四行仓库不仅展示历史原貌，更能有机融入城市发展，让文物建筑“活起来”。

● 第十七届上海国际汽车工业展览会正式拉开帷幕。作为国内首个经国际博览联盟(UFI)认可的大型汽车展会，经过三十多年的积累，上海车展已然成长为国内最权威、国际上最具影响力的汽车大展之一。

● 2017年环崇明岛国际自盟女子公路世界巡回赛新闻发布会召开。市体育局副局长孙为民，崇明区副区长王菁出席。

●《市爱国主义教育基地综合评估指标2017版》发布。借助全新升级的“5+1+1”指标体系，全市爱国主义教育基地的工作实效将得到全面、准确的评估，让市民在走进上海的“红色资源”时能获得更好的体验。

19日

● 市政府召开新闻发布会，市发展改革委副主任阮青介绍一季度上海国民经济运行情况。一季度全市经济运行总体平稳、稳中有进、稳中向好、好于预期，实现了良好开局。

● 市人大常委会第三十七次会议召开，听取《关于促进和保障崇明世界级生态岛建设的决定(草案)》的说明及解读。市人大常委会主任殷一璀主持会议。会议听取市政府副秘书长孙继伟所作的《关于促进和保障崇明世界级生态岛建设的决定(草案)》的说明及解读，听取市人大常委会法工委主任丁伟所作的相关研究意见报告。市人大常委会副主任钟燕群等出席。副市长陈寅列席会议。

● 2017年市公共文化建设工作会议召开，市委副书记尹弘出席并讲话。

●《市预算审查监督条例(草案)》提交市人大常委会一审。条例草案将预算审查监督的使用范围由“市本级”扩大至“市、区、乡镇”三级，拟将预算审查扩大至乡镇。

● 浦东新区举行2016年度重大工程立功竞赛总结暨2017年度重大工程建设动员大会，今年共安排正式项目143项，其中新开项目大幅增加至51项，年内要确保济阳路快速化、沪南公路、浦南医院等33个项目开工。

20日

● 中共市委常委会决定，2017年4月26日召开中国共产党市第十届委员会第十五次全体会议。全会的主要议程是：审议并通过中共市第十届委员会向中共市第十一次代表大会的报告(讨论稿)；讨论中共市第十届纪律检查委员会向中共市第十一次代表大会的工作报告(送审稿)；审议并通过关于召开中共市第十一次代表大会的决议；表决确定市出席党的十九大代表候选人预备人选。

● 商务部、科技部、国家知识产权局和市人民政府联合主办的第五届中国(上海)国际技术进出口交易会开幕,本届主题是:创新驱动发展,保护知识产权,促进技术贸易。市长应勇、商务部副部长房爱卿、科技部副部长李萌出席开幕论坛并分别致辞。荷兰农业部部长马丁·范兰德等发表主旨演讲。副市长许昆林主持。

● 市十四届人大常委会第三十七次会议表决通过《市居民委员会工作条例》,条例自2017年7月1日起施行。

● 市人大常委会审议通过《市市级预算审查监督规定》,该规定施行十五年来,在加强本市市级预算审查监督,规范政府预算行为等方面发挥了重要作用。

● 市十四届人大常委会第三十七次会议表决通过《市促进科技成果转化条例》。

● 在一年一度的"世界读书日"来临之际,主题为"悦读修身·书香上海"的第十九届上海读书节开幕,市委副书记尹弘出席开幕式并讲话。

● 2017年市文艺创作工作会议召开,市宣传部部长董云虎出席会议并讲话。

● 2017年中国寻根之旅——"一带一路"主题春令营联欢活动在上海举办。国务院侨办副主任李刚出席活动并讲话。来自23个国家和地区的500多名华裔青少年参加活动。

● 市政协副主席方惠萍会见吉尔吉斯斯坦议会吉中友好小组主席济·扎马尔季诺夫一行。

●《诗书弘传——中华优秀传统文化的电视传播高端论坛》在华东师范大学举办,来自上海多所大学的专家学者和东方卫视《诗书中华》节目的编导汇聚一堂,就传统文化的电视传播展开交流和对话。

● "文化艺术研究院"成立仪式在上海视觉艺术学院举行。"一带一路"城市文化等将首次引入专题研究。

● 第十四届上海世界旅游博览会开幕,21日下午至23日为公众参观日,市民可体验"一天之内,游遍世界"。第十九届上海旅游商品博览会同期召开。

● 国内汽车行业首家创新创业服务平台——"汽车创谷"于上海车展启动。在"大众创业、万众创新"的国家战略背景下,汽车财经网携手安亭·环同济创智城、智能网联新能源汽车创新孵化中心等优势资源,共同打造汽车创新生态服务平台"汽车创谷",为汽车创新创业企业提供全方位生态服务。

21日

● 临港地区海绵城市建设首期样板工程完工。临港是上海首个国家级海绵城市建设试点地区,也是全国30个试点城市中最大面积的海绵城市,涉及临港主城区、临港森林一期、临港国际物流园区和芦潮港社区功能板块,试点面积达79平方公里,包括7个示范区、15个项目包、100余项具体工程。

● 申能(集团)有限公司与深圳市腾讯计算机系统有限公司正式签署《"互联网+能

源”战略合作协议》，在建设能源创新中心、加快智慧燃气建设、确保城市能源安全、提高能源效率等多个领域开展合作。常务副市长周波出席签约仪式。

● 由人民出版社出版的《中国出版家邹韬奋》在沪举办新书首发式。全国人大教科文卫委员会主任委员、原国家新闻出版总署署长柳斌杰，市社联原主席、复旦大学原党委书记秦绍德，邹韬奋女儿、韬奋基金会原秘书长邹嘉骊等参加首发式。

● 中国戏曲“像音像”工程上海基地揭牌仪式在上海京剧院周信芳戏剧空间举行，标志着一批戏曲名家的经典剧目将以完美的影像资料形式得以保护和传承。

● 为了让我们的下一代健康成长，“上海365教室空气公益检测调研行动”启动。

● 哈萨克斯坦2017世博会宣传及投资项目推介会在上海召开。

● “匠心意造修竹生花——当代竹刻名家精品展”在嘉定区举办，来自上海、北京、江苏等地的77位当代竹刻名家携精品力作参展，展品逾210件。

22日

● 市红十字会第九次会员代表大会在市委党校召开。市委书记韩正出席开幕式暨第一次全体会议。中国红十字会会长陈竺，市长应勇出席并讲话。市人大常委会主任殷一璀，中国红十字会党组书记、常务副会长徐科等出席开幕式，副市长翁铁慧主持，市妇联主席徐枫代表群众团体致贺词。

● 市第十四届人大常委会第三十七次会议对《市人民代表大会常务委员会关于促进和保障崇明世界级生态岛建设的决定（草案）》进行审议。从即日起，《决定（草案）》广泛征求意见。

● 第五届中国（上海）国际技术进出口交易会在上海世博展览馆落下帷幕。本届上交会观众总计52 730人次，比上一届增加4.7%，其中专业观众占比为84%。共举办开幕论坛、三个主题日活动、66场专业论坛和专题会议等多项活动，同期举办20场“上交会发布”活动。

● 2017上海科技电影展在上海科技影城举办，中国首部有关地球变暖的大型科普电影《变暖的地球》首次在大屏幕亮相。中国科学院院士沈文庆、陈凯先分别为《变暖的地球》和《大医——吴孟超的报国之路》颁发“2017上海科技电影展”科普贡献奖。

● 由市总工会主办、市工人文化宫承办的“公益乐学”活动走进上海歌舞团，吸引众多市民热情参与。

● “2017上海装扮跑”在七宝宝龙城鸣枪，活动围绕七宝宝龙城展开，全程2公里，以趣味障碍跑为主。主办方提供多种搞怪逗趣的服装造型给参与者们自主装扮，旨在通过搞怪扮趣的装扮吸引更多的人参与到跑步运动中来，享受运动带来的快乐，为城市高压下人们的乏味生活带来一丝活力，倡导运动健康观念和积极向上的生活态度。

● 沪上各级公共图书馆集中推出百余项读书活动，在全市构建起一个爱书读书的互动网，营造浓郁的书香氛围，让阅读从平面走向立体。

● 在长达四年的“修旧如旧”之后，百乐门再次向公众敞开大门。

23 日

● 在人民海军成立六十八周年纪念日，由导弹驱逐舰长春舰、导弹护卫舰荆州舰和综合补给舰巢湖舰组成的远航访问编队，从上海黄浦江畔启航，赴亚洲、欧洲、非洲和大洋洲 20 余个国家进行为期近 180 天的友好访问。国家部委、军委机关领导，海军参谋长邱延鹏，东海舰队司令员魏钢、政治委员王华勇，上海市、长春市、荆州市领导以及部分官兵和家属代表也到码头送行。

● 国产大型客机 C919 在上海浦东机场进行高速滑行抬前轮试验，取得成功。这意味着 C919 大型客机已经达到首飞状态。

● 市新闻出版局发布《关于上海扶持实体书店发展的实施意见》。首次将实体书店发展纳入城市规划和发展的“顶层设计”，明确规定“每 8 万人居住区”应享受“200 平方米以上”书店面积。

● 上海地铁首列“书香列车”在 12 号线首发，为乘客开启一次“分享悦读”之旅。

● 在“世界读书日”，申城各地举行阅读活动，从图书馆到书店、商场、广场，阅读让城市更加温情脉脉、生机勃勃。

●《开天辟地——中华创世神话连环画绘本》系列图书配送活动启动并举行赠书仪式。该绘本是市重大文艺创作工程“开天辟地—中华创世神话”文艺创作与文化传播工程的重要组成部分，由上海世纪出版集团上海人民美术出版社出版。

● 上海国际半程马拉松赛在东方明珠脚下开跑。今年赛事扩容至 15 000 人，成为沪上首个规模最大的纯粹半马赛事。坦桑尼亚选手埃曼纽尔 1 小时 01 分 36 秒率先冲线，夺得男子半马冠军。

● 2016—2017VEX 机器人世界锦标赛 VEXEDR 项目的比赛全部结束。获得本届 VEX 世界锦标赛 VEXEDR 初中组世界冠军的参赛学员为：张嘉颀（市风华初级中学）；单睿辕（市世界外国语中学）；陈泉宇（上外附中）；顿翔羽（上海星河湾双语学校）。

24 日

● 市长应勇主持召开市政府常务会议，研究新形势下进一步促进本市青年就业创业；部署加强本市妇女健康服务能力建设等事项。

● 上海人大工作研究会第六次会员大会召开。2016 年度研究会共完成课题 36 项，其中 7 项获 2016 年度研究会课题优秀成果奖，11 项获各区优秀成果奖。市人大常委会主任殷一璀出席并讲话。名誉会长、市十三届人大常委会主任刘云耕等出席会议。

● 市委副书记尹弘在兴国宾馆会见以第一副主席法托赫佐达为团长的塔吉克斯坦人民民主党干部考察团，他向来宾介绍上海改革开放和经济社会发展等情况。

● 市人大、市妇联等相关人士以及部分人大代表前往沪反家暴工作试点嘉定区安亭镇红梅社区实地视察，并举行相关监督调研座谈会。市人大常委会副主任薛潮参加视察和座谈会。

● 2017“亚特杯”中奥媒体足球友谊赛在上海卢湾体育场举办，来自奥地利与中国上海主流媒体的 40 多位编辑、记者、主持人等“以球会友”，增进中奥媒体人之间的友谊。

● 2017 年全国侵权盗版及非法出版物集中销毁活动上海分会场活动在黄浦区青少年科技活动中心举行，现场集中销毁各类盗版、非法书刊、音像制品、电子出版物和盗版计算机软件共 19 万件。

25 日

● 市长应勇会见国际刑警组织主席孟宏伟、秘书长斯托克率领的代表团一行。司法部副部长刘志强，市公安局局长白少康参加会见。

● 上海国际旅游度假区管委会联合申迪集团召开新闻发布会，介绍度假区一年来的运行情况以及未来建设计划。

● 市总工会召开市非公企业工会改革工作推进会。市非公企业工会改革采取统筹协调、分步实施、以点带面、条块结合的方法推进。十个月来，6 区 6 街镇已全面启动改革。

● 市委政法委书记姜平接见方江、顾金芳、禚杰和张玉龙等 4 位“百姓英雄”。姜平代表市委政法委、市综治委，向 4 位载誉归来的全国见义勇为英雄模范表示热烈的祝贺。

● 长宁区新的社会阶层人士统战工作推进会在虹桥临空经济园区 IBP 国际会议中心召开，长宁区新的社会阶层人士统战工作第五次联席会议同时举行。长宁区“新友同盟”平台正式成立，8 家职能部门和 4 家优秀社会组织、社群组织成为首批成员单位，包括长宁区民政局、长宁区妇联等职能部门以及上海向阳花青年公益社、上海城市猎人单车俱乐部等组织。

● 海洋工程总装研发设计国家工程实验室在上海成立并召开第一届理事会第一次会议。这是我国海洋工程领域第 5 个国家工程实验室。实验室由中国船舶工业集团公司第七〇八研究所牵头，联合中国国际海运集装箱(集团)股份有限公司、上海外高桥造船有限公司、上海交通大学等 12 家单位，是集全行业之力打造的国家高水平海洋工程总装研发设计创新平台。

● 市政府召开新闻发布会，截至 2016 年底，上海共有剧场 135 个，图书馆 238 个(馆舍 302 个)，博物馆 125 家，美术馆 76 家；截至今年第一季度末，全市共有电影院 275 家，各类书店 8 000 余家。其中，按全市常住人口算，每 10 万人拥有 1.2 家图书馆(按馆舍数)，每 20 万人拥有 1 座博物馆，全市所有图书馆实现异地借还书"一卡通"服务，这些数字均处于国内领先水平。

26 日

● 中国共产党市第十届委员会第十五次全体会议在世博中心召开。会议由市委常委会主持。市委书记韩正，市长应勇，市委副书记尹弘，市委常委董云虎等出席。全会审议并通过《中共市第十届委员会向中共市第十一次代表大会的报告(讨论稿)》，决定将这个报告提交中共市第十一次代表大会审查。全会通过《关于召开中共市第十一次代表大会的决议》，决定 5 月 8 日召开中共市第十一次代表大会。

● 中国共产党市第十届纪律检查委员会第七次全体会议召开，十届市纪委常委会主持会议。市委常委、市纪委书记廖国勋通报《中共市纪律检查委员会向中国共产党市第十一次代表大会的工作报告》征求意见情况和十届市委十五次全会对工作报告的讨论情况。会议审议通过工作报告，将提交市第十一次党代表大会审查。

● 2017 年市五一劳动奖状(章)、工人先锋号评选揭晓，市五一劳动奖状 176 个、市五一劳动奖章 598 名、上海工人先锋号 300 家。另产生全国五一劳动奖状 5 家、全国五一劳动奖章 31 名、全国工人先锋号 32 家。

● 市绿化市容局公布 2017 年上海公园延长开放名单，延长开放的公园 133 座，比去年增加 44 座。

● 世界第二高楼、中国第一高楼、上海地标建筑"上海中心"，继去年 4 月底宣布部分试运营后，位于大楼第 118 层的"上海之巅"观光厅起正式向公众开放。"上海之巅"观光厅垂直高度 546 米，面积千余平方米，呈三角环形布局，落地超大透明玻璃幕墙，可 360 度俯瞰上海城市风貌。

● 2017 年"中法文化之春"在上海民生现代美术馆开幕。

● 首架以上海新闻媒体命名的民航彩绘客机——中国东方航空"东方网号"正式亮相。这架由东航与东方网联合推出的客机，选用双通道宽体飞机空客 A330-200，彩绘图案在原有白色涂装和醒目航徽的基础上，融合了"东方网"标志性元素，机身三条色带由自上而下的蓝色、紫色和红色构成，是东方网 LOGO 的基本色：红色寓意公信力，紫色代表影响力，蓝色则象征竞争力。

● 在第 17 个世界知识产权日，市知识产权联席会议办公室和市人民政府外事办公室联合召开上海知识产权情况通报会。通报了 2016 年上海知识产权工作情况。

● “我要上全运，健康中国人”第十三届全国运动会群众比赛舞龙项目全国网络视频海选赛在上海举办，来自国内的86支队伍分别参加传统套路、自选套路比赛。

27日

● 市政府与国家电力投资集团公司（国家电投）在沪签署战略合作框架协议。市长应勇，国家电投党组书记、董事长王炳华出席。市常务副市长周波与国家电投党组成员、副总经理魏锁代表双方签署协议。根据协议，市政府与国家电投将进一步深化战略合作。

● 市长应勇在兴国宾馆会见塞尔维亚贝尔格莱德市市长辛尼萨·马力一行，并与客人共同签署两市友好合作交流备忘录。

● 市人大常委会副主任洪浩在人民大厦会见以泰国立法议会商业、工业与劳工委员会主席信派上将为团长的代表团一行。

● 市政府召开新闻发布会，2016年，“一带一路”沿线国家在沪新签合同外资21.8亿美元；上海对“一带一路”沿线国家投资项目为143个，投资金额达36亿美元；对沿线国家新签对外承包合同额达89.2亿美元，同比增长66.5%；与沿线国家的进出口贸易达到5 535.1亿元。

● 企业市场准入“全网通办”在浦东新区正式启动运行，此举意味着，浦东以推进政府职能转变为核心，以深化提升政府治理能力为目标，以企业群众感受度为衡量标准，全力打造的“三全工程”收获阶段性成果。浦东新区区委书记、上海自贸区管委会主任翁祖亮出席“全网通办”启动仪式。

● 全市宣传部长座谈会召开。会议深入学习贯彻习近平总书记关于意识形态工作的重要讲话精神，学习贯彻全国宣传部长座谈会精神，按照市委和韩正书记的部署和要求，总结经验，分析形势，研究部署全市意识形态工作，市委宣传部部长董云虎出席并讲话。座谈会上，市委网信办等单位作交流发言。

● 市政府出台的《关于进一步扩大开放加快构建开放型经济新体制的若干意见》，经市政府常务会议审议正式对外发布。

● 市政府举行新闻发布会上，市公安局副局长、新闻发言人陈臻介绍上海推进社区警务改革、构建多元共治格局的情况。市公安局不断推进社区警务改革制度化，保障社区民警沉入基层一线，提高了社区群众的安全感。

● 第一届中欧民用航空安全年会在沪召开。中欧双方就航空安全合作签署共同声明，并签订中欧民航合作项目意向书。

● 南通市在上海世博中心召开南通对接服务上海大会。上海、江苏两地相关领导，上海高校、科研院所负责人，上海相关开发园区负责人，驻沪世界500强企业代表，驻沪央企代表，上海知名创投公司负责人，知名民企负责人，相关行业商会，南通籍在沪企业家等共计 2 000 人左右与会。

● 2017 国际舞蹈日论坛拉开帷幕,中国、美国、法国、西班牙等多个国家的舞蹈艺术家、理论家相聚上海,共议全球化时代舞蹈艺术如何守住自己民族舞蹈的文化传统与个性,促进世界舞蹈文化的多样性发展。

● 由市委宣传部、市经信工作党委、市总工会共同主办的“美丽上海追梦人”市重大先进典型专题发布(第一季)揭晓,国网上海浦东供电公司运维检修部副主任谢邦鹏、上海船厂船舶有限公司主管建造师陶国全等五位劳模工匠,成为“美丽上海追梦人”。

28 日

● 在“五一”国际劳动节到来之际,市委书记韩正,市长应勇会见市“劳模年度人物”和全国五一劳动奖状奖章获得者代表。

● 市人大常委会召开理论学习中心组学习会(扩大),听取关于量子科学发展前沿的专题报告。部分全国人大代表和市人大代表,各区人大常委会相关负责同志,机关干部等参加了学习会。

● 市工商业联合会第十四次代表大会在上海世博会议中心召开,选举产生市工商联第十四届执行委员会。市委副书记尹弘代表中共市委出席开幕式并讲话。全国工商联向大会发来贺信。市委统战部部长沙海林宣读中共市委、市政府贺信。

● 上海高院召开全面推进以审判为中心的诉讼制度改革动员大会,市委政法委书记姜平,市人大常委会副主任薛潮,上海高院党组书记、院长崔亚东出席。会议同时印发《市高级人民法院关于全面推进以审判为中心的诉讼制度改革的实施意见》以及《庭前会议规则(试行)》等 6 个配套文件。

● 国家税务总局在 12366 上海(国际)纳税服务中心举行《国别投资税收指南》新闻发布会,集中发布 40 份《税收指南》,方便“走出去”企业了解东道国的税收政策,有效防范税收风险,促进海外企业健康发展。

● 市交通委发布《市规范发展共享自行车指导意见(试行)》征求意见稿,于 4 月 28 日至 5 月 7 日公开征求意见。

●《不忘初心——市档案馆藏红色文献选萃》新书首发暨研讨会在市档案馆外滩馆召开。该书由朱纪华主编,上海书店出版社出版,选取 1919 年至 1949 年期间的红色文献 190 余组,再现中国共产党在上海传播马克思主义,宣传党的政治主张,建立党的理论宣传阵地,组织动员人民群众参加反帝反封建革命斗争,领导全国人民反抗日本帝国主义侵略,推翻国民党独裁统治,建立人民民主政权的伟大历程。

● 第十七届上海国际汽车工业展览会于国家会展中心“四叶草”落下帷幕。10 天中,上海车展共吸引 101 万人次参观者现场观展,18 个国家和地区的 1 000 余家中外汽车展商共展出整车 1 400 辆。

● 上海地铁客流 1 186.7 万人次，再创历史新高。这也是上海地铁今年第四次刷新客流纪录。

29 日

● 五一小长假首日，沪上各大公园迎来客流高峰。截至 16 时 30 分，上海植物园、辰山植物园、共青森林公园等公园，当天游客量均突破 1 万人次。其中，共青森林公园的游客量更是达到 2.3 万人次。

● 由中国医疗保健国际交流促进会发起，全国百家医院、产业机构共同参与的全国医联体联盟在上海成立。作为医联体的“主力军”和“国家队”，全国医联体联盟将推动医联体学科联盟建设，大型三甲医院、大学附属医院等将牵头输出优势学科，促进中国基层医疗能力的根本提升。

● “五一”小长假第一天，上海知名的创意集聚区田子坊人头攒动。而上海昆剧团的青年昆曲演员则带着《长生殿》在田子坊独辟一方清雅赏玩之地。小长假三天，上海昆剧团、田子坊合作开展“水磨风雅田子坊，霓裳羽衣长生殿”活动，为游客展示昆曲妆容、服饰和《长生殿》的部分经典唱段。

30 日

● “奔跑中国 · 红色之旅”系列路跑赛事的第一站，上海崇明国际马拉松赛开跑。奥运冠军吴敏霞、奥运会马拉松奖牌得主周春秀担任领跑，8 000 余名选手参赛。本次比赛由中国田径协会、中央电视台、市体育局和市崇明区政府共同主办，崇明区体育局与智美体育集团承办。赛事以“生态绿色马拉松”为主题，是《崇明世界级生态岛发展“十三五”规划》发布后崇明举办的首项国际赛事。

● 由新闻报社、市摄影家协会主办的“新闻晨报 · 周到之远征——罗布泊大穿越”活动正式启程。市文联党组书记尤存，新闻报社党委书记、社长黄琼出席仪式并寄语全体队员：“满怀豪情出发，满载成果归来！”

● 2017 年上海环球马术冠军赛在中华艺术宫南侧马术场落幕。这是申城第四年举办这项全球最高级别的五星级马术障碍赛事，副市长翁铁慧出席并为获奖选手颁奖。

● 上海东站选址已确定。建成后上海东站将北邻自贸区，南抵申嘉湖高速，距上海浦东机场约 4 公里，距上海迪士尼乐园约 10 公里。

● 第十三届全运会群众比赛国际跳棋预赛暨 2017 年全国国际跳棋等级赛(上海分区赛)在上海财经大学举办。

## 本月

5—7 日

● 中国民主同盟市第十五次代表大会在上海展览中心召开。会议听取并审议《民盟市第十四届委员会工作报告》;选举产生民盟市第十五届委员会;选举出席民盟第十二次全国代表大会代表;通过民盟市第十五次代表大会决议。全国人大常委会副委员长、民盟中央主席张宝文,市委副书记尹弘分别代表民盟中央和中共市委出席开幕式并讲话。市委统战部部长沙海林等出席开幕式。

7—9日

● 第十四届上海教育博览会"优质·均衡"教育展暨上海学生阅读指导推广展示活动在上海展览中心举办,一大波适合孩子的书单在现场揭晓。

12—14日

● "第二十八届国际制冷、空调、供暖、通风及食品冷冻加工展览会"在上海新国际博览中心召开。2017年是中国制冷展创办三十周年。

17—19日

● 中国国民党革命委员会市第十三次代表大会在上海展览中心召开。344名民革党员代表全市6 200余名民革党员参加会议,选举产生民革市第十四届委员会。全国人大常委会副委员长、民革中央主席万鄂湘,市委副书记尹弘分别代表民革中央和中共市委出席开幕式并讲话。市委统战部部长沙海林出席会议。

19—28日

● 第十七届上海国际汽车工业展览会在上海新国展中心召开。此次展会以超360 000平方米的展示面积,为来自世界各地的观众带来最前沿的汽车科技与产品,并在"致力·美好生活"主题下,诠释汽车给人类社会带来的进步与变革。

20—22日

● 由商务部、科技部、国家知识产权局和市政府主办,第五届中国(上海)国际技术进出口交易会在上海世博展览馆召开。第五届上交会特设智能机器人、无人机和人工智能专区,集中展示各类世界领先技术。

● 九三学社市第十二次代表大会在上海展览中心召开,选举产生九三学社市第十七届委员会。全国政协副主席、九三学社中央主席韩启德,市委副书记尹弘分别代表九三学社中央和中共市委出席开幕会议并讲话。市委统战部部长沙海林等出席会议。

20—23日

● 上海旅博会在上海展览中心召开,来自52个国家和地区的750家联合参展商提供旅游资源展示、优惠旅游产品销售服务。

21—23日

● 台湾民主自治同盟市第十二次盟员代表大会在上海展览中心召开,选举产生台盟市第十二届委员会。台盟中央副主席陈蔚文、市委副书记尹弘分别代表台盟中央和中共市委出席会议并讲话。市委统战部部长沙海林等出席会议。

22—24日

● 中国致公党市第八次代表大会在上海展览中心召开，选举产生中国致公党市第八届委员会。全国政协副主席、致公党中央主席万钢，市委副书记尹弘分别代表致公党中央和中共市委到会祝贺并发表讲话。市委统战部部长沙海林等出席会议。

24—25日

● 文化部在上海召开2017年全国艺术创作工作会议。总结2016年艺术创作工作，部署推进2017年及今后一个时期的重点任务，要求全面贯彻落实党的十八大和十八届三中、四中、五中、六中全会精神，深入学习贯彻习近平总书记系列重要讲话特别是关于文艺工作的重要讲话精神，坚持为人民服务、为社会主义服务，坚持百花齐放、百家争鸣，坚持以人民为中心的创作导向，坚定文化自信，加强对艺术创作生产的引导，努力推出更多优秀作品，以优异成绩迎接党的十九大胜利召开。文化部党组书记、部长雒树刚出席会议并讲话，市委宣传部部长董云虎等出席会议。

25—27日

● 中国民主促进会市第十二次代表大会在上海展览中心召开，选举产生民进市第十六届委员会。全国政协副主席、民进中央第一副主席罗富和，市委副书记尹弘分别代表民进中央和中共市委到会祝贺并发表讲话。市委统战部部长沙海林等出席会议。

26—28日

● 中国农工民主党市第十三次代表大会在上海展览中心召开，选举产生了农工党市第十三届委员会。全国政协副主席、农工党中央常务副主席刘晓峰，市委副书记尹弘分别代表农工党中央和中共市委出席开幕式并讲话。市委统战部部长沙海林等出席会议。

27—29日

● "我们，一起舞蹈"2017国际舞蹈日庆典系列活动本月在沪举办，活动包括专业论坛、专家工作坊、舞蹈演出以及舞蹈日庆典。这也是国际舞蹈日庆典第二次落地上海。

4月27日—5月20日

● 以"月季花开・共享和平"为主题的2017上海国际月季展在辰山植物园举办。展出800多个品种月季，近百棵树状月季，其中很多品种是国内首次亮相。

4月28日—5月18日

● 第三十四届上海之春国际音乐节在上海举办。音乐节期间，来自中国、美国、法国等十余个国家的乐团、音乐家、舞蹈家们奉上39台精彩纷呈的音乐舞蹈演出。

## 5月

1日

● 历时3年多的建设筹备,位于黄浦江畔的世博会博物馆于上海世博会开幕七周年纪念日正式开馆。这是全世界唯一一家全面展示世博专题的博物馆。

● 中华号角——2017上海之春国际音乐节管乐艺术节的亮点——中外管乐团队浦江大巡游,在杨浦滨江吹响号角。中国人民解放军军乐团、中国人民解放军海军军乐团以及美国、德国、泰国等十余支优秀管乐团队、近千名乐手分别登上七艘大型游轮,沿着外滩和十六铺码头沿线奏响激动人心的号角,呈上《歌唱祖国》《欢乐颂》等名曲。

● 上海133座公园延长开放。43座公园全年24小时开放;33座公园全年开放,开放时间主要集中在每天5时至22时;还有57座公园只在特定季节开放。

● 中意联合警务巡逻的第二站在上海拉开帷幕。4名意大利警员出现在人头攒动的外滩,与上海公安民警混编巡逻,成为黄浦江畔的一道风景。

● 在沪召开的乳腺癌诊断技术新进展专题研讨会上,全国首家世界新型乳腺专用PET(正电子发射断层成像)诊断机构正式落户上海浦东。

● 今年是贝多芬逝世190周年,中国最早指挥贝多芬交响曲全集的著名指挥家陈燮阳,以苏州交响乐团音乐总监的身份携乐团登陆上海东方艺术中心。在"大众贝多芬"音乐会上,演出《埃格蒙特序曲》《D大调小提琴协奏曲》《第四交响曲》等经典曲目。

2日

● 全国人大常委会产品质量法执法检查汇报会在上海召开。全国人大常委会副委员长严隽琪讲话,全国人大财经委副主任委员杨雄主持会议并介绍执法检查工作要求。市长应勇,市人大常委会主任殷一璀分别致辞。

● 市法治政府建设推进工作会议召开。市长应勇出席会议并讲话。副市长周波宣布市法治政府建设工作领导小组正式成立。市法制办通报去年上海法治政府建设情况和今年重点工作安排。

● 市政协召开"高水平高质量地推进崇明世界级生态岛建设"专题协商会。市政协主席吴志明出席。副市长时光辉通报有关情况,并听取委员意见建议。市政协副主席蔡威主持会议,副主席赵雯等出席。

● 市政府召开2017年节能减排和应对气候变化暨产业结构调整工作会议。2016年本市节能减排、应对气候变化和产业结构调整工作取得积极进展和成效,完成年度目标。“十三五”本市节能减排和结构调整面临的形势依然严峻。副市长周波出席会议并讲话，副市长陈寅主持会议。

● 全国人大常委会副委员长、民进中央主席严隽琪在上海民主党派大厦与民进市委新老领导班子成员座谈。民进中央常务副主席、市人大常委会副主任蔡达峰，民进市委主委黄震出席。黄震介绍刚刚闭幕的民进市第十二次代表大会相关情况。

● 由上海交通大学和市社会科学界联合会主办的“《东京审判——为了世界和平》首发式暨出版座谈会”在上海交通大学召开，该书勾勒出东京审判这一历史事件的完整面貌。

● 市交通委发布《市规范发展共享自行车指导意见(试行)》征求意见稿，明确提出“本市不发展共享电动自行车”。

● “五一”小长假期间，上海口岸出入境超30万人次，同比上涨3%。中国籍出入境人员占六成以上。

3日

● 市国有企业党的建设工作会议在市委党校召开。市委书记韩正出席并讲话。市委副书记尹弘主持会议，市委常委董云虎、廖国勋等出席。市委党的建设工作领导小组成员，市纪委、市委组织部、市委宣传部负责同志，各大口、区党委书记，市国资委党委、国资委班子成员，市管国有企业党政主要负责同志等出席会议。

● 市委、市政府召开市中央环保督察整改工作领导小组扩大会议，贯彻落实党中央、国务院关于环保督察的重要决策部署，按照中央第二环保督察组的要求，进一步部署落实环保督察整改工作。市长应勇出席并讲话，副市长陈寅出席会议并就落实中央环保督察整改工作作部署。

● 中国科学院量子信息和量子科技创新研究院在上海发布消息，潘建伟团队在去年底首次实现十光子纠缠操纵的基础上，利用高品质量子点单光子源，构建了世界首台超越早期经典计算机的光量子计算机。团队还联合浙江大学王浩华教授研究组，实现了目前世界上最大数目(10个)超导量子比特的纠缠。

● 上海自贸试验区管委会召开新闻发布会。张江生物医药等企业可以通过该中心的关检联合查验平台，高效完成通关验放手续，张江自主创新示范区与自贸区的“双自联动”又迈出了重要一步。

● 上海研究院现代慈善研究中心揭牌成立。该中心由上海研究院和市慈善基金会共同成立，将作为新型的现代慈善事业研究智库，致力于中国特色社会主义慈善理论研究和学科体系建设。中国社会科学院院长王伟光，市委宣传部长董云虎，上海大学校长金东寒分别致辞。王伟光、董云虎和市慈善基金会名誉理事长陈铁迪共同为中心揭牌。市慈善基金会理事长冯国勤主持。

● 在建的 8 号线三期已被市地名办正式更名为“轨道交通浦江线”。浦江线线路制式较为特殊,与 8 号线一、二期线路的制式不同,取名“浦江线”,以示与 8 号线运营模式的区别。浦江线计划年底竣工试运行,届时将采用先进的全自动驾驶技术,列车车头将不设驾驶室。

● 市防汛指挥部联合多部门,在北横通道工程中山公园段举行“2017 年市防汛防台深基坑应急抢险专项演练”。

● 市委召开新闻发布会,继去年的“五违四必”区域环境综合整治专项民主监督之后,今年市委还将委托各民主党派市委就《市食品安全条例》贯彻情况进行专项民主监督,无党派人士将就崇明世界级生态岛发展“十三五”规划推进情况开展专项民主监督。

● 市委召开新闻发布会,市委组织部副部长冷伟青介绍上海推进领导干部报告个人有关事项制度和规范领导干部配偶、子女及其配偶经商办企业管理工作的情况。

● 市委召开新闻发布会,市纪委常委王永伟介绍,过去五年上海纪检监察机关共给予纪律轻处分 3 272 人,给予纪律重处分 3 248 人,严重违纪涉嫌违法移送司法机关 442 人,其中局级干部 17 人、处级干部 57 人。

● 松江区委、区政府发布《人文松江建设三年行动计划(2017—2019 年)》,计划用三年时间,将松江建设成以“书香之域”“书画之城”“文博之府”和“影视之都”为特色的文化名城。

● 市卫生和计生委、市中医药发展办公室召开 2017 年市中医药工作会议,发布《市中医药事业发展“十三五”规划》《2017 年市中医药工作要点》,明确年内的八项重点工作。

4 日

● “五四”青年节,市委书记韩正会见上海各界优秀青年代表,代表市委、市人大、市政府、市政协,向全市广大青年致以节日问候,向全市青年工作者表示诚挚慰问。市人大常委会副主任薛潮、副市长时光辉、市政协副主席徐逸波等与本市各界团员青年和少先队员代表 800 余人参加活动。

● 市政协主席吴志明率部分政协委员赴同济大学临港校区和上海海洋大学,重点协商办理“加快海洋科技发展”提案专题。委员们实地考察同济大学临港基地海底观测网、上海海洋深渊科学工程技术研究中心、彩虹鱼公司开发应用研究院、上海海洋大学渔业遥感 GIS 中心,了解海洋科技发展最新成果,并与提案承办单位座谈协商。市政协副主席李逸平参加。

● 黄浦区宣布,黄浦滨江沿线的慢行道、跑步道、骑行道等“三道”已基本贯通,市民可以一路从外白渡桥经老外滩至十六铺,沿南外滩穿南浦大桥至世博浦西段,接卢浦大桥至南园公园畅行黄浦滨江；沿线还在挖掘更多空间作为篮球场、排球场等体育空间，同时规划建设体育公园等运动场所，吸引更多年轻人在这里活动。

● "'一带一路'与上海"研讨会在市政协召开。中国社科院亚太与全球战略研究院院长李向阳，上海社科院院长、市社联主席王战，商务部中国服务外包研究中心常务副主任邢厚媛分别就"一带一路"建设中的义利观、对"一带一路"倡议中的三点思考、上海在"一带一路"建设中的作用发表主旨演讲。市政协副主席方惠萍出席。

● "全球视野下的知识产权应用型人才培养研讨会"在同济大学召开。

● 上海师范大学创新创业孵化园正式启动，这个孵化园主要面向文化创意企业，首批近十家文化创意创业企业同时入驻。主要聚焦创新教育和文化创意两大特色，面向校内外通过"项目+团队"进入的方式参与孵化。

5日

● C919大型客机在上海浦东国际机场成功首飞。中共中央政治局委员、国务院副总理马凯出席首飞仪式并致辞，市委书记韩正出席首飞仪式。C919完成首飞，意味着我国大飞机工程取得阶段性成果，有助于国产大飞机产业集群加速成型。

● 由市委宣传部、市委党史研究室、市发改委共同主办的"逐梦新时代·上海2012—2017"大型主题展览在上海展览中心开幕。本次展览分为"崇尚创新·砥砺奋进""注重协调·行稳致远""倡导绿色·追求卓越""厚植开放·海纳百川""推进共享·成就梦想""从严治党·不忘初心"六个版块，共展出图片1 300余张，采用大量生动案例和市民摄影作品，集中反映近五年上海努力当好全国改革开放排头兵和创新发展先行者的经验和成果以及上海全面从严治党的实践。

● 由市社会工作党委、市社建办主办的"第三届上海社会建设十大创新项目"揭晓，"五违四必"城中村改造等10个项目入选，"人口综合服务管理跨入微时代"等20个项目被评为优秀创新项目。

● 市政协召开十二届八十九次主席会议，传达市委近期重要工作情况，审议关于开展"本市城乡中小河道综合整治"专项民主监督的工作方案等议题。

● 市政府召开新闻发布会，市科委、市教委等单位负责人对今年6月1日起施行的《市促进科技成果转化条例》进行权威解读。

● 市市场监管工作委员会成立大会在上海展览中心召开，市委组织部部长吴靖平出席会议并讲话，副市长许昆林主持会议。

● 第八届"市慈善之星"评选在全市范围内启动。本届评选2016年度以来，为上海慈善事业发展作出突出贡献的集体和个人，其中，拟评出"市慈善之星"30名，"市慈善之星"提名奖50个。

● 市质量技术监督局与浦东新区政府签署《共同推进建设"开放、创新、高品质"浦东的战略合作协议》,聚焦自贸区改革创新、科创中心核心区、推进质量供给侧改革等领域,共包含 20 项举措、48 项任务。浦东新区区委书记翁祖亮出席。

6 日

● 市法官、检察官遴选(惩戒)委员会在市检察院开展 2017 年度从律师和法学专家中公开选任法官、检察官遴选工作。这是继 2015 年上海首次面向社会公开选任法官、检察官并成功选任 1 名三级高级法官和 1 名三级高级检察官之后,上海第二次开展公开选任工作,也是去年中共中央办公厅出台《从律师和法学专家中公开选拔立法工作者、法官、检察官办法》之后,上海为贯彻落实文件精神组织实施的一次公开选任探索。

● 以“减轻社区灾害风险,提升基层减灾能力”为主题的“2017 年市防灾减灾日宣传周”活动启动。同时,上海首个省级现代化救灾物资储备库也在嘉定区揭牌启用,标志着本市初步实现了救灾物资的储备实体化、管理信息化、调拨战备化。

● 由市医院协会和静安区政协主办,华山医院和静安区卫计委承办的“洒向人间都是爱”——2017 年世界红十字日大型专家义诊在静安公园举办。来自本市 20 多家著名医疗机构及近 10 家社区卫生服务中心的 80 名医学专家,共计为 5 885 余人次提供免费医疗诊断、健康咨询和体检服务,专家阵容、服务人次均创五年来新高。今年新开设的家庭医生签约指导服务深受欢迎。

● 市“星光计划”第七届职业院校技能大赛最后 10 个比赛项目(8 个中职项目、2 个高职项目)的角逐,在上海科技馆打响,沪上 385 名职业院校的学生为观众带来多场精彩纷呈的技能展示。

● 特朗普“百日新政”国际舆情报告发布会暨学术研讨会在复旦大学召开。复旦发展研究院传播与国家治理研究中心主任李良荣教授发布《不确定的未来——特朗普百日新政主流媒体观点》的报告。

● 第十三届全运会群众比赛国际象棋上海赛区选拔赛在闵行区罗阳小学举办。来自复旦、交大、财大等高校的学子,以及棋牌运动管理中心和棋类俱乐部、上海棋院实验小学等单位的数十名棋手参加比赛。

7 日

● 中国共产党上海市第十一次代表大会召开预备会议。韩正主持会议。由全市各地区、各系统选举单位选举产生的市第十一次党代表大会代表、特邀代表共 820 人。出席预备会议的代表有 805 人。会议表决通过由 10 人组成的代表资格审查委员会成员名单,通过由 80 人组成的大会主席团成员名单,通过尹弘为大会秘书长,通过大会秘书处的机构设置和工作任务。会议还通过市第十一次党代表大会的议程。

● 2017 年环崇明岛国际自盟女子公路世巡赛结束。乔连·达胡尔保住象征“个人最佳”的黄衫,中国骑手普译娴穿上象征“亚洲最佳”的蓝衫。

● 2017 国际田联钻石联赛——上海赛最重头的推广活动之一的“你我贷钻石接力赛”预赛阶段比赛,在上海体育场 1 号训练场火热开场。赛事首次推出 4 人异程接力的新颖赛制,创意吸引到 120 支队伍报名参与。

● 第十四届“书送希望输送光明”捐书助学活动在上海报业大厦举办。活动现场汇集了热心市民、企事业单位捐赠的书籍一万余册和各类崭新文具。活动得到上海人民美术出版社、市彭浦三中等单位的大力支持。

● 由上海广播电视台打造的专题片《奋楫争先》在新闻综合频道与东方卫视播出。《奋楫争先》时长 38 分 30 秒,聚焦自贸区发展、科创中心建设、基层社会治理、文化以及党建等时政热点。

8 日

● 中国共产党上海市第十一次代表大会在世博中心开幕。韩正代表中共市第十届委员会,向大会作题为《勇当排头兵敢为先行者不断把社会主义现代化国际大都市建设推向前进》的报告。大会由应勇主持。应勇宣布,市第十一次党代表大会的代表 810 人,特邀代表 10 人,到会的代表和特邀代表共 811 人,符合规定人数。他还对列席会议的同志和受邀参加会议的各方面人士表示热烈欢迎。

● 韩正来到市第十一次党代会地区系统第二代表团第二十三组,同党代表们一同审议市委报告。

● 应勇来到市第十一次党代表大会国资委系统代表团第一组,同党代表们一同审议市委报告。

● 市政府新闻办官方新媒体“上海发布”推出两个新媒体版本的党代会报告,让市民在手机中就可轻松阅读、真切体验。

● 市人大常委会主任殷一璀在人民大厦一层贵宾厅会见赞比亚国民议会议长马蒂比尼一行。

● 复旦大学附属儿科医院(国家儿童医学中心)成功分离一对肝脏连体女婴。出生 3 个月的连体婴,在母亲孕 22 周时便实行产前精准干预与管理,这也是申城实现连体婴产前管理时间最早的病例。

● 第 14 届市大学生话剧节在上海话剧艺术中心开幕。全市 13 所综合类高校 15 部作品入围决赛,本届话剧节由团市委、市文联、市学联、市戏剧家协会联合主办,上海话剧艺术中心承办。

● 第二十七届中国国际自行车展览会在国家会展中心(上海)开幕。自行车锂电化、国产自行车品牌的创新技术等成为本届展会的亮点。

9日

● 韩正参加建设交通、合作交流、社会系统代表团和教卫、科技系统代表团的审议。

● 应勇参加市第十一次党代表大会地区系统第三代表团第二十六组和金融、经信系统代表团第八组的审议。

● 中国共产党市第十一次代表大会主席团召开第二次会议。大会副秘书长诸葛宇杰作市委报告、市纪委工作报告审议及修改情况的汇报。大会副秘书长吴靖平作关于市出席党的十九大代表候选人预备人选产生经过和选举工作的说明,关于十一届市委委员、候补委员及市纪委委员候选人预备人选名单的说明等。

● 市长应勇会见新西兰达尼丁市市长戴夫·卡尔一行。新西兰驻沪总领事葛甘楠参加会见。

● 市人大常委会主任殷一璀在人民大厦会见保加利亚索非亚市议会议长格德日科夫一行。

● 殷一璀、吴志明、尹弘等代表分别出席分组会议,审议韩正在市第十一次党代表大会上所作的报告。

10日

● 中国共产党上海市第十一次代表大会召开第二次全体会议,韩正主持会议。会议通过市第十一次党代表大会选举办法,通过大会选举时的总监票人、副总监票人、监票人名单。审议了大会关于市委报告的决议(草案)、关于市纪委工作报告的决议(草案)。大会各代表团全团会议对市出席党的十九大代表候选人和市委委员、市纪委委员候选人进行预选。

● 中国共产党上海市第十一次代表大会主席团召开第三次会议。大会副秘书长诸葛宇杰作审议大会关于市委报告的决议(草案)、关于市纪委工作报告的决议(草案)及修改情况的汇报等。

● 市中国特色社会主义理论体系研究中心、市学生德育发展中心联合市教育发展基金会资助开展"市马克思主义理论学科发展支持计划",由后者连续支持三年,每年出资500万元,三年累计资助1 500万元,用以激励教学科研领域优秀人才和重要专项。

● 元素材料科技上海民用航空检测实验室在上海大学成立。这是中国首家中外合资民用航空检测实验室,它的成立也意味着一直在筹建中的上海民用航空检测功能型平台的建设迈出重要一步。这将为我国未来的大飞机批量生产提供技术支撑。

● "新的形,新的色——鲁迅书籍装帧艺术展"在上海鲁迅纪念馆揭幕,为人们呈现了他对书籍装帧艺术的独到见解。

11日

● 中国共产党上海市第十一次代表大会主席团召开第四次会议。大会选举总监票人汇报市委候补委员候选人预选计票结果。大会副秘书长吴靖平作关于市委候补委员候选人名单的说明。大会通过了预选后由大会主席团常委会提出的市委候补委员候选人名单；通过授权大会主席团常委会在大会选举后推举十一届市委一次全会总召集人和十一届市纪委一次全会总召集人。

● 在中宣部召开的"深化文化体制改革"座谈会上，第九届全国"文化企业30强"名单发布。上海电影（集团）有限公司和上海东方明珠新媒体股份有限公司分别第七次和第六次被授予"文化企业30强"称号。上海世纪出版（集团）有限公司获得提名。

●《市危险化学品安全管理办法》正式实施，对危险化学品运输源头管控有了明确要求。

● 上海2017年度各类人群社保缴费比例标准公布，医保单位费率和失业保险单位费率下调。

● 市公安局交警总队已使用升级版的"失格驾驶人违法行车分析系统"，摄像头捕捉到涉嫌违法驾驶的重点"失格驾驶员"后，系统将比对分析，由交警核实后上门抓捕。

12日

● 中国共产党上海市第十一届委员会第一次全体会议在世博中心举召开。出席会议的有市委委员87人，市委候补委员16人。全会选举韩正为市委书记，应勇、尹弘为市委副书记；当选为市委常委的还有董云虎、廖国勋、吴靖平、周波、陈寅、翁祖亮、诸葛宇杰、施小琳。全会批准第十一届市纪律检查委员会第一次全体会议选举结果：市纪委书记廖国勋，副书记马乐声、戴骅、施涛、童建平。经全会批准的市纪委常委还有王永伟、张华、孟文海、徐敏、潘小刚、陶泓。全会选举以后，市委书记韩正讲话。

● 中国共产党上海市第十一次代表大会批准韩正代表中共市第十届委员会所作的报告。大会充分肯定十届市委的工作，一致赞同报告对过去五年取得的主要成就和体会的总结。

● 中共上海市第十一次代表大会选举产生的中共市纪律检查委员会召开第一次全体会议。廖国勋主持会议。会议选举中共市纪律检查委员会书记、副书记和常务委员会委员，并报中共市委十一届一次全会批准。

● 中共上海市第十一届委员会第一次全体会议新选出的市委常委，同采访市第十一次党代会的中外记者见面。

● 上海浦东国检局对我国首批入境实施新政的化妆品，实施了现场检验检疫。这也标志着，进口非特殊用途化妆品改革举措正式落地，国内消费者可以在第一时间用到全球最新上市的化妆品。

● 第三十四届上海之春国际音乐节“《希望的歌谣我们唱》——市百灵鸟少儿艺术团专场演出”在中国福利会少年宫小伙伴剧场亮相。

● 第四届中国乳腺外科手术学学术盛典在上海新华医院举行。本次学术盛典包括第四届中国乳腺外科手术学高峰论坛、第四届上海新华乳腺病学高峰论坛、剑在弦上·中国乳腺肿瘤整形外科学高峰论坛(第 23 期·上海新华站)、剑在弦上·规范化乳腺外科手术学培训中国巡讲项目启动仪式、规范化乳房整形美容手术培训项目乳房重建临床示范中心(新华站)启动仪式、第一届与美丽同行·粉红公益健康中国行颁奖盛典等一系列活动。

13 日

● 十一届市委常委会召开第一次会议，审议通过新修订的《中共市委常委会议事决策规则》，明确新一届市委常委会自身建设各项要求。市委书记韩正主持会议并讲话。

● 国际田联钻石联赛上海站在上海体育场落幕，在最受关注的男子 100 米项目中，中国名将苏炳添以 10 秒 09 夺冠，并创个人赛季最佳成绩。此外，短跑名将谢震业在男子 200 米比赛获得第 5 名，他以 20 秒 40 的成绩创造了新的全国纪录。

● 总面积达 1 万平方米的“一带一路”国际合作高峰论坛媒体中心启动运营。来自全球的 4 000 余名中外记者将通过这里，把“一带一路”国际合作的最新讯息传递到世界各个角落。

● 中国规模最大的儿童脑肿瘤研究组织——中国儿童脑肿瘤协作组(CNOG)在沪成立。该协作组由上海交大医学院附属新华医院小儿神经外科牵头，联合国内 63 家医疗机构神经外科和肿瘤科以及研究所共同组建，建设儿童肿瘤共享数据库，致力于儿童脑肿瘤治疗的临床疗效与研究推进。

● 在沪举办的美莱健康眼整形高端论坛上，多名专家为如何打造健康与美丽并重的双眼开展学术交流和经验分享。主讲嘉宾美莱眼整形技术总监杜园园教授现场分享 20 多年从业经验中的案例和技巧，强调塑造和追求美丽的同时还必须注重安全，传递了“健康与美丽并重”的理念。

● 2017 年上海城市业余联赛跆拳道联赛在上海虹口体育馆举办。国家体育总局拳击跆拳道运动管理中心副主任、中国跆拳道协会副主席、秘书长董军与市体育局副局长赵光圣出席，并同按下本次赛事的“启动按钮”。

● 2017“爱在普陀”残健融合城市定向赛在长风公园举办。在全国助残日、上海助残周来临之际，结合上海城市业余联赛的开展，普陀区残联会同区体育局围绕“推进残疾预防、健康成就小康”主题，精心策划、组织残健融合城市定向赛事活动，这也是市残疾人首次体验城市定向赛。

● 由市教委和市经信委共同组织，上海教育报刊总社、上海工商职业技术学院承办的 2017 年上海高职院校“职业体验日”活动启动仪式在市北高新技术服务业园区举行。市教委和市经信委等相关领导出席启动仪式。

● 由上海师范大学光启国际学者中心与商务印书馆合作出版的大型学术文库“光启文库”首发式在上海举行。“光启文库”计划出版五百种，分六个系列，此次首发亮相的是四本学者随笔集，分别是张广智的《徜徉在史学与文学之间》、彭小瑜的《社会的恶与善》、李剑鸣的《学术的重与轻》、孙周兴的《一只革命的手》。

14 日

● 2017 辰山草地广播音乐节落下帷幕。演出分别以“俄罗斯之声”与“莫斯科郊外的晚上”为主题。曾获俄罗斯联邦“荣誉艺术家”称号的指挥家弗拉基米尔·奥特舒勒率圣彼得堡交响乐团带来了包括柴可夫斯基“三大芭蕾舞剧”在内的经典俄罗斯芭蕾舞剧音乐，以及歌剧《叶甫盖尼·奥涅金》和《伊尔戈王》的美妙旋律。

● 国际家庭日，国家卫生计生委在上海中华艺术宫举办“健康家庭·健康中国”2017 年国际家庭日主题宣传活动，国家卫生计生委副主任王培安、副市长翁铁慧出席。

● 2017 年上海“全国城市节约用水宣传周”开幕，随着生活水平的提高，近年来市民的居民生活用水逐年增加，去年市民人均日居民生活用水量已经达到 118 升，比 2015 年增加 5.4%。为了更好地倡导节约用水理念并付诸行动，上海力争至“十三五”末，市民人均日居民生活用水量将控制在 140 升。

● 在 1935 年建成的上海“历史性体育地标”建筑江湾体育场，近万名观众欣赏了平时在电视转播中都很难看到的顶级赛事：澳式橄榄球职业联赛常规赛第八轮，阿德莱德港力量队对阵黄金海岸太阳队。

15 日

● 市全面深化中国（上海）自由贸易试验区改革开放推进大会在世博中心召开。这次大会是市委、市政府继上海自贸试验区 2013 年 9 月成立、2015 年 4 月扩区以后召开的第三个关于自贸试验区建设的大会，也是市第十一次党代会后召开的第一个全市性重要会议。市委书记韩正出席并讲话，市长应勇就深入推进新一轮上海自贸试验区建设作全面部署。

● 市委书记韩正，市长应勇会见辽宁省长陈求发率领的辽宁省、大连市党政代表团，共商上海市与大连市对口合作工作。市委秘书长诸葛宇杰，副市长时光辉，辽宁省大连市委书记谭作钧，大连市委副书记、市长肖盛峰，大连市人大常委会主任里景瑞，大连市政协主席李万才参加会见。

● 市长、市政府党组书记应勇主持召开市政府党组会，传达学习市第十一次党代表大会精神。市政府党组成员围绕学习贯彻党代会精神作发言。

● 中国国际医疗器械(春季)博览会在上海国家会展中心拉开帷幕。博览会以“医疗数字化时代”为主题，海内外28个国家和地区的4 000余家企业在博览会上亮相，展出内容涵盖医用影像、体外诊断、急救、医疗信息技术等。

● 市政协机关召开传达学习市第十一次党代表大会精神会议。市政协党组书记、主席吴志明出席并讲话，市政协党组副书记、副主席姜平主持会议，党组成员、副主席方惠萍传达市第十一次党代表大会主要精神，党组成员、副主席李逸平、徐逸波等出席。

● 市人大常委会机关召开传达市第十一次党代会精神大会，市人大常委会党组书记、主任殷一璀主持并对贯彻落实会议精神提出要求。市人大常委会党组副书记、副主任钟燕群传达市第十一次党代会主要精神及市委主要领导的重要讲话精神，党组成员、副主任姜斯宪、徐泽洲等出席会议。市人大常委会驻会组成人员、副秘书长、各委员会驻会成员、机关干部等参加会议。

● 市长应勇会见国际海事组织秘书长林基泽一行，对客人来沪出席在上海海事大学举行的亚洲海事技术合作中心成立仪式及国际海事论坛表示欢迎，对中心落户上海表示祝贺。

● 市纪委召开常委(扩大)会议，传达学习市第十一次党代表大会精神。市纪委书记廖国勋主持会议并讲话。

● 副市长许昆林在市政府集体会见哥斯达黎加、印度尼西亚、柬埔寨、罗马尼亚等九国新任驻沪总领事，对各国总领事的来沪履新表示欢迎，并就加强上海与各国的交流合作交换意见。

● 市人大常委会副主任钟燕群在人民大厦贵宾厅会见由阿根廷胜利阵线参议员、国会监管公共部常设委员会副主席胡安・派斯率领的阿根廷议会代表团。

● 市长应勇主持召开市政府常务会议，听取本市今年汛期气候趋势预测，部署加强气象防灾减灾和防汛防台工作；研究进一步加强政府效能建设管理等事项。

● 市检察院召开党组扩大会议，专题学习贯彻市第十一次党代会和十一届市委一次全会、十一届市委常委会一次会议精神。市检察院党组书记、检察长张本才主持会议。

● 国家卫生计生委在沪举办以“健康家庭・健康中国”为主题的首届中国家庭发展论坛。上海将着力构建生育友好型社会，建立完善包括生育支持、幼儿养育、青少年发展、医养结合等在内的家庭发展政策和公共服务体系，促进家庭发展能力提升、让改革发展的成果惠及更多家庭。

● 由上海联影医疗科技有限公司与美国顶尖分子影像科研团队“探索者”联盟携手打造的世界首台全景动态扫描 PET-CT-uExplorer 探索者，在中国国际医疗器械博览会上完成了全球首秀。

16 日

● 市委常委学习会听取国务院发展研究中心对外经济研究部部长赵晋平所作的《“一带一路”建设为全球化注入新动能》专题辅导报告。市委书记韩正主持会议并讲话。

● 市长应勇分别会见澳大利亚维多利亚州州长丹尼尔・安德鲁斯和英国驻华大使吴百纳。英国驻沪总领事吴侨文参加相关会见。

● 德国制药巨头——勃林格殷格翰公司宣布，筹建四年之久的勃林格殷格翰中国生物制药基地在浦东张江正式启用。作为跨国药企在华建立的第一个符合国际标准的生物制药基地，一期投入超过 7 000 万欧元，是目前上海规模最大、最先进的生物制药基地。该基地还被选定成为国内首批开展生物制药合同生产（CMO）改革的试点之一。

● 市新闻工作者协会户外活动基地在上海国际旅游度假区大通音乐谷揭牌。这标志着市新闻工作者协会将与申迪集团展开深度合作，为广大新闻工作者打造一座温馨的“记者之家”。

● 市委统战部召开会议，传达学习市第十一次党代会精神。市委统战部部长施小琳出席并讲话。

● 市商务委发布“促进本市外贸转型升级创新发展‘四个一百’专项行动计划”，将百家重点外贸企业、百个自主出口品牌和百家新贸易企业作为重点服务对象，通过创新服务模式，完善服务体系，加大扶持力度，切实解决百个实际问题。

● 市第一中级人民法院发布《2016 年度自贸区司法保障白皮书》，同时发布涉自贸区案件审判指引修订版、商事多元化纠纷解决机制（ADR）实施细则等文件。

● 由市江苏商会、上海江苏智慧产业商会主办，中国电信上海理想信息产业（集团）有限公司、苏商联合商业发展有限公司、上海嘉银金融科技股份有限公司联合主办，以《数字经济・引领发展》为主题的首届智慧产业发展高峰论坛，在上海锦江小礼堂举办。社会知名专家学者和产业界代表 200 多人出席。

17 日

● 市委、市政府召开本市商业办公项目清理整顿工作推进会，全面部署对违法违规商业办公项目（即所谓的“类住宅”）清理整顿工作。市长应勇出席并讲话。

● 市长应勇会见捷克总统米洛什·泽曼率领的代表团一行,代表市政府和上海人民对总统阁下访沪表示热烈欢迎,并与泽曼共同见证上海与布拉格建立友好城市关系协议以及双方文化、医疗卫生领域备忘录的签署。中国驻捷克大使马克卿、副市长许昆林、捷克驻华大使贝德日赫·科佩茨基参加会见。

● 2017 上海产学研合作创新论坛举办。市政协副主席张恩迪出席论坛。

● 市政协重点协商办理“创新提升实体经济”提案专题,部分委员赴浦东新区金桥开发区实地调研,并与市经信委、市科委等提案办理单位协商座谈。市政协副主席姜平出席。

● 市委政法委召开会议,传达学习市第十一次党代会精神。市委政法委书记陈寅出席并讲话。

● 市政协举办外籍人士专场公众日活动,来自西班牙纳瓦拉大学法学院的 50 余名师生走进市政协,近距离参观交流,直观感受中国特色社会主义协商民主。

● 上海法院 12368 诉讼服务智能平台开通仪式在上海高院举行,上海高院党组书记、院长崔亚东出席开通仪式。该平台投入使用后,可以做到 24 小时为群众提供热线诉讼服务。

● 第十六届市社会科学普及活动周在长征社区文化活动中心拉开帷幕。本届活动周以“普及社科成果推进上海新作为”为主题。

● 由市卫计委、市科协指导,市医学会主办的“上海医学发展系列奖项”评选活动启动。

● 上海社科院召开“一带一路”研究成果报告会,集中展示该院四年来的“一带一路”研究成果。这些成果的发布体现上海在“一带一路”建设中所发挥的智库作用,彰显了国家高端智库在“一带一路”建设中的智力支撑。

● 世博文化公园规划公示,征询公众意见,规划将以建设黄浦江核心滨水区域市民共享的开放式大型绿地为目标,将世博文化公园塑造为延续世博记忆的重要承载区、彰显文化内涵的集中体验区,以及上海可持续发展建设的生态实践区。

18 日

● 市委书记韩正会见来华进行国事访问并出席“一带一路”国际合作高峰论坛的阿根廷总统马克里,代表 2 400 万上海人民欢迎总统阁下访问上海。中国驻阿根廷大使杨万明参加会见。

● 上海推进科技创新中心建设办公室召开第三次全体会议,贯彻落实习近平总书记重要指示精神,加快推进上海科创中心建设。市长应勇,国家发展改革委副主任林念修共同主持会议并讲话。

● 上海政协之友社召开七届四次社员大会。市政协党组书记、主席吴志明出席并讲话。会议听取和审议政协之友社第七届理事会工作报告。市政协党组副书记、副主席姜平,全国政协常委、十一届市政协主席冯国勤,十届市政协主席蒋以任出席。

● 民建市委和中共崇明区委、崇明区政府在崇明联合举办"上海民建浦江论坛"。论坛以"建设崇明世界级生态岛"为主题,全国人大常委会副委员长、民建中央主席陈昌智出席并作主旨演讲。民建中央副主席、市政协副主席、民建市委主委周汉民主持论坛。

● 市委宣传部召开会议,传达学习市第十一次党代会精神。市委宣传部部长董云虎主持会议并讲话。

● 市政协重点协商办理"推广垃圾分类减量处理"提案专题,部分委员赴徐汇区实地调研,并与市绿化市容局等提案办理单位协商座谈。

● 上海交通大学、上海临港地区开发建设管理委员会、英国爱丁堡大学签订协议,成立中英国际低碳学院。浦东新区区委书记翁祖亮,上海交通大学党委书记姜斯宪以及英方代表出席,并为上海交通大学中英国际低碳学院揭牌。

● 副市长许昆林在市政府会见来访的特立尼达和多巴哥总理府部长斯图尔特·杨,他向客人介绍上海近年来城市建设和经济发展情况。

● 上海警备区司令员张晓明少将在虹桥迎宾馆会见阿联酋国防国务部长巴瓦迪。

● 以"世界舞台、中国元素、民族风情"为主旨的第34届上海之春国际音乐节落下帷幕。过去三周,来自中国、美国、法国、波兰、瑞士、英国、俄罗斯、意大利等十余个国家的艺术家们轮番献演39台音乐和舞蹈演出,带来丰富多彩的艺术教育活动。

● 光明食品集团宣布,经市委、市政府同意,市国资委决定光明食品集团与上海水产集团联合重组,市国资委将所持上海水产集团的100%股权划转至光明食品集团,上海水产集团成为光明食品集团的子公司。

● 为贯彻落实"党的诞生地"挖掘宣传工程,创新党史宣传教育方式,中共一大会址纪念馆与上海广播电视台共同举办"走进党的诞生地——SMG'名、优、新播音员主持人'志愿服务总队公益讲解活动"启动仪式。

● 国际博物馆日,全市104家博物馆迎来约10万人次的参观,围绕"讲中国好故事,让文物活起来"的主题推出百余场丰富多彩的文化活动,让市民共享公共文化成果。

● 由市慈善基金会、上海电影(集团)有限公司、上海电影表演艺术协会共同主办,上影演员剧团和上海星时代文化公益中心承办的第三届上海公益微电影节开幕式在东方明珠举行。此次电影节以"帮助他人、阳光自己"为主题,为热爱电影的人士搭建平台,用微电影形式去发现生活中温暖的故事,展现那些需要温暖和关注的群体形象。

● 泰禾宣布向同济大学捐资2亿元,设立"同济大学泰禾医学发展基金"。设立基金推动同济大学医学事业的复兴捐赠仪式在同济大学举行,上海市及杨浦区相关领导、同济大学党委书记杨贤金、同济大学裴钢院士、常务副校长伍江、泰禾集团董事长黄其森,以及德国马堡大学、第二军医大学等25家医学院负责人,与同济大学医学院教师、学生代表等出席捐赠仪式。

● 以"跨境时代引领贸易新格局"为主题的2017上海青浦跨境电商创新发展论坛在上海虹桥绿地铂骊酒店举办。

19日

● 纪念中华职业教育社成立100周年大会在上海展览中心召开。中华职业教育社理事长陈昌智,市委副书记尹弘分别代表中华职业教育社和中共市委出席大会并讲话。

● 市政协重点协商办理"大力整治中小河道"提案专题,部分市政协委员赴宝山区庙行镇机场围场河、塘桥河整治工程现场实地察看,并与市水务局、环保局等提案办理单位座谈协商。市政协副主席蔡威出席。

● 上海首届网络文化节正式启动,经过数月时间评选而出的网络文化节Logo正式公布。文化节以"共建清朗互联网空间"为主题,即日起至11月,将开展内容丰富、形式多样的9项活动,彰显网络正能量。上海首届网络文化节由市委宣传部、市网信办和市文明办指导,市网络文化协会主办。

● 在《地方志工作条例》颁布十一周年和《上海市实施〈地方志工作条例〉办法》颁布六周年之际,由市地方志办公室主办的"2017上海地方志论坛"在上海展览中心举办。

● 副市长许昆林在人民大厦会见印尼日惹特区副省长帕库·阿拉姆十世一行,双方就共同落实两地2016—2020年度友好合作交流备忘录事宜深入交换了意见。

● 市副市长许昆林在市府贵宾厅会见拉脱维亚驻华大使一行。

● 以"合理用药与医药行风"为主题的2017年上海合理用药高峰论坛举办。

20日

● 由市政府主办的2017年全国科技活动周上海分会场暨上海科技节在上海科技馆启动,本届科技节主题为"万众创新——向建设具有全球影响力的科技创新中心进军"。全国政协副主席、科技部部长万钢与市长应勇共同启动2017年上海科技节。

● 虹口足球场上演上海德比,上海上港队客场以3∶1战胜上海申花队,打破其主场的19场不败纪录。同济大学迎来建校110周年。全国政协副主席、科技部部长万钢发来祝贺视频，寄语同济大学师生，站在新的起点上，同舟共济、自强不息、共同创造美好的未来。

● 赴京出席全国公安系统英雄模范立功集体表彰大会的上海公安英模代表团载誉而归，受到市公安局领导、民警和群众代表的热烈欢迎。

● 国务院消防工作考核组完成对市的消防工作考核，向市政府反馈考核情况。

● 由台盟市委、市台联、市海峡两岸交流促进会联合主办的“反殖民与台湾光复”日据时期台湾历史图文特展在市工人文化宫开幕。市政协副主席徐逸波，台盟市委主委李碧影出席开幕式。

21日

●“健步迎世赛快乐伴我行”主题活动在徐汇滨江大道举办，5位第四十六届世界技能大赛申办形象大使中的4位来到活动现场，为中国(上海)申办2021年第四十六届世界技能大赛营造氛围。

●“全国助残日”，市第九届残疾人运动会在闵行区体育馆开幕，全市5 000名残疾人参赛。副市长时光辉宣布本届残运会开幕。

● 2017英菲尼迪斯巴达勇士赛(上海站)在浦东区高行镇森兰绿地举办。斯巴达勇士赛第二次进入上海，作为风靡全球的障碍路跑赛事，今年比赛吸引了5 000位勇士的参加。

● NBA联赛上海赛决赛举办。上海中学国际部以82比55击败交大附中夺取冠军，上中国际5号刘子瑜凭借在内线的强势表现荣获本场比赛MOP(最杰出球员奖)。

● 第二届“中行杯”梦想成真公益健步行活动举办，近3 000名市区两级政协委员、民主党派成员、中青年知识分子联谊会成员、两新组织成员，以及社会各界健身爱好者与公益志愿者聚集于上海北外滩滨江绿地，一同为爱完成了一段5公里的健步行。

● 在第二十三届上海国际服装文化节国际时尚论坛暨东华时装周开幕式上，“未来究竟该是谁来引领时尚革命”成为时尚界和科技界学者们热议的话题。

22日

● 市推进“两学一做”学习教育常态化制度化工作部署会在市委党校召开。市委书记韩正出席并讲话。市长应勇主持会议。市人大常委会主任殷一璀、市政协主席吴志明、市委副书记尹弘出席会议。市委常委董云虎、廖国勋等出席。

● 中国商飞(COMAC)与俄罗斯联合航空制造集团(UAC)的合资企业——中俄国际商用飞机有限责任公司(CRAIC)在上海成立。合资公司主要负责中俄联合研制新一代远程宽体飞机项目的运行工作。

● 市长应勇主持召开市政府常务会议,部署实施上海工业强基(工业强基即强化工业基础能力)工程,巩固提升实体经济能级;研究落实食品安全责任,对小型餐饮服务提供者实施临时备案监管等事项。

● 上海自贸试验区召开新闻通气会,在国家质检总局支持下,设立"一带一路"技术贸易措施企业服务中心。这是上海自贸区率先探索打造互联互通监管合作新模式,在认证认可、标准计量等方面开展多双边合作交流的一个重要项目,是质检部门进一步深化改革、简政放权,支持上海自贸试验区建设、服务"一带一路"建设的又一创新举措。

● 市长应勇会见美国芝加哥联邦储备银行主席查尔斯·埃文斯一行,对芝加哥联储、中国人民银行和全球中央对手方协会联合在沪举办国际性场外衍生品研讨会表示祝贺。

● 市长应勇会见泰国清迈府府尹巴威因·昌尼巴萨一行。泰国驻沪总领事巴丽彩参加会见。

● 2017 年市防汛工作会议召开。气象部门预测,上海今年汛期将呈现"降水总量、高温日数和强对流天气偏多,影响台风强度强"的特点,今年台风活跃期较去年明显偏早。针对可能发生的汛期,防汛部门经过前期的两轮排摸,16 个区目前共梳理出 97 项问题清单,并形成防汛隐患"一区一图一表"。

● 市总工会、市发改委、市科委等联合举行 2017 年上海职工科技节开幕式,正式启动 2017 年"上海工匠"培养选树计划。

● 市政府颁布《关于加强本市困境儿童保障工作的实施意见》,意见明确,上海将着力完善困境儿童保障体系,重点聚焦因监护缺失、监护不当、不法侵害而陷入困境的儿童。

● 世界规模最大的业余高尔夫锦标赛之一、土耳其航空世界高尔夫杯上海站在佘山高尔夫俱乐部举办,这是土耳其航空第五次举办该项赛事,也是第四次在上海举办预选赛。

23 日

● 新一代世界最大集装箱轮 21413 标准箱的中国香港籍"东方香港"轮首航靠泊第一站——上海洋山港,刷新上海港靠泊世界超大型集装箱船运载箱量纪录。"东方香港"是史上第一艘"21000 + "标箱超级集装箱船。

● 市政府征兵办、市教委联合召开全市高校大学生征兵工作会议,学习贯彻全国大学生征兵工作网络视频会议精神,部署安排今年本市高校大学生征兵工作。市征兵办介绍了今年大学生征兵的有关政策规定和安排。

● 由中国人民银行和美国芝加哥联邦储备银行主办,全球中央对手方协会

(CCP12)承办的首届“场外衍生品研讨会”在上海举行。中国人民银行副行长、国家外汇管理局局长潘功胜,美国芝加哥联邦储备银行行长、首席执行官埃文斯,支付与市场基础设施委员会和国际证监会组织(CPMI-IOSCO)常设政策小组组长、欧洲中央银行市场基础设施和支付监管首席政策官鲁索出席会议并发表主旨演讲。副市长周波致欢迎辞。

● 市委副书记尹弘在虹桥迎宾馆会见由执行局主席哈菲兹·埃塞卜西率领的突尼斯呼声运动代表团。尹弘向来宾们介绍上海改革开放和经济社会发展等情况。

● 上海浦东新区的国内首家独立日间手术机构优仕美地医疗正式运营,开始探索落地中国的本土化之路。

● 浦东新区科经委、上海联通、上海产业技术研究院签署“智慧浦东”战略合作协议,共同发展浦东 NB-IoT(窄带互联网技术)产业应用孵化平台。

24 日

● 市委书记韩正在复旦大学为师生们作形势政策报告,解读市第十一次党代会报告,与师生们一同回顾上海城市发展的历程、分享城市未来发展的愿景,并对青年学生提出殷切希望。报告会之后,市领导听取了复旦大学党委书记焦扬、校长许宁生关于复旦大学改革创新发展的工作汇报。

● 市长应勇会见瑞典哥德堡市市长安—索菲·海尔曼松一行,并共同签署《市与哥德堡市 2017—2019 年友好合作交流备忘录》。瑞典驻沪总领事林莉参加会见。

● 市政协召开十二届三十六次常委会议,围绕“建设市民满意的食品安全城市”协商议政。市政协主席吴志明出席并讲话。副市长许昆林通报有关情况。

● “党的诞生地·一线一站”地铁文化长廊第二站在地铁 13 号线南京西路站揭幕。相较第一站 10 号线新天地站,更加突出艺术性和观赏性。

● 德国先进工业和经济贸易代表团一行来沪,与松江区签署战略合作框架协议,推进 G60 上海松江科创走廊与德国工业 4.0 的对接。

● 市政协副主席周汉民会见来沪访问的瑞典哥德堡市市长安—索菲·海尔曼松,就深化友城间各领域务实合作交流。

● 杨浦区市民健身中心投入运行,这是沪上首家智能化“互联网 + ”百姓健身房,率先引入 24 小时营业全天候模式,同时以低廉的价格为老年人、中青年、少年儿童、残障人士等人群提供健身服务,成为上海公共体育服务升级的又一全新案例。

● 汇编成册的《龙华民谣》一书首发。近百首龙华民谣中,流传最久的有 1 000 多年历史,按照“风物”“四季”“民风”“描物”“童趣”“拟情”“纪实”“规劝”分类。

● 上海银行业在支持“一带一路”建设上持续发力,包括表内外授信额、表内贷款余额、项目贷款等一系列数据同比都出现较大幅度的增长。

● 上海宋庆龄基金会母婴平安基金设立的“危重孕产妇帮困基地”在上海仁济医院落成。基金会经严格筛选、评估后,将承担全部或部分母婴抢救及后续的治疗费用,为来自贫困地区的危重孕产妇提供强大的社会支持体系和适当的经济援助,不让这些危重孕产妇因贫困“落泪”。

25日

● 市委书记韩正,市长应勇会见全国公安系统英雄模范立功集体先进事迹报告团和上海公安英模代表,向报告团的全体同志表示诚挚欢迎和崇高敬意。市领导董云虎、陈寅等参加会见。

● 市环保局宣布,今年截至目前,上海已查处环保违法案件1 656件,处罚金额1.58亿元,同比分别增长114.7%和116.3%,极大震慑了环境违法行为。

● 市长应勇赴静安、闵行和浦东三个区调研重大工程建设情况,并主持召开市重大工程推进会。浦东新区区委书记翁祖亮,副市长时光辉参加调研。

● 2017年市区人大常委会主任例会在杨浦区召开,会议围绕如何进一步发挥好街道人大工委作用、开展全市食品安全法律法规执法检查、做好市人大代表换届选举工作等主题进行深入交流。

● 市委副书记、市委党校校长尹弘为党校教师学员宣讲市第十一次党代会精神,强调要紧密团结在以习近平同志为核心的党中央周围,在市委的坚强领导下,深入学习宣传贯彻党代会精神,在学深悟透上下更大功夫,推动党代会精神进主业主课,加大科研和宣讲力度,为落实党代会明确的目标任务献计出力。

● 市工商行政管理局发布《关于服务自贸试验区和科技创新中心建设的若干意见》,科技成果转移转化的速度将进一步提升。

●《市环境保护条例》执法检查正式启动。市人大常委会副主任薛潮、副市长时光辉出席并讲话。

● 上海交通大学与故宫博物院签署战略合作框架协议,携手让更多中华优秀文化遗产“活”起来。

● 由市生态文化协会、市政协人资环建委员会共同主办的生活垃圾分类专题研讨会在市政协召开。市政协副主席李逸平出席并讲话。

● 中国证监会副主席方星海在第十四届上海衍生品市场论坛上表示,将逐步扩大商品期权品种,继续推进股指期权上市准备。论坛首次由上海期货交易所与中国金融期货交易所共同主办,以“稳中求进,发展开放”为主题。

● 2017司法鉴定理论与实践研讨会在上海开幕,会议由司法部司法鉴定科学技术研究所、市法医学重点实验室主办,会期2天。司法部副部长刘振宇出席。本次研讨会不仅涉及司法鉴定传统的三大类,还涉及环境损害司法鉴定这一新领域。

● 由市残疾人就业服务中心、市就业促进中心、市创业指导专家志愿团、海纳百创和“创客 201”联合主办的“创业路上，与你同行——海纳百创·上海助残周公益行”活动，邀请 9 位来自不同行业领域的创业指导专家走进“创客 201”，为这里的残疾人创客讲解创业相关扶持政策，助力他们的创业项目顺利孵化。

● 市“小学兴趣化、初中多样化”学校体育课程改革专题研讨会上，两堂充满乐趣的体育课展示了体育课的“新面貌”。

● 2017 上海科技节徐汇区活动启动仪式在徐汇·滨江龙美术馆举行。

● 一年一度的市交通安全宣传日，主题为“守法有序文明礼让”的活动举办，著名体育运动员王励勤获聘“道路交通安全宣传大使”。“上海交警 App”新增功能也正式上线，机动车违法手机处理成为可能。

26 日

● 市长应勇在上海交通大学作形势政策报告，解读市第十一次党代会报告，分享城市发展愿景，并重点就科创中心建设、人才发展和创新创业等方面内容与师生们交流。上海交大党委书记姜斯宪主持报告会，上海交大校长林忠钦出席。

● 第四十六届世界技能大赛申办工作委员会第二次全体会议暨 2017 年中国国际技能大赛组委会会议在沪召开。市长、申委会主任应勇出席并讲话，人力资源和社会保障部副部长汤涛通报世界技能大赛申办工作总体进展情况和下一步重点工作。会议听取将于 6 月 5 日至 10 日在市和江苏省苏州市举办的 2017 年中国国际技能大赛和国际技能研讨会筹备工作情况，听取并审议市申办世界技能大赛有关事项。

● 市政协召开“深化供给侧结构性改革”专题协商会。市政协主席吴志明出席。副市长周波通报有关情况，并听取委员建议。

● 市总工会正式出台《关于推进上海非公有制企业工会改革工作的指导意见》，进一步推动非公企业工会深化改革，打通服务职工的“最后一公里”。

● 上海音乐学院与美国伯克利音乐学院签约，共同创办上音—伯克利现代音乐院，打造具有中国风范的当代音乐创作“孵化地”。中国音乐家协会主席叶小钢将担任现代音乐院名誉院长。加拿大海军“渥太华”号护卫舰(舷号 341)在舰长西尔万·贝莱尔中校率领下，抵达上海扬子江码头，开始对上海进行为期 7 天的友好访问。

● 2017 年第六届“粉墨佳年华”——上海青年文艺家培养计划汇演新闻发布会召开。今年的汇演与“上海青年文艺家培养计划”紧密结合，推出 11 位青年文艺家。“粉墨佳年华”系列展示活动是中共市委宣传部人才培养重点项目之一，旨在打造上海文艺领军人才队伍，以“出作品、推新人”，为优秀青年演艺人才在上海成名成家提供平台和服务。

27日

● 在全国科技工作者日暨创新争先奖励大会上,上海获得两项大奖:第二军医大学医学免疫学国家重点实验室团队获全国创新争先奖牌,中科院上海技术物理研究所褚君浩院士获全国创新争先奖章。

●“上海论坛2017”年会在上海国际会议中心开幕。来自全球智库、高校、政府、企业等机构的700余位嘉宾围绕“亚洲与世界:新动力、新格局、新秩序”的主题进行深入探讨。

● 市人大常委会举办食品安全法代表培训暨执法检查市区联动工作交流会,在食品安全法律法规执法检查正式启动前进行动员和部署。市场监管工作党委书记阎祖强作《市食品安全条例》的解读,进行了分组座谈交流。

● 上海儿童医学中心、世界健康基金会主办的第二十届儿童健康节,“为了孩子,艺起骑行”大型公益活动通过慈善摄影艺术展和拍卖会、骑行等,发动全社会关爱罕见病及重症孤贫儿童。

● 2017上海科技节落下帷幕,一周内,上海举办了数千场科技活动,张江大科学装置、国家级重点实验室、外企研发中心等100多家高端实验室打开“神秘大门”,向公众开放;解放军航天员大队大队长聂海胜、C919大型客机项目行政指挥韩克岑等科技明星亮相,与公众交流……激光、全息技术为2017年全国科技活动周暨上海科技节闭幕式带来美妙的视觉效果。

● 2017年上海城市业余联赛篮球项目开赛仪式、市民篮球节暨闵行区莘庄篮球嘉年华启动仪式举行。本届城市业余联赛的市民篮球赛事、篮球嘉年华、篮球训练营等活动拉开帷幕。

28日

● 2017年中国龙舟公开赛暨第十四届上海苏州河城市龙舟国际邀请赛在梦清园水域举行。德力西电气跃龙队获得2017年中国龙舟公开赛(上海·普陀站)公开组总成绩第一名,泰国国家市政联盟队获得第十四届上海苏州河城市龙舟国际邀请赛公开组总成绩第一名。

● 端午小长假第一天,申城推出的端午文化节、传统文化市集等一系列文化活动,也为人们诠释了端午节丰富而多层次的文化内涵。

● 上海戏剧学院主办的“2017中国艺术管理专业建设”研讨会召开。业内人士聚焦艺术管理专业发展,认为培养眼光超前、能力过硬,与当代剧场发展相匹配的艺术管理人才,是建设一流的演出市场不可或缺的关键环节。

● 2017年上海童话节开幕仪式上,少儿图书馆新馆启动“畅想我的未来馆”新馆创意征集活动,向全市少年儿童征集“金点子”。

29日

● 创新味业品牌十六盏——“新生的荣耀”周年庆典暨答谢会在上海浦江饭店召开。市食品协会会长管和平、中国食品工业协会调味品专家委员会秘书长杨强、十六盏品牌创始人邵毓挺及来自美食、时尚和文化行业领域的近200位嘉宾出席此次庆典。

30日

● 上海文艺出版社携手知名作家格非、李洱和青年作家纳兰妙殊，在京召开“小文艺·口袋文库”系列图书发布会，与读者一起探讨“碎片化时代的阅读”。文库包含小说、社科随笔、传记等多种文学体裁，旨在为读者提供“小而简即为美”的纸质阅读理念，倡导以阅读充实碎片时间，塑造有情趣的生活范式。

● 第四届市学生龙文化全能赛在东方绿舟举办，全市16个区200余所学校的52支龙舟队、55支风筝队、46支龙狮队，5 000多名学生在这里感受传统文化的魅力。

● 在市群众艺术馆内举办的“端阳申江”传统文化集市很是热闹，在丰富的活动体验、手工制作、表演及讲座中，古老的端午习俗以全新的面貌融入现代生活。

● 上海城市业余联赛龙舟比赛暨松江区第九届端午龙舟赛在华亭湖开幕。龙舟盛会吸引了来自全区各街镇、委办局、大学园区及企事业单位等共30支龙舟队。开幕式的民间“拜水仪式”别具特色，扮演屈原的演员手捧竹简，声情并茂吟诵拜水祭文。

● 首个全国科技工作者日，一场草地音乐会在上海科学会堂举行，程不时、王向朝、曾凡一、刘宝林等科技工作者与上海爱乐乐团艺术家们联袂登台，展示科技与艺术交融的独特魅力。

● 民间艺人在罗泾镇举办的“端午传情美丽乡村”民俗展演上表演市郊特色节目“滚灯”。

31日

● 市委书记韩正检查市教育考试院高考各项准备和保障工作，在市国家教育考试指挥中心通过视频检查全市各考场准备保障情况，详细了解考试流程，听取考试安全及组织工作汇报。市委副书记尹弘，市委秘书长诸葛宇杰，副市长翁铁慧一同前往。

● 市政府举行新闻发布会，发布《关于创新驱动发展巩固提升实体经济能级的若干意见》，从落实国家战略、体现示范引领，优化城市功能、突出上海特点，破解发展瓶颈、加强统筹协同等几方面综合考虑，围绕提质增效、创新引领、环境营造、要素集聚、降低成本等方面提出50项具体举措。

● 副市长许昆林在市府贵宾厅会见立陶宛驻华大使伊娜·玛邱罗尼塔一行。

● “华东师范大学法学院在市人大常委会法工委建立实习基地签约暨志愿者服务队授旗仪式”在华东师范大学举行。根据双方协议，市人大常委会法工委每年为华东师大法学专业学生提供 20 个左右的专业实习岗位，实习岗位主要为立法及法制综合工作方面的辅助性事务。同时，根据市人大的需要，华东师范大学组织学生志愿者服务队参与市人大基层立法联系点工作。市人大常委会副主任吴汉民出席仪式并讲话。

● 华东建筑集团股份有限公司正式揭牌华建数创(上海)科技有限公司，发布第一代虚拟设计院平台产品——“云华建”Beta 版，这也是全国首个建筑工程设计项目数字化协同平台。同时，华建集团分别与微软(中国)有限公司、欧特克软件(中国)有限公司、盛裕控股集团签订战略合作协议。

● “一带一路”与邮轮经济发展专题座谈会在沪召开，中国船舶工业集团公司首艘国产邮轮将于 2023 年交付使用，2024—2028 年，每年都将交付一艘。

● 共康路、康宁路路口，面积约 915 亩的上海庙行镇康家村“城中村”改造 S-01 地块正式开工。康家村是宝山区“城中村”改造项目中首个开工项目。

● 市妇联宣布，市政府社区幼托点实事项目建设中，已有 23 个点完成选址，其中，杨浦区五角场社区、浦东新区高桥镇学前一村和长宁区携程亲子园三处已完成项目验收，6 月初作为首批幼托点即将投入试运营。

● 市总工会宣布，上海工会“职工亲子工作室”的数量已扩展至 59 家，达到年初设定的 50 家创建目标，可有效缓解职工托育困难。

● 第 30 个“世界无烟日”，市卫计委发布《上海市公共场所控烟白皮书》，控烟令实施近三个月，各类场所违规吸烟发生率显著下降。

## 本月

### 13—18 日

● “中国铁建地产 2017 年品牌战略发布会”在上海邮政博物馆召开，这场以“更好，永无止境”为主题的发布会，从会址选择到现场布置，都诉说着活动的格调与内涵。

### 16—21 日

● 2017 射箭世界杯赛陆家嘴金融城上海站比赛在浦东开赛。1 500 名市民和国际友人与全球顶尖选手同场竞技。赛事设男女反曲弓、男女复合弓个人和团体以及混合团体共 10 个项目，产生 10 枚金牌。

### 17—20 日

● 国务院消防工作考核组在上海考核 2016 年度消防工作。市公安局局长白少康代表市政府向考核组汇报了 2016 年上海消防情况。2016 年上海消防安全形势总体平稳，全市共发生火灾 4 464 起，未发生重大及以上火灾事故。

19—21 日

● 2017 梅龙镇广场国际剑联花剑世界杯大奖赛（上海站）在静安区梅龙镇广场和静安区体育馆举办。国际剑联花剑世界杯大奖赛作为上海举办的众多国际赛事中的著名品牌赛事，已在静安区举办多年，是静安区“一区一品”赛事。

20—27 日

● 由市政府主办的 2017 年上海科技节开幕，主题为“万众创新——向建设具有全球影响力的科技创新中心进军”，主会场设在上海科技馆。相比往届，2017 年上海科技节已经全面升级，由原来的两年一届提升为每年一届，并将进一步融合国际元素、上海元素和创新元素于一体，以全方位展示上海科技创新力量。

23—25 日

● 第八届中国卫星导航学术年会在上海国际会展中心召开，特邀国外卫星导航系统主管部门和卫星导航领域知名专家学者参会，通过学术交流、高端论坛、展览展示、科学普及等一系列活动，全方位展示卫星导航领域最新成果。

● 2017 年（第三十五届）中国国际体育用品博览会在国家会展中心（上海）举办，这也是体博会阔别十二年后再回上海。本届体博会室内展馆比上一届增加 30%，体育用品制造业各大类别的领军企业和品牌悉数参展。

25—26 日

● 由中国企业文化研究会和市委宣传部联合主办、中国华信能源有限公司承办的“第二届中国民营企业文化论坛”在上海举办。第九、十届全国人大常委会副委员长、中国文化院院长许嘉璐，中国企业文化研究会理事长胡平等出席活动并发言，论坛开幕式上还举行了中国民营企业文化建设总结表彰仪式，中国华信被授予“中国企业文化典范”称号。

25—27 日

● 全国工会推广上海顾村经验观摩交流会在宝山区召开，全国各地的工会干部们赶到上海，来到顾村，实地考察上海非公企业工会如何建起来、转起来、活起来的实践。

5 月 26 日—6 月 9 日

● 豫园中国日（节）2017 豫园端午文化节活动举行，吃粽子、立蛋、挂菖蒲、悬艾叶、涂雄黄、射五毒……在这里，传统端午文化、端午习俗、端午特产可以“一网打尽”。

## 6 月

1 日

● 市委书记韩正先后到杨浦小学分校和六一小学，参加庆“六一”主题活动，代表市委、市政府向全市少年儿童致以节日祝贺,并向为孩子们健康快乐成长付出心血、为上海教育事业作出贡献的广大教师和教育工作者表示崇高敬意。

● 市长应勇到市儿童福利院看望孤残少年儿童,并祝全市少年儿童节日快乐。他和小朋友们围坐在一起,欣赏孩子们带来的精彩演出,并与小演员们合影留念。

● 市政府与华为投资控股有限公司在沪签署战略合作框架协议。市长应勇,华为公司总裁任正非出席。副市长周波,华为公司副董事长、轮值CEO郭平代表双方签约。

●“六一”国际儿童节,2016—2017年度“上海市十佳少先队员”出炉。

● 市公共关系协会、市教委、团市委在中国金融信息中心召开“2016年度上海高校公共关系学专业奖学金”颁奖大会。由上海6所高校评选并经批准的95名公关专业优秀学生获奖。

● 彩虹之约——2017社会关爱特殊儿童“六一”主题活动在中国福利会少年宫举行,市委宣传部部长董云虎,市人大常委会副主任徐泽洲,市政协副主席李逸平等领导启动上海关爱特殊儿童的“海星之愿”爱心项目。

●“落实企业安全主体责任,助力上海科创中心建设——上海市安全生产社会共治工作交流推进会”召开。

● 市公安系统英雄模范立功集体先进事迹报告团首场报告会在浦东新区拉开帷幕,市公安局经侦总队一支队探长林植、浦东分局治安支队行动大队副大队长陶佳亮等众多英模典型在报告会上一一亮相,分享各自的故事。

● 第二十届上海国际电影节公布今年入选展映的45家电影院的名单。除了老牌的上海影城、大光明电影院、和平影都等之外,还出现了一些新面孔,如美琪大戏院、天山电影院等。

2日

● 由国家新闻出版广电总局、市委组织部、市委宣传部指导,国家新闻出版广电总局直属机关党委、市文化广播影视管理局、上海电影(集团)公司主办,上影股份联和电影院线承办的“2017’我的电影党课”,在上海影城1号厅举行启动仪式。

● 市政协召开“本市城乡中小河道综合整治”专项民主监督工作启动会暨专题通报会。市政协主席吴志明讲话,市政协副主席李逸平主持。

● 根据2017年市委同各民主党派、无党派人士政治协商安排,本市举行专题协商座谈会。市纪委书记廖国勋就“本市党风廉政建设和反腐败工作”有关情况作介绍,并与党外人士座谈,听取意见建议。市委统战部部长施小琳主持会议。民盟市委主委陈群,民建市委主委周汉民,民进市委主委黄震等先后发言。

● 本市对2016年底前已按规定办理退休手续并按月领取基本养老金的机关事业

单位退休人员，从2017年1月起调整月基本养老金。调整办法继续实行定额调整、挂钩调整，并对高龄人员适当倾斜。

● 2016—2017上海市“未来科技之星”颁奖仪式在中国福利会少年宫少年厅举行。30位学生获上海市“未来科技之星”称号，本次活动由上海科普教育发展基金会、上海市儿童基金会和上海市慈善基金会共同主办。

● 复旦大学附属妇产科医院上海集爱遗传与不育诊疗中心诞生我国首例成功阻断X-连锁重症联合免疫缺陷病（XSCID）的第三代试管婴儿，新生儿体重3 700克，各项身体指标良好，孩子免疫功能正常。

3日

● 由市民宗委和徐汇区政府共同举办，徐汇区民宗委、徐汇区体育局和上海西岸集团共同承办的2017年上海民族宗教法制宣传学习月活动启动。来自全市民族宗教界的代表、民族宗教工作代表及普通群众代表约400人共同参与“同心同行，迎接十九大”的健身走活动，以实际行动传递民族宗教界的正能量，号召全社会共同遵法学法守法用法。

● 第十届上海高校外国留学生龙舟赛在上海华东理工大学奉贤校区通海湖畔举办，来自复旦大学、同济大学、华东理工大学等29所高校的千余名外国留学生参赛，体验中华传统文化。

● 全国儿童器官移植高峰论坛上，有关儿童器官捐献缺口巨大的问题受到热议，专家呼吁器官捐献“儿童优先获得”。

● 上海学生阅读联盟“青衿书苑读书会”首场活动举办。以“爱的教育”为主题，150位学生与家长在与台上嘉宾的互动中，度过了一个书香周末。上海学生阅读联盟由市语委、市教委、世纪出版集团等单位共同发起成立，成为教育部门和新闻出版部门建设阅读推广长效机制的有益探索。

4日

● 2017庆“六一”青少年体育俱乐部少儿体育开放日在申城16个区举行，131家青少年体育俱乐部向1万多名家长和孩子免费开放。

● 在第46个世界环境日，围绕“绿水青山就是金山银山”的中国环境日主题，一场以“我的城市我的园”为主旨的青年论坛“城市生活·青年说”在上海举行。

● 上海开放大学首届家政服务专业第一批330名学生毕业了。这是上海唯一一所举办家政服务专业的高等院校。

● 上海公共交通卡公司发布消息，住建部正大力推广以CPU卡为核心的城市互联互通，并将在2018年前全面停止发行M1卡。为避免两种互联互通模式对城市通卡管理的影响，今年6月30日起上海拟关闭对M1卡互联互通。

● 上海出品影片《我是医生》在沪召开研讨会。专家认为,影片通过"医术和医学""老师和学生""医生和患者"三组关系,让观众感受和领略了党员英模、卓越的医学科学家吴孟超的风范。

5 日

● 市驻沪部队全面停止有偿服务军地协调领导小组专题会议召开。市委书记、市驻沪部队全面停止有偿服务军地协调领导小组组长韩正主持会议并讲话。市领导陈寅,上海警备区司令员张晓明,武警上海市总队司令员朱宏等出席会议。会上传达了中央会议精神,武警上海市总队、上海警备区等单位工作党委先后发言。驻沪部队有关领导,各相关区党政负责同志,市相关委办局负责同志出席会议。

● 全国人大常委会固体废物污染环境防治法执法检查汇报会在上海召开。全国人大常委会副委员长艾力更·依明巴海讲话,全国人大常委会委员、环资委副主任委员卫留成介绍执法检查工作要求。市长应勇,市人大常委会主任殷一璀分别致辞。

● 市委副书记、市委党校校长尹弘会见由市委副书记武氏容率领的越南胡志明市党政代表团。

● 徐汇区建交委与市城市排水有限公司签约,首次尝试市区联手进行水环境综合整治中的排水系统综合改造项目。首个试点项目位于徐汇区东上澳塘康健泵站。

● 市长应勇来到上海人民广播电台《市民与社会·市长热线》节目现场,就"治理水环境、共建好生态"这一话题,回应市民的热点问题。

● 上海禁毒工作新闻发布会召开,截至 2016 年底,全市登记入库吸毒人员 85 045 名,同比增长 4.6%。其中,35 岁以下青少年占总数的 38.8%,同比下降 0.5 个百分点,青少年毒品预防教育效果初步显现。

6 日

● 主题为"生态成就文明,保护铸就精彩"的 2017 年长江口珍稀水生生物增殖放流活动,在上海市长江口中华鲟自然保护区附近水域举办。活动由市农业委员会、崇明区人民政府联合主办,上海市长江口中华鲟自然保护区管理处承办,共放流国家一级保护动物中华鲟 30 尾和国家二级保护动物胭脂鱼 3 万余尾。

● 作为吴建民国际青年访问计划首批参与者,10 名法国青年参观上海城市规划展示馆,并与市发改委负责人座谈。

●"机遇与挑战"中荷商贸论坛在沪举办,市政协副主席周汉民出席并作"'一带一路'战略与中国企业国际化"主题演讲。

● 上海中医药大学附属光华医院揭牌,这是上海中医药大学第 8 家(非直属)附属医院正式落户长宁。

● 2017 年中国国际技能大赛开幕式在上海东方体育中心举行。市委书记韩正宣布大赛开幕。开幕式上，人力资源和社会保障部部长尹蔚民，市长应勇，世界技能组织主席西蒙·巴特利分别致辞。

● 拥有“香港文化大使”及“民乐翘楚”美誉的香港中乐团在上海保利大剧院举行大型民族交响音乐会，为观众献上视听盛宴，正式拉开“庆祝香港回归二十周年暨沪港文化月”活动的序幕。活动由市人民政府港澳事务办公室(港澳办)和香港特别行政区政府驻沪经贸办携手举办。

7日

● 市长应勇在人民大厦会见荷兰鹿特丹市市长艾哈迈德·阿布塔莱伯一行，并共同签署两市2017—2019年友好合作交流备忘录。荷兰驻沪总领事艾晓安参加会见。

● 市人大常委会主任殷一璀会见匈牙利国会主席格维尔一行。向客人介绍地方人大的工作。

● 市委召开专题会议，进一步贯彻落实习近平总书记对上海创新社会治理加强基层建设工作的一系列重要指示精神，按照市第十一次党代会要求，部署落实街道“五项权力”和深化完善力量下沉工作，推动市区职能部门更好地服务基层。

● 市委书记韩正，市长应勇会见由浙江省嘉兴市委书记鲁俊，嘉兴市市长胡海峰率领的嘉兴市党政代表团一行。韩正向代表团介绍上海经济社会发展情况。

● 副市长许昆林会见匈牙利国会主席格维尔·拉斯洛一行，他向客人介绍上海经济社会发展情况。双方就进一步加强上海与匈牙利在经济、文化等领域的合作交换意见。

● 市质监局宣布，“上海品质”建设启动。与之配套的上海地方标准《上海品质评价通用要求》同时发布。

● 市政协重点协商办理“提升‘世界城市日’影响力，推动上海建设卓越的全球城市”提案专题。建议将“世界城市日”活动纳入上海对外开放总体战略，完善相关体制机制，搭建高端研究平台，强化智力支撑和社会参与。周海洋、黄鸣、金亦民、管维镛等委员就加大“世界城市日”宣传力度、充分发挥社会组织作用、提升活动国际影响力和社会参与面等提出意见建议。

● 由市民政局、市老龄办、市贸促会主办的“2017中国国际老龄产业高峰论坛”在沪举办。论坛以“养老服务需求与供给的有效对接”为主题，国内外政府部门、养老产业界和科研机构的专家、学者近500人参加，共同探讨养老产业发展问题。

8日

● 市文化金融合作座谈会召开，市委宣传部部长董云虎出席并讲话。闵行区政府、浦发银行等单位代表分别做交流发言。各区委宣传部、金融机构、文化企业代表约

80 人参加会议。

● “一国两制”的实践与沪港合作前景暨香港回归二十周年学术研讨会在锦江小礼堂召开。京港沪等地有关官员、学者、企业家围绕香港回归后所取得的成就、“一国两制”下开创沪港合作新篇章、“一带一路”与沪港合作新思路等展开讨论。

● 副市长翁铁慧在人民大厦会见国际游乐园及景点协会(IAAPA)总裁兼首席执行官薄洛伦一行。

● 2017 年上海首次正式实施“3 + 3”新高考,外语实行“一年两考”并加入听说测试。

● 商务印书馆第五印刷所旧址揭牌仪式在天通庵路 190 号举行。商务印书馆是中国唯一一家跨越三个世纪的出版机构。此次修复过程中,通过对建筑材质的复原和原塔楼的切割平移,重现昔日第五印刷所原貌,延续商务文脉,保存了商务印书馆最珍贵的记忆。

● 在流动源污染控制上,上海又出新招。市环保局宣布,今年 7 月 1 日起,在上海办理注册登记(含外省市转入)的重型柴油货车必须达到国五排放标准。

● 由上海金融业联合会发布《上海金融景气指数(2016)报告》,在“十三五”开局之年,上海金融业整体保持增长态势,景气指数为 1 218 点,较 2015 年增长 0.6%,景气度稳中有升。

● 最高人民法院第三巡回法庭行政审判工作座谈会在沪召开。最高人民法院党组副书记、副院长、第三巡回法庭庭长江必新,上海市高级人民法院党组书记、院长崔亚东出席会议并讲话。

9 日

● 市政府与中远海运集团在沪签署战略合作框架协议。市长应勇出席签约仪式。副市长周波与中远海运集团董事长、党组书记许立荣代表双方签约。中远海运集团总经理万敏与上港集团负责人签署相关协议。

● 市长应勇在人民大厦会见澳大利亚澳新银行董事长恭士祺一行。

● 市委副书记尹弘主持召开群团改革现场推进会。听取市总工会、团市委、市妇联等单位作交流发言。

● 市政协副主席周汉民会见中非共和国第一副议长孔贝莱率领的议员代表团一行,介绍人民政协履职情况,并围绕深化“一带一路”框架下多领域合作进行友好交流。

● 市政府办公厅印发《关于执行〈上海市非营业性客车额度拍卖管理规定〉若干要求的通知》。

● 市高级人民法院和市政府法制办联合召开“上海市实施新行政诉讼法两周年座谈会暨行政争议多元解决专题研讨会”,对上海市政府落实新行政诉讼法推进依法行政工作、上海法院行政审判工作等相关情况作通报，并发布2016年度上海法院行政案件司法审查白皮书及《上海法院行政诉讼案例精选》。最高人民法院副院长、第三巡回法庭庭长江必新，副市长周波，上海市高级人民法院院长崔亚东出席并致辞。

● 第五届国际（上海）非物质文化遗产保护论坛在上海举办。

10日

● 由中国电影资料馆、上海电影家协会、上海电影博物馆和上海文化出版社联合主办的“一个人的电影史——《郑君里全集》首发暨纪念郑君里特展开幕仪式”在上海电影博物馆举行。

● 第二军医大学长海医院与上海市120急救中心签署合作协议，将部队野战医疗队和野战医疗所的建设经验引入急救领域，打造军民融合式急救系统的新平台、新模式。

● 首个“文化与自然遗产日”，市政协文史委、市摄影家协会、市城市规划展示馆联合举办“留住城市记忆”上海历史文化风貌区无人机航拍活动启动仪式。

● 伴随着“锣鼓云庆”的悠扬丝竹声，宝山区大场镇十大非物质文化遗产传承人集体在宝山宜家生活广场举办技艺体验和传承活动。现场10个非遗项目展示中的“江南丝竹”为上海市市级非遗传承项目。

● 首个“文化和自然遗产日”，全市100处文物建筑集中向公众免费开放，百余场文化活动遍布申城，展现传统文化的勃勃生机，让参与者们兴致盎然。

● 复旦大学附属华东医院与静安区卫生和计划生育委员会签署合作协议，正式成立“华东医院—静安区康复医疗联合体”，未来双方将形成医疗联合体内部完善机制，让患者享受有效、快捷、经济的康复治疗。

11日

● 上海国际电影节国际影片展映影展正式售票。开票1分钟后售出38 619张，5分钟后数字飙升到122 965张。截至18时，售票共计35.3万张，其中线上22.4万张，线下12.9万张，远超去年同期的26.4万张。

● 市委常委会召开会议，听取本市做好东西部扶贫协作相关工作的情况汇报，对帮助对口帮扶地区打赢脱贫攻坚战进行再部署。市委书记韩正主持会议并讲话。

● 上海浦东新区“文化与自然遗产日”主题活动暨上海沿海非遗边防传习走廊启动仪式举行。浦东山歌、古船模制作技艺、绕龙灯等首批18个非物质文化遗产项目传习所在上海市公安边防支队挂牌成立，非物质文化遗产正式走进上海边防警营。

12日

● 国务院安全生产委员会第七巡查组巡查上海市安全生产工作动员会议召开。国务院安委会第七巡查组组长、全国政协委员、书记处书记李世明出席会议并讲话。市长应勇向巡查组作表态性发言,副市长时光辉主持会议并向巡查组汇报上海市安全生产工作情况。

● 市长应勇主持召开市政府常务会议,研究加强黄浦江上游饮用水水源地保护,进一步提升饮用水水质和安全系数;研究推进本市临床重点专科建设,完善医疗服务体系等事项。

● 市人大常委会部分组成人员赴浦东新区进行《上海市消费者权益保护条例》执法检查,并对预付款消费、个人信息收集使用、共享经济服务新领域的消费者权益保护等三个议题进行听证。

● 2017年上海国际电影电视节大幕正式拉开,第二十三届上海电视节白玉兰奖评选、电视展播、产业论坛、影视市场等各项活动率先全面展开。今年的白玉兰奖国产剧入围作品以现当代题材为主,体现了聚焦时代脉搏、扎根生活的品质。

13日

● 国务院召开全国推进简政放权放管结合优化服务改革电视电话会议。市长应勇在上海分会场讲话,市领导陈寅、翁铁慧等出席上海分会场会议。

● 市老龄工作委员会召开全体(扩大)会议。市委副书记尹弘主持会议并讲话,会议还就进一步丰富老年人精神文化生活,进一步拓展老年维权与优待工作,进一步推动老龄产业发展,进一步加强老年宜居环境建设和老龄基础工作等作部署。

● 市委常委、政法委书记陈寅在虹桥迎宾馆会见印度国大党总书记瓦斯尼克一行。陈寅向来宾们介绍上海改革开放和经济社会发展等情况。

● 作为每年上海电视节的"传统项目"——国际影视节目市场在上海展览中心"开张"迎客。

● 由国家新闻出版广电总局、市政府主办,市文广局、上海电视节组委会、上海广播电视台承办的第二十三届上海电视节开幕论坛"文化传承与当代创新——中国电视节目自主创新高峰会"举行。

● 市广播影视制作业行业协会微电影专委会在上海电视节国际影视市场成立,旨在改善目前微电影行业内容与质量良莠不齐的局面,引导作品创作,加强行业规范和自律。由专委会监制的青春网络剧《蔚蓝50米》也在现场发布。

● 市交通委员会向"大众出行"正式颁发《网络预约出租汽车经营许可证》,编号为001号。根据规定,此次大众出行平台在上海获得网约车牌照,可在全国范围通用,进行线下和线上业务,这是上海地区发出的首张网约车经营许可证。神州专车获得了线下的网约车经营许可证,编号为002。

14 日

● 市人大常委会召开第八十六次主任会议，决定市十四届人大常委会第三十八次会议于 6 月 21 日至 23 日召开，将表决《上海市社会信用条例(草案)》。市人大常委会主任殷一璀主持会议。

● 市人大常委会召开专题调研动员会，正式启动 2017 年上海市全国人大代表专题调研工作。全国人大代表、市人大常委会主任殷一璀出席会议并作动员讲话。

● 上海公安学院举行揭牌成立仪式，市委政法委书记、副市长陈寅，市公安局党委书记、上海公安学院院长龚道安共同为上海公安学院揭牌。

● 沪上 5 万高考考生评卷工作在各科目评卷点有序进行。来自徐汇、浦东等 6 个区的考生家长代表，在市教委、市教育考试院组织下，走进 2017 首次新高考评卷点，见证不同科目教师现场评卷，还与语文、数学、外语科目中心组专家展开座谈。

● 上海期货交易所子公司上海国际能源交易中心宣布，自 6 月 13 日起正式受理客户申请交易编码，目前共计 68 家会员、175 户客户完成了能源中心交易编码的申请。

● 市见义勇为先进分子表彰会召开，14 名个人及 7 个群体获授市级见义勇为先进荣誉。市委政法委书记陈寅出席会议并讲话。

● “世卫组织新发与再现传染病临床研究与培训中心”落户上海公卫中心。这标志着上海在新发与再现传染病临床研究与培训方面将与国际前沿医学接轨，从而进一步提升上海应对突发公共卫生事件的能力。

● 由上海市古籍保护中心主办、本市 12 家古籍收藏单位参与的“汲古慧今——上海市古籍保护工作十年成果展”在上海图书馆开幕，向公众展示各参与单位收藏的 70 件古籍精品。

15 日

● 市长应勇在人民大厦会见美国华特·迪士尼公司董事长兼首席执行官罗伯特·艾格一行。

● 市政协召开华侨华人经理人座谈会，20 位华侨华人经理人代表围绕“发挥侨力，助推‘双创’”主题交流经验，建言献策。市政协主席吴志明出席并讲话。

● 市政协“本市城乡中小河道综合整治”专项民主监督工作第三组赴杨浦区，实地察看小吉浦整治情况和虬江滨水公共空间并座谈交流。

● 商务印书馆上海印刷股份有限公司成立 120 周年主题大会在原商务印书馆第五印刷所旧址召开。市委宣传部部长董云虎出席并讲话。国家新闻出版广电总局印刷发行司、中国新闻出版传媒集团、商务印书馆有限公司等有关方面负责同志、社会各界嘉宾，印刷人代表以及员工代表等近 200 人参加大会。大会由上海世纪出版(集团)有限公司和上海印刷(集团)有限公司联合主办。

● 市政协重点协调办理“推进供给侧结构性改革”提案专题座谈会召开。市政协副主席王志雄出席座谈会。

● 国际法制计量组织(OIML)和国家质量监督检验检疫总局共同举办的“OIML 证书制度国际研讨会”在上海召开。上海企业获得 OIML 证书 14 份。国家质量监督检验检疫总局副局长吴清海、副市长许昆林出席开幕式并讲话。

● 上海市总工会与上海开放大学全面合作,成立“工匠进修学院”,开设“工匠本科班”和“劳模本科班”,为需要就读本专科学历的劳模、工匠、职工科技进步奖获得者等辟新路,构建新时期产业工人的开放教育体系。

● 由市委组织部、市委宣传部、上海警备区政治部主办的上海纪念建军 90 周年军史系列讲座开讲。国防大学战略教研部教授、市国防教育基金会客座教授金一南少将,作题为“军旗为什么这样红——创建过程中的人民军队”的报告,讲述从八一南昌起义到红军三大主力长征胜利大会师这一时期我军的重大历史事件,从理论到实践,阐明我党我军不忘初心、继续前进的理想和信念。500 多名企业家、社区居民代表现场聆听报告。

● 由市人民政府参事室、上海图书馆主办的“第三届海峡两岸古籍保护高峰论坛”在沪举办,两岸百余位专家学者汇聚一堂,以中华典籍的文化传承为主题展开深度研讨。

16日

● 第二十三届上海电视节闭幕,在东方艺术中心举行“白玉兰绽放”颁奖典礼。现实主义题材是本届电视节白玉兰奖的大赢家,演员张译、殷桃凭借《鸡毛飞上天》分获最佳男、女主角奖,《好家伙》获得最佳电视剧奖。

● 浦东新区推出提高海外人才通行和工作便利度九条措施并举行海外人才局揭牌仪式,宣布成立全国首个海外人才局。

● 市人大常委会召开食品安全执法检查启动会。市人大常委会主任殷一璀出席并讲话。市人大常委会组成人员一行赴“梦花街馄饨”检查食品安全状况,与“梦花街馄饨”经营者交流,并赴南京东路市场监督所,观看重点食品经营单位远程视频监控,听取关于基层食品安全属地责任和监管责任落实情况的汇报和关于“小型餐饮标准化建设”的情况介绍。

● 市政协召开“学习贯彻中共上海市第十一次代表大会精神情况”专题通报会。市政协主席吴志明出席并讲话。

● “浦江创新论坛——2017 科技创新智库国际研讨会”在沪举行,来自国务院发展研究中心、中国科技发展战略研究院、上海市科学学研究所、美国布鲁金斯学会、德国弗劳恩霍夫协会等高端智库的专家集聚一堂，探讨“创新全球化与城市功能再造”主题。

● 市公安局为获得首批“外国人永久居留身份证”的10名上海外籍人士颁发外国人永久居留身份证。

● 市建设交通系统召开干部大会，将上海市住房和城乡建设管理委员会承担的住房保障、房屋管理、房地产市场监管等有关政策研究、政策执行和行业管理职责划出，设立上海市房屋管理局。

17日

● 2017年上海国际电影电视节金爵盛典在上海大剧院举行，也拉开第二十届上海国际电影节的大幕。93岁的传奇影人王丹凤获得本届华语电影终身成就奖，成为“金爵盛典”上众人瞩目的最美女神。金爵盛典以“初心、匠心、敬畏心”为主题，历届金爵奖获奖电影人以各自的心路阐述，共同向步入第二十届的金爵致敬。

● 第二十届上海国际电影节首日，来自印度、罗马尼亚等14个“一带一路”沿线国家的15个电影节代表，共同签订“一带一路”电影文化交流合作机制备忘录。

● 上海中青年知识分子联谊会六届五次理事大会召开。市委统战部部长施小琳出席并讲话。市知联会科技创新专委会、金融贸易专委会、社会发展专委会正式揭牌成立。常江、谈剑峰等10人由于在岗位建功、建言献策、社会服务等方面的积极贡献，获全市首届“知联奖”。

● 由市卫生和计划生育委员会主办，市公安局、市交通委员会支持，瑞金医院承办的上海市航空医疗救援体系与管理研讨会召开，上海正在建立一支航空医疗救援的工作队伍，为大众搭建起一条“空中生命线”。

18日

● 市社会科学界联合会举行“中国哲学社会科学构建与学术期刊建设——纪念《学术月刊》创刊六十周年”研讨会。与会代表结合人文社会科学学术期刊面临的新形势、新任务，就学术期刊如何服务当代中国哲学社会科学构建、媒介新秩序与学术期刊建设等议题展开深入研讨。

● 第七次中巴财金分委会会议在上海召开，中国和巴西双方就当前全球背景下的中巴宏观经济形势与政策、结构性改革措施等议题展开深度讨论，达成多项重要共识。中国财政部副部长史耀斌与巴西财政部副部长马赛罗·埃斯特旺共同主持会议。中国财政部、外交部、人民银行、国家开发银行、进出口银行、中投公司以及巴西财政部、中央银行、证监会、巴西驻华使馆、巴西银行等部门和机构的高级官员出席会议。

● 由文化部和国家新闻出版广电总局合作，在上海举办的“中外影视译制合作高级研修班”召开成果发布会。三年来全球有50多个国家的170余名专业人士来华研修，进而推动100多个中外影视机构的深入交流，有500多部中国作品通过研修班及中国文化译研网平台得到了多语言推介，近百部优秀作品在中外专家共同努力下得到了高水平翻译推介或合作推广，在国际市场和主流传播渠道受到欢迎。文化部副部长项兆伦出席并讲话。

● 第七届中国汽车模特大赛总决赛新闻发布会在沪召开。本次大赛由中国汽车工程学会、中国汽车产业文化与运动协同组织、《汽车之友》联合主办，是国内专业汽车模特赛事之一。

19日

● 金砖国家财长和央行行长会议在上海召开。与会各方就宏观经济形势、G20财金议题协调以及务实财金合作等议题进行深入讨论，并通过财政和金融成果要素文件，拟提交金砖国家领导人厦门会晤。

● 由市委组织部、市总工会、市委党史研究室主办，市党建服务中心、市工人文化宫承办，中共一大会址纪念馆、井冈山革命博物馆、遵义会议纪念馆、延安革命纪念馆、西柏坡纪念馆协办的《不忘初心，继续前进——迎接建党100周年“革命圣地系列展”》启动仪式在中共一大会址纪念馆举行。

● 东航集团与联想控股股份有限公司、普洛斯投资(上海)有限公司、德邦物流股份有限公司、绿地金融投资控股集团有限公司等4家投资者，以及东航物流核心员工持股层代表正式签署增资协议、股东协议和公司章程。各家商定共同打造中国民航领域混合所有制改革“第一样本”。

● 市政协副主席李逸平在市政协会见缅甸掸邦议会代表团，他向来宾介绍上海改革开放和经济社会发展等情况。

20日

● 以“全球视野下的金融改革与稳健发展”为主题的2017陆家嘴论坛，在黄浦江畔拉开帷幕。市委书记韩正出席开幕式暨第一次全体大会并致辞。全国政协副主席、中国人民银行行长、论坛共同轮值主席周小川致欢迎辞并作主旨演讲，市长应勇作主旨演讲。

● 市委常委学习会召开，重点围绕国际国内人工智能的发展和应用开展学习讨论。市委书记韩正主持会议并讲话。

● 国务院安委会安全生产第七巡查组已完成对本市巡查的第一阶段工作任务，通过听取汇报、查阅资料、召开座谈会、受理信访等措施，全面检查市政府及部门贯彻落实党中央、国务院决策部署、完善健全安全生产责任体系等工作情况。

● 市政协召开十二届九十一次主席会议，审议“着力推动实施具有全球影响力的科技创新中心建设国家战略”调研报告等议题。市政协主席吴志明主持。市政协副主席姜平、赵雯、周汉民等出席。

●《上海市促进科技成果转移转化行动方案（2017—2020）》由市政府办公厅发布。行动方案聚焦要素功能提升、生态环境营造两条主线，提出 4 项重点任务、15 项子任务，涉及 23 个委办局以及各区政府，合力促进科技成果转移转化。

● 上海虹桥机场与支付宝合作，在国内推出首个“无感支付”停车场。

● 市政协召开十二届九十一次主席会议，审议《着力推动实施具有全球影响力的科技创新中心建设国家战略》调研报告等议题。会议审议了列席市十四届人大常委会第三十八次会议（扩大）工作方案等议题。

● 市政府办公厅发布通知，调整由市发改委、市经信委等七部门制订的《上海市鼓励购买和使用新能源汽车暂行办法（2016 年修订）》，以进一步做好新能源汽车推广应用工作，促进新能源汽车产业发展。

21 日

● 市委、市政府召开第六次“补短板”综合治理现场会。市委书记韩正出席并讲话。韩正和市长应勇，市委副书记尹弘等带领各区和市相关委办局负责同志，来到嘉定区安亭镇钱家村，实地察看吴淞江沿线环境综合整治情况。市领导陈寅、翁祖亮等出席现场会。嘉定区委、宝山区委、市建设交通工作党委等单位汇报相关工作。

● 市十四届人大常委会第三十八次会议召开，听取和审议关于检查本市贯彻实施《上海市消费者权益保护条例》情况的报告，并开展询问。会议听取《上海市消费者权益保护条例》《关于促进和保障崇明世界级生态岛建设的决定（草案）》审议结果、《上海市预算审查监督条例（草案）》审议结果等情况报告。

●“深化改革时代背景下的立法理论与实践学术研讨会”暨上海交通大学立法研究中心成立仪式在上海交通大学举行。来自本市、国家部门、兄弟省市的相关领导、立法研究和实务工作的专家学者 40 余人出席。市人大常委会主任殷一璀出席“上海交通大学立法研究中心”成立仪式并讲话。

● 市政协召开“传承城市历史文脉，推进上海国际文化大都市建设”专题通报会。市政协主席吴志明出席。市委宣传部部长董云虎通报有关情况。市政协副主席姜平、赵雯等出席会议，副主席徐逸波主持。

● 由市政府、中国人民银行、中国银监会、中国证监会、中国保监会共同主办的 2017 陆家嘴论坛落下帷幕。

● 市人大常委会主任殷一璀会见古巴全国人民政权代表大会主席拉索一行。

● 市委书记韩正，市长应勇会见澳门特别行政区行政长官崔世安一行。市委秘书长诸葛宇杰参加会见。

● 市委书记韩正会见由古巴共产党中央书记处书记、国际关系部部长巴拉格尔率领的古共代表团一行。市委秘书长诸葛宇杰参加会见。

● 市长应勇分别会见美中贸易全国委员会会长傅强恩、美国江森自控有限公司董事长兼首席执行官穆安礼。

● 教育部在沪召开高校思政课教学质量年调研片会暨高校"课程思政"现场推进会。副市长翁铁慧出席会议。

● 市委宣传部、市委党史研究室在上海图书馆联合召开"中国共产党的创建与上海"学术研讨会。中共中央党史研究室章百家研究员作主旨报告,忻平、王健等六位同志作主题发言。来自本市党史系统、高校、党校等单位的代表共120余人出席研讨会。

● 市公安局交警总队召开部署动员会,明确下一阶段整治重点将向非机动车和行人的道路交通违法行为延伸,重点整治行人乱穿马路、非机动车乱骑行等5类突出交通违法行为。

23日

● 市十四届人大常委会第三十八次会议表决通过《上海市社会信用条例》,条例将自2017年10月1日起施行。

● 第二十届上海国际电影节亚洲新人奖颁奖典礼在上海大宁剧院举行,"亚新奖"各大奖项的最终归属当场揭晓。其中,马来西亚《分贝人生》获最佳影片、最佳摄影、最佳男主角3个奖项。

●《上海市人民代表大会常务委员会关于促进和保障崇明世界级生态岛建设的决定》经市十四届人大常委会第三十八次会议表决通过,今年7月1日起施行。

● 市教育考试院发布本市普通高等学校秋季招生本科各批次录取控制分数线。其中,本科控制分数线402分;自主招生控制分数线501分。艺术类、体育类本科文化控制分数线也已公布。

● 根据中央军委国防动员部命令,经报市委书记、上海警备区党委第一书记韩正批准,上海警备区召开宣布新调整组建单位领导任职命令大会,警备区政委凌希少将宣读中央军委国防动员部命令,警备区司令员张晓明少将就新调整组建后部队工作任务提了要求。本次改革,警备区机关由原来的四大部即司令部、政治部、后勤部、装备部,调整为"一办四局"即办公室、政治工作局、战备建设局、国防动员局、保障局。

● 为纪念香港回归和特区政府成立二十周年,香港回归纪念展开幕式在上海招商局大厦香港回归文化馆举行。本次展览从香港历史、地理、回归历程、经济发展、文化艺术等角度展示香港的百年风采，并着重描述香港参与国家“十三五”规划，抓住“一带一路”与“粤港澳大湾区”发展机遇，突出新时期沪港两地深化交流与合作等内容。

● 市委组织部与市级机关工作党委联合召开市级机关党支部建设推进会。市委组织部副部长郑健麟、市级机关工作党委常务副书记应雪云出席会议并讲话。市民政局等6家单位机关党组织作交流发言。

24日

● 为庆祝香港特区成立二十周年，“香港心中国心万众一心”主题庆典活动在上海新天地南里举行。在沪20家香港团体和机构共聚一堂，首次携手合办活动，共祝香港和祖国明天更美好。上海市政协副主席徐逸波出席活动。

● 市教育考试院院长郑方贤及高招办负责人黄琦做客上海教育电视、东方都市广播等媒体联合举办的《我们一起填志愿——2017高考咨询大直播》，就主持人及参与节目的考生家长所提有关高考志愿填报方面的热门问题一一给予解答。

● “我们爱·两岸青年短片大赛”电影大师交流营开营仪式在上海大光明电影院举行，来自两岸的59位青年电影创作者齐聚上海，开启了一段电影艺术交流之旅。市委常委施小琳出席开营仪式并宣布开营。由上海市海峡两岸交流促进会、上海文化联谊会、上海市科技艺术教育中心、文汇报社等单位共同主办。

25日

● 第二十届上海国际电影节金爵奖颁奖典礼在上海大剧院举行。菲律宾《三轮浮生》获最佳影片，伊朗《筹款风波》获评委会大奖。中国演员黄渤和伊朗演员萨蕾·巴亚特分获男女最佳演员。国家新闻出版广电总局副局长童刚，市委宣传部部长董云虎等出席颁奖典礼。

● 由上海报业集团主办的2017金砖国家主流媒体论坛在上海浦东丽思卡尔顿酒店举办，中俄巴印南五国的主流媒体纵论金砖新十年的媒体合作共赢。巴西旗手传媒集团、俄罗斯卫星通讯社、印度电视网等单位的负责人，围绕“互联时代：媒体的合作共赢”作了主题演讲。

● 第七个“世界海员日”，上海航运指数系列又添新成员——中国（上海）海员薪酬指数首次发布，填补全球国际海员薪酬指数空白。

● 教育部重点研究基地上海师范大学都市文化研究中心和上海市历史学会联合召开首届“上海：党的诞生地”学术研讨会。

● 2017年上海红色微旅行首发活动在静安区举办，市旅游局发布五条“红色微旅游线路”，并开启2017上海夏游季精彩大幕。

● 上海市院前急救系统第八届急救技能竞赛在上海天佑医院举办。来自全市各急救中心、企业医疗急救部门及对口帮扶的外省市急救中心共 16 支代表队,约 250 余名选手现场比拼急救技能。

26 日

● 第 30 个国际禁毒日,市委书记韩正,市长应勇来到位于市青少年活动中心的上海市禁毒科普教育馆,参观"任重道远、砥砺前行"上海禁毒工作展,亲切慰问基层禁毒工作者、禁毒社工和志愿者代表。市委政法委书记陈寅,市委秘书长诸葛宇杰等一同参观展览。

● 市委书记韩正会见印度印孚瑟斯有限公司首席执行官史维学一行。韩正对印孚瑟斯闵行园区正式建成并投入使用表示热烈祝贺,对印孚瑟斯在园区内设立创新孵化中心表示赞赏。

● 市科技系统纪念建党九十六周年主题报告会召开,市委副书记尹弘出席并讲话。与部分中青年科学家代表座谈,听取大家对科创中心建设的意见建议。

● 2016 年度上海金融创新奖正式向社会公布,共有 66 个本市金融市场的创新项目获奖。"中国票据交易系统""上海保险交易所开业并率先推出保险资产登记交易平台"获特等奖。

● "拒绝毒驾、安全出行——上海市交通运输行业禁毒宣传暨主题邮票首发活动"在铁路上海南站广场举行。市委政法委书记、副市长陈寅出席活动。

● 市第二中级人民法院举行发布会,向社会发布二中院 2016 系列审判白皮书。本次共发布 8 份审判白皮书,包括 2016 年上海市第二中级人民法院工作年度报告,以及电信网络诈骗、消费纠纷、商品房买卖合同纠纷、劳动争议、代持股纠纷、金融商事担保纠纷、房屋征收补偿行政案件等涉及民生及金融领域热点问题的报告。

● 我国自行设计研制、全面拥有自主知识产权的中国标准动车组列车"复兴号"率先在京沪高铁的两端北京南站、上海虹桥站首发,分别担当 G123 次和 G124 次高速列车。

● 由中央文明办、国家卫生计生委联合主办的全国道德模范与身边好人(中国好医生、中国好护士)现场交流活动,在徐汇区举办。活动分为大医精诚、仁心仁术、天使关爱、大爱无疆、家国情怀等 5 个篇章,通过事迹短片、文艺节目和现场访谈、网上交流等方式,介绍了 40 余位卫生计生系统先进典型的感人事迹。

27 日

● 由市委宣传部、市科技工作党委、市科委共同主办的"科创争先锋"先进事迹报告会在上海展览中心召开。市委副书记尹弘,市委宣传部部长董云虎,副市长周波会见报告团成员。

● 市政府召开电视电话会议,就本市完成的首批 262 家行业协会、商会与行政机关脱钩试点工作进行总结，并部署第二批 349 家行业协会、商会与行政机关的脱钩试点工作，明确这项任务必须于今年 9 月底前完成。

● 台湾青年设计师实践发展基地揭牌仪式在长宁区世贸商城举行。市委常委施小琳出席活动。

● 2017 年上海消防暑期消防安全教育系列活动启动仪式在上海电影博物馆广场举行。

28 日

● 市委书记韩正参加他所在的市委督查室党支部纪念建党 96 周年“两学一做”学习教育专题组织生活会，同支部的党员一起，围绕扎实推进“两学一做”学习教育常态化制度化等工作交流实践感悟。海军新型驱逐舰首舰下水仪式在上海江南造船(集团)有限责任公司举行。该型舰是我国完全自主研制的新型万吨级驱逐舰，标志着我国驱逐舰发展迈上一个新的台阶。

● 市长应勇在人民大厦会见瑞典首相斯特凡·勒文一行，代表上海市政府和上海人民对首相阁下访沪表示热烈欢迎。瑞典驻华大使林戴安参加会见。

● 国务院安委会第七巡查组完成对本市浦东新区、金山区的安全生产延伸巡查。在浦东新区巡查期间，巡查组认真查阅该区有关部门的安全生产文件、制度规章、会议纪要和档案等材料，并对危险化学品、高层建筑、人员密集场所、电梯、油气管线、地下空间、建筑施工等重点行业和领域安全生产监管工作开展情况的资料进行了查阅，深入相关企业进行安全检查。巡查组组织召开本市部分工业园区安全生产工作座谈会。

● 市人大常委会主任殷一璀主持召开座谈会，15 位市人大代表围绕市人大常委会、“一府两院”工作，以及群众普遍关心的规范义务教育秩序、垃圾分类治理、交通整治、社会信用和城市规划与更新建设等问题积极建言献策。

● 中国(上海)自由贸易试验区管委会和上海市金融服务办公室联合召开新闻通气会，发布《中国(上海)自贸试验区金融服务业对外开放负面清单指引(2017 年版)》。这也是全国首张按照国际惯例编制的金融服务业对外开放负面清单指引。

● 全国第一家智慧法院实践基地——智慧海事法院(上海)实践基地在上海海事法院正式挂牌成立。最高人民法院常务副院长沈德咏，市委政法委书记、副市长陈寅共同为实践基地揭牌。最高人民法院审判委员会专职委员刘贵祥宣读关于设立“智慧海事法院(上海)实践基地”的决定。上海市高级人民法院党组书记、院长崔亚东主持仪式。

● 2017 年全市社会信用体系建设联席会议召开，截至目前，全市已有 99 家单位确认向市信用平台提供 4.6 万余项信息事项，可供查询信用数据 3.15 亿条。副市长周波出席会议并讲话。

● 全运会上海市代表团在东方体育中心成立。副市长、上海市代表团团长翁铁慧向代表团授旗。

● "感知上海"中外媒体看上海基层党建活动举办,在上海凝聚力工程博物馆,一件件体现着凝聚力工程发展脉络的物品,展现在中外媒体记者面前。中外媒体记者参观了兆丰嘉园党建服务楼组、华阳路街道社区党建服务中心,并与基层党组织代表交流座谈。

● 市教卫工作党委召开"庆祝中国共产党成立九十六周年座谈会",围绕进一步加强系统党的建设工作座谈交流。

● 意大利技术展览会在上海世纪商贸广场举办。展览汇集来自意大利 26 家尖端科技企业,展示并分享各自所代表领域的前沿创新技术。此次展览由中国意大利学者协会主办,意大利领事馆及意大利对外贸易委员会协办,旨在让公众了解意大利在机械工程、机电一体化、制造和工业自动化领域的成就。

● 由上海自贸区咖啡交易中心、长三角咖啡行业协会、国际投资促进会长三角分会、上海虹赟投资管理有限公司联合举办的"中国咖啡产业文化现状及发展趋势研讨会"召开。与会嘉宾就中国咖啡产业化、国际化、市场化之路的发展提出观点建议。

29 日

● 市委全面深化改革领导小组召开第十七次会议,市委书记、市委全面深化改革领导小组组长韩正主持会议。市长、市委全面深化改革领导小组副组长应勇,市委副书记、市委全面深化改革领导小组副组长尹弘出席会议并讲话。市委全面深化改革领导小组成员董云虎、廖国勋、吴靖平等出席。会议还审议通过建立本市产权保护协调工作机制的方案等。

● 市对口支援与合作交流工作会议暨东西部扶贫协作动员大会在展览中心召开。市委秘书长诸葛宇杰宣读表彰 2014—2016 年度市对口支援与合作交流工作先进集体和先进个人的决定。副市长时光辉作工作报告。市援藏干部联络组组长倪俊南、市援疆工作前方指挥部总指挥杨峥等作交流发言。

● 市长应勇会见美国高通公司首席执行官史蒂夫·莫伦科夫一行。

● 市宣传系统召开学习贯彻市第十一次党代会精神专题报告会,围绕上海科创中心建设,邀请科大讯飞有限公司董事长刘庆峰作"人工智能的发展与应用"专题报告。市委宣传部组织了此次专题报告会。

● 市政府与海尔集团在沪签署战略合作框架协议。市长应勇,海尔集团董事局主席、首席执行官张瑞敏出席。副市长周波,海尔集团董事局副主席、总裁周云杰代表双方签约。海尔集团、松江区政府、临港集团三方签署《"海尔集团'产城创'生态圈模式”暨海尔智谷落户G60科创走廊合作协议》。

● 市委宣传部与华东师范大学签约共建华东师范大学马克思主义学院。市委宣传部部长董云虎出席签约仪式，为部校共建马克思主义学院揭牌并讲话。董云虎参观了国家教育宏观政策研究院和马克思主义学院研究成果展，并就思想政治课建设与部分教师代表座谈。

● 上海博物馆《大英博物馆百物展：浓缩的世界史》正式对公众免费开放。截至下午3时，进馆总人数已逼近8 000人次大关。

● 首届上海地铁公共文化艺术节开幕。开幕式启动的两列主题列车中，1号线“党的诞生地·上海”主题列车将“一大会址”“二大会址”等诸多红色地标，以经典画作等形式在车厢拉手、壁贴上呈现。4号线“流动的盛宴·地铁里的上海博物馆”主题列车上，上百件上海博物馆珍藏文物的图片布满车厢。

30日

● 上海市庆祝中国共产党成立九十六周年座谈会召开。市委书记韩正强调，全市广大党员和各级党组织要深入学习习近平总书记系列重要讲话精神和治国理政新理念新思想新战略，坚决贯彻落实以习近平为核心的党中央的要求部署，不断加强上海党建各项工作。始终坚持党要管党、从严治党，把抓好党建作为最大政绩。

● 中共二大会址纪念馆重开，首次采用“AR增强现实技术”展示中共二大召开这一珍贵时刻。改造提升后的中共二大会址纪念馆，在展示内容更加丰富、展示形式更加新颖有趣。中国共产党首部党章版本等珍贵史料首次与观众见面，新增“裸眼3D”“AR”增强显示技术等多种新媒体展示形式。公共文化服务效能建设现场经验交流会在上海召开。与会人员参观五里桥社区文化活动中心、长宁文化艺术中心、上海市群众艺术馆等公共文化设施，现场了解上海在“文化上海云”建设运营，公共文化精准配送，社区文化活动中心社会化、专业化运营等方面的工作成果和经验。

● 以“尚德守法，共治共享食品安全”为主题的上海市食品安全宣传周拉开帷幕，一柄全新的监管利器揭开面纱——上海市食品安全投诉举报受理中心“啄木鸟App”从即日起上线，市民动动手指，就能曝光“餐饮店无证”“食品中有异物”“食品过期”“餐厅吸烟”“开会旅游推销保健食品”5种问题。

● “我们爱·两岸青年短片大赛”颁奖典礼举行。本次大赛共收到两岸青年投稿作品1 203部，经过初审和复审，最终有59部作品入围。国务院台办主任张志军、市人大常委会副主任沙海林出席活动。

● “2017领事节”在法国里昂百乐果广场举办，正在这里举办的“360度上海”体验型图片展同时揭幕。图片展由上海市政府新闻办策划筹办，邀请世界著名摄影家将浦江两岸摄制成具有3D效果的“上海天际线”，使海外观众仿佛身临其境抵沪观光。

● 六个来自上海意大利儿童之家(菲索幼儿园)的孩子,在意大利驻沪总领事馆点燃象征爱与和平的蜡烛,揭开了蒙特梭利教育走进上海的序幕。

## 本月

5—6 日

● 全国政协副主席陈元任顾问,全国政协经济委员会副主任尚福林任组长,全国政协经济委员会副主任吴新雄任副组长的全国政协"营改增执行情况和改进的建议"专题组在沪调研。在沪期间,专题组赴部分企业实地考察,并召开座谈会,分别听取市政府及有关部门,相关企业、行业协会情况汇报。副市长许昆林汇报上海市有关情况。

9—10 日

●"2017 第十二届中国(上海)饮品冷饮嘉年华暨高层年会"分别在南新雅大酒店及月星环球港广场召开。该活动由 CBIC 中国(上海)饮品冷饮嘉年华组委会等共同举办。

15—16 日

● 由市商务委、长宁区政府指导,长宁区青年联合会和亿欧联合主办的"2017 中国互联网+新商业峰会"在上海绿地会议中心召开行。上海"互联网+产业联盟"和"海上荟"互联网智库同时成立,共同促进上海互联网+生活性服务业发展。

17—18 日

● 由民建上海市委、深圳证券交易所、浙江财经大学、上海锦天城律师事务所共同主办的"2017 年中国上市公司论坛"在松江区举办。全国政协副主席、民建中央第一副主席马培华出席并作主旨演讲。全国政协常委、副秘书长,民建中央专职副主席宋海,市委主委周汉民出席论坛。

17—26 日

● 第二十届上海国际电影节举办。推进"一带一路"人文交流的主题活动为最大亮点。"一带一路"电影文化交流合作备忘录、中塞合拍片《捕梦之乡》宣布签约。"一带一路"电影文化圆桌论坛、"一带一路"主题馆、"一带一路"国别文化推广等陆续举办。

19—21 日

● 全国人大教科文卫委主任委员柳斌杰率全国人大常委会著作权法执法检查组来沪开展执法检查。在沪期间,检查组一行先后赴上海知识产权法院、上海电影博物馆等单位进行执法检查和调研座谈。市人大常委会副主任薛潮陪同参加检查和座谈。

20—21日

● 第九届“陆家嘴论坛”在上海国际会议中心举办。本届论坛以“全球视野下的金融改革与稳健发展”为主题。

● 第二十届上海国际电影节互联网电影系列活动，在普陀区美丽的苏州河畔举办。

24—25日

● “中国国际关系学会2017年理事会暨纪念上海国际关系理论讨论会三十周年会议”在上海外国语大学召开。百余名国内专家学者齐聚上海，以“中国国际关系理论创新与中国特色大国外交理论发展”为主题展开深入探讨。此次会议由中国国际关系学会、上海市国际关系学会、复旦大学、上海国际问题研究院、上海外国语大学主办，上海外国语大学国际关系与公共事务学院承办。

6月28日—7月1日

● 2017世界移动大会——上海(MWCS2017)在上海新国际博览中心召开。作为全球移动行业年度盛会，本次世界移动大会—上海以“势在人为”(The Human Element)为主题，为业界展示一场以移动技术为核心的新技术革命浪潮，如何驱动全球机遇与创新乃至重塑世界。

6月28日—7月4日

● 2017上海国际信息消费节在沪举办。同期举办的还有“2017上海国际信息消费博览会”，今年的博览会继续同“世界移动大会·上海”配套举行，市民可“一站式”体验数字经济时代的生活新方式。

## 7月

1日

● 市长应勇会见台北市市长柯文哲率领的代表团一行，代表上海市政府和上海人民对客人来沪参加“2017上海—台北城市论坛”表示欢迎。

● 今日起，“上海交警”App“短信挪车”新功能上线。市民如在道路、小区、停车场等地遭遇他人不当停车导致自己车辆通行受阻时，只需输入他人车牌号码，公安交警部门将在第一时间发送挪车提醒短信至该车车主登记的手机号码，提醒尽快挪车方便他车通行。

● 2017年上海市舞台艺术作品评选展演第一场在崇明区文化馆上演，上海文艺人呈献近两年新创作的优秀舞台艺术作品。接下来的近半个月内，展演还将在金山区文化馆、奉贤区会议中心以及上海大世界陆续亮相，汇聚本市各级各类艺术表演团体新创的器乐、声乐、舞蹈、杂技、曲艺、小品、小戏、儿童剧约40个优秀小剧

(节)目。

● 上海国际时尚中心来了一个气派的"客人"——由青岛啤酒打造的一辆精酿机甲,可让市民现场观摩用水、酵母、酒花、大麦等等原料精酿啤酒的全过程。这一切都可以在一辆"机甲"上通过IPAD操作来"傻瓜式"完成。

2日

● 以"健康城市"为主题的"2017上海—台北城市论坛"在沪举办。上海市市长应勇、台北市市长柯文哲出席论坛开幕式并分别致辞。上海市和台北市卫生部门负责人围绕"健康城市"作主题演讲。两市签署《上海市浦东新区与台北市内湖区交流合作备忘录》《上海市与台北市消费者权益保护交流合作备忘录》《上海市与台北市推广篮球运动交流合作备忘录》《上海大学与台北市立大学学术交流合作备忘录》。

● 以"数字经济,无限未来"为主题的2017上海国际信息消费节主题论坛召开。本届信息消费节由市经信委、市商务委、市教委、市民政局共同指导,GSMA提供国际合作支持。本届消费节在内容上重点打造"三个有",即"一项有影响力的评选,一场有获得感的展览,一个有高品质的开幕论坛",积极打造全民参与的互联网+嘉年华,迈向以数字经济为代表的未来生活新模式。

● 市近代优秀历史建筑、原上海圣玛利亚女校的钟楼经过加固修葺,在100多年后再次鸣响。位于长宁路近凯旋路的这座钟楼,曾是张爱玲母校的标志性建筑。

● 截至16时停止入场,上海博物馆的进馆人数定格在7 971人。自"大英博物馆百物展:浓缩的世界史"6月29日在该馆亮相以来,市民观展热情高涨。

● 20元面值体育彩票——"日进斗金"诞生头奖100万元,中奖彩民是一位陕西西安的来沪游客。

● "人类命运共同体与全球治理研讨会"暨上海国际组织与全球治理研究院揭牌仪式在上海财经大学举行。上海、北京等地的逾60名专家学者与会,并就"人类命运共同体与全球领域与区域治理""中国参与国际组织:理论总结与实践探索"等主题展开研讨。上海国际组织与全球治理研究院揭牌仪式也在当天举行。

● 以"核能——清洁、绿色、可靠的能源"为主题的第二十五届国际核工程大会在上海国际会议中心召开,为期六天。大会邀请国内外知名专家组织举办专家论坛,就核电发展的热点和难点问题进行全面讨论,包括核电中的智能技术应用、小型反应堆、核电标准融合以及特殊的安全问题、高强度燃料的发展、非电力生产领域的核能应用等。

● 上海嘉禾2017春拍《禾风》中国书画夜场中,此前广为藏家瞩目的陆俨少红色经典名作《大井新貌》以3 461.5万元成交。

3日

● 阿斯塔纳世博会面积最大的外国场馆——中国馆外指示屏上滚动播放着东方明珠塔和外滩风貌建筑群的影像，吸引众多参观者驻足观望，中国馆迎来上海活动周的开幕式。上海周期间，还组织产品实物展览和民俗展演，开展能源开发利用产业推介、城市形象推介、海派文化展示等系列活动，通过世博会多边国际平台，全方位展示上海风貌，促进上海对外经贸文化交流与合作。

● “创意上海”展览会在布鲁塞尔中国文化中心揭幕。作为“魅力上海”欧洲系列推广活动项目之一，展期一个月的“创意上海”展览会由上海市政府新闻办公室、上海市文广影视局、上海市对外文协、布鲁塞尔中国文化中心等单位主办。

● 2017年上海市哲学社会科学教学科研骨干研修班在市委党校开班。市委常委、宣传部部长董云虎出席开班式并讲话。市哲学社会科学教学科研骨干研修工作领导小组成员、部分高校分管领导和来自本市高校和科研院所的470余名哲学社会科学教学科研骨干参加开班式。

● 交警部门开始试点利用“电子警察”设备抓拍行人闯红灯违法行为，并通过人像识别软件确定当事人。此外，警方还通过“电子警察”周边公交站点的显示屏，对当事人进行公示，督促当事人尽快接受调查处理。

● 市金融办与嘉定区政府签订战略合作备忘录，双方就引导各类金融资源加强对科创中心建设支持、维护区域金融稳定、增强金融服务嘉定发展的针对性等方面达成相关合作意向，将助推嘉定“科创中心重要承载区”建设，支持嘉定打造成为“产业金融示范区”。

● 一堂堂精彩有趣、引人入胜的公益课程，在全市432个办班点同时开课。全市近5万名小学生分两批开始体验“快乐不简单”的爱心暑托班生活。

● 崇明消防支队与区教育局联合举办2017年消防安全教育暑期专项行动启动仪式。此次专项行动紧密贴合暑期实际和青少年学生心理特点，包含“上一节消防课、开展一次逃生疏散演练、参观一次消防队站或科普教育基地、完成一次暑期家庭消防作业”为内容的“四个一”活动、“消防安全示范课”征集活动、第二届全国儿童消防绘画作文大赛等五项大型活动。

● 上海迪士尼度假区为打击黄牛、保证游客体验而推出的“刷脸”制度开始执行。游客在入园时会被要求拍一张照片与门票关联，迪士尼工作人员将验证通行证是否与门票内的照片一致，若不一致将被拒绝该通行证的使用。

4日

● 上海市纪念中国人民全面抗战爆发八十周年学术研讨会在上海图书馆召开。来自本市党史系统、高校、党校、社联、社科院、部队院校、纪念场馆的代表共100余人出席。会议由市社联、市委党史研究室、市中国特色社会主义理论体系研究中心联合主办,市党史学会、市社联等承办。

● 2017 英特尔科技环保进社区活动在浦东新区进才实验小学拉开序幕。活动由市文明办、中国福利会指导,中国福利会少年宫联合英特尔(中国)有限公司共同举办,旨在通过一系列的科技互动活动,让学生在暑期探究科学。

● 首届中英智能机器人论坛在复旦大学举办。论坛围绕智能机器人技术这一重要前沿领域,包括机器人的感知记忆、控制决策、脑机融合等前沿领域与关键技术进行探讨。同时,中英专家学者还达成“中英智能机器人论坛上海共识”,未来将通过中英产业基金推动人工智能的产业发展。

● 在刚刚试运行不久的上海市大数据创新应用展示体验中心,静安区交通数据管理平台的大屏幕上,正实时记录着各类交通数据。下午 1 点 38 分,系统平台显示当天区域内的实时抓拍违章数为 2 214 起,5 分钟后,数据刷新至 2 217 起。

5 日

● 市委书记韩正沿着杨浦、虹口、黄浦、徐汇、浦东的滨江岸线一路察看,他说,通过近一年的努力,黄浦江两岸从杨浦大桥到徐浦大桥 45 公里岸线公共空间贯通开放工程取得重大进展,沿江各区齐心协力、攻坚克难,为到今年年底实现贯通开放奠定良好基础。要按照市委、市政府的要求部署扎实推进,全力以赴做到高质量的贯通开放,真正兑现对全市市民群众的承诺。

● 国务院安委会第七巡查组完成对闵行区的安全生产延伸巡查。至此,本次巡查涉及的浦东新区、金山区、嘉定区、闵行区这四个区的安全生产延伸巡查工作已全部完成。

● 进一步规范本市义务教育秩序工作会议召开,市委副书记尹弘主持会议并讲话,副市长翁铁慧作工作部署。会议通报本市规范义务教育秩序工作安排。

● 市高级人民法院召开新闻发布会,通报 2016 年度上海法院金融商事审判白皮书的相关内容,同时公布上海法院金融商事审判十大典型案例。这是上海高院连续第九年发布金融商事审判白皮书。

● 市青少年海防夏令营在上海市青少年实践活动金山基地正式开营,青少年营员、大学生志愿者等近 300 人出席开营仪式。

● 中国航海博物馆航海生活节开幕,通过海洋音乐剧、工作坊、演讲、海洋手工等多种形式,与上海市民共同探索海洋议题。

6 日

● 第十三届中国国际动漫游戏博览会(CCG EXPO2017)公众板块在上海世博展览馆拉开帷幕。本届展会公众板块为期五天,至 7 月 10 日结束。“国产动漫”“传统文化”与“一带一路”成为本届展会的关键词。

● 检察机关服务保障自贸试验区建设工作推进会在上海召开。中共中央政治局委员、上海市委书记韩正，最高人民检察院党组书记、检察长曹建明出席会议并讲话。

● 上海地区防汛工作军地联席会议在上海警备区召开。会议听取上海地区防汛工作有关情况介绍，传达学习习近平总书记关于防灾减灾救灾工作等一系列重要讲话精神，重点就理顺军地协同关系、对接军地防汛工作、协商解决有关矛盾问题等展开深入研究和讨论。

● 2017 年“台湾青年法律人才实践基地”项目启动。在未来两个月内，来自台湾大学、东吴大学、台湾政治大学的 25 位学员将参加上海市律协专题讲座、旁听法院庭审、参与法律救助等活动，并与资深合伙人律师结成一对一带教关系，从专业入手，增进台湾青年对大陆的认知。

7日

●《上海市住房发展“十三五”规划》正式发布。《规划》明确提出，“十三五”期间本市城镇住房供应总量以及住房用地供应总量将显著增加，其中新增住房供应总套数 170 万套，比“十二五”增加 60%左右。同时，本市将积极推进购租并举的住房体系建设，进一步健全房地产市场健康发展长效机制。

● 市商务委、上海社会科学院、新经济与产业国际竞争力研究中心共同举办的 2017 上海产业国际竞争力发展论坛召开。市商务委发布《2016 年上海产业国际竞争力指数报告》（简称《报告》）和《2016 上海产业安全预警年报》（简称《年报》），《报告》和《年报》分别披露，2016 年上海产业国际竞争力指数为 118.91，较 2014 年上升 4.1%；本市产业安全总体良好，其中，集成电路、通信制造、医疗器械、生物医药以及会展业、软件业安全形势较为稳定。同时，船舶产业受船企在造船只改单或弃单、库存积压等影响，产量和主要出口市场规模均较上个 5 年连续走低。精细化工产业由于受到上游石油化工国际市场价格变动，及在国际市场中受包括贸易调查、技术性贸易措施不断增加的影响，对外出口不稳定性加大。

● 市第八批中期援藏医生启程奔赴西藏日喀则市，开展为期一年的卫生援藏工作。第八批中期援藏医生 27 名，由市教卫工作党委和市卫生计生委选派。这些援藏医生全部为大学以上学历（博士研究生 8 名、硕士研究生 13 名）。

● 为纪念抗战全面爆发八十周年，弘扬“七君子”的爱国精神，“血色担当——爱国七君子图片实物展”在上海开幕。展览中部分实物展品系首次集中向公众披露，如邹韬奋的烈士证明书、邓颖超为《李公朴纪念文集》封面所作题词、1945 年北门出版社图书目录、李公朴手稿《怀念韬奋和愈之》、史良与宋庆龄的通信及史良出访时照片、史良生前使用过的手包等。

● 上海博物馆举办的“大英博物馆百物展:浓缩的世界史”迎来首个夜场。这是上海博物馆有史以来首次为特展开设夜场。截至晚上9点,夜场共有1 400余人走进展厅参观。

● 黄大年同志先进事迹报告会在复旦大学召开,来自沪上高校的千余名师生代表聆听报告团成员的深情讲述。黄大年同志先进事迹报告团由吉林大学副校长孙友宏,吉林大学地球探测科学与技术学院教授于平,吉林大学党委统战部副部长、吉林大学欧美同学会常务副会长任波,吉林大学地球探测科学与技术学院博士生乔中坤和《吉林日报》记者孙春艳组成。他们从不同角度和侧面,讲述黄大年的先进事迹,真实再现这名海归战略科学家光辉而短暂的一生。该报告团由中组部、中宣部、教育部、科技部、中国科协和中共吉林省委联合组织。

● 全国高层建筑消防安全综合治理动员部署会电视电话会议召开,部署开展高层建筑消防安全综合治理工作,上海各相关部门负责人在上海分会场收看。会后,本市就深入推进高层建筑消防安全综合治理工作作部署。

● 市交通委宣布,作为2017年中国航海日上海宣传和纪念活动之一,上海轨交“航海号”列车当天首次上线,在12号线上投入运营一个月。从现在起至7月11日“中国航海日”,沪上举办多项丰富多彩的航海活动,引领市民参与其中并进入“航海世界”。

8日

● 以“新动能　新篇章”为主题的第三届京沪经贸论坛在北京举办。与会嘉宾在演讲中希望京沪企业加强经贸合作,为更好地服务京津冀一体化、服务长三角、服务长江流域、服务全国和投身“一带一路”建设作出更大贡献。

● 中国社会创业研究中心成立仪式暨共享经济与社会价值投资论坛在上海财经大学召开。论坛以“校企协同实践育人”为主题。论坛上,优联资本董事长王孝华、上海牛奶集团执行董事万黎峻、中国社会创业研究中心主任刘志阳教授分别做题为“共享经济时代与新商业文明”“影响力投资”和“创业型社会与社会创业”的主题演讲等。论坛期间还举行中国社会创业研究中心新能源分享经济创新实验室的揭牌暨签约仪式。

● 微医—医邻肿瘤医联体协作平台暨乌镇互联网医院医邻肿瘤中心在上海启动,这是全国范围内成立的首个围绕肿瘤学科成立的互联网专科医联体平台,首批来自陕西、江苏等四省的6家市县级医院宣布加入医联体。

● 2017年中国(上海)国际青少年足球邀请赛在复旦大学附属中学青浦分校拉开帷幕。本次邀请赛共有来自10个国家和地区的16支青少年校园足球队参赛。

● 第十七届上海马陆葡萄节正式开幕,在今后的3个月中,将有包括“七夕前夜”相亲派对、中晚熟葡萄交流品鉴、葡萄主题摄影绘画评选展示等一系列活动与市民见面，此外，8月的每个周末马陆葡萄公园还开放夜间公园游览和葡萄采摘。

● “航海文化品牌示范站”在16号线滴水湖站揭开帷幕。以地铁站航海科普展示墙、国际航运中心建设成果图文展、南海灯塔展、航海大闯关等科普互动节目等内容，立体呈现“中国航海日”主题，为市民乘客提供更多的航海文化体验。

● 上海保险同业公会组织近百家保险公司近千人集中开展扶贫公益跑和保险进社区活动。在“7.8公里保险扶贫公益跑”上海站，平安产险上海分公司领导与跑团成员、啦啦队一起为公益跑燃情助阵。

9日

● “上海市舞台艺术精品创作——2017年度剧本研讨会（上半年）”在沪召开，21部剧本由全国专家逐一为主创团队把脉，旨在储备第十二届中国艺术节的上海参赛作品，落实上海市委关于“十三五”期间上海文艺创作完成“百部精品”的要求，推动实施“开天辟地—中华创世神话”与“开天辟地——党的诞生地”文艺创作工程，迎接新中国成立七十周年、建党100周年庆典。

● 位于浦东新区民生路丁香路口的丁香国际商业中心正式开业。丁香国际商业中心在满足周边办公及社区人群消费需求的基础上，更着力于家庭式消费形态的部分，包括开设便利居民生活的儿童绘本馆、国际托班，设立了儿童专用卫生间及化妆间，其屋顶空中花园也迎合孩子的喜好，引入迷你植物园、恐龙雕塑、电动小火车轨道等游乐玩点。

10日

● 市政协召开十二届九十二次主席会议，传达市委近期重要工作情况，听取2017年上半年委员履职统计分析情况汇报。市政协主席吴志明主持。会议审议《上海市2016年市本级决算及2017年上半年预算执行情况的意见和建议（草案）》《政协上海市委员会专门委员会工作条例（修订草案）》，听取2017年上半年市领导出席市政协协商等活动情况汇报。

● 一只风筝“入侵”轨交3号线触网，工作人员快速出击将其挑落，导致列车出现运营短时延误。

11日

● 上海国际集团、沙钢集团、万向控股、均瑶集团共同发起设立的上海国方母基金股权投资管理有限公司正式揭牌，这是上海国资体系内第一家完全市场化模式运营的母基金管理公司，也是上海第一家以“母基金”命名的私募基金管理公司。

● 市委常委学习会听取国防大学国防经济研究中心教授姜鲁鸣所作的《深入实施军民融合发展战略》专题辅导报告。姜鲁鸣的专题辅导报告立足历史、现实和未来维度,以大量翔实的案例和数据,全面阐述了把军民融合发展上升为国家战略,是统筹国家安全和发展全局的重大决策,是我国赢得国际军事和科技革命主动权的战略选择。

● 上汽通用五菱汽车的公司在印度尼西亚西爪哇芝加朗的子公司宣布投入运营,印尼工厂首款产品——五菱 Confero S 下线,这是国内中外合资汽车企业第一次"走出去"进入海外市场,开创"一带一路"合作的新模式。

● 市人大常委会部分组成人员赴上海仪电集团开展食品安全法律法规实施情况执法检查。执法检查组一行检查上海市食品安全信息追溯平台、上海市食药监快检室网格化管理平台、上海市餐厨废弃食用油脂监管平台运行情况,并听取市食药监局、市绿化市容局、市发改委、市财政局、市国资委等部门和上海仪电集团的工作汇报。

● 副市长许昆林在市政府会见由香港大公文汇传媒集团副董事长、未来之星同学会主席欧阳晓晴率领的 2017"未来之星"香港大学生上海创新创业之旅访问团全体成员。在听取访问团情况介绍和香港大学生对上海的感受和体会后,许昆林祝贺访问圆满成功,寄语香港青年人把握机遇,开创美好前景,也期待沪港交流更加紧密,携手同行,再创辉煌。

● 上海业余足球队员董卿因扇当值主裁判耳光,并在赛后谩骂威胁主裁判,市足协开出罚单:在上海区域内永久禁止董卿从事与足球有关的任何活动(包括但不限于禁止参赛、禁止观赛、禁止进入足球场地、禁止任何足球事业相关利益者的录用等),并支持裁判员对该球员涉及违法犯罪的行为提出进一步维权主张,直至追究其法律责任。

● 普陀区作家协会成立并在普陀区图书馆召开第一届第一次会员大会,这标志上海有了第九家区级作家协会。此前,崇明、杨浦、奉贤、青浦、松江、浦东、金山、闵行等八个区已成立作协。

● "上海北外滩航运服务中心"成立。它位于虹口区霍山路,总面积 10 200 平方米,主楼总高十层。该中心的目标是成为上海国际航运中心软实力建设的标志性载体,促进航运信息交流,鼓励航运创新创业,弘扬航海历史文化。

12 日

● 国务委员、公安部部长郭声琨在上海调研。他先后来到上海边检总站虹桥机场口岸、上海长宁区虹桥新城社区警务室和上海市公安局,检查了解边检管理创新、基层警务机制改革和社会治理创新工作情况。

● 由浙江省委书记、省人大常委会主任车俊,省委副书记、省长袁家军率领的浙江省党政代表团抵沪考察访问。下午,上海市委书记韩正,市委副书记、市长应勇与浙江省党政代表团举行两地经济社会发展座谈会。会后，沪浙两地有关方面签订《关于深化推进小洋山合作开发的备忘录》《关于小洋山港区综合开发合作协议》《沪嘉杭 G60 科创走廊建设战略合作协议》《深化合作加快推进张江长三角科技城建设框架协议》等。

● 市政协党组书记、主席吴志明出席他所在的市政协办公厅第三党支部“两学一做”学习教育专题组织生活会，围绕推进“两学一做”学习教育常态化制度化与支部党员交流体会。

● 中国太平洋保险与浦发银行在上海举行战略合作签约仪式。双方将探索保险机构、大型银行合作的新模式，在民生和养老保障、个人与企业综合金融服务、重大基础设施建设和金融市场业务等领域开启全面战略合作。

● 金山区召开新闻发布会，介绍新近颁布的“1 + 4 + 4”人才政策体系。“1”是指一个区级人才总政策，即《中共金山区委、区政府关于进一步加强人才队伍建设、实施“人才兴区”战略的若干意见(试行)》；“4 + 4”则包含 4 个区级人才配套政策和 4 个社会事业领域人才配套政策，重点聚焦教育、卫生等公共领域，努力形成“人才规模不断扩大、人才待遇不断提高、人才发展事业平台不断提升”的良好环境。

● 市委、市政府在上海展览中心友谊会堂召开市侨务工作会议。会议总结回顾“十二五”期间上海侨务工作情况，深入分析侨务工作面临的新形势，研究部署“十三五”时期上海侨务工作，以务实创新精神推动上海侨务工作科学发展。

● 国家新闻出版广电总局出版融合发展(华东师大社)重点实验室在华东师范大学揭牌，这是全国首批 20 家国家级出版融合发展重点实验室中上海唯一的一家。

● 主题为“万众创新——向建设具有全球影响力的科技创新中心进军”的 2017 年上海卫生科技活动周开幕，一批上海的医学科技成就获得集中展现。即日起，全市还举行特色科普讲座、医务人员演讲比赛等一系列活动，希望让医学科技惠及更多民众，提升市民健康素养。

13 日

● 市出入境检验检疫局公布，中国质量认证中心在中国(上海)自由贸易试验区颁出全国首张机动车单车认证强制性产品认证证书，标志着机动车单车认证制度在上海自贸区率先落地。

● “中国企业走进金砖国家和新兴经济体”研讨会在上海国际会议中心召开。研讨会以“共谋发展大局，开辟美好未来”为主题，探讨如何落实“金砖国家经济伙伴战略”和构建更广泛伙伴关系。

● 由市国防教育基金会等主办、各省市驻沪商(协会)共同组织的“居安思危、心系国防—纪念中国人民解放军建军九十周年宣传教育活动”举行。会上,多个省市驻上海的百余家商会(协会)共同发出《居安思危、心系国防》倡议书。

● 长征医院收治一名 40 岁的张姓男性患者,他事发时在工厂作业,突然倒地,被送入当地医院时体温达到了 41 ℃,神志不清、抽搐,被诊断为热射病,经治疗症状一直没有减轻,在当地治疗四天后被送入长征医院,今日脱离呼吸机,逐渐恢复神志意识。这是今夏上海首例热射病病例。

14 日

●“旅图·我们的明信片故事”展主题活动在市群艺馆举办。明信片爱好者互相分享旅途中的种种记忆,并在明信片上一笔一画写下对远方友人的思念,这些带着墨香的明信片将飞往世界各地。此类明信片专题展在上海是第一次。

15 日

●“向前、向前、向前”——纪念建军九十周年专题文艺晚会在云峰剧院举办,展示中国共产党领导下的人民军队从无到有、从小到大、从弱到强的光辉历程。本场演出由市委宣传部、上海警备区政治工作局指导,市国防教育基金会、市国防教育协会主办。

● 副市长许昆林会见来沪学习考察的“一带一路”中东欧地区高级审计研讨班人员。中东欧 7 个国家的 14 位高级审计官员参加研讨班。许昆林向客人介绍上海经济社会发展情况,并希望通过此次访问促进上海与中东欧国家的合作交流。

● 国内首条人源性生物人工肝临床研发生产线在嘉定区建成,产品预计三到五年内投放市场。

● 2017“未来之星·从香港出发——上海创新创业之旅”在复旦大学举行结业典礼。本次活动由市政府港澳办、香港大公文汇传媒集团、未来之星同学会主办。香港大学、香港科技大学、香港中文大学等 40 余名大学生本月 9 日抵达后,在沪开展了为期八天的参访交流。

16 日

●“寻建军之源,仰将士之光”——纪念建军九十周年展览揭幕仪式在上海青少年校外活动营地东方绿舟举行。本次展览由东方绿舟与南昌八一起义纪念馆合作,共展出反映南昌起义过程的图片约 300 幅。展览由《伟大的开端——南昌起义史实展》《从南昌起义走出的共和国将帅》以及《军功章、勋章、文献资料实物展》三部分组成。

● 2017 年上港足球俱乐部青训基地夏令营在上海国金体育中心拉开帷幕。本次活动共有来自全国各地的 24 家青训基地、353 名球员和 48 名教练员参加,夏令营期间,全部青训基地还将派队角逐“上港杯”的桂冠。

17 日

● 市委书记韩正在浦东新区调研自贸区建设进展。调研期间，韩正主持召开座谈会，听取上海自贸试验区建设各项重点工作的进展情况汇报。座谈会上，浦东新区区委、区政府，自贸试验区管委会，市发改委分别汇报今年以来自贸区建设进展和下一步重点工作、“证照分离”改革试点深化实施方案、自由贸易港区建设设想。

● 市委副书记、市长应勇主持召开市政府常务会议，听取今年上半年城市运行安全情况汇报，并研究加强城市精细化管理、全力做好突发事件防范与处置等事项。

● 市人大常委会机关召开传达十一届市委二次全会精神大会。市人大常委会党组书记、主任殷一璀主持会议，并就学习贯彻落实全会精神提出要求。

● “上海发布”政务微信（微信号：shanghaifabu）再添一项新功能。这项名为“社区事务受理”的服务由市民政局和“上海发布”联合开发，整合全市219家社区事务受理服务中心资源。

● 由中国浦东干部学院、市社会科学界联合会、中国社会科学院—上海市政府上海研究院联合主办的“中国哲学社会科学话语体系建设浦东论坛”首场论坛——“2017中国社会学话语体系建设”在上海召开。来自全国高校、科研机构的约200位专家学者出席此次论坛。

● 由上海中华职业教育社联合澳门基金会共同举办的“2017澳门大学生研习营”在上海第二工业大学开营。市政协副主席、市中华职教社主任周汉民出席开营式并为营员们作《“一带一路”从愿景到行动》的专题演讲。澳门城市大学的52位师生和上海第二工业大学30位学生参加活动。

● 崇明区法院对张某、陈某、包某组织考试作弊案作出判决：以组织考试作弊罪分别判处被告人张某有期徒刑一年六个月，并处罚金二万元；陈某有期徒刑一年五个月，并处罚金一万八千元；包某有期徒刑一年四个月，并处罚金一万六千元。这是刑法修正案（九）实施以来，上海法院宣判的首起组织考试作弊案。

18 日

● 市政协机关召开传达十一届市委二次全会精神会议。市政协党组书记、主席吴志明出席并讲话，围绕年度协商计划认真组织协商、监督、调研、视察，重点做好“中小河道综合治理”专项民主监督，总结好的做法和经验，完善工作机制，为今后开展民主监督提供借鉴。

● 一年期的上海市首批“组团式”教育人才援藏工作队队员载誉而归。工作队在日喀则市上海学校绘制了针对性的三年行动蓝图，学校德育内涵建设、师资队伍建设、教学质量提升成效显著。在省际教育援藏交流、校际合作办学、素质教育推进、实验课程建设、社会公益服务等方面的经验多次被国家教育部、自治区教育厅表扬。

19 日

● 由市卫计委和解放日报·上观共同主办的上海卫生科技活动周闭幕式暨第三十四届解放健康讲坛,在同济大学附属第十人民医院举办。一位中科院院士和三位首席科学家和大家分享“科技点亮生命”的主题。

● 市政协召开十二届三十七次常委会议,围绕“对照最高标准,深入推进上海自贸试验区建设”协商议政。市政协主席吴志明出席并讲话。市委常委、浦东新区区委书记翁祖亮通报有关情况。

● 由市委宣传部、市委组织部、上海警备区政治部主办的“军旗为什么这样红”系列军史讲座第二讲在中国金融信息中心举行。国防大学教授徐焰少将作题为“烽火岁月的人民军队”的主题报告。500 多名企业家、社区居民代表、部队官兵代表现场聆听报告。报告会还通过上海党员远程教育直播课堂向全市基层党组织直播,覆盖 20 多万观众。

● 中国 3D 打印文化博物馆在宝山智慧湾科创园区落成。这是国内首家以增材制造(3D 打印)和三维文化为主题的博物馆,建筑面积 5 000 平方米,共六层,内有常设展厅、主题展厅、3D 打印材料图书馆、3D 打印研究中心、创意廊、互动展厅、映像展厅、3D 空中花园、3D 儿童活动中心九大功能区,兼具历史文化教育、文化体验等多重功能。

● “2017 新华·波罗的海国际航运中心发展指数”在上海发布。《上海国际航运中心建设蓝皮书 2017》同日出炉。国际航运中心综合评价结果显示,2017 年全球综合实力前十的国际航运中心分别为新加坡、伦敦、香港、汉堡、上海、迪拜、纽约、鹿特丹、东京、雅典。

● 伴着近 40 ℃高温,上海市公安边防总队金山嘴边防派出所官兵登临距离大陆金山嘴海岸 6.2 公里的无人岛屿——大金山岛,正式启用金山三岛边防警务室。

20 日

● 国务院安委会召开全国安全生产电视电话会议。市委副书记、市长、市安委会主任应勇在上海分会场讲话强调,城市安全是改革开放、创新发展的基础,是最大的民生。要全面贯彻习近平总书记、李克强总理关于安全生产的重要指示批示精神和全国安全生产电视电话会议精神,以对人民、对城市高度负责的态度,牢固树立安全发展理念,始终绷紧安全这根弦,加强风险隐患排查,强化城市安全治理,全力做好防汛防台工作,牢牢守住安全红线和底线,为党的十九大胜利召开营造稳定的安全生产环境。

● 中国第八次北极科学考察队乘坐“雪龙”号科考船从上海启程,前往北极执行任务。此次考察包含多个“首次”:是我国首次环北冰洋考察,是“雪龙”船首次试航西北航道,也是我国首次执行北极业务化观测任务。海洋酸化、微塑料等海洋垃圾、北极地区生物多样性等,是此次科考的重点项目。

● 上海市驻沪部队全面停止有偿服务军地协调领导小组专题会议暨工作推进现场会在海军上海基地召开。会议总结前一阶段工作、部署下一阶段任务,对照目标、狠抓落实。

●《上海市崇明区总体规划暨土地利用总体规划(2016—2040)》草案正式启动为期一个月的社会公示,这是全市首个进入公示环节的区级2040总规草案。

● 市依法治市办、市政府法制办联合发布上海市首届十大依法行政示范项目,并聚焦“立法律规矩、正尊法风气,持续推进道路违法行为大整治”“《黄浦区关于拆除违法建筑执法办案指导意见》”及“运用高风险食品行业全项彻查工作机制”3个示范项目举办法治沙龙活动。

● 长江经济带航运联盟成立大会暨长江航运发展研讨会在上海召开。来自上港集团、宁波舟山港集团、南京港集团、武汉港集团等9家港口集团,以及长航集团、长江港口物流、泛亚航运等5家航运企业负责人,共同发起成立长江经济带航运联盟,并共同签署通过《长江经济带航运联盟章程》,明确联盟职责、组织框架、运行保障。

● 浦东新区四届区委二次全会举行,会议对新区上半年经济社会发展情况进行通报,并对下半年工作作出部署。

●“喜迎十九大永远跟党走”上海市老干部庆祝建军九十周年文艺展演在静安区大宁剧院开幕。市委常委、组织部长吴靖平出席活动并致辞,代表市委向为中国革命、建设、改革事业作出重大贡献的离退休老同志表示崇高的敬意和衷心的感谢,向全市广大离退休干部致以诚挚的问候和良好的祝愿。

● 2017年上海市大学生志愿服务西部计划志愿者出征仪式在上海青年管理干部学院举行。105名志愿者陆续启程分赴西藏、新疆、云南、重庆、陕西、贵州等中西部地区开展为期1—3年的志愿服务工作。

● 市政协副主席高小玫在市政协会见缅甸克钦邦议会、政府代表团,她向来宾介绍上海改革开放和经济社会发展等情况。

● 2007年世界夏季特殊奥林匹克运动会十周年系列活动启动仪式暨第十一次“全国特奥日”上海主会场活动在上海国际体操中心举办,来自各街镇的特奥运动员、“阳光之家”学员、志愿者共1 000余人参加。

● 市政协界别活动召集人赴江南造船集团考察,实地察看厂史馆、造船基地,了解本市科创中心建设和先进制造业发展情况。

21日

● 市长应勇会见美国艾奥瓦州州长雷诺兹一行。应勇说,上海愿与艾奥瓦州进一步发展经贸关系,欢迎包括艾奥瓦州在内的美国各地企业参与上海自贸试验区建设。雷诺兹说,艾奥瓦州也希望与上海加强农业、可再生能源等领域的合作。

● 14时,中心城区(徐家汇站)最高气温达40.9℃,虽然仅维持4分钟,但打破了2013年40.8℃纪录,成为上海自1873年以来气温最高值。

● 在连续10个橙色高温预警后,上海发布今夏首个高温红色预警,全市用电负荷达3 185.6万千瓦,创下历史新高。

● 市人大常委会召开第八十九次主任会议,决定将修订《上海市消防条例》转为常委会2017年度立法正式项目。市人大常委会主任殷一璀主持会议。

● 市教育考试院高招录取现场迎来一批特殊的客人——上海松江、浦东、虹口、青浦、静安和黄浦6个区的10名考生代表在院高招办负责人的带领下,第一次触及上海高校招生录取的"CPU",亲历高校招生录取流程。

● 市出版工作专题会召开,贯彻落实全国出版工作会议精神,研究部署当前上海出版工作。市委常委、宣传部部长董云虎出席会议并讲话。

● 2017年上海市预防青少年违法犯罪工作推进会召开,学习贯彻中央《关于进一步深化预防青少年违法犯罪工作的意见》和有关会议精神,系统总结、全面深化本市预防青少年违法犯罪工作,部署下一阶段工作。

● 上海集成电路装备材料基金签约仪式在临港举行。该基金总规模不低于100亿元,首期50亿元,由临港管委会、国盛集团、南京银行、上海万业企业等单位共同出资,基金管理公司将由上海浦东科技投资有限公司和华芯投资管理有限责任公司联合组建。

● 市高院正式将7月21日确定为"上海法院法官权益保障日",并启动为期一个月的履职保障集中教育宣传活动。

● 位于上海自贸区外高桥保税区域的"车驾管"服务大厅启用,将使26万境内外企业从业人员、日均入出5万辆机动车享受到交通服务管理"区内事、区内办"的直接便利,进一步打通政府部门服务企业主体的"最后一公里"。

22日

● 7月沪牌拍卖显示,本月共有269 189人参加拍牌,比上月增加24 840人,回升明显;中标率为3.8%,较上月降低0.4个百分点,再次降低到4%以下,低于2016年平均中标率1个百分点;最低成交价为92 200元,平均成交价为92 250元。最低成交价和平均成交价在今年内第二次双双突破9万元大关。

● 由市医学会、市医学会科普专科分会主办的第四届"上海市青年医学科普能力大赛”在沪举办总决赛，来自复旦大学附属中山医院的《腰突症的“动静”》摘得本届大赛桂冠。

23 日

● 一架编号为 B-7882 的波音 B777-300ER 飞机从西雅图飞抵上海浦东机场，举行了飞机过“水门”的欢迎仪式，加盟东航 650 余架机队的“大家庭”，这也标志着东航于 2012 年 4 月采购的 20 架波音 777-300ER 全部交付完毕。

● 上海爱乐乐团电影音乐会在大宁音乐广场上演，为大宁夏季音乐季拉开帷幕，这也是上海艺术商圈“仲夏艺术季”重头戏。暑假每个周末，都有免费的艺术演出在大宁音乐广场举办，包含三场整编制交响音乐会，上海爱乐乐团、上海话剧艺术中心、上海轻音乐团等专业院团悉数登场。

● 红色传承，海上留声——“走进党的诞生地”上海市青少年红色诗文朗读比赛决赛在大隐精舍小剧场举办，严纳斯《祖国啊，我是属于你的》、郭鸿玮《我用残损的手掌》分获小学组、中学组一等奖。

● 本市教育、工商等部门排摸发现，上海目前近 7 000 家各类教育培训机构中，“有证有照”的约占四分之一，“无证无照”的有 1 300 余家。其中，500 余家对义务教育阶段学生开展学科类和学科延伸类培训的机构，已进入逐步关停阶段。

24 日

● 市长应勇主持召开市政府常务会议，研究加快转变政府职能，提高政府办事效率，推进实施当场办结、提前服务、当年落地“三个一批”改革等事项。

● 作为上海对口云南精准扶贫重点项目之一的上海（云南）蔬菜产销对接基地项目首批 11 个蔬菜产销对接基地在云南挂牌。上海（云南）蔬菜产销对接基地项目计划从 2017 年至 2020 年，累计建 5 万亩蔬菜产销对接基地，每年带动 1 000 户贫困户脱贫。

● 上海首批公开出让的两幅租赁住房用地在上海市土地交易市场成交。两幅土地分别位于浦东张江和嘉定新城，采取“只租不售”模式，项目建成后，将至少提供 1 897 套租赁住房。这标志着上海新增租赁住房用地供应已全面启动，上海积极推进购租并举住房体系建设迈出坚实一步。

● 本市召开规范非机动车和行人交通行为工作电视电话会议。

● 2017 年上海市第三届五星体育暑期学生足球赛在上海虹口足球场落幕。比赛由市教委、市体育局、市东方传媒集团有限公司主办，成为上海市校园足球联盟举办的又一项高质量赛事，并通过引入丰富的嘉年华活动等创新元素，搭建了一个热爱足球、享受足球的平台，充实学生暑期生活。

● 市卫计委推出卫生计生系统第三批 30 个“医疗服务品牌”。30 个“医疗服务品牌”关注百姓看病就医的难点和痛点,为患者提供优质、便捷、温馨的医疗服务。

● 市消保委对沪上27家奶茶店51件样品奶茶的比较试验结果显示,“高颜值”现制现调奶茶的标准紊乱,主要集中在含糖量、反式脂肪酸和咖啡因三大问题上。

25日

● 市第十四届人大常委会第三十九次会议(扩大)在世博中心召开。市委书记韩正出席。市委副书记、市长应勇代表市政府报告2017年上半年全市经济社会发展情况和下半年工作总体考虑,并围绕人大代表和市民关心的自贸试验区建设、科创中心建设、住房、补短板等重点工作作介绍。

● 市人大常委会第三十九次会议召开,听取关于《上海市水资源管理若干规定(草案)》的说明等。市委副书记、市长应勇列席会议。市人大常委会主任殷一璀主持会议。

● 中国(浦东)知识产权保护中心在浦东新区政府正式揭牌。这是在上海设立的第一个国家级知识产权保护中心,将面向高端装备制造产业、生物医药产业开展知识产权快速协同保护工作。

● 市食药监局宣布,因经销的特殊医学用途婴儿配方食品的乳蛋白深度水解配方中硒的检出值低于产品包装标签的明示值,上海雀巢产品服务有限公司已被浦东新区市场监督管理局立案调查。

● 国务院安委会第七巡查组向上海反馈安全生产巡查情况。第七巡查组组长、全国政协委员、全国总工会原副主席、书记处书记李世明出席反馈会并讲话。巡查组副组长、国家安全监管总局监察专员王力争代表巡查组作反馈。市委副书记、市长、市安委会主任应勇听取反馈意见并作表态讲话。市委常委、常务副市长周波主持反馈会。

● 上海光源二期工程举行设备吊装仪式,这标志着该工程部分光束线站已完成设计、采购、研制,进入到工程安装阶段。

● “拥军优属项目签约仪式”在上海世博中心举行。市委常委、市委政法委书记、副市长陈寅出席仪式并讲话。

● “我们的队伍向太阳”——庆祝中国人民解放军建军九十周年美术作品展暨“文韬武略功垂千秋”——开国将帅诗词书法作品展在上海图书馆开幕,用艺术的形式展现人民军队创建、发展、壮大的辉煌历程。本次展览活动由市委宣传部、市双拥办、上海警备区政治工作局联合指导,市国防教育基金会、市国防教育协会、市文史馆、中国上海书画院等共同主办。

26日

● 市十四届人大常委会第三十九次会议召开全体会议,听取关于上海市2017年上半年国民经济和社会发展计划执行情况的报告。

● 列席市十四届人大常委会第三十九次会议（扩大）的市政协委员、在沪全国政协委员分组讨论，就应勇市长所作上半年政府工作报告，围绕自贸试验区建设、科创中心建设、住房、补短板等重点工作以及教育、医疗、养老等民生问题展开讨论。市政协主席吴志明参加。

27 日

● 由市政府新闻办、上海广播电视台主办的2017年度《市民与社会·市长热线》广播直播访谈节目，邀请市委常委、常务副市长周波就“重视品牌建设，重塑品牌辉煌”这一主题，倾听市民们的意见与建议。

● 2017年上海市哲学社会科学教学科研骨干研修班举行结业典礼。来自全市60余所高校及市社科院、市社联、党校等单位的近450名学员通过听取专题报告、交流讨论、实地参观等形式展开学习，学员们还组成15支研修团队深入中西部地区、东北老工业基地、革命老区、改革开放前沿地区进行党性教育、国情教育。

● 本市年轻一代民营企业家理想信念座谈会在市委统战部召开。市委常委、统战部部长施小琳与年轻一代企业家座谈。

● 由大阪市政府、上海市商务委、大阪商务伙伴城市理事会共同主办的第二十九届“商务伙伴城市圆桌会议”召开，主题为“亚太地区贸易便利化”，来自大阪、墨尔本、曼谷、香港、天津等城市代表出席并围绕主题作主旨发言。

● “我们的队伍向前进”——上海警备区庆祝建军九十周年文艺演出在警备区党委机关开幕。整台演出由警备区战士业余演出队自编自排自演，分为“浴血荣光”“霓虹哨兵”“强军路上”三个篇章。

● 第三届上海（浦东）沪剧节闭幕式在浦东源深体育馆举行，演出阵容和演出形式创历年之最。除了全市各家沪剧院团的专业演员、各区县沪剧沙龙的沪剧爱好者和大学生代表外，来自苏州、无锡、常州、南京等地的沪剧院团和沪剧沙龙的代表也首次加盟演出，组成近5 000人的演出团队。

● 由民进中央、中国教育学会和叶圣陶研究会共同主办的“2017海峡两岸暨港澳地区基础教育交流活动”在沪开幕。来自两岸四地的专家学者，民进中央、叶圣陶研究会、中国教育学会、民进上海市委有关部门负责人等80余人参加研讨会。

● 宝山区顾村镇综治办在诗乡顾村广场开展“综治宣传月”集中宣传活动，本次活动的主题是“守护佳园、共创平安”。宝山区相关领导到现场参观宣传活动。

28 日

● 在张江园区开发建设二十五周年之际，张江高科技园区管委会在上海科技大学举办第五届“张江人才”颁奖活动，同时宣布启动一系列重大人才计划。

● 由武警上海总队和解放日报社共同主办的庆祝建军九十周年“向着胜利前进”主题诵读会,以情景朗诵的形式,回顾建军九十年的辉煌历程,展现新时期武警战士的家国情怀。

● 以“童心童梦”为主题的2017上海国际儿童戏剧展演在沪拉开帷幕。今日起至8月20日,以色列、巴西、阿根廷等国家和地区的多台适合3至18岁少年儿童观看的剧目,将陆续在中国福利会儿童艺术剧院马兰花剧场等登场,沪上演出超过40场,外省市巡演10场。

29日

● 张江校企联动科创平台揭幕暨社区化教育服务项目启动仪式举行。德国SGI青少年科创教育项目将通过组织课后创新教育,社区校园活动,中德科创夏、冬令营等方式,培养青少年的动手能力和绿色创新理念。

● 一名黄衣男子闯进载着客人的出租车内,一言不发,伸手拿走司机放在仪表盘上的300块钱。这个画面被坐在后排的金小姐拍了下来,并发布于网络。闵行警方利用这33秒的视频,通过人脸识别技术侦破案件,20小时内将黄衣男子抓获。

30日

● 15时55分,一架东航空客A319客机平稳降落在西藏日喀则和平机场,标志着上海—西安—日喀则航线开通。

● 第十五届中国国际数码互动娱乐展览会(ChinaJoy)在沪落下帷幕。今年ChinaJoy观众累计高达34.27万人次,比去年增长1.72万人次,创十五年来历史新高。

31日

● 上海市庆祝中国人民解放军建军九十周年慰问演出开幕。市委书记韩正,市委副书记、市长应勇,市人大常委会主任殷一璀,市政协主席吴志明等市领导与驻沪部队官兵、社会各界人士代表一起观看演出。

● 上海党外知识分子工作座谈会在展览中心召开。

● 市委副书记、市长应勇参加他所在的市政府办公厅秘书处党支部“两学一做”学习教育专题组织生活会,同支部党员们一起,围绕扎实推进“两学一做”学习教育常态化制度化等工作交流实践感悟。

● 市政协召开十二届九十三次主席会议,审议《中国人民政治协商会议上海市委员会提案办理协商办法(草案)》等议题。市政协主席吴志明主持。

● 市政协召开“加快上海国际航运中心建设”提案协商座谈会,部分委员与市交通委、市发改委、市金融办、市保监局、机场集团等提案办理单位协商座谈。

● 庆祝中国人民解放军建军九十周年,《忠诚·信仰——贺龙同志生平文物文献展》在中共一大会址纪念馆拉开帷幕。此次展览通过200余件珍贵藏品、图片，追忆中国人民解放军主要创始人之一贺龙同志的光辉人生，再现人民军队创建发展的光荣历程。展览为期三个月。

● 上海市首家服务双创企业发展的试点小贷公司——上海静安众创空间小额贷款股份有限公司在静安区挂牌成立。

## 本月

● 收录300种上图馆藏碑帖精品的《上海图书馆善本碑帖综录》，由上海书画出版社出版。全书选录三百种具有重要版本、鉴藏和艺术价值的善本碑帖，上自先秦，下迄明清，涵盖了碑刻和法帖（包括丛帖和单刻帖）两大门类。它是国内第一部体例严谨、表述规范、信息全面的善本碑帖专题著录性工具书，也在国内首次全面聚焦整理公藏机构丰富的碑帖文献，具有著录信息全面、方式新颖、总量宏富三大特点。

● 海尔签约落户上海。根据海尔集团、松江区政府、临港集团签署的三方协议，海尔将投资100亿元以上，建设青岛以外首个区域总部和六大核心功能板块，打造全国智能制造和工业互联网领域的标杆项目。

3—4日

● 市委书记韩正分别赴上海华谊（集团）公司、上海纺织（集团）有限公司，调研本市深化国资国企改革进展情况。韩正强调，国有企业惟有改革创新才能走出新路。要始终保持清醒的头脑，按照以习近平同志为核心的党中央的决策部署、按照上海国资国企改革“20条”，坚定不移深化国资国企改革创新。上海的市场竞争类国有企业要聚焦主业中的自主品牌、核心技术和市场占有率等关键环节，拿出符合行业发展特点和规律的改革创新举措，努力成为充满活力和竞争力的市场主体。

6—9日

● 由市委副书记、市长应勇率领的上海市代表团访问爱尔兰。访问期间，应勇会见科克市市长菲茨杰拉德，与爱尔兰技能组织负责人进行工作会谈，并访问香农自贸区。会见结束后，应勇和菲茨杰拉德共同签署《上海市和科克市2017—2022年友好合作交流备忘录》。

9—11日

● 第六次全国对口支援新疆工作会议在新疆喀什召开。会议全面总结二十年来对口援疆工作，并表彰112名全国对口支援新疆先进个人，其中上海姚忠（上海外高桥集团股份有限公司副总经理）、徐建德（嘉定区中医医院院长）、虞星波（公安局静安分局副局长）、熊肇明（第十人民医院医院管理办公室主任）、夏红军（上海市合作交流办公室对口支援（外调研员）共 5 人获殊荣。

● 由市委副书记、市长应勇率领的上海市代表团访问英国。访问期间，应勇分别会见伦敦市长萨迪克卡恩、伦敦金融城代市长白尔雅、世界技能组织主席西蒙·巴特利和英国技能组织负责人，并出席"金融服务一带一路"驻伦敦中资金融机构座谈会。

13—14 日

● 中国共产党上海市第十一届委员会第二次全体会议在世博中心召开。会议由市委常委会主持。市委书记韩正在会上讲话。市委副书记、市长应勇总结本市上半年经济社会发展情况并对下半年经济社会发展工作进行部署。全会审议通过《中国共产党上海市第十一届委员会第二次全体会议决议》。

15—19 日

● 由市委宣传部指导，东方宣传教育服务中心、龙华烈士陵园、市收藏协会联合主办的《纪念中国人民解放军创建九十周年暨民间藏品展》，在上海图书馆第一展厅展出。展览分为"土地革命中创建""抗日战争中发展""解放战争中壮大""社会主义建设中迈向现代化"和"改革开放中变强"五个部分，用图、文、实物藏品等展现了人民军队九十年的光辉历程。

18—19 日

● 全国城市基层党建工作经验交流座谈会在上海召开。中共中央政治局委员、中组部部长赵乐际出席会议并讲话，他强调，要强化街道党组织统筹协调功能，推进街道社区党建、单位党建、行业党建互联互动，扩大商务楼宇、各类园区、商圈市场、互联网业等新兴领域党建覆盖，健全市、区、街道、社区党组织四级联动体系。

## 8月

1 日

● 庆祝中国人民解放军建军九十周年大会在北京人民大会堂召开。上海市领导韩正、应勇、殷一璀、吴志明、尹弘等分别与市委、市政府、市人大、市政协等机关干部一起收看大会电视直播，认真聆听习近平总书记重要讲话。驻沪部队官兵，本市各级党政机关、人民团体和市民群众也在第一时间收看聆听大会实况。

● 本市 36 名第二批"组团式"援藏教师启程出发。上海首批"组团式"教育人才援藏工作队于 2016 年 6 月奔赴西藏，今年 7 月 18 日归来。

● 金砖国家第七次经贸部长会议在上海开幕。围绕建立金砖国家示范电子口岸网络、制订金砖国家服务贸易合作路线图、加强电子商务领域合作、制订知识产权合作原则和行动计划四大议题进行深入探讨。

2日

● 国务院副总理汪洋在上海集体会见出席金砖国家第七次经贸部长会议的外方代表团团长和相关国际组织主要负责人。在沪期间，汪洋还赴有关外资企业调研，了解企业在华投资、经营和创新情况。

● 2017年度黄浦江水域观光游轮碰撞事故处置市级综合演练在上海黄浦江北外滩水域成功举办。本次演练由上海海事局、东海救助局、上海市公安局等10家上海海上搜救中心成员单位参加，出动各类船艇20艘、直升机3架，参演人员500余人。

● 上海法院律师服务平台向全国律师开放仪式在上海高院举行。上海高院分别与北京、内蒙古、江苏、广东等12个省区市及广州、深圳的律协代表签署《上海法院律师服务平台向全国律师开放的合作备忘录》。

● 市城管局执法总队开出单位生活垃圾强制分类后的首张责令改正通知书，要求南京东路409号的置地广场于8月4日14时前改正相关行为。如拒不改正，将面临100元以上1 000元以下罚款。

● 松江区委副书记、代区长陈宇剑走进SMG全媒体中心上海新闻广播直播室，做客2017"夏令热线·区长访谈"节目。

● 中国邮政集团公司在邮票印制局举行《戊戌年》特种邮票印刷开机仪式，该邮票于2018年1月5日正式发行。此次《戊戌年》狗票由我国著名艺术家周令钊设计。

● 全国第四批中医临床优秀人才培养项目实施方案启动，除了原有的"读经典、跟名师、做临床"，新增加"强素养"内容，这一新增内容，借鉴了上海中医药领军人才培养项目的经验。

3日

● 2017"中国游客心目中最安全的目的地"评选中，67%的游客投票中国，得票率最高。而这份调查中评选出国内最有安全感的十大城市，上海名列榜首。第三方调查机构零点公司每年的调查数据显示，上海公众安全感、满意度指数连续维持在80分以上"历史高位"。

● 本市理论界学习习近平总书记7月26日在省部级主要领导干部专题研讨班上的重要讲话精神座谈会在市委宣传部召开。会议由市委宣传部和市中国特色社会主义理论体系研究中心联合主办。来自本市部分高校、市委党校、中国浦东干部学院、上海社科院的专家学者20余人参加会议。

● 市新闻出版局发布的市民阅读状况调查报告显示，去年上海市民平均阅读量6.64本，处于全国领先水平；超过8成受众认为阅读对于个人生存和发展的作用重要，以"提高修养"为读书目的的选择大幅上升。首选"数字阅读"的比例在连续三年上升后,首次出现明显下降;纸质读物阅读时间则在连续两年下降后首次反弹。

● “中国(上海)自由贸易试验区、浦东新区贸易便利化措施暨国际贸易中心建设示范企业发布会”召开,涉及海关、检验检疫的十项总计20条支持贸易便利化的最新举措正式推出。

● “四季上海—喀什号”上海首趟援疆旅游专列,满载着530名游客,开启上海至喀什为期17天的丝路之旅。专列沿丝路西行,途经西宁、敦煌、喀什、吐鲁番、张掖等历史名城。

4日

● 由市新闻出版局、上海市浦东新区人民政府联合指导的2018全球电竞大会在浦东召开,我国电竞产业主管部门、全球电竞产业机构、知名电竞企业代表围绕“更竞一步”的主题探讨全球电子竞技最新趋势,交流电子竞技的最新发展观念。同时,上海电子竞技产业发展核心功能区落户浦东并正式揭牌。

5日

● “紫荆绽放——庆祝香港回归祖国二十周年书法作品巡展”在上海壹号美术馆开幕,来自全国各地近80位书法名家献上原创新作,首站展期20天。巡展由上海市文史研究馆、上海壹号美术馆、上海朵云轩集团、香港大公文汇传媒集团、香港紫荆杂志社等单位联袂筹办,并由刘一闻大师工作室协同山东、湖南、浙江、香港等地书协共同策划举办。

● 上海越剧院一团受香港康乐及文化事务署之邀,一连3天,以《红楼梦》《双珠凤》《铜雀台》及折子戏专场,为“中国戏曲节”压轴,在香港文化中心大剧院演出,受到热烈欢迎。

6日

● 市新四军历史研究会、上海市国防教育基金会共同召开座谈会,缅怀粟裕大将辉煌人生和对中国革命作出的杰出贡献。座谈会上播放纪录片《粟裕大将》。

● 市公共信用信息子平台“食品药品生产经营单位‘一户一档’信用档案平台”开通。同时,市食药监局、市信用办和市信息中心签署协议,深化食品药品安全领域信用信息共享与应用,这对信用体系的建设及政府创新监管模式具有重要意义。

● 嘉定首个“田园综合体”——安亭镇向阳村“乡村新天地”项目开工,一期项目包括基础农业、旧厂房改建、亲子集市、民宿等明年年底建设完成,整个项目将于2020年完成。

● “循丝路花雨,弘东方之韵”——沪宁陕蒙中国戏剧梅花奖、上海白玉兰戏剧奖艺术家“深入基层、扎根人民”主题实践活动首场演出,在宁夏大剧院举行。此次主题实践活动为期10天,途经“一带一路”沿线宁夏银川市、陕西西安市以及内蒙古乌兰察布市。活动由市委宣传部、上海戏曲艺术中心策划，会同沪宁陕蒙四地相关文化部门共同主办。上海京剧院、上海昆剧团、上海沪剧院、上海越剧院、上海淮剧团、上海评弹团与巡演三地相关戏剧院团协同推进。

● “形象之源——上海抽象艺术展”亮相温州年代美术馆，余友涵、丁乙、周长江、李磊、黄渊青、陈墙、曲丰国、燕飞翔 8 位上海抽象艺术家携 38 件(组)作品参展。展览以上海抽象艺术历史渊源为出发点，展现上海抽象艺术从起源到本土探索的过程。这是上海抽象艺术家的作品首次以地域文化艺术现象为主题在上海之外的集体亮相。

7 日

● 上海大剧院公布 2017—2018 演出季内容，包含超过 160 台、近 400 场演出，分为“艺海丝路”“致敬经典”“歌剧典赏”“发现最美”“艺聚当代”五个主题板块。

● 为纪念建军九十周年、迎接党的“十九大”胜利召开，刘海粟美术馆推出“红色印记——馆藏作品展”。

● 第三批“双百双促”行动企村结对帮建签约仪式在沪举行，今年报名参加帮建的企业达 70 多家，其中有 30 多家上海企业，截至目前已有三分之一的企业完成对签约地，如云南省、贵州省的实地考察。根据考察情况，这些企业将制定投资方案进行对口帮扶。

● 市学生事务中心发布《2017 年非上海生源应届普通高校毕业生进沪就业申请本市户籍评分办法》，今年进沪就业申请户籍的标准分为 72 分。评分指标包括：最高学位和学历、毕业学校、学习成绩、外语和计算机水平、用人单位要素分等。

8 日

● “第二军医大学泌尿外科手术周”在上海拉开帷幕。活动由我国著名泌尿外科专家、中国工程院院士、第二军医大学校长孙颖浩教授创办并担任大会主席，旨在落实全国卫生与健康大会提出的“健康中国 2030”目标，为国内外泌尿外科医生提供优质交流平台，为广大泌尿系统疾病患者带来手术精准治疗的福音。

● “沃森肿瘤智能联合会诊系统”在同济大学癌症中心、市第十人民医院全面临床启动。“沃森医生”是 IBM 研发的医疗人工智能，近期在包括美国纪念斯隆—凯特琳癌症中心(MSKCC)等全球 14 个国家多个肿瘤治疗中心进行临床应用，表现引人注目。

9 日

● 上海交通大学密西根学院 2017 夏季设计展开幕，90 余个大学生创意项目参展，人工智能、虚拟现实、无人驾驶等这些科技行业里炙手可热的关键词在本次设计展上成为众人关注的焦点。展出的项目涵盖《工程导论》《设计与制造 3》《系统设计与实现》《本科生科研项目》等夏季学期大一到大四的多项实验性课程项目。

● 中国商飞公司与华泰保险集团举行战略合作协议签约仪式。在中国保监会支持下，本次合作通过华泰资产设立保险债权投资计划，向中国商飞提供总规模 150 亿元、期限十年以上的资金，用于支持大飞机的研发生产。

● 九寨沟县地震发生后，上海市、区旅游管理部门按照市领导要求和相关规定，第一时间启动应急预案，全力组织核查本市游客在九寨沟旅游和安全情况。

● 12 时 35 分，经四川移动通信公司、上海千寻位置网络公司联合抢修，在地震中受损的北斗地基增强站得到修复，已能为灾区提供亚米级定位服务。千寻位置还与国内 30 多家无人机厂商取得联系，并与四川省有关部门沟通，组织无人机飞往灾区，执行灾区影像航拍、消毒液喷洒任务。

● 中国邮政集团公司上海市分公司与 ofo 小黄车联合发起的“绿色共享、传递正能量”活动在黄浦区龙门路支局拉开帷幕，当天 ofo 小黄车空中邮局同步上线。

● 电子警察抓拍违法行为短信及时告知平台启用一年以来，已经累计发送违法及时告知短信 23 万余条。

● 在雨水和弱冷空气作用下，中心城区(徐家汇站)最高气温定格在 29.3 ℃，这是今年 6 月 30 日以来申城的最高气温首次低于 30 ℃。

● 由中铁二十四局集团有限公司轨道交通分公司施工的轨道交通 17 号线轨道工程基本完成。17 号线线路全长约 35 公里，设车站 13 座，平均站间距 2 898 米，共设高架车站 6 座，地下车站 7 座。

10 日

● 市儿童医院—嘉定儿科医联体扩大签约仪式举行。这标志着儿童医院—嘉定儿联体纵向拓展覆盖到社区，完善了儿科分级诊疗体系。

● 作为 2017 上海书展第一项活动，复旦大学中国研究院院长张维为新作《文明型国家》出版座谈会率先举行，由上海人民出版社和复旦大学中国研究院策划的“中国话语丛书”同时启动。

● 浦东新区着力落实街镇责任，坚持对环保违法违规建设项目“零容忍”。在该区环保督察整改工作中上报排查的 6 000 余家违法违规建设项目，现已 100%完成整改。

11 日

● 由市级机关书法家协会、虹口区委宣传部共同主办的“人民军队——纪念中国人民解放军建军九十周年书法篆刻作品展”今起亮相上海图书馆。“我们的队伍向太阳美术作品展”和“文韬武略·功垂千秋——开国将帅诗词书法作品展”同时巡展至中华艺术宫。

● 市委书记韩正在调研江南造船集团时指出，上海市委、市政府全力支持中船集团、江南造船集团的发展，始终按照以习近平同志为核心的党中央的决策部署，为建设海洋强国不断作出新的更大贡献。

● 上海银监局发布消息，今年上半年，上海银行业运行平稳，经营保持稳定。截至6月末，上海银行业各项贷款余额6.5万亿元，同比增长14.5%。不良贷款率0.59%，较年初下降0.09个百分点，创近四年来新低，各类风险总体可控。

● 第三届妇幼保健普陀论坛召开。论坛指出“全面二孩”政策落地上海一年多，申城多家产院分娩量下降两成。专家表示，分娩量回落原因主要是赶“二孩”政策末班车的“70后”生育意愿已释放，人群生育趋于合理。

● 注册在上海自贸试验区的梅特勒—托利多国际贸易(上海)有限公司发出了一批出口至瑞士的箱包产品。与以往不同的是，企业不再需要国内签证机构签发的原产地证明文件，凭自行出具的原产地自主声明，两天内便完成了全部贸易通关手续，并在抵达瑞士后享受“零关税”通关待遇。这是上海自贸试验区内企业首次试点原产地自主声明模式。

● 位于静安区职工服务中心的全市首家“户外职工驿站”启用。从今天起，市总工会陆续挂牌成立93家面向送餐小哥、快递物流等全体户外职工的场所，这些场所被统一命名为“户外职工驿站”，预计在8月底前将陆续全部建成开放。

12日

● 虹口区新公布144个文物保护点，其中包括华昌钢精厂、明星香水肥皂厂等36处中国近现代工业企业遗(旧)址。

● 徐汇区“汇讲坛——与体育大咖对话全民健身”讲坛举办，上海市城市规划设计研究院高级工程师奚文沁向公众介绍徐家汇体育公园更新改造的设计理念。

● “海峡两岸抗战史论坛”在上海举办，海峡两岸的学者、革命类(抗战类)博物馆、纪念馆馆长和文博专家从不同视角就上海在十四年抗战中的历史地位和作用阐述各自的研究成果。同时，“上海抗战与世界反法西斯战争”研究会正式揭牌成立。此外，围绕纪念在宝山牺牲的烈士姚子青，还举行了连环画《姚子青》首发式和综艺纪实评话《抗日英烈姚子青》展演活动。

● “循丝路花雨，弘东方之韵”沪宁陕蒙中国戏剧梅花奖、上海白玉兰戏剧奖艺术家“深入基层、扎根人民”主题实践活动最后一站演出，在内蒙古乌兰察布市四子王旗乌兰牧骑剧场拉开帷幕。

● 由民革市委、市黄埔军校同学会、上海中山学社联合主办的纪念全民族抗战爆发八十周年暨“八一三”淞沪会战八十周年座谈会在沪召开。海峡两岸的抗战亲历者及后裔、相关领域专家学者从不同的历史视角分享自己的所见、所闻及所思，观看了“四行仓库保卫战”珍贵影像资料。

● 为期三天的 2017(上海)国际建筑遗产保护与修复博览会在上海展览中心落幕。

13 日

●“坚持‘留改拆’并举、深化城市有机更新、切实加强历史风貌保护、加快改善市民居住条件”专题培训班开班。副市长时光辉主持开班动员活动。本市住建、规土、发展改革、财政、房管等部门,各区政府及相关部门,部分市属国企负责人等参加培训。

● 受雷暴云团东移影响,申城再次大风、雷电和暴雨“三黄”预警高挂。21 时,闵行、金山等地普降大雨、雷声轰鸣。本次降水雨量较大,从 21 时 30 分至 22 时 30 分,仅 1 小时内,金山降水达到 34.7 毫米,为各区最大,闵行 32.4 毫米,松江 31.4 毫米,位居第二、第三。

● 在团市委统一协调下,全市 16 个区的共青团组织分别在一大会址、淞沪抗战纪念馆等 16 个城市地标同步启动“国旗下成长”上海青少年升国旗暨爱国宣讲主题活动,全市共有 1 200 余名青少年参加升旗活动。

● 2017 年上海城市业余联赛暨“美设杯”上海市台球俱乐部联赛收杆。本次赛事由上海市体育局、上海市体育总会主办,上海市台球协会承办。

● 市委办公厅印发《关于加强本市欧美同学会(留学人员联合会)建设的实施意见》,提出各区、有关部门、高等学校、科研院所、高新技术产业开发区、大型企业等归国留学人员较为集中的单位,应成立欧美同学会(留学人员联合会)组织,并作为市欧美同学会团体会员。

14 日

● 市委书记韩正在上海申康医院发展中心调研。韩正听取申康中心负责同志关于市级公立医院基于医联实时信息系统的现代医院管理制度建设汇报。

● 市政协副主席赵雯在市政协会见尼日利亚传统领袖卡诺埃米尔萨努西二世一行,向来宾们介绍上海改革开放和经济社会发展等情况。

●“传承传唱描红——纪念毕春芳先生毕派名家名段风采展演”举行。展演前,斜土街道与上海徐汇越剧团共建越剧毕派传承基地启动。

● 巴士集团计划新辟申昆路枢纽站至虹桥枢纽站的公交短驳环线 835 路。此举是中运量 71 路后续线网优化完善,解决申昆路交通枢纽站与虹桥火车站及轨道交通的公交接驳问题,同时缓解虹桥机场 2 号航站楼、虹桥火车站的客流疏散压力。

15 日

● 上海歌剧院一行 130 人赴德国萨尔布吕肯国际音乐节之约。紧接着,上海交响乐团也将启程,在乐团音乐总监余隆的率领下,参加瑞士琉森音乐节。这是有着八十多年历史的世界顶级音乐节第一次向中国乐团递来邀请函，标志着中国乐团在“走出去”的进程中，迈出关键性一步。

● 著名音乐艺术家、上海交响乐团驻团作曲家朱践耳离开人世，享年95岁。

● 市委书记韩正调研上海航天技术研究院。韩正察看了上海宇航系统工程研究所、上海卫星装备研究所在国家重大工程领域的推进情况，了解上海航天军民融合项目进展。

●《上海与美国地方交流年度大事记(2016)》新书发布会举行。作为国内首部以地方交流视角考察中美关系的书籍，由上海市美国问题研究所主编的大事记涵盖上海与美国间各类活动，包括文艺、教育、科技、人员、医卫、商业等领域。

●“香港回归祖国二十周年——同心创前路　掌握新机遇”成就展暨“沪港合作成果展”在中华艺术宫举行。成就展分为10个单元，通过展出多段视频及200多张照片，全方位展现香港城市面貌、最新发展以及发展蓝图。“沪港合作成果展”则集中展示二十年来，特别是两地2003年建立合作机制以来，沪港在商贸、金融、科技、文化、教育、青少年、自贸区等领域合作交流所取得成果。

● 市政协开展“加快老旧住房改造”提案专题办理情况跟踪活动，考察了中原一村这一“拆落地”改造项目。历时十年，中原一村原计划改建1 862套房屋，现已建成和在建的共246套。

● 2017上海书展·上海国际文学周开幕。本届国际文学周以科幻文学为主题开展各项活动，叶辛、李敬泽、弗拉基米尔·博亚利诺夫、马丁·卡帕罗斯等31位海内外作家参加包括主论坛、诗歌之夜在内的49场文学交流活动。

16日

●《人民日报》推出“砥砺奋进的五年·迎接党的十九大特别报道·上海篇”，用8个整版的篇幅，全方位、立体化地报道上海贯彻落实习近平总书记对上海作出的一系列重要指示。“上海篇”同时刊发上海市委书记韩正的署名文章《增强“四个意识”努力当好排头兵先行者》，以及《人民日报》记者对上海市委副书记、市长应勇的专访《走好超大城市创新转型之路》。

● 市委书记韩正调研上海主流媒体深度融合、整体转型进展情况。他先后赴上海报业集团、上海广播电视台第一财经全媒体指挥中心和融媒体中心，并分别主持召开两个座谈会，听取上海报业集团、解放日报社、文汇报社、新民晚报社和上海广播电视台、上海文广影视集团主要负责同志的工作汇报，倾听报纸广播电视一线记者、编辑、编导、制片人参与媒体改革创新的切身感受。

● 市长应勇先后赴上蔬永辉嘉善路中心菜场店、食行生鲜盛源大厦店、上海西郊国际农产品交易中心，调研本市“菜篮子工程”建设。在座谈交流时，市商务委、市农要分别汇报本市"菜篮子工程"建设、地产蔬菜生产和供应情况,静安区汇报了该区蔬菜保供稳价情况。

● 上海市政府与中国出口信用保险公司在沪签署战略合作协议。上海市市长应勇、中国信保董事长王毅出席签约仪式。上海市常务副市长周波、中国信保副总经理黄志强代表双方签约。

● "书香中国"阅读论坛暨解放日报第七十三届文化讲坛在上海展览中心举办。复旦大学中文系教授、中国唐代文学学会会长陈尚君,中央电视台主持人董卿,南京师范大学文学院教授郦波,中央民族大学历史文化学院副教授蒙曼等 4 位嘉宾,及嘉宾主持曹可凡,带领现场 500 余名观众,一起探寻"传统中的诗与远方"。

● 市卫生计生委推出借鉴"门诊预约积分制管理"、推广"门诊多学科会诊中心" 倡导"名中医工作室联动社区服务"等改善医疗服务十大系列举措,号召全市医务人员为患者营造更加温馨、舒适、便捷的医疗环境。

● 2017 首届国际科创园区(上海)博览会在世博展览馆开幕。博览会的面积达 2 万平方米,来自全国 16 个省区市的 54 座城市、135 个园区、280 家企业机构、近 20 所高校参展参会。美国、英国、法国等 8 个国家的园区、高校、企业等也设馆展示。博览会上,由复旦大学等 12 所高校、科研院所发起的长江经济带智库合作联盟揭牌成立。

● "中华民族文化大系"丛书第一辑 7 卷在上海书展首发。著名学者乌丙安、郝苏民、葛剑雄担任总主编,50 多位各民族学科带头人担任分卷主编,400 多位学者参与撰稿,力求为 56 个民族打造一张历史文化名片。

● 以"讲好中国故事与对外话语体系建设"为主题的第四届中国学术出版"走出去"高端论坛在上海交通大学举办。参加论坛的 56 家中外出版机构联合发出了《"一带一路"学术出版合作倡议》。

17 日

● 驻沪部队全面停止有偿服务军地协调领导小组月度专题会议暨工作推进现场会,在空军上海基地举行。杨浦区委、空军上海基地、上海市驻沪部队全面停止有偿服务军地协调领导小组办公室汇报相关工作。

● 市长应勇会见埃及亚历山大省省长穆罕默德・苏丹一行。

● 延续 10 个小时的"上海文学地标朗读接力"在北外滩落幕。半小时后,上海国际文学周的保留节目"诗歌之夜"在同一地点接力上演。这是上海书展自 2011 年举办至今的第七个"诗歌之夜"。

● 为庆祝中国人民解放军建军九十周年,由市委组织部、市委宣传部、上海警备区政治工作局共同主办,面向全市广大党员干部,举办共三场"军旗为什么这样红"——中国人民解放军建军史系列报告会。

● “数字出版与知识服务——2017 世纪中国论坛”在衡山宾馆举行。原国务委员、第十一届全国人大常委会副委员长、《辞海》《大辞海》主编陈至立，国家新闻出版广电总局副局长周慧琳，中共上海市委常委、宣传部部长董云虎出席会议。

● 市委、市政府召开 2017 年军队转业干部安置工作会议。市委常委、组织部部长吴靖平出席会议并讲话。副市长彭沉雷主持会议。驻沪部队代表在大会讲话，市经信委、松江区和机场集团作交流发言。

● 墨西哥海军“夸乌特莫克”号风帆训练舰（舷号 BE-01）在舰长拉法埃尔·安东尼奥·拉古内斯·阿尔特阿加上校率领下，驶抵上海扬子江码头，开始对上海进行为期 6 天的友好访问。这是墨西哥海军舰艇第五次、“夸乌特莫克”号风帆训练舰第四次访问上海。

● 五船同靠上海港，邮轮单日出入境突破 2.6 万人次，再次刷新全国边检机关单日检查邮轮旅客数量最高纪录。其中母港邮轮“赛琳娜”号、“盛世公主”号和“处女星”号停靠吴淞口国际邮轮港码头，中日航线定班轮“新鉴真”号则停靠上海港国际客运中心。还有一艘外国舰艇停靠扬子江码头。

18 日

● 市交通委向各共享自行车企业下达告知书，明确告知从即日起在上海暂停新增投放车辆，一旦发现，将作为严重失信行为纳入企业征信档案。

● 市长应勇主持召开市政府常务会议，研究部署苏州河环境综合整治四期工程，听取第二十九次上海市市长国际企业家咨询会议筹备工作等事项汇报。会议审议通过《苏州河环境综合整治四期工程总体方案》。

● 市人大常委会召开理论学习中心组学习会（扩大），听取“周边安全环境与软实力建设”专题辅导报告。市人大常委会主任殷一璀主持会议。

● 上海芭蕾舞团一行 103 位演职人员启程前往荷兰阿姆斯特丹，开启英国豪华版《天鹅湖》为期近两个月的欧洲巡演。此次巡演将在荷兰及比利时两国 9 个城市演出 40 场《天鹅湖》。这将是上海芭蕾舞团有史以来时间跨度最长、场次最多、演员阵容最强大的一次巡演。

● “从决战走向胜利——纪念中国人民解放军建军九十周年”上海书展特别活动在友谊会堂举办。

● 各民主党派市委、市工商联负责人和无党派代表人士暑期学习会举行。市委常委、统战部部长施小琳出席学习会并与大家座谈交流。

● 上海自贸区国际文化投资发展有限公司发布《上海自贸区文化艺术蓝皮书》。

19 日

● 上海书画出版社出版的《上海城市地图集成》在上海书展首发。全书分为十个图组几三册加以编排,大体展现传世上海城市古旧地图的全貌,全面反映了上海城市地图的演化脉络以及申城的历史变迁。

● 天津全运会网球男单决赛中,代表上海出战的上海浦东网球队队员吴迪直落两盘,战胜北京队王楚涵,夺得男单冠军,也完成全运会网球男单三连冠的壮举。

● 轨道交通运营服务乘客满意度测评报告显示,第二季度,上海地铁十五条线路中,13 号线得 89.11 分最高,1 号线 85.81 分最低。其中,车况站貌、列车通风系统等候乘环境成为百姓关注的焦点。

20 日

● 2017 上海国际儿童戏剧展演圆满闭幕。中国福利会儿童艺术剧院的儿童剧《泰坦尼克号》,日本影法师剧团音乐故事《年糕树》、人体影绘《在这个手指上停下来》获得最佳剧目奖,阿根廷奥玛尔剧团的木偶剧《坚强的小锡兵》获得最具创意奖。

● 受德国萨尔布吕肯国际音乐节之邀,上海歌剧院的演出团队在迪约兹剧场演奏起贝多芬《第九交响曲》与柴可夫斯基《第一钢琴协奏曲》。剧场坐满来自德国、法国等地的古典音乐迷,而在剧场隔壁增开的"分会场",还有近百位观众通过观看音乐会直播的方式,与上海的一流交响乐相遇。

21 日

● 复旦大学附属中山医院厦门医院开业。加上三年前开业的复旦大学附属儿科医院厦门分院,上海已有两大著名医院携手推进厦门卫生事业改革发展。

● 由市委书记韩正,市委副书记、市长应勇率领的上海市党政代表团在贵州省遵义市,与贵州省委书记、省长孙志刚等贵州省党政领导举行沪遵扶贫协作联席会议,并亲切看望慰问上海第二批援黔干部。

● 泰州对接上海产业合作恳谈会在沪召开。会上共有 96 个项目达成合作协议,总投资 400 多亿元,现场签约的有 11 个院地合作项目、10 个园区间合作项目、14 个产业合作项目。

●《上海市公共信息多语种服务手册》在上海书展首发。该丛书分中英文版、中日文版、中韩(朝)文版、中法文版、中西文版五个分册,从吃、住、行、游、购、娱、医七个方面,系统介绍上海的旅游景点、餐饮住宿、公共交通、文化娱乐、出入境、购物休闲、就医流程等公共信息。

● 第二十批上海青年志愿者赴滇服务接力队 24 名队员登机启程前往云南,赴云南省文山、红河、迪庆、怒江及普洱等州市开展为期半年的医疗卫生、基础教育、农技推广、社会管理等方面的志愿服务工作。

● 在上海书展中心活动区,上海英文版数学《一课一练》的首发式受到众多家长学生的追捧。参与该书审核的英国剑桥大学蒂姆·罗兰德教授认为,对比两国数学教材之后可以确认,上海数学课本中的内容更具挑战性。

22 日

● 市人大常委会主任殷一璀在人民大厦会见乌干达国民议会议长丽贝卡·阿里图瓦拉·卡达加一行。殷一璀向来宾介绍了上海这些年来的发展情况。

● 香港特别行政区行政长官林郑月娥到访上海,抵达后先与沪上港人社团代表及学生会面,了解他们在内地工作、学习和生活的情况。还参观了上海梦中心展示厅。

● 本市召开国务院安委会办公室第十督导组汇报会。第十督导组分两个小组赴青浦、松江、宝山、崇明等区开展安全生产大检查督导工作。

● 连续 6 天的 2017 黑池舞蹈节在宝山闭幕。舞蹈节吸引了 25 个国家和地区,101 个代表队的 2 800 多名选手同台竞技。

● 在上海科技馆举行的 2017 年"未来科学 + "暑期科学营上,半导体专家、中国科学院院士褚君浩带来一场主题为"传感器和智能时代"的讲座,"科学大咖"与青少年面对面交流前沿科学。此次暑期科学营是上海科普大讲坛首次推出的青少年夏令营活动,邀请到复旦大学教授葛剑雄、上海纽约大学首任校长俞立中、中国科学院高能物理研究所研究员张双南等专家,带来天文、物理、生物、人工智能、艺术、教育等方面的主题讲座。

● "见证辉煌——上海油画雕塑院五十年历史文献"在上海书展首发,是迄今为止有关上海油画雕塑院历史发展最为全面系统的艺术、文献汇编。

● 第十三届全国学生运动会上海代表团正式成立。通过层层严格筛选,本届运动会上海代表团总人数为 565 人,他们将出征第十三届全国学生运动会。

● 2017 上海书展圆满闭幕。今年上海书展场内外活动超过 900 场。

23 日

● 市推进科技创新中心建设领导小组第三次会议暨张江科学城建设推进大会举行,会议在评估前阶段工作成效的基础上,进一步聚焦关键环节和重点领域,部署推进下一阶段工作。

● "领导干部推进科技创新人才工作专题研讨班"开班。市委副书记尹弘作动员讲话,市委常委、常务副市长周波作专题报告。本次研讨班由市委组织部、市委党校、市科技党委联合举办。本市相关委办局、部分高校、各区政府等分管领导,以及市科技系统各单位党政负责同志 300 余人出席开班式。

● 市委书记韩正,市委副书记、市长应勇会见香港特别行政区行政长官林郑月娥。

● 市政协召开"依托'世界城市日''一带一路'等平台载体,推进上海建设卓越的全球城市"专题协商会,市政协主席吴志明出席。副市长许昆林通报有关情况。

● 2017 上海民族民俗民间文化博览会在上海图书馆拉开帷幕。本届民博会以“萃取精华 读懂三民”为主题，相对集中展示江南地域民族民间顶级工匠技艺、设计品牌及产业化成果，让非遗融入现代生活。

● 浦东“贯彻城市基层党建会议精神，推进‘家门口’服务体系建设”会议召开。截至目前，浦东全区已有 724 个村居报送建立了“家门口”服务站，初步覆盖面已达 56.4%，试点村居数已超出预期。

● 2017 上海国际科普产品博览会围绕“科普—让生活更美好”的主题，聚焦双创、凸显科普、展示创新、构建平台、打造品牌，举办具有专业化、国际化、社会化、规模化特点的盛会。

● 在“市民与十佳家庭医生面对面”座谈会上，普陀区石泉街道社区卫生服务中心仇宝华等 10 位荣获第四届“上海市十佳家庭医生”称号的家庭医生，得到了“1 + 1 + 1”签约居民代表的颁奖。

● 正在鲁迅纪念馆奔流艺苑展出的“风波浩荡足行吟——鲁迅与国际友人在上海暨纪念鲁迅定居上海九十周年特展”，呈现了鲁迅在上海期间与外国友人的交往和他在上海十年的生活状态。

● 在北京国际图书博览会开幕式上，上海外语教育出版社出版的《汤显祖戏剧全集》(英文版)一书版权成功授权给英国布鲁姆斯伯里出版集团。汤显祖和莎士比亚两位东西方戏剧巨匠的作品将首次以英文版的形式在同一国际出版集团出版。

24 日

● 市委常委学习会听取清华大学微电子与纳电子学系主任、微电子学研究所所长魏少军教授所作的《网络强国战略与互联网安全》专题辅导报告。

● 上海警备区党委十二届十七次全体(扩大)会议召开，此次会议是上海警备区按新编制运行后的第一次党委扩大会议。韩正介绍上海按照习近平总书记四个“有新作为”的重要指示，深化自贸试验区改革、加快科创中心建设、加强社会治理创新、全面从严治党的推进落实情况，并对上海警备区下一步工作提出要求。

● 由市委统战部、民盟上海市委、上海中山学社联合主办的“上海与抗日民族统一战线”学术研讨会在东华大学召开。

● 上海市青年(大学生)职业训练营启动仪式暨普陀区就业创业服务季主题日活动在普陀区创业汇园区举行，24 家设营单位正式亮相。

● 医护人员在平凉社区文化中心表演情景剧《康复》。当日，杨浦区中心医院举行“医学科普”进社区送健康公益活动。

● 市人大常委会执法检查组分别赴普陀区和浦东新区开展食品安全法执法检查，“饿了么”是其中重要一站。

●“魅力上海”城市形象推广活动在斯里兰卡首都科伦坡拉开帷幕，这是上海三年来第二次在当地举办推广活动。斯里兰卡内阁部长卡鲁拉迪拉克、科伦坡市政专员阿努拉以及中国驻斯里兰卡大使馆政务参赞庞春雪等嘉宾出席在“中斯友谊的象征”班达拉奈克国际会议大厦举办的开幕式，并为“心目中的上海”主题竞赛获奖者颁奖。

25日

●历经140多天的施工和布置，中国共产党代表团驻沪办事处纪念馆（周公馆）今天重新向公众开放。

●市委书记韩正赴市公安局调研。市公安局主要负责同志汇报了今年以来全市公安工作情况以及下一阶段重点。

●国务院安委会办公室第十督导组在上海召开安全生产大检查督导情况反馈会。督导组认为，上海安全生产大检查工作取得明显进展和积极成效，但也存在一些问题和不足。上海市政府表示，此次督导是对上海安全生产的又一次全面“体检”，将切实抓好督导反馈问题的整改落实。

●一场声势浩大的社会治安集中打击整治行动在全市展开，上海公安部门出动治安、刑侦、交通、特警等多警种配合作战，打击现行违法犯罪，整治社会治安秩序，排查公共安全隐患。

●由市文明办、市建设交通工作党委、市交通委、市公安局交警总队、市邮政管理局、上海交通广播主办的“文明快递，守法出行”文明交通主题宣传实践活动在青浦区韵达速递中心举办。市公安局交警总队发布了规范非机动车和行人交通行为提示，韵达货运等在沪快递企业负责人签署承诺书。本市规模以上快递企业负责人及快递员代表共300余人参加活动。

●第十九届上海读书节重要项目之一——上海职工城市定向文化寻访活动，在上海工人第三次武装起义南市指挥部旧址三山会馆拉开帷幕。

●“魅力上海”泰国推广活动在曼谷市图书馆正式启动。这一活动由上海市政府新闻办公室、上海市对外文化交流协会、上海广播电视台、上海图书馆等单位联合主办，澳星国际传媒、环球凯歌集团、曼谷Like电台FM103调频承办，曼谷市副市长塔威萨·叻巴攀、中国驻泰国大使馆政务参赞杨扬和泰中记者协会会长猜瓦等出席“魅力上海”推广活动。

●今天是我国首个“残疾预防日”，第七届上海康复医学科技奖励大会举行，荣获一等奖的项目都是临床医疗实践与基础研究的融合成果。

26日

●第四届“和平号角”上海合作组织军乐节开幕式在上海源深体育馆举行，国务委员兼国防部长常万全出席并致辞。

● 由中国刑事诉讼法学研究会少年司法专业委员会和市检察院联合主办的未成年人保护处分制度研讨会在上海召开。来自全国10余个省区市的高校、研究机构以及公安、检察、法院、教育、青少年保护等部门的专家学者和实务界人士出席研讨会。

● 位于上海嘉定安亭新镇的"安勇嘉苑"楼盘在嘉定上海汽车会展中心正式开盘销售。这是新政出台后,第一家采用公证摇号排序购房的楼盘。

● 首届"有种戏剧节"创新短剧展演在1933老场坊开幕,《四人行》《三打白骨精》《月亮还记得》分获竞赛单元三甲。

27日

● 上海博物馆亲子教育平台携手上海音乐厅家庭音乐会品牌,为大英博物馆百物展定制了一场别开生面的"百物之声——上海博物馆亲子音乐会"。

● 以截取"慰安妇"老人头像为基础制作"表情包",戏谑"慰安妇",上海似颜绘科技有限公司被处以警告、罚款人民币一万五千元,并被处以停止联网、停机整顿两个月的行政处罚。

● 南浦大桥W3匝道(董家渡路上匝道)改建工程基本完成,于今晚8点开放交通,比计划提前三天。

● 上海大剧院发售1 130张价值50—80元的公益票,包含大剧院本月初公布的2017至2018年新演出季中的15台29场演出。

28日

● 坐落于中国历史文化名镇南翔的上海古猗园经济城迎来15周岁生日。

● 国务院国资委、上海市政府加快建设具有全球影响力科技创新中心推进会召开。中共中央政治局委员、上海市委书记韩正出席会议并讲话。国务院国资委主任肖亚庆在会上讲话,并同上海市委副书记、市长应勇签订《国务院国资委、上海市政府共同推进上海加快建设具有全球影响力的科技创新中心战略合作协议》。

● 市委书记韩正赴市检察院调研。市检察院检察长张本才汇报推进司法体制改革和加强队伍建设等工作。

● 市推进科技创新中心建设办公室召开第四次全体会议。常务副市长周波通报上海科创中心建设主要进展情况;国务院国资委副主任徐福顺介绍央企全面参与上海科创中心建设情况;教育部副部长杜占元介绍教育部支持上海科创中心建设相关情况,并与上海市副市长翁铁慧签署《教育部上海市人民政府共同推进上海全面创新改革试验建设具有全球影响力科技创新中心框架协议》。

● 市长应勇主持召开市政府常务会议,听取围绕"上海建设卓越的全球城市"的专题调研报告，并学习讨论。

● 市人大常委会召开上海“十三五”及更长时期重点领域立法需求课题征求意见座谈会。市人大常委会主任殷一璀出席并讲话。

● 市委召开“规范居村功能、畅通为民服务”专题会。市民政局和市经济信息化委、宝山区委、黄浦区南京东路街道党工委、松江区石湖荡镇党委、虹口区曲阳路街道林云居委会、金山区漕泾镇护塘村等在会上发言。

● 纪委书记廖国勋在虹桥迎宾馆会见摩洛哥真实性与现代党总书记伊利亚斯·奥马里一行，他向来宾们介绍上海改革开放和经济社会发展等情况。

● 上海市新的社会阶层人士统战工作会议在上海展览中心友谊会堂召开。市委常委、统战部部长施小琳出席会议并讲话。

● 世博会博物馆馆日活动在2017年阿斯塔纳世博会举办，“魅力上海”城市推广活动诸多项目集中亮相，成为世博会博物馆馆日活动重要内容，让世界各地世博会参观者感受申城之美。

● “2017第二届海峡两岸青年创客大赛”闭幕式在同济大学举行。大赛以“众智未来”为主题，关注中华文化、教育、环境、健康、城市未来等领域，结合创新设计理念和前沿科技，创造出具有社会和产业价值的产品。

● 市政协副主席张恩迪在市政协会见美国伊利诺伊州众议院议员瑞吉·菲利浦斯一行，向来宾介绍近年来上海经济社会发展等情况。

● 今天是传统七夕佳节，中国邮政发行的《喜鹊》特种邮票在上海爱情邮局揭幕，“七夕”主题纪念封、“真爱迷宫”喜鹊纪念明信片等相关配套邮政产品一并亮相。

● 2017上海百强企业发布，前三名为上汽集团、交通银行、宝武集团。

● 上海音乐厅与上汽通用汽车凯迪拉克品牌宣布双方战略合作全面启动。上海音乐厅获得上汽通用汽车凯迪拉克品牌为期三年的冠名，成为凯迪拉克·上海音乐厅。

29日

● 市长应勇会见美国霍尼韦尔公司董事长高德威一行。

● 市商务委与贵州省遵义市商务局签订《共同推进沪遵商务领域扶贫协作项目协议（2017—2020）》，同时市商务委与遵义市商务局、务川县人民政府、道真县人民政府就农产品产销对接、“黔女”家政就业基地等两个项目签订三方合作协议，蔬菜集团（西郊国际）、上农批等一批上海农产品流通骨干企业与遵义市务川县、道真县当地农产品合作社签约项目8个，悦管家等一批上海家政服务骨干企业与务川县、道真县人民政府签约项目6个。

● 武警三支队与驻地企业单位联合举办退伍老兵就业双选会。短短两个小时，有100余名老兵与用人单位达成签约意向，52名老兵现场签约。

● 市政协副主席徐逸波在市政协会见越南河内市祖国阵线委员会常务副主席黎氏金莺率领的代表团一行,向来宾们介绍上海改革发展近况和市政协履职情况。

● 上海股权托管交易中心“科技创新板”迎来第六批 15 家企业集体挂牌。至此,上股交“科技创新板”挂牌企业总数达 137 家。

● 2017 上海国际马拉松赛组委会宣布:今年的“上马”在 11 月 12 日举行,相较往年最大的变化是,赛事将取消半程马拉松组别,设置全程马拉松(2.8 万人)、10 公里(5 000 人)及健身跑(5 000 人)三个项目。

● 上海艺途公益基金会(WABC)联合深圳市爱佑未来慈善基金会,共同在腾讯公益平台上发起的“用艺术点亮生命”互联网公益募捐项目的线上创益筹款互动活动。用户花一元钱,就可以“购买”一幅由自闭症、脑瘫等精智障碍患者所画的画。而“购买”一幅画,相当于向这个公益项目捐赠一元钱。

● 由成耀东率领的上海 U20 男足,在全运会首场小组赛以 4 比 2 战胜江苏队。这支上海全运队由上海市体育局和上港联合打造,是中超上海上港俱乐部的青年梯队。

● 由央视三套全新打造的展示各地群众文艺风采的专题栏目《群英汇》播出宝山专场,集中展示宝山历届全国“群星奖”获奖作品、在市民文化节舞台上涌现出的百姓明星风采和宝山的民间特色文化。

30 日

● 2017 年上海市推进国际金融中心建设领导小组国际咨询委员会会议召开。上海市市长应勇为国际咨询委员颁发聘书。上海市常务副市长周波介绍上海经济金融发展情况。伦敦证券交易所集团首席执行官罗睿铎、瑞穗金融集团公司执行副总裁兼全球公司业务总裁营野晓等围绕“上海国际金融中心建设与成熟国际金融中心还存在哪些短板和不足,如何应对全球经济和金融格局带来的不确定影响,如何更好地服务实体经济发展,更好地与科创中心建设实现联动发展”等议题相继发言,为上海国际金融中心建设献计献策。

● 市长应勇会见出席“2017 全球(上海)人工智能创新峰会”的中外专家,听取他们对上海发展人工智能的意见和建议。

● 市商务发展研究中心(上海市商业信息中心)发布的《上海城市商业综合体发展情况报告(2016—2017)》显示,截至去年底,上海共有 189 个城市商业综合体,商业建筑总面积 1 376 万平方米,总从业人员 28.5 万人,年客流总量 18.7 亿人次。

● 由上海文学发展基金会主办的“与 25 部经典的上海相遇——青年学子品读文学经典大赛”宣布启动,这是时隔两年这一赛事再度鸣锣。主办方选择了在上海生活、写作、发表作品的作家的 25 部经典小说,邀请 25 岁以下青年学子品读评论。

● 为纪念“抗日漫画宣传队”成立八十周年，由上海图书馆、上海市美术家协会漫画艺术委员会主办的“以笔作刀枪——上海抗日漫画宣传队暨抗战漫画主题文献展”在上图开幕，展期至 9 月 30 日。

● “2017 全球（上海）人工智能创新峰会”召开。本次峰会是上海市首次召开的全球性人工智能峰会，以最具前瞻性和国际化的视野，聚焦最前沿的国内外人工智能技术趋势，集聚专家智库资源，突出上海在人工智能方面的全球合作。峰会由工信部、科技部、国家发展改革委指导，市经济信息化委、市科委、市发展改革委、徐汇区政府、中国人工智能产业发展联盟共同主办。

● 由市检察院和华东政法大学合作筹建的公益诉讼研究中心在市检察院挂牌成立，并举办首次理论研讨活动。这是国内首家由检察机关和高校共同组建的公益诉讼研究中心。

● 市三中院公开开庭审理一起生产、销售伪劣产品案，并依法当庭作出判决，判处被告人和被告单位有期徒刑十五年至三年不等刑罚及罚金。市人大常委会副主任薛潮率队赴上海三中院开展“行刑衔接、严厉打击食品安全违法犯罪行为”专题执法检查，30 多名市人大代表旁听了案件审理。

**31 日**

● 市政协召开“贯彻中共十八届六中全会精神，推进全面从严治党工作情况”专题通报会。市政协主席吴志明出席并讲话。市委常委、市纪委书记廖国勋通报有关情况，并听取委员建言。

● 2017 年秋季上海高校党政负责干部会议召开。副市长翁铁慧重点部署加快推进“双一流”建设工作，并就做好开学工作提出要求。

● 上海市市场监管行政处罚信息系统正式上线启动，标志着上海市场监管综合执法体制改革在全国率先完成了向一支队伍、一个程序、一套文书、一个系统的规范转变。

● 以“打造上海先进制造业重要承载区”为主题的“上海创新智造高峰论坛”在奉贤区举办。论坛由民建市委和奉贤区政府联合主办。民建中央副主席、市政协副主席、民建市委主委周汉民以《以智能制造再塑经济引擎》为题作主旨演讲。工信部中国电子信息研究院规划所所长乔标作《中国制造 2025：建设制造强国的宏伟蓝图》专题演讲。

● 市政府侨办与长宁区政府就华人华侨事务签署战略合作协议。双方同意在上海虹桥海外人才一站式服务中心设立“上海市华侨事务中心虹桥分中心”。

## 本月

● 市委副书记、市长应勇赴崇明、嘉定、金山、青浦、闵行、松江等区调研郊野公园建设运营情况。应勇指出，推进郊野公园建设，是上海生态之城建设的重要组成部分，也是上海推进社会主义新农村建设和城乡发展一体化进程的重要载体。推进郊野公园建设，要尊重自然风貌、坚持生态优先、体现特色特点、注重融合结合，努力为上海深化农村改革、促进农业转型升级和农民增收探索新途径。

● 长宁正式开启“中法波中学生交流项目”，13 名中学生在带教老师带领下，前往法属波利尼西亚帕皮提市，住寄宿家庭，学当地民俗。

18—22 日

● 市委六个巡视组全部进驻巡视单位，这标志着十一届市委第一轮巡视工作进入全面推进阶段。本轮巡视共巡视六个区，巡视时间为两个半月。其中，市委第一到第六巡视组分别巡视徐汇区、奉贤区、黄浦区、金山区、青浦区、杨浦区。

23—31 日

● 2017 上海民族民俗民间文化博览会亮相上海图书馆展厅。民博会以“萃取精华读懂三民”为主题，相对集中展示江南地域民族民间顶级工匠技艺、设计品牌及产业化成果，让非遗融入现代生活。

25—27 日

● 由上海市委副书记、市长应勇率领的上海市代表团在云南省委副书记、省长阮成发等陪同下，深入云南省普洱市和大理州的村寨、企业、学校、医院，走访看望贫困户，察看沪滇扶贫协作各项措施落实情况，听取当地干部群众对做好扶贫协作的意见建议。

## 9月

1 日

● 全运会乒乓球男团决赛中，上海队以 3 比 0 战胜四川队，时隔五十二年再夺全运会男团冠军。上海队曾在 1959、1965 年收获两届全运会乒乓球男团冠军。

● 黄浦区行政检察监督办公室挂牌成立，为黄浦区行政检察监督和公益诉讼的开展建立有效的工作平台。揭牌仪式上，还启动“黄浦区行政执法与行政检察信息共享平台”。

● 金砖国家新开发银行和金砖国家工商理事会在上海召开第二次理事对话会。新开发银行总部在上海的永久性办公大楼也于今天开工，大楼选址位于世博园 A 片区，南至雪野路，西至高科西路，北至国展路，占地面积 1.2 万平方米，总建筑面积 12.6 万平方米。

● 由上海市教委统一开发建设的“阳光午餐——学校食品安全追溯管理平台”在本市学校全面启用。自 8 月 22 日起，上海对各级各类中小学校和托幼机构食堂、学校食堂配送中心、学生盒饭生产单位,开展为期一个月的学生集体用餐安全专项检查。

● 为确保开学期间道路交通安全有序,交警部门出动交警和交通辅助管理力量3 500余人次,对360余所中小学校、幼儿园开展绿色护校工作。

● “纪念爱国卫生运动六十五周年暨第11个全民健康生活方式行动日”主题宣传活动上,今年的健康大礼包开始发放:《上海市民道路交通安全知识读本》和1根交通安全反光带和1套交通标志卡通贴,发放对象为全市常住市民家庭,每户一份。

2日

● 来自全市三级法院的296名法官助理,在一天内开展法学理论笔试和文书撰写笔试。通过笔试后,他们还要接受庭审面试、遴选委员会遴选和上海高院党组审议,最终将有约160人脱颖而出,到各基层法院担任法官。这是上海首次从法官助理中遴选初任法官。

● 7月18日至8月31日,上海文化广场重建开业六年来首次集中整修。今天是整修后的首个“剧院开放日”,近百名热心观众感受剧院台前幕后的变化。

● 张江地区的新地标——张江主题公园正式开园。同一天,孙桥中心绿地也开门迎客。一日之间,张江科学城新添两项民生实事工程,为科学城营造宜居环境打下基础。

● 沪琼合作探路新医改的典范之作——上海第九人民医院海南分院,在海南省儋州市正式开业。这是上海三甲综合医院在海南省启动的首个紧密型跨省医联体,让资源和技术“多跑腿”、让病人少跑路,辐射海南岛乃至东南亚,更是上海优质医疗资源服务国家战略、探路新医改的重要举措。

● 上午11点13分,2 000多吨的百年建筑玉佛禅寺大雄宝殿被固定在一个巨大的平台上,平台下方安置着多条“轨道”,在千斤顶的作用之下沿着轨道缓缓前进,踏上向北平移30.66米的行走之旅。

● 金砖国家新开发银行签约的首个贷款项目,位于上海临港的智慧新能源推广应用示范项目正式开启第一期运营。该项目主要利用上海临港等产业园区的厂房屋顶资源,建设100兆瓦分布式光伏电站,并致力于探索建立大数据能源管理与公共服务中心。

3日

● 由市长应勇率领的上海市代表团在辽宁省大连市,与辽宁省委书记、省人大常委会主任李希,省委副书记、省长陈求发等辽宁省党政领导举行上海大连对口合作座谈会,并共同见证对口合作项目签约。两地共签署对口合作项目57个,协议金额达1 704亿元。

4日

● 市委书记韩正赴市审计局调研。市审计局汇报全市审计工作相关情况以及下一步工作打算。

● 市人大常委会部分组成人员就本市基层力量贯彻实施"一法一条例"(《食品安全法》和《上海市食品安全条例》)的工作情况召开座谈会。市人大常委会副主任吴汉民参加。

● 市委党校、上海行政学院 2017 年秋季开学典礼举行。市委副书记、市委党校校长尹弘出席并作动员报告,强调要深入学习习近平总书记系列重要讲话精神和治国理政新理念新思想新战略,重点抓好习近平总书记"7·26"重要讲话精神的学习。

● 常务副市长周波会见法国家乐福集团董事会主席兼首席执行官亚历山大·彭博。

● C919 大型客机首飞机组走进上海交大闵行校区,这是机长蔡俊、副驾驶吴鑫、观察员钱进及试飞工程师马菲、张大伟等 5 人机组完成首飞任务后第一次集体亮相,也是第一次到高校与师生互动交流,他们现场揭秘国产大飞机研制和试飞的背后故事与日后进展。

● 经过一个多月激烈角逐,24 条道路从参加申报的 30 条道路中脱颖而出,被评为 2017 年上海市林荫道。算上最新这批,上海市林荫道已有 198 条。

● 新的上海公安学院迎来 1 092 名 2017 级新生,其中包括 150 名首批招录的本科新生,就读治安学、侦查学、警务指挥与战术、刑事科学技术、网络安全与执法等 5 个本科专业。

● 华东师范大学与中国科学院上海有机化学研究所联合建设的庄长恭研究所揭牌成立。

5日

● 市委书记韩正在市委农办、市农委调研时强调,农业事关食品安全保障、事关城市正常运行、事关生态环境维护,在全市工作中地位重要。要按照以习近平同志为核心的党中央决策部署,紧密结合上海实际,扎实推进都市现代绿色农业发展。坚持以绿色、质量、效益为目标,走产业化、规模化发展之路,千方百计提高组织化程度,做到资源节约、环境友好,大力培育优质农产品品牌,为推进农业现代化作出上海的更大贡献。

● 2018 年度解放日报发行推广工作会议召开,宣传部部长董云虎出席并讲话。会上,市委宣传部和解放日报社对汤辉等 62 位"2017 年度解放日报发行工作先进个人"进行表彰。解放日报社、市高级人民法院、华东理工大学、中共二大会址纪念馆等单位代表作交流发言。

● 市长应勇会见上海市市长国际企业家咨询会议成员、赢创工业集团董事长克里斯蒂安·库尔曼一行。

● 第十三届全运会高尔夫女子团体项目中，由阎菁、鲁婉遥、叶雷以及叶莉英组成的上海女队，以低于标准杆17杆的总成绩夺冠。

● 由国家新闻出版广电总局网络视听节目管理司、上海市文化广播影视管理局主办的“2017上海网络视听季暨第九届中国网络视听产业论坛”开幕。论坛上，众多业界大咖齐聚一堂抛出共识：中国网络视听产业正值黄金期，应努力形成有特色、有品质、有高度的网络视听文艺“高原”。

6日

● 市委书记韩正赴上海机场集团调研。韩正听取上海机场集团、民航华东地区管理局、民航华东地区空管局关于浦东和虹桥机场航班正常性工作和两大机场安全运行保障工作的汇报。调研期间，市领导在浦东国际机场察看机场跑道建设，听取C919客机试飞保障工作情况汇报。

● 市长应勇调研在沪外资研发中心并主持召开座谈会，听取对上海进一步优化营商环境、支持外资研发中心参与上海科创中心建设的需求和建议。截至今年8月，落户上海的外资研发中心累计达416家，全国最多。外资研发中心为上海集聚了大量的创新资本、创新人才，外商投资企业研发经费约占全市的一半，全市投资1 000万美元以上的外资研发中心有120家，外资研发中心的研发人员超过4万人。

● 市长应勇、常务副市长周波一行来到陶氏化学上海研发中心、SAP中国研究院等调研。座谈会上，SAP中国研究院、陶氏化学上海研发中心、飞利浦照明研发中心、诺华(中国)医学研究中心、联合利华全球研发(上海)中心、美敦力中国研发中心、强生中国研发中心与亚太创新中心、普华永道上海创新中心负责人先后发言，围绕政府开放科研项目合作、营造创新环境、完善人才政策等方面提出意见和建议。

● 市深化“证照分离”改革试点工作推进会召开。常务副市长周波主持会议，市委常委、浦东新区区委书记翁祖亮出席。浦东新区汇报浦东“证照分离”改革试点深化实施方案，市审改办汇报全市“证照分离”改革试点推进情况和下一步工作安排。

● 全国公共机构能耗定额管理和重点用能单位节能管理研讨会在上海召开。国家机关事务管理局节能司领导与来自全国31个省、市、自治区和新疆生产建设兵团的公共机构节能管理负责人出席会议并交流座谈。会上，国管局介绍“十三五”以来中央国家机关用水、用电指标分解工作的开展情况；上海、山东和广西等三地公共机构节能管理部门作为公共机构能耗定额标准制定实施先进地区代表作交流汇报。

● 市委常委、市委政法委书记陈寅，副市长彭沉雷，上海警备区司令员张晓明少将等检查本市高校征兵工作。

● 2017 年上海市“白玉兰纪念奖”颁授仪式举行,来自 18 个国家的 50 位杰出外籍人士获此殊荣。今年的获奖者来自经贸、金融、航运、教育、旅游、科技、卫生、文化等多个领域。

● 1 090 名优秀教师荣获“上海市园丁奖”。“上海市园丁奖”评选坚持向教育教学一线教师、青年教师、乡村教师倾斜。30 年来,“上海市园丁奖”已评选十四届。

7 日

● 市委书记韩正等调研桃浦地区。普陀区区委、区政府负责同志汇报了今年以来区域经济社会发展工作特别是桃浦地区转型升级推进情况。在上海电器科学研究所,市领导详细了解该所面向战略性新兴产业与传统产业转型升级,聚焦智慧城市与智能交通、智能制造、检测认证等领域自主创新研发、整体解决方案提供等情况。

● 市政协中共界别委员赴上海飞机设计研究院和中国商飞总装制造中心实地考察,了解上海推进高端制造业发展情况。委员们实地察看航电试验室、铁鸟大厅、飞机部装和总装车间,详细了解国产大飞机研发、装配情况以及 C919 大型客机试飞情况。

● 上海警方成功处置一起劫持人质案件,人质安全获救。当天 20 时 15 分许,上海市公安局接 110 报警称:一男子持械闯入基隆路一超市劫持人质。警方迅速派员至现场处置。在与该男子谈判过程中,其持刀挥砍人质。为确保人质安全,特警队员果断开枪击中犯罪嫌疑人,成功解救人质。犯罪嫌疑人经抢救无效死亡。

● 浦东新区区委书记翁祖亮在浦东新区政府办公大楼会见以利库德集团政治局委员、书记处书记、政府住房建设部副部长埃里·莱维为团长的以色列利库德集团干部考察团,他向来宾们介绍上海改革开放和经济社会发展等情况。

● 7 时许,“四季上海—喀什号”援疆旅游包机从上海虹桥机场首航,满载 175 名上海游客开启 8 天 7 夜喀什之旅。这是今年援疆省市至新疆开通的首个旅游包机,也是喀什地区历史上游客规模最大、游玩时间最长的旅游包机团。

● 闵行区梅陇镇党建服务中心的居民区书记、党员、入党积极分子等 40 余人齐聚一堂,共同参与“学习同心圆‘在线党课暨周四讲习所’”首场开播活动。这场党课由上海市委党校副校长曾峻主讲,主题是有关习近平总书记“7·26”重要讲话的学习辅导。

● 第十三届全运会男子足球 U20 组的决赛在天津团泊足球场进行。以上港 U20 梯队为班底组建的上海队通过点球大战,5∶3 力克浙江队。完成了上海足球在本届全运会足球的“大四喜”—包揽了全部专业组的四块全运会足球金牌。

8日

● 市长应勇会见加拿大温哥华市市长罗品信一行，并共同签署两市合作交流意向书。

● 市长应勇会见香港恒隆集团董事长陈启宗一行。陈启宗表示，恒隆将继续加大在沪投资，提升企业竞争力，为上海的繁荣发展作出更大贡献。

● 市政协主席吴志明会见由布隆迪参议长恩迪库里约率领的代表团一行。吴志明代表上海市政协欢迎客人来访，并介绍上海改革发展近况和市政协履职情况。

● 副市长许昆林在市政府会见以色列环境保护部部长、内阁成员泽埃夫·艾尔金一行，双方就环境保护、科技创新等领域的合作交换意见。

● 市马克思主义理论学科和马克思主义学院建设工作推进会在市委党校召开。会上，首批上海市马克思主义理论教学研究"终身荣誉奖"出炉，倪大奇、辛敬良、叶敦平、唐培吉、卢娟、许福闳、董孟华、王世根、夏禹龙、夏军获奖。

● "迈向2040：企业创新与城市可持续发展力"最佳案例评选活动颁奖典礼暨高峰论坛在上海举办。获奖案例聚焦城市可持续发展，生动讲述了中外企业与上海共建创新之城、生态之城和人文之城的故事。活动由上海市政府新闻办公室、市商务委和市环保局指导，解放日报·上观新闻、上海日报和东方网共同主办。

● 市安监局公布安全生产违法违规"黑名单"，上海市化工轻工总公司新村路供应公司、液化空气（上海）压缩气体有限公司等8家单位或个人被曝光。

● 2017年度上海市军转干部进高校专项培训在上海交通大学举行开学典礼。全市70家接收单位共选送290名学员参训，这批学员是本市探索开展军转干部进高校专项培训的首批受益者。

● 2017上海购物节拉开帷幕。今年购物节呈现"新消费、潮生活、夜上海"三大特色，汇集40项主场活动、80项重点活动，覆盖16个区、2 000多家企业和2万多个网点。购物节启动仪式上，沪上首批"夜上海特色消费示范区"被正式授牌，涉及浦东、黄浦、静安、徐汇、普陀、闵行、奉贤等7个区的9个商场、商业街。

● 市妇联开展的"全球城市的婚姻与爱情"网络调查显示，在回收的1 040份有效问卷中，有959人认为，上海是一座浪漫的城市。而其中，浓郁的文化气息是人们将上海贴上浪漫标签的最主要原因，约34%的参与者为上海的文化所吸引。也有人认为上海并不浪漫，占7.79%。

9日

● 在希腊举行的第八十二届萨洛尼卡国际博览会正式拉开帷幕，中国以主宾国身份参加本届展会，并设立中国馆。上交会南欧展（希腊）作为"中国馆"的重要部分，24家上海企业携智能制造、机械设备、技术软件、人工智能等领域的先进技术和创新成果参展。

● 第十三届全国运动会上海市代表团从天津载誉归来。本届全运会，上海代表团共有748名运动员参加竞体比赛31个大项、252个小项的决赛，参赛大项、参赛小项和参赛人数均超历届。共获得29枚金牌、33枚银牌、24枚铜牌，2人2次打破两项全国纪录，竞技体育综合实力保持在第一集团，项目分布更加均衡合理。代表团还获得第十三届全运会体育道德风尚奖，实现运动成绩和精神文明的双丰收。

● 今天是第18个世界急救日，主题为“急救与家庭意外伤害”。当天，一座全新的能“救命”的小屋——社区红十字应急平安屋在浦东新区东明路社区活动中心启用。

● 市科技艺术教育中心举行主题活动，现场为上海市中小学文化艺术名师工作室授牌，并表彰上海市青少年校外教育智慧导师。现场授牌的首批5个上海市中小学文化艺术名师工作室为：中国当代著名的剧作家喻荣军、著名沪剧表演艺术家徐伯涛、上海广播电视台(SMG)东方卫视主持人金炜、上海大学上海美术学院陶艺工作室主任陈光辉以及歌唱家李涛等5位艺术名师。

10日

● 国内首条全球领先的8英寸“超越摩尔”研发中试线正式运营。由上海微技术工业研究院构建的这条中试线，旨在打通从研发到小批量生产的超越摩尔产业生态链布局，助攻创新研发。

● 主题为“相约一带一路”的2017年上海旅游节花车巡游在淮海路上举行。来自五大洲19个国家和地区的25辆花车和33支表演团体，把上海淮海路变成了欢乐缤纷的海洋，流光溢彩的世界。

● “非遗之首·中国十二生肖文化遗珍展”在上海大世界开幕。此次展览展出的是一套流失在海外多年的完整的清末民初中国十二生肖铜像，其功能为祈福祭祀。每件皆有兽首、人身及底座三部分组成。

● “山水重庆行，最美渝东北”旅游推介会在上海召开，重庆渝东北区域旅游协作组织携手各市、区、县旅游局、景区、旅行社等业界代表，在推介会上向上海市民介绍渝东北的诗意山水和古韵人文。

11日

● 市委书记韩正会见由越共中央委员、越通社社长阮德利率领的越共高级干部考察团一行。韩正向客人详细介绍上海经济社会发展和全面从严治党相关情况。

● 市长应勇主持召开市政府常务会议，研究建立完善本市新兴行业分类指导目录动态调整机制，进一步优化新兴行业企业名称和经营范围登记管理；研究加强建筑垃圾全过程治理，强化源头减量减排和资源循环利用。

● 市长应勇在人民大厦会见丹麦马士基集团首席执行官施索仁一行。应勇对马士基长期与上海企业务实合作，并积极参与上海自贸区建设表示赞赏。

● 市长应勇调研徐家汇体育公园建设推进情况。应勇与副市长翁铁慧一行详细了解徐家汇体育公园规划建设进展，登高俯瞰奥林匹克俱乐部、东亚展览馆拆除情况，并察看上海游泳馆、上海体育场、上海体育馆周边现状。听取市体育局、久事集团以及徐汇区有关徐家汇体育公园建设推进情况的汇报。

● 2017年国家网络安全宣传周志愿者上岗仪式在上海图书馆举行，200名青年志愿者宣誓上岗。

● 市政协召开十二届九十四次主席会议，审议"本市城乡中小河道综合整治"专项民主监督报告等事项。围绕本市城乡中小河道综合整治，市政协组织委员开展了历时五个月的专项民主监督，专门成立监督小组，深入杨浦、宝山、金山、松江、奉贤、崇明等地，实地调研考察中小河道23批次，召开专题座谈会32次，377人次委员和党派成员踊跃参与，反映意见建议300余条。

● 武警上海总队秋季应征入伍的3 000多名新兵开始起运，同时也将迎来首批"00后"新战士。今年，武警总队新兵主要来自安徽、江苏、浙江、山东和上海地区，新兵入营后将按照新兵集训计划安排，展开三个月的集中训练。

● 外地来沪就医的参保人员，可以凭借本人二代社保卡，按规定实现住院医疗费用直接结算，个人不用再全额垫付住院医疗费用后回当地报销。目前，上海共有449家定点医院开通跨省异地就医住院费用直接结算功能。

● 国务院安委会第十八综合督查组来沪开展大检查综合督查，今日举行上海市综合督查动员会。国家体育总局副局长、综合督查组组长高志丹，市委副书记、市长、市安委会主任应勇出席。

12日

● 上海发布新版《公共厕所规划和设计标准》。该标准规定，时段性客流特征明显、负荷大的公厕，男女厕位比例宜为1∶2.5，或宜设通用厕间(即无性别厕间)。

● 上海社区学院诞生，成为上海开放大学专门从事社区非学历教育的特色学院，成为社区非学历教育的公益性办学实体。至此，上海建成非学历教育办学系统，形成市、区社区学院，街镇社区学校以至各个社区学习点的四级联动网络。

● 亚冠第二回合四分之一决赛，上港队经过艰苦的加时赛和点球大战，最终杀入亚冠四强。这也是上海职业足球俱乐部的最佳战绩。

● 上海交警"App""扫码缴款"功能正式上线，驾驶人可使用"上海交警"App扫描处罚决定书二维码来支付罚款。

13日

● 市委、市政府在青浦区华新镇徐谢村为农服务中心召开城乡中小河道综合整治现场会。市委书记韩正强调,要紧紧盯住年度目标,始终坚持问题导向,以攻坚克难的精神狠抓重点难点问题的突破解决,确保到今年底全市中小河道基本消除黑臭,水域面积只增不减,水环境质量全面提升。

● 市委书记韩正会见美国新任驻华大使布兰斯塔德一行。韩正说,上海长期以来与美国各地有着密切的经济交往,特别是与旧金山、芝加哥、休斯敦缔结姐妹城市以来,双方在经贸、教育、文化等各领域有着成果丰硕的交流合作。

● 常务副市长周波在市政府会见以色列财政部长摩西·卡隆一行,向客人介绍了上海经济社会发展情况,宾主就进一步加强上海与以色列的合作交换意见。

● 市食品药品监督管理局与浦东新区人民政府签署《食品药品安全战略合作协议》。双方将结合上海建立完善食品药品安全治理体系战略和创建国家食品安全示范城市要求,进一步促进上海自贸试验区和张江国家自主创新示范区建设,打造“开放、创新、高品质”浦东。

● 由市文明办和市社联共同推出的“风从海上来——近代上海经济的崛起之路”系列讲座首讲在上海杨树浦水厂礼堂开讲。复旦大学历史学系教授戴鞍钢给200余名听众做题为《中心与辐射:近代上海与长三角及全国的经济关系》的演讲。

● 第十三届全国运动会上海市代表团总结表彰大会在展览中心召开。大会宣读市政府、市总工会、团市委、市妇联有关表彰决定和表扬通报。市政府给予在十三届全运会上获得金、银、铜牌的运动队、运动员、教练员,以及作出突出贡献的科研医务、管理人员记功;给予获得群众体育比赛项目和青少年比赛项目前三名的运动队、运动员、教练员通报表扬并授予荣誉称号。市总工会、团市委、市妇联也分别授予取得优异成绩的集体和个人“上海市五一劳动奖状(章)”“上海市工人先锋号”“上海市青年五四奖”“上海市青年五四奖章集体”等荣誉称号。

14日

● 市政协召开“本市推进市场监管分类综合执法改革试点的实践和思考”专题通报会。市政协主席吴志明出席。市委常委、政法委书记陈寅通报有关情况。

● 市政协副主席张恩迪会见美国伊利诺伊州州长劳纳·布鲁斯一行,双方就加强上海与美国伊利诺伊州开展合作交流进行有益探讨。

● 上海市滁州商会在沪成立。商会由上海班固实业有限公司等十二家滁州籍人士开办的企业共同发起设立。

15日

● 第二届中国质量(上海)大会在上海开幕,国家主席习近平致贺信,对会议的召开表示热烈祝贺。

● 市人大常委会开展《上海市道路交通管理条例》执法检查,视察“互联网+交通管理”，听取相关部门和单位情况汇报，并进行座谈交流。市人大常委会主任殷一璀参加。

● 第七届上海“公益伙伴日”开幕式举行，市民政局、市社团局等部门集中发布一批“承接政府购买服务的社会组织”推荐目录，这是上海大力扶持优秀社会组织发展的一次实质性举措。

● “最高人民法院知识产权司法保障科技创新研究(上海)基地”揭牌仪式暨知识产权司法保障科技创新工作调研座谈会在上海知识产权法院举行。最高人民法院副院长陶凯元和上海市高级人民法院院长崔亚东共同为研究基地揭牌。

● 市政协副主席蔡威在市政协会见来访的奥地利前总统、奥地利中国友好协会主席海因茨·菲舍尔一行。

● 市商务委召开上海市重要产品追溯体系建设示范工作推进会，上海重要产品追溯联盟宣告成立。

● 2017中国·上海第二届新型司法智库建设理论研讨会召开。上海市高级人民法院院长崔亚东、上海市人民检察院检察长张本才分别作《推进司法实践与现代科技应用深度融合 实现审判体系和审判能力现代化》《人工智能对法律实践和未来法学的影响和挑战》的主题发言。

● 全国“大众创业万众创新”活动周开幕期间，科技部火炬中心、优客工场等联合办公类型众创空间在上海主会场正式发布《众创空间服务规范(试行)》和《众创空间(联合办公)服务标准》。

● 以“社会组织参与社会治理”为主题的第七届“上海公益伙伴日”在上海公益新天地园开幕。活动现场揭晓年度“十佳公益机构”“十佳公益项目”和“十佳公益故事”。本次活动由市民政局、市社团局共同主办。

16日

● 市委书记韩正分别会见前来出席第29次上海市市长国际企业家咨询会议的咨询会议前主席、美国史带公司董事长兼首席执行官莫里斯·格林伯格，咨询会议前主席、贝恩公司董事会主席奥里特·加迪耶什，咨询会议前主席、WPP首席执行官苏铭天，咨询会议现任主席、安永会计师事务所全球主席兼首席执行官马克·温伯格。

● 为期两天的中国质量(上海)大会闭幕。闭幕式上，参会政府部门、国际组织等共同倡议并正式发布《上海质量宣言》，发出十点倡议，呼吁继续深化全球质量合作交流，共同为促进国际质量持续发展作出贡献，让质量引领全球发展的美好未来。

● 主题为“网络安全为人民，网络安全靠人民”的2017年国家网络安全宣传周开幕式在上海举行。中共中央政治局常委、中央书记处书记、中央网络安全和信息化领导小组副组长刘云山在开幕式上发表讲话，并参观网络安全博览会暨网络安全成就屄。

● 静安区第一届运动会开幕式在新落成的静安体育中心举办,全区5 000多名市民参加。活动结束后,静安体育中心在对公众试运行。

● 9月沪牌个人额度拍卖进行,最低成交价为91 300元,平均成交价为91 415元,均较上月有所回落,最低成交价的截止时间为11时29分56秒(第2 101位)。本月参加拍卖的人数为250 566人,中标率为5%,比上月提升0.9个百分点。

● 2017—2018年度DI全国教师培训会在上海市嘉定区金鹤中学启动,活动现场,全国首家"DI中国创客中心"成功揭牌。

17日

● 2017上海旅游节重点活动"微游上海"在虹口、浦东、黄浦、静安、徐汇、长宁六区同步启动。四条城市微游线路以"滨江故事"为中心主题,吸引近千名市民游客参加。今年的四条城市微游线路分别为:"浦江风云·申城记忆·人文之旅""发现上海西岸""梧桐影落·有位佳人""行道天涯·革命爱情"。

18日

● 市委书记韩正会见由国家民委副主任石玉钢率领的全国少数民族参观团一行。韩正代表市委、市政府和2 400万上海人民,对全国少数民族参观团来沪参观考察表示热烈欢迎,对全国各族同胞和各省区市长期以来给予上海发展的支持帮助表示感谢。

● 市长应勇分别会见出席第29次上海市市长国际企业家咨询会议的美国史带公司董事长兼首席执行官莫里斯·格林伯格、罗氏集团首席执行官施万、诺华公司董事长林浩德。

● 市人大常委会召开第九十二次主任会议。会议讨论并通过《关于建立上海市本级预算审查前听取人大代表和社会各界意见建议机制的实施意见(草案)》。听取关于《上海市职工代表大会条例修正案(草案)》审议结果的报告等。

● "新闻记录上海——1949—2017上海城市图片展"在浦东机场向公众开放。这是由解放日报上观新闻与上海机场集团携手举办的公益性大型新闻图片故事展。

● 由中央网信办和上海市人民政府指导、上海网信办主办的"2017年网络安全技术高峰论坛"主论坛在上海举行。中国工程院院士方滨兴、中国科学院院士何积丰、中国科学院院士潘建伟等十余位来自国内外的知名企业高管和专家学者围绕"安全、高效的未来互联网""网络空间安全理念"等议题展开研讨和交流。

● 今天是"九一八"事变纪念日。9时18分,在有着110周年历史的浦东中学,一座青铜铸造的和平纪念钟在庄严的国歌声中揭幕。这座纪念钟以浦东中学创校之初大礼堂打铃的钟为原型,设计钟的高度为1 937 mm,上沿口直径为813 mm,以纪念1937年8月13日这个特殊的日子。当时日寇战机将占地200多亩的浦东中学校舍夷为平地。

19日

● 经过四个月层层选拔，94名2017年"上海工匠"揭晓。这94名"上海工匠"，涵盖电力、钢铁、船舶、航天、汽车、通信、建筑、交通等多个领域，并呈现出涉及产业及行业覆盖面广、技能水平高、创新能力强、文化程度高、党员比例高等诸多特点。

● "上海医学发展系列奖项"出炉：20位专家荣获"上海医学发展终身成就奖"，30位专家荣获"上海医学发展杰出贡献奖"。此次评选活动由市卫生计生委、市科学技术协会指导，市医学会主办。

● 市教委与上海国际艺术节中心策划选送中小学陶艺课程、低幼年级《弟子规》课程到西藏，并组织上海大学美术学院、普陀区青少年中心、市立幼儿园的师生赴日喀则上海实验学校开展课程交流活动。今天，签约仪式在日喀则举行，建立课程对接、师资辅导和内容互动的常年合作模式。

● 由市海外交流协会、市侨商会主办的"创新创业论坛"在上海召开。论坛围绕国家发展大局和华侨华人事业发展需要，邀请斯坦福大学物理学终身教授，天使粒子发现者之一张首晟教授作题为"科技、创新与投资"主题演讲，国务院侨办经济科技司夏付东向与会者介绍"万侨创新行动"计划。在沪华侨华人创新创业者代表、市有关部门代表、侨商代表约350人参加论坛。

● 一列拉手和壁贴上精心印制徐志摩《再别康桥》、雪莱《爱的玫瑰》、弥尔顿《满二十三岁》、杜甫《春夜喜雨》等40首中英诗歌的2号线文化列车驶入站台。这意味着2017"中外诗歌进地铁"暨"在地铁邂逅诗歌"活动拉开帷幕。此次活动由上海地铁携手英国文化教育协会、市对外友协共同举办，得到了上海翻译家协会的支持。

20日

● 市委书记韩正会见亚洲基础设施投资银行行长金立群一行。金立群说，此次访沪主要是学习上海的发展经验，亚投行愿与上海加强战略与务实合作，欢迎上海企业和人才与亚投行合作，共同在"一带一路"沿线国家建设绿色、高质量的基础设施项目。

● 市长应勇分别会见法国欧莱雅集团董事长兼首席执行官让·保罗·安巩和瑞典宜家集团总裁兼首席执行官叶思博一行。

● 市政府举行第二十七批跨国公司地区总部颁证仪式，市长应勇为新认定的40家跨国公司地区总部颁发证书。此次获颁证书的40家跨国公司地区总部，其中13家为亚太区总部，27家为中国区总部，包括全球最大的汽车座椅供应商安道拓、全球最大的电视购物商科文思、英国最大的汽车制造商捷豹路虎等行业知名跨国公司。

● 上海市政府与招商局集团有限公司在沪签署战略合作框架协议。签约仪式上，招商局集团还与宝山区政府签订合作协议。

● 市思想政治工作研究会第十三次会员大会在上海展览中心召开。会上表彰上海市优秀思想政治工作者，并为全国学雷锋活动示范点、第四批上海市企业文化建设示范基地代表进行授牌。会议选举产生市思想政治工作研究会第十三届领导班子。

● 2017 中国香料香精化妆品行业年会在奉贤区召开。会上，中国轻工业联合会、中国香料香精化妆品工业协会授予奉贤"中国化妆品产业之都·上海东方美谷"牌匾，标志上海奉贤成为国内唯一"中国化妆品产业之都"。

● "奇迹:贝利尼家族与文艺复兴特展"开箱仪式在上海喜玛拉雅美术馆举行，由 64 个集装箱承载的 459 件贯穿 600 年、经历 5 次战争而幸存下来的文艺复兴以来的艺术真迹抵达展场。

● 国内首个由税务和银监部门合作开发、行业组织承建的银税互动平台——上海银税互动信息服务平台上线启动。

21 日

● 由中国经济社会理事会和上海市政协联合主办的 2017 年中国经济社会论坛在上海召开，中共中央书记处书记、全国政协副主席、中国经济社会理事会主席杜青林出席并作主旨讲话。论坛前，杜青林还实地考察浙江杭州、义乌和上海部分企业、园区参与"一带一路"经贸合作、互联互通建设等情况。

● 市委全面深化改革领导小组召开第十八次会议。会议听取本市分类综合执法改革推进情况、上海全面推进司法体制综合配套改革工作、推进金融审判体制机制改革工作的汇报。

● 2017 上海广播节在广播大厦开幕。以"用耳倾听、用心倾诉"为主题的 2017 上海广播节，呈现九大主体活动。开幕式现场，两项广播节期间的展播活动——"时代之声"全国广播剧展播与"东方畅想"公益之声展播正式启动。

● 国家信访局信访理论研究(上海)基地在沪正式成立。国务院副秘书长、国家信访局局长舒晓琴，市委常委、市委政法委书记陈寅为研究基地揭牌。

● 2017 年"海外侨胞故乡行——走进上海"活动暨"上海科创中心建设中侨界的机遇"论坛举行，包括海外侨领、上海侨联、本市相关社团在内的近 400 位嘉宾出席。

● 第四届中国信息安全用户大会和上海市安全互联网服务大会颁奖大会在沪召开。大会为来自银行、证券、制造业、交通等行业的"十佳优秀首席安全官"颁奖，

2017 信息安全优秀服务案例、网络安全知识竞赛和信息安全技能竞赛的获奖人员和单位也接受颁奖。共有来自 10 个行业的 248 支队伍参加今年的信息安全技能竞赛。工商银行上海分行代表队最终夺冠。

● 市人大常委会副主任吴汉民在人民大厦会见柬埔寨国会常委会委员、立法和司法委员会主席彭班雅一行。

● 应用技术大学、上海城建职业学院、上海电子信息职业技术学院联合召开"高本贯通"新生的开学家长会,涉及"土木工程(高职专业:建筑工程技术)"和"计算机科学与技术(高职专业:信息安全与管理)"专业。大学和高职联合召开家长会,在申城尚属首次。这是沪上高等职业教育与应用型本科贯通培养的探索。

● 在市农业科技服务中心的牵线搭桥下,市郊主栽的国庆稻新品种"松早香 1 号"以 18 万元的价格,正式签约转让品种使用权。买下这一新品种的,是松江区家庭农场主和合作社的联合组织—松江区农民专业合作联社。

● 由商务部和上海市政府共同主办的第十六届中国(上海)国际跨国采购大会在国家会展中心(上海)开幕。面积达 2.2 万平方米,设置五大展区、914 个展位,围绕"工业零部件加工及制造"领域,关注"汽车零部件""装备制造""智能制造""新能源"四大应用主题。

● 教育部、财政部、国家发改委公布世界一流大学和一流学科建设高校及建设学科名单。上海有 14 所高校入选名单。在沪高校中,复旦大学、上海交通大学、同济大学、华东师范大学四所院校入选一流大学建设高校。此外,华东理工大学、东华大学、上海海洋大学、上海中医药大学、上海外国语大学、上海财经大学、上海体育学院、上海音乐学院、上海大学、第二军医大学十所院校入选一流学科建设高校。

● 崇明森林旅游节暨首届农趣休闲季开幕。今年的旅游节首次推出"旅游护照",游客领取后可积分、集章,并参与抽奖。本届森林旅游节持续到 10 月底,崇明、长兴和横沙三岛 18 个乡镇均有活动,包括森林音乐烧烤露营节、横沙岛自行车骑游、芦稷节、灶花艺术节、大闸蟹美食节、光明丰收节、明珠湖鱼鲜节等传统品牌节目,也有"西岸盆景艺术节、儿童乡村音乐美食节、青少年马术锦标赛"等新的特色项目。

● 浦东新区 2017 年度打击传销宣传活动启动,由浦东新区市场监管局出品的"远离传销守护幸福"主题公益宣传片首映发布。

22 日

● 市领导韩正、应勇、殷一璀、吴志明、尹弘和部分党代表、市人大代表、市政协委员以及市民代表来到世博文化公园参加植树活动,共同为重大文化体育设施项目建设贡献力量。韩正一行听取世博文化公园规划建设情况汇报。

● 国务院安全生产委员会第十八综合督查组督查反馈会召开,国家体育总局副局长、综合督查组组长高志丹向上海市反馈综合督查情况。市委副书记、市长、市安委会主任应勇作表态讲话。常务副市长、市安委会副主任周波主持会议。

● 市长应勇会见丹麦高等教育与科学部部长索伦·平德一行,对客人率团来沪出席 2017 年浦江创新论坛表示欢迎。

● 市长应勇会见荣获全国平安建设先进区、全国社会治安综合治理先进集体和先进工作者称号的上海代表。

● 市人大常委会主任殷一璀会见冈比亚国民议会议长登顿一行。她向客人们介绍中国的人民代表大会制度。

● 常务副市长周波在市政府会见亚洲基础设施投资银行(亚投行)董事团一行,他向客人介绍上海经济社会发展情况。宾主就推动上海与亚投行在城市建设和可持续发展领域的交流合作交换了意见。

● 上海戏曲广播携手全国兄弟电台共同打造以"九州百戏·绝活儿"为主题的大型全国戏曲绝技展演活动。"九州百戏·绝活儿"全国戏曲绝技展演将通过广播录音、电视录像、互联网平台音/视频直播等多媒体方式向全国听众、观众呈现,希望通过社会各界的关注和努力,能够进一步推动戏曲绝技的传承和发展。

● 上海交通大学团队研制的《2017 亚太知识竞争力指数》在浦江创新论坛发布。这一指数用 19 项指标对亚太 33 个领先地区进行评估,综合反映各地区将知识资本转化为经济价值和居民财富的能力。新加坡今年蝉联第一,排名第二至第十位的依次是香港、东京、首尔、上海、蔚山、北京、广东、以色列和爱知。

● 今天是本届网络安全宣传周的"金融日",上海金融行业围绕"网络安全为人民、网络安全靠人民"的宣传主题,集中开展《网络安全法》宣传、安全用卡、安全支付、防范金融网络诈骗和金融网络安全风险等主题宣传。

● 由中国人民银行、中央网信办指导,人民银行上海总部、上海市委网信办主办的 2017 年"金融信息安全保障与风险防范论坛"在上海召开。与会嘉宾分别就落实网络安全法要求、进一步加强金融行业关键信息基础设施管理、积极拥抱互联网提升金融行业信息安全保障能力等内容发表观点。

● 人民银行上海总部、工商银行上海分行、农业银行上海分行、支付宝等 17 家银行、支付机构联合在上海交通大学徐汇校区举办"金融支付安全校园行"。金融日当天,上海近 3 000 个银行营业网点发放《金融网络安全知识手册》《市民防网络欺诈手册》。

● 由文化部主办,上海社会科学院、中外文化交流中心联合承办的 2017 青年汉学家研修计划上海班,在上海社科国际创新基地举行结业仪式。

● 市纪委网站发布消息，通报浦东新区周家渡街道总工会主席杜斌，在协助分管该街道浦周投资管理中心期间，违规批准用公款购买价值数十万元中华烟、高档酒水和高档礼品用于接待等6起违反中央八项规定精神典型案例。

● 文汇讲堂第113-1期暨优秀传统文化“接着讲”首期、复旦大学“儒学大讲堂”首期开讲。北京大学高等人文研究院院长、美国人文与科学院院士杜维明主讲《世界伦理构建与儒家天下关怀》，北京师范大学特聘教授倪培民和复旦大学上海儒学院执行副院长吴震受邀分别担任对话及点评嘉宾。

● 由中国交通运输协会邮轮游艇分会、上海海事大学亚洲邮轮学院、中国港口协会邮轮游艇码头分会等联合发布的报告指出，上海已成为亚洲最大邮轮港口城市。

23日

● 以“具有全球影响力的科技创新中心：格局与使命”主题的2017浦江创新论坛在沪开幕。论坛期间，国家有关部委机构、各省市代表以及国内外科技界、学术界、产业界、金融界代表通过全体大会、主宾国论坛、“一带一路”专题研讨会以及相关专题论坛，开展广泛深入研讨交流。

●《2017上海科技创新中心指数报告》在浦江创新论坛正式发布。以2010年为基期100分起计，2016年上海科技创新中心指数达到224.9分，同比增长22.7%，是历年来最高的上升幅度。上海科创中心建设成效显著，势头良好。

● 由金山区政府联合中国工业合作协会、中国无人系统产业联盟共同主办的“世界无人系统大会”大会召开。为期两天，邀请行业专家举行1场主论坛、3场分论坛，涉及无人系统战略及发展方向、网信安全、无人系统应用发展等方面，超过20多场专业报告。每场报告立足产业制造及产品应用的不同角度，深度阐释无人系统的产业发展和创新理念。

●“圣域之光·西藏唐卡精品展”在吴昌硕纪念馆开幕。本次唐卡精品展共精选西藏传统唐卡绘画艺术具有代表性的勉唐派和齐吾岗派30余幅唐卡作品，涵盖政治、经济、历史、宗教、文艺、社会生活等题材，由多位经官方认证注册的唐卡大师绘制。

● 2017年国家网络安全宣传周“青少年日”主题活动在上海科技馆正式启动。作为2017年国家网络安全宣传周六大主题日活动之一，本次“青少年日”以“网络安全青年力量”为主题。

● 上海嘉北郊野公园揭开面纱试开园。公园以“野”和“趣”为主要特色，不仅汇聚原生态的农田、林地、村落和水网，还有独特的绕园水系以及具有7 000年历史“冈申文化”。

● 由“一带一路”沿线国家高校、研究机构、企业、科技服务机构、组织等共同倡议，上海交通大学发起主办的“一带一路”科技创新联盟首届峰会在上海召开。来自十余个国家的70余位科技代表、国内外科技合作战略专家等参加此次峰会,并形成"一带一路"科技创新《上海宣言》。

● 由全国总工会发起的个人信息保护宣传"12351"计划在上海正式启动。

24日

● 在黄浦江东岸,随着最后一跨钢结构吊装到位,白莲泾桥主结构实现贯通。白莲泾桥是黄浦江东岸正在建设的12座慢行桥之一,连通着世博M2码头区域和白莲泾公园,是浦东南浦大桥两侧区域整体贯通的重要组成部分。

● 上海城市基层党建探索与实践研讨会在市委党校召开。研讨会探讨金山区在新型城镇化背景下的城市基层党建探索与实践,并邀请松江区、奉贤区和浙江省平湖市、嘉善县分别介绍各自区域的党建工作特点。

25日

● 市新闻工作者协会第七届理事会第一次会议召开。市委常委、宣传部部长董云虎出席会议并讲话。会议选举裘新为新一届市记协主席兼市新闻学会会长,聘请宋超为市记协名誉主席兼市新闻学会名誉会长。

● 2016年度上海市市长质量奖颁奖仪式举行,上海电气电站设备有限公司上海发电机厂、上海杨浦科技创业中心有限公司总经理谢吉华、上海汽车集团股份乘用车分公司副总经理陶海龙获市长质量奖。市委副书记、市长应勇为获奖组织和个人颁奖并讲话。副市长许昆林宣读获奖名单并介绍基本情况。

● 中央编办(国务院审改办)在上海市召开地方审改工作交流暨"证照分离"改革试点推进会。全国各省(区、市)及新疆生产建设兵团机构编制部门(审改部门)和11个自贸试验区的有关负责同志,共120余名会议代表围绕会议主题共同探讨交流,上海、北京、天津、河北、江苏等地方交流了推进行政审批制度改革的经验做法,中央编办、国家工商总局、国务院法制办、商务部有关司局负责同志就推进"证照分离"改革试点进行政策解读。与会代表还实地考察上海市行政审批制度改革创新成果和"证照分离"改革试点单位。

● 市政协召开十二届九十五次主席会议,审议市政协2017年优秀提案奖(草案)、优秀提案特别奖(草案)、十二届市政协优秀社情民意信息篇目(草案)等。

● 市政协召开"本市城乡中小河道整治督查落实情况"专题通报会,市政协主席吴志明出席并讲话,市委常委、市委秘书长诸葛宇杰通报有关情况。

● 市政协举办2017年公众日活动,76名来自党外中青年干部培训班、新的社会阶层群体和青年学生群体的公众代表走进市政协,参观上海政协历程展和常委会议厅,与委员面对面交流。

● 以"绿水青山就是金山银山——走进森林,让城市生活更精彩"为主题的2017中国森林旅游节在上海开幕。在同日召开的全国森林旅游产品推介会上，5 条国家森林步道和 15 个冰雪旅游地新鲜出炉。

● 2016 年度上海市市长质量奖颁奖仪式举行，上海电气电站设备有限公司上海发电机厂、上海杨浦科技创业中心有限公司总经理谢吉华、上海汽车集团股份乘用车分公司副总经理陶海龙获市长质量奖。市委副书记、市长应勇为获奖组织和个人颁奖并讲话。副市长许昆林宣读获奖名单并介绍基本情况。

26 日

● 市十四届人大常委会第四十次会议召开，审议《上海市高等教育促进条例(草案)》。还听取市人大法制委员会副主任委员唐周绍所作的关于《上海市农村集体资产监督管理条例(草案)》审议结果的报告。

● 市长应勇会见美国德勤有限公司全球主席柯睿尚一行。应勇说，上海是跨国公司地区总部和外资研发中心最为集中的城市，包括德勤在内的众多外资企业为上海经济社会发展作出重要贡献。

● 以"汇聚文明力量，彰显城市温度"为主题的第二届城市文明论坛在上海世博会博物馆举办。论坛由市委宣传部指导，市文明办和解放日报社主办。

● 上海大学上海美术学院南院启用仪式举行，同时也标志着上海市文化广播影视管理局、上海市教育委员会合作共建上海美术学院的文教结合实体项目正式启动。

● 华东政法大学附属中学的"探索邬达克"建筑学科普系列活动启动首场主题讲座。此次建筑学科普系列讲座包括"石库门的前世今生""外滩建筑博览会"等十大主题，由十位专家为中学生普及建筑学相关知识。

● 中国科学院微小卫星创新研究院在沪正式成立，中科院院长、党组书记白春礼，上海市委副书记、市长应勇共同为创新研究院揭牌并讲话。上海市委常委、常务副市长周波，上海科技大学校长江绵恒出席揭牌仪式，中科院副院长相里斌主持。

● 驻沪部队全面停止有偿服务军地协调领导小组月度专题会议在上海警备区召开。市委书记韩正强调，驻沪部队全面停止有偿服务工作已经取得阶段性成效，为今年年底全面完成停偿任务奠定坚实基础。

● 市农委主推的首个地产优质品牌，堪称"上农一号"的"上海新大米"与百联集团签约，从即日起至 10 月 22 日在百联旗下的 43 家超市、10 家大卖场销售。

● 上海出现首例本地感染登革热病例。该病例为男性，35 岁，曾有蚊虫叮咬史，因发热、皮疹、关节酸痛等症状前往医疗机构就诊。

27 日

● 市委常委会召开会议，听取党的十八大以来本市贯彻执行中央八项规定精神并以此推动加强作风建设情况的汇报。市委书记韩正主持会议并讲话。

● 巩固"五违四必"综合整治成果暨创建"无违建"村居(街镇)现场会在浦东合庆镇召开。从 2015 年 9 月至今年 8 月底,全市面上拆除违法建筑 1.5 亿多平方米,集中成片违法建筑基本消除。

● 市十四届人大常委会第四十次会议召开,听取《上海市道路交通管理条例》《上海市水资源管理若干规定(草案)》和市人大法制委副主任委员丁伟所作的关于《上海市职工代表大会条例修正案(草案)》审议结果的报告等。

● 市政府召开新闻发布会,介绍新出台的《"健康上海 2030"规划纲要》相关情况。纲要中设置"健康预期寿命"等 23 个健康上海建设指标,力争至 2020 年上海人"健康预期寿命"≥70 岁,至 2030 年≥72 岁。

● 申能旗下的外高桥第三发电有限责任公司与上海赛科石油化工有限责任公司正式签下今年上海电力双边交易合同第一单,达成交易 0.8 亿千瓦时,这标志着上海市电力体制改革中,电力用户与发电企业直接交易试点工作正式启动。

● 第十四届精神文明建设"五个一工程"评选结果在北京揭晓,上海 5 部作品(电影《我是医生》,电视剧《彭德怀元帅》《平凡的世界》,歌曲《幸福少年》(组歌)和图书《布罗镇的邮递员》)榜上有名,喜获丰收。上海市委宣传部获"组织工作奖"。

28 日

● 市政务公开与"互联网+政务服务"领导小组第一次全体会议召开,市委副书记、市长应勇强调,"互联网+政务服务"是推进政府治理体系和治理能力现代化的必然要求,是打造更好营商环境、降低制度性交易成本的有力举措,也是推进法治政府建设的重要抓手。

● 国产大型客机 C919 在浦东机场起飞。国产大型客机 C919 在今年 5 月 5 日成功首飞后,在浦东机场进行第二次飞行,开展起落架收放等飞行试验。这是 C919 时隔 146 天之后,再一次飞上蓝天。

● 市长应勇调研本市中小企业发展情况并主持召开座谈会,听取上海依图网络科技有限公司、上海未来伙伴机器人有限公司、上海合合信息科技发展有限公司等 8 家成长性中小企业负责人的意见和建议。

● 市推进司法体制综合配套改革会议召开。市委副书记尹弘主持会议并讲话,市委常委、市委政法委书记陈寅作工作部署。

● 文坛泰斗钱谷融先生在上海华山医院去世。钱谷融,原名钱国荣,江苏武进(今常州武进区)人,现当代文艺理论家。长期从事文学理论和中国现代文学的研究与教学。

● "学习习近平总书记治国理政新思想与上海改革创新发展"理论研讨会在市委党校举行。本次研讨会由市委宣传部、市委党史研究室、市委党校、市教卫工作党委、市社联、上海社科院、市中国特色社会主义理论体系研究中心(研究会)联合举办。

●《关于促进本市新兴行业加快发展　完善新兴行业分类指导的意见》发布,上海六大部门率先建立起部门长效联动协调机制,共同完善新兴行业分类指导目录动态调整机制,为本市新兴行业发展营造良好环境。

29 日

● 国家工商总局与上海市政府在沪签署《关于大力实施商标品牌战略的合作协议》。同日,上海商标审查协作中心也正式挂牌运行。

● 市长应勇赴本市基层消防中队、轨交站点和市公安局指挥中心检查城市运行安全保障工作并召开检查汇报会。

● 世界首条量子保密通信干线——"京沪干线"正式开通。项目是 2013 年 7 月由国家发改委批复立项,由中科院统一领导,中国科学技术大学作为项目建设主体承担,由安徽省、山东省、合肥市和济南市共同配套投资建设并得到上海市、北京市的大力支持。

● 市政协召开"海内外人才引进政策落实情况"专题通报会,市政协主席吴志明出席。市委常委、市委组织部部长吴靖平通报相关情况。

● 上汽集团宣布,上汽乘用车郑州基地正式竣工。今年 1 月,上汽集团和郑州市成功签订在郑州建设年产 60 万辆乘用车项目合作协议。

30 日

● 市政府举行 2017 年"上海市荣誉市民"称号、"白玉兰荣誉奖"颁授仪式,菲律宾籍人士施学理和南非籍人士潘大为获"上海市荣誉市民"称号,加拿大籍人士安博泰等 11 人获"白玉兰荣誉奖"。市长应勇为获奖者及代表颁授证章、证书,并会见两位"荣誉市民"。

● 市政府任命的国家工作人员宪法宣誓仪式举行。70 多位今年以来市政府任命的国家工作人员进行庄严的宪法宣誓。

● 市人民政府在上海展览中心举行国庆招待会,热烈庆祝中华人民共和国成立六十八周年。市委书记韩正,市委副书记、市长应勇与中外来宾欢聚一堂,共庆共和国华诞。

● 市党政军领导、各民主党派、人民团体负责人和全市各界代表,怀着无比崇敬的心情,来到龙华烈士陵园,向人民英雄敬献花篮。

## 本月

● 市人力资源社会保障局就业促进中心发布《乐业报告》系列之《上海市来沪人员就业状况报告(2017)》,以上海市劳动用工登记备案信息为基础,结合抽样调查数据,研究分析进入本市人力资源市场的来沪人员的就业状况。

● 市水务局公布 2016 年上海市河道(湖泊)报告,上海最新的河道"家底"公布。报告显示,上海共有河道 43 424 条(段),河网密度为 4.54 公里/平方公里,相当于平均每平方公里土地上就有 4.54 公里的河道。和 2011 年上海市第一次全国水利普查暨第二次水资源普查的数据相比,上海的河道数量和河网密度分别增加 63.2% 和 13.5%。

● 英国智库 Z/Yen 集团和国家高端智库中国(深圳)综合开发研究院发布共同编制的第 22 期"全球金融中心指数"(GFCI22)报告,上海的全球排名由上一期的第 13 位,上升为第 6 位,首次进入全球前 10。

4—13 日

● 市人大常委会主任殷一璀率上海市代表团访问立陶宛、拉脱维亚和爱沙尼亚。除会见相关国家领导人外,殷一璀出席上海图书馆在拉国家图书馆举办的"上海之窗"电子图书开通仪式、考察塔林理工大学创新和商务中心,观看上海向明中学篮球队与当地中学生篮球队友谊比赛等活动。

5—7 日

● 由国家质量监督检验检疫总局副局长吴清海任组长的国务院食安委第九督查组,在沪督查食品安全工作。对地方政府及其监管部门、食品生产企业、食用农产品批发市场等 7 个领域共计 40 项 141 个检查要点进行逐项检查。第九督查组对近年来上海未发生重大食品安全事故,食品安全继续保持有序可控、稳中向好态势等予以肯定。同时,针对督查中发现的问题,希望上海进一步重视食品安全应急管理、进一步强化食品安全监管责任、进一步加强针对食品相关产品监管。

5—10 日

● 市委副书记尹弘率领上海市代表团在西藏自治区学习考察。代表团实地察看对口支援项目,看望慰问上海援藏干部、"组团式"援藏教师和医生。围绕公共服务提升和精准扶贫等重点领域,代表团先后考察日喀则市上海实验学校、日喀则市人民医院新院区、江孜县闵行中学、江孜县红河谷农业示范区和紫金乡奴堆村示范区辐射点、萨迦古城保护开发项目、定日县人民医院,并走访定日县协格尔镇建档立卡贫困户。

7—30 日

● 上海开展"共享单车"集中整治清理行动。此次行动主要是针对社会和市民反映强烈的"共享单车"无序投放、乱停乱放、车辆损坏、车辆积压挤占道路等问题而进行。

10—14 日

● 第四十届中国国际家具博览会在国家会展中心(上海)举办,展出面积达 40 万平方米，吸引 2 000 多家海内外家具品牌参展。展会期间，举行美国尖峰设计亚太奖颁奖。12 和 13 日分别举行贸易配对会，分为国内采购专场和海外采购专场，为参展商和专业观众牵线搭桥。

15—21 日

● 2017 年全国大众创业万众创新活动周举办，主题为“双创促升级，壮大新动能”，在上海市杨浦区长阳创谷设立主会场，在北京设北京会场，在全国各地设立分会场同步举办。

17—20 日

● 由中央网信办、上海市人民政府指导，上海市网信办主办的“2017 年网络安全博览会暨网络安全成就展”在国家会展中心（上海）举办。展会涵盖通信、工业、智慧城市、金融、日常生活等多个领域，共有 86 家网络安全企事业单位参展——除了国内三大电信运营商、国家电网、中国银联等金融机构之外，还包括阿里巴巴、腾讯、百度、卡巴斯基、思科等国内外重点互联网和网络安全企业。

19—20 日

● 市委书记韩正，市长应勇赴市国资委党委、市国资委，市建设交通工作党委、市住建委、市房屋管理局调研，召开座谈会，研究部署深化上海国资国企改革、加强城市精细化管理、促进房地产市场平稳健康发展等重点工作。

22—25 日

● 由科技部和上海市政府共同主办的 2017 年浦江创新论坛在上海举办，本届论坛主题为“具有全球影响力的科技创新中心：格局与使命”。论坛由 1 场全体大会、2 场特别论坛（主宾国论坛和“一带一路”专题研讨会）、12 场专题论坛组成。主要形式包括主题演讲、嘉宾对话、成果发布等。

23—24 日

● 2017 年上海城市业余联赛“浦东・高东杯”门球总决赛暨中国门球冠军赛上海赛区选拔赛在浦东新区高东镇门球主题公园举行。赛事由市体育局、市体育总会主办，浦东新区体育局、浦东新区高东镇人民政府、市门球协会、浦东新区体育总会承办，浦东新区门球协会、浦东新区高东镇文化服务中心、申体（上海）体育文化发展有限公司协办。

25—29 日

● 市政协主席吴志明率港澳委员赴广西学习考察，并开展捐资助学等活动。港澳委员在南宁、桂林实地考察，听取广西经济社会发展情况介绍，并就做好政协工作座谈交流。考察期间，港澳委员还向桂林市慈善事业会捐赠 60 万元，用于改善阳朔县特殊教育学校和桂林市聋哑学校教学条件，以及桂林市政协对口扶资项目。

9月11日—10月6日

● 以“美味、健康、快乐”为主题的首届上海酸奶节上海举办。本届上海酸奶节由上海市旅游局携手光明乳业共同精心打造。酸奶节期间,光明乳业通过莫斯利安保加利亚国际酸奶文化节、如实之夜袁莎古筝音乐会、大社区美食嘉年华、简单生活节酸奶嘉年华等一系列特色活动,与海内外消费者分享百年光明的“国民大健康”理念,弘扬申城源远流长的酸奶文化。

## 10月

1日

● 央视新闻频道推出喜迎十九大特别节目《还看今朝·上海——奋楫争先》。节目由中央电视台新闻中心联合上海广播电视台,以习近平总书记治国理政新理念、新思想、新战略为主线,以直播的方式,生动展现上海五年来的变化、成就和百姓的精气神。

● 21时04分和21时39分,两架东航A330客机分别降落,381名在加勒比飓风中受灾的同胞安全顺利地回中国。历时4天,多米尼克中方人员紧急转移回国任务圆满完成。

2日

● 2017斯柯达HEROS中国自行车系列赛活力嘉年华活动在上海国际赛车场举行。近万名市民游客观赛游园,一同感受自行车运动带来的魅力。

3日

● 2017上海音乐学院国际打击乐节暨第二届IPEA国际打击乐比赛吸引来自世界各地的打击乐演奏家汇聚到上海。

●《喜迎十九大 同唱中国梦——2017上海市中秋戏曲晚会》在上海大剧院举行。晚会以“东方之韵”为主题,上海京剧院、上海昆剧团、上海越剧院、上海沪剧院、上海淮剧团、上海评弹团和上海滑稽剧团与部分民营剧团、戏曲爱好者同台亮相,展现了上海“十三五”期间戏曲舞台艺术的创作成就。

6日

● 中国共产党的优秀党员、忠诚的共产主义战士,中共第十二届中央委员,中共上海市委原副书记杨堤因病医治无效,在上海华东医院逝世,享年93岁。

● 第二十八届上海旅游节圆满落幕。今年上海旅游节吸引1 215万人次游客,同比增加6%。为期三天的上海简单生活节“2017限定版”在上海世博公园落下帷幕。近60组艺人轮番登台,与三万名来自全国各地的歌迷观众相约上海世博公园,一同完成了这次文艺味道十足的音乐文创大派对。

7日

● 国庆中秋黄金周，上海共有四十四座专题性科普场馆开放。

● 第八届中日韩女科学家论坛在东华大学举办。论坛作为2017年第八届先进纤维与聚合物材料国际会议的第十一主题分会场，由中国科协常委会女科技工作者专门委员会支持，中国女科技工作者协会主办，纤维材料改性国家重点实验室、东华大学先进低维材料中心和东华大学材料科学与工程学院承办。本届论坛以“科学中的女性：合作与创新”为主题，围绕科技女性的领导力、示范力、创新力三个方面开展研讨。

8日

● 本市群团改革试点工作领导小组专题会议召开。市委副书记尹弘主持会议并讲话。

● 解放日报社与上海市癌症康复俱乐部共同推出的话剧《哎哟，不怕》，在上海白玉兰剧场首演。至10月20日，该剧将连演19场。所有演出收入，将用来资助上海市癌症康复俱乐部的癌友们2022年去现场观看北京冬奥会。

● 一批中国“未来工匠”启程飞赴阿联酋首都阿布扎比，参加即将开幕的第四十四届世界技能大赛。中国代表队共52名选手，其中六名“未来工匠”来自上海，他们当中年龄最小的仅17岁。

9日

● 市委书记韩正会见美国旧金山市市长李孟贤一行。

● 上海首个红军长征纪念馆，在上海市爱国主义教育基地、上海市“两学一做”学习教育红色基地——上海永福园中国人民志愿军纪念广场开馆，对外开放。

● 本市召开专题协商座谈会。市委常委、统战部部长施小琳主持会议。副市长许昆林围绕“关注百姓健康，全面提升食品安全保障能力”主题，结合2017年各民主党派市委、无党派人士对《上海市食品安全条例》等开展专项民主监督的情况，与各民主党派市委、市工商联负责人和无党派代表人士交流座谈，并听取意见建议。

● 位于镇宁路465弄沿街的90余处违建店铺被逐一拆除，标志着这条“上海最宽弄堂”的破墙开店历史终结。

● 市第一人民医院在申城率先启用双轨制、集约式出入院服务中心。

● 上海博物馆全面启动大修，这是该馆不间断运营二十一年来的首次大修。

● 苏州河健身步道（长宁段）一期工程3.7公里启动建设。一期工程东起中山公园西北角的万航渡路，西至双流路，全长约3.7公里。整个步道系统将分别铺设彩色沥青、塑胶、木栈道等路面，实现无障碍全程贯通，同时对高架桥下空间、城市绿化、围墙立面等进行综合改造与提升。

● 由市中小学德育研究协会、上海市实验性示范性高中德育研究专业委员会和闵行区教育局共同主办，主题为“尊重选择，适性育才”的生涯教育展示活动在七宝中学举行。

10日

● 市政府新闻发布会召开，市交通委主任介绍上海创建国家“公交都市”的情况。

● 市道路交通违法行为整治行动工作领导小组办公室发布《上海市规范行人和非机动车交通行为样板路段、区域创建标准》，由整治办会同各区政府梳理出了第一批街镇规范行人和非机动车交通行为样板路段、区域，共涉及全市16个区218个街道(镇、乡、工业区)，448处路段和区域。

● 市政协主席吴志明在市政协议事中心会见新任美国驻沪总领事谭森。吴志明向客人介绍了上海市政协基本情况和推进政协协商民主建设的履职实践。

● 在《上海市急救医疗服务条例》正式实施即将满一周年之际，市人大、市应急办、市卫计委及市红十字会在人民大厦举办面向市人大公务员、大楼物业服务人员的红十字应急救护技能培训活动。

● “海上新力量喜迎十九大”上海自由职业艺术家主题艺术展在中华艺术宫开幕。艺术展由中共中央统战部、中国文联及市委宣传部、市委统战部、市文广局、市文联联合指导，由自由职业艺术家自主发起，北京、上海、福建、陕西四省(市)新的社会阶层人士联谊组织主办，在四省(市)同时开幕。上海通过线上、线下相结合的方式，共征集232位自由职业艺术家的537件作品，经筛选，最终确定108位自由职业艺术家215件作品参展。

● 全国第一份具有全面性、指导性、操作性和示范性的党性教育教学大纲——《中共上海市委党校党性教育教学大纲》正式对外发布。这标志着上海在探索干部党性教育教学方面取得新成绩，也标志着上海党性教育教学进入更加科学化的新阶段。

● 浦东新区召开国有企业党的建设工作会议，正式印发《关于浦东新区在深化国有企业改革发展中坚持党的领导加强党的建设的实施意见》等国企党建“1+2”文件。

● 上海社会科学院启动《上海社会科学院哲学社会科学创新工程国际理论前沿丛书》系列发布活动。

● “鉴古开今——军之魂主题书法作品展览”在上海中华艺术宫开幕，将持续到10月22日。展览从全军遴选20位书法骨干，特邀36位著名军旅书法家，潜心创作打磨，从中国历代军旅诗词、革命先辈战斗诗词、中国军旅文化名言中拾金拈玉，创作展示136幅书法作品。展览分忠诚、胜战、正气三个篇章。

● 第六届“文汇中医药文化讲堂”在上海中医药大学附属曙光医院举行，沪上中医名家围绕“海派中医在当下的生命力：传承与发展”主题展开讨论。

11 日

●《上海服务国家“一带一路”建设发挥桥头堡作用行动方案》正式发布。方案共 8 个部分，明确了上海在服务国家“一带一路”建设中发挥“桥头堡”作用的功能定位、实施路径，尤其是聚焦六大专项行动，提出 60 项实实在在的举措。

● 由民建市委与静安区政府联合举办的“2017 上海中小企业发展论坛”在市北高新园区举行。论坛以“大数据与人工智能——场景、应用、畅想”为主题。论坛上，上海民建经济社会发展研究中心发布“2017 年上海中小微企业生存发展指数”和“2017 年上海中小企业创新能力调查报告”。中国民主建国会上海市委员会大数据应用研究中心同时揭牌。

● 市人大常委会举行消费者权益保护代表建议专题督办会。

● 本市举办出席党的十九大代表集中履职学习班。市委常委、组织部部长吴靖平出席并讲话。

● 本市召开规范行人和非机动车交通行为专项治理推进会。会上，黄浦区、静安区、闵行区、金山区等有关负责人，以及市文明办、市交通委、市城管执法局、团市委等单位交流工作经验。

● 市公安局组织全市各分局特种机动队在松江举行应急处突模拟演练。市委常委、市委政法委书记陈寅现场观摩演练。

● 沪上高校首个波兰语本科专业在上海外国语大学开设，专业开设仪式暨波兰文化周开幕式在上外举行。

● 全国首家专门培养国际组织谈判人才的贸易谈判学院，在上海对外经贸大学成立，并将于明年开始招生。这一学院将整合对外经贸领域的优势学科，建成我国有关国际组织和国际经贸组织的人才培养基地。

● 中国科学院院士、复旦大学附属中山医院心内科主任葛均波教授与上海交通大学附属第六人民医院心血管内科主任沈成兴教授，在市六医院全新投用的升级版心导管室完成疑难手术演示，共同见证血管造影 2.0 时代的来临：更少辐射，更高清画面，更快速的“救心”治疗。

● “2017 年中国技能大赛——上海市经济和信息化系统职业技能竞赛”决赛在上海市就业促进中心启动。大赛旨在贯彻落实《中长期青年发展规划（2016—2025 年）》，积极响应中国（上海）申办 2021 年第四十六届世界技能大赛号召。

● 上海首次评选出 50 名申城最美养老护理员，其中有 2 名“90 后”，年纪最小的仅 23 岁。首批最美养老护理员将被纳入民政部门的养老护理人才库。

12日

● 市长应勇在中国驻迪拜总领事李凌冰陪同下,会见迪拜副酋长马克图姆·本·穆罕默德·本·拉希德·阿勒马克图姆。

● 2017年上海市区人大常委会主任例会在金山区举行,会议围绕“贯彻中央文件和市委实施意见,切实履行好地方人大重大事项决定权”的主题进行研讨交流。金山区委书记赵卫星介绍了金山区经济社会发展情况以及人大工作与时俱进的探索和实践;各区人大常委会负责人交流了学习贯彻中央文件和市委实施意见的体会,并结合本区工作实践进行研讨,提出意见建议。

● 市深化人才发展体制机制改革推进会召开。市委副书记尹弘出席会议并讲话。市委常委、市委组织部部长吴靖平主持会议,并传达深化人才发展体制机制改革经验交流会精神。

● “我们是光荣的少先队队长”——2017上海市少先队队长学校开学典礼在静安区第一中心小学举行。上海市委常委、组织部长吴靖平接受全市少先队队长的邀请,担任第七任上海市少先队队长学校名誉校长,并为队长学校标志揭幕。

● 市政府各相关部门共同发布上海自贸试验区第八批金融创新案例。其中有6个金融市场创新案例,分别是中国信托登记公司的信托登记系统上线运行,上海保险交易所创新模式开展普惠金融服务,上海期货交易所开展天然橡胶品种“保险+期货”精准扶贫试点项目等。

● 上海报业集团旗下英文上海日报(Shanghai Daily)全新融媒体产品SHINE正式上线。该产品以上海、长三角地区英语新闻为特色,提供中国视角、国际格局并重的原生英文信息流,用文字、图片、视频结合的多元化形式,向中外读者提供上海和中国最新最全面的英文新闻与资讯,在英语世界讲述真实而生动的中国故事。

● 上海交通职业技术学院与中国永达汽车服务控股有限公司、英国汽车工业学会(IMI)签约,合作举办“国际标准学徒班”,班上28名学生将在原有课程基础上,学习来自英国汽车工业学会的课程体系,永达选派经验丰富的28名师傅一对一带教。

● 市公安局组织16个分局、400余个基层派出所在全市范围内开展形式多样的防范电信网络诈骗集中宣传活动,及时揭露最新诈骗手法,提高群众识别、防范电信诈骗能力。

● 松江现代有轨电车在T2线2.56公里范围内进行首次线路调试,50余名居民受邀首次试乘。

● 复旦大学“陈毅元帅藏书与文献研究中心”正式成立,陈毅元帅后人向复旦大学捐赠了陈毅元帅生前收藏和使用的中外文图书1 385册、相册68本,叶剑英元帅亲笔题写的“毅公书屋”牌匾原件等珍贵文献材料。

13日

● 在阿联酋阿布扎比召开的世界技能组织全体成员大会一致决定，2021年第四十六届世界技能大赛在中国上海举办。市长应勇在阿联酋阿布扎比会见世界技能组织主席西蒙·巴特利。

● 市政协召开十二届九十六次主席会议。市政协主席吴志明主持。会议听取市政协十二届五次会议以来提案办理的主要情况汇报。审议“上海自贸试验区主攻的方向和突破重点”调研报告、十二届市政协五年工作总结报告（草案）。

● 由市委党史研究室、市新四军历史研究会与上海人民出版社联合主办的“新四军与上海”第三次学术研讨会在上海召开。

● 市人大常委会副主任徐泽洲在人民大厦会见以别克曼主席为团长的南非议会警察委员会代表团一行。静安寺街道举办喜迎“党的十九大”创意墙画活动，邀请221名白领共同挥舞彩笔，将永源路靠近镇宁路的普通工地围墙变成了一幅长达65米的创意墙画。

● 由市教委、共青团上海市委主办、东华大学承办的创享音乐力量·青春中国梦—第六届上海大学生原创音乐大赛在东华大学（延安路校区）开幕。

● 由上海交通大学医学院、上海交通大学医学院附属瑞金医院及美国斯坦福大学医学院共同主办的第十届21世纪中美医学论坛举行。

● 中国社科院—上海市政府上海研究院发布上海滨江贯通工程移动通信用户感知度测试报告。报告显示，滨江贯通各板块的移动通信用户感知度总体良好。

● 中国石油西气东输管道公司向上海供气的第三条战略通道——如东—海门—崇明岛输气管道顺利投产。随着海门末站阀门徐徐开启，天然气通过长输管道，成功进入崇明岛。崇明岛从此结束没有外来管输天然气的历史。

● 位于陕西北路上的百年老宅荣宅历时六年修缮，揭幕。

14日

● 由上影集团倾力打造的十九大献礼影片《邹碧华》上海首映式在上海影城东方巨幕厅举行，上海市各级法院、市检察院、市公安局、市司法局、市律协、市各政法院校、上影集团等单位人员、邹碧华亲属及媒体代表等1 000余人参加首映式并观看电影。

● 德国弗劳恩霍夫应用研究促进协会下属弗劳恩霍夫制造工程与自动化研究所（IPA研究所）与上海交通大学和临港地区开发建设管理委员会签署合作备忘录。各方将在临港合作建设弗劳恩霍夫智能制造项目中心。

● 2017—2018新赛季SPBCN中国英文拼字大赛上海赛区比赛在闵行区都市路解

放大厦启动。《上海学生英文报》携手 SPBCN 国家组委会(中国英文拼字大赛国家组委会),将这一具有全国乃至世界影响力的比赛引入上海。

● 藏族作曲家米久单增的民族管弦乐作品《天域神韵》在沪奏响,拉开了上海民族乐团西藏主题音乐会的帷幕。

15 日

● 2017 上海城市空间艺术季在民生码头 8 万吨筒仓及周边开放空间开幕。本届艺术季由市城市雕塑委员会主办,市规划和国土资源管理局、市文化广播影视管理局、浦东新区人民政府共同承办,展览为期三个月,免费对市民开放。

16 日

● 市委书记韩正代表,市委副书记、市长应勇代表在北京看望出席中国共产党第十九次全国代表大会的上海代表。

● 市政协副主席徐逸波会见由毛里求斯华商经贸专业联合会主席李存昌率领的代表团一行,他向来宾介绍上海经济社会发展情况,并就鼓励和支持双方企业扩大互相投资,拓展合作领域等话题进行交流。

● 市政府召开新闻发布会,发布《上海市关于进一步支持外资研发中心参与上海具有全球影响力的科技创新中心建设的若干意见》。《意见》提出了进一步支持外资研发中心参与科创中心建设的 16 条措施。

● 著名喜剧表演艺术家严顺开因病医治无效,在新华医院去世,享年 80 周岁。

● 上海海洋大学与台湾海洋大学“两岸海洋大学篮球友谊联赛”在上海海洋大学临港校区举行,上海队小胜对手。

● 一系列支持外资研发中心在沪发展的新举措正式发布,明确提出将给予高层级外资研发中心与跨国公司地区总部同样的政策支持,同时进一步降低海外人才申请永久居留的门槛。

17 日

● 2017 上海军民两用技术成果展在上海展览中心开幕,主题为“科技军民融合、协同创新发展”。陆、海、空、天、网、电领域的军民两用新技术、新材料、新能源、新装备和关键元器件等近 200 个项目参展,集中展示了在沪科研院所、高校、企事业单位以及长三角地区企业的军民融合、科技创新成果。

● 著名小提琴家宁峰在上海大剧院举办独奏音乐会,复刻六十年前奥伊斯特拉赫在上海演出曲目。

● 由市对口支援与合作交流工作领导小组办公室主办的“摆脱贫困,有你有我”2017 扶贫日系列活动在沪启动。启动仪式上,市对口支援与合作交流工作领导小组办公室发布了包括“组团式”卫生援疆,助力南疆医学高地建设、“组团式”援藏帮助日喀则学生实现新梦想、可持续茶产业助推遵义精准扶贫等 2017 扶贫日“十大典型案例”，并推出阿基米德“自然的馈赠”2017 大型精准扶贫行动计划。

● 国内首个运筹学算法平台 LEAVES 在上海财经大学进行首次演示，这是我国科学界为大数据发展和使用提供高效处理软件的探索之一。由上海财经大学交叉科学研究院与业界合作设立的人工智能联合实验室同时正式启动。

● 教育部发布通知，追授复旦大学教授钟扬“全国优秀教师”荣誉称号，并号召全国广大教师和教育科研工作者以钟扬同志为榜样，学习他忠诚于党、科研报国的崇高信念，学习他爱岗敬业、潜心育人的高尚师德，学习他心系民生、造福人民的至诚情怀，学习他不畏艰险、锐意进取的创新精神，学习他求真务实、敬业奉献的人格风范。

18 日

● 党的十九大隆重开幕。上海广大党员、干部、群众怀着激动的心情，认真收听收看十九大开幕直播。

● 副市长许昆林在市府贵宾厅会见土耳其驻沪总领事安铜、美国驻沪总领事谭森、以色列驻沪总领事普若璞、古巴驻沪总领事托雷斯、德国驻沪总领事欧珍、挪威驻沪总领事尹克婷等六国新任总领事，他代表市政府对新任总领事来沪履新表示欢迎，期待总领事们在任期内进一步推动各国与上海的交流合作。

● 副市长翁铁慧在人民大厦会见来访的上海市友好城市爱尔兰科克市市长托尼·菲茨杰拉德一行，双方就两市在文化、教育、健康城市等领域的交流合作进行探讨。

● 由上海方心健康科技发展股份有限公司组织，88 岁的中国工程院院士、著名肿瘤外科专家汤钊猷向上海市癌症康复俱乐部的会员赠送其新作《控癌战，而非抗癌战》。书中论述了近年来医学界对癌症认识与治疗癌症策略的变化——从抗癌到控癌。

● “复旦儿科—日喀则”远程教育课程正式启动。首次培训已正式开始，百余位远在西藏日喀则的当地医生接受了国内最顶尖的儿科标准化培训。

19 日

● 上海市代表团在人民大会堂上海厅召开全团会议，认真讨论习近平同志代表第十八届中央委员会所作的报告，会议向中外媒体开放。代表讨论结束后，韩正、应勇等代表接受了中外记者的采访提问。

● 出席中国共产党第十九次全国代表大会的上海代表，在上海市代表团团长韩正，副团长应勇、尹弘率领下，赴北京展览馆参观“砥砺奋进的五年”大型成就展。

● 第四十四届世界技能大赛闭幕式暨颁奖仪式在阿联酋阿布扎比举行，上海选手潘沈涵和杨山巍分别获得花艺和车身修理项目金牌，从而实现上海选手参加世赛金牌零的突破。

● 市工商联成功主办“共商发展机遇、共建‘一带一路’”2017外交官与民营企业家交流活动。

● 市委政法委书记陈寅在衡山宾馆会见以社会主义人民党党主席、众议员罗伯特弗莱雷为团长的巴西中小政党干部考察团。

● 上海民族乐团《炫彩中国》民族音乐会在黄浦区上海城市草坪音乐广场上演，成为中国上海国际艺术节“艺术天空”首场演出。

● 徐汇区市场监督管理局滨江市场监督管理所挂牌成立。这是上海首个专门针对滨江区段、跨街镇行政区划的市场监管所，是徐汇滨江地区打破行政区划与部门管理界限，构建精细化管理模式的重要举措。

●《细胞》子刊在线发表中科院上海植物生理生态研究所王成树团队的最新研究成果。他们完整解析了虫草素生物合成的分子机理，首次发现蛹虫草能合成具有抗癌活性的喷司他丁，这是虫草抗癌活性的首个证据。

● 由市政府主办的第十五届上海软件贸易发展论坛举行。会议披露，软件贸易已成为上海服务贸易出口的重要组成部分，今年1至8月，本市软件出口额达20亿美元，同比增长4%，预计全年将超过35亿美元，同比增长约8%。

● 2017考试评价国际研讨会闭幕，市教育考试院首度发布高中学业水平考试区域成绩分析报告。

20日

● 由文化部主办、市人民政府承办的第十九届中国上海国际艺术节，在庄严的国歌声中拉开帷幕。艺术节期间，上海及长三角地区将举行400余项中外艺术交流展演活动，生动诠释“艺术的盛会，人民大众的节日”办节宗旨。

● 上海首家三级规模综合型外资医院——上海嘉会国际医院正式开诊。嘉会国际医院同时宣布启动首个国际多学科诊疗平台。

● 上海博物馆内乐音缭绕，一场别开生面的“吴门书札弹唱”演出吸引了不少观众。这也是上海博物馆新推的“博物馆游艺·Museum Events”项目的首次演出，该馆将推出更多的跨界艺术活动，引导观众多维度感知博物馆文化。

● “丝绸之路国际艺术节联盟”在第十九届中国上海国际艺术节成立。来自32个国家和地区124个艺术节和机构的代表在仪式上双手交叉握在一起，标志着深入文化交流合作的开始。这是有史以来，第一个由几十个丝绸之路相关国家和地区的艺术节共同成立的国际艺术节联盟。

● 由上海设计之都促进中心主办和发起的创意品牌培育项目2017“设计之都—创意推荐榜”在上海浦东天物空间创意园区揭晓。推荐榜共分为原创服饰、时尚配饰、家具家居、智能科技、手工艺、儿童设计、创意空间、装置艺术和自媒体9个领域，最终评出共计75个设计品牌和产品入选年度榜单。

21日

● 第十九届中国上海国际艺术节演出交易会开幕签约仪式举行。6个与艺术节有关的项目进行签约。中国上海国际艺术节与内蒙古自治区文化厅达成创办“中国上海国际艺术节内蒙古自治区分会场”的合作意向，上海国际艺术节中心与爱沙尼亚音乐会策划公司、罗马尼亚锡比乌国际戏剧节签署合作备忘录，强化“一带一路”文化合作。

● 第三届上海国际自然保护周启动，主题为“人与自然、和谐共生”。本届自然保护周推出9项主题活动，市民可通过“上海国际自然保护周”微信公众号了解相关信息，聆听中外自然保护专家的精彩报告，走进科普场馆和科普教育体验基地，还可到环城绿带、动植物园、森林公园、环保主题公园，与大自然亲密接触。

● 2017“百名台生看上海”活动在上海开放大学启动。来自上海交通大学、上海中医药大学等17所高校的140余位台湾学生参加活动。本次活动由市教委、市台办指导，市台胞服务中心、市海峡两岸交流促进会等主办。

● 一泓来自长江西源沱沱河的“生命源泉”浇灌到代表未来上海绿色生态城市的启动装置中，第三届上海国际自然保护周由此拉开帷幕。

● 第四届骨肿瘤保值功能重建高峰论坛暨第一届创伤修复重建高级研讨会在上海市静安区健康智谷盛大开幕。来自国内一流的骨肿瘤诊疗的及创伤修复的教授与学者齐聚一堂，聚焦新技术，共同探讨骨肿瘤缺损修复及创伤修复的治疗新对策。会议由上海市骨肿瘤学组及上海市中西医结合骨伤科专业委员会创伤学组共同主办。

22日

● 2017第三届上海街艺联展开幕。由美国“魅力杂技”贝卡和丹麦“幽默杂耍”卡斯波尔带来的“街头幽默杂耍小丑”、西班牙弗朗明戈组合、非洲鼓组合、美国乡村音乐组合、巴西高跷小丑组合都受到上海观众的喜爱，收获欢笑阵阵。

● 由京津沪渝文化厅局联合主办的“大地情深”——群星奖获奖作品上海巡演走进金山。让来源于基层、产生于群众中的优秀作品重新接受基层群众的检验，真正实现艺术创作“从群众中来，到群众中去”的目的。

23日

● 由致公党上海市委主办的第八届“致公·张江”论坛暨第二届海外侨团合作论坛在浦东张江举行。论坛聚焦“双创”与“一带一路”建设。

● 上海名校围棋联盟在位于闵行区金丰路的上海美国学校正式创立。联盟将秉承以棋促学、以棋会友,推广围棋文化、传承围棋传统的宗旨,旨在建立名校围棋的学习传统和学习体系,并不断加以传承推广。

24日

● 作为上海国际艺术节重磅项目,维也纳爱乐乐团在东方艺术中心舞台开启两晚连演。

● 第十九届上海国际艺术节“时代的风采 艺术的魅力”好剧论坛举办。中国文艺评论家协会主席仲呈祥提出,文艺要为“历史性变革”提供精神动力和智力资源,做到“四个坚持”,落实以人民为中心的创作导向,引起全场与会者共鸣。

● 著名越剧表演艺术家、越剧“傅派”艺术创始人、国家级非物质文化遗产传承人傅全香,在华东医院逝世,享年94岁。

● 国家“十三五”重点出版项目《刘海粟全集》编撰正式启动。这套书计划以十二卷本规模精装出版,每卷为8开精装,2020年前陆续完成编撰工作并出版。

● “面向新时代,提升工程教育新内涵大学校长论坛”在华东理工大学举办,来自国内外工程类院校的校长们交流了各自在工程人才培养领域的经验。

25日

● 由中国铁路总公司牵头组织的时速250公里“复兴号”中国标准动车组征集技术方案汇报会在沪召开。这标志着时速250公里“复兴号”中国标准动车组研制工作正式启动。

● 2017中国·上海静安·绍兴皮划艇马拉松世界杯在静安区苏河湾区域开赛。来自德国、葡萄牙、丹麦、荷兰等十余个国家和地区的200余名专业运动员,集体上演皮划艇马拉松项目陆上水上交替行进的独特景象。

● 江苏如东县在沪召开对接服务上海人才科技峰会,如东驻沪招才引智工作站同日揭牌成立。会上,如东张江国际医学园区投孵平台举行落成仪式,该项目被称为推动接轨上海从产业对接到创新要素零距离融合的创新之举。

● 2017年上海第十届百岁寿星排行榜揭晓,市老龄办首次全面系统地发布上海百岁老人现状等信息。“上海市十大男、女寿星”“上海市百岁夫妻”榜单公布,110岁的罗时敏老人为上海最高龄的老寿星,今年还新增一对百岁夫妻,目前本市共有三对百岁伉俪。

● 上海市各区2014—2016学年中小学德育工作现场汇报交流会在上海开放大学召开。六个区教育局回顾本区2014年9月至2017年8月期间德育工作的开展情况,并围绕整体规划、传承发展、整合协调、特色培育以及实效与反思五个方面进行总结。

● 2017上海市舞台艺术作品评选展演优秀作品专场演出在虹桥艺术中心举行。本届展演共有近70部小型作品、30台大型作品参与，上海音乐学院音乐会《丝路追梦》、上海芭蕾舞团双人舞《别》、上海话剧艺术中心话剧《大清相国》等16个作品获得优秀奖，龚天鹏、王盾等13人获新人奖。

26日

● 市2017年老年节文艺晚会举办。市委副书记、市老龄委主任尹弘到会致辞，代表市委、市政府和市老龄委，向全市广大老年朋友致以节日的祝福，向全市老龄工作者和关心支持老龄事业发展的各界人士表示衷心感谢。

●《关于长宁区推进示范区建设，开展“一照多址”跨区试点备案监管办法》正式出台，注册在上海市长宁区的4家“一照多址”试点企业获颁全新的营业执照。

● 上海交通大学—莫斯科航空学院中俄联合研究院正式揭牌成立。

● 上海儿童医学中心浦滨儿童医院正式开业运行。

27日

● 市长应勇，市委副书记尹弘分别前往本市社区和养老机构看望老年人，察看为老服务设施，推进为老服务工作，向全市老人送上节日的问候和祝福。

● 紧扣“城市联动、精准发力、高效就业”的主题，第五届大中城市联合招聘高校毕业生上海现场招聘会暨上海市大学生就业洽谈会在上海理工大学举行，共吸引了本市10 000余名大学生和1 000家招聘单位到场。

● 2017中国（上海）互联网+外贸高峰论坛召开。论坛由商务部和上海市人民政府主办、市商务委和宝山区政府支持、上海进出口商会和东浩兰生（集团）有限公司联合承办。该论坛是“中国（上海）国际跨国采购大会”的系列论坛，已在沪连续成功举办了三届。

● 第十届上海魔术节在商城剧院开幕。作为中国上海国际艺术节“节中节”的固定品牌项目，魔术节汇集演出、比赛、学术、公益、道具展及版权交易等板块，迄今走过24年，获得专业魔术师、业余爱好者和市民的广泛关注。

● 冯氏集团首个全球智慧供应链系统展示服务平台利程坊（Explorium）于上海市宜山路2000号利丰广场揭幕。

28日

● 庆祝十九大胜利召开——“从石库门到天安门”上海美术作品展在中华艺术宫拉开帷幕。展览选取出生在上海或在上海工作的美术家的96件作品，象征中国共产党九十六年光辉历史。

● 两岸关系三十年回顾与展望研讨会在上海召开，来自海峡两岸的100多名专家学者与会。研讨会由上海东亚研究所、台湾《旺报》联合主办。

● 由上海市总工会、上海市体育局、上汽集团工会及延锋汽车饰件系统有限公司共同主办的2017年上海城市业余联赛暨第二十二届“延锋杯”上海市职工五人制足球锦标赛开幕式在奉贤区奉翔体育基地举行。

29日

● 上海市召开全市领导干部会议。中共中央政治局常委韩正主持会议并讲话。中共中央政治局委员、中央书记处书记、中央组织部部长陈希出席会议并宣布中央决定:韩正同志不再兼任上海市委书记、常委、委员职务,李强同志兼任上海市委委员、常委、书记。中共中央政治局委员、上海市委书记李强出席会议并讲话。上海市委副书记、市长应勇在会上发言。

● 2017SYC“上海杯”诺卡拉帆船赛暨诺卡拉亚洲锦标赛在虹口北外滩落幕。来自10个国家和地区的12支参赛队、共计24名世界顶级帆船选手,在黄浦江公平路码头至扬子江码头约1.5公里的竞赛水域展开激烈较量,最终来自意大利的蒂塔和班蒂夺得冠军。

● 为期2天的本市行政执法类公务员全员培训考试落下帷幕,来自全市市场监管系统、城管系统的12 227名行政执法类公务员参加了综合性、全科型行政执法能力闭卷笔试。

● 西班牙马德里皇家歌剧院《卡门》在共青森林公园夜色中拉开帷幕。

● 市政协机关召开传达学习中共十九大精神会议。市政协党组书记、主席吴志明出席并讲话。

● “抗击卒中三年行动计划”启动,这是上海地区有史以来力度最大,覆盖人数最广的一次“抗击卒中行动”,脑卒中防治知识将会在三年内在500万上海市民中得到系统性覆盖和统一化宣传。

30日

● 市委书记李强在黄浦区五里桥街道调研基层党建工作,推动学习宣传贯彻党的十九大精神。

● 市政府党组召开会议,传达贯彻党的十九大精神。市委副书记、市长、市政府党组书记应勇主持会议。

● 上海市人大常委会机关召开传达党的十九大精神大会,市人大常委会党组书记、主任殷一璀就学习贯彻党的十九大精神提出要求。

● 位于上海奉贤区和浦东新区的两个中石化加油站,作为试点开始对外销售B5生物柴油。这意味着,餐厨废弃油脂制成的生物柴油终于摆脱了“实验室”阶段,打通了市场化的“最后一公里”,大面积复制推广应用指日可待。

● 吴中路(中山西路—七莘路)公交专用道工程正式启用。从9月底基本完工至今,经过近一个月的试运行,吴中路公交专用道效果明显,吴中路由西往东方向(即闵行往徐汇方向）无论公交车辆还是社会车辆，早晚高峰时段车速均有所提高。

● 由人民出版社出版、上海人民出版社重印的党的十九大文献和辅导读物在上海出版发行，首批上市的包括：习近平同志2017年10月18日在中国共产党第十九次全国代表大会上所作的报告《决胜全面建成小康社会　夺取新时代中国特色社会主义伟大胜利》单行本、党的十九大修改通过的《中国共产党章程》。

● 由上海交通大学组成的玉帛之路第13次文化考察队找到并初步确认位于敦煌三危山旱峡的古代玉矿，其开始年代可能早在距今3 500年至4 000年前后，比最早记载玉的华夏文明要整整早了一千多年。考察队在上海交通大学发布最新成果。

● 国内首艘远洋渔业资源调查船“淞航”号缓缓停靠在上海芦潮港，由农业部和上海市政府共同投资、建设历时两年的“淞航”号正式交付上海海洋大学使用。

31日

● 由市委宣传部、市文明办、市科委等联合举办的2017年上海市文化科技卫生“三下乡”科技惠农活动，在青浦区金泽镇举办。开幕式上，市科委向金泽镇赠送了50万元科技大礼包，包括有机肥料、良种、设施大棚等。市科协向金泽镇农民专业合作社协会授予10万元科普惠农奖补资金。

● 汇集上海艺术界80多位画家、百余幅外滩题材油画作品的“百年交响——上海外滩百年历史变迁油画作品展”在上海刘海粟美术馆开幕，展示外滩建筑的历史变迁及其文化积淀。

● 市人大常委会召开2017年上海市全国人大代表“落实‘一带一路’倡议与上海桥头堡建设”和“城镇化过程中生态建设和保护”两个专题调研总结交流会，全国人大代表、市人大常委会主任殷一璀出席并讲话。

● 上海法院电子卷宗随案同步生成和深度应用现场推进会在虹口区人民法院举行。会上，上海三中院、虹口、宝山、徐汇、上铁等五家法院分别就电子卷宗随案同步生成和深度应用的推进情况作交流发言。

● 浦东新区人民政府与市文广局签订战略合作协议，双方将合力推动浦东文化繁荣兴盛，致力于把浦东打造成为主流文化引领、创新文化承载、高雅文化涵养、多元文化融合的高地，持续增强浦东的文化活力和影响力。

● “留住城市的记忆”航拍上海历史文化风貌区摄影展在上海城市规划展览馆开幕，摄影展集中展览了250余幅由无人机拍摄的全市44个历史文化风貌区的精美照片。航拍历史风貌区摄影集同步出版。

● 市人大常委会主任殷一璀在人民大厦会见美国新任驻沪总领事谭森一行。殷一璀向客人介绍上海人大的基本情况和履职实践。

● 市经济和信息化系统召开学习传达党的十九大精神大会。

● 国家儿童医学中心儿科临床指南制作与评价专家委员会在沪启动,新生儿临床中心和出生缺陷临床中心建设获批,四大主体能力建设相继启动,中国儿科临床指南也已开始着手制定。

● 市教卫工作党委召开"学习宣传贯彻党的十九大精神"中心组(扩大)学习会。

● 市政府新闻办举行市政府新闻发布会,市交通委相关负责人介绍上海发展"绿色、智慧"航运,推动上海国际航运中心建设的相关内容。

## 本月

● 经过数月评选,上海市非物质文化遗产保护中心公布"墨模抢救整理,探寻非遗记忆的传承与保护""海派面塑特有原材料配方保护""上海非遗学子展馆行"和"老年珠算心算健脑社区课程开发与实践"等65个"非遗保护工作优秀实践案例"。

● 宝山区正式启动"满意100"人才集聚工程,工程分为"1""0""0"三个板块,其中,"1"为一个人才新政体系,两个"0"分别为零距离沟通平台和零障碍服务机制。旨在通过三到五年努力,形成一个完善齐备的人才政策扶持体系;"零距离"的、畅通无阻的人才沟通交流协调平台;"零障碍"的、无微不至的人才服务机制,有效实现"让人才满意,促人才集聚"的目标。

### 3—6日

● 上海爱乐乐团赴日本参加第十六届"亚洲交响乐周"。这是唯一一支受邀参加本届交响乐周的国内交响乐团,也是上海爱乐继赴美与费城交响合作、赴泰国参加第十九届曼谷国际音乐舞蹈节之后的又一重要的文化交流活动。

### 12—13日

● 根据"严打击、扫顽疾、净环境、保平安"专项行动总体部署,上海市公安局在全市范围组织开展第四次集中打击整治行动,治安、刑侦、交警、特警、轨交等多警种紧密配合、协同作战,打击现行违法犯罪,整治社会治安秩序,排查公共安全隐患。

### 28—29日

● 全市市场监管系统、城管系统12 227名行政执法类公务员参加了综合性、全科型行政执法能力考试。本次考试是围绕党的十九大关于推进依法行政,提升干部队伍专业能力、强化专业精神的要求,对行政执法类公务员适应新时代要求的一次能力素质水平全面测试。

### 10月16日—11月15日

● 为配合2017年"全国安全用药月"活动,上海市食药监局及各区市场监管局将在全市范围内集中开展安全用药科普宣传活动,引导公众树立科学合理的用药用械理念。

10 月 26 日—11 月 4 日

● “开天辟地——中华创世神话”主题创作成果展向公众开放。展览除连环画作品外，集中了书法、篆刻、刻字、诗词、戏剧、民间文艺等各艺术门类的最新创作作品，用各自的艺术语言梳理中华文明的创世起源，诠释“自强不息，厚德载物”的创世精神。

## 11 月

1 日

● 中共上海市委常委会举行扩大会议，传达学习习近平总书记带领中共中央政治局常委集体瞻仰上海中共一大会址和浙江嘉兴南湖红船时的重要讲话精神。

● 市长应勇在华谊集团和光明食品集团调研时指出，本市国有企业要通过改革创新做大做强做优主业，提高企业核心竞争力，蹄疾步稳推进产业布局，为未来发展赢得更大空间。始终坚持和加强党对国有企业的领导，不断完善国有企业法人治理结构，为上海巩固和提升实体经济能级，实现创新驱动发展、经济转型升级作出更大贡献。

● 市长应勇会见香港上海总会理事长李德麟率领的代表团一行。应勇说，上海愿进一步深化与香港全方位的交流与合作，共赢发展，共同为实现中华民族伟大复兴的中国梦作出更大贡献。

● 市政协主席吴志明会见由香港中联办副主任何靖任荣誉团长、香港上海总会理事长李德麟任团长的香港上海总会访沪团一行。吴志明对客人来访表示欢迎，并介绍上海经济社会发展近况和十二届市政协履职情况。

● 2015—2016 年度浦东新区科学技术奖励大会召开，共有 268 个项目获得表彰。此次获奖项目充分体现技术发明创造在创新驱动中的关键作用，获奖项目累计申请国内发明专利 159 项，授权 473 项，累计申请国外发明专利 172 项，授权 182 项，一批具有自主知识产权、拥有核心技术的创新成果获奖。

● 上海市全域旅游工作推进会在松江区广富林召开。作为首批国家全域旅游示范区创建单位，黄浦、青浦、崇明、松江四区因地制宜、突出特色，创造性地开展大量工作，取得阶段性成效。

● 为老年人提供免费遗嘱服务的公益项目——“上海遗嘱库（中华遗嘱库上海分库）”启动。上海遗嘱库是中华遗嘱库继北京、天津、广东、江苏、广西之后设立的第六个分库。

2 日

● 市长应勇在金山区和上海化工区调研时指出，要牢固树立绿水青山就是金山银山的理念,全面完成生态环境综合整治目标任务,兑现市委、市政府对人民群众的承诺。要加快产业转型升级,持续推进生态环境综合整治,着力促进城乡融合发展,努力打造新兴产业的成长之地、城市生态的滋养之地和城乡融合发展的示范之地,为上海改革发展、长三角协同发展作出新的贡献。

● 市人大常委会主任殷一璀走访黄浦区南京东路街道,参加市人大代表联系社区活动,围绕《中华人民共和国食品安全法》和《上海市食品安全条例》实施情况的主题,听取社区群众的意见建议。

● 市政协召开十二届三十八次常委会议,围绕"完善城市风险管理体系"协商议政。

● 主题为"艺术,为生活添彩"的 2017 上海艺术博览会亮相上海世博展览馆。艺博会展会面积达 2 万 5 千平方米,来自美国、德国、以色列、捷克、塞浦路斯等 16 个国家的约 140 家画廊参展,数千件国画、油画、雕塑、版画、装置、陶瓷等艺术品参与交易。

● 以"新理念、新思想、新动能,打造 PPP 合作命运共同体"为主题,第三届中国 PPP 融资论坛在上海召开。论坛由财政部政府和社会资本合作中心、上海金融业联合会主办。

● 市委党校 2017 年 11 月份主体班次开班式暨传达学习贯彻党的十九大精神会议举行。市委副书记、市委党校校长尹弘在会议上强调,学习好宣传好贯彻好党的十九大精神。

● 韩国 S 经纪公司诉艺人黄某、美国 G 食品企业上海销售公司侵权一案,在上海一中院二审宣判。上海一中院认定 S 经纪公司侵权主张不成立,判决驳回上诉,维持原判。

● 在 2017 上海杨浦创新创业论坛上,五角场创新创业学院揭牌成立。学院面向杨浦所有创业企业开放,首批有 300 多家企业的创始人和创业者成为新学员。

● 市政协开展"创新国资管理,推动国企改革发展"年末委员视察。委员们先后赴漕河泾开发区、仪电智慧产业园区了解本市国资国企改革发展情况,并听取市国资委负责人有关介绍。

● 市高级人民法院召开司法体制综合配套改革推进会。今后,上海法院将从八个方面着力推进司法体制改革,确保到 2019 年基本完成司法体制综合配套改革试点任务,实现司法质量、司法效率和司法公信力的全面提升。

● 由市医改办指导,《解放日报》社和上海市卫生和健康发展研究中心联合组织开展的首届"上海医改十大创新举措"推选启动。这是在全国率先开展省级十大医改创新举措推选。

● 2017 Seatrade 亚太邮轮大会在上海宝山区拉开帷幕。来自政府部门、行业协会、邮轮港口、邮轮企业、高等院校等百余位嘉宾相聚一堂，通过主题论坛、技术演讲、政策讨论、邮轮港CEO论坛等形式，聚焦“一带一路”对于亚太地区邮轮产业的影响，宏观分析整个亚太地区邮轮市场。《2017中国邮轮产业发展报告（邮轮绿皮书）》同时发布。

● 全球中央对手方协会（CCP12）在上海发布首个中央对手清算行业国际标准——《CCP12量化披露实务标准》。这是上海国际金融中心在完善金融体系、提升建设能级方面的一项重要成果。

3日

● 纪念中国青年新闻记者协会成立八十周年暨“青记”成立会址纪念馆揭牌仪式，在山西南路200号南京饭店举行。“青记”是中华全国新闻工作者协会的前身，1937年11月8日在上海南京饭店成立。

● 市政协开展“规范本市快递行业发展”年末委员视察。委员们察看部分快递企业转运中心、运行总部，实地了解快递行业发展及监管情况，并听取市邮政管理局、市公安局、市工商局有关情况介绍。

● “讲好中国故事，弘扬友善包容”——犹太难民与上海史料展北京校园巡展在清华大学图书馆开幕。此次展览是在中国经济社会理事会、教育部的支持下，由上海市政协对外友好委员会、上海市虹口区政协、上海公共外交协会、中共上海市虹口区委宣传部举办，上海犹太难民纪念馆承办。

● 静安区老成都北路7弄30号中共二大会址纪念馆的党章展厅里，再添新成员——新修订的《党章》全文首次以展板和电子显示屏等形式展出，吸引数千党员群众瞻仰、参观。

● 上午7时38分，C919国产大型客机101架机第三次在上海浦东国际机场腾空而起，经过近4小时的飞行安全返回机场，完成一架次初始检查试飞。

4日

● 在联合国教科文组织（UNESCO）第三十九届全体大会上，100多个国家和地区会员代表以“无辩论”通过的方式，决议在中国上海设立联合国教科文组织教师教育中心。上海市人民政府与联合国教科文组织已达成合作协议，它成为落户上海的首家联合国二类机构。

● 2017年复旦管理学论坛暨复旦管理学奖励基金会颁奖典礼举行。大连理工大学教授、中国工程院院士王众托获“复旦管理学终身成就奖”；国际食物政策研究所所长、研究员樊胜根，复旦大学社会发展与公共政策学院教授彭希哲，北京大学政府管理学院教授王浦劬获“复旦管理学杰出贡献奖”；腾讯公司董事会主席兼首席执行官马化腾获“复旦企业管理杰出贡献奖”。

● 2017 年上海科普教育创新奖颁奖典礼举行,共颁发 96 个奖项。中科院院士、中科院生物化学与细胞生物学研究所研究员张永莲,上海市第六人民医院急诊部主任王韬获得“科普杰出人物奖”。

● “2018 年总统选举与俄罗斯未来走向”学术研讨会在上海召开,来自京沪等地 40 多位从事俄罗斯研究的专家学者与会。此次会议由复旦大学俄罗斯中亚研究中心举办。

5 日

● 首届中国国际进口博览会倒计时一周年启动仪式在北京和上海两地同时举行,标志着将于明年 11 月在国家会展中心(上海)举办的中国国际进口博览会筹备工作进入全面推进的新阶段。商务部部长钟山,上海市委副书记、市长应勇分别出席京沪两地启动仪式并讲话。

● 在市委宣传部的统筹谋划下,国内第一只由国有传媒集团主导发起、市场化运作的文化产业母基金——众源母基金在上海正式启动。签约合作方包括上海市委宣传部旗下投资平台精文投资、上海报业集团、上海闵行区文化产业投资基金、上海国际集团、上海浦东发展银行等。

● 上海警备区政委凌希少将在虹桥迎宾馆会见佛得角国防部长兼外交部部长塔瓦雷斯一行。

● 2017 年上海城市业余联赛——990 上海市广播操大赛总决赛在嘉定市民健身中心举行。比赛以第九套广播体操为竞赛项目,经过重重筛选,共有来自 16 个区的 34 支参赛队伍现场竞技,全市 40 万市民群众积极参与各级广播操比赛。

● 中央宣讲团党的十九大精神报告会在上海展览中心召开。中央宣讲团成员、工业和信息化部部长苗圩作宣讲报告。上海市委书记李强主持报告会。

● 复旦大学“一带一路”及全球治理研究院成立。同时,复旦大学与“一带一路”智库合作联盟共同举办的“一带一路”与全球治理高层论坛开幕。论坛发布《“一带一路”视野下沿线港口:中国的机遇与面临的挑战》《“一带一路”合作中的国际法律问题》等系列研究报告。

● 锦江国际宣布旗下的虹桥宾馆更名为“虹桥郁锦香宾馆”,作为其全新品牌定位的郁锦香全球旗舰店正式亮相,新的品牌将向有趣和时尚转型。

● 主题为“艺术为生活添彩”的 2017 上海艺术博览会在上海世博展览馆闭幕。本届成交量近 1.5 亿元,持平 2016 年创造的历史纪录。而艺博会期间,连续 3 天 4 场艺博讲堂也成为一大亮点。

6 日

● 市人大常委会党组召开中心组学习会,交流党的十九大精神学习体会。市人大常委会党组书记、主任殷一璀主持会议并讲话。

● 市政协党组召开中心组学习会。市政协党组书记、主席吴志明主持会议并讲话。部分市政协党组成员围绕不忘初心、牢记使命，深入学习贯彻中共十九大精神，进一步做好政协工作交流发言。

● 市政协召开十二届九十七次主席会议，审议“对本市 2018 年财政预算编制和管理改革的若干建议”等事项。会议审议“以‘补短板’为重点，深化本市供给侧结构性改革研究”“地区政协协商式监督的探索与实践”“关于进一步支持上海市政协港澳委员在香港澳门地区发挥积极作用”等调研报告。

● 2017 年世界智能网联汽车大会召开，大会发布的《2017 年世界智能网联汽车大会上海宣言》共有 5 条，涉及智能网联出行体系建设、智能网联汽车关键技术创新、智能网联汽车标准体系建设、大数据在交通体系中的应用、搭建国际化交流合作平台等方面。

● 市教卫工作党委、市教委成立“上海学校习近平新时代中国特色社会主义思想研究中心”，并设在上海市教育科学研究院。“研究中心”主要从事理论研究、课程建设、决策咨询、人才培养 4 方面工作。

● 落实“健康上海 2030 规划”，申城体医结合又推新举措。启动的“体医交叉培训”第一堂课，特邀美国运动医学学会资深会员雪莉博士，为 150 名社区医生、150 名社会指导体育员开展培训。

● 中国上海原创音乐剧《犹太人在上海》2019 美国百老汇驻场演出签约仪式在上海举行，上海恒源祥戏剧发展有限公司作为该剧目的出品方，与美国倪德伦环球娱乐公司进行签约。这是中国原创音乐剧第一次向百老汇输出版权，并首次在百老汇驻场演出。

● 以“创新、智能、绿色”为主题的第十九届中国国际工业博览会开幕式暨颁奖仪式，在上海国际会议中心举行。本届工博会各大奖项同时揭晓：风云四号静止轨道气象卫星、1.2 万吨自航全回转起重船获“特别荣誉奖”；IONSCAN600 便携台式（无放射源）爆炸物/毒品探测识别仪获“主宾国特别奖”；天脉嵌入式实时操作系统及开发环境等 4 项展品斩获金奖；自适应柔性制造平台等 4 项展品获“创新金奖”，沃尔沃 XC90T8 等 4 项展品获“工业设计金奖”。

● 绿色账户已与支付宝账户打通，居民动动手指，就能凭垃圾分类获得的积分，在线兑换“绿色联盟”提供的各类线上线下商品或服务，包括共享单车年卡、超市优惠券等。

● 苏宁上海首家无人店苏宁易购 Biu 作为今年 O2O 购物节期间的“新物种”，在苏宁易购五角场云店亮相。其最大的特点就是全程实现刷脸购物，消费者正常步行速度通过付款通道即可实现付款。

7日

● 由工业和信息化部、上海市政府共同主办的“中国制造2025”国际合作论坛圆桌讨论会在沪举行。围绕“共议国际制造产业合作共享中国经济发展成果”的会议主题，联合国原副秘书长沙祖康、英国中部引擎计划主席庄贝思爵士等嘉宾作发言。论坛由圆桌讨论会、英国主宾国专场论坛、智能制造专场论坛组成。

● 主题为“科技创新引领新兴产业发展”的创新与新兴产业发展国际会议在沪开幕。中国科学院院士、中国工程院院士路甬祥，工业和信息化部部长苗圩等作报告。中国工程院院长周济、党组书记李晓红分别主持大会报告和开幕环节。上海市市长应勇、国家发展改革委副主任林念修分别致辞。世界著名企业家和专家就新兴产业发展方向和政策等进行开放式交流，引导和促进重大科技创新和新兴产业发展。

● 本市召开学习贯彻党的十九大精神宣讲动员会。十九大精神宣讲团由55位党政领导干部和专家学者组成，从即日起，在全市范围内开展集中宣讲。

● 市人大常委会部分组成人员赴闵行区开展《上海市环境保护条例》执法检查。组成人员一行实地察看闵行区浦江镇丰收村河道水环境综合整治情况，以及上海神开石油化工装备股份有限公司贯彻环保条例开展挥发性有机物治理等情况。座谈会上，闵行区政府、市环保局、市水务局、市住建委、市经信委等部门汇报相关情况。

● 主题为“智慧·创新·卓越”的2017全球城市信息化论坛全体大会在上海召开。会上还举办“中国数据创新行”上海站活动，发布“城市数据创新宣言”，并正式启动国际开放数据与城市创新峰会、2017年上海开放数据创新应用大赛（SODA）颁奖盛典等系列活动。

● 由上海市社会科学界联合会、上海申通地铁集团有限公司共同推出的“学习新思想　走进新时代”主题地铁专列，在人民广场站正式启动。

● 以“大众创业、万众创新”为主题的第二届海峡两岸暨香港职业教育论坛在沪举办。大陆、台湾、香港及澳门的专家就“助推现代职教改革新发展，共筑双创理念社会新氛围”“科创中心建设与创新人才的培养”“创新创业与职业教育教学实践融合”等作专题交流。本届论坛由上海中华职教社和香港职业训练局、台湾商业职业教育学会共同主办。

● 由澳门特别行政区政府文化局、上海古籍出版社出版的《利玛窦明清中文文献资料汇释》在上海图书馆徐家汇藏书楼首发，来自复旦大学、同济大学、上海师范大学、上海大学、南京大学等的数十位专家学者与会并进行学术交流。

● 沪上首批企业从工商部门拿到整合有报关、报检单位信息的营业执照，标志着上海企业登记从“五证合一”跨入“多证合一”新阶段，也意味着上海在全国率先实现地方单位与中央单位业务系统的数据对接。

● 2017全球硬科技创新大会在西安召开，发布《2017年中国城市硬科技发展指数报告》，北京、上海、广州名列中国硬科技发展城市前三，其中上海在中国城市硬科技产业化潜力指数上位于第一位。

● 首届2017体育资源配置上海峰会在衡山北郊宾馆落幕，此次上海峰会以“资源共享、合作共赢、平台共建”为主题，上海体育产业龙头企业、项目方、投资方、运营方和行业专家及媒体等近400人出席。本次峰会包含信息解读、项目推介和智慧分享三大板块，来自全国的各大体育产业企业、俱乐部、媒体、投资者和业界大咖齐聚一堂，聚焦体育产业价值和创新理念，共话体育产业发展未来。

8日

● 市委书记李强在浦东新区调研。李强和市领导周波、翁祖亮、诸葛宇杰来到中国（上海）自由贸易试验区行政服务中心，听取深化自贸试验区制度创新情况汇报。座谈会上，李强听取浦东新区区委、区政府关于下一步改革创新工作的汇报，与大家讨论交流。

● 市政协在上海展览中心友谊会堂召开十二届市政协委员大会，总结十二届市政协履职工作。市政协主席吴志明作总结报告，市委副书记尹弘出席并讲话。市政协副主席姜平主持大会。副主席方惠萍宣读表彰决定，58件优秀提案奖、15件优秀提案特别奖、86件优秀社情民意信息获表彰。

● 市总工会、市委组织部、市委宣传部、市国资委党委、市经济信息化工作党委、市建设交通工作党委联合召开本市国有企业工会改革推进会，全面启动本市国有企业工会改革工作。

● 市委政法委机关召开全体党员干部大会，市委常委、市委政法委书记陈寅作学习贯彻十九大精神的专题辅导党课，对学习贯彻落实十九大精神再动员、再部署。

● 市税务局在市政府新闻发布会上表示，将通过实施《优化营商环境　提升纳税便利度实施方案》深化“放管服”改革，提高纳税便利度。根据《方案》要求，市税务局第一批将在全国范围内率先推出六个方面28项具体措施。

● 市浦东新区法院发布涉上海自贸区审判工作白皮书（2016年11月—2017年10月）及十大典型案例，并公开演示涉自贸案件司法大数据研究成果。

● 市商务委、市经济信息化委联合召开的“上海制造业外商投资大会暨外资百强企业发布会”发布：外资企业以约占全市2%的企业数量，贡献全市27%的GDP、规模以上企业60%的工业总产值、65%的进出口额和33%的税收总额，吸纳超过20%的就业人数。从营业收入看，上汽大众汽车有限公司、苹果电脑贸易（上海）有限公司和上汽通用汽车有限公司分获外资营收百强前三名。

● 长宁区政府与华为技术有限公司、中国联通上海市分公司达成战略合作，共建“虹桥智谷”华为联通人工智能科技创新示范中心。

● 市教卫工作党委召开系统基层党建工作推进会，学习传达党的十九大精神，深入贯彻落实全国和上海高校思想政治工作会议精神、全国和上海城市基层党建工作经验交流座谈会精神，进一步研究和部署推进系统基层党建工作。

● 以“为学习宣传贯彻落实习近平新时代中国特色社会主义思想而努力奋斗”为主题的上海新闻界庆祝第十八个中国记者节大会在广电大厦召开。大会表彰第二十七届中国新闻奖上海获奖代表，颁发第二十六届上海新闻奖。今年，上海共有14件作品获中国新闻奖。129件作品分获上海新闻奖特别奖和一、二、三等奖。

9日

● 市长应勇在百联集团、锦江国际集团调研时指出，要牢牢抓住新一轮消费升级的机遇，大力探索新技术、新模式、新业态，不断满足人民日益增长的美好生活需要，努力走出一条竞争类国企创新转型发展的新路。

● 市政协围绕“建设张江科学城，加快推进科技创新中心建设”专题开展委员年末视察。委员们赴浦东张江，实地察看机器人生产车间、量子保密通信上海控制中心，了解张江科学城规划建设实施情况。

● 品牌创立仅十年的上海四季教育培训有限公司敲响纽约证券交易所上市钟，开盘价为10.2美元。

● 市交通委会同市公安局、市城管执法局、市质监局等相关单位起草的《上海市鼓励和规范互联网租赁自行车发展的指导意见(试行)》出台。目前，在沪运营的共享单车企业共13家，投放总量最高峰时达178万辆(其中电动自行车约6万辆)。截至10月底，上海约有113万辆共享单车(含电动车)。

● 长三角城市旅游发展论坛召开，上海国际旅游度假区管委会和申迪集团委托上海市信息中心调研做出的《上海迪士尼项目对经济社会发展带动效应评估》报告发布。

● 由温州市旅游相关部门主办的“游神奇山水·品传奇温州”温州旅游(上海)推介会暨招商引资大会在上海市浦东新区举行。温州市旅游相关部门不仅与上海复星爱必依发展有限公司签订战略合作协议，就温州市全域旅游发展及国际化旅游产品创新应用领域建立全面、深入的战略合作伙伴关系，更与上海高铁旅游服务有限公司就“长三角万人游温州”项目签订战略合作协议。

10日

● 一堂特别又庄重的音频党课在中国共产党的诞生地——中共一大会址正式开

课。这是由中共上海市委党校、上海党建服务中心、人民网上海频道、SMG 东方广播中心以及阿基米德 FM 联合推出的“十九大精神十九人讲”音频党课第一讲。

● 市百一店老劳模马桂宁同志的追悼会在龙华殡仪馆举行。

● 上午 11 时 38 分，我国自主设计和研制的大型客机 C919 飞机 10101 架机从上海浦东机场起飞，经过 2 小时 24 分的飞行，于 14 时 01 分抵达西安阎良机场，顺利完成首次城际飞行。自此，C919 大型客机全面进入适航审定和取证阶段。

● 市委常委会举行会议，听取《关于贯彻落实中央部署要求在本市开展国家监察体制改革试点工作建议的汇报》，听取关于贯彻落实党的十九大精神、修改完善上海市城市总体规划情况的汇报。市委书记李强主持会议并讲话。

● 2017 年度“寒冬送温暖”专项救助行动启动，持续至 2018 年 3 月 15 日。本市针对陷入困境、居无定所、流浪街头的生活无着人员的专项救助工作，进一步全面强化“365 天全天候服务”机制，以及市区两级民政、公安、城管、卫计等多部门联动配合，帮助流浪乞讨人员解决燃眉之急。

● 浦东新区召开学习贯彻落实党的十九大精神宣讲动员会。会上，浦东新区学习贯彻落实党的十九大精神宣讲团代表亮相，由全区各界代表宣讲团、专家学者宣讲团、党员干部宣讲团、市民宣讲团与网络宣讲团 5 支队伍共 81 人组成，即日起将在全区范围内开展集中宣讲。

● 民进市委坚持和发展中国特色社会主义学习实践活动总结表彰会在上海民主党派大厦召开。民进嘉定区委等 16 个单位获先进集体称号，王志强等 39 人获先进个人称号。

● 上海警备区利用党日活动时间再次组织党委机关领导集体瞻仰党的一大、二大会址，追溯党的根脉，重温入党誓词。警备区司令员张晓明、政委凌希参加活动。

● 由中宣部、中央文明办等评选表彰的第六届全国道德模范名单公布，“上海好邻居”王海滨当选全国道德模范，中国浦东干部学院法律与人文综合教研部主任刘哲昕等 9 人获全国道德模范提名奖。本届共有 58 人当选全国道德模范，256 人获全国道德模范提名奖。

11 日

● 历时 5 天的第十九届中国国际工业博览会在沪落幕。本届工博会参展规模和专业观众数量均创历史新高。截至 12 时 30 分，本届工博会共吸引境内外专业观众超 16 万人次，较去年同期增长近 6.67%。

● 市第 1 期领导干部学习贯彻党的十九大精神专题研讨班在市委党校结业。各区、大口、委、办、局、市直属单位、市管企事业单位党政主要负责同志参加研讨班。

学员代表在会上作交流发言。

● 市人大常委会副主任徐泽洲在衡山宾馆会见美国加利福尼亚州议会代表团。

● 艺术品鉴赏选购平台艺品荟启动上线，主题为“艺术改变生活”的艺品荟艺术特展也在苏州河畔1908粮仓艺术空间开幕。

12日

● 第二十二届上海国际马拉松赛在外滩金牛广场起跑。来自86个国家和地区的3.8万名跑者，参加了这场盛大的“城市派对”，其中外籍选手逾6 000人。

● 复旦大学“习近平新时代中国特色社会主义思想研究工程”和“当代中国马克思主义研究工程”启动。市委常委、宣传部部长董云虎出席启动仪式并为“两大工程”指导专家、研究系列牵头人颁发聘书。

● 第二届民盟上海基础教育论坛在黄浦区教育学院举办。论坛共收到40余篇高质量论文，民盟盟员们围绕“教研与发展”的主题建言献策，经专家评选有18篇论文获奖。

● 国民主革命的伟大先行者孙中山先生诞辰151周年纪念活动在上海孙中山故居举行。市委副书记尹弘出席。

13日

● 市长应勇主持召开市政府常务会议，研究贯彻落实《国务院关于加强政务诚信建设的指导意见》，加强本市政务诚信建设；部署推进本市残疾预防和残疾人康复工作等事项。

● 市长应勇会见澳大利亚西澳州州长麦克·迈高文率领的代表团一行。应勇说，中澳建交四十五年，特别是2014年建立全面战略伙伴关系以来，各领域合作交流不断深化，中国已成为澳大利亚第一大贸易伙伴、出口市场和进口来源地。

● 2018年度全市报刊发行工作会议召开。人民日报社、求是杂志社、光明日报社和中国邮政集团公司上海市分公司作交流发言。本市各区、大口党委和各大企事业单位相关负责同志及本市主要报刊社负责同志、邮政部门代表等参加会议。

● 由上海市大学生科技创业基金会主办的2017全球创业周中国站暨“创响中国”上海站活动在杨浦区长阳创谷正式开幕。本届创业周将首次以天为单位，推出“先进制造”“人工智能”“消费升级”等15大行业主题日活动，为创业者提供更加实用、专业、高效的资源对接。

● 市政协围绕“本市宗教活动场所合理布局情况”开展年末委员视察。部分市政协委员、在沪全国政协委员赴崇明区，实地了解宗教活动场所布局情况，并听取市民宗委、崇明区有关负责同志情况介绍。

● 市工商行政管理局、黄浦区政府签订《关于贯彻落实党的十九大精神，深化商事制度改革，激发市场主体活力合作备忘录》。黄浦区将探索集中登记模式扩大到律师事务所，向“众创空间”入驻企业提供注册登记便利，进一步助推激活市场主体活力和社会创造力。

● 2017 年度“中国最美的书”评选结果揭晓，全国各地 22 家出版社的 25 种图书获本年度“中国最美的书”称号，将代表中国参加 2018 年度“世界最美的书”评选。上海出版界两本书位列其中，分别是上海人民美术出版社的《姑苏繁华录——苏州桃花坞木版年画特展作品集》和华东师范大学出版社的《遇见手拉壶(珍藏版)》。

● 五星体育与新浪体育在上海国际会议中心签约，共同举办自主赛事 IP 产业论坛。

14 日

● 浦东新区组织党员领导干部等集体参观“从石库门到天安门”上海美术作品展和浦东开发开放主题展，并在上海中心大厦金领驿站政治生活厅重温入党誓词。

● 上海发布《关于本市推动新一代人工智能发展的实施意见》，共分五个部分 21 条措施。

15 日

● 市委召开区、大口党委书记季度工作会议。会上，静安区委、金山区委、市发展改革委、市建交工作党委、市水务局负责同志交流相关工作。

● 市委召开调研协商座谈会，围绕“着眼卓越全球城市发展目标，深化上海城市核心功能研究”议题，听取各民主党派市委、市工商联及无党派人士相关调研成果的介绍。民建市委主委周汉民介绍“上海建设卓越全球城市核心功能研究”调研总报告的内容。

● 由共青团中央、中国科协、教育部、中国社会科学院、全国学联和上海市人民政府共同主办，上海大学承办的第十五届“挑战杯”全国大学生课外学术科技作品竞赛终审决赛在沪开幕。

● 镇江在上海召开创新投资恳谈会。活动签约项目共 17 个，总投资 129.5 亿元。

● 市政协开展“推进城乡中小河道综合整治”年末委员视察。委员们赴闵行区浦江镇、浦锦街道，实地了解本市水环境整治情况，并听取有关介绍。

● 浦东新区人民法院发布涉自贸试验区金融商事审判工作白皮书(2013—2017 年)及十大金融审判典型案例。会上，浦东法院向媒体记者通报该院开展金融商事、刑事和行政“三合一”审判工作机制的运行情况。

● 市教委启动首轮城乡学校携手共进计划。从今年起每三年实施一轮，包括郊区义务教育学校精准委托管理和城乡学校互助成长项目两项核心内容，打造城乡学校一体化发展新格局。

● “童心灿烂 1922—2017——《小朋友》杂志九十五周年封面作品展”在上海三山会馆开幕，展出的 150 幅代表性封面图，浓缩杂志九十五年的发展历史。

● 全球最大光伏公共充电站在上海落成并投入使用，它安装了超过 1 000 片高效光伏发电面板，日均可满足 400 辆电动汽车的充电需求。由于配置了大量储能装置，即使阴雨天也能正常运营，为电动汽车送上纯粹的绿电。

● 市妇女儿童工作委员会公布对“携程亲子园事件”(携程计算机技术(上海)有限公司幼儿园孩子受老师虐待)的调查情况，认定这是一起严重伤害儿童的恶劣事件，社会影响极坏。对锦霞公司等涉事企业及有关责任人要依法查处。市妇联在承担责任、妥善处置事件的同时，也要深刻反思，积极整改。11 月 9 日，上海长宁警方以涉嫌虐待被监护、看护人罪对携程亲子园的三名工作人员依法予以刑事拘留。

● 上海迪士尼乐园调整《上海迪士尼乐园游客须知》，规定禁止游客携带食品和酒精饮料入园，非酒精饮料容量不得超过 600 毫升。此前，迪士尼乐园允许未拆封的食品入园。

● 2017 年上海城市业余联赛——“城建杯”首届上海市高校舞龙邀请赛在上海城建职业学院正式开赛。来自上海市十所高校的 11 支队伍、200 多名大学生经过一天的激烈角逐，东道主上海城建学院和上海体育学院两支代表队脱颖而出，获得首届上海市高校舞龙邀请赛一等奖。

16 日

● 新闻晨报社组织的“十九大代表进社区”举办首场活动，十九大代表李斌走进龙华街道，和每一名希望能够进一步领会十九大精神的基层居民与党员代表交流互动。

● 市政府新闻发布会透露：截至目前，混合所有制企业占市国资委直接监管企业总户数比重为 68.5%，而营业收入和净利润占比已分别达到 88.9%和 93.4%，成为上海国企中最有活力、最有实力、最有发展潜力的部分。

● 民革市委原主委、我国著名桥梁专家徐以枋诞辰 110 周年座谈会在沪。市政协副主席、民革市委主委高小玫出席并讲话。

● 孙冶方经济科学奖第十七届颁奖典礼在上海财经大学举行。本届获奖作品包括林重庚、迈克尔·斯宾塞的《中国经济中长期发展和转型：国际视角的思考与建议》等著作三部、论文三篇。

● 上海交警部门重拳整治非机动车交通违法。据统计，今年以来，全市共查获非机动车各类交通违法行为 384 万起，其中闯红灯 7.6 万起，逆向行驶 18 万起，未在非机动车道行驶 100 万起，违法载人 132 万起，扣车 36 万辆。

17日

● 市委书记李强在松江区调研时强调，郊区是高端制造业的主战场，是实施乡村振兴战略的主阵地，新时代要有新气象、新作为，必须以习近平新时代中国特色社会主义思想为引领，认真贯彻党的十九大决策部署，努力打造新兴产业发展高地，做好乡村振兴大文章，以更加奋发有为的精神状态为全市发展作出新的更大贡献。

● 国家海洋督察组（第三组）督察上海市工作动员会召开，国家海洋督察组（第三组）组长孙书贤讲话，市委副书记、市长应勇作动员讲话，副市长时光辉主持会议。

● 上海举行2017年“119”消防宣传月主会场活动暨高层建筑灭火救援综合演练。演练模拟上海东方渔人码头内部装修施工电线短路引发火灾，大量人员被困等待救援。演练调集公安、供水、供电等多支应急救援专业队伍、200余名队员和30余辆抢险救援车辆，有效检验各级政府机构、相关联动单位应急队伍建设成效，进一步深化城市综合应急联动响应机制，提升了高层建筑突发事件应急响应能力。演练结束后，市政府召开全市冬春火灾防控动员部署工作会议。

● 位于闵行区华漕镇的华山医院临床医学中心（西院）启动试运行。

● 全国精神文明建设表彰大会召开，上海多个单位、区和多名个人获得殊荣。其中，徐汇区和嘉定区荣获第五届全国文明城市（区）称号；浦东新区航头镇牌楼村等荣膺全国文明村镇、上海市浦东新区人民法院等荣膺全国文明单位。

● 第十届中国欧盟电影展在沪开幕。上海是影展继北京、成都后的第三站，此次影迷不仅能看到欧盟国家的诸多获奖口碑文艺片，还能在观看部分影片时享受影展首次引入的“同声评论”影评服务。

18日

● 2017上海台北双城健康讲坛暨第三十五届解放健康讲坛在台北市台湾金融研训院举行。来自台湾和上海的4位医学专家，围绕两岸民众广泛关注的胃和肝的健康话题进行科普。本次讲坛由解放日报·上观新闻和联合报共同主办，支持单位为中国联通上海市分公司。

● 上海财经大学迎来建校一百周年。上海财经大学源于1917年南京高等师范学校创办的商科，1921年迁址上海，是中国教育史上最早的商科大学。

● 第九届陆家嘴法治论坛在上海召开。论坛围绕“一带一路”和“法律服务国际化”两大热点问题，就“一带一路”法律服务保障、“一带一路”与中国法律服务走出去的机会等方面进行探讨。论坛由上海市司法局、上海市律师协会、上海市公证协会、上海国际经济贸易仲裁委员会、香港大律师公会、香港律师会联合主办。开幕式上还举行了上海东方域外法律查明服务中心揭名仪式。

● 第十六届海派文化学术研讨会在虹口区海派文化中心召开。本次研讨会以“海派文化中的红色基因”为主题。据统计，上海有革命遗址遗迹约657处，现存有遗迹可考的440处。

● 2017世界斯诺克上海大师赛落下帷幕。在一场巅峰对决中，奥沙利文以10比3战胜特鲁姆普，继2009年之后再夺上海大师赛冠军，同时收获15万英镑冠军奖金。

● “加快建设中国特色世界一流医学院”主题论坛在复旦大学上海医学院举办。海内外医学院校代表、医学领域专家共话“如何继续深化医学教育改革，引领医学创新发展，服务健康中国战略”。

● 华东政法大学建校六十五周年纪念座谈会暨高水平法学教育推进工作会在华东政法大学松江校区召开。

● 11月上海私车牌照拍卖揭晓，最低成交价93 100元，平均成交价为93 130元，比上个月的93 540元减少410元。

● 辰山植物园与意大利帕多瓦大学植物园签署合作备忘录，开启申城最年轻植物园和全球最古老植物园之间的合作对话之旅。

19日

● 历时31天的第十九届中国上海国际艺术节在上海大剧院闭幕。中外嘉宾一同欣赏捷克布尔诺国家歌剧院歌剧《马克诺普洛斯档案》。

● 在上海少儿曲艺大赛颁奖展演上，一首少儿群口说唱《创世英雄赞》讲述孩子们心中的《女娲补天》《大禹治水》《后羿射日》，引来现场喝彩。

● 徐寅生、曹燕华、王励勤等沪上乒坛名宿引领普通市民共同感受乒乓球运动的魅力，“沪动起来”——乒乓发现更多主题活动在上海思南公馆举办。

● 由团市委、市应急办等举办的“奔跑吧，安全君”上海青少年应急安全主题城市定向赛暨青少年应急安全体验营活动，在上海嘉定汽车博览公园拉开帷幕。

● 经过苏、浙、沪两省市食品(工业)协会依据规则严格评审，91个产品荣获2017年度长江三角洲地区名优食品称号，本市上海清美绿色食品有限公司等企业产品非发酵性豆制品榜上有名。

● 2017上海国际马球公开赛在上海松江区叶榭镇上海马术公园内举办。本次比赛的两支参赛球队为上海国际队和万达财富队，最终，经过激烈的角逐，上海国际队以8∶7战胜万达财富队，夺得桂冠。

20日

● 市人大常委会召开上海市第十四届人大代表履职经验总结交流会。履职五年，代表们推动群众与身边急难愁盼问题的解决，111件代表议案、4 034件代表建议、107份代表专题调研报告，转化成为经济社会发展、民生改善的重要实践。

● 市长应勇会见深圳正威集团董事局主席王文银一行。会见结束后，上海市政府及金山区政府分别与深圳正威集团签署战略合作框架协议和项目投资合作协议。

● 以“智・创未来”为主题的2017第六届（上海）国际服务机器人技术及应用展览会在上海新国际博览中心开幕。24个国家和地区的150余家参展企业集中展示服务机器人、少儿智能科技产品等领域的最新机器人产品和技术。

● 第五届外滩国际峰会召开，黄浦区发布“外滩金融发展指数”，这是上海首个区域性金融发展指数。

● “2017上海・台州周”在沪开幕。本次活动围绕打造独具魅力的“山海水城、和合圣地、制造之都”的目标，搭建台州与上海在产业、金融、人才、文化、旅游等方面的合作平台。

● 坐落于安福路288号的上海话剧艺术中心正式关闭，进入建成17年来的首次大规模整修。

21日

● 市深化国家监察体制改革试点工作小组第一次会议召开，研究《上海市深化国家监察体制改革试点工作实施方案》，加快推进本市改革试点工作。

● 市长应勇会见出席全国精神文明建设表彰大会载誉归来的上海获奖代表。

● 市十四届人大常委会第四十一次会议召开，听取并审议市人民政府关于2016年度市本级预算执行和其他财政收支审计查出问题整改情况的报告。

● 市政协召开2017年情况通报会，向各国驻沪机构相关人士通报十二届市政协履职工作情况，并就上海深化自贸试验区建设、加快建设具有全球影响力的科创中心等听取在沪外籍人士意见建议。

● 副市长时光辉在人民大厦会见缅甸曼德勒市副市长吴耶蒙一行，双方就两市发展友好关系事宜交换意见。

● 市精神文明建设工作座谈会召开。徐汇区、嘉定区、金山区张堰镇、市公共卫生临床中心、上海交通大学和王海滨分别作交流发言。

● “2017中国—巴拿马商务论坛”在沪召开。当前，中国已成为巴拿马全球第二大贸易伙伴、巴拿马运河第二大用户。

● 12时50分，由上海航天技术研究院抓总研制的长征六号遥二火箭在太原卫星发射中心点火升空，以“一箭三星”方式将“吉林一号”视频04、05、06卫星成功送入预定轨道。这也是我国新一代液体运载火箭首次参与的商业发射。

● “2017长三角人工智能张江论坛”在张江国际创新港举办。上海张江将与家庭服务机器人品牌科沃斯共同推出“人工智能机器人加速器”计划，向驻扎在张江的人工智能初创企业提供技术、产业、市场等多方资源优势和孵化指导。

● 上工申贝(集团)股份有限公司收到一封来自上海海关制发的《扣留侵权嫌疑货物通知书》,被告知:海关已把浙江某公司涉嫌侵犯上工申贝“飞人”“FLYING MAN”商标专用权的一批缝纫机依法扣留。此次查获的侵权缝纫机多达 2 200 台,申报价值近 5 万美元。这是今年上海海关开展“龙腾”知识产权保护行动以来所扣留的第 4 批涉嫌侵权货物。

● 上海市质子重离子医院暨复旦大学附属肿瘤医院质子重离子中心传出消息:医院开业仅 30 个月,收治患者突破 1 000 例。1 000 例患者中,948 例已结束治疗顺利出院,52 例患者仍在院接受治疗中。

● 复旦大学附属妇产科医院(即“红房子医院”)与腾讯在沪签约,共建智慧医院。此次“智慧医院”的建设计划中,既有微信医保支付、微信商保支付、新农合异地结算等事关患者就医体验的“互联网 + ”举措,更有一个重要亮点——引入人工智能,辅助医生诊疗。

22 日

● 市委书记李强调研杨浦区。李强先后来到定海路街道第一睦邻中心、综合为老服务中心和社区卫生服务站,察看各类民生服务在社区的落实情况。

● 市委书记李强会见巴拿马总统巴雷拉。李强说,上海同巴拿马交流交往频繁,在航运、港口建设等各个领域有着良好的合作。上海将积极落实两国元首达成的重要共识,进一步拓展交流领域,聚焦自贸区建设以及港口、贸易、教育、旅游等领域开展更加全面交流合作,为推动两国关系发展作出上海的贡献。

● 市长应勇调研黄浦江两岸公共空间贯通工程时强调,今年年底杨浦大桥至徐浦大桥之间黄浦江两岸 45 公里岸线贯通开放,是市委、市政府对全市人民的承诺。要坚持“先贯通、再提升”,紧紧咬住目标,确保岸线如期贯通开放,还江于民、还岸线于民、还景于民。要加强精细化管理,着力提升功能品质,努力打造充满活力、传承文脉、绿色生态、舒适便捷的世界一流滨水公共开放空间,使其成为上海这座城市的一张亮丽的名片。

● 市十四届人大常委会第四十一次会议召开,听取并审议关于检查本市贯彻实施《中华人民共和国食品安全法》和《上海市食品安全条例》《上海市高等教育促进条例(草案)》《上海市应税大气污染物和水污染物适用税额标准的方案(草案)》等情况的报告。

● 在“2017 上海嘉定产融合作要素对接大会”上,嘉定区大数据产融合作服务平台正式上线启动。在对接大会上,100 个项目进行集中签约。

● “基层党建与非公企业”媒体学术沙龙在与一大会址纪念馆毗邻的企业天地楼宇党群服务站举行,一些民营、外资等非公企业党组织负责人与专家学者探讨非公企业的党建话题。“党建做实了就是生产力，做细了就是凝聚力”，成为越来越多非公企业管理者的共识。

● 市一中院公开宣判东华大学原副校长江建明、虹口区人大常委会原副主任华东平、上海东华大学科技园发展有限公司原总经理刘更贪污、受贿、挪用公款，隐匿、故意销毁会计凭证、会计账簿、财务会计报告，隐瞒境外存款一案。经审理，法院作出如下判决：江建明犯受贿罪、贪污罪、挪用公款罪，合并判处有期徒刑20年，罚金人民币200万元。华东平犯受贿罪、贪污罪、故意销毁会计凭证、会计账簿、财务会计报告罪、隐瞒境外存款罪，合并判处有期徒刑十五年，罚金人民币160万元。刘更犯受贿罪、贪污罪、挪用公款罪、故意销毁会计凭证、会计账簿、财务会计报告罪，合并判处有期徒刑十八年，罚金人民币210万元。

● 2017中国故事节“山阳杯”幽默故事会成果展示暨金山区文化艺术季闭幕式在金山区文化馆开幕。一批国内知名故事家和来自全国各地的50多位故事员汇聚金山区山阳镇，共同探讨中国幽默故事的传承与发展。当天，中国民间文艺家协会故事委员会授予山阳镇“中国幽默故事基地”称号。

● 中国最大网络文学创作及发行平台阅文集团与上海大学签约，共建网络文学方向创意写作硕士培养点——直接培养网络文学硕士，这在国内尚属首创。

● 中国国际贸易促进委员会（上海）自由贸易试验区服务中心在浦东新区揭牌。中国贸促会与上海自贸试验区管委会共同签署《中国国际贸易促进委员会与中国（上海）自由贸易试验区管委会关于促进中国（上海）自由贸易试验区建设合作备忘录》。

● 中国银联联合复旦大学附属肿瘤医院举行“移动支付便民示范医院”合作签约仪式。未来，双方将在支付方式接入、诊间服务、医院周边商圈服务等方面深入合作，为百姓提供更加便捷周到的就医服务。

23日

● 上海市环境保护督察试点工作正式启动。两个环保督察组分别进驻长宁、青浦两区，对该区区委、区政府及其有关部门、部分街镇、工业园区进行督察。

● 学习宣传贯彻党的十九大精神——千名高校优秀辅导员“校园巡讲”和“网络巡礼”活动走进同济大礼堂。沪上50余所高校的2 000多名大学生党员和辅导员、思政课教师代表在这里上了一堂“特殊党课”。

● 市十四届人大常委会第四十一次会议表决通过《上海市人民代表大会常务委员会关于修改〈上海市职工代表大会条例〉的决定》《上海市农村集体资产监督管理条例》。

● 东方调解中心在浦东新区揭牌成立，“东方调解”App一并上线发布。

● 以“创新的青年,卓越的城市”为主题的 2017 沪港澳青年经济发展论坛在沪举办。沪港澳三地各界来自政府、高校、企业等相关领域的青年代表和专家学者,就创新创业与城市发展等议题展开讨论。

● 由商务部、国家能源局和上海市政府支持,商务部外贸发展局主办的第六届中国国际石油贸易大会在上海开幕。大会围绕“改革、创新与机遇——‘一带一路’倡议下的国际油气贸易合作”主题,重点讨论“一带一路”倡议给全球及中国的油气合作与贸易发展带来的影响。来自 16 个国家和地区的全球知名石油公司、贸易和航运企业、金融和资讯机构以及学术研究机构代表近 300 人参会。商务部副部长王受文出席大会开幕式。

● 第五届公共外交对话会在市政协召开。与会嘉宾围绕“‘一带一路’倡议与公共外交”主题,就做好公共外交、讲好中国故事开展对话交流。

● 市科学学研究所的人工智能研究组表示,在人工智能高端人才全球短缺的当下,人才培养对上海十分重要,因为上海高校、科研院所的相关学科设置齐全、科研水平很高,完全有能力培养出一大批人工智能研发人才。

● 2017 年长宁区人才工作推进会暨领军拔尖人才命名表彰会召开,会上发布首份《长宁区人才发展白皮书》和《长宁区 2017—2021 年人才发展指标》。同时,“虹桥人才荟”高层次人才服务平台正式启动。

● 上海市校园田径联盟成立大会在华东师范大学召开,联盟包括 55 所高校会员学校和 172 所中小学会员学校。

● “为了生命的希望工程——2017 年上海青年造血干细胞捐献集中行动暨上海市红十字造血干细胞捐献宣传表彰”活动举行,上海市红十字会等五家单位签署合作备忘录,共同建立上海造血干细胞跨国转运绿色通道。

24 日

● 市商务委组织召开“百城万村”家政扶贫工作对接会。对接会邀请安徽、四川、贵州、甘肃、陕西、湖南 6 省商务厅、19 个贫困县(区)及相关委办局分管领导,上海家政、餐饮、生鲜配送企业的代表 150 多人参加,携手推进“百城万村”家政扶贫工作。会上,市商务委与安徽、四川等 6 省商务厅分别签署家政扶贫政府合作战略协议。本市富宇家政、好慷在家等 5 家试点企业与安徽临泉县、贵州务川县、甘肃环县、四川仁寿县、陕西岚皋县等 11 个县人民政府进行政企合作,签订家政扶贫政企合作协议。

● 市政协召开台胞联络组成员专题座谈会,围绕“在新形势下如何加强两岸民间交流交往”议题沟通交流。

● 市残联在上海儿童艺术剧场举办庆祝“国际残疾人日”暨“特奥十年”艺术展演活

动，来自全市的残疾人、阳光之家学员、运动员和助残志愿者的千余名代表参加。

● 第十四届长三角地区党校校长论坛暨主业主课培训班在杨浦区委党校举行。论坛围绕“学习习近平新时代中国特色社会主义思想　奋力开拓新时代党校事业发展新境界”的主题，就党校人如何先学一步、如何学深悟透党的十九大精神展开交流和研讨。

● 纪念蒋月泉诞辰一百周年专题座谈会在市文联文艺大厅召开。蒋月泉曾任第二、三届中国曲协副主席。作为新中国曲艺事业的重要引领者，他所创立的蒋调，是苏州评弹流传最广、影响最大且具有承前启后意义的重要流派唱腔，一度有“无唱不蒋，无票不蒋”之说。

● 由华东政法大学、浦东新区法院、市法学会共同主办的第二届自贸区知识产权司法保护研讨会在沪召开。来自上海、天津、重庆、福建、广东、辽宁、浙江、河南、湖北、四川、陕西自贸试验区所属辖区法院的代表，全国各高校的专家学者等近百人开展专题研讨。

● 市委政法委书记陈寅在兴国宾馆会见以葡萄牙共产党全国书记处书记保罗・雷蒙多为团长的葡萄牙共产党干部考察团，他向来宾们介绍上海改革开放和经济社会发展情况。

● 十一届市委全面深化改革领导小组举行第三次会议。会议听取本市着力优化营商环境、加快构建开放型经济新体制相关工作汇报。

25 日

● 市人大常委会主任殷一璀在衡山宾馆会见塞浦路斯议长西卢里斯一行。殷一璀说，两国自建交以来在双方核心关切上相互理解支持，塞浦路斯对上海市民来说并不陌生。

● 由民盟上海市委同联合国教科文组织亚太地区世界遗产培训与研究中心联合主办的一场关于老城厢的研讨会在同济大学举行。

26 日

● 亲子朗读声音档案大征集展演活动暨 2017 上海童话节闭幕式颁奖典礼在虹口区青少年活动中心举行。本次童话节闭幕式揭晓 100 个亲子朗读家庭。邀请热爱亲子朗读的十组家庭代表，用温暖的故事演绎亲子阅读的温馨场景。

● 第十九届中国上海国际艺术节学生观剧团颁奖典礼在华东师范大学举行。音乐、舞蹈、戏剧戏曲三类学生观剧团成员的优秀评论奖归属揭晓，12 个学生观剧团优秀成员奖以及复旦大学、同济大学、华东师范大学等 6 个优秀集体奖同时颁发。

● 2017 年上海市民文化节市民合唱大赛暨第六届“金秋闵行”合唱节展演在上海旗忠森林体育城网球中心拉开帷幕。展演以“放歌新时代”为主题，用文艺的方式宣传十九大精神。

● 位于嘉北郊野公园内的白蜡园免费开放，该白蜡园栽种约 5 万株珍稀对节白蜡，为申城规模最大的白蜡园。

● 2017 年上海城市业余联赛——第七届上海剑道冠军赛暨秋季上海市剑道段位统一考试在华师大举行，市体育总会、体育竞赛管理中心、社体中心、剑道运动协会相关领导出席开幕式。本届赛事共设女子个人赛、男子个人赛、女子团体赛、男子团体赛四个竞赛项目，共有近 200 位男女剑道选手参与，70 多位剑道爱好者通过段位考试。

27 日

● 市委书记李强会见以苏格兰皇家银行主席霍华德·戴维斯为主席的中国证监会国际顾问委员会委员一行。中国证监会主席刘士余参加会见。

● 市长应勇与荣获第七届“上海市青少年科技创新市长奖”和提名奖的青少年朋友交流。

● 市长应勇主持召开市政府常务会议，部署推进本市研发与转化功能型平台建设；研究贯彻落实国家民办教育新法律新政策，促进本市民办教育健康发展等事项。

● 上海市政府与商汤集团在沪签署战略合作框架协议。市委副书记、市长应勇，商汤集团创始人、董事长汤晓鸥出席签约仪式。市委常委、常务副市长周波与商汤集团副董事长张文代表双方签署协议。签约仪式上，商汤集团还与徐汇区政府签署合作协议。

● 市政协召开十二届九十八次主席会议，审议“完善城市风险管理体系，夯实全球卓越城市安全基础”调研报告等议题。

● 中国工程院公布 2017 年院士增选结果，67 人当选中国工程院院士。其中 3 人在上海工作，他们是：中国商用飞机有限责任公司副总经理、大型客机 C919 总设计师吴光辉，同济大学副校长、上海世博会园区总规划师吴志强，海军军医大学附属长海医院消化内科主任李兆申。

● 市委副书记尹弘会见由越共中央书记处书记、中央内政部部长、中央防治腐败指导委员会常务副主任潘庭濯率领的越南共产党代表团。

● 荷兰驻上海总领事馆总领事艾晓安向上海城市规划展示馆馆长杭燕赠送 7 500 株郁金香种球，特别选择中国红和荷兰橙两种颜色，象征着两国文化友好交流与共同发展的美好愿望。

● 上海研发公共服务平台开放日举行，目前已有飞利浦、霍尼韦尔等 35 家外资研发机构加盟上海研发公共服务平台，可对外共享的 30 万元以上大型科学仪器 149 台/套，仪器价值总额近 2 亿元，覆盖电子电器、新材料、新能源、生物医药等领域。

● 国务院教育督导委员会办公室下发《关于开展幼儿园规范办园行为专项督导检查的紧急通知》，本市将在全市范围内开展幼儿园规范办园行为专项督导检查，进一步加强管理，确保广大幼儿的身心健康。

28 日

● 市长应勇赴联合重组后的东方国际集团调研。应勇一行来到企业展厅，察看纺织服装、特种纺织品、汽车内饰等产品展示，听取企业深耕国际贸易、拓展医疗健康等领域的情况介绍，并详细了解服装智能定制、无人零售机等新模式、新业态。

● 中国科学院公布 2017 年院士增选结果，61 人当选中国科学院院士。上海 10 位专家当选，创下十二年来人数新高，其中 1 人是女性，5 人来自中科院上海分院系统。

● 市政协召开“第四十六届世界技能大赛申办和筹备工作情况”专题协商会。委员们围绕办好世界技能大赛，促进职业培训和技能人才培养协商建言。

● 杨浦区新一代人工智能产业政策与重点项目发布会召开，公布了多项产业新政，这对全区 200 多家新一代人工智能企业来说是一个全新的起点。

● 2017 年上海航运交易论坛在沪举办，本届论坛的主题设定为“大数据时代的航运决策”。同时，远东干散货指数（FDI）和中国沿海成品油运价指数（CCTFI）正式对外试运行。

● 市委宣传部部长董云虎会见以总书记帕诺斯·里加斯为团长的希腊左联党干部考察团，他向来宾们介绍中共十九大和上海经济社会发展情况。

● 中共四大纪念馆全国爱国主义教育示范基地揭牌仪式在中共四大纪念馆举行。至此，上海市“全国爱国主义教育示范基地”增至 13 家。

29 日

● 市军民融合发展委员会第一次会议召开。会议传达学习习近平总书记在中央军民融合发展委员会全体会议上的重要讲话精神，研究部署本市军民融合发展工作。

● 国家海洋督察组（第三组）下沉督察小组赴上海奉贤区，对该区规范科学用海、海洋环保、岸线整治等进行现场核查。

● 第 17 届全国追求卓越大会召开。上海地铁荣获第 17 届全国质量奖，这也是本届上海唯一一家获此殊荣的单位。

● 2017 中国中小企业发展大会暨第十一届中国中小企业节在上海奉贤区开幕。本届大会以“弘扬优秀企业家精神，促进中小微企业发展”为主题，会上公布“2017 中国中小企业百名优秀企业家”名单，详细解读新修订的《中华人民共和国中小企业促进法》，并正式发布“专精特新”企业评定标准。

● 市政协开展“建设智慧城市，发展共享经济”年末委员视察。委员们赴上海电信信息园、有关通讯技术企业，实地了解本市智慧城市建设和共享经济发展情况。

● 市长应勇主持召开市政府党组(扩大)学习会。会上，市政府党组成员围绕学习贯彻十九大精神，结合实际工作谈认识体会，并交流做好明年及今后五年工作的设想。

● 市政府新闻办举行新闻发布会，对上海公共法律服务体系建设情况作具体介绍，并宣布面向市民的“12348 上海法网”平台正式上线运行。

● 市交通委、上海海事局、市地方海事局联合发布《关于规范黄浦江水域船容船貌的通告》，要求船舶在黄浦江航行、停泊、作业时必须保持船容船貌规范整洁；其中，载运易扬尘物料的船舶在航行、停泊时，必须采取舱盖封闭、油布覆盖等防护措施。

30 日

● 市长应勇赴宝山区调研。应勇与副市长时光辉一行首先来到上海超碳石墨烯产业技术有限公司，察看石墨烯材料开发与应用，了解石墨烯产业技术功能型平台运作情况。随后，市领导来到上海钢联电子商务股份有限公司，察看钢铁资讯交互平台，了解企业在促进大宗商品交易、掌握钢铁定价权等方面的情况。

● 市长应勇会见卢森堡新任驻华大使俞博生一行。应勇说，卢森堡与上海高校建立了人文交流项目，今年又简化中国游客申根签证流程，这些都为上海与卢森堡加强金融、人文、旅游等领域合作交流创造更好的条件，希望双方进一步提升合作水平，努力取得更多实质性成果。

● 市总工会全面部署元旦春节送温暖行动，预计今年全市各级工会将筹集 1.5 亿元用于元旦春节期间的帮困送温暖。

● 市金融服务办公室与奉贤区政府签署战略合作备忘录，双方就积极引导金融机构加强对“东方美谷”建设支持；立足绿色金融着力打造上海东方金融小镇；增强对现代农业开发、农村基础设施建设的金融支持等方面达成相关合作意向。

● 文艺界十九大代表学习宣传贯彻党的十九大精神宣讲团来到上海，在文艺会堂召开宣讲报告会。会上，宣讲团成员从不同层面、角度阐述了他们对十九大报告新思想、新理论、新篇章、新目标的理解和思考。

● 巴基斯坦海军“赛伊夫”号护卫舰(舷号 F253)在舰长沙赫扎德・伊克巴尔上校率领下，抵达上海吴淞某军港，开始对上海进行为期 5 天的友好访问。这是“赛伊夫”号第一次访问上海，也是巴基斯坦海军舰艇第 8 次访问上海。

●“上海民商事、行政案件智能辅助办案系统”在上海市高级人民法院试运行上线。

●“城市的水环境治理：国际经验与上海的展望”研讨会在同济大学召开。与会市政府参事与国内外专家学者围绕城市黑臭河流治理的主要问题与关键技术、上海河湖治理的总体构想、上海对水环境治理的政府监管、水污染控制技术发展的现状及趋势等研讨。本次研讨会由市政府参事室、同济大学共同主办，市友协、德国艾伯特基金会协办。

● 市人大常委会副主任薛潮在人民大厦会见乍雷萨主席为团长的泰国立法议会交通委员会代表团一行。

● 支付宝披露数据显示，在智慧城市建设上，上海成为全国领头羊，上海已在支付宝上线超过 60 项移动服务，使用人次比去年增长超过 130%。其中，社保、税务、交通等领域服务最受市民欢迎。

## 本月

4—5 日

● 全市法院 197 名法官助理和检察机关 8 名检察官助理走进考场，接受市法官、检察官遴选（惩戒）委员会面试考核。此次面试是上海首次从法官助理、检察官助理中选拔入额法官、检察官，也是上海司法体制改革试点以来的初任法官、检察官的首次遴选。

6—7 日

● 2017 年世界智能网联汽车大会在上海嘉定召开，主题为“联接世界，智创未来”。此次会议为智能网联汽车领域提供最权威的国际交流合作平台，展示世界智能网联汽车最新研究成果和商业模式，研讨智能网联汽车最新政策法规和标准规范，《2017 年世界智能网联汽车大会上海宣言》在会上发布，旨在加快促进汽车产业转型升级。

7—11 日

● 第十九届中国国际工业博览会在国家会展中心（上海）开幕。本届工博会以“创新、智能、绿色”为主题，设置数控机床与金属加工、工业自动化、机器人、新能源及电力电工等 9 个专业展区，参展企业总数 2 562 家。

9—11 日

● 由市体育总会和东浩兰生（集团）有限公司共同倾力打造的上海（国际）赛事文化及体育用品博览会，在上海世博展览馆举行。分别推出路跑、女性和亲子三大主题，关注更广泛人群的运动健体需求。

17—19 日

● 一年一度的中国上海国际童书展在世博展览馆开幕。六万余种中外童书，360 余家国内外童书出版机构，百余场阅读推广交流活动亮相。本土童书原创力量的集中爆发，成为一大亮点。首次公布的“当当童书五年原创市场报告”数据显示，中国家长对于原创童书的需求不断增强，儿童文学、图画书、科普百科是家长的最爱，其中,儿童文学类占30%。

● 第十五届江苏名特优农产品(上海)交易会在上海农展馆举行,组委会推出南通展区并设立南通专场,南通的255种农产品入选参展。展销分为生态果蔬、特色禽畜、江海河鲜、优质粮油和精制农品五大区域,主办方专门开设了微信订阅号"南通乡情",展出这五大类农产品,并标注二维码,方便上海市民浏览与购买。

22—23日

● 由市长应勇率领的上海市代表团在广东省深圳市,与广东省委书记李希、省长马兴瑞等座谈交流沪粤工作。代表团还深入广东自贸试验区深圳前海蛇口片区、众创空间和科创企业,学习考察自贸区制度创新、优化营商环境和发挥企业科技创新主体作用等方面的经验做法。

29—30日

● 由市委宣传部、市文化广播影视管理局指导创作的"从石库门到天安门"诗歌朗诵会,在上海市委党校连演四场。各区委宣传部和市工、青、妇宣传部门等党员干部观摩演出。

10月29日—11月1日

● 一连四个晚上,指挥家帕沃·雅尔维携手不来梅德意志室内爱乐乐团在上海交响乐团音乐厅连续演绎贝多芬的9部交响曲。出乎意料的是,《第九交响曲》在"完全贝多芬"第一夜就上演,《第一交响曲》却留到最后一夜。这是雅尔维和乐团第一次尝试"倒叙"贝多芬。

11月27日

● 今日起,市纪委书记、副书记带队分赴全市16个区,逐一听取各区改革试点工作情况汇报,与区检察院检察长及拟转隶部门负责同志谈心谈话,指导各区同步推进改革。这是上海精准对接中央要求,扎实有序推进国家监察体制改革试点的又一重要举措。

11月30日

●《解放日报》曝光在滴滴出行平台上,存在着"克隆"出租车通过购买滴滴出租车账号,从而进入平台揽客经营的现象。由于滴滴平台尚未与出租车企业数据库同步,导致滴滴账号审核存在盲区,这给账号交易提供"便利"。在申城,滴滴的账号申请、交易已形成了黑色产业链。

● 截至今日,今年本市接报电信网络诈骗案件数同比下降20.03%,涉案金额同比下降5.5%,破案同比上升58.7%,抓获违法犯罪嫌疑人同比上升12.2%。今年以来,警方共冻结涉案银行账户2 842个,挽回群众经济损失折合人民币1.49亿元,劝阻潜在被害人13.2万人次。在源头遏制方面,共关停涉案电话5 226个,封堵涉案有害链接389个。

# 12月

## 1日

● 市委书记李强会见捷克总统特命代表、捷中友好合作协会主席雅罗斯拉夫·德沃吉克一行。李强代表市委、市政府和上海人民对雅罗斯拉夫·德沃吉克一行来访表示热烈欢迎，感谢主席先生为推动中捷两国友谊发挥重要作用。

● 市委书记李强在调研本市优化营商环境工作时强调，营商环境是重要软实力，也是核心竞争力，上海始终高度重视营商环境的改善和优化。把制度创新作为主攻方向，在“放管服”改革上下更大功夫，着力营造更加良好的国际化、法治化、便利化营商环境。

● 浦东新区妇产科医疗联合体和静安区妇产科医疗联合体同时成立，以上海第一妇婴保健院分别位于浦东和静安的三个院区为圆心，向两大行政区域内的医疗机构辐射。这也是上海首次成立的区域妇产科专科医疗联合体。

● “加强职工文化建设，加快构建现代公共文化服务体系工作推进会”召开。未来，将进一步发挥工会组织在上海公共文化建设中的重要作用，完善公共文化服务体系，实施文化惠民工程，推进政府的公共文化资源广泛惠及工会职工，同时也让工会的文化资源为广大市民提供更多更好的文化享受和体验，构建资源共享、优势互补、联动发展、职工受益的本市公共文化新格局。

● 以海顿《告别交响曲》开场，指挥家汤沐海在东方艺术中心最后一次以音乐总监的身份执棒上海爱乐乐团。

● 浦东新区社区事务受理服务事项从今天起基本实现“全区通办”。今后，浦东居民办理民政救助、社会保险、医疗保险、就业促进等事项，可选择就近办理，一站办结。

● 上海边检总站在浦东、虹桥两大机场口岸正式启用26条出境边检自助通关通道，其中浦东机场口岸设有17条，虹桥机场口岸设有9条。至此，已拥有66条入境边检自助通关通道的上海机场口岸，迈进了“口岸出入境自助通关”的新时代。

● 上海市政府与工信部签署《关于共同推进工业互联网创新发展促进制造业转型升级的战略合作框架协议》。工信部副部长陈肇雄，上海市委常委、常务副市长周波代表双方签约，并同时为工业互联网创新中心揭牌。

● 上海获得交通运输部授予的“国家公交都市建设示范城市”称号，与南京一同成为首批获得该称号的两个城市。2012年，交通运输部正式启动国家“公交都市”创建工作。上海市于2013年申请创建。创建“公交都市”是实现城市与城市交通可持续发展的重要途径，对于缓解城市交通拥堵、降低能源消耗、改善生态环境都具有重要意义。

● 2016 年度市质量金奖颁奖仪式暨质量提升动员会在上海市政府举行，副市长许昆林为获奖组织和个人颁奖。上海航天设备制造总厂、上汽大通汽车有限公司、上海赛科利汽车模具技术应用有限公司、上海中建东孚投资发展有限公司、上海信业智能科技股份有限公司等 5 家组织和美钴能源科技(上海)有限公司总经理张鹏举 1 名个人获上海市质量金奖。

2 日

● 市长应勇会见法国经济和财政部长布鲁诺·勒梅尔一行。应勇说，上海在积极承担国家战略和打造全球城市核心功能的同时，愿与法国进一步加强经贸、金融、科技创新、人文、旅游等领域合作交流，实现互利共赢，为落实中法高级别经济财金对话成果作出应有贡献。

● 在第 32 个“国际志愿者日”来临之际，由团市委、市社会工作党委等单位联合发起的“爱心上海·益行青春”太保安联 2017 上海青年风尚节在徐汇滨江绿地举办。本次活动以“爱心上海”为主线，由一场公益项目推介会、一天全城爱心劝募大行动和一次公益骑跑活动组成，继续打造全市各界青年和青年社会组织参与的跨界“公益众筹”平台。

● 由中国残疾人联合会、复旦大学、残疾人事业发展研究会主办的第十一届中国残疾人事业发展论坛召开，会议围绕如何让更多残疾人参与、共享社会的进步，让更多残疾人有温度、有尊严地生活展开。“残而不障”是残疾人事业专业人士关注的焦点。

3 日

● 为期两天的“德国的中国能力与中国的德国能力”国际研讨会在上海同济大学落下帷幕。来自中国、德国、意大利十余所高校的专家、学者围绕“作为话语的中国”“德国的中国能力”以及“德国能力”等三方面展开探讨。本次国际研讨会由同济大学中德人文交流研究中心、同济大学德国研究中心、同济大学中德学院共同主办，德国汉诺威莱布尼茨大学职业教育与成人教育系、德国汉诺威莱布尼茨孔子学院协办。

● 2017 第三届上海青年艺术博览会年度大展在上海世贸商城展馆落幕。本届青艺博以“同路而行”为主题，近 300 名艺术家以四大板块呈现 1 200 件以上的作品。

4 日

● 市委副书记尹弘在虹桥迎宾馆会见参加“中国共产党与世界政党高层对话会”来沪访问的阿尔及利亚民族解放阵线党(民阵党)领导人、国民议会副议长穆罕默德·穆萨乌贾，民族民主联盟（民盟）领导人、国民议会副议长阿明·森努希一行。

● 市政协召开十二届九十九次主席会议。市政协主席吴志明主持。会议听取市政协2017年反映社情民意信息工作情况的汇报。审议政协上海市第十二届委员会常务委员会工作报告（送审稿）、关于提案工作情况的报告（送审稿）。

● 市人大常委会主任殷一璀在人民大厦会见苏丹全国大会党领导局成员、国民议会议长易卜拉欣·艾哈迈德·奥马尔一行。她向客人介绍了上海市人大与城市发展状况。

● 市政协主席吴志明会见在沪访问的希腊经济社会理事会主席韦尔尼科斯一行。吴志明向客人介绍了上海学习贯彻落实中共十九大精神情况和十二届市政协履职情况。

● 从今天起，市民可以在市政府门户网站"中国上海"、市发改委网站等平台查询本市的基本公共服务清单。包括教育、就业和社会保险、社会服务、卫生、养老、住房保障、文化、体育和残疾人服务。

● 今日起，中央和地方各主要媒体统一开设"新时代新气象新作为"专栏，以上海为开篇，连续三天刊发报道。连日来，参加"新时代新气象新作为"主题采访活动的23家中央和地方媒体的编辑记者深入上海自贸试验区、张江高科技园区和基层社区等一线，全面采访上海学习贯彻党的十九大精神在创新发展、民生保障、党的建设等方面的新举措新作为。

● 中央国债登记结算有限责任公司宣布正式设立上海总部，并将其人民币债券跨境发行中心、人民币债券跨境结算中心、中债担保品业务中心、中债金融估值中心和上海数据中心五大功能平台迁入上海，服务全球人民币债券市场。

● 第四个国家宪法日暨上海市第二十九届宪法宣传周主题活动在上海邮政博物馆举办。主题活动上发布国家宪法日公益广告《宪法守护美好生活》，由市司法局与久事集团、巴士集团联合开展的"宪法进公交"活动也正式启动，同时举办了首届上海市企业法务技能大赛总决赛，经过激烈角逐，国网上海电力代表队获得一等奖。

● 市高级法院举办"12·4"宪法宣传日系列活动，全国人大代表、上海市人大代表、律师代表等30余人参加公众开放日并观摩宣誓仪式。来自全市各法院的百余名新任庭长和审判员身着法袍宣读誓词。

● 绿色技术银行在上海成立，同时还举行联合国可持续发展目标科学技术创新高级别研讨会。作为中国落实2030可持续发展议程和气候变化巴黎协定的重要举措，绿色技术银行将按照"政府引导、社会参与、公益性服务、市场化运作"的机制，完善绿色技术转移转化机制的创新实践。

● 9:15，乘坐G14次列车从上海虹桥站前往北京南站的美国旅客查尔斯·宾汉，成为铁路上海站今年第1亿名在上海乘坐火车出行旅客。

5日

● 市委中心组召开学习会,听取中央文献研究室副主任孙业礼关于学习《习近平谈治国理政》第二卷、深入推进党的十九大精神贯彻落实的专题辅导报告。

● 星巴克海外首家臻选咖啡烘焙工坊,在兴业太古汇亮相。

● 市委书记李强会见美国星巴克公司董事会执行主席霍华德·舒尔茨。李强说,随着互联网技术的快速发展,大量商业模式创新正在改造和颠覆传统商业模式,上海是中国最大的经济中心城市,正致力于打造国际消费城市,增强消费对经济发展的作用,这都离不开各类跨国品牌的集聚,更离不开各种商业模式的创新。

● 市委书记李强会见古巴共产党中央政治局委员、古巴工人中央工会总书记吉拉特一行。李强代表市委、市政府和上海人民,对吉拉特率团来沪访问表示热烈欢迎,并就上海是一座有着光荣革命传统的城市以及近年来全市经济社会发展情况作具体介绍。

● 自11月27日起,国家海洋督察组(第三组)分两个小组先后前往上海浦东、崇明、奉贤、宝山、金山等五个沿海区开展下沉督察。截至12月4日,督察组已完成8天的下沉督察工作,即日起开展海洋督察工作谈话。

●《2017上海市智慧城市发展水平评估报告》发布,静安、徐汇和黄浦的智慧城市发展水平指数名列全市前三。这份《报告》由上海市经济和信息化发展研究中心编发。从信息基础设施、智慧应用、智慧经济、数据资源开放共享、相关机制保障等方面对本市及各区的智慧城市建设发展情况进行评估,对相关最新建设成果与进展,进行梳理介绍。

●"不忘初心,逐梦前行"——"海纳百创"公共创业服务回顾与展望主题活动举办,两年来,该平台平均每年服务创业者已逾15万人次。2015年末,市人力资源和社会保障部门创新创业服务模式,启动建设了市区联动、线上线下联通的"海纳百创"公共创业服务平台。

●"为好人点赞——第二届上海志愿服务网络文化节"拉开帷幕。即日起至2018年3月5日"学雷锋日"期间,本市将组织各类志愿服务活动,采用线上线下共同推进的方式,促进志愿文化与新媒体深度融合,推动上海志愿服务事业再上新台阶。

● 贵州省在上海召开"山地公园省·多彩贵州风"2017冬季度假旅游主题推介会,向省外及境外游客送出"大礼包":从2017年12月1日至2018年2月28日(共计90天),贵州省外及境外游客享受全省203家A级景区(不含温泉景区)执行门票挂牌价4折优惠;36家温泉企业、7家滑雪场执行门票挂牌价7折优惠。

● 工银金融租赁有限公司与中国商用飞机有限责任公司在北京签署C919大型客

机购买框架协议。此次工银租赁与中国商飞共签署55架C919订单，至此，工银租赁的C919飞机订单总数达到100架，成为C919飞机最大订单客户。

● 第四届世界互联网大会闭幕。与会中外嘉宾围绕“发展数字经济　促进开放共享——携手共建网络空间命运共同体”的主题，积极贡献思想智慧、展示创新成就、探讨合作途径、展望未来愿景，取得了丰硕的成果。大会首次发布《中国互联网发展报告2017》和《世界互联网发展报告2017》，还发布了年度成果文件《乌镇展望》。

● 全球首艘通过船级社认证的智能船舶iDolphin38800吨智能散货船“大智”轮发布，标志着中国在智能船舶设计建造和规范标志制定等领域均已走在世界前沿。该船由中国船舶工业集团公司投资，上海船舶设计研究院、中国船舶工业系统工程研究院、中船黄浦文冲船舶有限公司和沪东重机有限公司研发建造。

● 第19届中国国际海事会展拉开帷幕，超过2 100家中外企业、6.5万余名专业观众参展，一大批中国自主创新产品闪亮登场。海事展期间还举办“造船与海洋工程”“航运和港口”“豪华邮轮”等6个高级海事专场论坛，围绕“创新、智造、协同”，讨论下一个十年如何借助金融创新、法律护航，推动船海工业健康发展等重要议题。

● 上海智慧城市体验周揭幕。根据最新公布的《2017上海市智慧城市发展水平评估报告》，上海智慧城市发展水平指数为99.53，保持增长。全市各区中，静安、徐汇、黄浦三区的智慧城市发展水平排名前三位。

6日

● 在拉斯维加斯举行的第29届国际电力大会上，上海外高桥第三发电有限责任公司获得全球清洁煤领导者奖中的最高效率奖和最低氮氧化物排放奖。该奖项由国际著名能源巨头皮博迪公司出资设立，旨在表彰世界范围内在煤炭清洁利用和碳减排方面做出杰出贡献的能源企业。这是该奖项设立以来第一次向中国企业颁奖，外三电厂总经理施敏应邀接受两大奖项。

● 由民革市委、中国花卉协会花文化分会联合主办的“以花为媒，创造市民美好生活”研讨会在沪召开。与会专家认为，上海花文化的消费规模居全国之首，花文化的市民化需求日趋旺盛。申城应构建多元化的城市花文化载体，打造现代花卉文化理念，将花卉与观光、休闲、度假、旅游、教育、节庆等方面有机结合，为人民群众创造美好生活。

● 主题为“新时代服务实体经济视野下的金融司法”的第二届金融中心建设司法论坛在沪举办。与会人员围绕去杠杆背景下融资工具金融风险与司法规制、新型担保方式之司法应对两大专题深入研讨。

● 市委常委、组织部部长吴靖平会见牙买加工党总书记霍勒斯·郑为团长的拉美加勒比政党干部考察团一行。他向来宾们介绍了上海改革开放和经济社会发展等情况。

● 副市长许昆林在市府贵宾厅会见来访的上海友城美国休斯敦市市长西尔维斯特·特纳一行。宾主双方就进一步加强两市的友好城市关系交流。

● 上海迎来今年下半年最冷的一个早晨。数据显示,当天全市大片区域的最低气温失守零度线,崇明更是只有－3.2℃。上海中心气象台表示,中心城区和市郊的最低气温全都创出下半年新低。

● 以“新时代服务实体经济视野下的金融司法”为主题的金融中心建设司法论坛在沪举办。论坛围绕金融服务实体经济的司法价值导向,就去杠杆背景下融资工具金融风险与司法规制、新型担保方式之司法应对等专题展开深入研讨,以进一步加强和推进司法工作,服务上海国际金融中心建设。

7日

● 市政协召开专题通报会。市人民检察院通报拟提交市第十五届人民代表大会第一次会议审议的《上海市人民检察院工作报告(征求意见稿)》,听取委员意见建议。市政协主席吴志明出席。

● 2017互联网＋智慧化工园区(上海)高峰论坛在上海化学工业区举办。论坛围绕智慧化工区的建设,以智能、绿色、安全、开放、共享为主题,探讨通过“互联网＋”的智能化升级改造,推进化工园区智慧化建设新模式。

● 2017年静安区公共文化成果展活动举办。以“5元票价看‘大片’”为代表的一批惠民共享实事项目入选区十大公共文化事件。

● 从今天起正式实施“医疗器械注册人制度”,并在自贸区先行试点。此举将激发产业创新发展活力,促进上海医疗器械先进制造集群的形成,加快临床急需医疗器械上市。

● 以“新方位,新动能,新担当”为主题的上海咨询业创新发展论坛暨上海市咨询业行业协会2017年会员大会在科学会堂召开。近200位来自行业协会主管部门的领导、行业协会会员单位代表、兄弟省市协会的领导以及关心咨询行业发展的有关专家参加了此次大会。

8日

● 市长应勇赴东浩兰生集团和上海电气集团调研。应勇分别主持召开座谈会,听取东浩兰生集团、上海电气集团工作汇报,详细了解企业发展情况和创新转型需突破的瓶颈难题。

● 市人大常委会主任殷一璀主持召开座谈会,7位市人大代表围绕市人大常委会、“一府两院”工作,以及群众普遍关心的提升营商环境、规范培训市场秩序、垃圾分类治理、城市规划与更新建设等问题积极建言献策。

● 市政府召开上海市推进“一带一路”建设工作领导小组会议，会议介绍上海推进“一带一路”建设工作进展情况及下一步工作设想。

● 作为明年即将在沪举行的首届中国国际进口博览会的一次预热，“2017一带一路名品展”以“品质生活　缤纷体验”为主题，共吸引26个国家160多家企业参与，有50多个专业采购团专程来到展会。

● 市人大常委会副主任吴汉民在虹桥迎宾馆会见罗马尼亚社会民主党雅西省地方组织副主席、社会民主党妇女组织副主席米哈埃拉·伊万契亚一行，他向来宾们介绍了上海改革开放和经济社会发展等情况。

● 市国际关系学会年会暨“新时代中国外交思想、理论与实践”学术研讨会在上海国际问题研究院召开。来自各会员单位的十几位专家学者与会并就研讨主题发言。原中国政府非洲事务特别代表、中国前驻南非大使钟建华发表题为《对“一带一路”倡议的学习心得》的主旨演讲。

● 市政协举办“留住城市记忆——保护城市文化遗产”论坛，就我们这座城市发展与文化遗产如何共生等问题展开讨论。

● 由中国社会科学院和上海市政府联合主办的第三届“世界考古论坛·上海”在上海大学开幕。论坛的主题是“水与古代文明”。中国社科院院长王伟光、上海市市长应勇、国家文物局副局长关强致辞，并共同颁发世界考古论坛重要考古研究成果奖。上海市副市长翁铁慧为美国加州大学圣芭芭拉分校教授布莱恩·费根颁发世界考古论坛终身成就奖。

● 第13届“长三角”民族乐团展演在杨浦区少年宫开幕。一连两天，三场音乐会，60支学生民乐团2 500位表演者接力登场。这些乐团主要来自大、中、小学校和青少年活动中心。经过13年的沉淀，“长三角”民族乐团展演的影响力早已超出长三角地区，今年参加展演的就有从厦门等地甚至马来西亚远道而来的乐团。

9日

● 市委常委会召开会议，传达贯彻弘扬“红船精神”座谈会精神，研究在全市开展“不忘初心、牢记使命，勇当新时代排头兵、先行者”大调研工作，审议同意开展学习钟扬同志先进事迹活动。会议审议通过《中共上海市委常委会加强自身建设的若干规则》《深入贯彻中央八项规定精神的实施办法》，听取审议《上海市着力优化营商环境　加快构建开放型经济新体制行动方案》。市委书记李强主持会议并讲话。

● 在2017长风科技金融论坛暨“深化金融创新，服务实体经济”论坛上，普陀区宣布成立上海科技金融产业园，以长风生态商务区为核心，重塑其外延与内涵。

● 由上海中华职教社、上海中华职业教育温暖工程基金会共同举办的2017年度

“中华助学金”发放仪式在市科学会堂举行，来自本市 57 所职业院校和宁夏两所职业院校共 500 名困难学生得到资助，资助金额 100 万元。

● 上海民族乐团原创音乐会《海上生民乐》在上海大剧院上演。它采用综合视听的呈现形式，体现“乐和天下”的主题和意境，被认为是当下海派民乐传承、融合、创新的一次全新探索。今年以来，这台演出在全国各地巡演十余场，获得好评。

● 上海市马克思主义研究论坛暨第七届上海大学思政论坛在上海大学举办。本次论坛以国际学术研讨会的形式，邀请海内外众多学者围绕“改革开放四十年与中国道路：话语体系与时代价值”这一主题展开深入交流和讨论。会议由上海市中国特色社会主义理论体系研究中心、上海市教卫工作党委、上海市社会科学界联合会、上海大学共同主办，上海市学生德育发展中心、《思想理论教育》编辑部协办，上海大学马克思主义学院、上海高校思想政治理论课名师工作室——李梁工作室承办。

10 日

● 市委书记李强来到洋山深水港区，调研港区发展和自动化码头现场运行情况，出席上海国际航运中心洋山深水港区四期工程开港大会并宣布开港。洋山四期自动化码头开港，意味着全球最大单体智能全自动化码头正式投入使用。

● 以“新时代的中国”为主题的第七届世界中国学论坛在上海开幕，30 多个国家和地区的 180 多名中国学及汉学专家参加论坛活动。中共中央宣传部副部长、国务院新闻办公室主任蒋建国出席开幕式并作题为《读懂新时代的中国　共建更美好的世界》的主旨演讲。澳大利亚前总理、美国亚洲协会政策研究院院长陆克文作题为《新时代的新汉学》的主旨演讲。

● 由市宣传系统人才交流中心主办的 2018 年上海文化行业人才招聘洽谈会首次线下面试洽谈会召开。活动共收到两万余份报名简历，主办方从中遴选出千名候选人与本市宣传文化行业的企事业单位代表在当天进行了一对一的面试洽谈。

● 第十一届中国如东沿海经济合作洽谈会暨上海投资环境说明会在沪召开。本届海洽会旨在进一步展示沪如两地在产业融合、创新合作、平台共建等方面的成果，寻求一批行业标志性企业到如东投资先进制造业、现代农业和现代服务业，推动两地深层次合作。

● 上海滑稽剧团《皇帝勿急急太监》作为第三届上海国际喜剧节暨中国滑稽戏诞生 110 周年展演闭幕大戏，献演于上海共舞台 · ET 聚场。历时 24 天展演期间，全国 7 家最具影响力的滑稽剧团带来代表作品，14 场演出通过小人物喜怒哀乐，反映生活的酸甜苦辣。

● 2017 年“小院士”推选展示活动在上海市青少年活动中心举办。经过书面初评、问答复评、终评答辩的竞争，来自松江区车墩学校的山晓语、上海交通大学附属实验小学的王安迪等30位中小学生当选为“第十五届上海少年科学院小院士”。

● 第二届“全国中小学生电影周”在沪开幕。未来一周，广大中小学生有机会参与六大版块、60项精彩影视活动。影视教育已成为一种“德”“美”融合、文教结合，让青少年喜闻乐见的创新教育方式。

● 上海边检全面启用中国（上海）国际贸易单一窗口边检行政许可平台，确保开港后码头人员、船舶生产工作顺利进行。

● 2018年国家公务员考试公共科目笔试举行，全国165万考生争夺2.8万余个“金饭碗”，上海有3万多名考生拼抢700多个职位，竞争激烈程度已达44人争一个职位。

11日

● 中山医院心脏康复协作基地与徐汇、闵行、金山三区17个街道共20家单位签约授牌。中山医院牵头打造覆盖冠心病急性期、稳定期、康复期的全程医疗管理体系。

● 宝山区张庙街道被授予“国际安全社区”称号，世界卫生组织社区安全促进中心总干事古尔邦在命名授牌仪式上当场宣布，张庙街道成为全球第389个被命名为“国际安全社区”的区域。宝山区领导出席了命名授牌仪式。

12日

●《侵华日军在淞沪地区的暴行实物展》在沪开幕。展览由上海淞沪抗战纪念馆、上海抗战与世界反法西斯研究会与中共宝山区委党史研究室、档案局、地方志，金山卫抗战遗址纪念园，崇明抗战纪念馆，侵华日军南京大屠杀遇难同胞纪念馆联合举办，旨在追思丧身战祸的亡灵，以铁一般的事实揭露侵略者的罪行。

● 上海市人民政府与中国电子信息产业集团有限公司在沪签署战略合作框架协议。市委副书记、市长应勇，中国电子董事长、党组书记芮晓武出席签约仪式。上海市委常委、常务副市长周波，中国电子副总经理、党组成员陈旭代表双方签署协议。

● 金桥金鼎天地项目对外发布。该项目以金桥开发区的先进制造业和生产性服务业为基础，未来重点吸引知名跨国企业将其生产、制造两端高附加值、高科技的研发中心和销售中心落户此区域。

● 市委书记李强，市长应勇会见由贵州省委副书记、代省长谌贻琴率领的贵州省东西部扶贫协作考察团。并签署《上海市人民政府　遵义市人民政府关于加强东西部扶贫协作助推脱贫攻坚合作协议》。根据协议，双方将深入推进产业合作、人才交流培训、劳务协作、教育帮扶、医疗帮扶、旅游协作互动、“遵品入沪”七个领域合作。

● 市委书记李强在复旦大学主持召开学习钟扬同志先进事迹座谈会并调研学校工

作。李强强调,钟扬同志不仅是复旦的骄傲,也是上海的骄傲。我们要把开展向钟扬同志学习同深入贯彻落实党的十九大精神紧密结合,坚定理想信念,强化使命担当,脚踏实地奋斗,力求不凡作为,以更加奋发有为的精神状态,投身新时代的伟大实践。

● 中国驻俄罗斯使馆举行首届中国国际进口博览会记者招待会,向与会俄罗斯和中国驻俄媒体记者介绍博览会准备情况,并邀请俄各界积极赴中国上海参会。

13 日

● 市委书记李强等一行在普陀区调研。领导们先后前往上海联合产权交易所、中国电子科技集团公司第五十研究所,分别听取平台、院所推进改革创新的最新进展,鼓励联交所针对发展中的瓶颈攻坚突破,勇于探索新经验新做法,进一步把品牌打响;希望五十所积极参与、融入上海科创中心建设,深化体制改革,增强特色优势,在推进军民融合深度发展方面有更大作为。

● 市委书记李强在上海交通大学主持召开推进科技创新中心建设科学家座谈会并调研学校发展。李强说,具有全球影响力的科创中心,虽然全世界没有统一标准,但至少有三个方面可以作为我们今后努力的方向。科创中心具有全球影响力,就是要有强大的配置全球创新资源的能力,要有一批重大原创性的科技成果,要在创新成果产业化上处于领先地位。

● 市长应勇出席 2017 年市领导与外国驻沪领团见面会,向各国驻沪领馆官员介绍上海经济社会发展以及“四个中心”、科创中心建设等情况,并就新一轮城市总体规划等话题与大家坦诚交流。

● 第 7 期领导干部学习贯彻党的十九大精神专题研讨班结业式在市委党校举行,标志着为期一个多月的市管领导干部学习贯彻十九大精神专题研讨班圆满完成。围绕学习贯彻党的十九大精神,从 11 月 8 日起,本市连续举办 7 期领导干部专题研讨班,1 862 名市管领导干部分期分批到市委党校进行集中学习。

● 市政协召开专题通报会。市高级人民法院通报拟提交市第十五届人民代表大会第一次会议审议的《上海市高级人民法院工作报告(征求意见稿)》,听取委员意见建议。

● 市长应勇会见罗马尼亚康斯坦察省省长马留思・霍里亚・楚楚亚努率领的代表团一行,并共同签署两地友好合作交流备忘录(2017—2021)。

● 长宁区检察院依法对携程亲子园工作人员郑某、吴某、周某某、唐某、沈某某以涉嫌虐待被看护人罪批准逮捕。11 月 8 日,上海携程商务有限公司向长宁警方反映,发现携程亲子园存在工作人员伤害在园幼儿的行为。涉事工作人员因涉嫌虐待被看护人罪被警方依法刑事拘留。长宁区人民检察院第一时间指派未成年人刑事检察部门提前介入该案，引导公安调查取证，依法维护未成年人合法权益。

● 由中国法院知识产权司法保护国际交流（上海）基地、世界知识产权组织中国办事处举办的“知识产权司法保护国际交流与争端解决机制”论坛开幕。

● 香港大学和香港中文大学等在沪发布2018年招生政策，多项新课程吸引内地考生报考。各校奖学金数额也将刷新。

● 第157次见义勇为先进分子（群体）表彰会召开，严奇圣等22名“上海市见义勇为先进分子”，秦艳莉等六个“上海市见义勇为先进群体”获得荣誉证书。

14日

● 市委书记李强会见新党主席郁慕明率领的新党大陆访问团。

● 市长应勇主持召开市政府常务会议，研究深化本市价格机制改革，部署推进本市医疗联合体建设发展等工作。

● 市长应勇会见2017年上海地区新增中国科学院院士和中国工程院院士，代表市委、市政府向新当选的两院院士表示祝贺，对广大在沪院士长期以来为上海经济社会发展、科技事业进步所作出的贡献表示感谢。

● 市加快文化创意产业创新发展大会召开。宣传部部长董云虎在会上介绍《若干意见》的起草背景和主要内容。徐汇区、市文广影视局、东方国际集团、阅文集团、上海张江文化控股有限公司的代表分别作交流发言。

● “开天辟地——党的诞生地发掘宣传工程”推进会在上海展览中心召开。会议通报党的诞生地发掘宣传工程启动一年多来的推进情况，部署推进下一阶段工程实施的相关工作。

● 市解决企业拖欠工资问题联席会议召开第二次会议，对本市全面解决企业拖欠工资问题进行部署，从现在开始到春节前，劳动保障监察机构对于欠薪案件将优先安排查处，对一般的欠薪案件24小时内上门实施监察。

● 市经济责任审计分类管理工作会议召开，深入学习贯彻习近平新时代中国特色社会主义思想和党的十九大精神，认真总结全市经济责任审计分类管理工作经验成效，谋划和推进下一步工作，进一步开创上海干部监督和经济责任审计工作新局面。市委常委、组织部部长吴靖平出席会议并讲话。

● 市总工会公布9项2018年服务职工的实事项目，包括职工“应援尽援”维权服务、技能人才职业发展助推、一线职工岗位创新激励、“劳动光荣　休养快乐”行动、职工健康体检行动、“卡卡”服务会员行动、女职工幸福关爱行动等，涵盖维权服务、技能提升、文体服务、健康服务等六个大类。

● 副市长许昆林在人民大厦会见来访的罗马尼亚康斯坦察省省长马留思·霍里亚·楚楚亚努一行，双方就深化友城交流与合作交换意见。

● 中俄联合主办的“巡回展览画派:俄罗斯国立特列恰科夫美术馆珍品展”在上海博物馆开幕。展览通过风俗画、肖像画、风景画和历史画等四类 68 件油画代表作,全面反映 19 世纪—20 世纪初俄罗斯“巡回展览画派”所取得的艺术成就。

● 上海昆剧团当家闺门旦、国家一级演员、戏曲梅花奖得主沈昳丽为新天地企业天地一号楼的白领们带来主题讲座,为“幸福淮海 · 文化家园”揭幕。

● 10 时,乘坐 G14 次列车从上海虹桥去往北京的旅客徐丽霞,成为中国铁路上海局集团有限公司今年第 6 亿位旅客。这也是长三角铁路年发送旅客首次突破 6 亿,全年有望达到 6.26 亿人次。

15 日

● 市委常委会召开会议,学习贯彻习近平总书记关于进一步纠正“四风”、加强作风建设重要指示精神。

● 第四十四届世界技能大赛上海参赛表彰暨第四十六届世界技能大赛申办工作总结会议召开,参赛选手、技术指导专家和为世界技能大赛申办和参赛作出贡献的单位和个人获得表彰。

● 上海年航空货量突破 400 万吨,成为继中国香港、美国孟菲斯后全球第 3 个年航空货量 400 万吨以上的城市。这是继去年上海成为全球第五个航空旅客亿级城市后,上海航空枢纽建设的又一里程碑,也成为上海国际化大都市综合实力的重要体现。

● 市委书记李强会见率团来沪对接沪滇扶贫协作工作的云南省委副书记李秀领、副省长何金平一行。

● “推动上海品牌建设”专题研讨会在市政协召开。聚焦加快实施品牌战略,促进经济增长提质增效,进一步深化供给侧结构性改革,部分全国政协委员、上海市政协委员、专家学者和企业家代表从不同角度谋策建言。

● 上海市胸科医院迎来建院六十周年。市人大常委会副主任、上海交通大学党委书记姜斯宪,副市长翁铁慧等出席。

● 位于龙阳路地区的浦东新区北蔡 Z00050101-01 单元商、办、文化综合用地在上海市土地交易市场发布预申请公告,实施公开出让。该地块占地面积 25.44 公顷,地上建筑面积 137.46 万平方米。

16 日

● 市委书记李强在调研本市轨道交通运行建设情况时强调,要按照党的十九大精神和习近平总书记关于城市管理应该像绣花一样精细的要求,不断提升地铁运行管理水平和工程建设质量,更好满足广大市民群众对地铁出行安全、便捷的需求。

● 市长应勇会见诺贝尔物理学奖得主、著名华裔科学家丁肇中等来沪参加第三届“复旦科技创新论坛”暨第二届“复旦—中植科学奖”颁奖典礼的国际知名学者一行。

● 市长应勇会见以色列海法市市长尤纳·亚哈维率领的代表团一行。

● 经过调阅资料、现场核查、工作谈话、梳理总结等相关督察环节，国家海洋督察组(第三组)正式结束在上海的第一阶段督察进驻工作。

● 第十届吴孟超医学奖颁奖典礼在上海浦东张江举行。吴孟超院士、陈凯先院士、闻玉梅院士、陈香美院士等出席颁奖典礼，并向陈苏宁、高小峰、卜军、王宏林、文文、杨瑞莉6位获奖者颁奖。

● 2017年度上海私车牌照额度拍卖收官，12月沪牌拍卖结果为：最低成交价92 800元，平均成交价为92 848元，比上个月的93 130元减少282元。中标率为5.3%。纵观2017年拍卖结果，中标率最高的在两头，1月和12月均为5.3%；最低在5月和7月，均为3.8%，其中5月参与拍卖的人数超过27万。

● “赵朴初旧居”开馆仪式在上海佛教居士林(觉园)举行。

17日

● 经过两小时的飞行，第二架C919大型客机——C919-10102架机在浦东机场落地，顺利完成首飞任务。

● 副市长许昆林在衡山宾馆会见土耳其副总理西姆谢克一行，宾主进行亲切友好的交谈。

18日

● 市民营经济发展联席会议第四次全体会议在市政府召开，就积极营造沪上优良营商环境凝聚智慧。市委常委、常务副市长、联席会议第一召集人周波出席会议并讲话，市委常委、统战部部长、联席会议总召集人施小琳主持会议。

● 市政协副主席王志雄会见越共中央委员、国会代表、妇联主席阮氏秋荷率领的越南妇女代表团一行，双方就关心支持女性创业、培养科技工商领域女性人才等话题进行交流。

● 副市长许昆林在人民大厦会见来沪访问的日本岩手县知事达增拓也一行，双方就今后在经贸、文化、旅游等领域拓展交流合作交换意见。

● 学习宣传贯彻《中华人民共和国公共图书馆法》座谈会在上海图书馆召开，市、区文化行政主管部门，各级公共图书馆代表，专家学者和高校图书馆代表，围绕上海公共图书馆事业在新时代的发展，以及上海公共图书馆如何依法进一步创新发展方式和发挥引领示范作用等方面展开讨论。

● 第六期“澳门青年人才上海学习实践”活动结业式在上海市政协议事中心举行。全国政协副主席何厚铧出席仪式，并向顺利完成学习实践活动的30名学员颁发结业纪念盘。

● 徐汇区市场监管局发布《关于推进企业注册许可便利化、优化区域营商环境的若干措施》，共推出12条举措。“12条”涉及证照核发全面提速、推进网上办事进程、优化延伸窗口服务、着力降低准入门槛等方面。

● 本市深化部校共建新闻学院工作推进会暨签约仪式举行。市委常委、宣传部部长董云虎出席会议并讲话。

● 市民营经济发展联席会议第四次全体会议在市政府召开，会议就积极营造沪上优良营商环境凝聚智慧。

● 由市社联、上海财经大学、上海人民出版社联合主办的“《中国财政制度史》出版座谈会”在上海市社联召开。

● 上海龙华直升机场应急演练暨机场使用许可证颁证仪式举行。有着百年历史的上海龙华机场获颁B类通用机场许可证。

● 以“挖掘彝绣之根，探寻赛装之源，展示服饰之美，留住文化之魂，打造文化精品，助推产业发展”为主题的七彩云南楚雄彝族精品服饰上海首场展演活动在上海大剧院举办。

19日

● 市人大常委会召开第九十七次主任会议。会议听取关于《上海市高等教育促进条例(草案)》修改情况的报告、《上海市人民代表大会常务委员会关于修改本市部分地方性法规的决定》的说明、关于《上海市消防条例修正案(草案)》审议意见的报告和关于《上海市单用途预付消费卡管理规定(草案)》审议意见的报告。

● 2017年高校党政领导干部专题研修班开班。市委副书记尹弘作动员讲话，强调要深入学习贯彻党的十九大精神和习近平新时代中国特色社会主义思想，深刻把握党的十九大提出的新任务新要求，充分认识人民群众的新期盼，推动新时代上海高等教育内涵式发展。

● 浦东新区召开新闻通气会，介绍由区委区政府印发实施的“城乡发展一体化2020行动计划”。按照计划，未来几年浦东将推进实施“15个一批”、86类重点项目，城乡面貌将发生巨变。

● 由中央党校图书馆、中国上海国际艺术节组委会办公室主办，中国上海国际艺术节中心、上海广播电视台公益媒体群承办的“从石库门到天安门”诗歌朗诵会中央党校专场演出在中央党校礼堂举行，1 500多名党员干部听取了这堂生动的“党课”。

● 市商务委对外发布本市菜篮子工程(标准化菜市场)、早餐工程的统一标志。同时，将这两大标志首批分别授予2017年市政府实事项目实施单位——33家示范性标准化菜市场和44家早餐工程门店(含去年建成的1家)，在醒目位置统一挂牌。

● 市社会工作委员会与复旦大学、华东师范大学战略合作协议签约仪式暨上海“两新”组织党建工作理论研讨会在市政大厦召开。市委常委施小琳出席。

● “2017 中国产业互联网高峰论坛”在宝山举办。

● 黄浦又新增 4 个学区。该区世博学区、外滩学区、豫园学区和卢湾学区正式组建成立，至此，黄浦区学区化集团化办学在公办义务教育阶段学校中的覆盖面达到 100%。

20 日

● 市第三中级法院、知识产权法院召开建院三周年座谈会，回顾总结三年发展的历程，展望下一步的发展。市委政法委书记陈寅，市高级法院党组书记、院长崔亚东出席并讲话。

● 市绿化市容局召开新闻发布会，公布两项配套新规，即《上海市建筑垃圾运输许可证吊销程序规定》和《上海市建筑垃圾运输单位招投标管理办法》，从明年起，开始对建筑垃圾运输单位实施严格管控。

● 杨浦区长阳创谷的一名企业代表走进园区内一个改造过的“集装箱”，办理企业登记事项。原来，这是杨浦区市场监管局设在创业园区里的工作站，为园区 300 多家企业提供“嵌入式零距离服务”。

21 日

● 上海全市党政负责干部会议，传达中央经济工作会议精神。

● 市委财经工作领导小组召开会议，贯彻落实党的十九大和中央经济工作会议精神，总结今年经济社会发展情况，研究明年经济社会发展工作安排。市委书记、市委财经工作领导小组组长李强主持会议并讲话。

● 市人大常委会部分组成人员赴上海白玉兰广场开展立法调研。市人大常委会主任殷一璀参加调研。组成人员一行视察白玉兰广场楼层消防设施配置情况，观摩了消防物联网模拟报警联动、微型消防站灭火演练，并举行座谈会。

● 上海交通大学医疗机器人研究院揭牌成立。

22 日

● 市委常委会召开会议，听取市人大常委会、市政府、市政协、市高院、市检察院党组的工作汇报。市委书记李强主持会议并讲话。

● 由市委组织部、市委宣传部、市教卫工作党委、复旦大学党委共同主办的钟扬同志先进事迹报告会在上海展览中心召开。报告会前，市委副书记尹弘会见报告团成员，向钟扬同志家属表示诚挚慰问，并颁发市委追授钟扬同志“上海市优秀共产党员”证书。市委常委、宣传部部长董云虎参加会见。

● 市政协召开十二届三十九次常委会议。市委副书记、市长应勇通报本市经济社会发展情况。市政协主席吴志明主持。市委常委、统战部部长施小琳就十二届市政协委员建议人选名单作说明。

● 本市召开 2018 年元旦春节期间社会面防控暨烟花爆竹安全管控工作会议，动员部署社会面防控工作和烟花爆竹安全管控工作。市委常委、市委政法委书记陈寅出席会议并强调要坚持最高的标准、最硬的举措、最严的要求，全力实现禁放区域“零燃放”、烟花爆竹引发“零火灾”，努力实现不发生重特大公共安全事件和社会治安事件的目标，全力确保 2018 年元旦春节期间城市安全有序运行。

● 由市委宣传部主办，市社联、市文联和上海交通大学承办的“中华创世神话上海论坛”在上海交通大学举办。全国各地的学者围绕“创世神话的理论研究及当代意义”“中华创世神话的类型与谱系”“中华创世神话的艺术性转化研究”等议题展开讨论。

● 由市教卫工作党委、市教委与上海广播电视台、复旦大学联合制作的纪录片《师道·钟扬》在纪实频道播出。

● 上午 7 点和 8 点 20 分，轨交 1 号线先后出现两次故障，造成部分区段客流大量积聚，“上班族”出行受阻。当天下午 2 点多，2 号线局部区域突发供电设备故障，两小时后故障排除。

23 日

● 市委召开党外人士座谈会，就全市今年经济社会发展和明年重点工作安排听取各民主党派、市工商联和无党派人士的意见和建议。

● 市长应勇与市委常委、常务副市长周波一行赴上海市燃气调度中心，察看运行调度情况。在随后召开的城市能源供应情况座谈会上，应勇听取了市发展改革委、市经信委、国家电网华东分部、市电力公司、申能集团关于当前能源供应情况的汇报，并与大家一同分析能源供应形势，研究相关保障举措。

● 经过九个月大规模改造的五角场万达广场重新开业。

● 由市慈善基金会、上海慈善志愿者服务总队医务慈善志愿者大队、市医学会老年医学专科分会联合主办的“名医服务百姓　健康与爱同行——2017 年百名医学专家大型慈善义诊活动”在上海展览中心举办，许多市民百姓赶来寻医问诊。

● 民盟市委在民主党派大厦召开十五届二次全委(扩大)会议，传达学习中国民主同盟第十二次全国代表大会精神，观看 2017 年上海民盟工作回顾宣传片，审议并通过民盟上海市第十五届委员会常务委员会年度工作报告。

24 日

● 中国话剧协会 2017 华东大区高峰论坛在沪举办。中国话剧协会华东大区各团体成员齐聚申城，针对新时代话剧艺术工作者应以什么样的创作姿态践行社会主义核心价值观、应为无愧于时代的现实题材创作营造怎样的创作环境,以及话剧院团和戏剧高校如何发挥特色,将创作与实践相结合,健全现代文化产业体系和市场体系等主题进行深入探讨。

● 上海首个国家级音乐产业基地——上海音乐谷国家音乐产业基地在虹口区授牌,这标志着国家新闻出版广电总局管理的四大国家音乐产业基地之一(其他三大基地分别在北京、广州、成都)正式落户本市。

25日

● 中国政府网正式发布《国务院关于上海市城市总体规划的批复》(国函〔2017〕147号)。批复明确国务院原则同意《上海市城市总体规划(2017—2035年)》。这是党的十九大以后,国务院批准的第一个超大城市总体规划。

● 市长应勇主持召开市政府常务会议,研究2018年市政府实事立项等工作。

● 浦东新区召开优化营商环境、深化企业投资建设项目审批改革新闻通气会,通报《浦东新区进一步深化企业投资建设项目审批改革方案》。

● 上海市通报5起违反中央八项规定精神典型案例:如2016年11月17日,静安区市场监督管理局彭浦所所长凌云接受监管对象某餐饮公司宴请,并收受礼品。凌云受到党内警告处分。2016年11月25日,杨浦区延吉新村街道在组织街道有关人员开展参观活动期间,借机游览景点,违规组织聚餐并发放礼品。该街道办事处主任肖枫、人大工委副主任冯新宇、党建服务中心主任郜云分别受到党内警告处分。

● 市高级法院组织百余名初任法官集体宣誓,他们也是上海首批从法官助理中遴选产生的法官。

● 市长应勇深入社区、企业调研生活垃圾分类工作。应勇指出,垃圾综合治理是上海超大型城市必须直面而且要下大决心解决的重大课题。要深入贯彻落实党的十九大及市第十一次党代会精神,坚持"源头减量、全程分类、末端无害化处置和资源化利用",全面推进生活垃圾全程分类,着力促进生活垃圾分类收运体系和再生资源回收体系"两网融合",通过治理模式创新,补好城市管理短板,为上海生态之城建设探索更多经验。

● 第六届上海仲裁委员会授聘仪式举行。上海市委副书记、市长应勇向9位经济、法律专家颁发聘书并讲话。

26日

● 曹家渡花鸟市场关闭。未来这里将结合曹家渡商圈的品质提升和苏州河贯通亲水平台的建设,进行整体规划,打造成文化休闲区。

27日

● 市十四届人大常委会第四十二次会议召开,市委副书记、市长应勇通报本市经济社会发展情况。

● 市长应勇分别主持召开两个座谈会,就即将提交市十五届人大一次会议审议的《政府工作报告》(征求意见稿),听取本市街镇基层干部代表和各省区市驻沪办负责同志的意见建议。

●《上海市人民政府关于促进民办教育健康发展的实施意见》和《上海市民办学校分类许可登记管理办法》正式发布。

● 2017年上海志愿服务论坛在上海交通大学举办,聚焦"志愿服务与社会共建"主题。与会嘉宾围绕治理转型与志愿倡导、志愿服务统计制度研究、变迁中的志愿服务、志愿服务支持网络的构建、志愿服务资源平台的专业化运作机制等多个话题展开探讨,还就进一步探索专业志愿服务,切实推动上海志愿服务快速发展提出建议。本市和外省市的志愿服务理论工作者与实务工作者共计200余人出席本次论坛。

28日

● 市十四届人大常委会第四十二次会议召开,表决通过《上海市高等教育促进条例》《关于修改本市部分地方性法规的决定》;听取和审议关于研究处理《上海市消费者权益保护条例》执法检查报告及审议意见的报告;听取和审议关于市十五届人大一次会议有关事项和筹备工作情况的报告,提出大会有关事项的草案;表决通过了上海市人大常委会工作报告草案,决定提请市十五届人大一次会议审议。

● "华夏芯国产自主高端处理器和AI芯片发布会暨G60(松江区)洞泾人工智能产业基地项目签约仪式"在松江区举行,华夏芯(北京)通用处理器有限公司对外发布中国首款64位高端嵌入式"长城"系列CPU/DSP统一处理器IP和"松江"系列嵌入式人工智能专用处理器IP,以及基于上述全自主IP的多核SoC芯片平台——北极星。这是国内首次发布具有自主知识产权的人工智能平台型芯片。其中的"松江"系列嵌入式人工智能专用处理器由华夏芯上海研发中心团队设计完成,这也是上海本地研发、设计的首款人工智能芯片。

● 由市旅游局主办、东方网承办的2017年"上海最美旅游厕所"评选结果出炉。陆家嘴北滨江望江驿NO.1厕所、上海国际旅游度假区奇妙路接驳站厕所、九江路951号公厕、东方假日田园梦竹缘厕所、上海国际时尚中心园区厕所、长风海洋世界海洋主题厕所、新虹桥中心花园虹桥路厕所、山阳田园南瓜厕所、月湖雕塑公园钟乳洞厕所、香朵开心农场湖畔厕所这10座旅游厕所获"最美"称号。

29日

● 为全面贯彻党的十九大精神,按照习近平总书记关于大兴调查研究之风和对上海工作的指示精神,市委决定2018年在全市开展为期一年的"不忘初心、牢记使命，勇当新时代排头兵、先行者”大调研。市委召开大调研动员部署电视电话会议。市委副书记尹弘出席会议并讲话。

● 由上海国盛集团牵头发起设立的上海国企改革发展股权投资基金及其管理公司——上海国盛资本管理有限公司正式揭牌。

● 由上海书画出版社出版的《马承源翰墨金石作品》一书在上海博物馆首发，向人们展示了青铜器和古文字研究之外的马承源的艺术成就。

30 日

● 十一届市委三次全会召开，明确了 2018 年上海工作的目标任务。

● 轨交 17 号线载客试运营。17 号线全长约 35 公里，全线共设 13 座车站，其中高架站 6 座、地下站 7 座，形成一条上海西部直通市区的快速通勤线路。12 座新建车站的建筑和装饰都各具特色，融入大量青浦人文元素。

● 市委常委会召开会议，传达学习习近平总书记在中央政治局民主生活会上的重要讲话精神。市委书记李强主持会议并讲话。

● 19 时起启动空气重污染蓝色预警，启动Ⅳ级响应措施。这是本市今年第二次启动空气重污染蓝色预警。

31 日

● 徐汇滨江 4.5 公里龙水南路—徐浦大桥段、浦东滨江 7 公里川杨河—塘桥段等建成，宣告黄浦江两岸从杨浦大桥至徐浦大桥 45 公里岸线公共空间贯通。

● 今夜，申城在轻快的圆舞曲中迎接新的一年。在上海交响乐团音乐厅，奥地利指挥家曼弗雷德・霍内克执棒上海交响乐团，带来小约翰・施特劳斯的《春之声圆舞曲》等经典作品。在上海大剧院，弗朗兹・威尔瑟-莫斯特指挥上海歌剧院交响乐团带来贝多芬《第九交响曲》。

● 浦东新区四届区委三次全会在浦东新区办公中心召开。全会研究部署 2018 年任务，明确浦东要努力当好新时代全国改革开放和创新发展的标杆。

● 晚 19 时，外滩防汛墙附近的黄浦分局外滩指挥部里，大屏幕上显示外滩江堤实时客流达到 3 万人，当日总客流已达 17 万人。

## 本月

1—3 日

● 首届中国工业设计展览会在武汉市国际博览中心开幕。本届展会规模约 3 万平方米，是工信部贯彻和落实《中国制造 2025》战略规划的重要举措。上海展区以“美好生活从设计开始”为主题，参展面积达到 4 500 平方米，为全国各省市中参展面积之最，展示上海重大创新工程、设计创新项目和产品。

6—7日

● 由市委书记李强,市长应勇率领的上海市党政代表团先后赴安徽、江苏、浙江学习考察,围绕深入学习贯彻党的十九大精神,学习借鉴兄弟省市好经验好做法,共同谋划做好长三角一体化发展大文章。安徽省委书记、省人大常委会主任李锦斌,省委副书记、省长李国英;江苏省委书记娄勤俭,省委副书记、省长吴政隆;浙江省委书记、省人大常委会主任车俊,省委副书记、省长袁家军分别出席两地座谈会。

11—12日

● 市委召开学习讨论会,深入学习贯彻党的十九大精神和习近平新时代中国特色社会主义思想,紧密联系实际进一步完善发展思路、谋划明年工作。市委书记李强主持会议并强调,新时代要有新使命新作为,上海要按照习近平总书记提出的当好全国改革开放排头兵、创新发展先行者的要求,在新时代坐标中坚定追求卓越的发展取向,着力构筑上海发展的战略优势,全力打响上海服务、上海制造、上海购物、上海文化四大品牌。要进一步提振干事创业的精气神,更好服务全国、带动区域发展,为人民群众创造更有品质的生活。

11—15日

● 国务院教育督导委员会办公室组织专家对本市黄浦、浦东、崇明、静安、奉贤、金山、普陀、松江、闵行、杨浦、宝山、嘉定等12个区开展“全国中小学校责任督学挂牌督导创新区”实地核查。目前,全市共有459名责任督学,挂牌督导范围覆盖16个区的所有中小学校及部分幼儿园,总计2 136所,其中7个区还将责任督学挂牌督导工作延伸至幼儿园。明年,本市责任督学挂牌督导将覆盖全市所有幼儿园。

17—21日

● 人民日报、新华社、中央电视台、中央人民广播电台等多家中央和行业类媒体的近30位采编人员赴上海、浙江嘉兴,参加新闻战线“三项学习教育”活动领导小组办公室组织的“走转改”主题教育采访。行程包括瞻仰“青记”成立会址纪念馆、中共一大会址纪念馆、嘉兴南湖红船及南湖革命纪念馆,参观浙江清华长三角研究院、世界互联网大会永久会址等。

2007年12月23—2018年1月28日

● 主题为“帮助他人,阳光自己”的“蓝天下的至爱”慈善活动举办。第一阶段活动主题“上善若水”,从2017年12月23日至2018年1月3日。这一阶段,以第二十四届“蓝天下的至爱”启动仪式为重点。第二阶段活动主题“善心相印”,从2018年1月4日持续到14日。这一阶段,以与各主办单位联合开展的“温暖送三岛”作为对党中央、国务院、市委、市政府提出的精准扶贫工作的积极响应与落实。第三阶段活动主题“为爱行动”，2018 年 1 月 15 日至 27 日。进入第三阶段，以“蓝天至爱计划・CSR 在行动”盛典作为阶段性高潮，重点体现企业发挥社会责任。最后一阶段的“情暖人间”定格在 1 月 28 日这一天。在这一阶段，以“蓝天下的至爱——电视慈善晚会”为本届慈善活动的高潮，开展包括“两新组织公益同行”“爱心全天大放送”、万人上街募捐、慰问农行志愿者等各项慈善活动，从而更好开启 2018 年全年的各项慈善工作。

2017 年上海十大新闻：

1. 习近平总书记带领中央政治局常委瞻仰上海中共一大会址。

2. 习近平总书记充分肯定上海取得的新成就，对上海提出“四个新作为”要求。

3. 市第十一次党代会胜利召开；市委、市政府主要领导调整。

4. 上海全面贯彻党的十九大精神，着力构筑发展战略优势。

5. 自贸试验区和科创中心建设两项国家战略深入持续推进。

6. 一批贯彻新发展理念的重大政策出台，推动上海经济社会高质量发展。

7. C919 国产大型客机成功首飞。

8. 对标国际一流、面向广大市民，新一批重大文化体育设施开工。

9. “上海 2035”城市总体规划获国务院批准。

10. 扎实推进补短板、惠民生各项工作。

2017 年十大实事项目：

1. 新增 7 000 张公办养老床位；新建 80 家老年人日间服务中心；新增 50 家“长者照护之家”；新增 50 家养老机构设置医疗机构；为 50 家存量养老机构实施电气线路安全改造。

2. 建成 200 公里绿道；“绿色账户”新增覆盖 200 万户；新增 40 万平方米立体绿化。

3. 新建 14 个医疗急救(120)分站；开设 400 个小学生“爱心暑托班”；新建 20 个社区幼儿托管点。

4. 完成 2 000 万平方米居民住宅二次供水设施改造；完成 6 万户农村生活污水处理设施改造；完成 60 万户老旧住宅小区电能计量表前供电设施更新改造；完成 30 万户居民用户电、水、气“三表集抄”及“三单合一”。

5. 为 100 个老旧居民小区实施消防设施增配或改造；组织全市居民小区开展一次逃生疏散演练；完成中心城区 11 个路段的道路积水改善工程。

6. 创建 50 个停车资源共享利用示范项目；在中心城区增设 50 处夜间道路停

车点。

7. 建设面向市民的一站式"互联网+"公共服务平台;建设"反电信网络诈骗中心二期信息系统"。

8. 帮扶5 000名农村困难残疾人劳动增收。

9. 新建改建50个市民球场;在公园、公共绿地及大居社区等处新建50条百姓健身步道;新建改建200个益智健身苑点。

10. 支持新建改建30家示范性标准化菜市场;完善131家社区志愿服务中心民生服务功能;培训3万名持证上门家政服务人员。

2017年度十大投诉热点

1. 共享单车

2017年,市消保委受理共享单车相关投诉7 978件,同比增加40.6倍。投诉问题主要集中在:一是押金退还延迟;二是系统计费异常;三是处置问题推诿。

2. 网络促销

2017年,各大电商平台打造的"网络购物节""买减"打折促销活动,共引发十余件群体性投诉,成为年度投诉热点。

3. 教育培训

2017年,市消保委共受理教育培训相关投诉4 968件,同比上升71.5%。其中,外语培训、技能培训、幼儿早教投诉量位居前三位。

4. 旅游服务

2017年,市消保委共受理旅游服务相关投诉6 029件,同比上升54.8%。其中境外旅游3 240件、境内旅游2 529件、分时度假和其他类260件。

5. 快递服务

2017年,市消保委共受理快递服务投诉7 927件,同比上升57.2%。三大问题依然存在:一是延误交付;二是物品破损与丢失;三是拖延处理、处理态度差等。

6. 金融服务

2017年,市消保委共受理金融服务投诉1 831件,同比上升82.2%。其中,P2P网络借贷问题集中在申请贷款额度与实际到账金额不一致、贷款利息与约定不符等。第三方支付问题集中在转账延迟、账号被冻结、擅自开通增值服务等。银行服务问题集中在银行卡被盗刷、年费纠纷、理财产品信息披露不实等。

7. 家用电器

2017年,市消保委共受理家用电器及修理投诉15 104件,同比上升17.0%。空调、电视机、冰箱、洗衣机的质量与维修问题仍是投诉的重点,占比56.3%。

8. 汽车质量

2017 年，市消保委共受理汽车及修理投诉 8 395 件，同比上升 18.2%。主要集中在：一是产品质量问题；二是销售合同问题；三是售后维修问题。

9. 预付卡

2017 年，市消保委共受理预付卡渠道引发的投诉 5 030 件，同比上升 23.3%。问题主要在于，一是夸大宣传；二是合同违约；三是关门停业。

10. 手机产品

2017 年，市消保委共受理手机及修理服务投诉 6 067 件，虽有小幅下降，但是投诉体量仍较大。问题主要集中在手机屏幕损坏、黑屏、无法开机、屡修不好等四个方面。

● 市统计局发布，2017 年全年上海经济运行总体平稳、稳中向好、好于预期，创新驱动发展、经济转型升级成效进一步显现。初步核算，全年全市生产总值完成 30 133.86 亿元，按可比价格计算，比上年增长 6.9%，增速与上年持平，也与 2017 年全国 GDP 增速持平。

● 2017 年上海户籍人口平均期望寿命达 83.37 岁(其中女性达到 85.85 岁，男性 80.98 岁)常住人口孕产妇死亡率降至3.01/10 万，常住人口婴儿死亡率 3.71‰。平均期望寿命不断攀升，孕产妇死亡率创新低，上海市民三大健康指标已连续十多年保持世界发达国家和地区的先进水平，并居于全国领先水平，为上海迈向卓越的全球城市打下扎实的健康基础。

● 上海市食品药品安全委员会办公室、上海市食品药品监督管理局公布的《2017 年上海市食品安全状况报告》显示，2017 年本市各类食品监测总体合格率为 97.5%，全年共报告发生集体性食物中毒三起，中毒人数 142 人(无死亡)，继续保持较低水平，未发生重大食品安全事故。

● 2017 年上海海关关区实现进出口 5.97 万亿元人民币，比上年增长 14%，是 2012 年以来首次恢复同比两位数增长。其中，进口 2.47 万亿元，增长 19.3%；出口 3.5 万亿元，增长 10.6%，进出口值均创下历史新高。

● 2017 年，浦东机场航班放行正常率为 67.91%，同比上升 1.5%；虹桥机场航班放行正常率为 75.04%，同比上升 3.46%。自 2017 年下半年以来，上海浦东、虹桥两大机场航班放行正常率明显好转，逐月走高，尤其是第四季度，其中，12 月虹桥机场正常率达 94.83%，跃居全国首位，浦东机场为 89.60%，升至全国第 13 位。

● 2017 年上海口岸出入境人员达 4 375 万人次，首次突破 4 370 万人次大关，日均近 12 万人次，再创历史新高。其中，浦东机场口岸出入境人员达 3 560 万人次，连续15年位列全国空港口岸第一；上海邮轮口岸出入境人员首次突破400万大关，稳居“亚洲第一、世界第四”。

● 来自上海海关和上海出入境检验检疫局的统计数据显示，2017年，上海口岸水果年进口量首次突破100万吨，达100.88万吨，货值接近13亿美元，较2016年大涨30%。

● 市绿化市容局宣布，2017年共拆除各类违法户外广告设施4 589块，整治力度为上海世博会举办以来最大一年。

● 2017年，上海地区影院票房为35.02亿元，比2016年同期增长6.99%。放映场次337.23万场，观影人次8 305.97万人次，分别同比增长31.68%和13.68%；平均票价42.16元，同比下降5.89%。上海地区票房占全国票房的6.26%。继2016年之后，上海蝉联全国年度城市票房冠军。全市共有影院320家，银幕数1 837个，座位数262 497个。影院数量和银幕数继续位列全国城市第一位。

● 2017年上海保险业共提供风险保障1 158.33万亿元，是上年同期的3.25倍，保险业服务经济社会大局能力增强。其中，重点领域风险保障程度大幅提升，工程险提供风险保障8 879.44亿元，同比增长32.21%；企业财产险提供风险保障9.88万亿元，同比增长14.23%；船舶和货运险提供风险保障9万亿元，同比增长10.91%；为居民提供健康保障32.05万亿元，同比增长168.34%；侧重保障养老的年金保险金额达432.5亿元。

● 2017年上海18家市级国有院团新创(含改编)大型剧目79部，较上一年度增加8部；演出收入2.56亿元，较上一年度增长0.13亿元，增幅5.34%；全年共完成演出9 743场，观众342.62万人次。

● “12345”市民服务热线2017年共接听市民电话330万个，同比增长23%，网站和手机App受理21万件，同比增长80%，转送工单173万件，人工回访事项解决率83.4%，电话回访市民15.7万件，综合满意率93.4%。据第三方测评，市民感受度和热线管理水平全国领先。

● 根据支付宝发布2017年全民账单，上海用户非常喜欢移动支付。2017年，上海的支付宝用户移动支付占比为82%。2017年，上海用户在境外的支付笔数比去年增加280%，最喜欢的目的地是日本、泰国和中国香港。

● 2017年中共一大会址纪念馆参观人次达83.5万，刷新参观人次纪录。

● 至2017年年底，嘉定区已整治246条段248公里中小河道，拆除两岸87.5万平方米违法建筑，完成“全区基本消除水体黑臭”的目标。

● 11月起，办公厅通过市民网上投票、国家统计局上海调查总队抽样调查、市区两级人大代表政协委员评议三种方式，对实事项目完成情况进行测评。2017年市民总体满意度为90.9分，比去年提高1.8分。健身步道、绿道、小学生“爱心暑托班”、老年人日间服务中心等项目综合满意度评分名列前茅。

● 2017年，上海口岸货物进出口达7.9万亿元（1.17亿美元），占全国的28.5%、全球的3.2%，位居世界城市首位。服务进出口近2 000亿美元，占对外贸易总额的30%左右，比全国占比数高出15个百分点，显著超过国际平均水平。

● 2017年，全市道路交通事故起数、死亡人数、受伤人数实现“三下降”（下降10.6%、11.0%、8.6%），并创历史新低（共发生适用一般程序处理道路交通事故710起，造成676人死亡、222人受伤）。其中，一次死亡两人以上（含）道路交通事故起数、死亡人数同比大幅下降（下降36.7%、42.3%）。

● 据统计，2017年度全市共有36.26万人次参加无偿献血，千人口献血率为15.01，共募集血液总量为50.5万人份（每人份200毫升），有关部门呼吁更多爱心市民加入无偿献血的爱心行列。

● 2017年上海市职工平均工资为85 582元，月平均工资为7 132元，比上年增长9.7%。平均工资对确定社保缴费基数、经济补偿金的上限标准等有四大影响。

# 2018年

## 1月

1日

● 即日起，本市调整城乡居民养老保险缴费标准。本次调整加大长缴多得的激励力度，缴费年限超过十五年，每多缴一年，基础养老金增加20元。

● 在团市委的组织下，全市16个区的共青团组织分别在中共一大和二大会址、淞沪抗战纪念馆、世纪公园、国旗广场、顾正红纪念馆、上海图书馆、东方绿舟等城市地标同步开启"国旗下成长"上海青少年升国旗暨爱国宣讲主题活动。

● 元旦假日，全市16个区联动、体旅融合，6万余名申城市民在黄浦江滨江公共空间、各大城市地标中，以长跑、登高、健步走、骑行、健身展示等形式多样的全民健身活动迎接新年的到来。在徐汇，滨江8.95公里漫步道、跑步道、骑行道三道，以及8.4公里市政景观大道——龙腾大道全线贯通，正式向公众开放。

● 由市体育局、市旅游局、上海广播电视台共同主办的2018年东方明珠元旦登高健康跑在东方明珠塔举行。此次活动以"爱满东方、明珠汇聚"为主题，通过登高活动进一步展现广大上海市民参与全民健身，追求美好生活的激情。

● "蓝天下的至爱——安利之夜新年慈善音乐会"在上海大剧院举行。这是市慈善基金会历时二十一年创建起来的慈善文化品牌，今年市慈善基金会十余年的合作伙伴安利(中国)日用品有限公司精心打造这场艺术盛典，特邀意大利米兰爱乐乐团倾情献演。

2日

● 市长应勇主持召开市政府常务会议，研究加强"12345"市民服务热线建设、进一步深化社会投资项目审批改革、深入推进义务教育城乡一体化改革等工作。

● 市政府召开全体会议，贯彻落实党的十九大、中央经济工作会议和十一届市委三次全会精神，审议2018年《政府工作报告》(征求意见稿)，部署岁末年初各项工作。

● 市高级人民法院组织召开上海法院推进法治化营商环境建设动员部署大会，下发《关于贯彻落实〈上海市着力优化营商环境加快构建开放型经济新体制行动方案〉的实施方案》和《重点任务分解表》。

● 位于淞沪路383号的中国工商银行杨浦支行营业厅的专属服务区里多了一个特

殊的房间，银行工作人员正在给企业办理新公司的开业登记。这是全市首家由市场监管局挂牌的企业服务点，一站式为企业提供开业登记、年报公示、开户、金融政策咨询等服务。

● 浦东新区召开大调研动员部署会，正式启动大调研活动。根据方案，2018 年浦东将复制推广近年来形成的“走千听万”好经验好做法，对全区 1 287 个村居、324 404 家企业、1 886 家社会组织展开分类调研，对标国际最高标准、最好水平，在调研走访中找不足、找差距。

● 嘉定区召开动员部署大会，发布“大调研大走访”实施方案，标志着这项工作正式拉开序幕。嘉定区此次大调研大走访将重点从“大走访、听民声”“换角色、察实情”“补短板、破难题”“转作风、提能力”四方面展开。

3 日

● 市委书记李强在市规划和国土资源管理局调研。李强详细听取市规土局、市交通委、市经信委关于新一轮城市总体规划及交通、产业等重大专项规划有关工作情况的汇报。

● 为帮助新当选的市十五届人大代表学习了解人大制度，依法行使职权，开好市十五届人大一次会议，市人大常委会举行上海市第十五届人大代表初任履职学习班，市人大常委会主任殷一璀出席并作动员讲话。

● 绿地控股公司成立雄安公司，注册资本达 20 亿元。绿地雄安公司与清华控股旗下专业公司平台共同成立“雄安绿地双创中心”，成为专门服务于雄安新区科技创新领域的服务平台。

● 2018 年春运首日火车票开售。虽然没有到抢票最紧张的日期，但一些上海始发方向的车票依然比较抢手。

● 被誉为指挥界“金童”的俄罗斯指挥家瓦西里・彼得连科，今起连续两天携手伦敦爱乐乐团和大提琴家安德烈亚斯・布兰泰利德，在上海交响乐团音乐厅为听众献演两场可听性极强的音乐会。

● 由上海社会科学院社会调查中心和家庭研究中心开展的 2017 年影响社会发展十大女性新闻事件揭晓，“中国共产党第十九次全国代表大会女性代表比重增加”“陕西一产妇难忍分娩疼痛跳楼　女性分娩疼痛引发社会关注”等十大社会性别相关度高、大众关注度高、政策影响力大的事件入围。

● 黄浦区委书记杲云和当日驻店作家孙颙共同关上思南书局大门，启动熄灯仪式。60 天时间里，“思南书局・概念店”在精致的 30 平方米空间内精选 1 046 个书籍品种、3 000 余册书、100 多个文创品种和 30 余张 1970 年代的经典唱片。“思南书局・概念店”是在上海市新闻出版局指导支持下，由上海市作家协会、上海永业集团、上海世纪出版集团三方共同发起,协同同济大学袁烽教授设计团队联合打造。

● 浦东新区周家渡街道召开 2018 年公共法律服务工作专题会议。会议全面部署 2018 年周家渡街道公共法律服务暨家门口法律服务工作。周家渡司法所传达市司法部门、新区司法部门相关文件精神。

4 日

● 市委常委会召开会议,传达学习贯彻中央农村工作会议精神,审议《关于落实加强本市城市管理精细化工作实施意见三年行动计划(2018—2020 年)》,听取 2017 年市委重点推进和督查工作落实情况汇报。市委书记李强主持会议并讲话。

● 市政府新闻办召开新闻发布会,发布《上海市城市总体规划(2017—2035 年)》。它将引领上海成为卓越的全球城市,令人向往的创新之城、人文之城、生态之城,具有世界影响力的社会主义现代化国际大都市。

● 本市 16 个区人大常委会和警备区政治工作局分别召集本选举单位选举产生的市十五届人大代表开展代表会前组团活动。市委副书记、市长应勇,市人大常委会主任殷一璀,市委副书记尹弘等参加。

● 市检察院通报破坏环境资源和危害食品药品安全"两个专项"立案监督活动情况。这是上海检察机关连续第五年开展"两个专项"活动,履行法律监督职能,守护绿色家园和舌尖上的安全。

● 由上海市慈善基金会、上海大慈公益基金会等共同主办的"蓝天下的至爱"——第 19 次"点亮心愿"慈善义拍新闻发布会,在龙华古寺内召开。两家主办单位首次联手,将扩大慈善义拍的品牌影响,拓展项目受助范围,传承慈善助人理念。

● 上海第一艘以液化天然气(LNG)为动力燃料的绿色能源生活固废集装船——沪环运货 6005,在徐浦生活固废基地成功首航。

5 日

● 2017 年度上海市人民建议征集工作总结会召开。共有 100 件优秀人民建议、9 名成绩突出的优秀建议人和 13 家征集工作先进单位获得表彰。

● 南仁东先进事迹巡回报告会在沪召开。南仁东生前是中科院国家天文台研究员,被誉为"天眼之父"。他主导提出利用贵州喀斯特洼地作为望远镜台址,从论证立项到选址建设历时二十二年,主持攻克一系列技术难题,实现了中国拥有世界一流望远镜的梦想。去年 9 月,南仁东因病逝世。11 月,中宣部追授他"时代楷模"荣誉称号。

● 黄浦区外滩街道宝兴居委会主任华建平和嘉定区徐行镇和桥村村委会主任张钰从市民政局党组书记、局长朱勤皓手中接过《基层群众性自治组织特别法人统一社会信用代码证书》,成为本市第一个拥有"特别法人身份证"的居委会、村委会主任。

● 上海市中国特色社会主义理论体系研究会(研究中心)2017年年度会议暨学习《习近平谈治国理政》第二卷部署会在上海图书馆召开。会上传达中央关于深入学习《习近平谈治国理政》第二卷会议精神,并对本市理论界相关学习作部署。

● 促进房地产市场健康发展联席会议召开,研究和部署落实本市住房租赁推进、大居建设管理、"留改拆"和房地产市场调控等重点工作。会上,市政府和各个区签订2018年度住房租赁工作目标责任书,明确2018年计划任务。

6日

● 崇明区政府、上海市农委召开崇明农业招商推介会,推出5万亩优质土地对外招商,这是上海首次拿出5万亩优质土地进行农业招商。

● 大隐书局深夜书房暨创智天地城市书房举行亮灯仪式,宣告正式营业。位于杨浦区淞沪路333号的创智天地店是大隐书局第六家品牌书店,每天营业至次日2时,这是上海又一家探索夜间经营模式的书店。

● 中国首席经济学家论坛第六届年会在上海虹口开幕,会期两天。30多位中国各类金融机构的首席经济学家以"新时代、新战略、新征程"为主旨,围绕全球经济复苏可持续性与新时代中国经济、特朗普新政冲击的全球效应、中国经济灰犀牛与化解路径、中国经济增长质效与动能转化、中国对外经济新战略与金融开放、中国金融监管变革与资产配置六大主题献言经济政策、把脉金融市场。

● 由复旦大学附属儿科医院,复旦大学中西医结合研究院健康与医学心理研究所、儿科研究所,上海市学校卫生保健协会共同举办的儿童慢病多彩时空俱乐部和儿童心理健康医教联合体在儿科医院成立。

● 国务院学位委员会学科评议组(中药学)主办的"中药学一流学科建设研讨会"在上海中医药大学召开,与会专家学者谈到,中医类学科的发展既要努力产出具有世界影响的成果,更要服务于国计民生。

● 新年首场高校应届生招聘会召开。参加招聘的单位多达540家,共推出岗位超过1.2万个。其中硕士、博士研究生以上岗位达2 043个,占17%;参会民企多达322家,占59.6%。

● 上海外企青年人才协会举行第一届第一次会员大会在中国浦东干部学院召开。这也意味着全市第一个外企行业的青年人才组织成立。

7日

● 17时,上海中心气象台发布今冬首个寒潮蓝色预警信号,预计48小时内上海最低气温将下降8℃至10℃,次日早晨最低气温零下1℃左右,有薄冰,郊区零下4℃到零下3℃,有冰冻。

● 为纪念民主革命家、思想家、教育家蔡元培诞辰150周年,"多学科视野:蔡元培与中华民族伟大复兴"学术研讨会在沪召开。此次研讨会由市社科联合会与静安区委宣传部主办,蔡元培故居陈列馆为承办方之一。

● 建筑面积达 12 000 平方米的龙现代艺术馆,在宝山顾村镇开馆。龙现代艺术馆集艺术品展览、收藏、文化推广于一体。

8 日

● 上海共有 58 项牵头及合作完成的重大成果荣获国家科学技术奖,占全国获奖总数的 20.7%。这是 1999 年国家科技奖励制度改革以来,上海获奖数占全国比例首次超过 20%。

● 市政协召开十二届 101 次主席会议,审议对上海市 2017 年预算执行情况和 2018 年预算草案的意见和建议(草案)等事项。市政协主席吴志明主持。

● 市委宣传部召开大调研动员部署会,启动宣传系统"担当新的文化使命、打响上海文化品牌"大调研。

● 市高级人民法院召开全市法院大调研活动动员部署会,就《中共上海市高级人民法院党组关于开展"不忘初心、牢记使命,勇当新时代排头兵、先行者"大调研的实施方案》作解读,并进行重点任务部署。

● 今年第一轮寒潮今起降临本市,上海市区两级救助管理机构全面启动救助管理工作气象等级响应机制。市、区两级民政部门在上海火车站、普陀区等街面进行应急救助巡查,把流浪、乞讨等露宿街头人员送入救助管理站。市商务委组织本市骨干企业、供应主渠道,提前发布市场需求信息,并通过上海各大外延蔬菜生产基地组织货源,确保本市主副食品供应和价格基本稳定。

9 日

● 市委中心组召开学习会,听取国家发改委宏观经济研究院原常务副院长陈东琪关于深入学习习近平新时代中国特色社会主义经济思想、推动经济高质量发展的专题辅导报告。

● 上海警备区党委十二届 18 次全体(扩大)会议召开。市委书记、上海警备区党委第一书记李强围绕市第十一次党代会确定的目标任务和十一届市委三次全会作出的工作部署,向与会同志详细介绍当前上海经济社会发展情况和下一步发展主要思路举措。

● 市政府分别与国家开发银行、中国建设银行在沪签署《发挥开发性金融机构优势推进上海市住房租赁市场建设合作备忘录》和《推动上海市住房租赁市场发展战略合作备忘录》。上海市委副书记、市长应勇,国家开发银行行长郑之杰,中国建设银行行长王祖继出席相关活动并见证签约。应勇与王祖继共同为上海建信住房服务有限责任公司揭牌。上海市政府党组成员吴清、中国建设银行副行长庞秀生等代表合作方签约。

● 黄浦区政府与普华永道签署战略合作协议，双方将在战略合作协议框架下探索“公共服务＋商业运作”新模式，发挥高端服务业集聚优势，打造国内一流、国际领先的高端服务业示范平台，助力黄浦区建设世界最具影响力的国际大都市中心城区。

● 清晨，中心城区徐家汇站最低温度降至零下 0.6 ℃。此前，徐家汇站有近一年时间没有跌到 0 ℃以下，2017 年 1 月 21 日曾低至零下 1 ℃，之后就基本在 0 ℃以上。

10 日

● 市政府、上海警备区召开上海市民兵调整改革任务部署会。上海警备区司令员张晓明部署全市民兵调整改革任务。

● 200 多位市人大代表和在沪全国人大代表就本市“大众创业、万众创新”工作以及推进张江科技创新法制保障情况两个主题开展视察。市人大常委会主任殷一璀参加视察。殷一璀一行视察杨浦区长阳创谷的智能云科信息科技有限公司、中国电信创新创业基地以及“英语流利说”公司。另一路市人大代表视察中科大上海研究量子保密通信上海总控中心和上海宝藤生物医药科技股份有限公司，听取张江国家自主创新示范区的相关情况汇报。

● 市政协召开专题通报会，政协委员就《政府工作报告（征求意见稿）》提出意见建议。市政协主席吴志明出席。

● 市政协举办新任委员培训班。市政协主席吴志明出席并作动员讲话。

● 纽约时报广场纳斯达克大屏、路透大屏，牵手相约黄浦江畔的“外滩之窗”大屏，一同滚动播映“欢乐春节——上海文化周 · 纽约”活动短片，营造跨越时空的“喜迎中国年”祥和氛围。

● 上海市经信委、静安区人民政府与亚马逊 AWS（Amazon Web Services）三方共同宣布，“上海—亚马逊 AWS 联合创新中心”项目在静安区启动，落户市北高新园区云立方。上海与 AWS 的合作，标志着上海在大数据应用与智慧城市建设的全球实践中又迈出重要一步。

● 作为“欢乐春节 · 上海文化周”系列活动之一的“上海印象”非物质文化遗产展、“魅力上海”图片展同时亮相纽约中央车站，让南来北往的各国游客充分感受海派文化。

11 日

● 十九届中央纪委二次全会电视电话会议召开。会后，市委书记李强在上海分会场强调，要以高度的政治自觉，认真学习、深刻领会习近平总书记在十九届中央纪委二次全会上的重要讲话精神，紧密联系实际，把管党治党责任摆进去，坚持不松劲、不停步、再出发,推动全面从严治党向纵深发展,在党风廉政建设和反腐败斗争工作上展示新作为、展现新气象。

● 首条全球最大第二代超大型矿砂船"远河海"号在外高桥造船厂正式命名交付。至此,2017 年中国造船完工量由世界第二跃升至世界第一。

● 国务院安委会 2017 年度省级政府安全生产工作现场考核第四考核组向上海反馈 2017 年度安全生产工作现场考核意见。考核期间,考核组听取上海市政府安全生产工作汇报,查阅相关工作资料,对浦东新区、嘉定区、宝山区进行延伸考核,同时深入随机抽取的 6 家企业以及车间、班组进行实地检查核查。

● 市网信办相关负责人针对"万豪会员邮件事件"(万豪国际集团在中文版会员邮件和 App 注册页面将港澳台和西藏列为"国家"的行为)紧急约谈万豪国际集团亚太区负责人和万豪酒店管理公司上海负责人,责令其官方中文网站、中文版 App 自行关闭一周。

● 市妇联、市社科院社会学研究所联合发布一份 2017 年上海女性生活与发展状况调查报告。本次调查将"上海女性"界定为目前居住在上海的 18 岁以上女性,针对徐汇、长宁、杨浦、闵行、浦东和松江等区近 1 200 人抽样调查。报告指出,享受经济发展带来的成果,上海女性过去一年个人年收入呈现出稳中有升的态势。上海女性如何看待"全面二孩"政策?调查发现,4.8%的女性已生育二胎,3.3%的女性打算生育二胎,56.4%的女性没有二胎生育意愿,还有 35.4%的女性表示暂时还未想清楚。女性不想生育二胎的原因,排在前三位的是经济压力太大(35.9%)、年龄或身体条件不适合生育(21.9%)、住房条件不足(13.6%)。另外,女性生育意愿不强的考虑还有,缺乏带孩子的帮手、希望更多地投入事业、希望拥有自由的生活等。

● 全球最大的第二代超大型矿砂船"远河海"号在上海外高桥造船成功命名交付。该船是上海外高桥造船有限公司为中远海运集团旗下中国矿运有限公司承建的世界第二代 40 万吨超大型矿砂船(VLOC)系列首制船。

● 市委政法委和市检察院共同召开调研会,全市各区检察院控申部门的负责人齐聚一堂,总结过去一年的控申工作情况,遇到的难题和解决的对策。

12 日

● 长江三角洲地区主要领导座谈会在苏州召开。上海市委书记李强,上海市委副书记、市长应勇;江苏省委书记娄勤俭,江苏省委副书记、省长吴政隆;浙江省委书记车俊,浙江省委副书记、省长袁家军;安徽省委书记李锦斌,安徽省委副书记、省长李国英出席会议。会议期间,有关方面签署交通、能源、科技等 10 个专题合作一揽子协议,以及《关于共同推进长三角地区民航协同发展努力打造长三角世界级机场群合作协议》。

● 长三角区域大气污染防治协作小组第五次工作会议暨长三角区域水污染防治协作小组第二次工作会议在苏州召开。审议通过《长三角区域空气质量改善深化治理方案(2017—2020年)》《长三角区域水污染防治协作实施方案(2018—2020年)》《长三角区域大气污染防治协作2018年工作重点》《长三角区域水污染防治协作2018年工作重点》。

● 上海市青年企业家协会第八届第一次会员大会召开,市委副书记尹弘强调,青年企业家要有信仰、有担当、有情怀,大胆创新、追求卓越,在新时代发展洪流中勇挑历史重担,为着力构筑上海发展的战略优势贡献智慧力量。

● 市法治政府建设工作领导小组办公室会同市高级人民法院、市人民检察院共同签署"行政规范性文件审查衔接工作机制的意见",推动行政规范性文件审查衔接工作。此次由行政机关、法院、检察院三方共同建立规范性文件审查衔接工作机制,在全国是首创。

● 市高级人民法院举行上海法院审判业务专家、审判业务骨干颁证仪式,8位法官被评为审判业务专家,230人被授予审判业务骨干称号。这是上海法院推进司法体制改革、实施法官员额制以来,首次从入额法官中评选出专家骨干。

● 市红十字会启动一年一度"千万人帮万家"迎春帮困活动。2018年内,全市红十字系统计划帮困覆盖2万人次,发放救助款物价值1 000万元。

● 市旅游局星评委公告,因必备项目、设施设备、营运质量未达标或因关、停、转、主动取消等原因,上海科雅国际大酒店(原上海正地豪生大酒店)、上海红楼戴斯宾馆、上海奥林匹克俱乐部等11家星级酒店被取消资格。

● 由市慈善基金会等7家单位主办的"温暖送三岛"慈善活动在崇明举办,给困难老人、失智老人、残疾人、妇女和儿童送上暖暖的冬日问候。主办方针对不同困难群体开展有针对性的助困帮困和慰问工作,并发动爱心企业和爱心人士捐款捐物,资助总额达407万元。

13日

● 老中青三代文艺工作者在百联又一城购物中心献演一场"百姓赏艺"公益演出。这场演出中最年长的是78岁的配音艺术家曹雷,这是她第一次在商圈演出。

14日

● 上海振华重工与西井科技联合研制出全球首台自主驾驶无人集装箱跨运车,在码头实测阶段,作业准确率几乎达到100%。

15日

● 市委、市政府召开《上海市城市总体规划(2017—2035年)》实施动员大会。市委书记李强强调,上海新一轮总体规划集中体现了党中央和习近平总书记对上海发展的要求,为上海未来发展指明方向。要坚持以规划为引领,进一步坚定追求卓越的发展取向,面向全球、面向未来抓好规划实施,牢牢把握高质量发展和高品质生活这两大落脚点,在规划的细化落实上下更大功夫,努力建设卓越的全球城市和具有世界影响力的社会主义现代化国际大都市。

● 市委书记李强在出席市委组织部领导班子民主生活会时强调,组织部门承担着管党治党的重要责任,要认真学习贯彻十九大精神,以习近平新时代中国特色社会主义思想为指导,按照一以贯之抓好党的建设新的伟大工程的要求,始终把政治建设作为"生命线",坚持组织路线服务政治路线,推动新时代上海组织工作展现新作为。

● 市长应勇主持召开市政府常务会议,研究部署市政府领导班子大调研,加快实施本市架空线入地工作,着力推进本市不动产登记"全・网・通"服务改革等事项。

● 市政协召开十二届四十次常委会议。市政协主席吴志明出席并讲话。市委常委、统战部部长施小琳作关于十三届市政协委员调整补充有关情况的说明。

● 市总工会十三届十一次全委(扩大)会议召开。会议审议通过市总工会常委会工作报告,部署工会系统大调研工作。

● 市人力资源和社会保障局(市外国专家局)为 8 位来自高校、科研院所、外资研发中心等单位邀请的外国高端人才,签发首批《外国高端人才确认函》。

● 以"就业帮扶,真情相助,不让一个困难群众掉队"为主题的 2018 年就业援助月主题日活动,在全市 16 个区 70 余个咨询点全面展开。全市共有近千家单位参加招聘,提供 3 000 余个就业岗位,其中大部分岗位是为就业困难人员量身定制的。

● 复旦大学高分子科学系、聚合物分子工程国家重点实验室研究员魏大程团队在石墨烯量子点研究领域取得重要进展。相关研究成果以《准平衡等离子体增强化学气相沉积合成高洁净石墨烯量子点及拉曼光谱增强》为题在线发表于《自然・通讯》。

● 在市医改办、市卫生计生委指导下,解放日报社联合市卫生和健康发展研究中心主办的首届"上海医改十大创新举措"评选揭晓,评出十大创新举措,另有 15 项举措荣获提名奖。这是在全国率先开展的省级医改创新举措评选。

● 市消保委发布 2017 年投诉分析报告,其中,共享单车全年的投诉量达到 7 978 件,同比增加 40.6 倍。另外,在线旅游和快递服务也是两大投诉重灾区。

● 横沙岛新民泵站正式通水,横沙岛惠丰村、新北村、新春村等约 6 000 名居民就此可喝上来自青草沙水库的优质水。

16 日

● 市委书记李强分别出席市人大常委会学习研讨会、市政协工作学习讨论会并讲话。李强在会上围绕市第十一次党代会和十一届市委三次全会的工作部署，就如何谋划上海发展、如何加快上海发展、上海发展为了什么三个方面作重点介绍，强调要提高站位，面向全球、面向未来，对标国际最高标准、最好水平，建设卓越的全球城市和社会主义现代化国际大都市。

● 市十四届人大常委会第四十三次会议表决通过有关人事任免案，决定任命吴清为上海市人民政府副市长。市委副书记、市长应勇列席会议。市人大常委会主任殷一璀主持会议并讲话。

● 市第三次农业普查领导小组办公室、市统计局、国家统计局上海调查总队正式发布上海市第三次农业普查主要数据。数据显示，十年来上海农业从业人口、农业经济占比持续虽然下降，但农业从业人员素质明显提高，农业现代化快速发展，农村基础设施更完善，农民生活水平进一步提升。此次普查的标准时点为 2016 年 12 月 31 日，时期资料为 2016 年度。共调查 125 个乡镇及涉农街道园区、1 583 个村级单位、29 941 个自然村和 276 个 2006 年以后新建的农村居民定居点，投入了卫星遥感测量、无人机飞行测量等先进手段，获取更全面、准确的数据。

● 国网上海市电力公司正式启动卓越供电服务建设工作，此举对接世界银行“营商环境评价指标”，推动“获得电力”指数的大幅提升，全力助力上海优化具有国际竞争力的一流营商环境。

● 体彩大乐透第 18005 期爆出六注一等奖，其中两注头奖喜落上海静安、松江。

17 日

● 2017 年度上海市重点工程实事立功竞赛表彰大会召开。一批为城市建设发展作出突出贡献的先进集体和先进个人受到表彰。市领导会前还参观了 2017 年度上海市重点工程实事立功竞赛图片展。

● 市委常委会召开会议，听取对本市党政机关国有企事业单位开展贯彻执行中央八项规定精神专项督查情况的汇报。市委书记李强主持会议并讲话。

● 市政协与印度马哈拉施特拉邦议会上议院签署友好交流备忘录。市政协主席吴志明在签约前会见马邦议会上院主席尼姆博卡尔和下院议长巴格德率领的代表团一行。吴志明对客人来访表示欢迎，并介绍上海改革发展近况和十二届市政协履职情况。

● 市口岸办、市商务委、上海信投、亿通国际、中国信保上海分公司共同举办单一窗口“信用保险”功能上线仪式。“信用保险”正式接入上海单一窗口，今后企业通过上海单一窗口平台将享受到中国信保一站式外贸全流程综合服务。

● “大地情深”金山区“美丽乡村行”文艺小分队为金山廊下镇万村苑和中华村的村民们献上新沪语戏歌《小镇之恋》伴舞、越剧《碧玉簪》选段、沪剧《大雷雨》选段等九个节日。这是金山区“红色文艺轻骑兵”的第四站和第五站。接下来,小分队还将走进山阳镇、漕泾镇、朱泾镇等多个街镇。

● 2017 年度沪台交流十大新闻评选结果公布,“2017 上海台北城市论坛在上海成功举办”“2017 上海台北双城健康讲坛暨第三十五届解放健康讲坛”“普陀育菁计划培养台湾人才”等十条新闻入选。

18 日

●《文汇报》创刊八十周年座谈会在上海展览中心召开。市委常委、宣传部部长董云虎出席并讲话。文汇报社融媒体指挥中心正式开通运行。

● 市政府办公厅、市政府新闻办、市网信办联合召开上海政务新媒体工作会议。发布《2017 年度上海政务新媒体发展报告》,并对本市 53 家政务新媒体工作先进单位进行表彰。《报告》由“上海发布”办公室、市网信办网络新闻信息传播处、新榜组成课题组,联合对 2017 年上海政务微信、微博发展的总体情况、账号排行、主要内容及典型案例等进行系统研究。

● 上海援藏干部在沪推介藏红花产品,他们希望产自江孜县的藏红花能成为帮助当地脱贫攻坚的支柱产业之一。

● 市体育局、上海市足协和上海农商银行签约,正式成立上海农商银行女子足球队。在未来的四年里,上海农商银行将成为上海女足冠名赞助商,上海女足正式更名为上海农商银行女子足球队。

● 2018 上海侨界新年音乐会在上海交响乐团音乐厅举行。华人指挥家汤沐海带领多位华侨华人艺术家登台表演。音乐会由上海海外联谊会、上海市海外交流协会、上海市归国华侨联合会主办,上海市人民对外友好协会支持。

● 上海市优秀童谣征集推广活动交流研讨会在适存小学召开。85 首童谣获评第七届上海市优秀童谣原创作品。《孝宝宝》等 37 首童谣为未成年人组优秀童谣,《娃娃剥豆》等 33 首童谣为成人组优秀童谣,《赞嫘祖》等 15 首童谣为创世神话组优秀童谣。

● 新华医院宣布,携手阿里巴巴,正式试点启用云儿科医联体系统,集远程会诊、转诊和全科/儿科医师培训于一体。先期试点的医联体三个试点医疗机构,分别是宝山区中西医结合医院、杨浦区市东医院、杨浦区殷行社区卫生服务中心。

● 泰康在西南地区投资打造的首个高品质养老社区——泰康蜀园正式投入运营,意味着泰康“保险与医养实体跨界结合”战略逐渐步入快速发展期。

19 日

● 黄浦区集中组织开展 2017 年度“移风易俗、平安文明”烟花爆竹安全管控暨冬春火灾防控主题公益宣传日活动。

● 浦东新区 2018 年就业援助月全面启动。今年的活动主要面向就业困难、残疾登记失业、长期停产停工企业职工以及困难家庭离校未就业毕业生等需要援助的人员。

● "逐梦新时代"上海市第四届市民微电影节在大光明电影院举行，现场揭晓 42 部获奖影片，《她》《"上海的温度"系列微电影》分别获得剧情类、综合类金奖。本次微电影大赛共征集到来自全国各地的优秀作品 800 余部。

● "新华—崇明区域医疗联合体深化改革试点"正式启动。这意味着，上海在全国率先建立"以健康为中心"的 2.0 版紧密型医联体。"升级版"医联体通过整合共享医联体内医疗卫生资源，创新医疗保险支付模式等，解决岛内 70 万居民基本医疗和健康服务。

● "2018 年上海市慰问高层次人才暨在沪外国专家新年文艺晚会"在上海大剧院举行。

● 市教委官方微信号"上海教育"发布《2018 上海教育要做哪些事？重点是这 50 件》。文中透露，上海将"制定 2018 年度义务教育学校招生入学政策，稳妥推进义务教育阶段公民办学校同步招生，加强对民办学校招生的规范化管理和监督"。

● 上海燃料电池汽车将首次走出上海安亭国际汽车城，在上海化工区进行首次商业化示范运营，该示范区规划成为我国规模最大、技术水平最高的燃料电池汽车示范运营区域。

● 市政府召开 2018 年上海市体育工作会议，总结 2017 年全市体育工作情况，部署今年的重点工作安排。副市长陈群出席会议，要求对标最优水平，推动本市体育改革发展再上新台阶，努力开创本市体育工作新局面。

20 日

● 由市人大常委会信息中心全新打造的手机客户端"上海人代会"App 正式上线运行，将在市十五届人大一次会议期间服务于全体市人大代表、列席人员、大会工作人员和大会媒体记者。

● 上海地铁全网络试行手机扫码进站。上海地铁全线每站至少有"2 进 2 出"闸机开通扫码过闸。2017 年底新开通的 17 号线、9 号线三期的车站闸机，则全部支持扫码过闸。

● 今年第一次上海私车牌照额度拍卖举行。本月共有 226 316 人参加拍牌，比去年 12 月减少 1 832 人，中标率为 5.4%，较去年 12 月增加 0.1 个百分点，比 2017 年约 4.5%的平均中标率高 0.9 个百分点；最低成交价为 87 900 元，平均成交价为87 936 元。

● 上海戏剧学院召开 2018 年文艺创作工作会议。2013 年至 2017 年，上戏共获得

6 个国家艺术基金立项项目，涵盖话剧、舞剧、媒体传播、人才培养培训等不同种类。上戏教师参与创作的艺术作品获中宣部“五个一工程”7 人次、入选“国家舞台艺术精品工程”11 人次、文化部“文华奖”8 人次、中国话剧金狮奖 9 人次。

● 复旦大学人类遗传学与人类学系正式成立，未来将致力于人类学与人类遗传学人才培养，全面探索中华民族的起源与演化的历史和现状。

● 市委常委会召开扩大会议，传达学习党的十九届二中全会精神。市委书记李强主持会议并讲话。

● 2017 年度区委书记、大口党委书记抓基层党建工作述职评议会召开。市委书记李强主持会议并强调，党的十九大对基层党建工作作出明确部署，我们要以习近平新时代中国特色社会主义思想为指导，自觉对标对表，找准新时代城市基层党建发力点、突破口。

● 黄浦区举办“区长与人大代表面对面”活动，通过区人大代表提问、区政府领导解答的方式，直面 2018 年黄浦发展中的民生问题。

● 第四届“中文自修杯”上海市小学生“汉字小达人”终极大比拼暨第四届征文活动启动仪式在华东师范大学举行，来自全市 16 所小学的团队登台角逐。活动最终决出 6 个团队金奖和 10 个团队银奖。

21 日

● 市政协十三届一次会议召开预备会议，十二届市政协主席吴志明主持。会议审议通过市政协十三届一次会议主席团成员和秘书长名单、主席团会议主持人名单，会议议程和日程，提案审查委员会名单。

● 市政协十三届一次会议主席团第一次会议召开。会议审议通过主席团常务主席名单，董云虎、方惠萍、赵雯、周汉民、王志雄、张恩迪、李逸平、徐逸波、金兴明、黄震任第十三届市政协第一次会议主席团常务主席。会议由主席团常务主席董云虎主持。市委常委、统战部部长施小琳作说明。会议还审议通过常务主席会议和有关会议主持人名单、会议副秘书长名单、分组会议各组召集人名单、会议秘书处机构设置。

● 在市政协十三届一次会议预备会议之前，6 名新委员集体亮相“委员时间”活动。新一届市政协共有委员 835 名，其中新提名委员为 440 名，占 52.7%。非公有制经济人士 62 名，占 7.4%，新的社会阶层人士共 44 名，占 5.3%，40 周岁以下委员为 42 名，占 5%左右。在此次亮相的 6 名委员中，“75 后”委员共 2 人，“80 后”委员 4 人。

22 日

● 中国人民政治协商会议上海市第十三届委员会第一次会议在上海世博中心大会

堂开幕。市委书记李强，市委副书记、市长应勇，市十四届人大常委会主任殷一璀，十二届市政协主席吴志明，市委副书记尹弘应邀出席大会。吴志明代表政协上海市第十二届委员会常务委员会，向大会报告工作。十二届市政协副主席李逸平在会上作政协上海市十二届委员会常务委员会关于提案工作情况的报告。

● 市第十五届人大一次会议主席团召开第一次会议。市十四届人大常委会主任殷一璀主持会议。会议以鼓掌通过的方式推选李强、尹弘、殷一璀、徐泽洲、沙海林、蔡威、高小玫、肖贵玉、莫负春为主席团常务主席。会议通过大会全体会议的执行主席分组名单。

● 上海16个区级监察委员会全部挂牌成立。这是上海扎实有序推进监察体制改革试点工作的一个重要节点。

● 市政协十三届一次会议举"全力打响上海'四个品牌'"集体采访，万大宁、刘幸偕、潘瑾、曹艳春、厉震林等委员就上海如何推进打响"上海服务""上海制造""上海购物""上海文化"等问题与记者交流。

● 由市商务委、市教委、市青少年校外活动联席会议办公室联合发起的"中华老字号进校园"活动启动，首批12项寒假实践活动覆盖青少年衣、食、用、文化四大领域。活动同时也拉开市商务委制订的上海"2018—2020老字号推广计划"的序幕。

● 根据市商务委员会《关于2017年市政府实事项目家政持证上门服务实施方案》的文件要求，上海家政服务网络中心着手开展本市首次覆盖整个家政服务行业的持证前培训工作。

● 上海交通大学教授王浩伟等19名"2017上海教育年度新闻人物"候选人产生。此次评选活动由上海教育报刊总社、上海教育电视台和上海市中小学幼儿教师奖励基金会共同主办，《新闻晨报》等为媒体支持单位。

● 教育部发布消息称，在各地推荐的基础上，教育部审核认定首批201个"全国高校黄大年式教师团队"。其中，沪上高校共有12支团队入选。

● "闵行捷医"平台全新上线，标志着闵行区又一项惠民医改新举措——互联网医疗信息服务新模式的诞生，为缓解百姓"看病难"全新求解。

● 第四十二届蒙特卡洛国际马戏节比赛现场传来喜讯：代表中国的上海杂技团参赛节目——《攀登——集体造型》《突破——抖杠》荣获本届比赛的"金小丑"奖。这是上海杂技团自2012年首次荣获第三十六届蒙特卡洛国际马戏节"金小丑"后，再次问鼎代表世界杂技马戏最高水平赛场的最高奖项。

23日

● 市第十五届人民代表大会第一次会议在上海世博中心召开。市长应勇代表上海市人民政府向大会作政府工作报告，回顾了本届政府过去五年的工作，对今后五年及 2018 年的工作提出建议。

● 市政协十三届一次会议“发挥世界级城市群核心城市作用，推动长三角地区一体化发展”专题会议召开。20 位政协委员围绕长三角城市群发展、水环境治理一体化、构建统一开放市场、打造高新产业联盟、放大改革效应、做优做强区域规划、深化区域协同创新、探索公共服务融合、促进文化协同发展、建立长三角一体化指标体系等畅所欲言、积极建言。

24 日

● 市长应勇，市委副书记尹弘等市领导分别出席市政协十三届一次会议专题会议，围绕市委、市政府重点工作，听取政协委员意见建议，与大家一起交流讨论。在“对标国际最高标准、最好水平，推进新一轮高水平对外开放”专题会议上，钱世超、徐大振、汪小帆、李俊、蒋颖等 19 位政协委员结合各自调研情况，围绕培养集聚人才、优化营商环境、发展先进制造业、深化自贸试验区建设等方面踊跃发言。

● 市十五届人大一次会议主席团召开第四次会议。主席团常务主席李强主持会议。会议听取大会副秘书长郑健麟作的关于各代表团酝酿、讨论、提名全国人大代表候选人的情况汇报等。听取市委常委、组织部部长吴靖平作的关于市十五届人大常委会主任、副主任、秘书长、委员，市人民政府市长、副市长，市监察委员会主任，市高级人民法院院长，市人民检察院检察长候选人及市十五届人大各专门委员会组成人员人选的说明，决定主席团提名的候选人名单和人选名单，提交各代表团酝酿、讨论。

● 市政协十三届一次会议主席团第二次会议召开，审议政协上海市第十三届委员会主席、副主席、秘书长和常务委员候选人建议名单。市政协十三届一次会议主席团常务主席董云虎主持，市委常委、统战部部长施小琳作有关说明。会议还审议选举办法(草案)，总监票人、监票人名单(草案)。大会副秘书长齐全胜作说明。

● 市政协十三届一次会议现场咨询活动在市委党校举办，市政府办公厅、市政协办公厅、市高级人民法院、市人民检察院以及市政府有关委、办、局等 39 家单位的相关负责同志及部门工作人员，现场对市政协委员提出的意见和建议作出解答。现场接待委员咨询 236 人次，当场处理委员口头提出问题 194 个，现场办理提案 14 件。

● 市出入境检验检疫局与中国(上海)自由贸易试验区管理委员会召开新闻发布会，宣布为自贸试验区浦东机场综合保税区内进口服装质量诚信企业试行质量安全监管新模式，以精简通关时长为目标，将诚信企业进口服装通关时间缩短至“读秒时代”。

● 市绿化市容局发布紧急通知，要求各相关单位做好低温雨雪天气的应对，加强隐患排查，落实防范措施。

● 市总工会发出通知，要求全市各级工会组织做好低温雨雪天气下工会劳动保护工作，切实保障广大职工在生产劳动过程中的安全和健康，重点关注建筑、环卫、机场地勤、快递等露天户外作业场所，要配置个体保暖劳防用品，合理安排作业时间，采用轮岗等方式，尽量减少露天作业时间；有条件的应设立工间休息室，休息场所应提供热水热茶和药品，改善职工在低温雨雪天气下的工作条件。

● 从即日起，上海在徐汇区试点推出微信公众号受理户籍业务，包括引进人才、博士后出站、留学回国、外省市公务员调入、居住证转本市常住户口等五类进沪人员及其随迁家属申请在徐汇区“社区公共户”内落户的，可以在“上海公安人口管理”（shgarkb）微信公众号上进行网上申请。

25 日

● 市十五届人大一次会议第二次全体会议召开，听取市人大常委会、市高级人民法院和市人民检察院工作报告。

● 市政协十三届一次会议开始大会发言，15 位政协委员先后发言。市委书记李强出席会议，认真听取政协委员的意见建议。

● 按照国务院统一部署，国务院质量工作考核组对上海质量工作进行实地考核检查。市长应勇会见质检总局局长支树平为组长的考核组一行。在随后召开的 2016—2017 年度省级政府质量工作考核座谈会上，支树平介绍考核组在沪实地核查安排，副市长许昆林汇报上海质量工作情况。

● 国务院安全生产委员会召开全国安全生产电视电话会议。市委副书记、市长、市安委会主任应勇在上海分会场强调，城市安全是改革开放、创新发展的基础，是重要的民生。要全面贯彻落实党的十九大精神和习近平总书记关于安全发展的重要思想，以对人民、对城市高度负责的态度，把安全工作落实到城市工作和城市发展的各个环节、各个领域，不断提升城市安全治理水平。当前要做好应对低温雨雪冰冻天气等各项安全防范工作，切实维护市民生命财产安全和城市运行安全。

● 截至零时，市政协十三届一次会议共收到提案 703 件。其中，委员个人或联名提案 600 件，占总数的 85.35%；各民主党派、人民团体、界别和政协专门委员会（指导组）提案 103 件，占总数的 14.65%。其中，有关经济建设的 209 件，占总数的 29.73%；有关政治建设的 67 件，占总数的 9.53%；有关文化建设的 68 件，占总数的 9.67%；有关社会建设的 299 件，占总数的 42.53%；有关生态文明建设的 60 件，占总数的 8.54%。经审查，立案 686 件，其中 13 件修改后立案；不予立案 10 件；尚有 7 件待修改后再立案。

● 政协委员分组讨论“两院”工作报告。委员们认为，“两院”报告紧紧围绕全市大局、全面履行审判和检察职能，积极推进司法改革，加强队伍建设，各项工作取得新进展，值得点赞。

● 市十五届人大一次会议召开第二次全体会议，听取市高级人民法院工作报告。过去五年，全市法院共受理各类案件 317.84 万件，审结 314.79 万件，同比上升 54.2%和 52.7%。92.6%的案件经一审即息诉，经二审后的息诉率为 98.9%。审判质效始终保持全国前列。作为全国第一个开展司法体制改革的试点单位，上海高院先后推出 146 项改革，为全国司法体制改革创造可复制、可推广的经验。

● 市长应勇会见加拿大魁北克省省长菲利普·库亚尔率领的代表团一行，并见证两地签署科技合作、植物修复研究与应用合作等协议。

● 13 时 03 分，3 216 次列车载着 1 023 名旅客，从上海站准点始发。该次列车将经停信阳、安康、达州、南充，最后抵达终点站——成都站，全程用时约 31 个小时。这是上海地区今年春运开出的第一趟增开列车。

● 凌晨起，诞生于上海的两只雌性食蟹猴“中中”和“华华”在全球生命科学界引发轰动——这是世界上首次用体细胞成功克隆出非人灵长类动物，它们的诞生将有望开启新药研发试验和脑科学研究的“灵长类时代”。

**26 日**

● 市十五届人大一次会议召开第三次全体会议，代表们以无记名投票方式，选举产生 59 名十三届全国人大代表。

● 市十五届人大一次会议主席团召开第六次会议，主席团常务主席殷一璀主持会议。市长应勇列席会议。

● 市人大代表分组审议市人大常委会工作报告。代表们对过去五年的人大工作给予高度评价。

● 截至 11 时 30 分，市十五届人民代表大会第一次会议大会秘书处代表议案和建议处理组共计收到代表 10 人以上联名提出议案 39 件。议案中涉及法制综合的 2 件，占比约 5.1%；涉及内务司法的 13 件，占比约 33.3%；涉及财政经济的 3 件，占比约 7.7%；涉及教科文卫的 6 件，占比约 15.4%；涉及城建环保的 11 件，占比约 28.2%；涉及农业农村的 3 件，占比约 7.7%；涉及侨民宗外事的 1 件，占比约 2.6%。

● 市政协十三届一次会议召开第二次大会发言，15 位政协委员就养老、教育、食品安全等民生问题建言献策、各抒己见。

● 上海中心气象台发布消息确认，上海遭遇了自 2008 年初以来最大的一场雪。其中，从昨天 8 时到今晨 8 时的 24 小时内，全市累积雨雪量在 5 到 15 毫米(24 小时降雪超过 5 毫米为大雪，超过 10 毫米即为暴雪)。而之前 24 小时，全市普遍出现小到中雪。

● 市妇幼保健中心召开“更年期(围绝经期)妇女重点健康问题综合防治”项目自评估会议。经专家评估组合议一致认为,此项目通过依托上海市妇幼保健中心,开展联合多机构与多学科合作的示范服务,形成了更年期妇女健康管理体系与服务模式,圆满完成项目任务的各项指标,建议通过验收。

● 一辆丹霞橙色的柯珞克驶下生产线,上汽大众迎来第1 800万辆汽车下线,成为国内首家累计产量突破1 800万辆的乘用车企业。

27日

● 中国人民政治协商会议上海市第十三届委员会第一次会议圆满完成各项议程。通过了市政协十三届一次会议决议。选举产生市政协主席董云虎,副主席方惠萍、赵雯、周汉民、王志雄、张恩迪、李逸平、徐逸波、金兴明、黄震,秘书长贝晓曦。会议刚结束,董云虎带领主席会议成员与数十家采访市政协全会的媒体记者见面。

● 市十五届人大一次会议主席团召开第七次会议,主席团常务主席殷一璀主持。市人民检察院检察长张本才、市高级人民法院负责人列席会议。

● Jr.NBA联赛上海站在上海万国体育中心落下帷幕。上海南洋模范中学在总决赛中以65∶55战胜上海中学国际部,获得2017—2018 Jr.NBA联赛上海站的冠军。

28日

● 市十五届人大一次会议召开第四次全体会议,选举市十五届人大常委会主任、副主任、秘书长,市长、副市长,市监察委员会主任,市高级人民法院院长,市人民检察院检察长。会议以无记名投票方式,选举殷一璀为上海市十五届人大常委会主任,选举应勇为上海市市长,选举廖国勋为上海市监察委员会主任,选举刘晓云为上海市高级人民法院院长,选举张本才为上海市人民检察院检察长。

● “从石库门到天安门”上海美术作品展自2017年10月28日在中华艺术宫开幕以来,观展人流不断,今天的观众为6 532人次,预约参观单位47批次。到目前为止,累计观展人数已达48.57万。“从石库门到天安门”上海美术作品展以96幅作品象征着中国共产党走过的九十六年卓越历程,以石库门为起点,通过生动的画面和精湛的艺术语言,讲述中国共产党在不断成长、走向成熟和成功道路上的一幅幅壮丽篇章。

29日

● 市第十五届人民代表大会第一次会议圆满完成各项议程,在上海世博中心闭幕。大会先后表决通过关于上海市人民政府工作报告的决议、关于上海市2017年国民经济和社会发展计划执行情况与2018年国民经济和社会发展计划的决议、关于上海市2017年预算执行情况和2018年预算的决议、关于上海市人大常委会工作报告的决议、关于上海市高级人民法院工作报告的决议、关于上海市人民检察院工作报告的决议。

● 市十五届人大一次会议召开第五次全体会议，选举市十五届人大常委会委员，表决市十五届人大各专门委员会组成人员人选。经投票选举和表决，丁伟等57名市人大代表当选为市人大常委会委员；大会主席团提名的各专门委员会组成人员人选全部通过。

● 市十五届人大一次会议闭幕后，市政府在世博中心召开记者招待会。上海市市长应勇与中外记者见面，并回答中外媒体的提问。

● 市十五届人大一次会议闭幕会议刚结束，新当选的市人大常委会主任殷一璀带领新一届市人大常委会领导班子步入世博中心中央大厅，与数十家中外媒体记者见面。

● 上海轮渡1号、2号两位新成员在北外滩其秦线正式投入营运。从2月1日起，上海轮渡最后两条非空调普通轮渡航线——三淞线、东嫩线将调整为空调轮渡航线，市轮渡公司所属黄浦江上17条轮渡航线实现空调轮渡全覆盖。

● 拥有100年历史的国际游乐园及景点协会(IAAPA)上海代表处成立，这是该协会在中国内地第一个代表处和亚太地区的第二个代表处。

● “青春放歌——2018年上海学生新年音乐会”在上海交响乐团音乐厅举行，奏响上海学生艺术教育的“新年最强音”。近千名学生以合唱、民乐、交响乐等形式演绎中外优秀作品。

● 上海市监察委员会正式挂牌成立，标志着上海按照中央统一部署，全面如期完成市区两级监察委组建挂牌。市委书记、市深化国家监察体制改革试点工作小组组长李强为市监察委员会揭牌。

● 第十二届上海市自然科学牡丹奖颁给六位在基础科学研究领域有着杰出贡献的青年科学家。今年的获奖者是：华东师范大学教授段纯刚、中国科学院上海有机化学研究所研究员游书力、复旦大学教授徐彦辉、中国科学院上海生命科学研究院研究员周斌、上海交通大学医学院附属瑞金医院教授赵维莅和华东理工大学教授杨化桂。

30日

● 市长应勇主持召开新一届市政府第一次常务会议，对2018年市政府重点工作安排及目标任务分解作部署、抓落实；研究贯彻落实国务院要求，加快推进“证照分离”改革试点深化实施；部署做好2018年本市“两会”建议和提案办理工作；研究实施本市住宅小区建设“美丽家园”三年行动计划等事项。会议原则通过2018年市政府重点工作安排及目标任务分解方案。

● 市长应勇在人民大厦会见世界技能组织主席西蒙·巴特利和首席执行官大卫·霍伊一行。人力资源和社会保障部副部长汤涛、上海市副市长彭沉雷与西蒙·巴特利和大卫·霍伊共同签署《中国上海 2021 年第四十六届世界技能大赛谅解备忘录》以及《世界技能博物馆合作建设意向书》,标志着第四十六届世界技能大赛筹备工作正式启动。

● 市工商联(总商会)十四届一次常委会议、十四届二次执委会议召开。市政协副主席、市工商联主席王志雄出席并作工作报告。会议对 2017 年度上海市工商联信息工作先进单位和优秀信息员、2016—2017 年度上海市工商联优秀调研成果、2017 年度上海市工商联基层组织工作十大亮点系列评选获奖单位进行表彰,听取《关于上海市工商联十四届执行委员会委员人事调整事项的说明》,审议通过有关人事事项。

● 上港队在主场迎来新赛季第一场正式比赛——亚冠附加赛主场对阵泰国清莱联队。上港凭借于海的进球 1 比 0 战胜对手,顺利晋级 2018 亚冠小组赛。上港的晋级也创造上海足坛新纪录,首次有上港、申花两支球队征战亚冠小组赛。

31 日

● 市委、市政府召开加强城市管理精细化工作推进大会。市委副书记、市长应勇就加强城市管理精细化工作作出部署。市委副书记尹弘主持会议。副市长时光辉通报《关于加强本市城市管理精细化工作的实施意见》三年行动计划(2018—2020 年)要点。

● 中国共产党上海市第十一届纪律检查委员会第二次全体会议召开。市委书记李强出席全会第一次会议。

● 主题为"优化营商环境,促进民营经济发展"的调研座谈会在浦东张江召开。市委副书记、市长应勇与 12 位民营企业家代表面对面,共同为上海民营经济发展"把脉问诊",为进一步优化营商环境"开方抓药"。

● 市人大常委会主任殷一璀在人民大厦会见智利参议长萨尔迪瓦一行。殷一璀向代表团介绍上海人大的一些基本情况。

● 市政协召开"不忘初心、牢记使命,勇当新时代排头兵、先行者"大调研动员部署会。市政协主席董云虎出席并讲话。

● 上海夜空的超级"红月亮"如期而至。由于空气质量欠佳,月亮到 21 时才高挂天空,错过了 20 时 51 分月亮开始进入地球本影的那一刻。月全食自 19 时 48 分开始,20 时 51 分达到食既,此时的月球呈现出暗红色。

● 上海民政局公布 2018 年上海民政工作安排,养老领域将有多个新动作亮相,首次提出改造1 000张失智老人照护床位,启动"老吾老计划"试点,探索家庭护老者培训新模式等;探索社区服务"顾问制度",首先聚焦养老"顾问"开展试点推进,为老年人提供更多、更便捷的服务。

● 市工商局发布全市企业名称登记管理制度改革举措,新设企业的名称登记实行"一窗申报、全市通办",全部在网上进行,24小时内审核并回复。

● 以"上海百年建筑与建筑师"为主题的系列学术讲座在上海科学会堂拉开帷幕。在当天举行的首场讲座上,中国科学院院士、同济大学教授郑时龄剖析了上海百年来的城市规划与发展,并结合本月发布的《上海市城市总体规划(2017—2035年)》的内容,强调保护历史文化风貌的重要性。

● 今日起,全市范围内正式开通新办企业涉税事项当天办结服务。新办企业从工商登记信息确认到发票领用所涉及的10个涉税事项所需办理时间,由原先至少3个工作日缩短至当天办结。

● 申城两家"百年老店"——瑞金医院与上海家化宣布成立"瑞金医院—上海家化玉泽联合实验室",通过强强联合打通医研成果转化成为产品的"最后一公里",打造中国乃至国际医疗护肤领导品牌,用匠心擦亮"上海制造"这一"上海品牌"。

## 本月

### 8—12日

● 第十八届瑞银大中华研讨会在上海召开,主题为"中国新名片:从世界工厂到创新强国"。2 400多人参会,包括1 200家机构投资者和约245家专注中国市场的公司和基金。

### 9—12日

● 国务院安委会2017年度省级政府安全生产工作现场考核第四考核组对上海进行考核。9日上午,市委副书记、市长应勇会见住建部副部长易军为组长的考核组一行。在随后召开的2017年度省级政府安全生产工作现场考核上海汇报会上,市委常委、常务副市长周波汇报本市2017年度安全生产工作情况、基本形势以及加强安全生产工作的主要举措,重点分析存在的问题及城市安全工作面临的风险。

### 17—20日

● "上海市舞台艺术精品创作——2017年度剧本研讨会(下半年)"召开。参与研讨15部作品中,现实题材5部,红色题材7部,两者占研讨剧目的80%。题材涵盖"党的诞生地""新时代治国理政思想""现实题材""中华创世神话""革命历史题材""中华优秀传统文化""上海历史地域文化""国际文化融合交流"等八个方面,其中大部分是原创性选题或作品,也包括部分经典加工复排剧目。

# 2月

## 1日

● 上海市委常委召开2017年度民主生活会。市委书记李强首先代表市委常委会班子作对照检查，重点查摆在学习贯彻习近平新时代中国特色社会主义思想、执行中央决策部署和制度规定、对党忠诚老实、担当负责、纠正“四风”、廉洁自律等方面存在的突出问题。市委常委逐一进行个人对照检查，并相互批评帮助。

● 市委书记李强，市委副书记、市长应勇会见第八届上海市“慈善之星”集体和个人代表，代表市委、市人大常委会、市政府、市政协，向获奖者表示祝贺，向热心慈善事业的社会各界人士表示感谢。

● 市长应勇会见英国首相特雷莎·梅率领的代表团一行，代表上海市政府和上海人民对首相阁下访沪表示热烈欢迎。

● 一年一度的“豫园灯会”首日亮灯。豫园灯会以“新时代·美好生活”为主题，分主题为“美丽中国·绿色家园”“中华文化·精神家园”“五运文化·福禄寿喜财”，近40组大型灯组以雅俗共赏的灯彩演绎阖家欢乐的新春气象。

● 以“帮助他人，阳光自己”为主题的第二十四届“蓝天下的至爱”大型慈善晚会举行。同时，“复旦大学钟扬教授基金”正式启动，钟扬家人捐出了他的交通事故赔偿金138万元。同时，同济大学教育发展基金会捐赠50万元人民币注入基金，用以支持基金的发展。

● 由解放日报社、上海国有资本运营研究院、中国金融信息中心主办的第八届上海国资高峰论坛召开。与会嘉宾围绕“国资管理创新”，结合上海国企改革发展实际，展开深入交流。

● 长宁区航空产业基金正式揭牌。基金总规模为10.01亿元，由长宁区政府、中信银行、精功集团、中信建投资本共同出资设立。基金将重点投资航空服务业及相关领域，进一步推动长宁航空产业生态圈形成和上海虹桥临空经济示范区建设。这也是上海首支区域性航空产业专项基金。

● 市教委发布调查结果称，“3E英语测试”涉嫌严重违法违规。目前，市教委已要求各区教育部门会同其他相关部门，在寒假期间进一步加大对本市民办培训机构教学内容、授课结束时间等办学行为和办赛活动的监管力度，针对一些机构将“办赛点”转移至外省市的新情况，市教委将协同相关省市依法依规予以处理。

● 即日起，全市范围内的办税服务厅全面进入“刷脸时代”。

● 虹桥商务区推出1 600多套人才公寓，满足区域内日益增长的就业人群的居住需求。

2日

● 市长应勇会见阿联酋驻华大使阿里·奥贝德·扎希里一行。应勇感谢阿联酋对上海申办第四十六届世界技能大赛的支持和帮助。

● 共青团上海市第十四届委员会第十二次全体(扩大)会议召开。市委副书记尹弘出席会议并讲话。

● 2018年上海市公共文化建设工作会议召开。会议总结2017年本市公共文化建设情况,部署2018年重点工作;并通报“第七届全国服务农民、服务基层文化建设先进集体”上海获奖名单。徐汇区、宝山区、青浦区、上海市群众艺术馆、嘉定镇街道社区文化活动中心作交流发言。

● 上海地铁制定“2018年春运组织方案”,通过投放充足运力、实施“多头班车”、加开定点大站车、加强车站现场客运力量、启动枢纽协作联动机制、提供人性化服务等多项措施全力保障网络运营安全,确保乘客“走得顺、回得畅”。

● 银行间市场清算所股份有限公司(简称上海清算所)正式推出跨境外汇即期交易中央对手清算业务,实现我国跨境外汇交易清算基础设施建设的新突破。

● 上海市公共文化建设工作会议召开。今年,申城在完善市、区、街镇三级公共文化服务网络的基础上,将全面向第四级延伸,增强居村公共文化服务的效能,使百姓就近、就便享受优质的文化产品和服务。

● 来自本市文化、出版、科技、司法、卫生计生、共青团、妇联等系统的200多名专家、学者和演员齐聚金山区枫泾镇文体活动中心,通过文艺演出、医疗义诊、法律和农技咨询、图书赠送、书写家风家训等丰富多彩的形式,为农民朋友和在沪务工人员送科技、送知识、送服务、送农技。由此拉开2018年本市文化科技卫生“三下乡”活动的大幕。

● 杨浦区召开优化营商环境动员大会,发布全市首创的保障性产业用房政策。申请入驻“双创保障性功能载体”的企业,一经认定,租金价格按照认定类别享受同片区同档次同类用房市场评估价格的30%至70%,租用合同期限原则上三年,一般不超过五年。

● 上海海洋大学与农业部长江流域渔政监督管理办公室共同签署《长江水域生态保护战略研究合作协议》,双方共同设立“长江水域生态保护战略研究中心”。

3日

● 市长应勇出席市财政局领导班子民主生活会。市财政局局长、党组书记过剑飞代表局领导班子作深刻的对照检查,各位班子成员逐一开展严肃的批评和自我批评,并接受班子其他成员的坦诚批评。

● 春“艺”盎然——2018上海春节文艺嘉年华活动在上海文艺会堂开幕,同期举办的还有“福旺新春——第十二届海上年俗风情展”、“阿拉过年”大世界非遗中国年等系列活动，“艺术+生活”“民俗+时尚”“互联网+春节”的文艺年节已成为人们过年的新方式。

● 历时八个月，平移30.66米、顶升1.05米，门窗黄墙焕然一新——上海玉佛禅寺大雄宝殿完成了百年来最重要的一次修缮，举行了大雄宝殿平移顶升落成启用仪式。

● 中国台湾导演曲全立带着结合AR技术的新书《璀璨薪火》《写意大地》来到上海书城“全国新书发布厅”，这是他走遍20多个省市拍摄中国传统技艺传承人的结晶。

4日

● 今天立春。受较强冷空气影响，申城今天的市区极端最低气温零下3℃左右，郊区更是只有零下7℃至零下5℃。

● 在上海市群众艺术馆揭幕的第十二届海上年俗风情展，用实物加展板的形式为人们娓娓道来沪上的新年食俗文化。

● 上海新型城域物联专网建设静安区启动大会召开，作为国家发改委2018年数字经济重大工程之一，“大数据与城市管理（静安）项目”正式开工。

● 今天是第19个“世界癌症日”。来自全国百余家癌症康复组织的3 000多名癌友代表齐聚上海，相约2022年一起到北京为冬奥会助威。

● 静安公安分局向市民推出2018年最新版禁燃禁放公益音乐短片《不放不放2》，希望春节来临之际，能有更多市民群众加入宣传禁燃禁放烟花爆竹的志愿者行列，为上海实现“零燃放”目标而共同努力。

● 在第四十六届瑞士洛桑国际芭蕾舞比赛上，上海戏剧学院附属舞蹈学校选送的选手郭文槿，以第三名的成绩获得“洛桑奖学金”。这是上海舞校继2016年获洛桑金奖后，又一次在该著名赛事中荣登三甲。

● 上海五角场万达影城启用国内第一块LED电影屏。这是中国第一块，也是全球第二块LED电影屏。和传统的电影投影放映相比，LED屏幕亮度是后者的10倍。

5日

● 市政府党组召开2017年度民主生活会。应勇代表市政府党组班子作对照检查。市政府党组成员逐一进行个人对照检查，并互相批评帮助。

● 市长应勇会见葡萄牙新任驻华大使杜傲杰一行。应勇说，上海将在2020年基本建成国际经济、金融、贸易、航运中心和社会主义现代化国际大都市，形成具有全球影响力的科创中心基本框架。我们还将进一步发展教育、卫生、养老等民生事业，并着力破解超大城市精细化管理的世界性难题。

● 市长应勇主持召开市政府常务会议,研究上海市"十三五"节能减排和控制温室气体排放工作,部署本市深入推进技术改造、巩固提升实体经济能级三年行动计划等事项。

● 市妇联第十四届第十次执委(扩大)会议召开。市委副书记尹弘出席会议并讲话,强调全市各级妇联组织要深入学习习近平新时代中国特色社会主义思想和党的十九大精神,切实提高政治站位、增强使命担当,努力以卓越的工作,引导广大妇女群众在服务全局工作中顶起"半边天"。

● 2018 年第二十五届苏浙沪两省一市演出业务洽谈会暨第十一届长三角国际演出项目交易会在沪召开。来自全国 500 多家院团和演出机构齐聚一堂,现场举牌交易示范 35 个项目,当场或签约成交意向 180 多次,场外达成初步意向的项目有 480 多项。

● 市委政法委赴长途客运总站、铁路上海站等开展节前城市安全运行大调研及督导检查。

● 全市智能制造推进大会召开,围绕全力打响"上海制造"品牌进行部署。本市将为智能制造产业提供至少 500 亿元的专项融资,搭建产融合作平台,全面推动智能制造产业链升级。

6 日

● 市委书记李强,市委副书记、市长应勇率团来到东部战区走访慰问,与东部战区司令员刘粤军、政委何平举行座谈,共叙军民鱼水深情,共商军民融合和双拥工作。

● 市委书记李强会见泰国正大集团资深董事长谢国民一行。李强围绕构筑上海发展战略优势、全力打响"上海服务""上海制造""上海购物""上海文化"四大品牌作了详细介绍。

● 市宣传思想文化工作会议召开,市政协主席、市委常委、宣传部部长董云虎出席并讲话。会议传达了全国宣传部长会议精神和市委部署要求,回顾总结 2017 年工作,研究部署 2018 年任务。市人大常委会副主任徐泽洲主持,市政协副主席方惠萍出席。

● 全球 56 家资管机构、16 家第三方服务机构在陆家嘴酝酿发起设立陆家嘴全球资管联合会(暂定名)。联合会的资产管理总规模超过 30 万亿美元,将占全球资产管理总规模的 40%。

● "打好河道整治攻坚战,全面提升上海城乡水环境"劳动竞赛总结表彰会召开。2017 年上海基本完成"1 864 条段 1 756 公里"城乡中小河道整治任务,实现了"2017 年底本市基本消除黑臭河道、水域面积只增不减"工作目标,而背后的一大"法宝"就是劳动竞赛。表彰会上,5 家单位被授予标兵集体,8 个部门被授予先锋集体，120 个单位被授予优秀集体，6 位同志被授予标兵个人，120 位同志被授予优秀个人。同时，5 家被授予标兵集体的单位被授予上海市五一劳动奖状，8 个被授予先锋集体的部门被授予上海市工人先锋号，6 位被授予标兵个人的同志被授予上海市五一劳动奖章。

● 市编办相关负责人介绍上海优化营商环境推进行政审批改革情况。2017 年，上海制定出台《上海市当场办结、提前服务、当年落地“三个一批”改革实施方案》。“当场办结一批”，目前已在全市范围内对 329 项事项实施当场办结，迄今已当场办结约两千万件；“提前服务一批”，已有 19 项事项可提供提前服务，目前已提前服务约 9 万件；“当年落地一批”，已将 2 744 个项目列入当年落地计划，并推动 1 425 个项目顺利开工、竣工验收。

● 2018 年全市旅游工作会议召开。2018 年，全市旅游行业将围绕上海打响“四大品牌”和国家旅游局实施“优质旅游”战略等要求，着力在旅游业高质量、高品质发展下功夫，全面实现“四个提升”，为上海迈向具有全球影响力的世界著名旅游城市打下更加坚实的基础。

● 黄浦区政府与上海久事（集团）有限公司签订“黄浦区外滩地区城市更新及保护性开发战略合作协议”。双方将共同组织开展对黄浦区外滩地区的城市更新及保护性开发工作，提升区域产业能级，配套服务于外滩金融集聚带建设大局，并积极引进符合项目定位和外滩金融集聚带功能定位的金融、文化项目或高端服务业总部型企业。

● 各类配送主体齐聚上海市群众艺术馆，邀请 16 个区各街镇市民代表来“尝鲜”。市民可以扫二维码为其点赞，每个产品的受欢迎程度便一目了然。这是沪上公共文化配送精准化的又一次有益探索，为的是让需求信息及时、灵敏地到达供应方，提升公共文化服务的效能。当天，上海东方公共文化配送网络平台升级版也全新上线。

7日

● 市委书记李强主持召开市委党的建设工作领导小组会议。会议讨论研究《中共上海市委党的建设工作领导小组 2018 年工作要点》。

● 市委书记李强就城市运行安全综合治理工作进行调研。随后，李强主持召开座谈会，听取市公安局、市综治办、市安监局、市城管执法局、市消防局关于城市运行安全综合治理有关工作汇报。

● 2018 年人力资源和社会保障工作会议召开。会议介绍了持续推进落实“科创人才 20 条”和“人才新政 30 条”、分类完善职称评价标准，深入推进科创领域职称分类评价、继续推进就业创业工作等情况。

● 市人大常委会召开“不忘初心、牢记使命,勇当新时代排头兵、先行者”大调研动员部署会。市人大常委会主任殷一璀出席并讲话。

● 市“民星文化联盟”成立。它由上海市社区文化活动中心协会牵头,以自愿参加、自我服务为原则,各社区文化活动中心把自己能提供的文化资源报上来,然后根据需要相互点单。启动仪式上,从全市 200 余家社区文化活动中心精选出的 20 余个精彩节目一并亮相。

8 日

● 十一届市委全面深化改革领导小组召开第四次会议。市委书记、市委全面深化改革领导小组组长李强主持会议。会议听取市委全面深化改革领导小组 2017 年工作总结,审议通过 2018 年工作要点。会议审议通过了修订后的《中共上海市委全面深化改革领导小组工作规则》《中共上海市委全面深化改革领导小组专项小组工作规则》以及《中共上海市委全面深化改革领导小组办公室工作细则》等。

● 市委书记李强前往部分中央驻沪媒体和本市主要媒体走访慰问。先后走访人民日报社上海分社、中央电视台上海记者站、上海广播电视台、解放日报社等。

● 市政府召开全市审计工作会议暨中央在沪单位审计工作会议。市委常委、常务副市长周波主持会议。市审计局、审计署驻上海特派办分别通报去年审计工作情况和今年审计工作任务。

● 国网上海市电力公司向社会发布“优化营商环境、提升供电服务水平十大举措”,标志着上海以卓越供电服务助力优化营商环境相关工作进入实质推进阶段。

● 名为“IERT”的智能电子轨道交通系统在上海临港揭开面纱。IERT 系统采取非实体的电子隐形轨道,可根据客流调控编组,灵活调配运力,满足平峰和高峰时的变化。

● 本市召开全市扫黑除恶专项斗争电视电话会议。会议要求,要按照“打早打小、露头就打、除恶务尽”方针,有效遏制黑恶势力在本市滋生、蔓延。要抓好统筹,把扫黑除恶专项斗争与“大调研”工作、政法队伍建设、加强行业监管、集中打击整治赌博违法犯罪等工作相结合,迅速形成全市扫黑除恶专项斗争声势,为上海经济社会发展和人民安居乐业营造更加安全有序稳定的社会环境。

● 在黄浦区行政服务中心,“网红青团”制造者上海杏花楼集团拿到旗下杏花楼食品有限公司《出口食品生产企业备案证明》。近十吨杏花楼新鲜出炉的松糕和八宝饭,将赶在正月十五之前运往美国和澳大利亚。

● 市食药监局公布今年第二轮网络餐饮服务监测结果,发现 40 家在线问题商户。其中,19 家来自饿了么、19 家来自美团外卖、2 家来自百度外卖。

● 上海市台办与长宁区政府签订战略合作协议。双方同意合作设立“上海市台胞服务中心虹桥分中心”，在虹桥海外人才一站式服务中心内开设台胞服务专窗，专门承担台胞生活、就业、入学、就医等政策类咨询和专业法律服务。

9日

● 市政法工作会议召开。市委书记李强讲话。市委政法委书记陈寅作全市政法工作报告。

● 市长应勇会见国能电动汽车瑞典有限公司董事长蒋大龙一行。

● 松江区政府与国能电动汽车瑞典有限公司、北京世纪金沙江创业投资管理有限公司、上海同捷科技股份有限公司等签署了投资合作协议。

● 市政府新闻发布会召开，上海《开展质量提升行动的实施方案》正式发布，明确到“十三五”末，上海供给质量明显改善，供给体系更有效率，以技术、标准、品牌、服务为核心的质量竞争新优势基本形成，具有国际竞争力的质量高地初步建成。

● 市政府发布的《上海市鼓励购买和使用新能源汽车实施办法》指出，上海对符合条件的纯电动汽车，按照中央财政补助 1∶0.5 给予本市财政补助。同时，《实施办法》明确，消费者购买新能源汽车用于非营运，且个人消费者名下无在本市注册登记新能源汽车的，将继续免费发放新能源汽车专用牌照额度。

● 2018 年上海海关工作会议召开，今年上海海关将改革创新再出发，在推进上海“一带一路”桥头堡、自由贸易港、科创中心、跨境贸易营商环境建设等方面推出一系列措施。

● 市公安局即日起组织开展上海公安机关“春季禁赌”专项行动，重点打击针对农村地区有组织赌博、野外流动赌场、地下“百家乐”等传统聚众赌博及组织中国公民出境赌博、网络赌博、赌球等新型涉赌违法犯罪活动。

● 上海纽约大学发布 2017 年毕业生去向情况：首届本科毕业生共 261 名，其中有 141 名中国学生和 120 名国际学生。据统计，选择就业的中国毕业生共 69 人，选择出国（境）留学的共 72 人，中国毕业生就业率与雇主满意度则均达到 100%。

● 市教委公布《2018 年本市义务教育阶段学校招生入学工作的实施意见》。其中明确，此次出台的“公办民办同招”政策，只针对今年 16 万幼升小的适龄学生，而 14 万小升初的适龄学生今年并没有受到该政策的影响。也就是说，今年公办民办初中的招生政策与 2017 年保持一致。

● 市交通委执法总队约谈大型出租车网约平台“滴滴出行”，要求平台整改市民反映强烈的被接单出租车司机“秒完成”现象。

10日

● 全球领先的液体和粉末涂料供应商——艾仕得涂料系统宣布在上海的亚太研发中心正式启用，为其全球四大研发中心之一。截至 2017 年底，上海外资研发中心累计已经达到 426 家,其中,40 家为全球研发中心,17 家为亚太区研发中心;20 家外资研发中心的投资超过 1 000 万美元;吸收中方研发人员总数超过 4 万人,硕士以上学历占 52%。

● 市长应勇赴本市街道小区、派出所、菜市场、交通枢纽检查全市春节保障情况并召开工作检查会。

●《长宁区深化改革创新优化营商环境行动方案》正式发布。

● 崇明区政府发布《崇明区红榜企业制度实施办法》,针对崇明落户型实体企业明确 5 项评价指标,建立了"红榜企业"激励机制,旨在培育符合世界级生态岛建设要求的优质企业。

● 第二十届新概念作文大赛揭晓,产生一等奖 68 人、二等奖 153 人。但不少评委在评稿过程中发现一个现象:一些作品陷入雷同的模式,"套路"较明显,缺少个性化表达,文学创新的动力不足。

● 上海市外环以外的 2018 年烟花爆竹销售点,正式开始销售,市民可以凭身份证实名登记购买。全市共设九个烟花爆竹销售点,每个点销售烟花爆竹 300 箱、总计 2 700 箱。

● 市检察工作会议召开。会议强调,要积极依法履行法律监督主责主业,立足宪法法律定位,围绕"把上海建成法治环境最好的城市之一"目标,以更严更细更实措施保障人民美好生活。

11 日

● 市委书记李强,市长应勇,市人大常委会主任殷一璀,市政协主席董云虎,市委副书记尹弘分别带队前往驻沪部队,向部队广大官兵、离退休老同志及家属们致以诚挚的新春问候,感谢大家长期以来对上海经济社会发展的大力支持和帮助。

● 市委书记李强同本市宗教界代表人士欢聚一堂,举行新春座谈。

● 市委书记李强,市委副书记、市长应勇前往华东医院,分别慰问正在住院治疗的叶公琦等老同志,衷心祝愿老同志们新春愉快、健康长寿。

● 市委书记李强专程走访看望上海知名人士代表秦怡、吴孟超、于漪,感谢他们在各自领域为国家、为上海所作出的积极贡献,并向他们致以诚挚的新春祝福。

● 全市法院工作会议召开。市委常委、市委政法委书记陈寅出席并讲话。市高级人民法院党组书记、院长刘晓云对上海法院五年来的工作进行总结,并部署 2018 年工作任务。

● 全市统战部长会议在市委统战部召开。会议传达全国统战部长会议精神和市委部署要求,回顾总结 2017 年工作,研究部署 2018 年任务。市委常委、统战部部长施小琳出席会议并讲话。

● 上海交响乐团新春音乐会举办。指挥家陈燮阳携手京胡演奏家姜克美、二胡演奏家陆轶文、琵琶演奏家董晓琳和中国大鼓演奏家张佳婧等，与乐团共同完成了一台中西合璧的新春音乐会。

12 日

● 市老干部迎春茶话会在上海展览中心召开。市委书记李强代表市委、市人大常委会、市政府、市政协，向出席茶话会的老干部、老同志拜年，向全市广大离退休干部及其家属致以新春祝福和节日问候。

● 市委书记李强就深化上海国资国企改革、推动国企创新发展，前往光明集团、上汽集团调研。座谈会上，光明集团围绕做好上海超大城市主副食品供应、提供安全优质健康食品等工作作了汇报。李强听取上汽集团工作汇报，对集团和 22.5 万上汽员工为上海经济社会发展作出的贡献表示感谢并致以新春慰问。

● 市政府召开一季度工作会议，对今年重点工作和开局工作早安排、早部署、早落实。会后，市政府党组还通报了 2017 年度民主生活会情况。

● 市委书记李强，市委副书记、市长应勇会见浙江省舟山市委书记俞东来，市委副书记、代市长何中伟率领的党政代表团一行。

● 市高院召开全市法院全面从严治党党风廉政建设大会。市高级人民法院党组书记、院长刘晓云与高院党组成员签订新一年党风廉政建设责任书。

● 市政府办公厅发布通知：为加快推进政务服务改革，方便居民就近办事，自 2018 年 3 月起，本市各街镇(含乡)社区事务受理服务中心办理事项全面实施“全市通办”。

● 首批 600 个户外职工爱心接力站揭牌启用。站点以环卫工、快递员、协管员等户外职工为主要服务对象，主要设在户外职工工作相对集聚区域的沿街，服务时间一般为 9 时～17 时。

13 日

● 市科协服务云上线。共推出科技人才、科研助手、科技职称、科技法律咨询、科学生活、科技社团、科学讲堂、科技进修八大服务模块，同时“落户”PC 端和手机端，集成国内国际科技领域各类信息，许多优质资源为首次公开。

● 市委书记李强，市长应勇，市人大常委会主任殷一璀，市政协主席董云虎，市委副书记尹弘等市领导，分赴全市 16 个区的街镇村居，亲切看望困难群众，走访慰问基层工作者，倾听大家的心声期盼，送上新春的诚挚祝福。

● 由市政府和中国科学院联合成立的张江实验室管理委员会召开第一次会议，审议张江实验室章程、组织构架、人员选聘等议题，总结 2017 年工作并对 2018 年工作作出部署。

●市委书记李强就加快科创中心建设进行调研。李强赴浦东张江察看上海光源、上海超强超短激光实验装置,了解大科学设施建设运行应用情况,并向参与科创中心建设的同志们致以亲切问候和新春祝福。

●本市筑起外来动物和动物产品入沪安全屏障,八个动物产品入沪通道 24 小时值守,逢车必检,日检查车辆达 900 辆以上。

●中超球队上海上港队以 1 比 0 击败日本川崎前锋队,获得 2018 赛季亚冠联赛小组赛开门红。这是上海上港队连续第三年征战亚冠联赛。

14 日

●位于静安区汶水东路(中环高架)和共和新路转盘交叉口的“静安中环立交转盘绿地”今天起对公众开放。

●上海市各界人士欢聚一堂,出席 2018 年春节团拜会。市领导李强、应勇、殷一璀、董云虎、尹弘与各界嘉宾一起,共同祝愿伟大祖国繁荣强盛,上海明天更加美好,全市人民幸福安康。

●商务部与上海市政府在沪签署部市合作框架协议。商务部党组书记、部长钟山与上海市委副书记、市长应勇分别代表双方签约。商务部将重点支持上海在加快建设国际消费中心城市、推动内贸流通改革创新发展、进一步提升市场治理能力、共同提升上海时装周影响力、建设国际会展之都等十个方面深化改革创新,形成可复制推广的经验。

●商务部部长钟山赴地处闵行区的上蔬永辉古北店调研,检查春节市场供应情况。

15 日

●市委书记李强先后前往武警上海市总队机动第二支队一大队和市公安局特警总队,检查城市安全保障工作,亲切慰问值守的武警官兵、公安民警,代表市委、市政府和全市人民,向春节期间尽心尽责、坚守岗位,维护城市安全有序运行的各条战线劳动者和广大平安志愿者表示衷心感谢,送上新春祝福。

●市委政法委、市公安局、市综治办等相关部门负责同志除夕夜前往徐汇、长宁、静安等区,检查各项安保措施落实和烟花爆竹管控工作情况,并慰问坚守在工作岗位上的公安民警、武警官兵、消防战士、居委会干部及平安志愿者。

●今天是戊戌年春节长假首日,申城出行客流平稳,高速公路未出现大面积拥堵。零时起,高速公路实施免费通行措施。

18 日

●上午不到 10 点,中华艺术宫南广场入口已经排起等候的长队。一份来自市文广局的统计数据显示,申城市民越来越热衷于走进美术馆。2017 年,本市美术馆参观人数为 617 万人次,和上一年相比,涨幅超过 20%。其中,2017 年春节长假观众近13万人次，国庆长假观众20.8万人次。

19日

● 春节期间，体现上海都市旅游特色的景点和各大商圈推出的促销活动受到各地来沪游客的青睐。据三大电信运营商统计，外滩、南京路商业街、豫园和小陆家嘴等区域，春节假日前四天分别累计接待游客105万人次、80万人次、40万人次和146万人次。

● 阴雨天气并未阻挡人们的出游热情。从早上至晚间，上海迪士尼乐园内的热门项目始终排着长队，最长排队时间达3小时以上。当天，外滩区域游客接待量达15.23万人次，小陆家嘴接待游客22.28万人次。

● 由周浦镇文化中心主办、周浦企业文化促进会举办的小上海民俗文化展示会在浦东周浦镇开幕。

● 市公安局再次启动社会面防控高等级勤务，全面提升社会面整体防控强度，共组织公安民警、消防、武警官兵4.8万余名，切实加强重点区域、重要部位的反恐防范，进一步做好各景区、人员聚集区域大客流疏导管控以及交通组织管理等工作，全力维护全市社会稳定。

20日

● 市环境监测中心发布的数据显示，大年初四15时左右，上海开始明显受到冷空气输送影响，首要污染物PM2.5的小时浓度开始攀升，此后9小时稳定在40微克/立方米至50微克/立方米的范围内。

● 从上海各区聚集而来的300多名报名游客分批出发，分别开启“上海——梦想起步的地方”“带上孩子，我们一起去博物馆吧”“品红色经典、践行红船精神”“看上海老建筑，拼凑老上海记忆”“舌尖上的上海”等主题线路的旅程。

● 坐镇主场的上海上港队凭借胡尔克、武磊和奥斯卡的进球，以4比1战胜澳超球队墨尔本胜利，迎来亚冠联赛小组赛两连胜。

● 今天是正月初五，本是民间“迎财神”烟花爆竹集中燃放的时段，但上海空气质量指数依旧平稳。凌晨1时，全市PM2.5平均小时浓度仅为每立方米51微克，与前几个小时基本持平，未出现烟花爆竹燃放带来的短时峰值。这表明本市烟花爆竹禁燃限放成效进一步得以巩固。

● 沪上所有运动队已全部开启新年征程，以饱满的精神状态投入农历新年首训。上海市体育局党委书记、局长徐彬前往东方绿舟体育训练基地看望假期坚持训练的运动员、教练员，并送上新春祝福。

21日

● 来自市旅游局的统计数据显示，假日7天本市共接待游客443万人次，实现旅游收入 49.41 亿元。全市纳入假日监测统计的 135 家旅游景区景点 7 天累计接待游客 381 万人次，各主要公园累计游客游园量达 310.2 万人次。

● 市卫计委的数据显示，从大年夜至年初六，7.6 万名医务人员为市民提供医疗服务 99 万人次。

● 市文广影视局公布一组数据：春节期间，上海文化娱乐市场消费人次约 100 万人次，消费总量近 2 亿元，人均消费 150 元以上。

22 日

● 市委书记李强在崇明调研世界级生态岛建设进展，深入生态保护基地，踏访乡村田间地头，入户倾听农民心声。在调研过程中，李强还专门了解大调研活动开展情况，要求全市上下进一步全面深入开展好大调研活动，各级领导干部尤其是郊区干部要深入乡村农户，每一户农户都要走访到，认真倾听心声，了解真实情况，解决实际困难。

● 市长应勇主持召开中国(上海)自贸试验区推进工作领导小组会议，部署推进 2018 年全面深化自贸试验区改革工作。领导小组办公室汇报上海自贸试验区 2017 年工作进展和 2018 年重点工作安排；浦东新区汇报“证照分离”改革试点工作进展和设想；市口岸办汇报优化跨境贸易营商环境工作推进情况。领导小组成员单位围绕自贸试验区下一阶段改革重点目标任务进行讨论。

● 市十五届人大常委会第二次主任会议召开，决定市十五届人大常委会第二次会议于本月 24 日召开。市人大常委会主任殷一璀主持会议。

● 松江区发布《G60 科创走廊产业集群发展“零距离”综合审批制度改革方案》，在全市率先开展全流程预审，今后企业从拿地到完成开工许可，最快只需 15 个工作日。以前，产业项目获得施工许可证的时间一般在三个月以上。

● 市委统战部邀请在沪十三届全国人大代表、全国政协委员中的民主党派、无党派人士等 70 余人举行座谈会。市委常委、统战部部长施小琳出席并讲话。陈群、周汉民、黄震、张恩迪、赵雯等 14 名十三届全国人大代表、全国政协委员作发言，就如何开好全国“两会”及进一步做好新时代统战工作提出意见建议。

23 日

● 市公安局和上海市教委共同启动“公共安全教育开学第一课”活动，推出覆盖大、中、小学和幼儿园的公共安全教育教学补充读本，并首次推出电视公开课，向广大青少年普及公共安全知识和紧急情况下自救互救技巧。

● A 股在狗年首个交易日表现抢眼。沪指高开高走，收盘大涨 2.17%，报收于 3 268.56 点，创 18 个月来最大单日涨幅。深成指涨 2.18%，报收于 10 685.94 点；创业板涨 1.88%，报收于 1 677.76 点。两市合计成交近 3 300 亿元，行业板块全线上扬，民航机场、有色金属、水泥建材板块强势领涨。

● 驻沪部队全面停止有偿服务军地协调领导小组召开会议，总结去年停偿工作，对今年全面完成停偿任务进行再动员再部署。

● “我们在路上——上海昆剧团建团四十周年庆祝专场演出”在上海大剧院举行。

● 市政协、市委统战部领导走访民主党派市委、市工商联及有关团体。市政协主席董云虎，市委常委、统战部部长施小琳参加。董云虎一行先后来到民主党派大厦和工商联大厦，走访民革、民盟、民建、民进、农工党、致公党、九三学社、台盟市委和市工商联等。

● 2018“世界最美的书”评选在德国莱比锡揭晓，由上海市新闻出版局、“中国最美的书”评委会选送的两部作品《园冶注释》和《茶典》分别荣获“世界最美的书”银奖和荣誉奖。

24日

● 市长应勇主持召开市政府常务会议，研究贯彻落实国务院常务会议精神及对本市进一步推进“证照分离”改革试点工作方案的批复意见，部署深化实施“证照分离”改革试点。

● 市人大常委会举行市十五届人大常委会组成人员履职学习班，市人大常委会主任殷一璀出席并讲话。

● 市十五届人大常委会第二次会议召开，审议并表决通过有关人事任命事项，决定任命市政府22名组成人员。市委副书记、市长应勇列席会议。市人大常委会主任殷一璀主持会议并讲话。

● 2018年上海市新闻出版（版权）工作会议召开。会议传达了全国新闻出版广播影视工作会议和上海宣传思想文化工作会议精神，总结2017年工作、部署2018年任务。会上颁发“上海出版人奖”和“上海出版新人奖”。

●《不忘初心，牢记使命——迎接建党一百周年革命圣地系列之“跨越时空的井冈山精神”》主题展在上海市工人文化宫展出。展览分为从石库门到井冈山、坚定执着追理想、实事求是闯新路等五个篇章。

● 市旅游局代表上海市政府参与台北灯节，以“精彩上海欢迎您”为题的一组大型花灯以上海陆家嘴的地标建筑物为基础背景，包括上海中心大厦、上海环球金融中心、金茂大厦以及东方明珠电视塔等。

25日

● 由市委党史研究室和上海人民出版社共同举办的《破冰：上海土地批租亲历者说》出版座谈会暨首发式在沪举行。该书通过30位亲历者口述，首次全面披露上海土地批租改革试点的整个决策和实施过程。

● 结束滑稽戏《皇帝勿急急太监》演出后,上海城市剧院今起暂时闭门谢客并启动首轮修缮。

● 上海2月私车牌照拍卖揭晓,最低成交价87 600元,平均成交价为87 660元,比上个月的87 936元减少了276元。

● 为期33天的豫园灯会迎来观灯大客流。据统计,今年春节已达157.5万人次,比去年增加26%。豫园已采取应急措施,元宵封城期间(3月2日—4日),单向进出。

26日

● 市政协主席董云虎率部分市政协委员赴上海自贸试验区外高桥保税片区调研浦东新一轮高水平对外开放推动实施情况,实地走访园区入驻企业,了解园区和企业运营发展中面临的问题,听取对进一步完善营商环境的意见建议。

● 市委宣传部、市委政法委和市综治委联合召开全市政法综治宣传工作会议,总结去年工作,部署2018年全市政法综治宣传工作。

● 2017中超冠军广州恒大队在上海虹口足球场以4比1战胜2018中国足协杯冠军上海绿地申花队,夺得2018中国足协超级杯冠军。这也是恒大第四次夺得"超级杯",恒大由此成为超级杯史上夺冠次数最多的球队。

● 2018"中国最好大学排名"最新发布。上海市共有22所高校上榜,其中10所高校入围全国百强,百强高校数量位居全国第三。

● "乐业上海·春风行动"主题日活动在宝山区举行,本市今年"春风行动"正式启动。

● 上海政法综治宣传工作会议召开。会议强调,要坚持以习近平新时代中国特色社会主义思想为指导,从巩固党的执政地位、维护国家政治安全的战略高度,准确把握"按新闻传播规律办事"和"按执法司法规律办事"的结合点,不断改革创新政法综治宣传工作。

27日

● 浦东新区在全市各区中率先发布"四大品牌"建设行动方案,通过聚焦重点领域和关键环节,分领域、分阶段落地一批重点项目、搭建一批公共平台、形成一批支撑政策,取得一批具有集中度、显示度和影响力的品牌成果,将浦东打造成建设上海"四大品牌"的核心承载区。

● 市食药监局向上海远心医疗科技有限公司的单道心电记录仪颁发医疗器械注册证,向上海微创电生理医疗科技股份有限公司颁发医疗器械生产许可证,这也意味着上海去年推出的医疗器械注册人制度创新改革正式落地。

● 2018年静安质量峰会召开,静安区发布《关于开展质量提升行动的实施方案》,这也是全市第一个区级质量提升行动的实施方案。

● 市政府召开新闻发布会宣布，今年 3 月起上海各街镇（乡）社区事务受理服务中心全面实施全市通办，敬老卡申领和发放、生育保险待遇申领、居住证挂失等 161 项事务的办理不再受户籍地或居住地限制。

● 上海市市级机关党的工作会议召开，部署了 2018 年“2 + 5”重点任务，包括突出政治建设和思想建设两大建设，以及落实好服务改革发展、夯实基层基础、加强队伍建设、强化正风肃纪、落实党建责任等 5 项重点工作。

28 日

● 十三届全国人大一次会议召开在即，在沪全国人大代表学习和会前活动启动。全国人大代表、市人大常委会主任殷一璀主持下午的会前活动并讲话。

● 上海地区警备工作联席会议在上海警备区召开，上海警备区、驻沪陆海空三军、武警部队及上海市公安局等有关领导共 140 余人参加会议。会议讲评通报了 2017 年度上海地区警备工作开展情况，对 2018 年警备工作任务进行部署安排，市公安局领导介绍当前上海地区社会面道路交通管控有关情况，最后会议重点对做好 2018 年上海地区警备工作提出四点具体要求。

● 2016—2017 年度上海市杰出志愿者、优秀志愿者服务基地、优秀志愿服务品牌项目等上海市志愿服务先进典型受到表彰，《解放日报》“哎哟不怕”抗癌公益项目获优秀志愿服务品牌项目。

● 全市 16 个区公布义务教育学校招生工作实施方案。其中，“五年一户”覆盖了八个区。今年公民办小学同步招生方案中，如家长不选择报名公办小学，又未被民办小学面谈后录取的，根据第一批公办小学验证和已分配入学的实际情况，以本市户籍人户一致优先、同类排序靠后为原则，按照当年度区、校招生政策和细则安排入学。

● 今天是“国际罕见病宣传日”，市卫生计生委经综合评审确定两家罕见病诊治中心、首批“上海市罕见病专科门诊”，以让更多罕见病患者得到及时、权威的诊治。

● 杨浦区与上海大剧院签订协议运营管理杨浦大剧院。剧院拟用名称“YOUNG 剧院”，初期定位为以戏剧为特色的中等规模综合剧院，努力成为戏剧孵化、展演、交流、教育集聚的平台。

● 继“闵行城市书房”后，闵行区文广局再次携手社会力量推出汇集朗读与歌唱功能的“敏读亭”。

● 浦东新区人民检察院召开新闻发布会，正式出台《服务保障浦东新区营商环境建设十二条意见》，主动回应市场主体司法需求，为浦东经济持续发展提供新动能，为经济新的增长点保驾护航。

● “滴滴出行”按照约谈要求，于春节前后分两批向交通执法部门提供近期软件平台“秒完单”数据,并将上线隐藏目的地功能完整版,杜绝拒载现象发生。

## 本月

● 上海首部记录社区记忆的文字集《社区记忆——百位长者口述历史》正式发布。长宁区江苏路街道历时一年,采访社区内 106 位老人,在总时长 180 多个小时的对话中整理出 27 万字口述资料,会同 500 余张历史照片结集成册,完成对社区历史跨越百年的回望。

● 2018 年最新上海轨道交通运营服务乘客满意度公布。从各类指标看,上海地铁“服务便捷”指标评价最高,乘客对列车运行正常、列车运营情况播报及时等方面感受较佳。对于车厢内较为拥挤、车站设施设备不完善等问题,乘客则期望得到改善。

●《吉金鉴古:皇室与文人的青铜器收藏》大展在芝加哥艺术博物馆开幕,上博共计 30 件古代青铜器和 1 件清代绘画赴美展出。这也是上海博物馆今年首次赴境外展览。

● 一批来自白俄罗斯的冷冻牛肉飞抵上海,经上海机场检验检疫局签发《入境货物检验检疫证明》后,正式进入中国消费市场。这批牛肉共计 148.45 千克,是去年中国与白俄罗斯双方签署《关于白俄罗斯输华冷冻牛肉的检验检疫和兽医卫生要求议定书》后首批输华的白俄牛肉。由此,白俄罗斯成为我国第 14 个牛肉进口准入国家。

### 1—2 日

● 根据市委统一部署,市委六个巡视组已经全部进驻被巡视单位,这标志着十一届市委第二轮巡视工作全面展开。本轮巡视共巡视 6 个单位,巡视时间为一个半月。市委第一到第六巡视组分别巡视市工商局党组,合并巡视市工商局检查总队;市环保局党委;市规划国土资源局党组,合并巡视市规划设计院、市测绘院;市商务委党组,合并巡视市粮食局、上海钻石交易联合管理办公室;市发展改革委党组,合并巡视市信息中心、上海投资咨询公司、市发展改革研究院;市建设交通工作党委(市住房城乡建设管理委),合并巡视市房屋管理局、市公积金管理中心、市建设交通研究院。

### 2—6 日

● 2021 年第四十六届世界技能大赛筹办工作对接会在沪召开,人力资源和社会保障部有关负责人介绍了第四十六届世界技能大赛的总体设想。世界技能组织主要官员、人力资源和社会保障部、上海市人力资源和社会保障局及相关单位负责同志参加会议。

23—24日

● 市科技系统党政负责干部会议召开。市委副书记尹弘出席会议并讲话，强调要以习近平新时代中国特色社会主义思想统领工作全局，坚持不懈抓好理论武装、抓好科创中心建设、抓好全面从严治党，推动新时代科技工作展现新气象新作为。

## 3月

1日

● 市委召开季度工作会议。市委书记李强主持会议。市长应勇在会上就全市有关重点工作作部署。一要全力推进上海自贸试验区建设有新突破，举全市之力抓好中国国际进口博览会筹备工作。二要深入推进科技创新中心建设。三要大力推动实体经济发展。四要深化"放管服"改革，优化营商环境。五要着力保障和改善民生，加快建立租购并举的住房制度。六要以更大力度保护和改善生态环境。市委副书记尹弘通报全市大调研工作开展情况，市委常委、市委秘书长诸葛宇杰通报市委常委会2017年度民主生活会有关情况，虹口区委、闵行区委、市金融工作党委、市商务委党组负责同志交流相关工作。

● 第二十八届中国华东进出口商品交易会（简称"华交会"）在上海开幕。《"华交会"促进"一带一路"贸易发展行动计划》正式对外发布。

● 7时刚过，上海大学第四教学楼门前的草坪上已站满来自全国各地的艺考生及家长。今年，该校上海电影学院共有6个艺术类本科专业招生，其中表演专业计划招收20名学生，报考人数为5 265人，较去年增长近一倍，"报录比"高达263∶1。

● "2018年上海市侨法宣传月主题活动暨上海侨界'三送'活动长宁专场"在上海工程技术大学举办，现场开展涉侨政策咨询、医疗咨询、书画展示等活动。

● 上海市智能网联汽车道路测试第一批发车仪式在嘉定举行。此次发车标志着国内首批智能网联汽车测试车辆正式进入开放道路测试，也是国内首次明确智能网联汽车开放道路测试路段。

● 市经信委和市公安局、市交通委联合制订的《上海市智能网联汽车道路测试管理办法（试行）》正式发布，为上海在全国率先实施智能网联汽车开放道路测试奠定基础，将加快推动智能网联汽车从研发测试向示范应用和商业化推广转变。

2日

● 市委法律顾问聘任仪式举行，丁伟、叶必丰、刘士国、沈福俊、周敬青5名同志被聘任为市委法律顾问，标志着市委法律顾问制度正式建立。

● 上海市习近平新时代中国特色社会主义思想研究中心揭牌成立。经党中央批准，在包括上海市在内的十个单位和地方成立首批习近平新时代中国特色社会主义思想研究机构。

3日

● 中国国际进口博览会招展工作进入快车道。截至目前，已有120多个国家(地区)的上千家企业，包括近百家世界500强和行业龙头企业报名参展。其中，已有超过50个国家和地区的近200家企业已签约，已签约展览面积5万平方米。在已签约企业中，来自亚洲、欧洲、美洲、大洋洲、非洲的企业数量占比分别为35%、32%、16%、11%、6%。

● 出席十三届全国人大一次会议的上海市代表召开组团会议，推举殷一璀为上海市代表团团长，应勇、沈春耀、廖国勋为上海市代表团副团长。会议还产生三个小组的召集人，并酝酿大会主席团和秘书长名单(草案)以及大会议程(草案)。

● 由市政府合作交流办公室主持的“爱心扶贫，有你有我”大型精准扶贫行动启动大会在浦江镇召开；同日，在静安区举行“云品进社区，万家帮万户”启动仪式。

● 十三届全国人大一次会议开幕前夕，北京饭店国际会议中心搭建起“上海代表团全国人大代表与网友交流平台”。代表们围绕“改革开放再出发”的主题与网友进行在线交流。

4日

● 来自上海建桥学院临港校园的“最美宿管阿姨”葛红梅被授予“雷锋奖”。这是该校设奖十三年来，雷锋奖第一次面向教职员工颁发。

● 第二十八届华东进出口商品交易会在沪落下帷幕。本届华交会到会境外客商22 311人，来自109个国家和地区，客商总数比上届增加0.77%；累计成交23.20亿美元，比上届增加0.16%。

5日

● 十三届全国人大一次会议上海代表团召开全体会议，审议李克强总理所作的《政府工作报告》。市委书记李强代表，市委副书记、市长应勇代表参加审议。市人大常委会主任、上海代表团团长殷一璀主持会议。

● 按照国务院安委会统一部署，国务院安委办第十四督导组来沪开展安全生产专项督导。今天，上海召开安全生产专项督导工作汇报会。

● 市政府召开2018年度上海市人大代表建议和政协提案办理工作会议。今年上海两会期间，共受理代表建议801件、提案686件。代表委员围绕本市中心工作和经济社会发展大局，聚焦自贸试验区、科创中心、供给侧改革、城乡融合发展等方面提出意见建议，养老、教育、医疗、交通等民生议题热度不减，营商环境、卓越城市、人才、长三角、精细化管理、租售并举、“互联网+”、共享等关键词频频出现。

● 本市居(村)党组织领导班子换届工作动员部署会召开。市委副书记尹弘出席会议并讲话。会上,下发《关于认真做好2018年居(村)党组织领导班子换届工作的意见》。

● 市人大法制委、常委会法工委先后前往上海市人大工作研究会和上海市行政法制研究所,开展优化法规制度供给大调研活动。此次调研就"上海市现行有效政府规章需要上升为地方性法规的分析报告""五年立法规划(2018—2022年)市级机关及区人大立法建议项目筛选情况报告""五年立法规划(2018—2022年)民意征集立法建议项目筛选情况报告"等课题,聚焦国家战略与市委市政府中心工作,进行研讨交流。

● 周恩来诞辰120周年纪念日。中共一大会址纪念馆、中共四大纪念馆等沪上红色场馆以展览、情景党课等一系列活动,全方位、立体化呈现周恩来在这座城市留下的奋斗足迹。

● 中国人民解放军31609部队约300名官兵参与无偿献血,以实际行动向"雷锋同志"学习。

6日

● 上海代表团分别召开分组会议和全体会议,认真审议政府工作报告。市人大常委会主任、上海代表团团长殷一璀主持全体审议。

● 在沪全国政协委员分组讨论李克强总理所作的政府工作报告。

● 市卫生计生委发布最新统计数据:2017年度,本市门急诊人次达25 728.22万人次,同比增长3.16%。其中三级医院门急诊量占全市门急诊总量的37.39%,二级医院及其他医院等门急诊量占比29.61%,社区卫生服务中心门急诊量占比33%。三、二、一级医院门急诊量呈现"三足鼎立"之势,上海推进分级诊疗效果初显,就诊下沉进一步凸显。

● 上海工会庆"三八"女职工风采主题展示活动在上海市群众艺术馆举办。

● 2018年河长制暨"苏四期"(苏州河环境综合整治四期工程)工作部署会议召开。会议同时明确今年"苏四期"整治目标。

● 由市委宣传部、上海市思想政治工作研究会、上海市企业文化促进会主办的"新时代·新作为·新优势——年度上海企业创新文化品牌展评发布"活动在上海城市规划馆举办。来自全市15个区、3个委办的24家企业,用视频和演讲的方式展示各自在企业文化创新领域的成功经验和优秀做法。

● 复旦大学附属肿瘤医院发布首份2008年到2016年,八年乳腺癌患者生存率报告披露,并未出现社会上一直甚嚣尘上的乳腺癌年轻化。目前,中国大城市乳腺癌平均发病年龄依旧在45岁左右,较欧美发达国家年轻10岁左右。

7 日

● 十三届全国人大一次会议上海市代表团召开全体会议,审议宪法修正案草案。市委书记李强代表,市委副书记、市长应勇代表参加审议。市人大常委会主任、上海市代表团团长殷一璀主持会议。

● 以"巾帼新作为 绽放新时代"为主题的上海市纪念"三八"国际妇女节 108 周年大会举行。10 位第十届上海市巾帼创新奖获得者、5 位巾帼创新新秀奖获得者、772 个巾帼文明岗、200 名上海市巾帼建功标兵获得表彰。

● 市委召开大调研工作推进会。市委副书记尹弘出席并讲话,强调大调研是抓落实的重要抓手,全面贯彻党的十九大精神,推动改革开放再出发,要按照市委决策部署,真正沉下去找问题、抓细节、促落实,切实把大调研工作推向深入。

● "从石库门到天安门"诗歌朗诵会在国家大剧院歌剧院召开。朗诵会由市委宣传部、市文化广播影视管理局主办,中国上海国际艺术节中心、上海广播电视台公益媒体群、国家大剧院联合承办,是这项上海重点文艺创作作品首次在全国两会期间晋京演出,是上海红色文化、海派文化、江南文化的一次全国性重要展示。

● 市重大工程建设工作会议召开。2018 年,上海共安排 126 项重大工程,预备项目 22 项,新开工 14 项,基本建成 18 项,全年计划投资不低于 1 350 亿元,达到近年来最高水平。

● 市高院发布《上海市高级人民法院关于充分发挥审判职能作用 为企业家创新创业营造良好法治环境的实施意见》,这也是上海高院结合大调研活动形成的第一份制度性成果。

● 市消保委发布"全屋定制家具"消费体察报告,披露定制家具存在材质标识不规范、计价方式混乱、费用结算不合理等诸多猫腻。

● 市疾控中心最新消息,本市 287 家接种门诊和特需门诊将从今天开始陆续提供四价 HPV 接种服务,803.5 元/剂,全程 3 剂共 2 410.5 元。

8 日

● 上海召开架空线整治和管理工作联席会议,正式启动全市架空线入地及合杆整治,逐步消除"黑色污染"。预计今年完成 100 公里道路相关整治,主要集中在内环内重点区域、重要道路及中国国际进口博览会场地周边。

● 上海代表团召开分组会议,审查计划报告和预算报告。市委书记李强代表,市委副书记、市长应勇代表,市人大常委会主任、上海代表团团长殷一璀参加审议。

● 全国政协十三届一次会议在人民大会堂召开第二次全体会议,全国政协委员、市政协副主席周汉民作题为《大力推动创业投资 促进科技型中小企业发展》的大会发言。他建议,政府引导基金应按一定比例投入中小型创业投资机构,定向支持科技型中小企业发展。

● 市统计局正式发布《2017 年上海市国民经济和社会发展统计公报》。随着供给侧结构性改革的进一步推进,公报显示,过去一年,上海的创新驱动发展、经济转型升级成效进一步显现,民生保障持续加强。

● 市安委会办公室召开 2018 年度第一次主任办公会议。上海将进一步应用信息技术手段,推进安全生产工作制度创新、模式创新,让互联网、物联网、大数据、云计算等信息技术、智能工具助力提升安全生产工作的效率和水平。副市长吴清出席会议并讲话。

● 市交通委执法总队、市公安交警总队联合约谈“嘀嗒出行”“易到”两大网约平台,就网约平台资质注册审查不严、显示乘客目的地、驾驶员管理教育偏弱,以及网约车驾驶员遵守道路交通安全相关规定自觉性不高等问题,要求平台加强整改。

● 市委政法委相关部门负责人调研本市仲裁工作,实地察看仲裁庭等办公场地,召开调研座谈会,了解行业发展现状。相关仲裁机构负责人、专家学者、法官代表、仲裁员代表在座谈会上先后发言。

● 市妇幼保健中心以“靓丽动人·健康有约”为主题,举办融健康讲座、瑜伽健身、多学科示范服务为一体的健康服务活动。

9日

● 十三届全国人大一次会议上海市代表团在人民大会堂上海厅召开全体会议,审议政府工作报告,审查计划报告和预算报告。中共中央政治局常委、国务院副总理汪洋参加审议。

● 本市住宅小区建设“美丽家园”工作推进会召开,部署实施 2018—2020 三年行动计划。市委副书记尹弘出席并讲话。

● 第十三届全国人民代表大会第一次会议在人民大会堂召开第二次全体会议,听取最高人民法院院长周强关于最高人民法院工作的报告,听取最高人民检察院检察长曹建明关于最高人民检察院工作的报告。

● “跨入新时代　你我来奉献——上海大学生地铁志愿服务主题活动”在地铁一号线人民广场站音乐角举行。由首批 8 个优秀大学生志愿服务团队所在高校共同组成的“上海大学生地铁志愿服务联盟”正式揭牌。这个联盟由市精神文明办、申通地铁与上海青年志愿者协会共同组织。

● 由于气温适宜、天气晴好,市民乘客出行意愿明显增加。又恰逢周五,在通勤流、“妇女节”休闲购物流的相互叠加效应下,加之处于春运返程后期,人员集中抵沪,当日上海地铁路网总客流为 1 223.1 万人次,再次刷新全网客流纪录。这也是自去年底两条新线段投运来,2018 年首次全网创新高。客流规模位居国内第一、全球第二。

10日

● 上海市代表团分别召开全团会议和分组会议,审议最高人民法院工作报告和最高人民检察院工作报告。市委书记李强代表,市长应勇代表,市人大常委会主任、上海市代表团团长殷一璀代表参加审议。

● 儿童罕见病诊断领域启动国内首个临床研究项目,将系统地评估全基因组测序在不明原因智力落后/发育迟缓、多发畸形等罕见未确诊儿童患者中的应用指征及诊断效果。该项目由中国医师协会医学遗传医师分会、上海交通大学附属新华医院和湘雅医院共同发起,其中新华医院亦是上海市罕见病诊治中心。

● 参加本市2018春季考试招生试点的23所高校,开展自主测试。

11日

● 上海代表团召开全团会议,审议宪法修正案草案建议表决稿等。会议审议大会关于设立第十三届全国人大专门委员会的决定草案,关于第十三届全国人大专门委员会主任委员、副主任委员、委员人选的表决办法草案;酝酿相关专门委员会主任委员、副主任委员和委员的人选。

● 新闻晨报公益植树节活动·周到春荟在顾村公园举办,500多位市民、企业代表和晨报员工相约樱花林下,认养树木、播种绿色、观赏传统文化展演、传承经典。

● 第四届上海市民绿化节开幕。今年的市级活动主要分为家庭园艺、绿色展示、体验互动、科普服务四大系列40项活动,既有家庭园艺品牌活动,如"绿化大篷车校园公益行""绿色星梦想"第四季"美丽乡村";也有传统活动,如公园各类花展、绿化认建认养、市民观鸟活动、立体绿化体验、古树名木探访等。

● 中国男排超级联赛迎来半决赛首回合的较量,上海金色年华男排没有悬念地以3∶0战胜四川男排,赢得首场胜利。与上海女排狂热的主场相比,上海男排即使赢下了这场半决赛,看台上的观众人数依然稀少,球市依旧冷清。

12日

● 上海代表团分别召开全团会议和分组会议,审议全国人大常委会工作报告。市委书记李强代表,市委副书记、市长应勇代表,市人大常委会主任、上海代表团团长殷一璀参加审议。

● 上海交通大学医学院附属瑞金医院脑病中心正式启动,将对标国家"脑计划",以构建区域化特色临床诊疗科研联合体积极应战这些老年脑疾病。

● 中国民主革命伟大先行者孙中山先生逝世九十三周年纪念活动,在位于上海香山路的孙中山故居内举办。

● 上海青年文艺家培养计划"增强艺德修养,学习红旗渠精神"专题班开班。挑选戏曲、美术、文学、影视等各艺术门类具有出色才能和较大潜力的43位青年人才作为培养对象,启动为期三年的培养计划。

● 相关专家齐聚上海交大召开研讨会,并宣布启动《〈上海市高等教育促进条例〉释义》的编写。

13日

● 市政府发布《关于推进本市区域性股权市场规范健康发展的若干意见》,该文件是上海市政府落实国家关于区域性股权市场的规划部署,指导未来上海股权交易市场建设和发展的重要政策依据。

● 2018年市消防工作会议召开,今年上海市消防工作以市委大调研活动为牵引,切实找准制约城市公共消防安全的短板弱项,加强城市精细化管理,持续提升消防治理体系和治理能力现代化水平。

● 上海滩第一批市政潜水员开始在上海交大海洋水下工程科学研究院接受系统性的规范化培训,这在国内尚属首次。

● 上海上港队在韩国客场以1比0击败蔚山现代队,成为2018赛季第一支从小组出线的中超球队。

● 上海海关宣布成立上海海关驻科创中心办事处,制定推出12条措施,面向全市所有科创主体,提供"一站式"海关监管服务,对科创企业、机构承诺办理相关业务"最多跑一次"。这也是全国海关成立的首个科创促进服务机构。

● 2018年上海市国资国企工作会议召开。会议从深化混合所有制改革、聚焦主业创新品牌,着力打造世界一流企业等八个方面部署2018年上海国资国企改革发展和党建工作。

● 由安亭镇学习型社区建设工作领导小组全面策划,安亭镇社区学校主办的2018年度嘉定区安亭镇学习型社区建设工作推进会暨嘉定区市民终身学习体验点揭牌仪式举行。

14日

● 上海代表团召开全团会议,审议国务院机构改革方案。市委书记李强代表,市委副书记、市长应勇代表,市人大常委会主任、上海代表团团长殷一璀参加审议。

● 夏洛蒂·勃朗特、D.H.劳伦斯、珀西·比希·雪莱、T.S.艾略特、查尔斯·狄更斯,这5位英语世界伟大作家的手稿首次与上海读者见面。为期一个月的"文苑英华——来自大英图书馆的珍宝"展览,今天起在上海图书馆展出,曾影响几代中国读者的英国作家们的手稿与其中文翻译、改编及相关评论将并呈展出。

● 副市长许昆林在市政府贵宾厅会见到访的爱尔兰副总理兼外交贸易部长西蒙·科文尼一行,他向客人介绍上海近年来改革开放和经济社会发展情况。

● 中国国际进口博览局披露，日本株式会社不二越(那智不二越公司)与中国国际进口博览局正式签订2018中国国际进口博览会参展合同，中国国际进口博览会首份正式参展合同就此诞生。

● 市委宣传部、市文明办等领导一行十余人，在虹口区文明办及区教育局等领导陪同下，莅临上海市继光初级中学，调研学校精神文明建设工作。

15日

● 由上海市儿童文学研究推广会主办的“2018上海市儿童文学迎春座谈会”在浦东竹园小学开幕，揭晓了2017年度儿童文学“上海好作品”。任哥舒的散文《爱是传承　爱是不息》、梁燕的散文《小丫的四季》、魏捷的小说《大冬瓜》、杨紫汐的童话《绒雪》和刘保法的儿童诗《等一下爸爸》等5篇作品获奖。

● 虹桥商务区管委会与阿里巴巴、京东、唯品会三家电商巨头签订战略框架协议，全面承接中博会“6 + 365天”功能溢出效应，全力打响新时代“上海购物”全新品牌。

● “品质消费　卓越上海”——2018年上海市纪念国际消费者权益日座谈会召开。市消保委提出启动为期三年的“打响‘四大品牌’促进消费增长”实践活动，一是彰显“上海服务”品牌优势，关注消费新产业、新模式、新业态，当好消费者的“贴心人”；二是助推“上海制造”重塑辉煌，加强对科技含量高、市场推广快、消费需求旺的商品的事前引导、事中监督，当好消费者的“陪伴人”；三是为“上海购物”新添动能，更多地关注互联网、人工智能等消费新趋势，当好消费者的“娘家人”；四是为“上海文化”再添魅力，制作一批消费文化宣传产品，打造一批覆盖面广、契合度高、参与性强、感受度好的消费体验场所，当好消费者的“发言人”。

● 苏宁上海首家零售云门店苏宁易购周浦店正式开门迎客。该店是苏宁零售云板块上海落地的第一店，其开业意味着苏宁智慧零售解决方案在上海市场正式输出落地。

16日

● 由海军军医大学长征医院牵头的市中心创伤急救医联体正式成立，医联体覆盖并联动黄浦、静安、虹口、普陀、徐汇、长宁、浦东、宝山、闵行、嘉定、奉贤11个区30家医院的医疗资源和上海市卫计委、上海市公安局、消防局等7家相关单位。

● 蚂蚁金服旗下全资子公司商融(上海)商业保理有限公司发起的德邦蚂蚁供应链金融应收账款资产支持证券20亿元发行取得上交所无异议函，成为全国首单互联网电商供应链资产支持证券，是互联网科技、供应链与资产证券化结合，服务中小微企业的尝试。

● 市经信委为2017年度新认定的469家“专精特新”企业集体授牌，这是上海首次在全市范围内对“专精特新”企业公开组织集体授牌仪式。至此，上海“专精特新”企业总数已达1 665家。

● 亚太示范电子口岸网络（APMEN）试点项目暨战略合作签约仪式在上海中心大厦举行。本次签约仪式展示了APMEN试点项目的进展情况和战略合作方向。上海亿通国际股份有限公司、厦门自贸试验区电子口岸有限公司、澳大利亚新南威尔士港运营控股有限公司就APMEN海运物流可视化试点项目签订合作备忘录。APMEN运行中心（AOC）与马来西亚国家单一窗口运营商DNeX签约，在“FTA自由贸易协定优惠关税系统”和电子原产地证信息互联互通等方面开展合作，共同探讨如何有效运用“中国—东盟自由贸易协定”降低中马双方企业的跨境贸易成本。

● 中国国际进口博览局举行参展企业集体签约仪式。那智不二越（上海）贸易有限公司、达能纽迪希亚生命早期营养品管理（上海）有限公司、众美洲际直升机投资（香港）有限公司、医科达（瑞典）医疗器械有限公司（Elekta Instrument AB）、雅式展览服务有限公司、意大利国际米兰足球俱乐部六家企业的负责人分别代表参展企业与中国国际进口博览局负责人签署参展合同。此次签约企业均是相关行业的龙头企业。

● 本市首家区级专职文物保护机构——静安区文物保护管理中心正式揭牌。

17日

●《自贸区卓越指数指标体系》在上海发布。该指标体系源自世界自由贸易区组织2016年5月在迪拜举行的第二届国际年会和展会中所提出的“未来自贸区计划”。在“未来自贸区计划”中，卓越性和最佳实践，创新和创业，以及可持续性是最主要的三大支柱。

● “上海儿童文学1978—2018一代作家的文学巡礼”将近百位老中青少四代上海儿童文学作家聚集在上海作协大厅，他们各自讲述创作心路，其中谈到的困惑和担忧引人思考。

● 2018四季上海旅游消费信息春季发布在上海辰山植物园召开，向广大市民游客展示上海春季旅游的主要亮点及美食、购物、展演等攻略。

18日

● “上海市义务教育入学报名系统”向公众开放，为全市适龄儿童、少年的家长以及各区招生工作提供便利服务。

● 全球青少年顶级机器人赛事——2018 FRC First Robotics Competi-tion中国区选拔赛（上海赛区），在位于松江大学城的上海大学生体育中心体育馆落幕。44支中外队伍来自中国、波兰、土耳其等国家和地区，其中上海的参赛队伍占15席。

● 凭借莫雷诺的头球，客场作战的绿地申花1∶0小胜贵州恒丰，拿到球队2018赛季开始后的第一场胜利。

● “2018年春季长三角联合师资招聘专场”在上海世贸商城举办，约350家上海中小学、幼儿园、高校和中职校等单位到场设摊，师资岗位需求约为2 000人。

● 200余万字、插图千余张的《中国纺织通史》在沪首发，填补我国纺织业七千多年发展通史的空白。

19日

● 市政协召开十三届三次主席会议，听取部分专门委员会2018年工作计划汇报。市政协主席董云虎主持。会议审议关于举办十三届市政协委员学习研讨班工作方案，市政协评选表彰2016—2017年度反映社情民意信息工作先进单位、先进个人方案。

● 本市首家专为老旧小区加装电梯开展服务指导、承接委托管理的社会服务机构——虹口区家加乐加装电梯事务所在江湾镇街道挂牌成立，今后虹口区乃至本市老旧小区居民有意愿加装电梯，都可通过家加乐加装电梯事务所获得帮助指导。《虹口区加装电梯工作法》同时发布。

● 市委政法委领导会见《禁毒先锋》栏目组人员，要求继续打造禁毒宣传的优秀品牌，为上海深入开展禁毒人民战争营造良好舆论氛围作出更大贡献。

● 2018年上海市档案工作会议召开。市档案局(馆)将协助配合中央档案馆、国家档案局在上海办好“不忘初心、牢记使命”档案文献展，办好“中国共产党人的家风”档案展；全市档案系统将以“档案见证改革开放四十年”为主题开展“国际档案日”宣传活动；进一步在上海自贸试验区推广电子档案“单套制”管理，拓展档案管理门类；深化民生档案“全市通办”工作，年内再增3种以上通办民生档案。

20日

● 上海国际经济贸易仲裁委员会(上海国际仲裁中心)携手联合国国际贸易法委员会亚太区域中心，于上海举办“2018亚太国际仲裁论坛”。此次论坛的主题是“‘一带一路’国际仲裁：亚太区域的机遇与挑战”。

● 60多名穿着迷彩服、佩戴“民兵”标识的黄浦民兵聚集到南京路，摆出10多个服务摊位，为群众提供理发、电器修理、法律咨询、医疗保健等十多项免费服务。排着队等待服务的老百姓们纷纷称赞，“他们就是南京路上的活雷锋。”

● 在表演专业、影视摄影与制作专业校考之后，上海电影学院的戏剧与影视导演专业校考进行了复试。今年是上海电影学院导演专业首度招生，计划招收20名学生，吸引1 886人报考，报录比例为94∶1。

● 普陀区联合蚂蚁金服芝麻信用共同推出全国首个“安心消费”试点。消费者在该商家消费后，即可免费获得“先行赔付险”，如商家一旦违反相关承诺，经市场监管部门认定后，芝麻信用将先行赔付，消费者可立即获得补偿。

21日

● 市委常委会召开扩大会议，传达学习全国“两会”和习近平总书记重要讲话精神。市委副书记、市长应勇，市人大常委会主任殷一璀，市政协主席董云虎，市委副书记尹弘，市委常委廖国勋、吴靖平、周波、陈寅、翁祖亮、诸葛宇杰、施小琳出席。

● 市委副书记、市长应勇主持召开市政府常务会议，研究首届中国自主品牌博览会暨中国品牌发展国际论坛筹备工作；部署深化完善河长制、落实湖泊湖长制；研究推进3岁以下幼儿托育服务管理工作等事项。

● 市长应勇会见波兰新任驻华大使赛熙军一行。应勇向客人介绍上海经济社会发展情况。他说，中波两国有着深厚传统友谊，2016年两国建立全面战略伙伴关系后，各方面合作交流不断加深。

● 国家发改委联合中宣部等部委正式对外发布中国品牌日标识和2018年中国品牌日活动信息。上海作为首届“中国品牌日”系列活动主办地，也同步举办标识造型揭幕和活动开幕倒计时50天仪式。

● 全市架空线入地试点项目之一的四平路—吴淞路（新港路—海宁路段）正式开工。虹口区将在三年（2018—2020年）内，排定合计58公里的架空线入地和多杆合一计划，范围覆盖内环内主次干道、内外环间射线道路、历史风貌保护道路及重点区域（北外滩地区、瑞虹地区）。

● 美团打车网约车平台在沪正式上线运营。鉴于美团打车已发布的宣传用语及车辆注册情况，上线当天，市交通委、市公安局、市价检局联合对其进行约谈。

22日

● 市委书记李强在闵行区调研时指出，要深入学习贯彻习近平总书记对上海工作的指示要求，认真落实全国“两会”精神，更加主动对标对表，着力培育特色优势，全力推动高质量发展、创造高品质生活，为全市经济社会发展作出闵行的更大贡献。

● 市长应勇主持召开金融工作调研座谈会，与中央在沪金融管理部门、部分金融市场、功能性机构负责人共同分析金融运行情况，研究加快推进上海国际金融中心建设。

● 市委书记李强会见日本迅销集团董事长、总裁兼首席执行官柳井正一行。

● 市人大常委会在上海展览中心友谊会堂召开传达贯彻十三届全国人大一次会议精神大会。全国人大代表、市人大常委会主任殷一璀讲话。

● 2017年11月23日至12月22日，市环境保护第一、第二督察组分别对长宁、青浦两区开展环境保护督察，并形成督察意见。经市委、市政府批准，今天向两区进行反馈。第一督察组指出,长宁区环境保护工作取得积极成效,但生态环境保护意识和精细化管理水平还需要进一步提升,环境质量与绿色宜居的国际精品城区定位还存在差距。督察要求,长宁区要坚持更高标准、更严要求,大力推进生态环境综合整治,更加有效地解决涉及多部门职责环境污染监管问题,提高城市精细化管理水平,加快打造绿色宜居精品城区。第二督察组指出,青浦区环境保护工作取得明显成效,但生态环境质量与“绿色青浦”发展要求和群众日益增长的优美生态环境需要还存在一定差距。督察要求,青浦区要进一步优化产业结构和布局,完善环境保护相关责任体系,加强环境监管能力建设,加强环境基础设施建设,大力加强社会共治,努力实现“绿色青浦”的发展目标。

● 副市长翁铁慧在东方明珠广播电视塔会见应邀来访的布达佩斯市副市长亚历山大·艾娃·波博罗夫尼茨基女士和匈牙利对外经济和外交部国务秘书伊斯塔万·伊雅尔多先生一行,并参加在东方明珠城市广场举办的“布达佩斯节”活动的开幕式。

● 2018年春季上海高校党政负责干部会议召开,今年上海启动实施一流本科教育建设计划,发展一批一流本科专业。

● 市检察院召开党组扩大会议,传达学习全国“两会”和习近平总书记重要讲话精神。

●《上海市进一步推进高中阶段学校考试招生制度改革实施意见》公布。

23日

● 市委常委会召开会议,研究智慧政府建设、实施乡村振兴战略、做好安全生产和老干部工作等事项。市委书记李强主持会议并讲话。

● 市科学技术奖励大会召开,表彰为上海科技事业和现代化建设作出突出贡献的科技工作者。会上,市委书记李强向中国科学院院士、中科院上海有机化学研究所原所长林国强,中国科学院院士、中科院上海微系统与信息技术研究所所长王曦颁发上海市科技功臣奖。

● 市委书记李强分别会见英国阿斯利康公司全球执行董事兼首席执行官苏博科、怡和集团主席亨利·凯瑟克爵士一行。

● 市长应勇分别会见美国迈阿密—戴德郡郡长卡洛斯·西门尼斯和英国伦敦金融城市长鲍满诚,并与鲍满诚签署《上海与伦敦金融城(2019—2022年)交流合作备忘录》。

24日

● 市长应勇在兴国宾馆会见喀麦隆总统比亚一行,代表上海市政府和上海人民对总统阁下访沪表示热烈欢迎。

● 今天是第二十三个世界防治结核病日。市卫生计生委透露,近年来,本市结核病疫情稳中有降，保持在历史较低水平。2017 年本市居民新登记肺结核病人 3 624 例，发病率 24.9/10 万，较 2016 年下降 3.0%；外来流动人口新登记肺结核病人 2 821 例，发病数较 2016 年下降 2.6%。本市肺结核疫情处于全国最低水平。但是，人口老龄化加速、外来人口流动性增加、艾滋病病毒和结核杆菌双重感染及耐多药结核病等，对本市结核病防治工作提出新的严峻挑战。

● 3 月上海市个人非营业性客车额度投标拍卖会落幕，本月车牌拍卖最低成交价 88 100 元，平均成交价 88 176 元，比上月增加 516 元。

25 日

● 市委书记李强会见台湾新北市市长朱立伦一行。李强对朱立伦长期以来坚持"九二共识"、为推动两岸关系和平发展作出的积极努力表示赞赏，并向客人详细介绍上海经济社会发展情况。

● 上海中学、华东师大二附中、复旦附中、上海交大附中分别举行校园开放日，上海普通高中提前招生录取自主选拔由此拉开序幕。

● 长三角地区人才交流洽谈会暨 2018 届高校毕业生择业招聘会举行，活动吸引包括上海、浙江、江苏、安徽等地的 1.3 万人参加，其中应届高校生逾 9 000 人。沪、苏、浙、皖人社厅(局)共同签署《三省一市人才服务战略合作框架协议》，上海市所属区人才服务中心与苏、浙、皖三省部分地级市人才服务中心签订《人才服务项目合作协议》。

●《不忘初心，牢记使命——迎接建党一百周年革命圣地系列之"跨越时空的井冈山精神"》展览，单日最高参观人数超过 2 万，总计参观人数已突破 10 万，并以日均 7 000 人次的速度持续增长。展览以从石库门到井冈山、坚定执着追理想、实事求是闯新路、艰苦奋斗攻难关、依靠群众求胜利等五个篇章，讲述从党的"一大"至"四大"的革命斗争到走上井冈山开辟"农村包围城市、武装夺取政权"的道路，创建中国第一个农村革命根据地的一个个感天动地的红色故事。

● 上海市首批市级科技重大专项"国际人类表型组计划(一期)"项目启动。该项目由复旦大学牵头，中科院上海生命科学研究院、上海交通大学、上海市计量测试技术研究院的专家共同承担。作为上海建设具有全球影响力的科技创新中心的重要举措，它将首次在国际上建立先进的人类表型组学研究平台，全面制定我国人群健康表型组标准化技术体系，构建中国首例健康人群表型图谱及数据库。

● 市民文化节宝山专场系列活动和第五个上海宝山国际儿童文学阅读季启动，将 139 场文化活动送进全区各村居，送到老百姓的家门口。本届阅读季以"新时代、新使命、新阅读——致敬陈伯吹"为主题，延续"声、习、演、诵"四大板块，涵盖陈伯吹国际儿童文学经典作品的诵读展演等十余项、近百场活动。

● 历经六个多月的沟通、设计与改造，首批 6 座“悦读亭”亮相徐汇街头。悦读亭由公用电话亭改造而成，分为“漂流亭”“名人亭”“一本亭”三个主题，均位于徐汇艺术馆附近的淮海中路及复兴西路两侧。

26 日

● 市委书记李强会见新兴产业领军人才代表，围绕推动上海新兴产业发展同大家交流讨论。第十届全国政协副主席徐匡迪出席。王坚、雷军、周鸿祎、刘庆峰、黄晓庆、王海峰、周伯文、冯擎峰、甘中学等参加。

● 中国首个国际性的儿童文学奖项——“陈伯吹国际儿童文学奖”携原创插画展首度亮相博洛尼亚童书展。

● 中国原油期货在上海期货交易所子公司——上海国际能源交易中心正式挂牌交易。

●《上海加快实施人才高峰工程行动方案》出台，在七方面取得制度性突破。其中，“量身定制、一人一策”“实施高峰人才全权负责制”等政策，引起广泛关注。

● 市人才工作大会召开，市委书记李强指出，抓人才是上海构筑战略优势、打造战略品牌、实现战略目标的第一选择和最优路径，要认真贯彻落实习近平总书记关于人才工作的指示要求，持之以恒厚植上海发展的人才优势，坚持党管人才的政治导向、人才引进的高端导向、人才配置的市场导向、人才发展的国际导向、人才服务的精准导向，加快构建具有全球竞争力的人才制度体系，努力建设世界一流的人才发展环境，让上海成为天下英才最向往的地方之一。

● 市长应勇主持召开市政府常务会议，研究全面推进海绵城市规划建设；决定再取消和调整一批行政审批等事项；研究加强崇明禁猎区管理，推进世界级生态岛建设等事项。

● 市政协召开会议，部署打响“上海文化”“上海购物”品牌重大课题调研工作。市政协主席董云虎出席并讲话。

● 市政府新闻发布会召开，市政府副秘书长、市发改委主任马春雷从营商环境专项行动计划和全市面上营商环境改革的推进情况回应社会关切。

● 虹口区发布居委会工作“全岗通”2.0 版。为适应智能化便民服务需求，虹口区 213 个居委会将实现网上“不见面办事、零距离服务”，履行让居民到居委会办事最多跑一次的服务承诺，从而提升精准化服务水平，让居民“少跑腿”“不跑腿”。

● 成立于 1953 年的上海历史博物馆，几十年来几经易址，终于选址在南京西路 325 号，以上海历史博物馆、上海革命历史博物馆双馆合一的面貌呈现在观众眼前。两馆正式免费开放。截至闭馆，开放首日共接待 6 200 余人。

● 浦东新区举行架空线整治和管理工作动员大会，这标志着浦东架空线入地工作进入大规模推进阶段。新区架空线入地和合杆整治指挥部也于当天揭牌成立。

27日

● 市委中心组召开学习会，听取中国法学会副会长、学术委员会主任张文显关于学习宪法，深入贯彻落实党的十九届二中、三中全会及全国"两会"精神的专题辅导报告。

● 2018年第一期上海市重大文艺创作项目和上海文化发展基金会资助项目申报评审工作启动。《上海文艺创作重点选题推荐》以及相关的"申报通知"和"答申报者问"同时发布。

● 由财政部与世界银行共同主办、上海市承办的"优化营商环境的国际经验及对中国的启示"高级别研讨会在沪召开。研讨会邀请来自俄罗斯、印度、马来西亚、中国香港特别行政区以及世界银行的十多位专家介绍全球优化营商环境总体趋势以及专项领域的国际先进经验，为优化营商环境开拓思路、建言献策。

● 第二批贸易型总部颁证仪式举行，副市长吴清为第二批贸易型总部代表企业颁发证书。截至目前，全市122家贸易型总部企业年销售规模近4万亿元，占本市商品销售总额的约40%，充分体现贸易型总部在统筹国际国内两个市场中的主体作用，已成为上海国际贸易中心建设的主力军。

● 第三方机构调查显示，2017年有226家"首店"("首店"，是指在行业内比较有代表性的品牌或新的潮牌在某一区域开的第一家店)进入上海市场，约占全国的50%。其中，全国首店有134家，全市首店的代表性品牌有92家，与2016年统计的"首店"情况对比，大幅增长126%。

28日

● 市委书记李强就进一步优化营商环境，赴上海出入境检验检疫局、上海海关、市国税局、市地税局调研。

● 市政协召开十三届二次常委会议，围绕"对标国际最高标准、最好水平，推进浦东新一轮高水平对外开放"专题协商议政。市政协主席董云虎出席并讲话。市委常委、浦东新区区委书记翁祖亮通报有关情况。

● 市社会工作党委组织召开全市"两新"组织党建工作会议。市委常委施小琳出席会议并讲话。静安区委、市金融工作党委、闵行区社会建设工作党委、杨浦区五角场街道党工委等单位交流发言。

● "百联集团时尚中心——衍庆里"正式揭幕，成为打造上海时尚设计之都、打响上海"四大品牌"的重要载体。这里还同步举行"百联国际时尚学院签约仪式"和"百联中法时尚之约"活动。

● 几内亚比绍共和国最高司法法院保罗·萨尼亚院长、安哥拉共和国最高法院克里斯蒂诺·莫拉雷斯·席尔瓦副院长、赤道几内亚共和国最高法院安东尼奥·阿法诺副院长一行到访上海。上海市高级人民法院院长刘晓云会见代表团一行。代表团在访沪期间,还参访上海市高级人民法院和徐汇区人民法院,现场了解上海法院如何推动现代科技与司法实践深度融合、促进审判体系和审判能力现代化。

● 奥数课外机构之一蘑菇培优在其公众号发布公告,宣布停止举办 2018 暑期"集中分班诊断活动";而之前,学而思也"下线"了一年两次用于选拔提高的综合测试。上海市教委对校外培训的整顿,被外界称为"史上最严整治",对课外培训机构带来的影响已经开始显现。

● 由中国新四军研究会、上海市新四军历史研究会联合主办的"周恩来与新四军"学术研讨会召开。市委副书记尹弘出席并讲话。

● 中国共产党的优秀党员,上海市第十届人民代表大会常务委员会副主任,上海市高级人民法院原院长、党组书记顾念祖遗体告别仪式,在上海龙华殡仪馆举行。

● 上海公安部门对记录在案的所有诈骗电话进行统计后表示,以虚假的金融理财信息进行诈骗是近期最常见电信诈骗案件。上海公安部门对电信诈骗的防阻工作已从原来的"事后处置"转化为"事先预警",并运用多种科技和信息手段,有针对性地打击各类电信网络诈骗犯罪。

● 宝山投资总额达 298 亿元,建设占地 2 950 亩的 37 个重大产业项目集中开工和启动。这 37 个项目,分布于宝山"一带三线五园"产业区域内。

29 日

● 市委书记李强在虹口区调研时指出,按照以习近平同志为核心的党中央决策部署,今年全市各项目标任务、重点工作已经十分明确,要结合自身实际,紧盯重点难点攻坚突破、狠抓落实。虹口要依托滨江资源和文化底蕴,发挥优势、增强特色,把资源优势转化为发展优势,大力推动高质量发展、创造高品质生活。

● 中宣部日向全社会宣传发布钟扬的先进事迹,追授他"时代楷模"称号。钟扬生前是复旦大学生命科学学院教授、博士生导师,长期从事植物学、生物信息学研究和教学工作,取得一系列重要创新成果。

● 市长应勇会见美国科恩集团董事长兼首席执行官威廉·科恩一行。科恩表示,美中关系对两国的未来和人民福祉至关重要。科恩集团愿发挥自身优势,进一步促进美中两国企业间交流与合作,推动双边贸易投资健康发展。

● 长宁区养老、教育、卫生"优质 + 均衡"发展三年行动计划发布,到 2020 年,长宁区每 5 人中就有 2 位老人,全面进入深度老龄化社会。

● "第三十个爱国卫生月暨第二十八届上海市健康教育周"揭幕。上海市民健康素养水平从 2008 年的 6.97%上升至 2017 年的 25.36%,十年时间提升 18.39%。

● 市领导李强、应勇、殷一璀、董云虎、尹弘等来到普陀区桃浦中央绿地，参加全民义务植树活动。

● 市委书记李强，市委副书记、市长应勇，会见由贵州省委常委、遵义市委书记龙长春，遵义市委副书记、市长魏树旺率领的遵义市党政代表团一行。

30日

● 杨浦区的两个建设项目拿到建筑工程施工许可证。这是两张“电子产证”，整个领证过程就是在线下载、打印。更重要的是，两个项目从3月1日完成项目信息报送至今，用了仅一个月就拿到施工证照。这是3月1日沪上《进一步深化本市社会投资项目审批改革实施办法》施行以来诞生的首批证照。

● 由上海开往莫斯科的一带一路跨境电商中欧班列货运列车在上海杨浦站发车，助力中欧间跨境电商物流运输。

● 虹桥商务区召开长三角会商旅文体示范区联动平台研讨会，三省一市26个主要城市相关政府部门、单位共同发布《虹桥倡议》，宣布成立长三角会商旅文体联盟，并正式启动联动平台的建设。

● 2018智造中国峰会·上海松江——G60科创走廊“上海制造”要素对接大会在松江召开，现场不仅发布《松江区推进工业互联网创新发展三年行动计划》，还成立赛迪（上海）先进制造业研究院暨G60科创走廊发展研究中心。

31日

● 位于黄浦滨江的沪上体育文化新地标——国际乒联博物馆和中国乒乓球博物馆开馆。这是中国首次引入国际级体育类专业博物馆，也是国际体育组织所属博物馆唯一在异地建设发展的项目，同时标志着以乒乓球运动为中心的文化平台向上海转移。

● 上海正式推行开办企业“一窗通”网上服务平台，开办企业时间将由原先的22天缩短为5天。

● 世界技能组织主席西蒙·巴特利获得市人力资源和社会保障局（市外国专家局）颁发的《外国高端人才确认函》，成为上海第100位获此确认函的外国高端人才，从而获得中国签证。

● 上海首条胶轮路轨全自动无人驾驶APM线（旅客自动运输系统）——浦江线试运行。全程共6座车站，采用中运量、胶轮转向轨制式、噪音相对小、启停加减速快捷等特点的APM全自动无人驾驶系统。至此，上海轨道交通全网络运营线路总长增至673公里。

● “2018上海中国人民志愿军英烈公祭典礼”在上海永福园举行。

● 2018年中国技能大赛——第四十五届世界技能大赛上海市选拔赛开赛，货运代理、CAD机械设计、移动机器人、塑料模具工程、原型制作、网络系统管理等14个项目首次列入本市世赛选拔。移动机器人、网络系统管理、健康与社会照护也是我国拟首次参加明年第四十五届世赛的项目。

## 本月

● 本月底上海港全面推行凭票进港、凭票登船，成为全国首家全面试点邮轮船票制度的港口。

● 市质监局公布“2017年度全市服务质量测评结果”：社区卫生服务满意度以88.24分高居榜首。这已不是社区卫生服务首次夺冠。2016年度全市服务质量测评中，社区卫生服务满意度攀升历史最高值86.24，位列十大行业之首。

### 3月16日—4月15日

● 以“樱满枝头花争艳”为主题的“2018上海樱花节”在宝山顾村公园举办。活动期间举办“春知樱觉”“赏樱选魁”、心心相“樱”“樱”香雅韵、“樱”趣横生、“樱你而来”“樱”邮尽有七大主题活动，以及风味美食、休闲娱乐、自然探索、旅游购物、度假住宿五项配套活动。

### 3月21日—4月2日

● 全市交通执法部门累计查处利用网约平台从事非法客运案件211件，其中“滴滴”平台148件，“美团打车”平台63件。

### 3月28日—4月3日

● 2018秋冬上海时装周举办。本届时装周以“融・本源”为主题，将时装时尚融入生活，为新时代背景下的产品升级、消费升级与全民生活品质升级注入活力。

### 30日—31日

● 中宣部在上海召开学习宣传贯彻习近平新时代中国特色社会主义思想系列研讨会第二场研讨会，这次会议的主题是“新时代　新目标　新征程”。中央有关部门、社科研究单位、高校、习近平新时代中国特色社会主义思想研究中心(院)、理论工作“四大平台”、上海市社科理论界部分专家学者以及地方负责同志共120多人参加研讨会。

## 4月

### 1日

● 巴斯夫新材料有限公司财务人员接过上海市开出的首张环境保护税税票，这也是全国首张环境保护税税票，标志着环境保护税在全国顺利实施。

● 上海、广东、四川等11个自由贸易试验区在成都启动《中国自由贸易试验区协同开放发展倡议》，明确将进一步强化协同改革、协同创新、协同发展的思维，大力实施内陆与沿海沿边沿江协同开放战略。这份倡议是当天举行的2018中国自由贸易试验区协同开放发展论坛的主要成果。

● “迈向卓越的全球城市：全球城市理论前沿与上海实践”高端研讨会在上海中心召开，吸引国内外专家为上海加快建设卓越的全球城市建言献策。

2日

● 市委副书记、市长应勇主持召开市政府常务会议，审议《崇明区总体规划暨土地利用总体规划（2017—2035）》和《崇明世界级生态岛规划建设导则》；研究进一步推进法治政府建设、智慧公安建设等事项。

● 市委书记李强会见加拿大财政部长莫诺一行。李强说，希望以今年11月在沪举办的首届中国国际进口博览会为重要契机，进一步密切上海同加拿大各地在人员往来以及经贸、科技、教育等领域的合作交流，为中加两国友好关系发展作出更大贡献。

● 市委书记李强会见纳米比亚总统根哥布一行。李强希望以今年11月在沪举办的首届中国国际进口博览会为重要契机，进一步拓展双方在经贸、人文、旅游等领域的合作，实现互利共赢、共同发展。

● 为期三天的2018年闵行区居村文化干部培训班在闵行区委党校开课，面向区域内的居村干部实施全覆盖式的文化专题培训。这是上海为全面打通公共文化服务“最后一公里”所做的有益尝试。今年，“提升4 500个标准化居村综合文化活动室（中心）服务功能”被纳入市政府实事项目。

● 瑞士籍诺贝尔奖得主库尔特·赫尔曼·维特里希等6位外籍人才领到了在华永久居留身份证，拿到了属于他们的“中国绿卡”。

3日

● 上午，在中华艺术宫展出的“从石库门到天安门”上海美术作品展迎来了第100万名观众。展览自去年10月28日拉开帷幕以来，引发社会高度关注和广泛好评。

● 十三届市政协委员第一期学习研讨班在浦东干部学院开班。市政协主席董云虎出席开班式并作动员讲话。

● 市长应勇在市规划和国土资源管理局调研时指出，规划和国土资源管理工作对城市长远发展至关重要。要深入贯彻习近平新时代中国特色社会主义思想和党的十九大精神，把实施上海新一轮城市总体规划作为当前和今后相当长一个时期的头等大事、推动高质量发展的重要举措，抓紧抓实抓好，久久为功，一张蓝图干到底。

● 2018年全市卫生计生工作会议传出消息：本市将实施临床重点专科“腾飞”计划，

争创 2 家以上国家医学中心、10 家以上国家区域医疗中心、15 个以上国家级临床重点专科,强化上海医学核心竞争力。

● 浦东新区人才工作大会发布《浦东新区关于支持人才创新创业促进人才发展的若干意见》,在不少政策上有重大突破。这是浦东新区区委、区政府率先贯彻落实上海人才工作大会精神的重要政策文件,是浦东推动人才成为服务国家战略、建设“五个中心“核心功能区”和“四大品牌”核心承载区重要支撑。

● “2018 农工党上海市委生态与健康论坛”在崇明区举行。全国人大常委会副委员长、农工党中央主席陈竺出席并致辞。本次论坛由农工党上海市委与中共崇明区委、崇明区政府联合主办,以建世界级生态岛,助力绘就“美丽中国、健康中国”新蓝图为主题,探索在新时代坚持新发展理念、践行生态文明建设的创新举措及有益尝试。农工党中央副主席、上海市人大常委会副主任、农工党上海市委主委蔡威作“生态环境与人类健康”主旨报告。

● 全国国土绿化、森林防火和防汛抗旱工作电视电话会议召开。会后,上海分会场第一时间召开专题会议,部署今年相关工作要点重点,要求贯彻落实全国会议精神,细化目标和责任,落实到岗位到人,切实推进三方面工作。

● 国家体育总局副局长李颖川、上海市政府副市长翁铁慧分别代表双方签署共建协议。根据协议内容,国家体育总局将为上海实验室建设提供有力指导。上海市政府将充分利用科教资源优势,在资金保障、人员配备、创新平台建设等方面给予有力支撑。上海实验室由上海体育学院负责承建,实验室建成后由上海体育学院按第三方实验室管理模式独立运行。

● 在上海正式宣布上线的“肺诊网”希望以“互联网 + 医疗”的形式探索远程医疗模式,减少患者就医成本,给疾病治疗争取更多宝贵的时间。

● 廖昌永、谭盾、黄豆豆、尚长荣等 51 名国内外学术理论和艺术实践有较深造诣的专家学者正式成为上海市艺术教育委员会新一届委员。

● 第四届中国“互联网 + ”大学生创新创业大赛上海赛区比赛在复旦大学启动。本届大赛以“勇立时代潮头敢闯会创,扎根中国大地书写人生华章”为主题,由上海市教委、市人社局、市经信委和团市委主办。

4 日

● 市委、市政府召开上海市实施乡村振兴战略工作会议,深入贯彻落实党的十九大和中央农村工作会议精神,全面推进上海乡村振兴工作。市委副书记、市长应勇对本市实施乡村振兴战略工作作出具体部署。

● 市商务委召开“迎接 2018 中国国际进口博览会暨食品流通安全信息追溯宣传动员会”,公布了上海第一批食品流通安全信息追溯“红名单”。上海将通过建设食品追溯体系，进一步夯实进口博览会的食品保障体系。

● 市政府发布《关于进一步深化本市高考综合改革试点工作的若干意见》，上海将对高考考生的选考科目设立保障机制，且对物理科目的“托底”在今年高招录取时启动。

● 副市长、赛事组委会主任陈群赴上海国际赛车场，检查 2018 年 F1 中国大奖赛筹备工作，就健全现场指挥体系、强化重点区域安全管理、严格进场安检、加强大客流疏导、完善应急预案、提升赛事服务水平等方面，提出具体工作要求。

● “乡村医生”精准扶贫行动在上海召开出征大会。统计显示，目前我国乡村医生约 150 万名，肩负 6.5 亿农村居民的基本公共卫生服务以及常见病、多发病的初级诊治等医疗服务。项目首批选择中西部地区 24 个国家级贫困县开展工作，未来三年将覆盖到 100 个县。

5日

● 上海龙华烈士陵园迎来大规模祭扫英烈的人群，总数达 2.8 万人次，比去年同期明显增长。祭奠英烈的队伍中，有中小学生、企事业单位、武警部队以及自发赶来的市民群众。

● 据不完全统计，中共一大会址纪念馆接待参观人数达到 4 063 人；中共二大会址纪念馆接待 655 人；中共四大纪念馆接待 308 人；上海市历史博物馆接待 7 949 人，逼近 8 000 人次的最大接待量。

● 由中国疾病预防控制中心传染病所研究员、复旦大学附属上海市公共卫生临床中心兼职教授张永振带领的研究团队，在脊椎动物 RNA 病毒的发现、遗传与进化研究取得突破，相关研究成果以研究论文形式发表于英国《自然》杂志。该研究对解析病毒的多样性与遗传进化有着广泛意义，改变了我们之前对病毒圈的认识，为生命的起源进化研究提供有力基础。

6日

● 截至 18 时，上海国际旅游度假区核心区累计客流达 9 万多人次，除位于度假区西侧的迪士尼乐园外，东侧生态园内的中国红·映山红花卉节也颇受青睐，形成度假区核心区一东一西两大游园热点。

● 作为上海时装周重磅打造的综合性浸入式时尚嘉年华，第三季“上海时尚周末”活动拉开帷幕。这一活动通过艺术展览、时尚设计、大牌秀场、互动内容等形式，将 B2C 模式根植在中国时尚生态圈，以中国态度表达国际时尚。

7日

● 在上海交通大学建校 122 周年纪念大会上，91 岁高龄的李政道先生正式受聘李政道研究所名誉所长。李政道先生通过视频远程致辞，谈了他对未来李政道研究所建设规划的设想。

● 今天是清明小长假的最后一天,15时以后,本市路网迎来返程车流,其中G40长江隧桥、G2、G15、G50、G60、S26等高速公路市区方向入城段车流量较大。

8日

● 市政府党风廉政建设工作会议召开。中纪委法规室主任马森述作《中华人民共和国监察法》解读专题辅导讲座。

● 市长应勇在浦东新区调研。听取张江科学城建设和浦东创新创业情况介绍,来到通用电气(GE)中国总部,察看展示大厅、数字创新坊和未来实验室,听取能源、航空、医疗等领域的数字化应用方案介绍。市领导还听取了浦东探索"双告知、双反馈、双跟踪、双随机、双评估、双公示"政府综合监管机制以及"网上督查室"建设等情况介绍。

● 市人大常委会主任殷一璀在人民大厦会见德国汉堡市议会议长卡萝拉·费特一行。殷一璀说,上海和汉堡两市缔结友城关系已超过三十年,两座城市有很多相同的关注点。近年来,上海更加注重创新,共享经济、众创空间为城市发展增添活力。与此同时,城市环境、公共服务及市民生活都有很大提高。

● 市委书记李强在青浦区调研时指出,青浦生态资源丰富、区位优势独特,要深入学习贯彻习近平新时代中国特色社会主义思想,进一步明确定位、发挥优势,努力把生态优势转化为发展优势,把生态环境转化为宜居环境,持续用力做好生态建设、特色产业、乡村振兴三篇大文章,为全市改革发展作出更大贡献。

● 为纪念全国优秀教师、上海市优秀共产党员、复旦大学教授钟扬,由上海市委组织部和上海市委宣传部牵头,指导上海话剧艺术中心和复旦大学联手打造的报告剧《生命的高度》,在复旦大学相辉堂进行首次汇报演出。

9日

● 市委书记李强在市高级法院、市检察院调研,听取市高院院长刘晓云、市检察院检察长张本才所作的工作汇报,对市高院、市检察院按照中央要求认真推进司法体制改革、积极服务全市经济社会发展所取得的成绩予以肯定,对做好下一步工作提出要求。

● 市政协召开十三届五次主席会议,传达中共中央政治局常委、全国政协主席汪洋在沪苏浙皖政协主席座谈会上的讲话精神。市政协主席董云虎主持。

● 市长应勇主持召开市政府常务会议,研究对本市行政审批告知承诺进行立法规范和推广;要求加快推进本市餐厨废弃油脂全部收集和资源化利用;部署实施新一轮金山地区环境综合整治等事项。

● 在北京召开的第十届中国花卉博览会举办城市评定会议上,上海市崇明区获得2021年第十届中国花博会承办资格,主题为"花开·中国梦"。

● 市长应勇会见江苏省南通市委书记、市人大常委会主任陆志鹏，市委副书记、市长韩立明率领的南通市党政代表团一行。李强说，希望进一步加强规划对接，发挥各自优势，深化产业、生态、交通等各方面合作，携手实现更大发展。

●《上海市司法鉴定管理条例》立法调研领导小组第一次会议暨立法调研开展。该条例已列入今年市人大立法项目。

● 2018 年上海海上搜救工作会议召开，孙华、张风雷、林浩等十位优秀海上搜救志愿者获得市政府表彰。副市长、上海海上搜救中心主任时光辉出席。

10 日

● 市政协召开中心组（扩大）学习会，围绕“学习贯彻中共十九届二中、三中全会精神，把思想和行动统一到党中央关于深化党和国家机构改革的决策部署上来，坚定不移走中国特色社会主义法治道路，增强宪法意识”听取专题报告。

● 市人大常委会召开第五次主任会议。会议听取关于《上海市单用途预付消费卡管理规定（草案）》审议结果的报告、关于《上海市人民政府关于研究处理〈上海市道路交通管理条例〉执法检查报告及审议意见的报告》的评价意见，决定将相关法规草案修改稿等提请常委会第三次会议审议；听取了市人大有关专门委员会关于市十五届人大一次会议主席团交付审议的代表议案审议结果的报告、关于个别代表的代表资格的报告和有关人事任免案的说明，决定将相关报告、有关人事任免案等提请常委会第三次会议审议、表决。会议还听取关于开展上海市“十三五”规划实施情况中期评估监督工作方案的汇报，以及关于 2017 年规范性文件备案审查情况的报告；书面审议有关市政府办公厅研究处理关于本市 2017 年上半年国民经济和社会发展计划执行情况报告审议意见的复函的评价意见；讨论决定有关人事任免事项。

● 市委常委、市委政法委书记陈寅在兴国宾馆会见以总统办公厅主任、政府基础发展部长西德梅霍・托梅加-多贝为团长的多哥保卫共和联盟代表团。陈寅向来宾们介绍上海经济社会发展等情况。

● 上海基层禁毒工作大调研座谈会在嘉定区马陆镇召开，会议就进一步落实国家禁毒委要求、加快推进禁毒示范城市创建活动进行部署。

● 全球首台华龙一号核电机组核岛主设备堆内构件在上海电气集团上海第一机床厂有限公司（一机床）启运，发往福建省福清市，服役“福清 5 号”机组。华龙一号是我国自主研发和设计、具有自主知识产权的第三代核电技术，作为中国制造高技术、高标准、高经济带动性的典型代表，是推进实施“中国制造 2025”的标志性工程，还担负着中国核电走出去的战略重任。

● 市政府召开上海市工业投资和技术改造工作会议，发布《深入推进技术改造巩固提升实体经济能级三年行动计划(2018—2020 年)》。由于将有助于推动上海产业能级水平焕然一新，该行动计划也被称为技术改造“焕新计划”。

● 市政府新闻发布会披露，目前已有 61 个国家正式确认参加贸易投资综合展，160 多个国家和地区指定了近 200 家本国和地区的组展机构协助招展和服务。来自 120 多个国家和地区的超过 1 600 家企业已直接报名参展，包括近百家“财富世界 500 强”企业和行业龙头企业。

● 上海博物馆为“典雅与狂欢：来自雅典卫城博物馆的珍宝”特展，定制了一场别开生面的浸入式戏剧《美狄亚》。这是上海博物馆首次引入戏剧演出，意在引导观众多维度感知博物馆文化。

11 日

● 上海联影医疗科技有限公司召开首届联影全球创新大会，发布“uAI 联影智能平台”，并首度披露人工智能相关系列新品，全面展示人工智能与医疗合作的无限可能，助力“上海智造”在人工智能时代再升级。

● 市委书记李强会见新加坡总理李显龙一行。李强详细介绍上海经济社会发展情况。

● 市委书记李强，市委副书记、市长应勇与陕西省党政代表团举行两地经济社会发展座谈会。李强说，上海与陕西近年来经贸合作关系日益密切，陕西优势特色明显，发展态势强劲，面向未来，两地合作空间更为广阔。推进“一带一路”倡议、深化自贸试验区建设以及全面创新改革试验等一系列共同机遇将两地更为紧密地联系在一起，希望进一步深化沪陕两地产业合作，加强科教、医疗、文化等全方位交流，分享经验，携手发展，共同为落实国家战略发挥更大作用、作出更大贡献。

● 首批 30 家平台企业成为首届中国国际进口博览会“6 天 + 365 天”常年展示交易平台，四大类型平台功能凸显“上海服务”品牌。

● 继上海自贸试验区探索启动医疗器械注册人制度创新改革后，全球首个医疗器械全产业服务平台“CDMO(研发生产外包组织) + CRO(临床研究组织)”落户上海，平台将提供一站式、全过程服务，包括生产线建设、工艺开发、样品生产、性能验证、临床评价等多个环节，在助力医疗器械企业缩短产品上市周期的同时，减少资金占用，避免试错风险。

● 在东华大学主办的 2018 年第二十届国际时装院校联盟(IFFTI)年会上，全球 24 个国家的 60 所时装院校和机构的 200 多名时尚界专家围绕集成和开发设计、技术与材料创新、商业与产业发现、文化传承与发展及教育多元化五大议题，全面解读时尚未来。

15 日

● 2018 年 F1 中国赛迎来了落户申城十五年来的第九位冠军，奔驰车手博塔斯与法拉利车手莱科宁分列二、三位，将法拉利、梅赛德斯、红牛三足鼎立的 F1 新格局诠释得淋漓尽致。

● 市国安办、市委宣传部、市教卫党委、市教委、市国家安全局等单位在华东理工大学联合主办第一届上海市大学生总体国家安全观主题微影视作品征集展示活动启动仪式，旨在创新学校国家安全教育模式，提升学生国家安全责任意识。

●《青少年运动技能等级标准》发布。

16 日

● 市委书记李强会见以全国政协常委、香港江苏社团总会会长唐英年为团长的香港苏、浙、沪社团联合访沪代表团一行。李强说，沪港两地交流往来频繁，希望在现有良好基础上进一步深化拓展金融、经贸、文化、青年等领域交流合作。

● 市委书记李强在宝山区调研，察看邮轮、宝山规划展示馆、上海机器人产业园发那科机器人基地等。

● 首届中国国际进口博览会筹备委员会第二次会议在北京召开。中共中央政治局委员、国务院副总理、筹备委员会主任委员胡春华主持会议并讲话。胡春华说，要切实加强党对筹备工作领导，按照《中国国际进口博览会总体方案》《中国国际进口博览会实施方案》及具体工作方案，明确任务书、责任人、时间表，倒排工期，抓好招展招商、外事接待、安全保卫、场馆改造、城市保障、新闻宣传等重点工作落实。要靠前指挥，尽快组建现场指挥部。要加强督导，确保筹备工作进度。各地区、各部门、各单位要把办好进口博览会当作一件大事，齐心协力确保首届中国国际进口博览会取得圆满成功。

● 围绕加强网络平台订餐监管工作，市人大、市政府、市政协联合召开办理代表建议和委员提案专题座谈会。会上，有市人大代表、政协委员提出，对网络订餐平台及重要违规个人实行“双问责制”。

● 市公积金管理中心透露，2018 年度住房公积金按职工本人和单位各 7%的缴存比例所对应的月缴存额上限为 2 996 元，月缴存额下限为 322 元。补充住房公积金按职工本人和单位各 5%的缴存比例所对应的月缴存额上限为 2 140 元。城镇个体工商户及其雇用人员、自由职业者的住房公积金月缴存额上限为 5 136 元，月缴存额下限为 322 元。

● 全国第五届大学生艺术展演活动大学生艺术实践工作坊暨艺术作品展览在上海展览中心开幕，47 个不同种类的大学生艺术实践工作坊惊艳亮相，生动呈现了全国高校美育的创新成果。本届活动首次设立的大学生艺术实践工作坊分为“艺术与校园”“艺术与科技”“艺术与生活”三大板块。

● 全国第五届大学生艺术展演活动正式开幕。本届展演以“理想与信念”为主题，现场将集中展演 11 场(声乐 3 场、器乐 2 场、舞蹈 3 场、戏剧朗诵 2 场)艺术表演节目;举办大学生艺术实践工作坊暨优秀艺术作品展览，举办全国第五届高校艺术教育科研论文报告会，举办开幕式和闭幕颁奖晚会，来自全国 31 个省(自治区、直辖市)以及新疆生产建设兵团、香港特别行政区和澳门特别行政区 400 余所高校的近万名师生参加。

17 日

● 第七届亚洲公务航空会议及展览会(ABACE2018)在上海虹桥机场霍克太平洋公务机基地开幕。三天会期内，全球 170 多家参展商将静态展示 35 架飞机，涵盖公务机全谱系，包括各类活塞式飞机、涡轮螺旋桨飞机、喷气式固定翼飞机，大型洲际公务机、轻型机、水陆两栖机及 6 架直升机等，其中部分机型是首次在亚洲亮相。

● 市十五届人大常委会第三次会议召开，对《上海市单用途预付消费卡管理规定(草案)》进行二审。市人大常委会主任殷一璀出席。会议听取市人大法制委副主任委员丁伟所作的关于《上海市单用途预付消费卡管理规定(草案)》审议结果的报告，并对法规草案修改稿进行分组审议。

● 市委书记李强会见诺贝尔化学奖获得者迈克尔·莱维特教授一行。迈克尔·莱维特表示，上海这座城市充满活力、充满魅力，在建设具有全球影响力的科技创新中心方面有着特有的优势条件，我充分感受到上海各方面的推进力度和坚定决心，愿携手复旦大学更好贡献智慧力量，提供科技创新的国际视角，助力上海科创中心建设不断迈向深入。

● 市委中心组召开学习会，听取上海 WTO 事务咨询中心理事长王新奎关于学习习近平总书记在博鳌亚洲论坛 2018 年年会上的主旨演讲和在庆祝海南建省办经济特区三十周年大会上的重要讲话精神，推进高水平对外开放的专题辅导报告。

● 决战中国国际进口博览会 200 天全市动员大会在上海展览中心召开。常务副市长周波通报上海市决战中国国际进口博览会 200 天行动计划，市委常委翁祖亮、诸葛宇杰出席。

● 市经信委透露，首批获得智能网联汽车开放道路测试号牌(即“无人驾驶”上路牌照)的上汽集团和蔚来汽车，在第一个月的测试中，总里程达到 3 000 公里，总时长约 130 小时。两家车企的反馈显示，总体测试情况良好，车辆均未触发交通安全事故，也没有发生交通违法。安全驾驶纪录与车企的技术储备、测试经验以及政策导向都有一定关系。

● 市十五届人民代表大会常务委员会第三次会议审议《上海市人民检察院关于提

请批准设立上海市沪东地区人民检察院、上海市沪西地区人民检察院的议案》，并表决通过了相关决定。

● 教育界、艺术界的多位专家、学者做客第十五届上海教育博览会新时代美育高峰论坛时，不约而同地提出，让孩子们反复“刷题”的学科应该是艺术，让艺术教育陪伴他们整个学习生涯。美育形式趋于多元，浸润孩子心田“今天中国的文盲不多了，但美盲很多”。

● 市知识产权联席会议办公室和市政府外事办公室联合召开2018年上海知识产权情况通报会，通报十年来上海知识产权发展情况。十年来，上海知识产权工作实现了跨越式发展，在知识产权管理、创造、运用、服务、保护等方面取得巨大成就和显著进步。

● 第五届“上海好童书”评选、阅读推广活动在普陀区图书馆启动。在业内看来，比起给孩子细分不同题材或年龄层的图书，更重要的是培养小读者的阅读兴趣和良好习惯，让他们在“悦读”中提升艺术审美眼光。

● 上海社会科学院发布的《2018浦东经济发展报告》显示，过去一年，浦东在上海的经济地位继续保持上升趋势，占上海地区生产总值的比例进一步提升到31.95%，第三产值占比约74.6%。

18日

● 市第十五届人大常委会第三次会议召开，听取和审议市政府关于研究处理《上海市道路交通管理条例》执法检查报告及审议意见的报告。审议并表决通过市人大法制委员会、内务司法委员会、财政经济委员会、教育科学文化卫生委员会、城市建设环境保护委员会、华侨民族宗教事务委员会、农业与农村委员会关于市十五届人大一次会议主席团交付审议的代表议案审议结果的报告等。

● 上海高校思想政治工作推进会召开。上海市委副书记尹弘出席会议并讲话，强调要深入学习贯彻习近平新时代中国特色社会主义思想和党的十九大精神，增强办好中国特色社会主义大学的自信自觉，巩固良好态势，聚力补齐短板，努力把新时代上海高校思政工作提高到新水平。

● 全国人大常委会副委员长艾力更·依明巴海率全国人大专题调研组来沪，就坚持创新驱动发展、深入推进国家科技重大专项工作情况开展调研。全国人大教科文卫委员会主任委员李学勇等出席调研座谈会。

● 2018年上海市食品安全工作视频会议召开。副市长许昆林总结去年本市食品安全工作并部署今年重点任务。2017年上海各类食品监测总体合格率为97.5%，未发生重大食品安全事故，在国务院食安办2017年省级政府食品安全评议考核中获得A级(优秀)。一批先进集体和先进个人受到表彰。

● 市委书记李强会见由越共中央政治局委员、中央书记处书记、中央经济部部长阮文平率领的越南共产党代表团一行。

● 中国国际进口博览会“6 天 + 365 天”一站式交易服务平台正式启动，这一平台将为各国进入中国市场提供多模式、多渠道精准对接服务，打造联动长三角、服务全国、辐射亚太地区的进口商品“桥头堡”。

● 市深入学习宣传和贯彻实施宪法座谈会召开，全面落实中央和市委统一部署要求，进一步坚定宪法自信、维护宪法权威，以宪法精神凝心聚力，推动宪法在本市得到深入学习宣传和全面贯彻实施。上海市深入学习宣传宪法宣讲团在会上宣布成立。

● 浦东新区对“浦东开发开放主题展”进行重新布展，主题展在浦东陈列馆正式对外开放。浦东开发开放主题展共有八个展区。

● 贸易型总部企业集聚的黄浦区出台《黄浦区关于扩大对外开放积极利用外资实施意见》及若干产业政策，助推总部型企业的加速集聚：未来，凡注册在黄浦区的总部型企业，于外区或外省市开设品牌门店的，将给予单店不超过 30 万元、一年一家企业不超过 300 万元的初始资金补贴。

● 由国有大型商业银行设立的第一家金融科技公司——建信金融科技有限责任公司在沪正式成立。上海市委副书记、市长应勇，中国建设银行党委书记、董事长田国立共同为企业揭牌。上海市金融办、中科院计算机网络信息中心、建信金融科技三方签署《共建金融科技创新实验室的战略合作备忘录》。建信金融科技与宝武钢铁集团等 11 家企业签署《金融科技创新能力输出协议》。

● 第 15 次全国国民阅读调查发布：2017 年我国成年国民包括书报刊和数字出版物在内的各种媒介的综合阅读率为 80.3%，较 2016 年的 79.9%有所提升；2017 年我国成年国民人均纸质图书阅读量为 4.66 本，较 2016 年的 4.65 本略有增长；人均电子书阅读量为 3.12 本，略低于 2016 年的 3.21 本。纸质报纸的人均阅读量为 33.62 期(份)，低于 2016 年的 44.66 期(份)。纸质期刊的人均阅读量为 3.81 期(份)，高于 2016 年的 3.44 期(份)。我国成年国民人均每天手机接触时长为 80.43 分钟，比 2016 年的 74.40 分钟增加了 6.03 分钟；人均每天互联网接触时长为 60.70 分钟，比 2016 年的 57.22 分钟增加了 3.48 分钟；人均每天微信阅读时长为 27.02 分钟，较 2016 年的 26.00 分钟增加了 1.02 分钟。

**19 日**

● 第六届中国(上海)国际技术进出口交易会(上交会)拉开帷幕。本届上交会主题是“创新驱动发展，保护知识产权，促进技术贸易”，总展览面积 3.5 万平方米。

● 配合中考新政的市属实验性示范性高中的名额分配方案正式公布。上海市教委发布《关于市实验性示范性高中名额分配综合评价录取招生计划分配原则的补充说明》，明确在2022年实施中招新政后的学生，不论是公办初中、民办初中，还是各校的艺体特长生都有相同的升入实验性示范性高中的通道。

● "海上记忆·百年经典故事"连环画创作工程成果展在东外滩艺术空间揭幕。这是该工程启动三年来的一次检阅，精选而出的232幅作品，以连环画的形式为人们呈现上海百余年间发生的重大历史事件和人物故事。

● 由商务部、科技部、国家知识产权局和上海市政府共同主办的第六届中国（上海）国际技术进出口交易会在上海世博展览馆开幕。市委书记李强出席开幕论坛并宣布第六届上交会开幕。市委副书记、市长应勇，联合国工业发展组织总干事李勇致辞。开幕论坛前，李强、应勇与中外嘉宾一起参观科技部、主宾城市、张江国家自主创新示范区、民营企业等展区，仔细察看各展区展示的最新科技创新成果，与参展企业负责人、科研人员和上海工匠代表等进行交流。

● 市政协"打响'上海文化'品牌"重大课题调研组赴证大喜玛拉雅中心，实地考察设置于商业综合体中的中小剧场和美术馆运营管理情况，围绕立足打造"演艺之都"提升剧场国际性等话题，听取剧场、票务部门意见诉求。座谈中，政协委员与上海多家剧场和票务网站负责人就打响"上海文化"品牌亟需破解的难点深入探讨。

● 市人大常委会召开"十三五"规划实施情况中期评估监督启动会。市人大常委会主任殷一璀出席会议并讲话。

● 市长应勇会见挪威奥斯陆市常务市长雷蒙德·尤汉森、联合国工业发展组织总干事李勇一行，对客人来沪参加第六届中国（上海）国际技术进出口交易会表示欢迎。应勇向客人介绍上海经济社会发展情况。

● 市委宣传部启动"改革开放再出发，我为上海献一计"建议征集活动，并举行理论研讨会。此次建议征集活动以习近平新时代中国特色社会主义思想为指导，围绕"艰苦奋斗再创业改革开放再出发"主题，广泛动员全市干部群众，为上海当好新时代全国改革开放排头兵、创新发展先行者，建设卓越的全球城市和社会主义现代化国际大都市建言献策。

● 市委书记李强在奉贤区调研时指出，奉贤区要紧密结合自身定位特色，坚定不移全面深化改革开放，以区域转型升级促进城乡一体化发展，以创新社会治理提升群众满意度获得感，为全市改革发展大局作出应有贡献。

● 首个无人驾驶自动清洁车队在松江区上路清扫保洁的消息在网上刷屏。车辆为上海仙途智能科技有限公司所研发。这家初创企业去年下半年落户于松江区G60科创走廊—启迪漕河泾（中山）科技园区。仙途研发的无人驾驶自动清洁车辆已在园区内试运营一个月。车辆凌晨两点自动苏醒作业，全程低速行驶，可以自动绕开障碍、自动驾驶、自动掉头、自动过红绿灯、自动停车等。

●《崇明区全域旅游发展总体规划》发布。按照规划,崇明区将通过西沙·明珠湖、东平森林公园、东滩鸟类保护区等重点项目建设与提升,促进全域旅游要素整合。

● 市委宣传部与华东政法大学正式签约共建华东政法大学马克思主义学院。

● 市人大常委会召开"十三五"规划实施情况中期评估监督启动会。市人大常委会主任殷一璀出席会议并讲话。

20日

● 决战中国国际进口博览会200天宣传系统动员会召开,会议要求全市宣传系统各部门、各单位迅速行动起来,举全战线之力,全力做好进口博览会宣传文化各项工作,为把进口博览会办成"国际一流博览会"作出宣传系统应有贡献。

●《上海交通大学医学院博士后激励计划实施办法》正式颁布并实施,学校将对纳入其中的博士后提供20万元至35万元的年薪,还将为出站留院工作的优秀博士后提供50万元房贴、建立职称聘任绿色通道等。

● 市委书记李强在中国东方航空集团有限公司调研时说,希望东航更好扎根上海、服务全国、面向全球,为上海建设"五个中心"、打响"四大品牌"、办好首届中国国际进口博览会作出更大贡献。

● 市委组织部、市文明办共同发起,申通地铁集团具体实施的"平安地铁先锋行、志愿服务百千万"活动在地铁人民广场站正式开启,并向全市党员发出倡议号召。

● 市委召开2018年首场专题协商座谈会。市委常委、市纪委书记、市监察委主任廖国勋就"本市党风廉政建设和反腐败工作"有关情况作介绍,并与各民主党派市委、市工商联和无党派代表人士座谈,听取意见建议。

● 第六届中国(上海)国际技术进出口交易会(上交会)"联合国工业发展组织主题日"召开,来自业界、政府、高校的专家学者纷纷建言献策、绘制可行路线。从单打独斗到抱团出海,"一带一路"产业生态圈初现与会专家认为,"一带一路"倡议正推动企业"抱团出海"。

● 市人大常委会主任殷一璀在人民大厦会见哈萨克斯坦议会下院副议长伊希姆巴耶娃一行。殷一璀说,哈萨克斯坦是中国全面战略合作伙伴,高层互访频繁,双方在国防、教育、经济等方面的合作成果丰硕。

● 在上海关区,原上海出入境检验检疫局21家分支机构和直属单位今天起统一以海关名义对外开展工作,一线旅检、查验和窗口岗位实现统一上岗、统一着海关制服、统一佩戴关衔、统一使用海关标识。

● 市企业"走出去"综合服务中心正式启用。服务中心围绕信息、会展及海外推广、商事法律、海外网络建设、贸易投资便利化、金融支持等方面展开服务。

● 以“理想与信念”为主题的全国第五届大学生艺术展演活动在沪落下帷幕。本届大学生艺术展演活动的集中展示为期6天，吸引了来自全国各省、自治区、直辖市和新疆生产建设兵团，以及香港、澳门的400余所高校近万名师生参加，献上了11场艺术表演，组织了47个大学生艺术实践工作坊现场展示，展出了数百件优秀艺术作品，涵盖声乐、器乐、舞蹈、戏剧、戏曲、朗诵等，其中香港、澳门为首次参加展演活动。

● 由中国电信上海公司战备应急通信办牵头组织的中国电信集团华东区五省一市应急保障力量联合浙江省军区，并由中国电信浙江公司、浙江省军区战备建设局具体承办的“天翼神剑·联动2018”防灾减灾军地联合应急通信演练在杭州举行。

21日

● 国家海洋局与上海市政府在极地考察国内基地码头，为考察队举行了欢迎仪式。本次考察任务由“雪龙”号船和“向阳红01”号船联合组队执行，队员来自中、美、加、俄、泰、新西兰等13个国家，围绕罗斯海地区恩克斯堡岛新站建设、南极环境业务化调查评估和南极大西洋扇区海洋环境综合考察三大任务，组织实施并圆满完成了78项调查任务和22项保障支撑任务，取得了一批重要成果。

● 全国学校美育工作会议暨第三批学校美育改革发展备忘录签署仪式在上海举行。教育部党组书记、部长陈宝生出席会议并讲话。

● 由商务部、科学技术部、国家知识产权局和上海市政府共同举办的第六届中国(上海)国际技术进出口交易会在上海世博展览馆落下帷幕。据主办方统计，观众达55 361人次，比上届增加5%，其中专业观众比例为81%。为期三天的上交会是我国首个集技术展示和交易服务为一体的国家级、国际性、专业性展会。本届上交会主题是“创新驱动发展、保护知识产权、促进技术贸易”，展览面积3.5万平方米，共有900余家境内外知名科技企业和交易服务机构参展，全方位展现了我国技术贸易的特点以及国际技术贸易发展的趋势，凸显了中国知识产权保护的新形象。

22日

● 教育部、上海市政府在沪召开深化上海教育综合改革2018年度工作推进会，回顾总结2017年进展情况，研究部署2018年各项工作。教育部党组书记、部长陈宝生充分肯定了上海市在深化教育综合改革进程中率先启动、率先探索、率先受益、率先带动，为全国深化教育综合改革贡献了智慧、积累了经验。

● 陆家嘴图书馆转型升级后新辟的陆家嘴融书房，集阅读、艺术展览、音乐演出于一体的新型城市空间全新启动。1 400多平方米的三层空间里，藏着5万余册各类图书，其中约20%是西文图书，书房配置了智能化图书馆服务系统，满足周边白领的借阅需要。首场陆家嘴读书会大咖云集，葛剑雄、孙甘露、叶辛、金宇澄、周嘉宁等作家学者分享在生命中留下重要印记的枕边书。

● 第二届上海市校园篮球联盟杯赛(中小学组)在华东师范大学第二附属中学开幕。赛事由上海市教育委员会、上海市体育局主办,上海市中学生体育协会、上海市校园篮球联盟承办,众辉体育协办。来自全市 16 个区 91 支队伍的 1 000 余名球员报名参赛,按年龄分为小学组、初中 U13 组、初中 U15 组以及高中组,在五个分赛场同步展开较量。

● 上海市青少年足球精英培训基地联赛在静安区体育中心开幕。来自全市 10 家青少年足球精英培训基地的 66 支球队参赛,小球员们在比赛中交流球技,享受足球带来的快乐。赛事根据年龄组不同采用单循环或双循环制,设 U7、U8、U9、U11、U13、U15 六个组别的联赛,分别由静安、普陀、杨浦三家精英基地承办。

● 市双拥办携手驻沪海军部队,在百年军港吴淞联合举办"军营开放日"活动,两艘我国自行设计制造的新型导弹护卫舰停靠在码头供人参观。

23 日

● 市政协召开十三届六次主席会议。市政协主席董云虎主持。会议审议了 2018 年度市政协平时视察活动安排。

● 市长应勇会见美国麻省理工学院校长拉斐尔·莱夫一行。应勇说,上海发展人工智能,具备产业基础扎实、人才集聚度高、数据资源海量等良好基础条件,人工智能的研究和应用前景广阔。上海积极支持人工智能产业发展,致力打造国家人工智能发展高地,并已出台推动新一代人工智能发展的实施意见,希望加快集聚更多人工智能企业和人才,促进政府、高校、科研院所和企业加强交流、密切合作,推动人工智能造福人类。

● 市长应勇主持召开市政府常务会议,研究贯彻落实习近平总书记在博鳌亚洲论坛上的重要讲话精神,扩大金融业开放,推进上海国际金融中心建设;要求加大政务公开力度,推进法治政府建设;研究进一步减税降费,减轻企业负担;部署全面实施技能提升行动计划等事项。

● 市长应勇与副市长时光辉、吴清一行赴国家会展中心(上海),实地检查场馆设施改造、环境综合整治等工作进展。在听取南广场、论坛举办场地改造情况汇报时,市领导认真对照施工图和效果图,仔细询问施工进展、技术标准,叮嘱相关部门加强统筹谋划,倒排时间节点,保质保量完成建设和保障任务。随后召开工作推进会上。

● 冷暖交汇之下,上海遭遇了今年首场暴雨,并伴有雷电。市区雨量普遍超过 50 毫米,普陀区部分地区超过 100 毫米。

●“不忘合作初心继续携手前进——纪念中共中央发布‘五一口号’七十周年手迹展”在上海图书馆开幕。展览以“五一口号”的响应者和参加第一届全国政协会议的委员、代表的手迹为线索，生动展现当年“五一口号”发布后，各界人士积极响应“五一口号”，紧密团结在中国共产党周围，齐心勠力、共襄盛举、共建新中国的历史时刻。展品共95件。

●市政府新闻办官方新媒体“上海发布”微信公众号粉丝突破400万，内容传播力和品牌影响力进一步扩大。自2013年6月正式运营以来，“上海发布”微信公众号始终致力于发布权威信息、回应社会关切、提供便民服务。

●开了十四年的志达书店，携手天猫率先开启书店的“无人时代”，成为全国第一家智慧未来书店。“新零售+”让实体书店更开放、更智能。

24日

●市委常委会召开扩大会议，传达学习习近平总书记在全国网络安全和信息化工作会议上的重要讲话精神。

●市委、市政府召开全力打响“四大品牌”推进大会。市委书记李强强调，“打响品牌”四个字，“打”就是要有措施、有行动，“响”就是要在国内外叫得响，“品”就是要质量高、品质好，“牌”就是要有竞争力、影响力。要找准主攻方向，聚焦重点发力。

●市委、市政府印发《关于全力打响上海“四大品牌”率先推动高质量发展的若干意见》以及全力打响“上海服务”“上海制造”“上海购物”“上海文化”品牌的四个《三年行动计划》。

●主题为“逐梦新时代悦读再出发”的第二十届上海读书节开幕。市委副书记尹弘出席开幕式并讲话。劳动模范、职工书友、专家学者等分享读书心得，畅想“互联网+”时代的阅读生活，现场还发布了本届读书节182项示范项目。

●上海推进科技创新中心建设办公室召开第六次全体会议，研究部署2018年上海科创中心建设重点工作。

●由吉林省委书记、省人大常委会主任巴音朝鲁，省委副书记、省长景俊海率领的吉林省党政代表团抵沪考察访问。下午，上海市委书记李强，市委副书记、市长应勇与吉林省党政代表团举行两地学习交流座谈会。李强代表上海市委、市人大常委会、市政府、市政协，感谢吉林省长期以来对上海经济社会发展的关心和支持。

25日

●市委、市政府召开上海市产业工人队伍建设改革推进会。市委副书记尹弘出席会议并讲话。

●市委书记李强会见美国华特迪士尼公司董事长兼首席执行官罗伯特·艾格一

行。李强对华特迪士尼公司同上海合作所取得的成果表示赞赏。

●《关于推进新时期上海产业工人队伍建设改革的实施意见》出台,明确提出完善产业工人住房政策措施,加快推进单位租赁房建设,支持有条件的企事业单位、产业园区采取各种方式解决产业工人住房困难问题。

● 市委书记李强,市委副书记、市长应勇会见江苏省委常委、苏州市委书记周乃翔,市委副书记、市长李亚平率领的苏州市党政代表团一行。

● 市高级法院通报本市法院 2017 年知识产权司法保护情况,发布了三份知识产权审判白皮书并公布"2017 年上海法院知识产权司法保护十大案件"。

● 世界知识产权组织(简称 WIPO)在中国申请注册的"WIPOPatentscope"商标已正式核准,这是该组织在中国申请注册的第一件含有其英文缩略语"WIPO"的商标。

●《"光启高峰人才计划"行动方案》出台,主要对接上海人才高峰工程行动,以政策高峰构建人才高峰、以个性化突破解决个案性问题,集聚一批高峰人才在徐汇创新创业,为重点领域产业发展聚能增效,有效推进一批具有自主知识产权和核心技术的科研成果实现产业转化。

● 30 岁的巴基斯坦男子塔信使用中国干细胞集团提供的脐带血造血干细胞,在位于松江区的上海市第一人民医院南院血液科的无菌层流舱内,顺利完成了造血干细胞移植。此次移植的成功,开创全球首个外国人使用中国脐带血造血干细胞移植的先例。

● 上海市特殊教育工作会议召开。未来三年上海特教发展的总目标是,完善特教体系、推进融合教育、深化医教结合、提升教育质量。

● 从今天起,上海启动第二轮"改善医疗服务三年行动计划",针对人民群众就医过程中的"难点""痛点",在三年内推出一系列服务项目,优化医疗服务流程,创新医疗服务模式,提升医疗质量安全,构建就诊便利、沟通有效、诊疗安全、服务可及、信息共享、服务一体的新时代医疗服务体系,改善群众就医感受。

● 第二十一届全国新概念作文大赛在上海作家协会启动。

● 上海作家协会举行的 2018 上海文学影视创投峰会春季场,吸引了全国 30 多家影视制作公司代表来沪寻找合适的文学作品进行改编。峰会由上海市文化广播影视管理局、上海市作家协会、SMG 影视剧中心、阅文集团主办。

26 日

● 为期两天的上海市第十五次妇女代表大会闭幕。全体代表选举产生了由 121 名执委组成的市妇联第十五届执行委员会。随后召开市妇联第十五届执行委员会第一次会议,市委副书记尹弘出席并讲话。

● 市长应勇调研吴泾、高桥、南大、吴淞、桃浦五个重点区域，要求加快整体转型升级，推动经济高质量发展。在座谈交流时，浦东新区、普陀区、宝山区、闵行区分别汇报了重点区域规划设想和工作打算。市发展改革委、市经信委、市规土局等汇报了相关工作考虑。

● 市总工会召开新闻通气会宣布，2018 年上海市五一劳动奖状(章)、工人先锋号揭晓，共评选出 205 个上海市五一劳动奖状、347 名上海市五一劳动奖章和 349 个上海市工人先锋号获得者；评出 3 家全国五一劳动奖状、29 名全国五一劳动奖章、29 个全国工人先锋号获得者。

● 首届中国国际进口博览会志愿者组织保障牵头部门——共青团上海市委宣布，正式启动首届中国国际进口博览会志愿者招募工作，预计招募名额为 2 500 名，主要包括长期管理岗位志愿者和会期服务岗位志愿者。

● 上海迪士尼度假区迎来一个重要里程碑——第七个主题园区“迪士尼・皮克斯玩具总动员”主题园区开门迎客，这是上海迪士尼乐园自 2016 年 6 月开园以来的首个主要扩建项目。

● 第六届柏林中德文化节在柏林海军上将剧场拉开帷幕，本届文化节以“她・Sie”为主题。从中国民族乐器到德国合唱，从传统曲艺到芭蕾演出，开幕式演出为柏林观众带来了一场中德艺术文化交流的视听盛宴。中德两国政界、文化界人士近 600 人出席开幕式活动。

● 东方明珠新媒体公司在上海国际会议中心宣布成立电子竞技联盟——G 联盟，并在现场启动 2018 年 G 联赛，开启电子竞技产业新征程。东方明珠以此为起点，未来将全面布局电子竞技市场，推进电竞游戏、电竞联赛、电竞联盟、电竞场馆等项目的建设，与业内企业共建良性行业生态。

27 日

● 宣传系统“上海文化”品牌建设推进会召开。会议要求全市宣传系统各部门、各单位迅速组织起来、行动起来，以昂扬向上的精神状态、扎实有效的工作举措，贯彻落实市委、市政府召开的全力打响“四大品牌”推进大会部署要求，全力打响“上海文化”品牌，为推动上海率先实现高质量发展作出应有贡献。

● 市政协召开“着力破解超大城市精细化管理难题”专题监督会，市政协主席董云虎出席。会上，蔡放鸣、刘毛伢、马驰、王洁、屠海鸣、陈永弟、游闽键、何少华、凤懋伦、曹艳春、胡苏云、杨文悦等委员先后发言，分别就城市精细化管理体现人本理念、善用法治思维法治方式解决治理顽症、构建大数据时代的城市风险治理体系、力量下沉打通城市管理“最后一公里”等提出意见建议。

● 市政府召开二季度工作会议，市委副书记、市长应勇指出，要坚持扩大开放，发挥开放这个上海的最大优势,加快构建更高层次的开放型经济新体制。要抓牢自贸试验区建设这个突破口,对照国际最高标准、最好水平,持续推进“三区一堡”“三个联动”,年内全面完成改革任务,同时抓紧研究深化自贸区建设的新一批改革创新举措等。

● 国务院召开新一届政府第一次廉政工作电视电话会议,市委副书记、市长应勇代表上海作题为《以“证照分离”改革为突破口推动上海廉政建设再上新台阶》的交流发言。

● 由市委书记李强率领的上海市代表团在云南省昆明市,与云南省委书记、省人大常委会主任陈豪,省委副书记、省长阮成发等云南省党政领导举行上海云南扶贫协作联席会议,并看望慰问上海援滇驻滇干部人才。

● 首届中国国际进口博览会窗口服务保障工作动员会在浦东供电公司召开。会议动员全市各区、各系统、各行业积极做好进口博览会窗口服务保障各项工作。海关、电力、道路保洁、出租、公交、市政道路、轨道交通、餐饮八个重点行业代表向社会作出行业服务承诺,全力做好保障,为首届中国国际进口博览会取得圆满成功作出积极贡献。

● 市纪委通报五起违反中央八项规定精神典型案例,均为违规接受管理服务对象宴请。这反映出当前仍有少数单位和党员干部对落实中央八项规定精神认识不够、执行不力,对“不吃公款吃老板”心存侥幸。

● 市委委托各民主党派市委、无党派代表人士对上海建设具有全球影响力的科技创新中心有关人才政策贯彻落实情况开展专项民主监督。专项民主监督启动会召开。市委常委、市委统战部部长施小琳出席并讲话。启动会上,市人才工作协调小组办公室负责人介绍了本市人才政策情况,上海推进科技创新中心建设办公室负责人介绍了本市科技创新中心建设情况。

● 市委政法委召开“人民日益增长的平安法治需求与政法工作发展不平衡和不充分之间的矛盾”专题座谈会,中央媒体驻沪记者及本市媒体记者20余人受邀参加,就本市政法工作中存在的问题建言献策。

● 第三十五届上海之春国际音乐节在上海交响乐团音乐厅开幕。陆在易、许舒亚、龚天鹏三位作曲家共同启动开幕装置节拍器,开幕音乐会上《中华创世神话原创作品音乐会》(海上新梦Ⅻ)进行全球首演。

● 我国迄今为止投资金额最大的国家重大科技基础设施项目——硬X射线自由电子激光装置迈入全面建设时期。位于浦东张江的上海科技大学校园旁,硬X射线自由电子激光装置项目5号工作井基地举行装置建设启动仪式。作为光子科学领域最前沿的代表性装置,硬X射线自由电子激光装置投资近百亿元,工程建设周期为七年，预计 2024 年年底完工。

28日

● 市委书记李强，市长应勇会见全市劳模先进代表，全市近千名各行各业劳模先进和职工代表欢聚一堂，喜迎“五一”国际劳动节。市委副书记尹弘出席。五一劳动奖获得者、劳模年度人物等先进代表讲述了各自的成长历程和工作体会声。

● 市委常委会召开扩大会议，传达学习习近平总书记在深入推动长江经济带发展座谈会上的重要讲话精神。市委书记李强主持会议并讲话。

● “品牌 · 城市 · 生活——首届长三角(上海)品牌博览会”在上海展览中心开幕，长三角地区 26 座城市近 300 个产业品牌、区域品牌、企业品牌集体亮相，共塑世界级城市群品牌。长三角“老字号”焕发新活力长三角城市群已跻身六大世界级城市群之列，其经济总量占全国的近四分之一，达到 19.5 万亿元。

● 25 家世界 500 强及行业龙头企业成为新一批进口博览会参展签约单位。至此，首届中国国际进口博览会已经签约的参展企业数量近 1 100 家，展览面积达 18 万平方米以上。

● 市政府举行第二十八批跨国公司地区总部颁证仪式，市长应勇为新认定的 36 家跨国公司地区总部颁发证书，并与部分跨国公司负责人交流，听取他们对上海进一步优化营商环境的意见和建议。

● 一部在传统戏曲旋律与西方交响技法交织融汇基础上赋予全新艺术创意的交响乐新作《京剧幻想》，由指挥家张亮执棒上海爱乐乐团和费城交响乐团演奏员组成的阵容，在东方艺术中心音乐厅举行世界首演。

● 上海专门针对 0—3 岁幼儿托育的“1 + 2”新政(包括《关于促进和加强本市 3 岁以下幼儿托育服务工作的指导意见》《上海市 3 岁以下幼儿托育机构管理暂行办法》《上海市 3 岁以下托儿托育机构设置标准》出炉)。这也是全国构建的首个托育管理标准、办法和机制。

● 由华东师范大学出版社和商务印书馆共同出版的全球第一本人工智能基础教材《人工智能基础(高中版)教材》在上海发布。

● 位于虹口区北外滩的上海港国际客运中心码头迎来今年到访的第 10 艘访问港邮轮——银影号。来自澳大利亚的希瑟 · 布朗女士成为从北外滩入境的第 150 万名邮轮游客。这是上海首次举行访问港邮轮欢迎仪式，也是吸引访问港邮轮游客、提升上海服务品质的一次有益探索。

● 市绿化委员会扩大会议召开，总结了 2017 年本市国土绿化工作进展，并提出今年将积极推动生态环境建设落地成型，按照“绿化、彩化、珍贵化、效益化”要求，加快建设基本生态网络，用丰富多彩的城市绿化给市民更多获得感和满意度。

● 总部位于上海的中国太保集团召开税延养老保险综合解决方案发布会宣布,适应不同客户需求,推出收益固定型、收益保底型和收益浮动型等多品类税延养老保险产品,月应税收入超5 000元的人群均能够享受该政策所带来的红利。

30日

● 有1.2余万人次游客到上海植物园游园、观花、赏景。在古猗园,以"赏精品牡丹,品传统文化"为主题的春季活动吸引约1.02万人次游客入园,一度超过公园瞬时最大承载量。上海野生动物园和上海动物园也分别迎来2万多人次大客流,其中多是亲子家庭游。

● "中华号角——2018上海之春国际音乐节管乐艺术节"暨中国第十二届优秀管乐团队展演开幕,在复旦正大体育馆内,来自全国各地的173支管乐队的3 500名管乐乐手,一同奏响《中华人民共和国国歌》,现场申报"大世界基尼斯之最"中国纪录。

● 2018年射箭世界杯赛陆家嘴金融城上海站在陆家嘴中心绿地落下帷幕。目前上海已有逾十家射箭俱乐部,经常参与射箭运动的人群规模超过5 000人。

● 第二十八届上海白玉兰戏剧表演艺术奖在上海大剧院举行颁奖晚会。中国评剧院演员王平凭借在评剧《母亲》中的出色表演问鼎本届主角奖榜首,另外九位演员同获主角奖。凭借在淮剧《留守村长留守鹅》中的精彩表现,涟水县淮剧团的许晴荣膺配角奖榜首,另有四人也获得了配角奖。白先勇获得特殊贡献奖。

● 上海歌剧院策划推出的"魅力中国红——原创及经典作品全国巡演"启程。这是上海歌剧院建院史上规模最大、历时最长的全国巡演:接下来的43天里,上海歌剧院将调动全院300多人,携近年优秀原创及深受欢迎的经典作品,赴山东、辽宁、吉林、黑龙江、江苏、浙江等地的17个城市演出38场,以纪念改革开放四十周年。

31日

● 今天是"五一"小长假第二天,上海交通运行总体平稳有序,高速公路、城市快速路和长途客运的流量均比首日有所回落。

● 上海在闷热中迎来30.1 ℃的日最高气温,这也是今年首次达到30 ℃。

● 截至16时,上海国际旅游度假区游客已达8.5万人次。度假区东侧生态园内的"2018电子雏菊嘉年华音乐节上海站"以及香草园内的"秀谜宠物狂欢节5·1白蓬展"都颇受游客青睐,形成了度假区核心区东、西相互映衬的游园热点。

## 本月

● 本月起,上海正式推行网上开具税收完税证明服务。纳税人可以随时登录网上办税服务厅,查询下载打印除代扣代缴证券交易印花税以外的其他税种的税收完税证明，真伪鉴别实现“一键扫描”，实现了让数据“多跑腿”，让纳税人“少上门”。

● 在本市“不忘初心，牢记使命，勇当新时代排头兵、先行者”大调研中，市纪委根据市委统一部署，专门出台大调研工作方案和工作纪律，把解决市区两级监察体制改革中遇到的问题作为重要调研方向。截至3月底，各部门已走访基层党政机关、村居、企事业单位开展调研772次，覆盖调研对象681家，收集问题847个，建议550条，解决相关问题302个。

4月27日—28日

● 为纪念中共中央发布“五一口号”七十周年，支持各民主党派、无党派代表人士深入开展“不忘合作初心，继续携手前进”主题教育，市委统战部组织各民主党派市委、市工商联负责人和无党派代表人士瞻仰上海中共一大会址，并赴浙江嘉兴南湖等地学习考察。

# 5月

1日

● 市旅游局联合相关部门举办2018年黄浦江游览“五一”特别活动，吸引5 000多名市民游客参与其中。本次活动正式启用升级改造后的秦皇岛路游船码头和浦江游览1号船，并首次发布统一的“黄浦江游览”行业标识，推出黄浦江游览宣传片。

● 5月第一天以31.2 ℃再度刷新今年气温新高，同时成为上海自1988年以来最热的“五一”。同时出现今年首个“雷暴＋大风＋暴雨”三黄预警齐聚头，局部地区出现短时强降水。

● 1 000余名官兵坚守外滩、南京路等重点区域，120余支巡逻小分队加大武装巡逻力度，各类应急处置小组、专业救援分队前置一线随时待命。“五一”小长假期间，武警上海总队3 000余名官兵节日无休，守护申城平安。

● 市绿化市容局公布的数据显示，“五一”期间，上海各座公园共接待游客271.74万人次（城市公园261.76万人次、郊野公园9.98万人次）。

● 五一假期，市工商局12315中心共受理消费者投诉举报393件，同比增长29%。其中网购投诉占投诉总量48%，互联网服务、家居用品、住宿餐饮等服务投诉位居前列。

2日

● 纪念中共中央发布“五一口号”七十周年座谈会在上海展览中心召开。

● 市委书记李强会见美国蒙大拿州联邦参议员戴安斯一行。李强说，上海同美国许多地区交流交往频繁，经贸、教育、科研、文化等方面合作取得积极成果。上海将进一步加强与美国各州、各城市间的全方位合作往来，为包括美国企业在内的中外企业来沪发展创造更好的营商环境。

● 2018年市政府决策咨询工作会议召开。会议宣布第八届市政府决策咨询特聘专家名单,应勇为特聘专家代表颁发聘书。

● 2018年上海市居民委员会和村民委员会换届选举工作启动。市委、市政府召开动员大会,部署相关工作。

● 上海报业集团与工商银行上海市分行签署战略合作协议,建立战略合作伙伴关系。上海报业集团领导与工商银行上海市分行领导共同见证签约,签订《战略合作协议》。

● 市公安局、中国(上海)自由贸易试验区管理委员会、上海张江高新技术产业开发区管理委员会、徐汇区政府、杨浦区政府、复旦大学、上海交通大学、上海科技大学、中科院上海微系统与信息技术研究所、中国宝武钢铁集团有限公司等十家单位共同会签《"上海出入境聚英计划"相关政策实施办法》。

● 上海社区"养老顾问"试点工作启动,首批68家社区"养老顾问"点挂牌试点运行,接受市民群众咨询。

● 第二十四届上海电视节组委会召开首次新闻发布会,宣布本届上海电视节将于6月11日至15日举行,同时公布白玉兰奖评委会全名单。

3日

● 今年是马克思诞辰200周年、《共产党宣言》发表170周年。市委书记李强来到复旦大学,在《共产党宣言》展示馆重温"信仰之源",感受真理力量,为复旦青年师生代表作形势政策报告。

● 虹口区文化发展大会召开。围绕海派文化发祥地、先进文化策源地、文化名人聚集地,分解成33项重点工作60条工作任务的《关于全力打响文化品牌 推进文化强区建设的三年行动计划(2018—2020年)》《虹口区宣传文化事业专项资金管理办法(试行)》同时出台。会上,虹口区政府与市作协签署上海文学博物馆合作协议。博物馆选址虹口四川北路。

● 市长应勇调研集成电路产业发展情况时指出,集成电路是国之重器,是国家战略性、基础性和先导性产业,事关国家安全和国民经济命脉。我们要坚决贯彻落实习近平总书记的重要指示要求,更加主动地服务国家战略,把加快发展集成电路产业作为上海科创中心建设的重要支撑点,充分发挥集中力量办大事的体制优势,全力打造国内最完备、技术最先进、最具竞争力的集成电路产业体系。应勇一行来到中微半导体设备(上海)有限公司、中芯国际集成电路制造有限公司、上海兆芯集成电路有限公司。

● 市政府征兵办、市教委联合召开全市大学生征兵工作暨征兵"五率"考评推进会议。市征兵办介绍今年大学生征兵工作有关政策规定和安排，并就进一步做好征兵“五率”(报名率、上站率、合格率、择优率、退兵率)量化考评工作作解读。

● 市政府新闻发布会召开，市政府副秘书长、市发改委主任马春雷介绍全力打响“上海服务”品牌总体情况。

● 2018上海市大学生足球联盟杯赛在复旦大学正式开幕。开幕式后，上演一场校园组的精彩对决，最终复旦大学以1∶0战胜上海理工大学。

4日

● 市长应勇会见希腊比雷埃夫斯市市长炎尼斯·莫拉利斯一行。

● 市政协主席董云虎会见来沪访问的法国经济社会环境理事会主席贝尔纳斯科尼。董云虎说，当前，上海正按照中央部署，加快落实开放举措，有序推进国际经济、金融、贸易、航运和科创中心建设，不断深化自贸试验区改革，举全市之力做好首届中国国际进口博览会筹备工作，着力构筑发展战略优势，打响上海“四大品牌”。

● 市老龄工作委员会召开全体(扩大)会议。市委副书记尹弘出席并讲话。

● “桃花塔影江南风——龙华文化遗产研讨会”召开。借助龙华地区综合改造为契机，徐汇区正通过探索城区文化遗产保护，不断增强“千年龙华”的文化品牌标识度。

● 市委、市政府召开上海推进科创中心建设办公室领导班子宣布会。组织部部长吴靖平宣读市委、市政府关于重新组建上海推进科技创新中心建设办公室的批复以及干部任免决定。

● 普陀区高层次人才座谈会召开，普陀区将推出“才聚普陀”计划，并为高层次人才发放“普陀人才优享卡”。其中，对引进和培育国内外顶尖人才，给予一次性最高500万元的奖励；而且子女入学入托优先。

● 共青团上海市第十五次代表大会闭幕。全体代表选举产生共青团上海市第十五届委员会。下午召开共青团上海市第十五届委员会第一次全体会议，市委副书记尹弘出席并讲话。

● 位于国福路政肃路口的陈望道旧居接受捐赠，修缮变身《共产党宣言》展示陈列馆，重新进入公众视野。

5日

● 由静安区政府携手上海广播电视台、上海戏剧学院共同打造的2018上海·静安现代戏剧谷，在陕西人民艺术剧院为纪念改革开放四十周年推出的巨制《平凡的世界》上海首演中拉开序幕。

● 共青团上海市委在上海展览中心召开“学习习近平总书记重要讲话——上海各

界青年纪念马克思诞辰 200 周年座谈会”。全市各界青年代表 70 余人参加座谈会，围绕习近平总书记在纪念马克思诞辰 200 周年大会上的重要讲话，开展学习交流。

● 2018 第九届中欧私人财富投资论坛在中欧商学院开幕，论坛针对 2018 年全球经济预期乐观、但“黑天鹅”事件频现的复杂经济基本面等，对 2018 年私人战略投资做出解读。此次论坛由美国达顿商学院和中欧 FMBA 金融俱乐部联合主办，论坛汇聚 20 余位政策智囊、经济学家与金融界领袖。

● 第三方机构统计数字显示，今年一季度全国共有 113 家首店亮相，上海共吸引 50 家首店新品牌排名第一，其次为北京 14 家、广州 10 家。2017 年，有 226 家首店进入上海市场，约占全国的 50%，与 2016 年统计的首店情况对比，增长 126%。

6 日

● 首届广慈烧伤论坛举办。论坛在纪念六十年前成功抢救钢铁工人邱财康的同时，也为未来的烧伤整形学科提出新要求。

● 第十五届“书送希望　输送光明”捐书助学活动在上海报业大厦举办。活动现场汇集热心市民、企事业单位捐赠的书籍一万余册和各类崭新文具。

● 第二十八届中国国际自行车展览会在上海国家会展中心举办。本届自行车展以“智造共享的世界”为主题，设 6 个展馆，共 18 万平方米展区，同时包括中国国际电动车及零配件展览会、中国国际摩托车及零部件展览会、上海国际户外骑行装备展览会。共吸引 1 300 余家企业参展。

● “岁月芳华——陈钢作品专场音乐会”在上海交响乐团音乐厅奏响。

7 日

● 市委书记李强在金山区调研时强调，金山要结合实际，充分发挥自身优势，以习近平新时代中国特色社会主义思想为指导，认真贯彻落实党的十九大重大决策部署，努力成为打响“上海制造”品牌的重要承载区、实施乡村振兴战略的先行区、长三角高质量一体化发展的桥头堡，以更加奋发有为的精神状态为全市发展作出更大贡献。

● 市长应勇主持召开市政府常务会议，部署持续优化营商环境工作；研究将浦江游览打造成世界级旅游精品项目；研究进一步规范本市政府规章制定等事项。会议学习习近平总书记在十九届中央财经委员会第一次会议上的重要讲话精神、习近平总书记关于推动长三角地区一体化发展的重要批示精神，听取关于 2018 年本市公务员培训工作安排有关情况的汇报，并部署持续优化营商环境的具体举措。

● 市长应勇赴中国商飞公司调研。市政府与中国商飞公司签署战略合作框架协议。

● 全国人大常委会副委员长白玛赤林率队来沪，就华侨权益保护工作专题调研。全国人大常委会委员、华侨委员会副主任委员罗保铭出席调研座谈会。

● 市质量技术监督局和浦东新区共同发布《社会治理指数评价体系》《“家门口”服务规范》两项社会治理领域的区级标准。

● 洋溢浓郁上海文化特色的 2018 维也纳联合国中文日系列活动，在联合国维也纳中央大厅拉开帷幕。中国常驻维也纳联合国和其他国际组织代表团大使史忠俊出席并致辞，联合国工业发展组织、联合国国际原子能机构、联合国新闻署数十位高官和 40 多位各国驻维也纳联合国大使出席开幕式。

● 静安区人才工作推进会召开，发布《加强人才激励和保障工作实施办法》以及优秀人才子女基础教育、健康、住房综合保障服务等三方面的实施细则。

● 南通市通州区科技人才暨智能装备产业招商推介会在沪召开。区人才办负责人推介通州区科技人才发展环境，锡通科技产业园作了专题推介。

● 虹口区发布《全面推进“一网通办”，加快建设智慧政府工作方案》。

8日

● 市委常委会召开会议，传达学习贯彻习近平总书记关于推动长三角更高质量一体化发展的重要指示和韩正同志的有关批示精神。

● 市委中心组召开学习会，听取教育部社会科学委员会副主任顾海良教授关于学习习近平总书记在纪念马克思诞辰 200 周年大会上的重要讲话精神，不忘初心、牢记使命、继续奋斗的专题辅导报告。

● 今天是第 71 个世界红十字日，由中国红十字会总会和上海市政府共同主办的“博爱申城——5·8 世界红十字日滨江行”活动在沪启动。此次活动是中国红十字会总会与省级人民政府首次共同举办的大型主题宣传活动。

● 由红十字国际委员会与中国人民解放军国防大学联合举办的第五届亚太地区海上武装冲突法研讨班在上海开幕，这是该研讨班首次在中国举办。本届研讨班为期四天，来自亚太地区 19 个国家的 35 名高级军官将就海上武装冲突及海上人道行动等相关议题展开探讨。

● 沪苏大丰产业联动开发建设推进协调领导小组第二次联席会议在江苏省盐城市大丰区召开。会议专题研究沪苏大丰产业联动集聚区开发建设过程中的有关事项。江苏省委常委、常务副省长樊金龙，上海市副市长彭沉雷出席会议。

●《上海：中国革命的发祥地》《抗战名人在上海的纪念地》在上海市政协召开出版座谈会。

● 上海临港地区启动陆、海、空无人系统示范区一期建设，临港管委会发布《临港地区陆、海、空无人系统综合示范区规划》。《临港地区人工智能与实体经济融合方

案》同时出台

● 上海生产性服务业促进会二届二次会员大会召开。“上海生产性服务业企业十大先进匠人”“上海生产性服务业企业十大优秀匠人”“上海十佳生产性服务业功能区示范园区”揭晓并受到表彰。

● 徐汇区为漕溪北路上的便利蜂超市颁出便利店餐饮服务第一张许可证。这张“首证”落地也标志着上海将便利店热食供应这种“新业态”纳入规范管理。

● 来自陕西、甘肃、宁夏、新疆、青海5个代表团的36位全国人大代表来到市高级法院,开启为期6天的对上海法院的视察活动。

● 全国首家研究生思政教育基地在杨浦区揭牌成立。该基地由上海电力学院和上海院士风采馆共同设立,旨在进一步探索“区校联动、协同育人”的大思政教育模式。82岁的中央文史研究馆馆员、中国科学院院士杨福家为上海电力学院100余名研究生上了首场“院士思政课”。

9日

● 市委书记、市委网络安全和信息化领导小组组长李强主持召开市委网络安全和信息化领导小组会议。

● 中国(上海)自由贸易试验区央地融合发展平台成立仪式在世博B片区央企总部基地举行。市区两级相关委办局、中国宝武钢铁集团有限公司等24家央企,以及特邀企业、平台合作单位等约200人参加。

● 本市召开市禁毒委全体委员会议,市委常委、市委政法委书记陈寅出席会议并讲话,副市长、市公安局局长龚道安主持会议。会上命名一批禁毒工作示范社区、达标社区,表彰2016—2017年度禁毒工作先进集体和先进个人,部署下阶段全市禁毒工作。

● 市交通系统召开“决战中国国际进口博览会200天暨行业创先争优立功竞赛动员会”,部署交通保障工作,推进重点任务保质保量完成。

10日

● 首届“中国品牌日”系列活动在上海开幕,上海展览中心2.5万平方米的展馆中,首届中国自主品牌博览会共有来自全国各地的600多家品牌企业登台亮相,半天对公众开放的展览中,就吸引超过1.7万人次观众观展。

● 市委书记李强在主持召开中小型科技企业座谈会时说,中小型科技企业是最具发展潜力、最具成长性的创新群体,是上海经济发展不可或缺的重要力量。

● 上海社会科学院举办上海服务贸易创新系列论坛。论坛由上海市商务委员会、上海社科院新经济与产业国际竞争力研究中心主办。论坛发布我国首份数字贸易发展研究报告——《上海数字贸易发展研究报告(2017)》。

● 第十届“全国文化企业30强”名单在第十四届中国(深圳)国际文化产业博览交易会上揭晓,上海世纪出版(集团)有限公司、上海电影(集团)有限公司、东方明珠新媒体股份有限公司三家上海文化企业榜上有名。

● 由市民政局、市民防办、市应急办和黄浦区政府主办的专题活动在南京路步行街世纪广场举行。本市防灾减灾应急管理工作的卡通形象“应急侠”揭晓。

● 上午9时16分,上海申能崇明燃气电厂工程第二台机组一次通过168小时满负荷试运行,这是继4月26日首台机组投运后完成的又一机组试运行成功,至此,该工程全面建成投产。

● 徐汇区枫林街道联合司法、城管、房管、公安、消防、交警、市容环卫等部门对复旦大学附属肿瘤医院周边区域开展新一轮环境综合整治。

● “健康中国共享轮椅公共服务创新”项目在上海交通大学医学院附属仁济医院落地,首批12辆共享轮椅正式在仁济医院东院投入使用。

● 11架搭载着世界领先5G通信技术模组的无人机从虹口滨江码头起飞,成功实现基于5G网络传输的360°全景4K高清视频的即拍即传,这标志着上海5G通信向试商用迈出关键性步伐。

● 市第一中级法院公开宣判被告人吴小晖集资诈骗、职务侵占案,对吴小晖以集资诈骗罪判处有期徒刑十五年,剥夺政治权利四年,并处没收财产人民币九十五亿元;以职务侵占罪判处有期徒刑十年,并处没收财产人民币十亿元,决定执行有期徒刑十八年,剥夺政治权利四年,并处没收财产人民币一百零五亿元,违法所得及其孳息予以追缴。

● 陆家嘴金融城从金融科技企业全生命周期的发展规律出发,推出2.0版金融科技“陆九条”,用“上海服务”打造全球最优金融科技生态圈。

● 普陀区建设上海“四大品牌”特色承载区推进大会召开。通过实施三年行动计划,该区将力争形成若干有影响力的功能平台、产业高地、商业地标、文化名片,努力打造成为上海“四大品牌”建设的特色承载区。

● 特斯拉(上海)有限公司获得浦东新区市场监管局核发的营业执照,注册资本1亿元,位于浦东临港物流园区。

11日

● 市委常委会召开会议,研究上海国际航运中心建设、上海市清洁空气行动计划、规范国有企业领导人员从业行为、中央巡视反馈意见整改等事项。会议审议《上海市清洁空气行动计划(2018—2022年)》,原则通过《关于市管国有企业经营管理活动中防止领导人员利益冲突的办法(试行)》。

● 2006年诺贝尔化学奖得主、全球诺贝尔奖科学家协会主席罗杰·科恩伯格与

2009年诺贝尔化学奖得主阿达·约纳特在上海共同宣布：全球诺贝尔奖科学家协会今年11月前后将在上海举办“2018全球诺贝尔奖科学家论坛”，论坛永久举办地为临港滴水湖。

● 市长应勇会见比利时西法兰德斯省省长卡尔·德卡路威一行。会见后，临港集团与泽布鲁日港务局签署战略合作框架协议。

● 市领导牵头办理代表建议和委员提案，“发展红色旅游”是三方督办的主题。各行业领域的10位市人大代表和市政协委员围绕提升“红色旅游”献计献策。

● 2018国际田联钻石联赛上海站在上海体育场拉开大幕。

● 首届长三角民政论坛在上海开幕，上海、江苏、浙江、安徽民政部门决定全面实施战略合作，将三省一市民政事业融入长三角一体化发展，“社会养老服务业发展”为首个区域合作项目。

● “西藏好水”长三角专场推介活动在沪召开。本次活动集中展示西藏自治区12家参展企业、28种规格的产品。西藏冰川矿泉水有限公司等6家企业分别与上海蓝立商贸有限公司等10家合作企业签约，共达成销售意向10万余吨。

● 四川省广安农产品区域公用品牌“华蓥山”推介会在沪召开，广安第一次将其独创的农产品品牌经验带到上海。

● 市政协副主席李逸平会见坦桑尼亚—中国友好协会会长、坦桑尼亚前总理萨利姆一行。他向来宾介绍上海改革开放与经济社会发展等情况。

● 《贵州省品牌名录》(2017年版)在上海发布。这是全国首个省级区域品牌大全，共收录贵州省55个品牌项目和6 966个品牌。

● 世界一级方程式锦标赛(F1)与中国国际进口博览局正式签约，这是继意大利足球甲级联赛俱乐部国际米兰之后，参与首届中国国际进口博览会的又一知名国际体育巨头，也是参展的第一家国际大型赛事组织。

● 朱昌言、徐文楚伉俪捐赠青铜器纪念仪式在上海博物馆举行。

12日

● 全国第四个“全民营养周”启动仪式举行，上海于2012—2017年开展“上海市居民膳食与健康状况监测”，这也是全国范围内首次开展的具有省级代表性的居民营养与健康状况调查。监测结果显示，上海市居民营养素缺乏与过剩并存：钠摄入过多，钙、维生素A、维生素B1、维生素B2、维生素C摄入不足。

● “呜、呜……”随着尖厉的警报声响起，宝山区汶水路红星美凯龙商场里的所有人跟随指示标志，在消防官兵和志愿消防员的帮助下撤离商场，疏散到安全区域。今天是全国第十个防灾减灾日，上海各商场和社区纷纷举行各种防灾减灾疏散演练。

13日

● “全力打响上海‘四大品牌’，率先推动高质量发展”专题座谈会在上海召开，上海品牌发展研究中心首次发布《2016—2017上海品牌发展报告》。

● 全国城市节约用水宣传周开幕。从2013年起，上海水务部门以政府出资的方式，对虹口、静安、杨浦、普陀等四个区的老式居民房屋（1996年前）中还在使用的老式螺旋升降式铸铁水嘴进行免费更换，全部使用陶瓷片密封水嘴，至今共改造了10万套老式螺旋升降式铸铁水嘴，受益家庭5.29万户。改造后综合节水率平均为25%，年节水量约为7.6万立方米。

14日

● 上海脑科学与类脑研究中心揭牌仪式在张江实验室举行。市委书记李强、中国科学院院长白春礼共同为中心揭牌。

● 市长应勇主持召开市政府常务会议，研究推动本市都市现代农业绿色发展；部署取消和调整一批行政审批事项；听取本市今年汛期气候趋势预测，部署加强防灾减灾和防汛防台工作等事项。

● 市政协召开界别召集人联席会议。市政协主席董云虎出席并讲话。民盟、农工党、九三学社、台盟、妇联、科协、农业、教育、少数民族、宗教、特别邀请人士等界别召集人围绕创新发挥界别作用方法途径、提升界别履职聚合力、结合界别特色组织调研、积极开展跨界别活动等，交流对发挥界别作用的认识思考及组织年度界别活动的考虑。

● “纪念习近平总书记‘5·17’重要讲话发表两周年暨上海社联成立六十周年”会议召开。会议宣读《市社联关于开展礼赞上海社科大师活动的决定》，与会代表向60余位已故上海社科名家大师致敬。

15日

● 市网络安全和信息化工作会议召开。

● 市政协副主席张恩迪会见来沪访问的北海道议会日中友好议员协会代表团，向来宾介绍上海经济社会发展和市政协履职等情况。

● 上海首个街头艺人交流示范基地在静安公园广场成立，各怀技艺的街头艺人排练交流，创新制作具有群体优势的节目。

● 为迎接首届中国国际进口博览会召开，提升出租汽车行业综合服务水平和社会满意度，激发行业动力，今天起，本市启动“上海出租汽车行业‘最美的哥的姐’评选暨中博会立功竞赛”。

● 市“迎中国国际进口博览会窗口服务展示日巡礼”首场活动在徐汇区港汇恒隆广场举办。来自海关、通信、电力、航空港民航、商贸等全市十个重点行业的代表向社会作出庄严承诺,以更规范的服务,更优化的流程,更美化的环境,打造“上海服务”,树立服务标杆,全面展现上海国际大都市风采,用最好的精神状态奋战主战场,担当主力军,坚守主阵地,当好主人翁。

● 中国石化上海石油在闵行油库增设 B5 生物柴油调和设施建设项目。建成后,B5 生物柴油将达到年发货 40 万至 60 万吨的规模,为满足市场需要打下基础。

● 市语言文字工作委员会和中国文字博物馆全力打造的《汉字》巡展在上海儿童博物馆拉开帷幕。这是《汉字》巡展启动以来,首次为青少年专门设计展览内容。

● 今晚举行的《在希望的田野上——纪念改革开放四十周年合唱音乐会》,汇集 20 支来自长三角三省一市非职业合唱团 1 300 名成员。这些表演者中有教师、下岗职工,还有残疾人群体。

16 日

● 市委书记李强主持召开部分区委书记座谈会。浦东、长宁、杨浦、黄浦、闵行、宝山、嘉定、青浦区委书记先后结合各区经济社会发展介绍对市委重点工作的落实情况,就进一步做好当前工作交流各自思考和打算,对市委工作提出意见建议。

● 市长应勇会见以色列驻华大使何泽伟。应勇说,希望双方以人文交流为纽带,在中以创新全面伙伴关系框架内,进一步推进科创领域的交流,深化人工智能、医疗健康、智能制造等领域的合作。

● 市政协公众日外籍人士专场迎来 50 余名西班牙纳瓦拉大学的师生。外籍师生与政协委员座谈交流,并参观市政协主要会议场所。

● 市商务委、上海社科院在沪发布的 2017 年上海电子通信制造、汽车和高端装备制造等 3 个产业国际竞争力分析报告,2017 年,上海电子信息制造业、高端装备制造业和新能源汽车产业三大先进制造业的国际竞争力指数分别为 149、122.14 和 109.77,总体上继续保持较强的国际竞争力。上海新能源汽车出口占全球同类产品出口比重达到 0.03%,产业的出口竞争力首次由弱转强,核心产品出货量的增长和技术的提升支撑了价值链提升的稳定增长。

● 由市残疾人就业服务中心举办的“2018 年上海市高校残疾人毕业生就业招聘会”在上海人才大厦召开。本次招聘会企业共收到 750 份简历,面试 874 人次,意向录用 258 人,拟定录用 121 人。

● 地铁 10 号线“国际博物馆日”专列正式发车,标志着“国际博物馆日”中国主会场系列活动拉开序幕。

● 市第三次农业普查工作总结会召开,介绍此次农业普查工作情况,表彰先进集体和先进个人。

● 市第四次经济普查领导小组办公室召开全市第四次经济普查试点工作动员暨培

训会议，标志着全市第四次经济普查工作进入实质性启动阶段。

● 午后气温突破 35 ℃，今天成为上海今年的首个高温日，较常年提前了大约一个半月。

● 市统计局发布上海人口老龄化现状和预判：根据当前上海人口年龄结构、人口机械变动和自然变动情况以及上海城市人口总量规划目标 2 500 万人等因素测算，2030 年左右，上海常住老年人口规模将达到历史峰值，约为 480 万人，常住人口老龄化率为 19.2%。

● 2018 年上海市精神文明建设工作会议召开，范小红、傅欣等文明家庭代表接受了市领导亲自颁发的荣誉证书。

17 日

● 由中国电信上海公司与虹桥商务区管委会共同建设的全国首个“5G 示范商务区”正式启动，双方还共同发布首批基于 5G 的创新应用：5G + VR、5G + 无人机以及 5G + 8K，服务首届中国国际进口博览会的首个 5G 基站也正式落地虹桥商务区。由上海电信与上海文广集团共同打造的全国首个基于 5G 试验网络的 8K 视频应用平台“5G + 8K”试验网也正式宣布搭建完成。

● 市人大常委会召开第六次主任会议。会议听取关于《修改本市部分地方性法规的决定（草案）》的说明，《上海市市民体育健身条例》情况报告的说明，《上海市人民政府关于提请审议〈上海市 2018 年市级预算调整方案（草案）的议案〉》的审查结果报告及相关决议草案的说明、有关人事任免案的说明。

● 市人大、市政府、市政协就“智慧公安建设”专题召开代表委员专题情况通报会。10 位代表委员对公共安全管理献计献策。

● 市委组织部举办“大调研、大学习、大落实——初心使命大家谈”活动，交流参加学习实践活动和开展大调研的体会和感悟。

● 市政协重点协商办理“推进上海科创中心建设，加快吸引全球科创人才”提案专题，部分委员赴上海人力资源服务产业园实地调研，并与市委组织部、市人社局、市科委、市教委等提案办理单位协商座谈。

● 作为第二届世界智能大会无人机系列活动的主要内容，世界智能无人机产业发展论坛举办。中国工程院院士、飞行器导航专家冯培德，国防大学教授、军事评论家张召忠，对当下民用和军用无人机的发展发表看法。

● 由著名编剧王丽萍发起的上海影视四季沙龙·夏——中国电视剧六十周年暨海派电视剧的回顾与展望座谈会，在上海文艺会堂召开。

● 复旦大学医学院合作共建首家远郊社区卫生服务中心——奉贤区西渡社区卫生服务中心。

● 今天是“2018 世界电信和信息社会日”,东方明珠、中国电信上海公司、百视通、富士康在上海联合举办新闻发布会。会上,多项新技术及合作项目集体亮相。

● 由上海农商银行发起的长三角农村金融座谈会召开,江苏、浙江、安徽省联社的负责人和紫金农商银行、南通农商银行、张家港农商银行等 12 家机构代表齐聚一堂,就推进长三角一体化进程中,农村金融机构如何转型发展、如何做好普惠金融,进一步加大支持服务实体经济力度等议题展开讨论。

18 日

● 今天是国际博物馆日,中国主会场活动在上海市历史博物馆开幕。全市百家博物馆免费开放,并举办 210 场文化活动。

● 市人大常委会部分组成人员进行加强城市公共安全及风险防范专项监督调研,“三合一”场所消防安全综合治理是此次调研专题。

● 市地方志办公室在上海展览中心举办“2018 上海地方志论坛”。市社联主席王战做主旨报告,论坛发布“上海年鉴事业发展调查报告”,并推出一系列最新编纂出版的地方志成果。

● 振华重工自主研发的世界最大 2 000 吨“龙源振华叁号”风电施工平台交付使用。这标志着我国打破国外技术垄断,实现大型风电安装平台国产化,为我国加快发展海上风电产业提供装备支撑。

● 第 158 次市见义勇为先进表彰会召开,授予彭毅俊等 9 人“上海市见义勇为先进分子”荣誉称号,南京西路交通肇事事件中积极参与救援的俞丰华等 5 个群体(12 人)被授予“上海市见义勇为先进群体”荣誉称号。

●《时代领跑者——上海劳动模范风采主题展》展馆开馆,并永久性免费向公众开放。劳模馆位于中山东一路 14 号。

● 以“万众创新——向具有全球影响力的科技创新中心进军”为主题的 2018 年上海科技节启动仪式在上海科技馆举行。市委书记李强出席并宣布 2018 年上海科技节启动。

● 上海吴淞口国际邮轮港迎来第 1 000 万名游客,作为宝山的一张“世界级名片”,邮轮港已成为亚洲第一、全球第四大邮轮母港。

19 日

● 市委书记李强会见由朝鲜劳动党中央政治局委员、中央副委员长朴泰成率领的朝鲜劳动党友好参观团。

● 市长应勇会见澳大利亚联邦贸易、旅游和投资部长史蒂文·乔博。

● 上海市人民政府与中国电子科技集团有限公司在沪签署战略合作框架协议。嘉定区与中电海康集团签署合作协议,将重点合作发展人工智能、物联网、智慧城市基础设施、微纳电子等产业。

● 以“全域旅游，美好生活”为主题的“2018年中国旅游日上海分会场活动”在位于中山南二路的上海旅游集散总站举行。上海市旅游局对上海5个旅游集散站点进行授牌，现场还发布10条从集散总站出发的最新旅游线路。

● 2018年全国学前教育宣传月在上海启动，今年宣传月主题是“我是幼儿园教师”。

● 由科技部、上海市政府指导支持，在“浦江创新论坛”框架下，同济大学发起并与上海市嘉定区政府联合主办的2018年“世界创新创业博览会”开幕。参展各方共同发布《世界创新创业宣言》。

● 上海广播电视台东方广播中心与西藏人民广播电台联合制作广播剧《钟扬》签约仪式暨创作研讨会在沪召开。这部以复旦大学著名生物学家钟扬为原型的广播剧，在前期调研、采访的基础上，正式启动创作。

● 首届上海远见文化高峰会在金山召开。与会两岸文化界、教育界、经济界人士热议“文化新传承、创意新境界”主题。

● 由中国福利会主办、中国福利会信息与研究中心（宋庆龄儿童发展中心）承办的第十二届宋庆龄幼儿教育奖表彰活动暨2018年幼儿发展与教育高峰论坛在沪举办。

● “博物馆：一个共同体”专题论坛暨长三角博物馆教育联盟成立仪式在上海世博会博物馆举行。上海博物馆、南京博物院、浙江博物馆、安徽博物馆等29家参展单位共同启动“长三角博物馆教育联盟”。

● 5月上海私车牌照拍卖揭晓，本月车牌最低成交价89 000元，平均成交价为89 018元，比上个月的87 089元增加了1 929元。

● 以“万众创新——向具有全球影响力的科技创新中心进军”为主题的2018年上海科技节正式启动。本届上海科技节为广大市民带来“科技大咖与公众面对面”“科学导师带你逛”“科学家派对”等一系列丰富而有趣的科普教育活动。

**20日**

● 市委常委会召开扩大会议，传达学习贯彻习近平总书记和李克强总理、韩正副总理在全国生态环境保护大会上的重要讲话精神。市委书记李强主持会议并讲话。

● 上海特色小镇“思享会”在闵行吴泾镇召开，上海9个国家级特色小镇“掌门人”围坐一起，就特色小镇建设过程中的实践、思考和困惑展开探讨。

● 2018上海海峡两岸青年创业大赛在金山启动。上海海峡两岸青年创业大赛是首个由沪台联袂举办、海内外青年共同参与的创业大赛。

● 由市教委、市科委共同主办，市科技艺术教育中心承办的上海市第十三届青少年科技节——上海市第十一届青少年创新峰会暨2018上海市青少年科学研究院年会在上海科技馆启动。

● 华东师范大学出版社宣布，继2015年《一课一练·数学分册》输出英国之后，又一套上海数学教辅《三招过关》与哈珀·柯林斯出版集团签约，即将在英国出版。

● 作为2018年上海科技节重点活动之一，上海市第十三届青少年科技节拉开帷幕。近千名在各类创新活动中表现优异的青少年带着各自科技创新作品亮相，并与多位学界、业界专家共叙少年创客梦想。

21日

● 市委书记李强同全国人大常委会副委员长、民建中央主席郝明金一行座谈。

● 市委书记李强赴同济大学、上海大学调研。

● 市长应勇主持召开市政府常务会议，研究贯彻落实习近平总书记在全国生态环境保护大会上的重要讲话精神，部署2018年节能减排和应对气候变化重点工作安排等事项。

● 市长应勇赴上海城投集团调研。

● 市长应勇会见世界银行《营商环境报告》数据采集团队专家一行。应勇欢迎专家来沪调研，并感谢世界银行长期以来对上海优化营商环境的帮助和指导。

● 市政协主席董云虎会见越南祖国阵线中央委员会非专职副主席、河内市祖国阵线主席武洪卿一行。董云虎代表上海市政协欢迎客人来访，并介绍上海经济社会发展和市政协履职情况。双方还共同签署谅解备忘录。

● 江苏省苏州市、上海市嘉定区联合发布《关于打造嘉定区、昆山市和太仓市协同创新核心圈行动方案》，苏州市、嘉定区、昆山市、太仓市签订《关于"嘉昆太协同创新核心圈"战略合作框架协议》。

● 宝山区政府与临港集团举行南大地区整体转型升级战略合作签约仪式，共同开发建设上海临港南大智慧城市，双方在"区区合作、品牌联动"上拉开新的序幕。

● "绿色有我　绿色联盟"揭牌。"绿色联盟"由黄浦海燕博客公益发展中心子社团"绿色有我公社"牵头发起，联动"根与芽""爱回收"、天楹环境科技有限公司、黄浦区环境科学学会、交大环境科学与工程学院等一批较有影响力的环保类社会型企业、社会组织、专业研究机构以及楼宇、学校、社区共同参与。

22日

● 市委书记李强，市长应勇会见青海省果洛州委书记武玉嶂，州委副书记、州长白加扎西率领的果洛藏族自治州党政代表团。

● 市长应勇会见美国百时美施贵宝公司董事长、首席执行官乔瓦尼·卡福里奥一行。

● 市政协主席董云虎会见西班牙驻华大使卡内罗。董云虎向客人介绍中国特色社会主义协商民主制度和上海市政协履职情况。

● 市工会第十四次代表大会开幕。

● 上海科技节“长三角科普场馆联盟暨科普资源共建共享馆长论坛”举办，长三角科普场馆联盟成立。上海科技馆等 8 家发起场馆共同签署《长三角科普场馆合作框架协议》，联盟成员间还签署 52 份共享课程合作协议、12 份临展合作协议、17 份文创产品合作协议。

● 以“优化营商环境，推动长三角一体化发展”为主题的“上海民建浦江论坛”在长宁区政府举办。中国民主建国会上海市委员会上海经济社会发展研究院揭牌。

● 世界银行数据核验专家一行来到上海法院，与商事法官座谈交流上海执行合同、办理破产两项指标的实践情况和最新改革举措等。上海高院相关负责人在座谈会上就上海法院执行合同、办理破产的司法实践情况作介绍。

● 全市首个新业态书店联盟成立，同时发布首条市民阅读修身线路。

● “戏剧与城市：亚洲演艺之都的未来之路”2018 上海 · 静安现代戏剧谷国际论坛在上海戏剧学院举办。静安区政府与爱丁堡市议会文化委员会签署合作备忘录，推进两地文化深度交流。

23 日

● 市委书记李强，市委副书记、市长应勇会见浙江省嘉兴市委书记鲁俊，嘉兴市委副书记、市长胡海峰率领的嘉兴市党政代表团。

● 上海市青浦区和浙江省嘉兴市签订区域联动发展全面战略合作框架协议，双方将在规划、基础设施建设、产业合作、社会治理、生态环境保护等方面开展合作，加快形成两地开放型、一体化发展格局。

● 市委财经工作领导小组召开会议。会议分别听取市发展改革委关于今年以来全市经济社会发展情况及形势分析的汇报，市财政局关于今年以来全市地方财政收入完成情况及形势分析的汇报。

● 市十五届人大常委会第四次会议召开，审议关于修改本市部分地方性法规的决定草案等。听取市人大常委会法工委主任丁伟所作的关于《上海市人民代表大会常务委员会关于修改本市部分地方性法规的决定(草案)》的说明，并对决定草案进行分组审议。

● 市政协召开“发挥世界级城市群核心城市作用，推动长三角一体化发展”课题调研座谈会，邀请专家学者就阶段性调研成果提出咨询意见和建议。

● “红色电影之旅”活动的启动仪式在上海 UME 国际影城新天地店举行。启动仪式上，发布首批参与“红色电影之旅”的 32 处红色景点名单、81 家指定放映影院名单、50 部红色影片名单。

● 由九三学社市委主办的“上海九三论坛”在张江举办,会议以“人工智能+:经济发展新引擎,社会发展加速器”为议题,探讨人工智能与科技金融、医疗健康、先进制造的深度融合发展,聚焦上海新一代人工智能发展布局。

● 市政府教育督导委员会召开 2018 年全体会议。

● 民建中央爱国主义教育基地揭牌仪式在上海中华职业教育社举行。

● 虹口区公布《城管执法精细化工作三年行动计划(2018—2020)》,将建立全区 210 个城管执法社区工作室,为社区居民提供更高效的执法管理服务。

● 市卫生计生系统精神文明、政风行风建设暨创建文明行业动员大会召开,提出以创建文明行业为抓手,打响医疗服务品牌,满足人民对美好健康生活的需要,为上海建设卓越的全球城市提供健康支撑。

● 上海首条“老爸老妈为子女相亲公益热线”露面,同步推出首场公益性“老爸老妈相亲会”,以此给出引导。

24 日

● 市十五届人大常委会第四次会议继续召开。会议听取并审议市人大教科文卫委主任委员苏明所作的关于检查本市贯彻实施《上海市市民体育健身条例》情况的报告。

● 召开市工会第十四次代表大会闭幕。全体代表选举产生市总工会第十四届委员会。市总工会第十四届委员会第一次全体会议召开。

● 市政协主席董云虎率部分政协委员赴金山区,开展重点协商办理“推动长三角一体化发展”提案专题活动。委员们实地察看沪浙对接道路金山段有关情况,并与市发改委、市交通委、市水务局、金山区政府、市规土局等提案承办单位座谈协商。

● 以“迈向卓越的全球城市——创新·人文·生态·区域”为主题的第十一届“中华学人与 21 世纪上海发展”研讨会在沪开幕。全国政协原副主席、中国工程院院士徐匡迪作主旨报告。

● 国内首个全场景物流无人重卡在上海完成物流园区内的测试。重卡名为“行龙一号”,它具备 L4 级别的无人驾驶能力,即完全可以解放司机,甚至车辆可以不需要方向盘。

●《上海市高级人民法院关于进一步完善行政争议实质性解决机制的实施意见》发布。

● 市委宣传部部长周慧琳会见以副主席若泽·戴维·茹斯蒂诺为团长的葡萄牙社会民主党党政干部考察团一行,他向来宾们介绍上海改革开放和经济社会发展情况。

● 虹口区推出人才公寓建设管理三年行动计划。力争到 2020 年可供使用的人才公寓房屋达到 1 000 套，逐步缓解人才公寓区域分布不均、“北多南少”的现状，从而不断改善该区营商环境，促进区域经济健康可持续发展。

● 杨浦区殷行街道市民健身（健康）中心启用。这是上海首家能够同时服务老年、中青年、青少年（儿童）以及残障人群的社区健身房，同时也是上海首家全民健身与健康融合的社区型市民健身中心。

● 第十一届“中华学人与 21 世纪上海发展”研讨会召开，市政府副秘书长、市发展改革委主任马春雷做主旨演讲。中国工程院院士、同济大学副校长吴志强教授发布全球首张智能识别全样本城市建设图。

● 第十五届上海世界旅游博览会（SWTF2018）在上海展览中心拉开帷幕。此次展会为期 4 天，吸引了 53 个国家和地区的 750 家展商参展，除带来优惠的旅游产品外，更展现了最新型的旅游方式。

25 日

● 市人大常委会召开理论学习中心组学习会，听取关于“信息化的深刻变革和意识形态工作”的专题辅导报告。

● 主题为“科创中心与科技人才”的第十七届浦江学科交叉论坛举办，论坛由市委统战部、市科技党委指导支持，本市科技系统的民主党派人士参加并展开交流。

● 国家技术转移东部中心区块链产业中心在上海临港正式揭牌成立，并有 3 家区块链企业当日入驻临港国际智能制造展示交易中心。

● 以“聚力、融合、创新”为主题的 2018 中国国际体育用品博览会在上海国家会展中心开幕。这也是亚洲规模最大的体育用品博览会，展区面积达到 18 万平方米，超过 1 400 家企业参展。本届展会为期 4 天。

● 第十七届上海市社会科学普及活动周在中国金融信息中心开幕。开幕式上，共产党宣言展示馆（陈望道旧居）、陈云纪念馆、中国“慰安妇”历史博物馆、上海大学溯园、中国金融信息中心五家单位被授予为“上海市社会科学普及示范基地”。

● 市委常委会举行会议，研究优化完善虹桥商务区运行管理体制机制、推进省界断头路建设、建立国有资产报告工作机制等事项。

● 以“普及社会科学，创造美好生活”为主题的第十七届上海市社会科学普及活动周启动。

● “郊区医联体新气象”系列采访报道走进上海交通大学医学院附属新华医院崇明分院，2.0 版紧密型医联体，正通过整合共享医联体内医疗卫生资源，创新医疗保险支付模式等，解决崇明岛内 70 万居民基本医疗和健康。

26 日

● 市委书记李强会见法国前总统奥朗德。

● 中国国际进口博览会与上海“一带一路”桥头堡建设高级研讨会在上海对外经贸大学举行,“一带一路”国家经贸关系与合作高等研究院在校成立。

● 2018 上海城市业余联赛中国坐标·上海城市定向户外挑战赛举行。本届赛事吸引 2 万名 8 岁至 60 岁的选手参赛,他们组成 4 000 支队伍,沿着覆盖上海 15 个区的 37 条主题线路,涉足 280 余个点标,完成兼具趣味和意义的各项挑战任务,用双脚丈量这座充满活力的城市。

● 沪苏浙皖四地政法系统在上海召开长三角政法系统推进平安建设、法治建设座谈会,审议通过《沪苏浙皖政法系统关于推进更高质量平安长三角法治长三角建设总体方案》。

● “2018 上海艺术商圈”在杨浦合生汇正式启动,并举行开幕演出。启动仪式现场,全市 15 个区的商圈代表被授予“合作商业企业”的铭牌。

● “上海论坛 2018”年会在上海国际会议中心开幕。论坛组委会将沿用 12 年的论坛大主题“经济全球化与亚洲的选择”调整为“全球治理与亚洲”,本次论坛的主题为“变动世界中的亚洲责任”。来自全球各地智库、高校、政府、企业、媒体的嘉宾和代表共 500 余人参加论坛。开幕式后,联合国副秘书长、联合国亚太经济社会委员会执行秘书沙姆沙德·阿赫塔尔等来自全球的嘉宾分别发表主旨演讲。

● “明星工地”表彰仪式举行。经上海城建服务热线、新闻媒体和市民巡访团核查、社会公示等层层遴选,新鲜“出炉”123 个文明施工“样板”项目。

● 华东师范大学外语学院外语教学研究中心宣告成立,并举行首届年会及 ELP(English Language Profi-ciency)阅读项目启动说明会。此次活动由华东师范大学外语学院主办,上海报业集团所属《上海学生英文报》社协办,大会主题为“基于大数据的智能化外语教学”。

27 日

● 以“阅读吧! 少年”为主题的 2018 上海童话节由此拉开帷幕,童话节陆续推出少儿讲座、阅读推广、阅读竞赛、暑期展览等九大板块 200 余项活动。

● 第三届上海高校青年教师教学竞赛决赛鸣金,代表沪上 58 所高校的 238 位“青椒”经过 3 天赛程决出各等奖项,比赛过程首次全程在线直播。

● 长三角区域警务一体化工作会议在上海召开,沪苏浙皖四地公安机关在会上签署《长三角区域警务一体化框架协议》。

28 日

● 今天起,上海地铁首次启用微信支付乘坐地铁的功能,乘客可以通过上海地铁官方应用“Metro 大都会”App,使用微信支付扫码乘车了。

● 新开发银行第三届理事会年会开幕式在上海召开。财政部部长刘昆、上海市市长应勇、新开发银行行长卡马特出席并致辞，南非、巴西、俄罗斯、印度理事分别致辞。新开发银行与重庆市政府签署特色城镇综合规划建设项目贷款协定和项目协议，并分别与南非发展银行、印度国家银行签订谅解备忘录。

● 市长应勇分别会见俄罗斯鞑靼斯坦共和国总统鲁斯塔姆·明尼哈诺夫和美国阿拉斯加州州长比尔·沃克一行。

● 由上海仪电旗下中能智慧能源、上海宝准电源两家公司自主研制的全球首台单机十兆瓦双向储能逆变器亮相第十二届国际太阳能光伏与智慧能源(上海)展。这一设备成功研制并推出市场，标志上海在储能技术与关键设备方面达到国际领先水平。

● 由市关工委、市委老干部局、市文明办、团市委、市委党史研究室主办的“从石库门再出发——学习党史国史，传承红色基因，争做时代新人”主题教育活动启动仪式在中共一大会址纪念馆举行。

● 市人大、市政府、市政协三方就完善“五违四必”后续管理和旧改工作机制专题开展对代表委员的建议提案的督办。

● 由上海期货交易所建设的上期标准仓单交易平台正式上线。交易平台首批推出铜和铝两个品种的标准仓单交易业务，截至收盘，首日成交 123 笔，共计仓单 867 张，成交 21 675 吨，成交额 4.77 亿元。

● 2018 年市群文新人新作展评展演迎来“开天辟地中华创世神话专场”压轴演出。过去 11 天，音乐、舞蹈、戏剧、曲艺四个艺术门类的 182 个原创作品在新人新作的舞台上同场竞技。

● 上海音乐学院大师剧《贺绿汀》在盐城市文化艺术中心大剧院连续第二晚演出。这是《贺绿汀》继去年预演和今年 5 月上海之春首演后，在红色革命老区开展的全国巡演第一站。

● 上海国际芭蕾舞比赛组委会揭晓第六届上海国际芭蕾舞比赛的三位形象代言人：8 岁的中韩混血舞童李京垠、9 岁上海男孩姚懿轩和来自广州的 6 岁女孩王涵。

● 由上海外高桥造船有限公司为中远集装箱运输有限公司建造的 20 000TEU 超大型集装箱船“中远海运室女座”号在上海命名交付。

● 副市长许昆林在虹桥迎宾馆会见布基纳法索外交和合作部长阿尔法·巴里一行，他向客人们介绍上海经济社会发展情况。

**29 日**

● 上海期货交易所与中国金融期货交易所联合主办的第十五届上海衍生品市场论坛在上海开幕，本届论坛主题为“改革新篇章，开放新里程——建设具有国际竞争力的中国特色期货市场”。

● 2018 年上海市区人大常委会主任例会在闵行区召开。各区人大常委会主任围绕人大大调研活动、开展“十三五”规划实施中期评估监督等主题进行研讨交流，提出了意见建议。市人大常委会主任殷一璀应邀出席并讲话。

● 以“活力长三角，青商新机遇”为主题的“2018 中国长三角青商高峰论坛”在松江开幕。来自三省一市的近千名青年企业家就优化营商环境、乡村振兴、打造世界产业集群等问题进行交流研讨。论坛发布对千余名长三角青年企业家关于长三角一体化相关问题的问卷调查，结果显示，88.71%的人非常看好长三角一体化发展前景，对于一体化带来的“跨区域发展”“成本降低”“人才流动”等表示十足信心。

● 由中国国际技术智力合作有限公司、上海瑞力投资基金管理有限公司、上海普陀区科创引导基金等联合发起成立的中智瑞力人力资源产业基金启动仪式在北京举行。这是中国首支以人力资源服务行业为主线的专业化的产业投资基金。

● 上海文广演艺集团和杭州文广演艺集团在杭州大剧院签署战略合作协议。双方将在剧场经营、内容制作、票务系统、人才交流以及其他文化艺术相关领域建立深层次、全方位的战略合作关系，共同搭建一张全面覆盖长三角的文化联动网络，这是推进长三角城市群在文化发展方面协同协作的至关重要一步。

● 上海巨灾保险试点在黄浦区启动。黄浦区通过公开招标方式确定上海环亚保险经纪公司作为巨灾保险的风险顾问；确定中国太平洋财产保险股份有限公司上海分公司作为首席承保人，与中国平安财产保险股份有限公司上海分公司、中国人民财产保险股份有限公司上海市分公司共同组成巨灾保险共保体。

● 京交会上海主题日活动在北京国家会议中心举办，国内首个国际性服务贸易促进联盟——上海服务贸易全球促进联盟宣告成立。

● 半年前因涉嫌超范围经营而被叫停的“无人面馆”重回大众视线，正式重新开业。这意味着上海颁出国内第一张“自动售货、现制现售”热食类食品制售营业范围的食品经营许可证，为无人零售新经济业态可持续发展探路监管新标准。

● 2018 年上海职工创新大会暨第八届上海职工科技节开幕式召开，本市多部门首次联合启动“上海职工优秀创新成果奖”评选，同时表彰 2017 年度上海市科技进步奖(工人农民组)获奖项目，并命名第七批 50 个“上海市劳模创新工作室”。

● 2018 年上海市区人大常委会主任例会在闵行区召开。各区人大常委会主任围绕人大大调研活动、开展“十三五”规划实施中期评估监督等主题进行研讨交流。

● 在上海外滩浦发银行总部，蚂蚁金服与浦发银行签署战略合作协议，蚂蚁金服将优先全面开放科技能力，助力浦发银行数字化转型，共同为小微实体经济提供便捷、高效的金融服务。

● “上海大学商业不动产研究院”正式挂牌成立，该研究院由上海大学与青岛上朝信息科技有限公司联手打造，力图在校企之间搭建起一座资源共享、产学研用共融的合作平台，将高校科技成果孵化到企业应用的同时，也将企业需求及时反馈回高校，开启互惠共赢的校企合作新模式。

30日

● 市委书记李强在市总工会、团市委和市妇联调研。座谈会上，李强听取市总工会、团市委和市妇联负责人工作汇报，不时就关心的问题与大家交流讨论。

● 市长应勇调研本市垃圾分类工作时指出，加强垃圾综合治理，是贯彻习近平生态文明思想、推进上海生态文明建设的重要举措，也是破解超大城市精细化管理世界级难题的重要环节。在座谈会上，市绿化市容局汇报全市生活垃圾分类工作推进情况，杨浦、长宁、崇明、松江、静安、奉贤六个区及相关部门负责人作交流发言。

● 市政协召开十三届三次常委会议，围绕"发挥世界级城市群核心城市作用，推动长三角一体化发展"专题协商议政。市政协主席董云虎出席并讲话。副市长龚道安，市政府副秘书长、市发展改革委主任马春雷通报有关情况。

● 上海浦东发展银行股份有限公司与上海报业集团举行全面合作双签活动，总对总共同促进党建共建，深化战略合作关系。上海报业集团领导与浦发银行领导共同见证签约，签订《党建共建协议》《战略合作协议》。

● 全市党委中心组学习和基层理论宣讲经验交流会举行。市委常委、宣传部部长周慧琳出席并讲话。会议宣读2017年度党委（党组）中心组学习实践创新成果优秀项目、基层理论宣讲先进集体和先进个人、市十九大精神宣讲优秀讲师获奖名单。

● 青浦区政府与中国民航华东空管局签署战略合作框架协议，双方将充分利用并发挥各自优势，共同推进青浦区域的产业升级及华东空管的行业发展。

● 第二届上海法院"十佳青年"评选会召开，全市法院的22位候选人参加评选。

● 由巴里与弗妮·韦斯勒公司、英国DIP公司制作，上海文广演艺集团独家出品的百老汇原版音乐剧《芝加哥》宣布启动，将于10月在重庆开启全国巡演首站，演出点包括东莞、南京、武汉、北京、厦门、广州等。

● 在市世界无烟日主题宣传活动上，2017年上海市控烟状况及烟草流行监测核心数据出炉。

● 第二十届中国国际投资贸易洽谈会在沪举行信息发布暨项目对接会，来自匈牙利、菲律宾、阿联酋等国家的驻沪总领馆的官员，近200名商务系统、招商局、管委会及投资促进相关政府机构代表，以及超过250位境内外商协会、跨国公司、知名企业代表应邀参会。

31 日

● 市政协召开专委会主任会议,深入学习贯彻习近平总书记关于加强和改进人民政协工作的重要思想,总结交流发挥专委会基础性作用的工作经验,推动政协工作提质增效、高质量发展。

● 市政协重点协商办理"美丽乡村建设与垃圾分类处理"提案专题,实地察看青浦区金泽镇蔡浜村美丽乡村建设与垃圾分类工作推进情况,市农委、市绿化市容局介绍本市相关工作推进情况及有关提案办理情况,并与部分市政协委员协商座谈。

● 市政协重点协商办理"加强城市公共安全风险防范"提案专题,政协委员实地调研杨浦区控江路街道综合管理中心,了解街道物联网 + 社区精细化管理实施情况,并与市公安局、市信访办等提案办理单位座谈交流。

● 上海沿江通道越江隧道新建工程右线正式贯通。这也意味着上海外环隧道"破"堵迎来关键一步。

● 第十三届宋庆龄奖学金颁奖活动在中福会少年宫举办,本届共有 1 532 名品学兼优的中小学生获奖。中国福利会主席、中国宋庆龄基金会主席王家瑞,教育部副部长、中国福利会副主席朱之文,上海市政协副主席张恩迪出席,并为获奖代表颁奖。

● 上海宋庆龄研究会召开第六届会员大会,选举产生第六届理事会及其领导班子,市十四届人大常委会副主任薛潮当选会长。

## 本月

● 高德地图、交通运输部科学研究院、北京航空航天大学联合发布的《2017 年中国主要城市公共交通大数据分析报告》显示:上海公交线网覆盖率非常高,全市范围内"500 米内就有公交站点(公交车站、轨道交通站)"的覆盖率达到 87%,在全国 33 个主要城市中仅次于深圳,排名第二;同时,上海轨道交通运营里程、轨道交通站点均排名全国第一。发达的公共交通线网成为上海市民和外来游客出行的重要方式:上海平均出行 1 公里距离用时约 3 分钟,在全国 33 个主要城市中耗时最短。

● 申城一年一度的大型公益徒步筹款活动"一个鸡蛋的暴走",在上海迪士尼举行。有近 4 000 人一起为爱暴走,挑战 50 公里的爱心征途。过去七年,暴走共筹得善款 4 348 万元,资助全国 24 个省 264 个儿童公益项目,帮助超过 38 万儿童。

15—16 日

● 部分全国政协委员赴上海,专题调研"基本解决执行难问题"。调研组先后视察市第一中级法院和市徐汇区法院,了解了上海各级法院执行工作的基本情况,摸清存在的问题和困难,广泛听取各方面对于法院"基本解决执行难"工作的意见建议。

15—19日

● 市政协主席董云虎率上海市政协代表团访问香港、澳门。董云虎拜会了全国政协副主席董建华、何厚铧、梁振英，就深化沪港、沪澳合作事宜进行交流。访问期间，代表团分别召开十三届上海市政协香港地区、澳门地区委员座谈会。代表团还拜访香港中联办、澳门中联办，就探索建立港澳委员综合评价体系、完善参政和履职建言机制等问题深入探讨交流。

17—18日

● 由上海市委副书记、市长应勇率领的上海市代表团在贵州省委副书记、省长谌贻琴等陪同下，前往遵义市习水县、赤水市等地，深入当地的医院、企业园区、特色小镇，走访看望贫困户，察看沪遵扶贫协作各项举措落实情况，认真听取当地干部群众意见建议，推动两地携手打赢脱贫攻坚战取得更大成效。

● 以“长三角区域生态环境保护司法协作机制构建”为主题的沪苏浙皖检察长座谈会在安徽召开。上海市检察院检察长张本才、江苏省检察院检察长刘华、浙江省检察院检察长贾宇、安徽省检察院检察长薛江武共同签署《关于建立长三角区域生态环境保护司法协作机制的意见》。

24—27日

● 一场“三天内看遍世界”的上海世界旅游博览会在上海展览中心举办。来自53个国家和地区的750家联合参展商参会，提供旅游资源展示和优惠旅游产品销售服务。

27—31日

● 在参加第十三次上海合作组织成员国最高法院院长会议后，巴基斯坦、阿富汗、斯里兰卡、印度、白俄罗斯、尼泊尔等国代表团顺访上海。期间，市高级法院党组书记、院长刘晓云先后会见印度、巴基斯坦、阿富汗、尼泊尔、白俄罗斯五国代表团。

## 6月

1日

● 长三角地区主要领导座谈会在上海召开，并举行成果发布会。中共中央政治局委员、上海市委书记李强，上海市委副书记、市长应勇；江苏省委书记娄勤俭，江苏省委副书记、省长吴政隆；浙江省委书记车俊，浙江省委副书记、省长袁家军；安徽省委书记李锦斌，安徽省委副书记、省长李国英出席会议。国家发展改革委副主任连维良应邀出席会议。

● “相聚在党的诞生地　争做新时代好队员”2018年上海市少年儿童庆“六一”主题活动在中共一大会址举办。市委副书记尹弘出席并讲话。

● 长三角地区合作与发展专家咨询会在上海召开,国内长三角一体化领域的各界专家学者们热烈建言献策,陆大道、徐宪平、王一鸣、周其仁、董祚继、陈东琪、陈雯、吴越、陈晓剑、周振华被聘为长三角地区一体化发展决策咨询专家。

● 位于外滩沿线的外滩源 1 号、和平饭店、中国银行大楼、浦发银行大楼、上海市档案馆外滩馆、上海电信博物馆和上海市外滩历史纪念馆等 7 座经典历史建筑对公众开放。

● 由市委宣传部、市委党校、市习近平新时代中国特色社会主义思想研究中心主办的"上海市理论界学习《习近平新时代中国特色社会主义思想三十讲》座谈会"在市委党校召开。

● 由国家儿童医学中心、上海交通大学医学院、上海交通大学医学院附属上海儿童医学中心共同主办的 2018 浦江儿科论坛召开,全球五大洲 10 余个国家和地区的 40 余位儿童医院院长及专家与会。由上海儿童医学中心牵头的《儿童健康促进国际合作上海倡议》首次发布。

● 中国国际进口博览局举办首场地方交易团在线报名审核专题培训,来自各省、自治区、直辖市、计划单列市及新疆生产建设兵团的地方交易团代表参加培训。

● 市政府台办宣布,上海市《关于促进沪台经济文化交流合作的实施办法》即日起发布实施。

● 首批 200 辆 7 人座新途安 L 出租车正式上线。这款新车型刷新了本市出租车多项纪录。这 200 辆新型出租车将在本市"保高考""迎中博"等重要节点作为先锋队,引领出租车的服务质量重回世博会时期的巅峰。

● 上海市第一妇婴保健院联合市妇联、市女医师协会、三八红旗手联谊会、人民日报中央厨房大江东工作室、人民网上海频道、解放日报·上观新闻、上海电视台等 7 家单位成立国内首个"无痛分娩推广公益联盟",呼吁社会各界对无痛分娩给予更多关注,共同推动无痛分娩技术的科普和落地。

2 日

● 长三角区域大气污染防治协作小组第六次工作会议暨长三角区域水污染防治协作小组第三次工作会议在上海召开。上海市委书记、协作小组组长李强主持会议并讲话。生态环境部部长李干杰讲话。江苏省省长吴政隆、浙江省省长袁家军、安徽省省长李国英、上海市常务副市长周波分别介绍本省市大气和水污染防治措施工作进展以及下一步安排和有关建议。

● G60 科创走廊联席会议在上海市松江区召开。上海市委副书记尹弘出席并讲话。上海市松江区、浙江省嘉兴市、浙江省杭州市、浙江省金华市、江苏省苏州市、浙江省湖州市、安徽省宣城市、安徽省芜湖市、安徽省合肥市共同发布《G60 科创走廊松江宣言》。九区市一批产业合作、园区共建项目在会上签约。

● 由市人大常委会举办的首期青海省果洛州人大代表、干部学习培训班在沪开班，来自青海省果洛州的各级人大代表和干部将接受为期两周的学习培训。

● 在上海市委书记李强陪同下，安徽省委书记李锦斌，省委副书记、省长李国英率安徽省委常委集体瞻仰了中共一大会址。

● 沪上首份《学龄前儿童运动发展与睡眠健康万人问卷报告》出炉。本次调查由上海市第一妇婴保健院与松江区妇幼保健院共同承担课题，关注 3 至 6 岁学龄前儿童的运动与睡眠健康状况。调查样本涵盖浦东、静安、松江、闵行四区 174 所幼儿园的 9 833 名儿童。

● 由团市委、市文联、市学联、市剧协联合主办，上海话剧艺术中心承办的“第十五届上海市大学生话剧节”火热竞逐中，全市 34 所学校 43 个剧社 60 部作品报名，18 部作品入围决赛，将在半个月后揭晓结果。

● 海航集团有限公司与中国商用飞机有限责任公司在上海签署战略合作框架协议，计划未来逐步引进并运营 100 架 ARJ21 新支线客机，200 架 C919 大型客机，助推国产飞机实现规模化、市场化运营。

● 上海市台湾同胞投资企业协会第二届征才博览会在台北举办。本届博览会共有 125 家在沪台资企业参展，提供 1 929 个岗位职缺，涉及教育培训、金融投资、连锁服务、智能制造、食品加工、文创设计等领域，比去年增加 1 111 个岗位。

3 日

● 2018 年上海国际电影电视节举行新闻发布会宣布：今年的影视节自 6 月 11 日至 25 日举行。其中，第二十四届上海电视节举办日期为 6 月 11 日至 15 日，第二十一届上海国际电影节举办日期为 6 月 16 日至 25 日。

● 中外之彩 · 民韵之魅——上海宝山国际民间艺术节预热专场在地铁人民广场站内“地铁音乐角”上演。

● 第五届上海市学生龙文化全能赛在上海海湾国家森林公园开幕。来自 16 个区 200 余所学校的 5 000 多位学生组成 50 支龙舟队、51 支风筝队、52 支龙狮队，以自己的方式演绎中华传统体育文化。

● 市环保局发布《上海市空气重污染专项应急预案（2018 版）》，从即日起实施。和两年前的老版预案相比，新版预案对空气重污染预警的启动条件进行优化调整，降低了启动门槛，未来的预警发布将更及时、更频繁。

4 日

● 教育部“学习新思想千万师生同上一堂课活动”在上海等地高校启动。市委副书记尹弘出席上海高校活动动员大会并讲话。

● 副市长许昆林在市府贵宾厅会见新到任的墨西哥总领事罗来娜女士、南非总领事何安娜女士、韩国总领事朴善源先生、巴拿马总领事沈理康先生以及即将离任的老挝总领事西沙美女士、斯洛文尼亚领馆馆长史伯扬先生。

● 市环保局发布《2017 上海市环境状况公报》。根据《公报》,上海去年生态环境质量明显改善,其中,PM2.5、PM10、二氧化硫等主要大气污染物年均浓度均创新低。

● 杨浦区公布打响上海"四大品牌"行动方案——《加快建设"三区一基地",勇当上海"四大品牌"创新发展引领区》,同步出台的还有杨浦区全力打响"上海服务""上海制造""上海购物""上海文化"四个三年行动计划。

5 日

● 由上海航天技术研究院抓总研制的风云二号 H 星在西昌卫星发射中心用长征三号甲运载火箭成功发射。H 星是我国第一代静止轨道气象卫星的最后一颗,将与在轨的风云二号 E、F、G 星开展组网观测,对于保证我国两代静止轨道气象卫星业务接续有着重要的意义。

● 市委书记李强调研华东师范大学、上海科技大学。市委常委、市委秘书长诸葛宇杰参加调研。

● 市政协举行仪式,向不再连任的十二届全国政协常委、委员颁发纪念证牌。市政协主席董云虎出席并讲话,向各位常委、委员表示崇高敬意和衷心感谢。

● 市归国华侨联合会召开第十一届五次全委会议,选举齐全胜为市侨联第十一届委员会主席,并聘请沈敏为市侨联第十一届委员会顾问。全会选举上海市出席全国第十次侨代会代表。

● 爱心妈咪小屋目前已达 2 500 余家,覆盖了机关事业单位、国企、外企、民企等各种所有制企业。五年来,上海各级工会累计投入资金 1 000 余万元,并通过社会化运作筹措 4 000 余万元资金、物资等用于小屋建设和开展活动。

● 青浦区发布打响上海"四大品牌"行动方案(2018—2020 年)以及 21 个专项行动方案。

● 经过上海市、普陀区两级反腐败协调小组追逃追赃工作办公室的共同努力,潜逃国外涉嫌受贿的犯罪嫌疑人、上海"天网 2018"行动追逃对象王某被成功劝返回国。这是继 5 月 31 日后,上海在一周时间内成功劝返的第二名外逃人员,凸显监察体制改革为追逃追赃工作带来的新效能。

● 经过近一个月的征集,上海环保十大"金点子"在 2018 年"六五"环境日上海主会场活动上揭晓。市环保局表示,垃圾分类成为贡献"金点子"最多的话题。

● 市政协重点协商办理"丰富上海文化品牌,推进本市特色旅游业发展"提案专题,实地察看城市更新试点项目——"上生·新所"改造情况,市委宣传部、市旅游局介绍本市相关工作推进情况及有关提案办理情况，并与部分在沪全国政协委员、市政协委员协商座谈。

● 上海最高双子楼星港国际中心外立面基本竣工。高达 263 米的两栋主体塔楼自此穿上会呼吸的“绿色外衣”。

6日

● 市委书记李强出席 2018 年长江口珍稀水生生物增殖放流活动，并赴崇明区长兴岛、横沙岛调研。调研期间，市领导来到振华重工(集团)长兴分公司，先后察看箱梁智能制作车间、港口机械设备建造现场和海洋工程船舶建造现场。

● 青浦苏州两地签署《区域联动发展全面战略合作框架协议》。协议的签署对进一步促进沪苏对接融合，加快长三角一体化进程起到积极作用。青浦与苏州将在交通、能源、信息、产业、服务、环保、市场、安全等领域开展全方位、多领域、深层次的合作，共同打造长三角区域合作的示范引领区。

● 市人大常委会举办“外国驻沪总领事走进人大活动”，27 个国家驻沪总领事来到上海市人大常委会议事厅了解中国人大制度和上海人大工作的基本情况。

● 市委副书记尹弘在兴国宾馆会见以总书记马哈舒勒为团长的南非非洲人国民大会全国执委研修班(第九期)一行。尹弘向客人们介绍了上海的党建情况。

● 2018 年上海市电子商务发展联席会议召开，会议指出本市电子商务发展呈现出 B2B 电商生态门类齐全、网络购物创新引领特征显著、国际化发展提速的特点，电子商务交易规模继续保持全国最大，20 家上海企业获评国家级电子商务示范企业，并列城市排名第一，9 家园区获评国家和市级示范园区。

● 市安全生产共建共治共享交流会上传出消息，上海将出台《地方党政领导干部安全生产责任制规定》《推进城市安全发展的意见》《安全生产巡查办法》等一系列规定或文件。

● 中国人民银行上海总部、中国金融期货交易所、中国外汇交易中心等 19 家机构和企业为人才而“抱团”，向大学生抛出橄榄枝，不仅一连发布涉及 72 个专项的实习岗位，还与上海市学生事务中心(上海市高校毕业生就业指导中心)和陆家嘴金融城共建首批“上海陆家嘴金融人才基站”。

● “不忘初心　牢记使命”——2018 我的电影党课主题活动在上海影城举行启动仪式。

● “江南福地，活力名城”2018 常熟(上海)营商环境推荐会召开，常熟市相关领导向上海社科院院长张道根等受聘专家颁发聘书。推介环节上，共有 47 个总投资达 368 亿元的项目签约，涉及汽车及零部件、装备制造、新能源、电子信息、生物医药、现代服务业等多领域。

● 复旦大学人类精子库正式对外试运营,也将成为全国首家以基因组筛查来指导优生优育的人类精子库。

7日

● 市委书记李强会见法国欧莱雅集团董事长兼首席执行官让・保罗・安巩及董事会成员一行。

● 市委书记李强会见由沪港经济发展协会会长姚祖辉率领的沪港经济发展协会代表团一行。

● 市委书记李强会见世界交易所联合会首席执行官苏库马尔一行。

● 市委书记李强调研中国国际进口博览会配套交通项目。

● 市政协举办第一期"委员讲坛"。市政协主席董云虎致辞。活动中,郑杨、任军委员分别就"上海国际金融中心建设及金融改革发展情况"和"商业银行自贸、离岸金融实践与服务上海自贸港建设展望"作专题讲座,并与其他委员互动交流。

● 由上海海外联谊会、沪港经济发展协会联合主办的第九届沪港大都市发展研讨会在上海西郊宾馆举行。沪港两地的政府官员、专家学者和企业家围绕"新时代、新经济、新合作、新发展—纪念改革开放40周年"的主题,通过主题演讲、圆桌座谈等形式,探讨新时代背景和新经济模式下,沪港两地在经贸、金融、文化等领域不同层次的合作机遇和挑战。

● "上海品牌"发布会召开,53家企业的50个产品和36项服务通过第三方认证,成为首批"上海品牌"。

● 副市长许昆林在市政府会见来访的英国韦塞克斯伯爵爱德华王子,他向客人介绍上海近年来城市建设和经济发展的情况。

● 上海进口博览会城市保障领导小组办公室召开情况通气会,通报各项筹备工作进展情况。

● 个人税延型商业养老保险正式在上海市、福建省(含厦门市)、苏州工业园区三个试点区域开售。当天上午,具有里程碑意义的全国税延养老保险第一单花落上海,我国首架国产大飞机C919首飞机长蔡俊成为首张保单拥有者,该张保单由中国太平洋人寿上海分公司签出。这张保单的签发也标志着酝酿十年之久的税延养老保险试点政策正式落地实施。

● 两起违法向海洋倾倒废弃物的案件进行公开审理。两案中,违法者共向海洋倾倒5 500立方米废弃物。中国海监上海市总队对违法者分别处以5.1万、8.5万元罚款。

● 市人大常委会召开政府向人大常委会报告国有资产管理情况制度座谈会,市政府相关部门和全市16个区人大及政府相关部门参加会议。

● 市教委首批中小学校领导国防教育专题培训,在上海市人武学校圆满结业。

● 2018 年全国普通高等学校招生统一文化考试开考。全市共设 19 个考区,99 个考点,2 000 余个考场,本市约 5 万名考生参加考试。

● 新一期国家雪车集训队在上海市第二体育运动学校集结,从铅球项目跨项到雪车后,上海小伙子邵奕俊成为申城参加冬奥会"第一人"。

● 上海海关对外通报一起涉嫌侵犯世界杯商标专用权案件,查获出口侵权"RUSSIA2018"足球 2 470 个。这批货物由南京某公司申报,拟从上海洋山港出口至哥伦比亚。

● "长江左岸　创设未来"——2018 全国青年"城市家具"创意设计大赛组委会现场发布赛制安排。

8日

● 市委常委会召开会议,研究进一步做好东西部扶贫协作和禁毒工作等事项。市委书记李强主持会议并讲话。

● 市决策咨询委员会委员座谈会召开。市委书记李强为新一届市决咨委委员颁发聘书并讲话。市决咨委委员聚焦提升上海城市能级和核心竞争力主题,提出真知灼见。

● 地处闵行区新虹桥国际医学园区的华山医院西院启动开张试运行暨大型义诊活动。"上海市脑疾病中心"、复旦大学"脑科学前沿科学中心"同时揭牌。副市长翁铁慧出席试运行仪式。

● 上海海事法院在江苏省南通市举行洋口港派出法庭新址启用仪式。

● 沪苏浙皖四地交通运输管理部门(上海市交通委员会执法总队、江苏省交通运输厅公路局、江苏省高速公路管理局、浙江省交通运输厅公路管理局、安徽省公路管理局)共同签署《长三角地区治理货物运输车辆超限超载合作协议》。当天,三省一市交通执法部门在长三角区域共十个整治点同步开展货运车辆治超联合整治行动。

● 纪念马克思诞辰 200 周年重点图书捐赠仪式在中共一大会址纪念馆举行,中宣部出版局向上海有关部门和单位捐赠《共产党宣言》《资本论》纪念版、"马克思恩格斯著作特辑"、《马克思画传》等重点图书。

● 市档案馆联合本市部分区档案馆向社会发布近百件改革开放时期的珍档,展示了上海人民在党中央领导下,敢为人先、开拓进取、攻坚克难、奋发有为的历程。

9日

● 2018 上海"文化与自然遗产日"主题活动召开。去年初,上海开展中心城区 50 年以上历史建筑全面普查工作,目前已形成 131 个风貌保护街坊名单。

● 第二十一届上海国际电影节开启线上售票。开票一分钟,网上售票超过 5 万张。5 分钟后,售票已超过 15 万张。

● 上海歌剧院原创音乐剧《国之当歌》在黑龙江大庆上演。与此同时,一场交响音乐会正在浙江龙泉上演。一北一南两场精彩演出为上海歌剧院"魅力中国红"全国大巡演,画上圆满的句号。这一为期 43 天的大巡演从山东临沂启程,途经 17 个城市。上海歌剧院全院 300 多人通力协作,接力演出 38 场。

● 今天是我国第十三个"文化和自然遗产日"。上海开启全城"非遗嘉年华",350 多名传承人走进全市 250 多个文化设施开展 800 余场非遗活动,涵盖互动体验、讲座培训、展演展映、专题展览等多种形式。

● 上海对口支援的日喀则市人民医院正式挂牌"三甲",成为西藏自治区日喀则市首家三级甲等综合性医院。

10 日

● 2018 年上海市节能宣传周主题日活动在黄浦滨江世博最佳实践区举办。主题日活动的举办,也正式拉开了全国第 28 个节能宣传周暨"2018 年上海市节能宣传周"的序幕。市人大常委会副主任肖贵玉、市政协副主席李逸平出席。

● 2018 青春上海 · 滔搏运动公益城市定向赛在上海举办。近 2 000 人组成近 400 支队伍,踏上红色、运动、公益三条特定主题线路,穿梭在申城的各大地标和街道中,用脚步丈量城市、用运动践行公益。

11 日

● 市委书记李强在长三角区域合作办公室调研。李强听取长三角地区主要领导座谈会会议成果落实情况汇报,就下一步工作安排和与会同志深入讨论,聚焦重点、分析情况、研究问题,推动各项工作目标任务举措落到实处。

● 市长应勇主持召开市政府常务会议,研究贯彻落实党中央、国务院关于深化"放管服"改革和优化营商环境的部署要求以及工程建设项目审批制度改革试点工作座谈会精神,部署加快推进上海工程建设项目审批制度改革等事项。

● 市人大常委会主任殷一璀率部分市人大常委会组成人员赴华东政法大学,就市十五届人大常委会立法规划编制工作开展调研。调研组一行听取华东政法大学课题组关于立法规划课题研究情况的介绍,以及部分全国人大代表、市人大代表、专家学者的意见建议。

● 市委大调研工作推进会召开。市委副书记尹弘在会上强调,要按照市委部署要求,以更大的力度、更足的干劲,全力以赴把大调研工作持续推向深入。

● 第二十四届上海电视节揭幕,2018 年上海国际电影电视节也正式启航。自 6 月 11 日至 15 日举办的第二十四届上海电视节,由国家广播电视总局、中央广播电视总台和上海市人民政府主办。

● 第二十四届上海电视节首场白玉兰论坛——“台长论坛：主流媒体舆论引导力高峰会”邀各大电视台台长“坐而论道”，探讨广播电视在制作新闻、综艺、公益、文化、科技、文艺等各类节目的过程中，如何把握时代之魂、关注时代之需、聚焦时代之变、引领时代之风。

● 首届长三角三省一市公共机构节能管理创新与发展论坛在上海举办。论坛期间，沪苏浙皖三省一市机关事务管理部门共同签署了区域合作备忘录，从构建区域公共机构节能管理组织架构、搭建区域公共机构节能管理市场一体化平台、开展区域公共机构节能管理专题合作等三方面达成合作共识，初步形成进一步推进长三角地区公共机构节能工作协同发展的工作机制。

● 市政协重点协商办理“传承历史文脉，保护城市历史风貌”提案专题，政协委员实地考察位于延安西路的上生新所园区，了解园区内哥伦比亚总会、海军俱乐部和孙科别墅等历史建筑的保护利用情况，并与市住建委、市规土局、市文广影视局、浦东新区政府等提案办理单位座谈交流。

● 2018 年上海国际电影电视节召开组委会全体会议，这标志着第二十四届上海电视节正式启动。

● 市政协重点协商办理“全力打造‘上海制造’品牌”提案专题，实地察看本市本土制造业企业发展情况。市经信委介绍相关工作推进情况及有关提案办理情况，并与部分在沪全国政协委员、市政协委员协商座谈。

● 2018 世界大学生赛艇锦标赛组委会成立。比赛定于 8 月在上海淀山湖举办，共 16 个项目。两年一度的此项赛事首次远离欧洲、在亚洲举办，将创下办赛规模最大、参赛人数最多等多项纪录。

● “字响调圆：龙榆生藏现当代文化名人手札展”在上海图书馆展出。龙榆生是当代著名学者、词人，其词学研究成绩与夏承焘、唐圭璋并称，其主编的《词学季刊》，编著的《风雨龙吟室词》《唐宋词格律》等，在学界有着广泛影响。

● “2018 大世界非遗中国节之端午嘉年华”开幕。围绕“端午奇遇记”主题，大世界每个楼层都开展了丰富有趣的端午游戏、演出及互动体验环节。

● “明德师范教育奖励基金”首次在沪颁奖，共有华东师范大学等 18 所师范大学的 53 名老师获“明德教师奖”，4 909 名学生获“明德奖学金”。该基金捐助时间十四年，捐款额超 1.1 亿元，每两年颁发，已成为目前捐赠国内师范院校时间最长、数额最大、范围最广的奖励基金。

### 12 日

● 市委书记李强会见世界技能组织主席西蒙・巴特利一行。人力资源和社会保障部副部长汤涛,上海市委常委、市委秘书长诸葛宇杰参加会见。

● 2018 年中国技能大赛——第四十五届世界技能大赛全国选拔赛开幕式在国家会展中心举行。本次大赛上海赛区比赛共设汽车技术、木工、机电一体化、网络系统管理、时装技术、健康和社会照护等 34 个比赛项目,覆盖世界技能大赛全部六大领域。来自全国 46 个代表队、约 900 名选手参加上海赛区比赛。同时,世界技能组织、人力资源社会保障部、上海市人民政府共同签署《中国上海 2021 年第 46 届世界技能大赛协议书》和《世界技能博物馆合作协议书》。

● 市委中心组召开学习会,听取生态环境部环境规划院院长王金南院士关于深入学习贯彻习近平生态文明思想,坚决打好污染防治攻坚战的专题辅导报告。

● 市政协召开"推进军民融合深度发展情况"专题通报会,市政协主席董云虎出席并讲话。市委常委、上海警备区政委凌希通报有关工作情况。会上,政协委员听取了充分发挥上海区域优势,加快推进军民融合深度发展的情况介绍。

● 领导干部全力打响"上海制造"品牌专题研讨班开班仪式在上海市委党校举行。来自社会各界的代表在为期三天的研讨班中共同研讨如何推进"上海制造"品牌的打造。

● "永远的画面——改革开放四十年电影海报展"在上海影城、上海银星皇冠假日酒店等地向公众免费开放。展览分为"传承""荣耀""开拓""绽放""步伐""奋进""新时代新起点"七大板块。

● "凝心聚力进博会、建功立业创一流"立功竞赛誓师大会在国家会展中心召开。上海市总工会会同市商务委等 9 个委办局和青浦、闵行、长宁、嘉定等四区,联合在全市相关单位和广大职工中开展立功竞赛活动,确保进口博览会各项服务保障工作又好又快完成,努力为进口博览会成功举办建功立业。

● 正在英国利物浦举办的"2018 国际商务节",成为推介首届中国国际进口博览会的新平台。在国际商务节期间,上海市政府外事办、上海市政府新闻办公室和上海市外国投资促进中心共同主办"魅力上海"推介活动。

●《上海市建设闵行国家科技成果转移转化示范区行动方案(2018—2020 年)》发布,市科委主任张全、闵行区区长倪耀明在市政府新闻发布会上分别介绍相关情况。

● 虹口区检察院通报一起近期办理的侵犯公民个人信息典型案件,同时披露了近两年来侵犯公民个人信息案件的一些新动向。

● 上海区块链技术及应用研讨会在同济大学举行,上海区块链技术研究中心揭牌成立。

● 上海期货交易所宣布,20 号胶作为特定期货品种的立项申请已获中国证监会批复同意。20号胶期货复制原油期货相关政策，以"国际平台、人民币计价"为上市模式，采用净价交易、保税交割，全面引入境外交易者参与。

● 位于华东师范大学中山北路校区图书馆内的王元化学馆重新开馆。

● 国际影视市场电视市场在上海展览中心开幕。国家广播电视总局副局长张宏森，上海市委常委、宣传部部长周慧琳等领导视察市场。

● 中远海运宇宙轮在江南造船（集团）有限责任公司正式交付，该船是江南造船为中远海运集团建造的六艘2.1万箱超大型集装箱船的首制船，即将投入东亚至欧洲精品航线营运。

● "青春上海，一爱倾城"2018青年公益音乐会在上海音乐厅举行，由共青团上海市委、市青联、市青年文联指导，青年报社和青春上海主办，上海音乐学院党委宣传部协办，音乐会以关爱孤独症儿童为主题，由玫琳凯全程冠名支持。

13日

● 市委书记李强前往黄浦区老城厢地区，实地调研旧区改造工作推进情况。李强听取市住建委及黄浦区、静安区、虹口区、杨浦区相关工作汇报，并就旧区改造的重点难点问题和与会同志进行深入分析讨论。

● 市人大常委会主任殷一璀走访黄浦区南京东路街道，参加市人大代表联系社区活动，围绕老百姓关心的"急、难、愁、盼"民生问题和生活垃圾管理立法等听取意见建议。

● 市政协召开地区政协主席专题座谈会。全市16个区政协交流了在健全政协协商民主制度、提升协商议政精准度、规范民主监督程序、创新履职成果转化形式、加强党的建设等方面的工作经验和体会，并就加强市区政协联动、拓宽履职渠道、发挥委员主体作用、强化自身建设等提出工作建议。

● 以"养老新时代：更充分、更平衡、更优质"为主题的2018中国国际老龄产业高峰论坛在上海举办。市委副书记尹弘出席并致辞。来自18个国家和地区的近400余位专家学者、业内人士参加论坛，共同探讨老龄产业发展前景。

● 市食品安全信息追溯现场会召开，长三角三省一市即将签署食品安全信息追溯体系建设战略合作协议，建设长三角食品安全信息追溯体系，打造食品安全信息追溯"一张网"，实现多地一个平台查询相关信息，将长三角打造成中国食品产业最发达、食品质量最安全、食品消费最有保障的地区之一。

● 市人大常委会副主任莫负春在市政府会见克罗地亚伊斯特拉省省长瓦尔特·福莱戈一行。双方就加强两市在经贸、制造业、人文交流、旅游等领域的合作进行了探讨。

● 副市长陈群在人民大厦会见到访的加纳外交与地区一体化部长雪莉·阿约科·

博奇韦,他向客人介绍上海近年来改革开放和经济社会发展情况。宾主双方进行亲切友好的交谈。

● 第四十五届世界技能大赛全国选拔赛(上海赛区)在国家会展中心全面展开。人力资源和社会保障部部长张纪南、副部长汤涛,上海市委常委、常务副市长周波共同巡视了赛场,并与有关专家、参赛选手和参观群众开展交流,感受技能带来的乐趣。

● 第二十四届上海电视节白玉兰奖评委见面会召开,电视剧、纪录片和动画片三个单元共 13 位评委与媒体见面。50 多个国家和地区的 800 多部优秀节目报名,共入围 55 部作品。

● "魅力上海"活动首次来到塞尔维亚首都贝尔格莱德市。开幕当天,塞尔维亚旅游形象大使、上海作家陈丹燕与塞尔维亚广播电视台主持人莉莉安娜·戈约维奇在艺术馆里举办了一场名为"上海作家眼中的上海与贝尔格莱德"的文化沙龙。

14 日

● 以"迈入新时代的上海国际金融中心建设"为主题的第十届陆家嘴论坛,在黄浦江畔开幕。中共中央政治局委员、上海市委书记李强出席开幕式暨第一次全体大会并作主旨演讲。博鳌亚洲论坛副理事长周小川出席,中国人民银行行长、论坛共同轮值主席易纲致开幕辞并作主旨演讲,中国银行保险监督管理委员会主席郭树清作主旨演讲,上海市委副书记、市长、论坛共同轮值主席应勇致欢迎辞。举办期间,上海市政府分别与交通银行、中国人寿保险(集团)公司签署战略合作备忘录和战略合作协议。中国进出口银行一带一路金融研究院(上海)、中国人寿保险(集团)公司上海总部也正式揭牌。

● 在上海市委书记李强的陪同下,甘肃省委书记、省人大常委会主任林铎率团在沪就实施创新驱动发展战略、推动科技创新进行考察,并就深化两地合作交流特别是张江高新技术产业开发区与兰白科技创新改革试验区、兰白国家自主创新示范区有关合作事宜进行对接协商。

● 市政府新闻办召开发布会,市交通委主任谢峰介绍《上海国际航运中心建设三年行动计划(2018—2020 年)》相关情况。

● 市纪委监委通报奉贤交通能源(集团)有限公司公共事业管理部副经理宋晓华接受下属燃气公司人员邀请至酒店就餐,餐后前往 KTV 唱歌等五起违反中央八项规定精神典型案例。

● "2017 年度上海高校公共关系学专业专项奖学金"在上海交大颁出。98 名公关专业优秀学生,由复旦大学、上海外国语大学、华东师范大学、东华大学、上海师范大学、上海第二工业大学等 6 所高校评选并经批准获奖。

● 为期两天的“进一步完善长三角地区立法工作协同座谈会”在上海召开。沪苏浙皖三省一市人大法制委、常委会法工委部分组成人员听取推动长三角更高质量一体化发展相关工作介绍，并就人大立法部门如何更好地在长三角一体化发展中发挥作用进行了讨论交流。

● 市政协副主席李逸平在虹桥迎宾馆会见来沪访问的冈比亚外交、国际合作和侨民事务部部长乌赛努・达博，向来宾介绍了上海改革开放和经济发展等情况。

● 中国外汇交易中心与中国银行在上海联合发布“CFETS-BOC 交易型债券指数”(中国外汇交易中心—中国银行交易型债券指数)。该指数由中国外汇交易中心与中国银行共同编制，是银行间市场首只交易型债券指数。

15 日

● 上海打造全球新品首发地启动仪式在上海展览中心友谊会堂正式举行。启动仪式包含“一会一展”，由市商务委、静安区政府、浦东新区政府和黄浦区政府共同主办。启动仪式上，发布“2017—2018 上海全球新品首发地人气榜单”。在活动现场，共有 43 个品牌展示汽车、智能产品、服装服饰和化妆品等国内外知名品牌的新品。

● 市委常委会召开会议，研究长三角地区主要领导座谈会成果和长三角区域大气和水污染防治协作小组工作会议精神落实，建立开放型经济新体制行动方案，贯彻落实中央深化地方机构改革部署等事项。

● 市委书记李强主持召开部分区委书记座谈会。崇明、松江、虹口、普陀、徐汇、静安、金山、奉贤区委书记先后发言，围绕市委重点工作，就当前经济社会发展和城市管理中的重点难点交流做法和思考，并对市委工作提出意见建议。

● 市长应勇分别会见葡萄牙波尔图市市长鲁伊・莫雷拉和新西兰新任驻华大使傅恩莱。应勇介绍上海经济社会发展情况。

● 新组建的国家税务总局上海市税务局挂牌，标志着原上海市国家税务局、上海市地方税务局正式合并。上海市委常委、常务副市长周波出席挂牌仪式。

● 由市文明办、市商务委、市旅游局共同主办的“迎中国国际进口博览会窗口服务展示日巡礼”旅游行业文明服务誓师大会召开。本市迎接中国国际进口博览会的 6 个重点区旅游局和锦江、东湖、衡山等集团相关负责人，以及本市酒店、旅行社、景区点等旅游行业相关管理人员约 400 人参加誓师大会。

● 今天是著名话剧、电影表演艺术家张瑞芳诞辰一百周年的日子，“瑞草芳华留人间”纪念活动在福寿园人文纪念公园举办。

● 上海自贸试验区外国人服务单一窗口再次升级，“3.0 版本”进一步实现了功能升级。

● 上海东方航空乘载百名游客奔赴喀什,以"沪喀号"援疆旅游扶贫专机为平台,在喀什地区进行八天七夜的考察活动,推动上海企业全面深入对接新疆喀什地区产业发展和脱贫攻坚工作。

● 2018年"魅力上海"城市形象推广活动在布达佩斯世界文化遗产建筑——布达创意馆拉开帷幕。为期一周的"魅力上海"系列活动包括市新闻办和市对外文协举办的"魅力上海"摄影展,上海设计之都促进中心联合上海11家文创企业共同打造的"上海客厅"文创展,海派画家精选作品展"上海之韵",非遗技艺表演和"沪语海报"AR互动体验等。

● 2018昆山融入上海合作发展推介会在沪召开。会上不仅成立了昆山市、嘉定区、青浦区、松江区和张江国家自主创新示范区、虹桥商务区"4+2"更高质量一体化发展实践联盟,还颁发了"昆山市融入上海高质量发展专家咨询委员会"首批专家聘书,此外还有66个沪昆两地的合作机构、合作项目揭牌签约。

● 久事集团与腾讯公司战略合作推出的"上海公共交通乘车码"服务上线,并率先在微信小程序上应用。上海市民到外地出游,只要开通的城市也可享受扫码乘公共交通的便捷。

16日

● 由市文明办、市文广局和杨浦区文明委共同举办的"我们的节日"主题系列活动暨杨浦端午民俗游园会在杨浦区黄兴公园举行。活动现场进行舞龙舞狮表演、端午民俗礼仪展示、中华经典诵读展演等传承端午文化的演出。

● 第二十一届上海国际电影节开幕首日,"一带一路"电影节联盟签约在上海举办。来自"一带一路"沿线近29个国家的31个电影机构相聚在上海,签署关于建立"一带一路"电影节联盟的备忘录。

● 由中央广播电视总台和上海市人民政府共同主办的第二十一届上海国际电影节开幕。

● 今天是端午小长假第一天,长三角迎来旅客出行高峰,当天发送旅客266万人次,客流主要集中在京沪、沪宁、沪杭甬、宁杭、杭长、甬台温、合宁、宁安、合武、合福等高铁沿线旅游城市。

17日

● 全市约3 100个考场铃声响起,2018上海初中毕业统一学业考试最后一门数学科目结束,约6.9万名学子平稳有序完成考试。

● 年轻的中国导演、代表中国电影新势力的互联网企业代表,与好莱坞从业者坐到一起,共同在金爵电影论坛探讨"电影工业化之路"。

● 今天是端午小长假第二天,申城公园绿地迎来游览小高峰。很多市民举家出动,游园、赏花，参加端午民俗和科普活动，足不出“沪”享受假日时光。

18日

● 上海出入境口岸设置中国公民专用通道，139条出入境自助通道全面开通使用。自今天起，全国所有陆海空口岸将实现“中国公民出入境通关排队不超过30分钟”的新目标。

● 松江区正式对外发布《松江科技影都总体发展策划》和《关于加快G60科创走廊松江科技影都影视产业人才高地建设的实施意见》，致力于打造具有全球竞争力的大型高科技影视基地。

● 位于浦东东方路的上海儿童医学中心，首个采用冰蓄冷超低温技术的中央空调系统启动制冰，3台螺杆制冰机全部投入运行。同一时刻，位于国江路的公交充电站内，70台大功率直流充电桩开启约时充电。这是国网上海电力首次实施大规模“填谷”式电力负荷需求响应，整个行动从18日的零时持续至6时15分，其间共有88户自主申报用户、5家负荷集成商（涉及522户）参与，涵盖工业生产移峰、自备电厂、冰蓄冷空调机组、公共充电站等全类型可控负荷。

● 上海国际电影节首次设立的国际合拍片市场落幕。中印电影圆桌论坛、第五届“美中影视产业博览会”发布会等活动将在沪举办，国际合作成为上海国际电影节的看点之一。

●“创意上海”艺术展在克罗地亚首都萨格勒布市广场艺廊揭幕。由上海市政府新闻办联合萨格勒布市政府、萨格勒布大学、上海市旅游局、上海图书馆、上海市对外文化交流协会等中外机构共同举办的“创意上海”艺术展，是2018年“魅力上海”克罗地亚活动的“重头戏”。

19日

● 十一届市委全面深化改革领导小组召开第五次会议。会议审议通过今年浦东综合配套改革试点工作安排、关于加快发展健康服务业的若干意见、《关于贯彻落实〈关于健全统一司法鉴定管理体制的实施意见〉的工作措施及分工方案》等。

● 市长应勇主持召开市政府常务会议，研究贯彻落实习近平总书记和李克强总理对中国国际进口博览会的重要指示和重要讲话精神，全力做好进口博览会城市服务保障工作；部署实施上海市工业互联网产业创新工程。

● 市长应勇会见俄罗斯雅罗斯拉夫尔州州长，俄中友好、和平与发展委员会地方合作理事会俄方主席米罗诺夫·德米特里一行。

● 张江长三角科技城领导小组会议在上海市金山区枫泾镇召开，会议听取张江长三角科技城总体概念规划方案和建设进展情况。这是张江长三角科技城领导小组召开的第一次全体会议，标志着张江高新区管委会、上海市金山区、浙江省嘉兴市两地三方的合作进入了正轨，也为国内首个跨省市产业园的建设按下了“快进键”。

● 上证综指开盘即跌穿 3000 点，收报 2907.82 点，下跌 3.78%；深证成指收报 9414.76 点，下跌 5.31%；创业板指收报 1547.15 点，下跌 5.76%。两市各板块均有下挫，996 只股票跌停。

● 上海京剧院、上海广播电视台出品，上海广播电视台摄制的 3D 全景声京剧电影《曹操与杨修》将亮相第二十一届上海国际电影节首映盛典单元，由此开启世界首映的序幕。

20 日

● 市委召开调研协商座谈会，围绕“实施区域协调发展战略，推动长三角一体化发展”，听取各民主党派、市工商联和无党派人士的意见建议。

● 市委书记李强，市长应勇会见由辽宁省委副书记、省长唐一军率领的辽宁省暨大连市党政代表团一行。在联席会议上，上海市与大连市签署对口合作框架协议。两地 10 个相关区(市、县)签署结对协议。

● 长三角地区政协联动机制签约启动仪式暨第一次长三角地区政协主席联席会议在上海召开，沪苏浙皖三省一市政协主席共同签署《关于建立长三角地区政协联动机制的协议》。

● 上海市文联联合江苏省文联、浙江省文联、安徽省文联共同组建“长三角文艺发展联盟”，成立仪式在沪举行。中国文联党组书记、副主席李屹，上海市委常委、宣传部长周慧琳，沪苏浙皖四地文联领导、地市级文联负责人代表、文艺家协会代表及艺术家代表共同见证联盟成立。

● “我们爱 · 第二届两岸青年短片大赛”上海电影大师交流营开营仪式在大光明电影院举行，开营仪式后展映了 8 部参赛短片。

● 中国国家认证认可监督管理委员会与上海自贸试验区管委会在浦东签署共同推进自贸试验区认证认可检验检测工作合作备忘录。上海自贸试验区“一带一路”技术交流国际合作中心同日揭牌。

● 智能电力公路“三网融合”平台暨上海国能新能源汽车基地启动仪式在松江经济技术开发区举行，投资 200 亿元的上海国能新能源汽车项目全球总部正式落户 G60 科创走廊，智能电力公路“三网融合”平台、国能汽车研究院、AECS 电池研究院也同时挂牌。

● “点亮中国：马克思主义在中国早期传播文物史料展”在中共一大会址纪念馆开展。与马克思主义传播有关的 128 件馆藏珍贵文物资料在这里展出，其中有中国首部《资本论》三卷全译本、68 种《共产党宣言》中译本等。

● 上海韩哲一教育扶贫基金会—顾玉东院士医教扶贫专项基金正式在沪签约成

立。专项基金将通过医疗技术优势实现精准医教扶贫。

● "一带一路"高层圆桌峰会在上海国际旅游度假区申迪文化中心举行。"一带一路"沿线多个国家的电影节主席、艺术总监,国内知名电影人和电影企业高层齐聚一堂,共同探讨中外电影产业发展的合作共赢之路。会上,浦东电影产业服务机构国家对外文化贸易基地(上海)还与相关电影企业签订合作服务战略协议。

● "中共四大·力量之源"城市深度游红色"发现之旅"在中共四大纪念馆首发,数支来自"上海制造"重点行业的职员队伍在城市定向、在线互动、问答解谜等游戏环节中,完成了一次特别的红色旅游体验。

● 上海市推进科技创新中心建设领导小组第四次会议召开。上海市推进科技创新中心建设领导小组办公室、上海推进科技创新中心建设办公室、市科委、市委组织部、浦东新区、张江实验室先后汇报科创中心建设相关工作。

● 以"传承弘扬'闻天精神'、打造浦东'红色文化'"为主题的活动在浦东新区党建服务中心举行,祝桥镇"闻天讲堂"同时启动,进一步挖掘浦东和上海的红色文化资源。

● 市老龄委举行2018年第十六期"银龄行动"志愿者赴疆欢送仪式,本市20名老年志愿者启程前往新疆开展为期两个多月的援助服务。

21日

● 上海自贸试验区扩大金融服务业对外开放工作推进会在浦东召开。

● 市委书记李强在临港地区调研。调研期间,李强还听取了临港地区规划发展及海绵城市建设情况介绍,指出要抓牢高端产业发展和高品质新城建设,把临港地区真正打造成为与卓越的全球城市和具有世界影响力的社会主义现代化国际大都市定位相匹配的综合性节点城市。

● 市政协召开"推进本市国家监察体制改革情况"专题通报会,市政协主席董云虎出席。市委常委、市纪委书记、市监察委员会主任廖国勋全面介绍了上海深化国家监察体制改革试点工作的主要做法及成效。

●《中国(上海)自由贸易试验区关于扩大金融服务业对外开放进一步形成开发开放新优势的意见》发布。意见包括25条扩大金融业对外开放的重大举措。

● 中国国际进口博览会上海交易团正式组建包括跨境进口电商联盟、大型零售商联盟、综合贸易服务商联盟和展示展销服务联盟在内的四大采购商联盟。

● 国家智能网联汽车产业计量测试中心在上海揭牌。揭牌活动中,上汽集团、蔚来汽车、上海市计测院等十家生产企业、科研机构、大专院校的代表还发起国家智能网联汽车产业计量测试技术联盟。

● 上海海上搜救中心组织开展"2018年杭州湾北岸水域船舶灾害应急处置演习"。

● 解放日报和浙江日报联合主办的沪浙毗邻地区“五个一体化”协同发展示范区建设两周年论坛举行。论坛总结了上海枫泾与浙江嘉善最近两年来的一体化发展实践,同时请来专家学者围绕“边界地区如何发展”深入探讨。

● 第五届“国际会展业 CEO 上海峰会”在沪开幕,本届峰会的主题是“‘一带一路’与国际会展业”,包括国际展览业协会(UFI)执行总经理以及国际著名会展企业家在内的近 250 名国内外会展行业高层管理人士出席为期两天的峰会,围绕“‘一带一路’——展览业全球化的新要素”“‘引进来’‘走出去’——新时期下的中国特色展览业”和“展览企业的全球化”三个议题进行研讨交流。

● 上海海关宣布,在浦东国际机场查获侵犯“WORLD CUP 2018”商标专用权手环 10 万个,侵犯“RUSSIA 2018”商标专用权的钥匙扣 4 000 个。

● 市第三中级法院首次发布危害食品药品安全刑事案件审判白皮书,公布该院三年内审理的此类案件案发情况和特点。

● “红色文化社区行”主题活动在静安区图书馆拉开帷幕,随后举行首场播映讲座《伟大的开端——珍贵影像中的中共一大》。

**22 日**

● 市委常委会召开会议,听取关于贯彻落实全国生态环境保护大会精神,坚决打好污染防治攻坚战相关安排的汇报。市委书记李强主持会议并讲话。

● 已完成首飞的两架 C919 大型客机同时在上海浦东和西安阎良两地开展试飞。7 时 13 分,C919-102 架机从上海浦东起飞,空中飞行 1 小时 34 分钟;11 时 05 分,C919-101 架机从西安阎良起飞,空中飞行 3 小时 10 分钟。

● 市长应勇会见希腊议长武齐斯一行,代表上海市政府和上海人民对议长访沪表示热烈欢迎。

● 市长应勇会见阿塞拜疆国民议会议长奥克泰·阿萨多夫一行,对客人到访上海表示热烈欢迎。

● 上海市委书记李强,市委副书记、市长应勇会见由江苏省盐城市委书记、市人大常委会党组书记戴源,盐城市委副书记、代市长曹路宝率领的盐城市党政代表团一行。

● 2018 年上海市预防青少年违法犯罪工作推进会召开,市委常委、市委政法委书记陈寅出席会议并讲话。

● 市委常委、上海警备区政委凌希少将在兴国宾馆会见新西兰陆军司令凯利少将一行。

● 首届中国国际进口博览会首批长期管理岗位志愿者培训结业仪式举行,30 名志愿者完成了为期一周的培训。

23日

● 市委书记李强会见巴布亚新几内亚总理奥尼尔一行。

● 市委书记李强会见法国总理菲利普一行。

● 市委书记李强会见日本前首相福田康夫一行。

● 中国和塞尔维亚首部合拍电影《萨瓦流淌的方向》在上海国际电影节揭开面纱，影片有望于年底上映。

● 性侵害未成年人犯罪惩治与预防研讨会在上海召开。本次研讨会由上海市检察院、上海市社会治安综合治理委员会办公室和中国刑事诉讼法学研究会少年司法专业委员会主办。中国人民大学、华东政法大学等高校、研究机构的专家学者和全国16个省市的实务界人士，围绕从严惩治、被害人保护、再犯预防、综合治理等议题，深入研究性侵害未成年人犯罪治理的路径。

24日

● 第二十一届上海国际电影节在上海大剧院举行金爵奖颁奖典礼。本届电影节共展映中外影片492部，放映1 621场，观众购票数达468 178张。

● 由市教委指导，市教育考试院、上海教育电视台、东方都市广播·899驾车调频、解放日报·上观、新浪上海、新浪教育等多家单位联合打造的《我们一起填志愿——2018高考咨询大直播》如期开播。

● 中国自然科学博物馆协会和联合国教科文组织双边合作协议书签署仪式在上海科技馆举行。

25日

● 市国家安全领导小组召开会议，进一步学习贯彻习近平总书记在十九届中央国家安全委员会第一次会议上的重要讲话精神，深入落实国家安全责任制，研究部署国家安全相关工作。

● 市长应勇主持召开市政府常务会议，研究深化本市“证照分离”改革试点，推进分类监管工作。

● 市人大常委会部分组成人员开展城市公共安全与风险防范专项监督调研，重点了解本市消防安全工作与轨交大客流风险防范工作的情况。市人大常委会主任殷一璀参加调研。

● 市公安局、市检察院相继通报本市今年以来打击毒品犯罪情况。今年1月至5月，上海公安部门共侦破毒品案件1 046起，查获有吸毒行为人员6 217人次，共对3 018人次吸毒成瘾严重人员实行了强制隔离戒毒。全市检察机关批准逮捕毒品犯罪案件795件869人，其中，以涉嫌走私、贩卖、运输、制造毒品罪批捕580件641人，提起公诉案件953件1 025人。

● 市委副书记尹弘在兴国宾馆会见由古巴拉斯图纳斯省委第一书记桑塔纳率领的古巴共产党省市委领导干部考察团。

● 黄浦江上第13座越江大桥——昆阳路越江及配套道路工程的主塔承台施工完毕,从水下施工转向水上施工。

● 在市合作交流系统纪念建党九十七周年主题活动上,一场东西部扶贫协作地区贫困村党组织结对共建仪式格外引人注意。一批正在上海培训的云南省、贵州省遵义市贫困村党组织书记与上海的街镇形成结对关系,以合力打赢脱贫攻坚战为目标开展共建。

● “海上风　江海潮”——上海书画院/南通书法国画研究院中国画作品联展,在龙现代艺术中心开幕,展出15位南通画家的30幅作品以及33位上海画家的33幅作品,展期两周。

● 上海青少年迎进口博览会城市文明志愿服务计划启动,计划在今年年底前挂牌100个“青春上海”品牌志愿服务站点和100支“青春上海”品牌志愿服务队,基本覆盖全市核心窗口行业和重点领域。

26日

● 市残疾人联合会第七次代表大会召开。市残联第七届主席团聘请市委副书记尹弘为主席团名誉主席,聘请市人大常委会副主任高小玫、市政协副主席李逸平为主席团名誉副主席。市残联第七届主席团第一次全体会议选举副市长彭沉雷为主席团主席,推举王爱芬为主席团执行理事会理事长。

● “从石库门到天安门”诗歌朗诵会校园版在同济大学拉开帷幕。同济大学四平校区约2 500名师生党员观赏演出,也同时开启了朗诵会“校园版”的高校巡演活动。

●“我们爱·第二届两岸青年短片大赛”颁奖典礼在上海城市规划馆举行。台湾团队制作的动画短片《屋子心》捧得金奖,大陆团队制作的剧情类短片《平小》获银奖,两岸合拍片《贰加贰》获“我们爱奖”。

● 以“健康人生,绿色无毒”为主题的上海市高校禁毒宣传活动在上海大学钱伟长图书馆举行办。市委常委、市委政法委书记、市禁毒委主任陈寅出席此次活动。

● 闵行区市场监管局向上海敏吉餐饮有限公司颁发上海首张“共享厨房”食品经营许可证,又一种全新的餐饮业态开始试营业。

● 上海发布今夏首个高温橙色预警,中心城区(徐家汇站)最高气温达到36.7℃,一举刷新今年以来气温新高。

● 上海健康医学院与台湾联新国际医疗集团达成战略合作,双方共建符合国家政策法规要求的新型非直属附属医院,首次确立特色鲜明的公办医学院校与民营医疗机构管理运行机制。

● 由市儿童医院倡议发起的"爱从头开始——为白血病患儿捐发公益行动",吸引了上百名申城社会各界的爱心志愿者前来。

27 日

● 中国共产党上海市第十一届委员会第四次全体会议在世博中心召开。全会审议通过《中国共产党上海市第十一届委员会第四次全体会议决议》。

● 市委书记李强会见中国国民党荣誉主席吴伯雄一行。

● 位于静安区的中共二大会址纪念馆迎来当天闭馆前的最后一批团队参观者——国网上海市北供电公司运检党委本部党支部的 40 名党员。他们在这里开展了一次别开生面的迎接建党九十七周年主题党日活动。

28 日

● "始于 1978 文化 · 生活 · 艺术——'纪念改革开放四十周年'民俗收藏展"在上海文艺会堂展厅拉开帷幕。

● 上海市庆祝中国共产党成立九十七周年座谈会召开。市委副书记、市长应勇主持座谈会。市人大常委会主任殷一璀,市政协主席董云虎,市委副书记尹弘,市委常委廖国勋、周波、郑钢淼、陈寅、周慧琳、诸葛宇杰、凌希出席。市委常委、浦东新区区委书记翁祖亮,市科技工作党委书记刘岩,上海华虹宏力半导体制造有限公司党委书记徐伟,上海电影制片厂电影表演艺术家牛犇,黄浦区小东门街道党工委书记周诚,毕马威华振会计师事务所上海分所党委书记杨洁分别作交流发言。

● 国务院召开全国深化"放管服"改革转变政府职能电视电话会议。市委副书记、市长应勇在上海分会场讲话强调,"放管服"改革是优化营商环境、提升城市能级和核心竞争力的核心举措。

● 市长应勇会见全球清算对手方协会(简称 CCP12)主席、上海清算所董事长许臻率领的 CCP12 新任主席团成员、重要执委及相关机构高管,对 CCP12 年度会员大会在沪召开及新任主席团成员当选表示祝贺。

● 由市人民政府参事室和台湾《旺报》社主办,市台办、上海东亚研究所、中科院上海生命科学研究院协办的"大健康时代:理念、技术与体制"2018 年沪台研讨会在虹桥迎宾馆召开。上海市副市长翁铁慧,中国国民党荣誉主席吴伯雄、旺旺集团副董事长胡志强等沪台两地 200 多位嘉宾出席。

● 市人大常委会机关召开纪念建党九十七周年大会暨机关"两优一先"表彰大会。市人大常委会党组书记、主任殷一璀出席会议并讲话。

● 以"深化依法治国实践背景下的检察权运行"为主题的第十四届国家高级检察官论坛在沪举办。论坛聚焦"深化依法治国背景下的检察权运行"主题,围绕检察工作创新发展的战略性、根本性重大问题开展研讨,话题包括检察权运行的理念、检察权运行的实践、检察权运行的保障等。

29 日

● 由市社联、解放日报·上观新闻联合制作的六集短视频“为什么是上海——探寻上海红色基因”在上观新闻 APP“思想汇”栏目播出。

● 市长应勇调研本市“留改拆”工作。市住建委汇报了本市“留改拆”总体工作情况,黄浦区、静安区、虹口区分别汇报重点项目改造情况。市领导不时询问,就重点难点问题与大家讨论交流。

● 市委副书记、市长、市政府党组书记应勇主持召开市政府党组会议,传达学习十一届市委四次全会精神,并就政府系统全面贯彻落实全会精神,做好各方面工作作部署。市政府党组成员围绕学习贯彻十一届市委四次全会精神,结合分管工作抓推进、抓落实,作交流发言。

● 市人大常委会机关召开传达十一届市委四次全会精神大会。市人大常委会主任殷一璀就学习贯彻落实全会精神提要求。

● 市政协召开传达市委全会精神和全国政协系统党的建设工作座谈会精神会议。市政协党组书记、主席董云虎出席并讲话。

● 集展览展示、经贸交流、消费体验、文化演绎四位一体的“2018 一带一路名品展”在上海展览中心拉开帷幕。本届展会由上海市国际贸易促进委员会、上海国际商会共同主办,展出规模 1.5 万平方米,共吸引来自 45 个国家和地区的 200 多家企业踊跃参与。

● 主题为“讲述上海故事,弘扬时代精神”的 TELL + SHANGHAI 演讲活动在复旦大学光华楼举办,座无虚席的会场内,近 400 名观众聆听来自上海的各行各业的 7 位讲述者不断奋斗、奉献,践行城市精神的故事。该活动由上海市委宣传部指导,上海市精神文明建设委员会办公室和复旦大学联合主办,TELL 公众演讲会承办。

● 副市长许昆林在市政府会见由泰国彭世洛府府尹帕克彭·特维帕率领的泰国北部三府代表团。

● 副市长陈群在市政府会见由韩国济州特别自治道行政副知事全圣泰率领的济州道代表团。

● “从石库门到天安门”旅游推介会暨红色旅游宣传片《光芒》首发仪式在沪举行。首发仪式上,展示和介绍上海、嘉兴、吉安、遵义、延安五地丰富多彩的红色旅游资源。

● 上海高院发布《上海市高级人民法院关于调整基层法院知识产权案件、行政案件和未成年人刑事案件集中管辖的公告》,对集中管辖作出详细规定。

●《宝山深度融入长三角一体化发展三年行动计划(2018—2020 年)》发布,将依托沿江临海区位优势，加强与苏州(太仓)、南通(海门)、舟山、连云港等沿江城市的对接合作，突出邮轮、机器人、石墨烯等产业链上下游的深度合作，通过协同推进“邮轮全产业链创新、生态环境有效保护、基础设施互联互通、产业发展互惠共赢、公共服务一体化、综治平安联防联治、干部人才双向交流、新型城镇化建设”八大重点工作，共同打造沿江协同创新带，努力成为长三角更高质量一体化协同创新发展的示范区。

● 由上海抗战与世界反法西斯战争研究会、上海淞沪抗战纪念馆主办的“中国共产党与上海抗战——纪念中国共产党诞生九十七周年系列学术活动”在上海淞沪抗战纪念馆拉开帷幕。中共党史、抗战史研究专家应邀参加“中国共产党与上海抗战”学术研讨会，《中国共产党与上海抗战》图书首发式、“中国共产党与上海抗战”专题展览和全市巡展活动同步启动。

● 上海公安机关对在浦北路持刀砍人的犯罪嫌疑人黄一川刑事拘留以后，迅速地查明犯罪事实，以黄一川涉嫌故意杀人提请检察机关逮捕，市检察院第一分院经审查对犯罪嫌疑人黄一川以涉嫌故意杀人罪依法批准逮捕。

● 市政府召开篮球世界杯上海赛区组委会第一次全体会议。

30日

● 中国共产党中国商用飞机有限责任公司第一次党员代表大会开幕。市委副书记尹弘出席并讲话，代表市委向大会的召开表示祝贺。

● 上海马戏城热演十三年的多媒体舞台剧《时空之旅》落下帷幕。马戏城将进行为期一年左右的修整改建，2019 年以焕然一新的面貌重新亮相，并计划上演时空之旅品牌旗下新剧。

● 市房屋管理局宣布：按照《关于印发〈上海市住房租赁合同网签备案试行办法〉的通知》(沪住建规范[2018]1 号)的要求，上海将于今年 7 月 1 日起，全面实施住房租赁合同网签备案制度，国有土地上的住房租赁活动，均应按规定进行合同网签备案。

● 在上海师范大学召开的“上海：党的诞生地”研讨会上，发布了课题组最新研究成果：截至目前，上海共发现 1 027 处红色革命纪念地。

## 本月

● 市人社局就业促进中心发布《乐业报告》系列之《上海市来沪人员就业状况报告(2018)》。报告以 2013 年至今的上海市就业登记信息为基础，结合同期年度抽样调查数据，研究分析了进入本市人力资源市场的来沪人员的就业状况。

2—4日

● 由市委副书记、市长应勇率领的上海市代表团访问日本。访问期间，应勇分别会见横滨市长林文子、东京都知事小池百合子及中国驻日本大使程永华。代表团还围绕特大城市精细化管理等议题与有关部门进行交流。

5—6 日

● 长三角地区人大常委会主任座谈会在杭州召开,沪苏浙皖人大常委会签署深化长三角地区人大工作协作机制"1+1"协议,就共同服务保障新时代长三角地区一体化发展开展合作交流。市人大常委会主任殷一璀出席并作交流发言。三省一市人大常委会共同通过长三角地区人大工作协作近期工作要点,并签署《关于深化长三角地区人大工作协作机制的协议》《关于深化长三角地区人大常委会地方立法工作协同的协议》。

5—7 日

● 由市委副书记、市长应勇率领的上海市代表团访问以色列。访问期间,应勇分别会见以色列经济与产业部部长艾里·科恩、以色列科技与空间部部长奥菲尔·阿库尼斯、以色列国家技术创新署主席阿米拉姆·艾派博姆和以色列海法市市长尤纳·亚哈维,考察了两地港口、科技合作项目。

7—10 日

● 由市委副书记、市长应勇率领的上海市代表团访问土耳其。访问期间,应勇会见伊斯坦布尔市市长梅夫吕特·乌伊萨尔,访问海峡大学并出席"春华秋实四十年——中国上海改革开放成就图片展"开幕式,考察总部位于上海的中远海运集团在土耳其的昆波特码头运营情况。

11—15 日

● 第二十四届上海电视节举行。期间举办了"与时代同行——纪念中国电视剧诞生六十周年盛典"、白玉兰电视论坛、白玉兰奖国际电视节目展播、电视市场、互联网影视峰会等活动。共有来自世界各地 50 多个国家和地区的 800 多部优秀节目报名,共入围 55 部作品,其中包括 10 部中国电视剧和 10 部海外电视剧。

14—15 日

● 进一步完善长三角地区立法工作协同座谈会在沪召开。沪苏浙皖三省一市人大法制委、常委会法工委部分组成人员就进一步深化完善长三角地区立法工作协同机制,积极发挥地方立法对长三角更高质量一体化发展的推动作用等进行深入交流,形成一系列共识和成果。

14—17 日

● 市委书记李强率领的中国共产党代表团,访问古巴。李强在哈瓦那会见古巴国务委员会主席兼部长会议主席迪亚斯-卡内尔等政要,出席圣保罗论坛第二十四次年会并发表演讲,参观中国上海改革开放成就图片展,了解上海电气在古巴投资发展情况，考察古巴遗传工程和生物技术研究中心，推动上海与古巴在经济、科技等各领域开展务实合作。

15—17日

● 首届CDEX2018上海国际文化装备博览会在上海浦东新国际博览中心举办。装博会以“文化装备让文旅资源‘活’起来”为主题，来自全球的文旅演艺、主题游乐、数字博物馆、展览展示、出版印刷等五大类技术、产品赞助商，多家行业协会组织以及一百余家产业链上下游服务商参展，集中展示AI、VR/AR、超4K高清、超流明投影等最新技术及应用。

19—22日

● 大连市在上海市举办以“深化沪连合作，促进转型升级”为主题的“2018沪连经贸合作上海·大连周”活动。举办70多场形式多样、内容丰富的专题洽谈、交流活动。

● 第二十八届全国图书交易博览会在深圳举行。上海新闻出版业由上海市新闻出版局统一组团，上海世纪出版集团、高校出版社联合体、社科文出版社联合体等沪上主要出版发行单位和上海期刊协会组织的品牌期刊社共60家单位集中亮相书博会，近6 000种、120余万码洋的精品新品沪版图书集结参展，涵盖主题出版、人文社科、文学艺术、古籍、科技教育、少儿等各个领域。

20—22日

● 市委十个巡视组全部进驻被巡视单位，这标志着十一届市委第三轮巡视工作全面展开。本轮巡视共巡视10个单位，市委第一到第十巡视组分别巡视上海音乐学院党委、上海师范大学党委(合并巡视上海旅游高等专科学校党委)、上海应用技术大学党委等。

22—23日

● 由市科学学研究所主办的“江创新论坛——2018科技创新智库国际研讨会”在沪召开。专家围绕“长三角城市群协同创新的逻辑与策略”“国际城市群创新发展经验”“城市群与全球人才治理”“城市创新与科研产出”以及“现代化经济体系和现代产业体系建设”等议题，展开了全面而深入的研讨，为长三角城市群协同创新和上海加快建设具有全球影响力的科技创新中心贡献智慧。

27—29日

● 以“遇见美好未来”为主题的2018世界移动大会在上海新国际博览中心成功召开。中国移动以“和，连接美好生活”为主题参展，围绕5G和物联网、行业信息化应用、数字家庭、个人业务体验四大方面展示最新技术和产品。

28—29日

● 以“深化依法治国实践背景下的检察权运行”为主题的第十四届国家高级检察官

论坛在上海市举办。最高检察院副检察长李如林,市委常委、市委政法委书记陈寅出席论坛并致辞,市检察院检察长张本才发表主旨演讲。

# 7月

1日

● 在中共一大会址纪念馆举办的“七一”主题活动上,历时一年多编制完成的《上海红色文化地图》首发。这是目前为止收录上海红色史迹最全最多的一份地图,它以党史研究和文物保护相关资料为依据,结合实地核查,最终汇聚387处红色文化资源,并精选其中333处落点标注。当天,中共一大会址“全国重点文物保护单位”标志牌揭牌。沪上新一批的文物保护标志牌也正式启用。

● 2018上海夏季音乐节(简称MISA)正式开幕。本届MISA将从7月1日持续至16日,21台节目、24场演出将在上海交响乐团音乐厅及城市草坪音乐广场上演,继续节日“为古典加料”的音乐理念。

2日

● 市委外事工作领导小组召开会议,学习贯彻中央外事工作会议精神和习近平新时代中国特色社会主义外交思想,研究部署上海外事工作。市委书记、市委外事工作领导小组组长李强主持会议并讲话。

● 市政协召开十三届十次主席会议,听取市政协关于习近平总书记加强和改进人民政协工作重要思想的学习研讨方案,审议市政协“打响‘上海购物’品牌”调研报告等议题。会议审议关于“对标国际最高标准、最好水平,推进浦东新一轮高水平对外开放”的调研报告。审议“抓住中国国际进口博览会新机遇,推进上海国际贸易中心建设”课题报告。

● 第十四届中国国际动漫游戏博览会(CCGEXPO2018)开幕,2017上海动漫产业年度报告在博览会上首发。CCGEXPO2018专业活动板块汇集海内外的近千家企业。从文化资源、国际合作、内容创新、电竞等不同领域切入,邀请来自海内外的60多位专家,深挖并剖析动漫游戏的成功要素及跨界发展的双赢入口。

● 市教委发布《关于实施百所公办初中强校工程的意见》,着力通过制度创新、政策支持和项目化实施,聚焦质量提升,把百所公办初中办成“家门口的好初中”,从而带动公办初中整体办学水平提升。全市116所公办初中成为首批“强校工程”实验校。

● 上海最大的洁净厂房——一座约有14个足球场大小的长方体建筑全面落成并迎来首台加工设备。明年,这家总投资270多亿元的高端显示工厂将开始生产新一代显示器,包括可以随意弯折、卷曲的柔性屏。这间厂房隶属于上海和辉光电有限公司，坐落于金山工业区。

● 市政府征兵办召开上海市征兵工作业务会，贯彻落实全国、全市大学生征兵工作会议精神，分析高校预征和征兵报名率、上站率、合格率、择优率、退兵率“五率”考评形势，就强势推进征兵“五率”考评进一步作出明确部署。

● 市高级法院召开全市法院院长座谈会，传达全国高级法院院长座谈会精神，落实最高法院关于攻坚“基本解决执行难”的工作要求。会上，市高级法院下发《关于开展基本解决执行难“夏日决胜”大会战的实施方案》。

● 由市委组织部、市委宣传部、市教卫工作党委、市委党校、市教委、市财政局联合举办的2018年上海市哲学社会科学教学科研骨干研修班举行开班典礼。市委常委、宣传部部长周慧琳发表开班动员讲话。

● 为期两天的“2018世界剧院运营及发展高层论坛”在上海大剧院落幕。如何寻找剧院的未来观众，让高雅艺术成为都市人生活的一部分，是各大剧院共同关注的话题。此次论坛集结中国国家大剧院、英国皇家歌剧院、伦敦金融城市政厅音乐与戏剧学院、苏黎世市政厅音乐厅、美国肯尼迪艺术中心、迪拜歌剧院、香港西九文化区等多家全球著名艺术机构的管理者，围绕这一话题展开讨论。论坛还开设“剧院青年创新论坛”。

3日

● 市人大常委会召开专题调研动员会，正式启动2018年上海市全国人大代表专题调研工作。今年的专题调研聚焦“对口帮扶工作的立法调研”和“大数据共享与安全”两个调研主题。

● 市人大常委会主任殷一璀主持召开座谈会，市人大代表围绕人大常委会、“一府两院”的工作，以及群众关心的食品安全、垃圾分类、住宅物业等热点难点问题，建言献策。

● 2017年11月17日至12月16日，国家海洋督察组第三组对上海市开展围填海专项督察工作。经国务院批准，2018年7月3日，督察组向上海市人民政府反馈督察意见。自然资源部党组成员、国家海洋局局长王宏出席反馈会并通报督察意见，市委副书记、市长应勇作表态发言。副市长时光辉主持会议，自然资源部党组成员林山青出席。

● 加快实施制造强国战略的两个重要创新平台——国家集成电路创新中心和国家智能传感器创新中心在沪启动。两家创新中心将对标国际最高标准、最好水平，努力推动与全球创新要素深度融合，为行业发展发挥先进技术、知识产权等方面的支撑与带动效应。

● 自然资源部调研组到临港调研本市海洋工作开展情况。调研组分别到船舶装备与海洋产业高科技企业上海崇和实业集团和深渊科研企业上海彩虹鱼海洋科技股份有限公司等地调研，了解高端船舶装备设计制造、深远海智慧渔业养殖加工、深渊科技研发及成果市场化转化等发展情况。自然资源部党组成员、国家海洋局局长王宏，自然资源部党组成员林山青参加调研。

● 12 名外籍高层次人才在张江高新技术产业开发区管理委员会获颁外国人永久居留身份证。这 12 名外籍高层次人才全部由张江高新区管委会推荐或认定。

● 凝聚共青团与高校优势，协同打造青年研究智库，团市委・华东师范大学上海青年研究中心揭牌成立。

● 市作家协会召开“红色足迹——党的诞生地・上海革命遗址系列故事创作项目”推进会，项目邀请叶辛、叶永烈、孙颙、赵丽宏等作家领衔，青年网络作家参与，总计 45 人，以中共一大会址、《新青年》编辑部旧址等沪上 100 处革命遗址名录为采集对象，展开第一批 100 篇故事，预计 8 月完成、10 月定稿。创作项目纵向涵盖中国共产党建党时期和大革命时期；横向包括党的建设、武装斗争、工农运动、思想文化运动、妇女运动、学生运动、隐蔽战线斗争等。

4 日

● 市委、市政府召开全市生态环境保护大会。市委书记李强强调，要深入学习贯彻习近平生态文明思想和全国生态环境保护大会精神，切实增强做好生态环境保护工作的责任感和紧迫感，凝聚全社会共抓生态环境保护的强大合力，坚决打好污染防治攻坚战，让上海的天更蓝、地更绿、水更清，早日建成令人向往的生态之城。

● 市委书记李强，市委副书记、市长应勇，市人大常委会主任殷一璀，市政协主席董云虎，市委副书记尹弘等市领导在上海市档案馆外滩馆参观“中国共产党人的家风”档案展。该展由中央档案馆国家档案局和上海市档案局(馆)联合主办。

● 市政府与中国宝武钢铁集团有限公司在沪签署加强全面合作，推进吴淞地区整体转型升级合作协议，这是贯彻落实习近平新时代中国特色社会主义思想和党的十九大精神，实现更高质量发展，加快上海具有全球影响力的科创中心建设，全力打响上海“四大品牌”的一项重要举措。

● 2018 年“军功章的荣耀”——立功受奖官兵及家属代表看上海活动，在上海龙华烈士纪念馆启动。本次活动组织约 1 200 名立功受奖的驻沪部队官兵及其家属代表参加，分为探访英雄足迹、共享发展成果、俯瞰上海美景三个环节，分别参观龙华烈士纪念馆、上海国际旅游度假区、东方明珠广播电视塔，体验浦江风情。

● 水陆两栖轻型运动飞机“风翎号”在浦东临港滴水湖首飞成功，这是临港开建国内首个陆海空无人系统示范区以来，发布的首个航空领域新锐品牌产品。

5日

● 市食品药品监督管理局发布《关于将本市医疗器械注册人制度改革试点扩大至全市范围实施的公告》,允许全市范围内医疗器械注册申请人委托上海市医疗器械生产企业生产产品。

● 市委书记李强调研全市"一网通办"推进工作。调研期间,李强主持召开座谈会,听取全市"一网通办"推进情况及市大数据中心筹建工作汇报,并就基础平台建设、数据资源整合、标准规范制定、流程优化再造以及开展数据立法等和与会同志深入研究分析。

● 本市启动2018年度环境保护督察工作,分别对黄浦、闵行、松江三个区开展环境保护督察。督察组已进驻三个区,分别召开督察见面沟通会、督察动员及情况汇报会。这次环境保护督察的对象主要是区委、区政府及其有关部门,并对部分街镇、工业园区进行督察。

●"中国企业走进东盟"研讨会在上海召开。与会嘉宾聚焦"一带一路"倡议下中国企业走进东盟的机遇与挑战、中国—东盟自由贸易区投资贸易便利化及营商环境、中国企业走出去的人文交流及社会责任等话题深入探讨。"中国企业走出去"系列研讨会由中国公共外交协会、上海市政协主办。

● 中国文化艺术政府奖第三届动漫奖颁奖座谈会在上海中华艺术宫召开。包括《大鱼海棠》《西游记之大圣归来》《黑猫警长之翡翠之星》《犟驴小红军》在内的多部原创国产动画获奖。"阿狸"与"小鸡彩虹"获得最佳动漫形象奖。

● 上海大剧院2018—2019年演出季发布,瓦格纳歌剧《漂泊的荷兰人》、芭蕾舞剧《堂·吉诃德》《天鹅湖》《睡美人》、音乐戏剧《茶花女》《冬之旅》、原版音乐剧《摇滚学校》等149台近300场演出涵盖歌剧、芭蕾、交响、戏剧、戏曲等各艺术门类。

6日

● 市委副书记、市长应勇深入黄浦、杨浦、普陀、长宁、徐汇五区调研"留改拆"工作。

● 市委副书记尹弘在举行的2018年上海市关键信息基础设施网络安全检查动员部署会上强调,要深入学习贯彻习近平网络强国战略思想,按照全国和上海网信工作会议精神,扎实做好网络安全检查工作,不断把上海网络安全工作提高到新水平。

● 2018年上海市高中阶段学校招生最低投档控制分数线确定:零志愿最低投档控制分数线568分(回民中学、久隆模范中学563分),公办普通高中最低投档控制分数线446分,中本贯通参照公办普通高中最低投档控制分数线。

● 市教育考试院公布,在零志愿批次,今年清华大学和北京大学在沪各设24个招生计划。今年,清华大学专业组1和专业组2的分数线分别是610分和611分;北京大学专业组 1 和专业组 2 的分数线均为 611 分。

7 日

● 上海市舞台艺术作品评选展演启动,首场演出音乐舞蹈专场在上海国际舞蹈中心实验剧场上演。本届评选展演活动聚焦重大历史题材、革命题材、现实题材,紧扣改革开放四十周年、新中国成立七十周年、建党一百周年等重大时间节点,鼓励彰显时代特征、中国特色、上海特质的主旋律作品参演参评,也是为明年 5 月在上海举办的第十二届中国艺术节发掘优秀人才、储备优秀作品。

● 上海购物中心协会发布的《2018 年上海购物中心发展报告》估计,虽然购物商场的零售业态营收增幅放缓,但是旺盛的健身护理和餐饮需求有效地填补了下滑,2017 年城市商业综合体的销售额相比 2016 年仍有上升。这说明,购物中心在稳定发展的同时,内部的业态正在变得多元。跨界风、复合店正在成为上海购物的一大特点。

● 浦东新区新的社会阶层人士联谊总会成立大会暨滨江活力定向赛在黄浦江东岸举办。浦东新联总会集统战性、专业性、民间性于一体,是浦东新区新的社会阶层人士加强交流成长的平台载体,也是新的社会阶层人士发挥专业优势服务浦东开发开放的重要阵地。

● 上海淞沪抗战纪念馆与中国人民抗日战争纪念馆等全国 20 余家纪念馆同步举办活动,纪念全民族抗战爆发八十一周年,共同缅怀抗战先烈,弘扬抗战精神,深入开展爱国主义教育和国防教育,引领践行社会主义核心价值观。

● 上海科普大讲坛迎来第 100 讲——不久前完成"南海深部计划"西沙深潜的中国科学院院士、同济大学教授汪品先讲述南海深部的奥秘,由此拉开 2018 年"未来科学+"暑期科学营的序幕。未来五天,45 名热爱科学、热衷探究的青少年将与 11 位科学大咖共度科学时光。

8 日

● 凌晨 3 时 30 分,南京东路、中山东一路口上空被戏称为"上海电车第一弯"的公交 20 路架空线被整体拆除。这条高悬近六十年之久的公交架空线一夜间"功成身退",也标志着从外白渡桥至延安东路间的外滩景观路段已经没有高悬的架空线。

● 2018 年上海市民文化节青少年戏曲大赛决赛在嘉定区文化馆落下帷幕,来自全市各大中小学及艺术院校的 130 名选手激烈角逐"校园戏曲之星"的荣誉称号。本次大赛分为京昆组和地方戏组两大类,设专业组别(专业戏曲院校学生)和非专业组别(普通类在校学生)。

● 第二届"美蕴秋歌——社区教育文艺成果展示"在沪举办。中国成人教育协会艺术教育专业委员会、社区教育专业委员会,上海市教委及 16 个区代表、市级老年大学、高校老年大学，江南影视职业艺术学院和北京师范大学师生代表，奥鹏远程教育中心和有关单位负责同志约80余人出席。

9日

● 市委书记李强实地调研全市水务工作、检查防汛防台情况。李强一行来到徐汇区漕溪泵站，检查排水系统运行情况，了解极端天气下确保泵站正常运行、高效排水的相关措施，以及水务部门和各区的协同应对机制。

● 市长应勇主持召开市政府常务会议，研究本市做好国务院大督查相关工作；强调紧扣目标节点，全力推进市政府重点工作；要求崇明区抓住筹办2021年第十届中国花卉博览会的重大机遇，加快推进世界级生态岛建设。会议听取本市做好2018年国务院大督查相关工作的汇报。会议审议通过《关于本市积极推进供应链创新与应用的实施意见》。

● 市长应勇与市委常委、常务副市长周波一行来到国盛集团、国际集团，了解企业运营发展情况。与两大集团负责人座谈交流时，应勇回顾近年来上海推进国资国企改革的主要思路和改革举措。

● 2018青年汉学家研修计划(上海)七月班在上海社会科学院举行开班仪式。本届研修班由中华人民共和国文化和旅游部主办，上海社会科学院承办，来自27个国家共32名青年汉学家参加学习。

● 第十四届中国国际动漫游戏博览会(CCGEXPO2018)闭幕。本届展会共迎来观众20.6万人次，其中专业观众3.2万人次，普通观众17.4万人次。经初步统计，专业板块活动现场意向交易额达17.1亿元，公众板块活动现场交易额达1.74亿元。本届中国国际动漫游戏博览会公众板块面积达5.5万平方米，吸引350余家海内外优秀展商。其中原创国产内容占到70%，浸润成长于本土文化之中，讲述中国故事的国产原创动漫成为绝对主角。

● 市法学会工作调研座谈会召开。中国法学会会长王乐泉出席。市委常委、市委政法委书记陈寅主持会议，要求市法学会认真学习贯彻党的十九大精神和习近平新时代中国特色社会主义思想，按照中国法学会要求，团结带领上海法学法律界全体同志，加强对法学研究的政治引领，整合优质法学法律资源，打造高端研究智库，面向全球面向未来提升城市能级和核心竞争力，积极服务保障经济社会发展大局和法治建设、司法体制改革等各项中心工作，为上海建设法治环境最好的全球城市提供专业支持。

● 上海交通大学医学院附属第九人民医院与中合华浦(北京)基金管理有限公司签订成果转化协议，以1.2亿元独家转让该院整形外科李青峰教授团队的一项干细胞技术。这是该院截至目前医生职务科技成果转化金额的最大单。

10 日

● 市委常委会召开扩大会议,传达学习习近平总书记在全国组织工作会议上的重要讲话精神。市委书记李强主持会议并讲话。

● 市委中心组召开学习会,听取上海市决策咨询委员会委员、清华大学国家金融研究院院长朱民关于人工智能与产业发展的专题辅导报告。

● 市委书记李强会见美国特斯拉公司董事长兼首席执行官埃隆·马斯克。规划年产 50 万辆纯电动整车的特斯拉超级工厂正式落户上海临港地区,这是上海有史以来最大的外资制造业项目。上海市政府和美国特斯拉公司签署合作备忘录,上海市市长应勇、特斯拉公司董事长兼首席执行官埃隆·马斯克出席并共同为特斯拉(上海)有限公司和特斯拉(上海)电动汽车研发创新中心揭牌。

● 市委书记李强会见由浙江省委常委、杭州市委书记周江勇率领的杭州市代表团一行。李强说,上海与杭州地域相邻、人文相近、经济相通,两地交流十分频繁。杭州近年来在提升城市发展质量方面形成的好经验好做法值得上海学习借鉴。

● 国务院消防工作考核组完成对上海市 2017 年度消防工作考核,并向上海市政府反馈考核情况。考核组在沪期间,先后听取市、区两级政府工作汇报,查阅有关台账,抽查了徐汇、金山两个区,实地检查综合治理、发展改革、民政等部门以及部分基层组织、社会单位消防工作情况。

● 2018 新华·波罗的海国际航运中心发展指数在沪发布,新加坡、香港、伦敦位列全球国际航运中心三甲,上海排名提升一位,至第四。该指数包含 3 个一级指标、18 个二级指标,主要从港口条件、航运服务和综合环境三个维度表征国际航运中心城市发展的内在规律,全面衡量并真实反映一定时期内国际航运中心港口城市的综合实力。

● 上海工商部门披露上海定元实业有限公司虚假宣传案,一些不法商家利用老年人迫切追求健康、警惕性低、维权意识弱等心理特点,通过夸大、虚假宣传或欺诈性营销方式诱骗老人高价购买保健品等,使其合法权益受到损害。

● 今年第一个台风红色预警正式发布。

● 紫光旗下新华三集团"融绘数字未来——2018 新华三数字领航百城巡展"上海站召开,在新华三今年发布的《中国城市数字经济指数白皮书》中,上海的数字经济处于领导者地位。

11 日

● 市政府新闻发布会召开,对《上海市贯彻落实国家进一步扩大开放重大举措加快建立开放型经济新体制行动方案》涉及的热点问题一一解答。

● 市委常委会召开会议,传达学习贯彻习近平总书记对实施乡村振兴战略作出的重要指示精神，听取关于全市上半年经济社会发展形势和下半年重点工作的汇报，听取市人大常委会党组、市政协党组上半年工作情况和下半年工作安排的汇报。市委书记李强主持会议并讲话。

● 以“航海新时代，丝路再出发”为主题的2018年“中国航海日”活动在上海拉开帷幕。交通运输部部长李小鹏、上海市市长应勇出席2018年中国航海日论坛并致辞。交通运输部副部长何建中、国际海事组织秘书长林基泽、上海市副市长时光辉、中国远洋海运集团董事长许立荣发表主旨演讲。上港集团负责人宣读“21世纪海上丝绸之路”港航合作倡议。李小鹏、应勇等还参观了“扬帆新时代——上海国际航运中心建设成果展”。展览共展出350余幅图片、30余件套文物藏品，以及大量视频、图表等展项，生动展示改革开放以来上海国际航运中心建设取得的重大成就。

● 交通运输部与上海市政府签署《关于深化上海综合交通运输体系发展加快推进上海国际航运中心建设2018—2020合作协议》。交通运输部部长李小鹏和上海市市长应勇分别代表双方签约。

●“学习习近平外交思想，做好上海民间外交”主题系列活动在沪开展。本次活动由市外事办、市对外友好协会和上海国际问题研究院联合举办，由“习近平外交思想与新时代中国特色大国外交理论创新研讨会”与“学习习近平外交思想，做好上海民间对外交往工作交流会”组成。

● 2018年静安区“台湾青年法律人才实践基地”项目启动仪式举行，26位优秀台湾青年法律生获颁证书和奖学金。

● 张江—临港“南北科技创新走廊”宣布启动建设，将打造成为上海科创中心建设的关键发展轴带，长三角一体化发展的重要极核和世界级科学基础研究、科技创新策源地，高端产业发展和智能制造集聚区。

● 市无证无照食品经营治理工作推进会披露：上海已有13个区基本实现“零无证无照”，各区还在探索疏导机制及便民新业态监管服务，确保老百姓“家门口的便利”。自今年1月市政府召开无证无照食品经营治理专题调研会以来，全市上下将无证无照食品经营治理工作列为2018年的重点工作。

●“建筑可阅读”现场推进会召开，发布《上海市标志性建筑智慧导览服务质量要求》，明确标志性建筑智慧导览设施建设和旅游服务的基本要求，确保游客得到“建筑可阅读”的良好体验。会上还为徐薛艳等八位阅读建筑志愿者颁发首批专业讲解聘书。

● 市规土局公示《上海市污水处理系统及污泥处理处置规划（2017—2035年）》，提出“5010”总体布局，即规划建设50座城镇污水处理厂（含初期雨水处理厂）、10座污泥处理厂。

12 日

● 在首届中国国际进口博览会倒计时 115 天之际,市委书记李强在国家会展中心主持召开专题工作现场会,检查前一阶段各项筹备工作进展情况,现场解决工作中遇到的困难和问题,对下一阶段工作进行动员部署。

● 市委书记李强会见中国国民党前主席、中华青雁和平教育基金会董事长洪秀柱一行。李强对洪秀柱始终坚持“九二共识”、反对“台独”,为推动两岸和平发展与中华复兴、促进两岸青年交流交往作出的贡献表示钦佩。

● 市对口支援与合作交流工作领导小组全体会议召开。市委书记、市对口支援与合作交流工作领导小组组长李强主持会议。

● 14 时 57 分,C919 第 102 架机从上海浦东机场起飞,历经 1 小时 46 分飞行,平稳降落在山东东营胜利机场,顺利完成首次空中远距离转场飞行。这意味着 C919 大型客机项目进入密集研发试飞新阶段,开启多地同步试飞模式,未来将接受各种复杂气象条件的严酷考验和系列高风险试飞科目的挑战。

●《上海市检察机关服务保障优化营商环境的意见》发布,细化了五方面 20 项工作举措,将服务保障措施贯穿于检察工作各环节。

● 黄浦江上最大游船“浦江游览 1 号”龙船带着“黄浦龙宴”投入试运营。今后每天 19 时,市民游客可以在秦皇岛码头搭乘该船,途经外滩核心区和世博园区,开启两小时黄浦江夜游美食之旅。

● 沪苏浙皖经济信息化委负责人聚首上海,确定下阶段八个重点合作事项和长效合作机制。未来,长三角三省一市不仅要联手推进 5G、工业互联网、“区域大脑”、IPv6 等前沿信息技术的发展,围绕集成电路、高端装备、移动支付、电子商务等优势领域推进产业协同,还通过“建平台”“建基金”“建联盟”等形式,完善产业配套和生态。归结起来,就是要共建世界级先进制造业集群,打造全球数字经济高地。

● 用大调研激活创新,奉贤区为营造一流营商环境而创设的“企业直通车”“发车”。“企业直通车”具备“6+1”服务功能,即 6 种服务、1 项评价。6 种服务包括政策服务、诉求处理、专业服务、公共服务、信息服务、企业展示,1 项评价即服务评价。

● 浦发银行在京正式推出业内首个 API Bank 无界开放银行,这是浦发银行建设一流数字生态银行的一项重大工程。API Bank 无界开放银行将通过 API 架构驱动,将场景金融融入互联网生态,围绕客户需求和体验,形成即想即用的跨界服务,塑造全新银行业务模式。

13 日

● 市委、市政府在青浦区朱家角镇召开实施乡村振兴战略现场推进会。市委农办作工作汇报，青浦区、奉贤区、浦东新区大团镇作交流发言。会前，李强、应勇等市领导来到青浦区张马村，实地察看美丽乡村建设最新进展，还察看“张马·羲田”主题民宿项目和上海寻梦源香草农场，了解民宿产业、休闲农业、乡村旅游等发展情况。

● 市政协召开中心组（扩大）学习会。市政协主席董云虎主持并讲话。全国政协文化文史和学习委员会副主任刘佳义作“新时代人民政协工作的根本指南”专题报告，深入讲解习近平总书记关于加强和改进人民政协工作的重要思想的发展脉络、重大意义、科学内涵、理论创新、核心要义，全面介绍中共十八大以来人民政协事业在继承中发展、在发展中创新的重大成果。

● 市工业互联网工作推进会议召开。相关部门介绍《上海市工业互联网产业创新工程实施方案》。松江区、宝武集团、上汽集团、智能云科、工业互联网创新中心分别作交流发言。市委常委、常务副市长周波出席大会并讲话。

● 由中国科学院院士何积丰领衔的院士专家工作站，入驻中云开源数据技术（上海）有限公司，成为首个享受临港地区人才政策的院士工作站。

● 上海中国邮轮旅游发展实验区联席会议第五次会议在宝山区召开。会议总结回顾去年以来本市邮轮旅游发展情况，分析邮轮旅游发展面临的新形势、新任务，并就下阶段各项重点任务进行研究、作出部署。

● 上海中医药大学附属龙华医院成为首家通过 JCI 学术型医学中心认证的中医医院。国际医疗机构认证联合委员会（JCI）是世界卫生组织认可的全球医院质量权威认证机构，“以病人为中心”是 JCI 的核心理念，质量安全是其核心内容。

14 日

● 第十二届国际康复工程与辅助技术大会召开。

● 上海自然博物馆携手中国科学院古脊椎动物与古人类研究所、南京古生物博物馆、自贡恐龙博物馆等七家单位的古生物学者，在上海自然博物馆展区内现场搭台，与游客们交流化石挖掘、古生物研究的故事。

● 2018 中国（上海）国际青少年校园足球邀请赛决赛在上海市杨浦赛区同济大学第一附属中学举办。来自墨西哥的帕丘卡队以 5∶2 的比分击败来自科特迪瓦的阿塞克队，荣膺本届赛事冠军。

● 由华东政法大学和崇明区主办的“全国政法大学‘立格联盟’第九届高峰论坛暨崇明世界级生态岛建设法治研讨会”举行。以崇明世界级生态岛建设法治保障为主题，共同开展理论研讨和实际探索，充分体现“立格联盟”立足法治建设，着眼服务国家战略的智慧与担当。最高人民法院党组成员、审判委员会委员孙华璞，市高级法院党组书记、院长刘晓云，市检察院党组书记、检察长张本才出席研讨会。

15 日

● 复旦大学出土文献与古文字研究中心官网首页刊出该中心教授、知名学者裘锡圭先生的文章《大河口西周墓地 2002 号墓出土盘盉铭文解释》。

● 今天是第四个“世界青年技能日”,一场面向广大青少年的“大国小工匠”技能宣传体验活动在上海全市范围展开。服装设计师、建筑师、3D 动画师、小小中医达人、无人机研发员等 98 个技能互动体验项目吸引近万名市民参与。

● 中国养老金融 50 人论坛上海峰会在上海工程技术大学召开,与会专家围绕个人养老金的理论问题展开探讨。

● 上海市质监局公布的统计数据显示,截至今年 4 月,上海共有 889 家检验检测机构和 102 家认证机构及其分支机构。上海检验检测认证行业的年业务收入已达 226.9 亿元,同比 2016 年增加了 8.8 个百分点,人均营业收入已达到 33.8 万元。

16 日

● 上海政务服务“一网通办”推进会暨政务公开与“互联网 + 政务服务”领导小组会议召开。

● 市长应勇主持召开市政府常务会议,研究深化“放管服”改革,推进行政审批中介服务标准化建设工作;部署加快本市体育产业创新发展;部署实施本市助力对口地区打赢脱贫攻坚战三年行动计划等。

● 市人大常委会召开第八次主任会议,决定市十五届人大常委会第五次会议于本月 24 日至 27 日召开,将对《上海市住宅物业管理规定修正案(草案)》进行首次审议。市人大常委会主任殷一璀主持会议。会议听取关于《上海市住宅物业管理规定修正案(草案)》的审议意见报告。

● 第五十一届范堡罗航展在英国范堡罗机场开幕。第五次参加范堡罗航展的中国商飞公司携 1∶10 比例 C919 大型客机混合级客舱布局模型,ARJ21 新支线客机行政机、公务机、混合级客舱布局模型以及 CR929 远程宽体客机剖开式 1∶15 比例三舱布局模型参加本届航展,全面展示 C919 大型客机、ARJ21 新支线客机、CR929 远程宽体客机研制和公司发展情况。在航展现场,中国商飞与乌鲁木齐航空签署 20 架 ARJ21 飞机购机意向书。

● 市交通委执法总队会同江苏、浙江、安徽省公路管理机构,在 G40 崇启大桥主线收费站(江苏)、G204 太仓治超检查站(江苏)、G2 京沪高速花桥收费站(江苏)、G50 沪渝检查站(上海)、G60 枫泾收费站(上海)、嘉兴市大云超限检测站(浙江)、G50 高速湖州长兴超限运输检测站(浙江)、S205 天长超限超载检测站(安徽)、X028 芜湖治超站(安徽)、S215 广德治超站(安徽)共十个点位,联合开展长三角货运车辆治超联合整治行动,进一步推进长三角地区货运车辆超限超载治理工作,落实三省一市《长三角地区治理货物运输车辆超限超载合作协议》内容。

● 由市妇联、上海社科院、市海峡两岸交流促进会共同主办的“姐妹情、一家亲——汇聚社会力量，推动家庭繁荣”第八届沪台妇女文化周开幕式暨专题论坛在沪举办。沪台两地妇女界人士约150人参加。与会专家学者围绕繁荣家庭文化主题，就家训家风、新家庭文化、社会力量服务家庭等议题共同探讨家庭建设在我国经济社会发展中的独特作用。

17日

● 2018年上海市国民经济运行情况新闻发布会召开，公布上海2018年经济“半年报”：上半年全市生产总值(GDP)15 558.15亿元，按可比价格计算，比去年同期增长6.9%，增速比一季度提高0.1个百分点。其中，第一产业增加值38.15亿元，下降5.0%；第二产业增加值4 758.03亿元，增长5.8%；第三产业增加值10 761.97亿元，增长7.4%。第三产业增加值占全市生产总值的比重为69.2%。而此前发布的中国经济“半年报”显示，全国国内生产总值同比增长6.8%。

● 中国科学院与上海市政府共建相关研究平台签约和揭牌仪式举行。中国科学院院长、党组书记白春礼和上海市委副书记、市长应勇共同为张江药物实验室、G60脑智科创基地、传染病免疫诊疗技术协同创新平台揭牌，并见证松江区政府与中科院脑科学与智能技术卓越创新中心签订战略合作框架协议，以及奉贤区政府和中科院上海巴斯德所签署传染病免疫诊疗技术协同创新平台共建协议。

● 由上海博物馆和上海科技馆联合主办的首届“艺术与科学”学术研讨会在沪拉开帷幕，首个议题聚焦中国博物馆的早期历史。

● 沪苏浙皖四地的大数据联盟和代表性企业在上海正式组建“长三角大数据产业合作联席会议”。会上宣布将首次联手举办一次大数据比赛，并向全球的创新者开放数据资源。

● 市双拥工作领导小组第十五次全体(扩大)会议召开。市委副书记、市长、市双拥工作领导小组组长应勇指出，党的十九大为实现中国梦强军梦描绘了宏伟蓝图，新时代赋予双拥工作新使命。

● 金山医院与上海金汇通航公司签署合作协议，并举行首场空地急救演练，宣布共建金山区航空医疗急救体系，提高区域应对突发医疗事件的救援能力和反应速度。至此，上海航空医疗急救体系“空中120”网络雏形已现——本市中心城区以及松江、崇明、奉贤、金山等郊区的数家知名医院，以及上海市应急联动中心、120急救中心等多方积极参与建设上海航空医疗急救体系，合力提升城市应急救援和服务保障能级。

● 上海绿谷制药有限公司宣布，由中国海洋大学、中国科学院上海药物研究所和上海绿谷制药联合研发的治疗阿尔茨海默症新药“甘露寡糖二酸(GV-971)”顺利完成临床三期试验。此次试验完成,意味着该新药研制已经迈出最关键的一步。

● 一场别开生面的专利成果专场竞价(拍卖)会在同济大学举行。这既是国内第一次采用交易机构竞价系统和拍卖形式相结合的新模式,也是国内首次由单一高校集中组织的专利成果竞价拍卖会。

● 市人大老年人权益保障相关法律法规执法检查启动。此次执法检查将重点调研长期护理保险试点进展、机构养老、社区和居家养老服务、医养结合等工作情况。

● 首届民进长三角一体化论坛暨沪苏浙皖民进参政议政工作联席会议在上海召开。周振华、谢双成、苏静、权衡等专家围绕找准长三角更高质量一体化发展的着力点和发力点、为推进长三角更高质量一体化贡献民进智慧力量、立足“四个聚焦”加强深度合作、长三角城市群更高质量一体化发展的国际视野和核心议题等主题作主旨发言。会上还签订《民进长三角一体化论坛》四方合作协议。

● 市文学创作系列网络文学专业中级职称评审启动会召开,标志着上海在全国范围内率先开展网络文学专业职称评审。

18 日

● 市长应勇调研本市重大工程建设情况,慰问重大工程建设者。

● 市政协召开十三届四次常委会议,围绕“提升风险防控能力,维护社会和谐稳定”专题协商议政。何品伟常委代表市政协社会和法制委员会就建立健全统一高效的社会风险预警系统等问题作重点发言。杨成长、王光贤、马驰、张怀琼、李红、施荣恒、胡光、谈剑锋、姜海涛、黎荣、吴珍美、陈臻、马益民等常委围绕提高突发事件风险应对能力、严控系统性金融风险、加快形成食品安全社会共治格局、加强网络信息安全风险防控等建言。杨雄委员应邀就加强高校学生安全管理作发言。

● 市长应勇会见日本森大厦株式会社社长辻慎吾一行。应勇说,森大厦一直积极参与上海的开发开放,希望继续发挥在城市建设、旧区改造等领域的优势,参与上海新一轮的城市建设和发展。

● 本市召开“坚持发展‘枫桥经验’,实现矛盾不上交”人民调解工作会议,表彰本市人民调解先进个人和集体。

● 由市委组织部、市委党校、市合作交流工作党委联合主办的市领导干部东西部扶贫协作和对口支援工作专题研讨班在沪开班。理论研究分中心主要侧重就精准扶贫、贫困地区收入分配、扶贫绩效考核、乡村振兴等专题展开研讨。研讨班开始前,市政府合作交流办与复旦大学签署全面战略合作框架协议,并宣布上海(复旦大学)扶贫研究中心正式成立。

● 中意警方第二次在华警务联合巡逻(上海站)正式在上海外滩启动。今起至 7 月

29日，两名意大利警员将与两名上海公安民警编为一组，开展着装联合巡逻，陆家嘴、外滩、豫园、新天地、静安寺等上海地标所在地以及轨道交通人民广场站、徐家汇站，浦东国际机场航站楼等人员密集的重点区域都将出现他们的身影。

● 市绿化市容局披露，市文明公厕创建率在中心城区已达92%，郊区达到82%，全市已有2 166座文明公厕，并以平均每年改造300座公厕的速度提高服务水平，提升市民游客满意度。

● 中国科学院脑科学与智能技术卓越创新中心和松江区政府共同成立"G60脑智科创基地"，同时"中国科学院脑科学与类脑研究中心(上海松江基地)"在松江区正式挂牌，以克隆猴技术为代表的脑科学与类脑科学技术正式在松江区G60科创走廊落地生根。

19日

● "开发性金融支持东西部扶贫协作——上海在行动"对接会在上海召开。会议由国家开发银行和上海市政府合作交流办联合主办。云南省普洱市、临沧市、曲靖市、迪庆州、昆明市东川区和贵州省遵义市、漕河泾开发区遵义产业园区以及正安县、习水县联袂来沪推介，介绍当地资源禀赋及项目需求。

● 市政协召开"全面学习贯彻习近平总书记关于加强和改进人民政协工作的重要思想，推动政协工作提质增效和高质量发展"理论研讨会。全国政协副主席刘奇葆出席并讲话，市政协主席董云虎讲话。

● 市人大常委会主任殷一璀带队到虹口区、杨浦区实地调研住宅小区垃圾分类和资源回收利用等情况。殷一璀一行来到虹口区蒋家桥社区、杨浦区尚浦名邸小区，它们都是虹口区、杨浦区的第一个"两网融合"示范点。

● 上海地铁2号线最新型号列车亮相。这标志着上海地铁车辆正式进入了5 000辆规模，保有量位列全国地铁城市前列。

● 2018年上海市食品安全宣传周启动仪式举行。上海、江苏、浙江和安徽三省一市的食安办签订《长三角地区食品安全信息追溯体系建设战略合作协议》，有关食品生产、经营企业签订《长三角地区共建蔬菜主供应基地追溯系统及产销对接合作协议》，长三角地区将建设统一的食品安全信息追溯体系。

● 2018年上海市普通高校招生本科普通批次各院校专业组投档分数线公布。从投档分数线看，今年复旦大学和上海交通大学两校仍处于领跑位置。其中，复旦(专业组1)588分、复旦(专业组2)586分，复旦医学577分；上海交大(专业组1)588分，交大医学578分。

● 国务院召开第四次全国经济普查电视电话会议。随后，许昆林副市长主持召开上海市第四次经济普查领导小组第一次工作扩大会议，就做好本市第四次经济普查工作进行动员部署。

● 国家卫生健康委员会在沪召开新闻发布会。上海全市三级医院平均住院日为6.4天(全国为9.8天),三级医院收治住院患者中,39.29%为非上海常住居民,是国内患者流入最多的城市。上海医疗质量管理以科学化、精细化见长,推广"上海经验"可助力实现"健康中国"。

● "开发性金融支持东西部扶贫协作——上海在行动"对接会在沪开展。国家开发银行上海分行分别与上海市工商联及光明食品集团等6家企业签署扶贫合作协议。未来,上海在东西部扶贫协作中的金融服务协作与信用建设将得到加强。

20 日

● 由众多专家合力、历时二十五年编纂、总计4 000万字的《中华大典·历史典》完成,由上海古籍出版社出版。该书全面反映1911年之前中国历史发展变迁,借鉴传统类书以及传统史书的编纂方法,开创性地按照现代的学术理念对涉及中国历史重要观念、重大事件、重要人物的相关文献加以系统地收集、整理、排比和编纂。这在学术界是首次。

● 本市召开防御第十号台风"安比"视频会议,全力以赴做好台风各项防御工作。

● 同济大学召开教师干部大会,中央组织部干部三局巡视员、副局长刘后盛在会上宣布中共中央、国务院关于同济大学校长调整的决定,陈杰任同济大学校长(副部长级),免去钟志华同济大学校长职务。钟志华已于今年6月当选为中国工程院副院长。

● 上海城投研究总院、上海城投科学技术委员会、上海城投院士专家工作站揭牌。这是上海城投集团在科创力量上布局的"三驾马车",旨在不断提高城市基础设施和公共服务领域的技术研发、整合和转化能力。

● 市知识产权服务行业协会成立。协会与日本国际贸易促进协会签约,就知识产权服务开展合作。副市长陈群出席,并为上海市知识产权服务行业协会揭牌。

● 市教育考试院高招录取现场迎来一批特殊访客:上海金山、崇明、闵行和普陀四区的八名考生代表在市教育考试院高招办负责人带领下,亲历高校招生录取流程。

● 中国第九次北极科学考察队乘坐雪龙号科学考察船从上海极地考察国内基地码头出发,前往北极执行科学考察任务,预计9月下旬返回上海港,航程超过1.23万海里。

● 在上海图书馆揭幕的"中共一大代表暨馆藏革命家族谱特展"上,与中国共产党同龄、目前所知唯一一部由中共一大代表亲任总纂的家谱《沩宁何氏族谱》首度公开展出。同时亮相的还有中共一大代表毛泽东、陈潭秋以及无产阶级革命家刘少奇、徐向前、彭德怀等人的家谱。

● 由中国浦东干部学院、中国社会科学院—上海市政府上海研究院、上海市社会科学界联合会主办的“中国哲学社会科学话语体系建设·浦东论坛——政治经济学学术话语体系建设·2018”在上海召开。中国社科院副院长、经济研究所所长高培勇出席论坛并致辞。

● “沪台家风家教建设”研讨会在上海社会科学院中考。本次研讨会以“民间家风家教实践和转型期家庭文化建设”为主题。上海社科院社会学研究所所长、研究员杨雄做题为《从家庭亲子关系、家长教育期望看当前上海儿童成长环境》的主题报告。

21日

● 随着今年第10号台风“安比”逼近上海，市防汛指挥部17时35分发布防汛防台橙色预警，启动II级应急响应。

● 市领导尹弘、翁祖亮、翁铁慧、许昆林、彭沉雷分成四路，分别赶赴沪郊防汛防台第一线，实地检查沿海滨江迎战“安比”的各项准备工作，要求全市上下全力以赴、充分准备，着力落实各项应急预案，确保人民群众生命财产安全，最大限度减少灾害损失。

● 上海中青年知识分子联谊会召开大会，选举产生第七届理事会。李林当选为新一届上海中青年知识分子联谊会会长。市委常委、市委统战部部长郑钢淼出席大会并讲话。

● 上海7月私车牌照拍卖揭晓，最低成交价88 300元，平均成交价为88 380元，比上个月的87 900元增加了480元。本月上海投放牌照10 395张，比上月减少380张；参加拍卖人数为202 337人，比上月减少7 335人，中标率5.1%，与上月持平。

22日

● 历经三天又16小时，今年第十号台风“安比”12时30分在上海崇明东部登陆，登陆时的强度为强热带风暴级，近中心最大风力为10级。受其影响，上海普降中到大雨，局部地区出现暴雨。登陆后，“安比”并未在上海停留太久，18时“安比”中心位置抵达江苏启东境内，强度降为热带风暴；22时其中心已在江苏东台境内，并将继续以每小时20公里左右的速度向西北方向移动，强度逐渐减弱。上海市暴雨预警信号于20时解除。

● 为应对台风“安比”，截至零时，全市已转移安置19万余人，沪上大型户外活动全面取消、8 300个在建工地全部停工。

23日

● 全国人大常委会副委员长曹建明率全国人大调研组一行在沪召开法院解决“执行难”工作情况调研座谈会。市人大常委会主任殷一璀出席。

● 市长应勇主持召开市政府常务会议,总结本市防御第 10 号台风“安比”工作并部署台风过后恢复工作;研究做好突发事件防范处置工作,进一步提高城市运行安全和生产安全水平;研究深化“放管服”改革,部署推进本市工程建设项目审批制度改革。

● 市政协召开十三届十一次主席会议,审议关于“全力打响‘上海文化’品牌,加快建设国际文化大都市”的调研报告,审议“老城厢历史风貌保护与旧区改造对策研究”“解放思想,对标先进,推进实施上海乡村振兴战略”“深入推动 3 岁以下幼儿托育服务健康有序发展”“‘五位一体’社会养老服务体系实施中若干问题”等议题。会议听取关于 2018 年上半年委员履职情况统计分析的汇报等。

● 市疾控中心发布消息:本市核查确认,未采购使用过长春长生生物生产的百白破疫苗;未采购使用过 2017 年国家食药监局通报的武汉生物制品所生产的不合格批次百白破疫苗。

● 2018 年市政府实事项目——“户外职工爱心接力站”第二批站点授牌启动仪式举行,本市第二批 409 家爱心接力站正式投用,加上今年 2 月投用的首批 600 个站点,全市现已有 1 009 家户外职工爱心接力站,遍布 16 个区。

● 市长应勇会见美国霍尼韦尔公司董事长兼首席执行官杜瑞哲一行。

● 浦东新区法院结合相关审判实践,发布《关于加强金融审判与金融监管有效衔接的意见》。

**24 日**

● 市委书记李强在浦东国际机场调研上海国际航空枢纽建设时强调,航空枢纽是上海提升城市能级和核心竞争力、加快建设国际航运中心的重要载体,要坚持对标国际最高标准、最好水平,坚持规划引领、质量为先,在增强枢纽功能、提升服务水平、发挥辐射作用上下更大功夫,全力打造同卓越的全球城市和具有世界影响力的社会主义现代化国际大都市相匹配的航空枢纽。

● 市十五届人大常委会第五次会议召开,听取关于《上海市住宅物业管理规定修正案(草案)》的说明并解读,以及有关审议意见报告。市人大常委会主任殷一璀出席。会议听取关于《上海市住宅物业管理规定修正案(草案)》的说明并解读,以及市人大城建环保委主任委员崔明华所作的有关审议意见报告。

● 2018 湖南开放强省建设暨优势产业链项目推介会在上海召开。湖南省政府与太平洋保险集团、国泰君安证券,湖南省商务厅与苏宁易购分别签署战略合作协议,共有 24 个合同投资项目在会上同时签约,投资金额 1 129 亿元。

● 上海团员青年服务首届中国国际进口博览会推进大会召开。截至目前,计划招募的 5 000 名会期服务志愿者已完成过半;首批 25 名长期管理岗位志愿者已到位,

100个城市文明志愿服务站点基本设立，相关志愿者工作正有序推进中。

● 市政府新闻发布会召开，《关于推进健康服务业高质量发展加快建设一流医学中心城市的若干意见》正式发布。这是进入新时代以来我国首个省级健康服务业发展政策。

● 在2018年市青少年书法篆刻展预展现场，市书法家协会秘书长潘善助逐一为小朋友点评，并现场挥毫示范。在今天起的12天展期内，主办方将每天安排一位书法名家在展厅现场点评和示范，让每位获奖和入展作者得到专家面对面的指导。展览期间，主办方还分别举办"亲子交流会"和"优秀指导教师座谈会"，共同探讨青少年书法学习的规律，吸引更多家长和老师加入传播书法艺术的行列。

25日

● 国务院新闻办公室召开政策吹风会，上海市委常委、常务副市长周波应邀与会，向中外媒体介绍上海按照党中央的部署要求，坚持以"建设贸易投资最便利、行政效率最高、政府服务最规范、法治体系最完善的城市之一"为目标，着力提升制度环境软实力，努力优化营商环境等进展情况。

● 市第十五届人大常委会第五次会议（扩大）召开。市委书记李强出席。市委副书记、市长应勇代表市政府报告2018年上半年全市经济社会发展情况和下半年工作总体考虑。

● 市第十五届人大常委会第五次会议继续召开，对《上海市住宅物业管理规定修正案（草案）》等进行分组审议。审议了《上海市住宅物业管理规定修正案（草案）》《上海市职业教育条例（修订草案）》两个法规草案，审议关于修改《上海市实施宪法宣誓制度办法》的决定（草案）和有关人事任免事项。

● 首列"进口博览会专列"地铁正式发车。市委常委、宣传部部长周慧琳出席发车仪式。

● 市青少年体育协会体适能分会在上海体育学院挂牌，第一期青少年体适能教练员的培训（认证）课程同时开课。来自全市各青少年体育培训机构的31位教练员成为"吃螃蟹"的人。

26日

● 市委常委会召开会议，研究贯彻落实《中央巡视工作规划（2018—2022年）》推进会精神、上海科创中心建设近期重点工作安排、坚持"留改拆"并举深化城市有机更新进一步改善市民群众居住条件等有关工作事项。市委书记李强主持会议并讲话。

● 市长应勇会见来华出席第五届中非民间论坛的刚果（布）总理穆安巴一行，代表上海市政府和上海人民对总理阁下访沪表示热烈欢迎。

● 市十五届人大常委会第五次会议举行全体会议，听取关于上海市2018年上半年国民经济和社会发展计划执行情况的报告,并对报告进行分组审议。

● 市委召开座谈会,纪念经叔平诞辰 100 周年。

● 市委书记李强,市长应勇会见由浙江省委副书记、宁波市委书记郑栅洁,宁波市委副书记、市长裘东耀率领的宁波市党政代表团一行。

● 市十五届人大常委会第五次会议代表分组会议召开,800 多名市人大代表和在沪全国人大代表围绕应勇市长代表市政府报告的 2018 年上半年全市情况展开热烈讨论和评议。

● 市十五届人大常委会第五次会议召开,市财政局作《关于上海市 2017 年市级决算及 2018 年上半年预算执行情况的报告》。

● 市环保局介绍,进驻黄浦区、闵行区、松江区的三个环保督察组已于 7 月 25 日全部完成督察进驻期间的工作任务,共与 121 名领导干部进行个别谈话,现场检查点位超过 1 000 个,累计向三区交办群众信访有效举报 496 件,已办结 406 件。

● "海上文博"2018 上海创意设计大赛儿童服饰创意设计和婴童用品创意设计版块决赛在国家会展中心(上海)举行。大赛将主题设定为"当过去遇见未来",探索"版权+设计"模式,把文化文物单位的"藏品"和"展品"变成"商品"和"产品",并以"新零售"的方式直接触及消费端,从而加速博物馆文化的推广和传播。

● 上海设置四个医疗服务点、确定 18 家医疗机构成为首届中国国际进口博览会定点医院。

● 首届中国国际进口博览会对外公布一流现场服务阶段性成果,包括海关、银行、航运企业等纷纷为进口博览会量身打造一系列保障服务措施。

● 上汽·上海文化广场公布 2018 年末大戏名单,西班牙语音乐剧《卡门·古巴》、英语版音乐剧《乱世佳人》和百老汇经典音乐剧《歌舞线上》。

● 上海浦东先进能源动力研究中心在临港地区揭牌成立。该中心由临港管委会作为牵头单位,由中国科学院工程热物理研究所、中国科学院上海高等研究院、上海交通大学、中国华电集团公司上海公司和上海临港经济发展集团有限公司五家单位共同组建。

● 市政协副主席金兴明会见由老挝建国阵线中央副主席坎贝·丹拉率领的代表团一行,他对客人访沪表示欢迎,并介绍上海经济社会发展近况和市政协履职情况。

● 世界最大最先进的两艘 22 000 箱集装箱船分别在沪东中华和江南造船开工建造,该船由中国船舶工业集团公司第七〇八研究所为达飞轮船研发设计,首制船预计明年交付。

27 日

● "冲刺 100 天,决胜进博会"誓师动员大会在上海展览中心中央大厅召开。中共中央政治局委员、国务院副总理胡春华出席大会并讲话。中共中央政治局委员、上海市委书记李强在会上讲话。

● 市十五届人大常委会第五次会议表决通过《上海市单用途预付消费卡管理规定》，这是全国首部针对单用途预付消费卡管理的地方性法规，将自2019年1月1日起施行。

● 2018年上海市哲学社会科学教学科研骨干研修班结业典礼举行。市委副书记尹弘出席并讲话。

● 国务院召开全国安全生产电视电话会议。市委副书记、市长、市安委会主任应勇在上海分会场讲话。

● 市政协召开华侨华人经理人座谈会，围绕“进一步扩大开放，提升上海城市能级和核心竞争力”主题，十余位拥有长期在海外或驻华跨国企业工作经历的华侨华人经理人代表交流经验，建言献策。

● 首届中国国际进口博览会开幕倒计时100天新闻发布会在国家会展中心（上海）召开，除各方关注的进口博览会标识和吉祥物“进宝”揭晓之外，一系列数字的公布也表明，进口博览会办成国际一流博览会的目标已经有了良好基础。

● 2018年中国互联网企业100强发布会暨百强企业高峰论坛举办，中国互联网协会、工业和信息化部信息中心联合发布2018年中国互联网企业100强榜单和《2018年中国互联网企业100强发展报告》。上海共有21家企业入选百强榜，其中网宿科技股份有限公司、携程计算机技术（上海）有限公司、上海二三四五网络控股集团股份有限公司跻身前二十。

● “世纪回响——《世纪》杂志创刊二十五周年座谈会”在上海科学会堂召开。国务院参事室党组书记、主任王仲伟出席座谈会并讲话。

● 市庆“八一”拥军优属主题晚会在海军军医大学举行。市有关部门负责人和驻沪部队领导和官兵代表、优抚对象代表、企业家代表等1 500余人观看了演出。

● 上海科技大学物质科学与技术学院成功发展一种廉价、高效的铈基催化剂和醇催化剂的协同催化体系，在促进甲烷转化这一重要能源化工领域取得突破性进展。

● 百老汇原版音乐剧《猫》登陆上海大剧院。距这部音乐剧上次亮相上汽·上海文化广场演出还不满一个月，这么短的间隔后在申城二度上演，《猫》仍然一票难求。

● 市人大常委会听取和审议市政府关于加强城市公共安全及风险防控情况的报告，轨道交通大客流成为关注焦点。

● 市工商和市场监管部门召开保障中国国际进口博览会集中执法百日行动大会，公布了集中执法百日行动方案。

28日

● 市文明办、市商务委共同主办窗口服务展示日巡礼活动，并同步启动全市“最美服务窗口”评选。本次活动还公布了全市45个行业2018年第一阶段行业城市文明指数测评结果。调查表明，各窗口服务行业总体得分为85.42分，全市半数以上行业的市民满意度有所提升。

● 以手中的笔绘出心中“诗歌的样子”，第二届全民美育上海艺术季暨“诗歌的样子”儿童声画巡展在上海刘海粟美术馆拉开帷幕。

● 由市医学会妇产科分会、普陀区妇婴保健院共同主办的第四届妇幼保健普陀论坛暨2018妇幼保健与产科危重疾病诊治学术研讨会传出消息：近十年来上海市35岁以上孕产妇占孕产妇总人数的16.7%，比前一个十年(1996—2005年)上升近8个百分点。

29日

● 9时52分，上海中心气象台再发高温黄色预警，中心城区徐家汇站最高气温达36.6℃。一周以来，上海持续开启“晴热＋午后局部雷阵雨”天气模式。自24日起，上海已连续发布高温预警，黄色预警“六连击”，其中25日和26日还连续发布高温橙色预警。持续高温的原因依然是副热带高压。

30日

● 上海市庆祝中国人民解放军建军九十一周年军民座谈会召开。市领导陈寅、诸葛宇杰、彭沉雷、龚道安出席座谈会。市委常委、上海警备区政委凌希代表驻沪部队讲话。

● 市长应勇主持召开市政府常务会议，认真贯彻落实“冲刺100天，决胜进博会”誓师动员大会精神，部署推进首届中国国际进口博览会上海城市服务保障和交易组织工作；研究深入实施乡村振兴战略，促进本市乡村民宿健康有序发展。

● 市政府举行市政府参事聘任仪式，市委副书记、市长应勇为新聘和续聘的9位市政府参事颁发聘书并讲话。

● 市委组织部召开“进博先锋行动”推进会，回顾总结今年以来全市面上推进“进博先锋行动”的进展和成效，对下一步服务保障办博各项工作。市委组织部部长于绍良出席会议并讲话，对深入开展“进博先锋行动”、全力冲刺100天提出明确要求。

● 上海召开进口博览会旅行保障工作推进会。副市长陈群出席会议并讲话。

● 市政府新闻发布会召开，介绍《上海市生活垃圾全程分类体系建设行动计划(2018—2020年)》相关情况。到2020年底，上海将基本实现单位生活垃圾强制分类全覆盖，居民区普遍推行生活垃圾分类制度。

● 市绿化市容局披露，根据生活垃圾末端处置的属地化及“一主多辅”原则——“一主”,中心城区集中处置;“多辅”,郊区分散处置——上海已进入生活垃圾末端处置体系的第二轮建设阶段,正严格按照相关环境标准,不断提升垃圾分类处置能力。

● 市委组织部、市公务员局举行“上海市2018年新录用公务员初任培训开学典礼”。

● 上海市各中小学的34名参赛选手齐聚中共一大会址纪念馆序厅,接受一项特别的大赛授予的奖杯和证书。他们的绘画作品在“走进诞生地”——上海市青少年手绘明信片创意大赛中获得优秀成绩。

● 长宁区市场监督管理局与美团外卖共同召开上海团标餐盒商家推广座谈会,与会餐饮方对外卖餐盒“升级”表示支持,但也谈到落实中有待改进的细节。

● 上海首个基金小镇——虹桥基金小镇在闵行区揭牌。

31日

● 市长应勇在市公安局调研智慧公安建设时指出,智慧公安建设是实施“科技强警”、提高公安战斗力的核心支撑,是提高城市精细化管理水平的重要手段,也是智慧政府和智慧城市建设的重要组成部分。

● 人大工作研究会召开第二届第一次会员大会。大会选举产生研究会第二届理事会以及研究会会长、副会长、秘书长等;表决通过研究会第一届理事会工作报告、上海人大工作研究会章程(修改稿);表彰一批研究会活动优秀组织者。

● 市政协“老城厢历史风貌保护与旧区改造对策研究”课题组赴黄浦老城厢地区实地调研,详细了解区域内居民生活居住情况和风貌保护、旧区改造相关工作进展,并与黄浦区委、区政府及有关部门负责人座谈交流。

● 市政府、上海警备区在上海展览中心召开全市征兵工作会议,学习贯彻全国征兵工作电视电话会议精神,部署安排全市2018年征兵工作。

● 今天起,签订授权划缴税款协议即“三方协议”实现全程网签,让原本至少需要1至2天的办理时间直接缩减到2分钟。

● 市长应勇分别会见由西藏自治区政府副主席、日喀则市委书记张延清率领的日喀则市党政代表团一行。

● 市政协主席董云虎出席浦东黄浦奉贤崇明政协片区座谈会并讲话。会上,严旭、左燕、陈勇章等区政协主席、常委联系区政协工作实际,围绕加强政协系统党的建设,深入开展政治协商、民主监督、参政议政,全面加强委员队伍建设,发挥党派界别政治优势等交流学习体会。

● 21个国家的91名知识产权硕士结束在同济大学上海国际知识产权学院近一年的学习生活,顺利结业。这是上海国际知识产权学院成立以来培养的第一批高端专业人才,他们将为上海建设具有全球影响力的科创中心和亚太知识产权中心城市发挥重要作用。

● 市食品药品监管局启动进口博览会专项执法行动，抽查国家会展中心(上海)场内的星巴克、真功夫等商户。这也是食品安全宣传周市食药监局主题日活动。

● 市政府举行“黄浦区、静安区、虹口区、杨浦区与地产集团旧区改造签约仪式”，通过市区联手，重点聚焦成片风貌保护的区单独土地储备旧改项目，以及为统筹平衡而合作改造的其他旧改项目。

● 上海—云南职业教育联盟成立大会在云南昆明召开，这也是继沪喀联盟、沪果联盟、沪遵联盟之后，上海与相关省市建立的第四个职教联盟。

## 本月

20—21日

● 由上海市委副书记、市长应勇率领的上海市代表团在青海省委书记、省长王建军的陪同下，来到青海西宁市和果洛藏族自治州，深入学校、企业、医院，实地调研对口支援工作，与当地党委政府共商上海援青的具体措施，全力助推果洛打赢脱贫攻坚战，并亲切慰问上海援青干部人才。

20—23日

● 上海国际青少年科技博览会暨“明日科技之星”国际邀请赛在上海举办，邀请赛以“一带一路——创意桥梁”为主题，参赛的中学生将设计搭建创意桥梁模型，并在搭建的桥梁上进行移动式载重比赛。来自中国、美国、俄罗斯、印度、新加坡等13个国家(地区)的39支参赛队伍近250多名师生参加此次活动。

23—28日

● 2018年湖南——长三角经贸合作洽谈周在上海及长三角地区多地举办。“沪洽周”是湖南省深化与长三角地区经贸合作、融入长江经济带的重要平台。

## 8月

1日

●“社区退役军人事务顾问”制度在上海启动，首家顾问点在杨浦区延吉新村街道社区事务受理服务中心挂牌。这是继今年5月启动“社区养老顾问”试点后，上海民政部门推出的第二项“社区民生顾问”制度试点。

● 闵行区发布实施38条惠台工作措施，从区级政府的角度为台胞生活和台企发展提供同等待遇，将给在闵行的台资企业和台湾同胞带来巨大机遇和实实在在的获得感。

● 金山区委副书记、区长胡卫国走进上海人民广播电台直播室，做客2018“夏令热线·区长访谈”节目。

2日

● 星巴克与阿里巴巴集团在上海宣布达成新零售全面战略合作。今年9月中旬开始，星巴克将在上海和北京的300家门店通过饿了么试点外送服务，星巴克还将与阿里巴巴旗下盒马鲜生开展深度合作。

●《中国群众体育发展报告(2018)》在北京发布。报告由国家体育总局群体司和上海体育学院联合编撰，社会科学文献出版社出版。

● 世界中医药学会联合会翻译专业委员会成立十周年暨第十届学术年会在沪召开，同时，会上发布首部中医文化术语关键词英译本《中医文化关键词》，共收录111个中医关键词。

● 2018中国国际数字娱乐产业大会在上海召开，国内外互动娱乐产业人围绕“健康新娱乐游戏新价值”这一主题，把脉中国数字娱乐的现状与走向。《2018年1—6月中国游戏产业报告》同时发布。

● 沪深两市低开低走，沪指再度跌破2 800点，创业板指跌逾2%逼近1 500点，创三年半新低，盘面上无一板块翻红。

3日

● 今年第12号台风“云雀”上午10时30分在金山区沿海登陆，成为自1949年以来第四个正面登陆上海的台风。前有“安比”，两周之后“云雀”又来。但两周遭受两场台风正面“洗礼”，申城安然无恙。

● 上海博物馆考古队赶赴斯里兰卡，与当地研究机构开展为期40天的联合考古工作，对斯里兰卡北方港口城市贾夫纳的古代遗址进行考古发掘。这是上海博物馆考古队第一次走出国门进行跨国考古。

● 市长应勇和商务部部长钟山赴国家会展中心调研进口博览会筹备工作进展，并对下一步做好筹备保障工作进行部署。

● 松江、嘉兴、杭州、金华、苏州、湖州、宣城、芜湖、合肥九地市政协共商G60科创走廊更高质量发展活动在松江举办。九地市政协共同签订《助推G60科创走廊更高质量发展共建协议》。

● 由上海国际芭蕾舞比赛组委会主办、上海芭蕾舞团承办的第六届上海国际芭蕾舞比赛，在上海国际舞蹈中心开幕。“国际化”是本届芭蕾舞比赛的最大亮点。

● “上海发布”政务微信(微信号：shanghaifabu)再添“航班查询”服务新功能，市民只要关注“上海发布”微信，就可查询上海出发或到达的航班动态，还可了解上海浦东和虹桥两大机场的运营现状。

● 市统计局发布的2017年本市企业研究开发活动分析报告指出，本市企业作为科创中心建设的重要参与者,积极应对新常态,依靠研发驱动,提高自主创新水平,增强内在竞争力,研究开发活动取得了积极的成效。

● 第十六届中国国际数码互动娱乐展览会(ChinaJoy),在上海新国际博览中心开幕。会展首日参展观众达 69 272 人次。展会由国家新闻出版署和上海市政府指导,中国音像与数字出版协会以及上海汉威信恒展览有限公司主办。

●《松下高士图》"三胞胎"集体亮相于刘海粟美术馆揭幕的《天潢贵胄——从馆藏石涛、八大合绘松下高士图谈起》展。这个展览是上海入选今年文化和旅游部"全国美术馆馆藏精品展出季"的三项展览之一。

● 由市文广影视局、文汇报社、申通地铁集团共同主办的"1 + 16"美术馆市民共享计划正式启动。"1"指的是市和市级美术馆,"16"指的是 16 个区和区级、民营美术馆。在这一系列活动中,申城 89 家美术馆首度集体亮相,将以刘海粟美术馆为主会场,以全市各区的 80 余家美术馆为分会场,以文化上海云为线上平台,吸引市民走进城市的"艺术客厅",近距离感受文化发展带来的美好生活。

● 由市新闻出版局、浦东新区政府联合指导,上海汉威信恒展览有限公司主办的 2018 全球电竞大会在上海召开。大会以"更竞一步"为主题邀请国内产业前沿代表就电竞产业化、电竞赛事国际化、电竞商业化、电竞衍生产业等议题进行热烈探讨,分析全球电竞产业发展的新趋势,传递我国电竞产业声音,积极促进上海打造"全球电竞之都"战略进程。会上,上海市委常委、浦东新区区委书记翁祖亮,上海市委常委、宣传部部长周慧琳共同为"上海电子竞技产业发展核心功能区"落户浦东新区揭牌。

● 2018 爱丁堡艺穗节"聚焦中国"系列活动在英国北部苏格兰首府爱丁堡市启动。这也是"聚焦中国"继去年在爱丁堡艺穗节大获成功之后再次亮相。"聚焦中国"在国家文化和旅游部外联局、上海市文化广播影视管理局支持下,由中国上海国际艺术节中心承办,上海城世品牌发展中心协办。

4 日

● 首批二次供水设施实时在线监测系统落户上海 19 个小区,一旦设施内的水质指标出现异常,最多 30 秒就将报警给区域内的"水管家",得到及时处置。

5 日

● 上海市第三批组团式教育援藏工作队启程。上海共派出 55 名教育干部人才,其中包括 40 名组团式教育援藏工作队队员和 15 名参与"万名教师支教计划"的职业技术援藏教师。

● 以"冲刺 100 天、文明百分百"为主题的首场主题宣传活动在长宁区来福士广场钟楼区域举办。来自进口博览会城市文明志愿服务队、上海市外企志愿服务联盟、长宁区平安志愿服务队等团队的志愿者代表向全市300余万名志愿者发出倡议。市文明办、市志愿者协会还联手推出《文明风尚志愿者》和《服务进口博览会，志愿者在行动》系列宣传视频。

● 第六届上海国际芭蕾舞比赛论坛召开。汇聚本届大赛的评委、嘉宾、选手及众多全球舞蹈界人士，大家聚焦“芭蕾舞的创作与探索”及“培养芭蕾舞编导的意义和途径”两项议题，展开热烈的讨论。

6日

● 第十六届中国国际数码互动娱乐展览会（ChinaJoy）在沪落下帷幕。本届展览观展人数累计高达35.45万人次，比去年增长1.18万人次，再创历史新高。本届展览会主题是“新科技、新娱乐、新价值”，以IP为核心，覆盖游戏、动漫、互联网影视、音乐、网络文学、电子竞技、智能娱乐软件与硬件等数字娱乐领域。

● 市委书记李强赴市通信管理局调研进口博览会通信保障等工作。

● 市纪委、监察委官方网站披露，上海机场（集团）有限公司董事长、党委副书记吴建融涉嫌严重违纪违法，目前正接受市纪委监委纪律审查和监察调查。

● 乌鲁木齐国际陆港区招商推介会在沪召开，旨在进一步推广陆港区新欧班列、集结班列等项目。这也是乌鲁木齐国际陆港区自建设以来首次走出新疆推介招商。

7日

● 上海市政府与小米集团在沪签署战略合作框架协议。签约前，市委书记李强，市委副书记、市长应勇分别会见小米集团董事长兼首席执行官雷军一行。小米集团和徐汇区政府签署相关战略合作协议。

● 上海消防安全大排查大整治行动动员部署会议召开，通报了夏季火灾形势，并对全市开展消防安全大排查大整治行动作出部署。

● 市卫生计生委的统计显示，近期本市龙华、仁济、中山、市一、新华、市六、瑞金、市九、华山、长海、曙光、岳阳、市十、东方14家医院日门急诊均超过1万人次，较去年同期上升约10%。其中，仁济、中山、新华、市一医院单日峰值达到1.6万人次左右；龙华医院由于推出中医特色门诊，门诊量最高超过1.7万人次。

8日

● 长三角地区50多家新型显示产业链相关企业和机构汇聚上海，就深化产业、技术、人才、标准等方面的合作进行对话。这是长三角首次就显示产业合作举行如此重量级的会议。

● 以“全民健身，热炼一下”为主题的2018年上海市“全民健身日”活动，在陆家嘴黄浦江畔正式启动。

● 汇集近350套、1 000余册作品的“书艺问道——吕敬人书籍设计四十年”大型作品展回到吕敬人的故乡上海，于刘海粟美术馆揭幕。

● “周慧珺杯”上海市中青年册页书法大赛作品展在上海文艺会堂拉开帷幕。这是上海首次举办书法册页评选，共收到来稿作品400余件，经过评委认真、严谨的初评与复评，最终有35名作者获奖、108名作者入展。

● 在光明食品集团成立十二周年之际，“光明田缘”倒计时365天暨游客接待中心揭幕活动在光明田缘举行。光明田缘正式向社会各界发出邀约，明年此时，市民足不出“沪”，便可漫步万亩花海，感受田园风光。

● 上海交通大学密西根学院2018夏季设计展开幕，学生们带来的80多个创新工业设计项目，让前来参展的企业、校内外师生和专业人士大开眼界。

● 全市城管执法系统集中开展夜排档、烧烤摊整治行动。晚上10:00，指挥中心值班队员通过视频巡逻发现，平凉路、临青路路口，出现了占道经营夜排档现象。指挥长当即下达指令，指挥就近巡查的执法队员迅即赶赴现场处置。

9日

● 市委书记李强专题调研半导体产业发展情况，实地察看集成电路企业，主持召开座谈会深入了解产业发展态势并听取企业意见建议。李强和市领导周波、诸葛宇杰先后来到中微半导体设备(上海)有限公司、中芯国际集成电路制造有限公司、华大半导体有限公司、上海华力微电子有限公司，察看企业产品展示和研发生产线，详细了解企业规划发展情况。

● 市长应勇赴浦东、奉贤、金山、松江、青浦、闵行六区调研生态廊道建设工作。应勇与副市长时光辉一行先后察看老港固废综合利用基地、金山化工区、天马再生能源有限公司周边生态廊道规划建设进展。

● 上海自贸试验区国际文化投资发展有限公司负责编写的《2018上海自贸区文化艺术蓝皮书》发布显示，上海自贸试验区挂牌五年来，文化产业规模不断扩大、能级持续提升。目前，区域内文化产品进出口总值占全市的40%左右，成为打响“上海文化”品牌的重要载体。

● 公安机关通报，上海市反电信网络诈骗中心启动“联动劝阻”机制近一年来，通过各类预警系统劝阻电信网络诈骗潜在被害人17.3万余人次，通过电话向潜在被害人防范劝阻12.1万多次，避免直接损失43亿余元。

● 市人大常委会副主任肖贵玉在人民大厦会见来访的比利时新弗拉芒联盟党议员代表团，他向客人介绍上海近年来城市建设和经济发展情况。市政协副主席张恩迪会见越南祖国阵线胡志明市委员会副主席武青刘率领的代表团一行，他向客人介绍上海经济社会发展情况和市政协履职情况。

● 14时18分，对于虹口区122街坊二轮征询首日正式签约率达到90.55%，超过

85%的签约协议生效比例。这个街坊的成功征收，意味着整个虹镇老街地区的旧改彻底完成，全市知名的老式棚户区也真正成为历史。

10日

● 市委书记李强就加快推进科创中心建设、全力打响“上海制造”品牌，赴中国商用飞机有限责任公司、上海微小卫星工程中心调研。

● 市长应勇调研本市优秀历史保护建筑保护利用工作。应勇与副市长时光辉一行来到番禺路的“上生新所”，先后察看其中的孙科别墅、哥伦比亚乡村俱乐部、美国海军俱乐部等历史建筑。

● 第二届上海艾萨克·斯特恩国际小提琴比赛启动，来自11个国家和地区的27位选手，开启了他们23个比赛日28场比赛的征程。

11日

● 由中宣部组织的“大江奔流——来自长江经济带的报道”主题采访团抵达上海。自7月20日从“长江第一湾”出发，到今天行至长江的最后一条支流、上海黄浦江，采访团记录长江沿岸11个省市的山川地貌、人文风情、经济发展。

● 第六届上海国际芭蕾舞比赛在上海国际舞蹈中心落下大幕。中国选手史越、敖定雯分获成人组男女金奖，大奖(最高奖项)空缺；女子少年组金奖由中国的李偲旖摘得，男子少年组金奖空缺。

12日

● 今年第14号台风“摩羯”于23时35分前后在浙江温岭沿海登陆。受“摩羯”影响，上海呈现明显风雨天气，中心城区、东部和北部地区普降大到暴雨。

● 经过四天角逐，2018年“闻天下杯”全国桥牌公开赛在上海跨国采购会展中心收官。北京信远队获得公开团体赛冠军，埃菲尔队、上海东汽队和世纪畅达队分列第二至四名。延安中学队和红桃K队分获青少年团体赛U18、U13组别冠军。

13日

● 2018年上海秋季高招圆满落幕。今年是上海高考综合改革试点全面实施的第二年，招考制度改革红利持续释放，让更多考生受益。更重要的是，高考招生改革先行一步的上海和浙江，为全国高考改革的探索提供了样本经验，两地的新高考方案今年已在全国部分省市试点。

● “坚持‘留改拆’并举、深化城市有机更新、切实加强历史风貌保护、加快改善市民居住条件”专题培训班开班。副市长时光辉主持开班动员活动。本市住建、规土、发展改革、财政、房管等部门，各区政府及相关部门，部分市属国企负责人等参加培训。

● 市人民政府办公厅发出《关于全面开展空中坠物安全隐患专项检查的通知》，要求各区政府、市政府各委办局及各有关单位加强针对空中坠物安全隐患的专项检查，着力消除隐患，不断强化城市精细化管理，确保城市运行安全。

● 上海淞沪抗战纪念馆举行系列纪念活动，弘扬伟大抗战精神，缅怀在抗战中英勇牺牲的英烈和不幸遇难的同胞。全国各地的近 400 人出席活动。

● 上海临港松江科技城与小米集团签约合作，宣布小米生态链华东区总部及小米工业设计研究院落户 G60 科创走廊，并建设 10 万平方米的小米生态链产业园。

● “中国儿童青少年体育健身指数评估报告(2017)”发布。这是我国首次基于全国样本面向社会公开发布中国儿童青少年体育健身指数。在上海市教委的协助指导下，上海体育学院国家社科基金重大项目“中国儿童青少年体育健身大数据平台建设研究”团队承担了具体的调研工作和数据分析。

● 73 岁的老靳在上海瑞金医院接受一台特殊的手术，一颗胶囊般大小的人工心脏起搏器在中外医学专家的见证下成功植入他的体内。这是上海首例经皮股静脉穿刺植入无导线起搏器手术，也是上海中山医院、北京阜外医院、四川华西医院等中国七大顶尖医学中心同期启动该世界最小起搏器在中国的上市前临床研究。

● 上海“剑网 2018”专项行动工作会议在科学会堂召开，市公安局、市通信管理局、市互联网信息办公室、市版权局、市文化广播影视管理局、市文化市场行政执法总队 6 家市网络版权综合治理领导小组成员单位相关负责人，与百视通、阅文集团、哔哩哔哩网、澎湃新闻、沪江网、蜻蜓 FM、拼多多等上海网络视听、网络媒体、网络文学、网络游戏、电商、动漫及出版等行业 73 家企业代表出席会议。

14 日

● 全国人大常委会副委员长沈跃跃率调研组一行在沪召开调研长江保护立法等工作情况座谈会。上海市人大常委会主任殷一璀以及江苏省人大常委会副主任邢春宁、浙江省人大常委会副主任李学忠、安徽省人大常委会副主任李明、上海市副市长时光辉分别就沪苏浙皖三省一市有关长江保护立法建议和水污染防治法、海洋环境保护法等法律贯彻实施情况作汇报。

● 市推进科技创新中心建设办公室召开第七次全体会议，研究部署科创中心建设下阶段重点工作。市委常委、常务副市长周波通报上海科创中心建设进展情况。上海市政府与国家电网公司共建的国家电网张江实验室等研究平台揭牌。

● 一本反映我国“慰安妇”幸存老人生存状态的摄影画册《中国最后的“慰安妇”》由上海文汇出版社出版。图书以图文并茂的形式，展现 2014 年至 2016 年间在录的 24 位“慰安妇”幸存者的生存状态。

● 2018 上海国际文学周主论坛在浦江边的建投书局举办，围绕“旅行的意义”这一主题，中外文学家和批评家展开对话。

● “上海出版改革开放四十周年图片展”在上海图书馆第一展厅开幕。展览以改革开放为主线，从出版单位、管理机构、图书出版、获奖图书、最美的书、发行渠道、书展书市、特色书店、印刷产业、出版名家、上海出版人等 20 个方面提纲挈领，梳理上海出版改革开放以来的重要事件和人物，反映上海出版业的时代变迁，真实再现出版改革的艰辛和取得的成果。

● 为纪念中日和平友好条约缔结四十周年，东京交响乐团亮相上海交响乐团音乐厅。在乐团指挥饭森范亲的执棒下，乐团演绎柴可夫斯基《波罗乃兹舞曲》、德沃夏克《第九交响曲自新世界》，并与中国小提琴演奏家朱丹合作推出柴可夫斯基《D 大调小提琴协奏曲》。

15 日

● 以“我爱读书，我爱生活”为主题的 2018 上海书展暨“书香中国”上海周开幕。全国 500 多家出版社带着 15 万余种精品图书组团参展，更有 130 余项阅读活动如火如荼。

● “2018 长三角一体化出版发展大会”召开，由上海市新闻出版局倡议的长三角一体化出版发展战略合作协议举行签约。来自长三角三省一市（江苏、浙江、安徽、上海）的新闻出版（版权）局负责人签署《关于共同推动长三角区域出版和版权发展的框架协议》。

● 2018 上海书展主宾省贵州出版馆正式开馆，贵州出版集团与上海世纪出版集团签署战略合作协议，标志着贵州出版集团将与上海世纪出版集团建立紧密的合作关系。

● 市政府发布《关于进口博览会期间实行临时价格干预措施的通告》。

● 上海青浦区与江苏苏州市昆山市、吴江区，浙江嘉兴市嘉善县四地签署《环淀山湖战略协同区一体化发展合作备忘录》，同时四地相关部门还签订了区域化党建、旅游联盟、水域保洁一体化、气象部门战略协同发展等专项合作协议，推动环淀山湖战略协同区融合发展。

● 第二十届中国上海国际艺术节内蒙古分会场在呼和浩特乌兰恰特大剧院拉开帷幕。这是该艺术节在北方地区设立的第一个分会场。

● 中国科学院院士、宁波诺丁汉大学校长杨福家，世贸组织上诉机构原主席和大法官、清华大学教授张月姣，作家、南京大学教授毕飞宇，在本届“书香中国”阅读论坛暨解放日报第七十四届文化讲坛上发表精彩演讲。央视主持人朱迅主持本届文化讲坛。

● 由市人社局、市外国专家局组织，市国际人才交流协会驻英国伦敦联络处承办的“2018 英、美、加名校中国留学人员上海职业见面会”召开。8 所世界名校的 700 余名博士、硕士和学士与在沪国有大中型企、事业单位和跨国公司等对接交流。

16 日

● 市委书记李强,市委副书记、市长应勇赴市防汛指挥部,检查全市防御台风“温比亚”各项工作细化落实情况,视频连线金山、奉贤、浦东、崇明、宝山等重点区防汛指挥部听取应对措施汇报。

● 上海市政府与阿里巴巴集团、蚂蚁金服集团在沪签署战略合作协议。市委书记李强,市委副书记、市长应勇会见阿里巴巴集团董事局主席马云一行。

● 中国国际进口博览会城市保障领导小组召开会议,进一步贯彻落实“冲刺 100 天、决胜进博会”誓师动员大会精神,全力抓好各项服务保障工作。

● 市委书记李强赴市委老干部局调研,来到位于丁香花园的市老干部活动室,察看各类文体活动项目开展及生活服务提供情况,来到市老干部活动中心青松城,察看活动室、医务室、阅览室等场所。

● 本市开展依法治市集中主题宣传活动,十大依法治理优秀案例发布。获评全国法治城区创建活动先进单位的杨浦区、崇明区、松江区,八个获评全国民主法治示范村(社区)——金山区漕泾镇护塘村、黄浦区半淞园路街道耀江花园居民区等和市工商局“探索实施‘网购大家评’项目推动网络市场社会共治”等十个依法治理优秀案例和市公安局交警总队“上海快递、外卖车辆道路交通安全管理做法”等十个依法治理入围案例获颁奖牌。

● 本市召开全市扫黑除恶专项斗争督导工作视频会议,传达学习中央政法委领导在全国扫黑除恶专项斗争督导工作培训班上的讲话精神,进一步推进深化本市扫黑除恶专项斗争工作。

● 市长应勇主持召开市政府常务会议,研究落实上海新一轮城市总体规划,推进苏州河中心城段两岸贯通;要求有序加快推进本市公共设施附属空间对外开放。

● 市文创金融合作座谈会召开。对接文创企业与金融服务机构的信息平台“上海文创金融服务平台”正式上线。市委宣传部、市经信委、市金融办、上海银监局共同签署关于推进上海市银行业文化创意特色支行建设合作备忘录,并给上海银行广中路支行、淮海路支行,浦东发展银行上海静安支行、建设银行上海第五支行、招商银行上海宜山支行 5 家首批文化创意特色支行授牌。

● 由上海人民出版社出版,市档案局(馆)、市老新闻工作者协会合作采编的《上海改革开放四十年——那些年,我们的故事》在上海展览中心友谊会堂举行首发式。该书通过 56 位上海改革开放亲历者、实践者的口述采访,展现上海改革开放四十年的历程。

● 市委宣传部、市文明办、市卫生计生委在复旦大学附属中山医院举办“我心中的白衣天使——市民为五‘十佳’颁奖”活动并召开上海首个“中国医师节”庆祝大会。

● 由上海作协策划、世纪文景出品的“述而批评丛书”在上海书展首发。

17日

● 市委常委会召开会议，传达学习贯彻中央政治局常委会听取关于吉林长春长生公司问题疫苗案件调查及有关问责情况汇报的会议精神，部署进一步做好上海药品监管和安全工作。会议还研究打好防范化解重大风险攻坚战、市人大常委会立法规划（2018—2022年）、加快建成世界著名旅游城市等事项。

● 市委常委会召开议军会，传达学习习近平总书记关于国防和军队建设重要指示精神，进一步做好地方支持国防和驻沪部队建设工作。上海警备区政委凌希作传达，上海警备区司令员张晓明汇报上海国防和驻沪部队建设情况。

● 首个“中国医师节”来临之际，“近代中国医学人文历史大展”在上海龙美术馆开幕，500多件近代中国医学珍贵史料和大量文物首次与大众见面。

● 今年第18号台风“温比亚”于凌晨4时05分裹挟着风雨在浦东新区南部沿海登陆，登陆时由强热带风暴级减弱为热带风暴级。“温比亚”成为继“安比”“云雀”之后，今夏直接登陆上海的第三个台风。

● 上海网络游戏出版管理申报服务平台正式启动。该平台是上海市“文创50条”重点工作项目，也是全国首个地方性的网络游戏出版管理申报服务平台。今后，上海市的游戏企业和出版单位，可以享受游戏申报查询、建档，政策咨询等一站式服务。

● 上海报业集团与中国移动上海公司共同签署战略合作协议，建立战略合作伙伴关系，上海报业集团领导与中国移动上海公司领导共同见证，签订《战略合作协议》。

● 市慈善基金会青浦文化下乡捐赠活动在青浦区徐泾文体中心举办。本次活动由上海市慈善基金会所属“俞新宝与你同行慈善专项基金”与上海三联书店合作，将20万码洋图书捐赠给青浦区14个农家书屋阅读点。

● 沪苏浙皖四地作协在沪签约，联合组建“长三角文学发展联盟”，致力于推动长三角地区文学资源的挖掘和运用，打造具有广泛影响力的区域文艺品牌，开辟打造具有鲜明区域特色文学节庆活动的新渠道。

● 2018世界人工智能大会新闻发布会召开，世界人工智能大会的形象标识也正式发布。该标识以世界人工智能大会（World Artificial Intelligence Conference）英语缩略语“WAIC”为主要元素，在字母图标上方，用九个核心元素代表人工智能哲学、认知科学、数学、计算机科学、信息论、控制论、神经生理学、心理学、不定性论九大学科领域。整个形象标识给人一种跃动的感觉,象征着世界人工智能产业的飞速发展与无限可能。

18 日

● 市长应勇先后赴尚上鲜一康品汇高安店、铭言生鲜岳阳店和复中菜市场,察看蔬菜、肉鱼等主副食品价格,询问经营者台风对菜价和货源供应的影响并与市民亲切交谈,倾听他们对菜价和品质的意见建议。

● 上海 8 月私车牌照拍卖揭晓,最低成交价 88 300 元,平均成交价为 88 365 元,比上个月的 88 380 元减少了 15 元。本月上海投放私车牌照 10 402 张。

● 一场名为"穿越都市、邂逅文脉"的城市定向 + 阅马挑战赛在徐汇、黄浦、静安三区的红色地标和阅读场馆内渐次展开,大家用脚步丈量红色文脉,借书籍读懂红色文化。今年书展期间,全市 16 个区亮出"一区一特色"的阅读品牌,共同营造"书香悦读季"。

● 上海歌舞团原创舞剧《永不消逝的电波》正式开排。舞剧讲述抗日战争与解放战争时期,在上海的中共地下党与敌人巧妙周旋、殊死斗争、不畏牺牲的感人故事以及主人公之间纯洁浪漫的革命爱情。

● 首个海归创业导师营在沪成立。导师营设在上海市人才服务中心。目前,来上海工作、创业的留学人员达 15 万余人。来沪留学人员创办企业已达 5 000 余家,注册资金超过 7.8 亿美元。

19 日

● 市委原常委、原副市长、市委政法委原书记,市第八届人大常委会副主任王鉴同志遗体告别仪式,在上海龙华殡仪馆举行。

● 上海相关部门兵分七路全力排查市内高空坠物隐患。

20 日

● 市委书记李强在上海市组织工作会议上强调,要深入学习贯彻落实习近平总书记关于党的建设和组织工作的重要论述和全国组织工作会议精神,全面贯彻新时代党的组织路线,把全市各级党组织建设得更加坚强有力,把干部队伍建设得更加朝气蓬勃,大力集聚各方面优秀人才,为新时代上海各项事业发展提供坚强组织保证。

● 市委中心组召开学习会,听取上海市决策咨询委员会委员、北京大学国家发展研究院周其仁教授关于借鉴世界城市发展经验,提升上海城市能级和核心竞争力的专题辅导报告。

● 上海金融法院揭牌成立。市委书记李强和全国人大常委会副委员长王东明为上海金融法院成立揭牌。

● 副书记、市长应勇主持召开市政府常务会议，研究落实市委常委会部署，进一步加强本市疫苗管理工作；部署加强质量认证体系建设，推动高质量发展；决定持续推进行政审批制度改革，再取消和调整一批行政审批等事项。

● 市长应勇会见百胜中国控股有限公司首席执行官屈翠容一行。

● 上海市政府与腾讯公司在沪签署深化合作框架协议。市委书记李强，市委副书记、市长应勇会见腾讯公司董事局主席兼首席执行官马化腾一行。

21 日

● "2018 上海市民阅读状况调查"报告显示，去年上海市民平均阅读量为 7.00 本，"7—18 岁"市民平均阅读量为 7.95 本，上海市民人均纸质图书阅读量在全国范围内处于前列水平。这是本市就此专题连续开展的第七次调查。

● 市委书记李强会见美国美中贸易全国委员会会长克雷格·艾伦一行。李强还同陶氏化学、可口可乐、宝洁、艾默生、联合办公空间 WeWork、强生、高通、英威达、资本集团、富美实公司等美资企业代表亲切交谈，听取企业在沪经营情况和发展设想，并就共同关心的问题交流。

● 中石化上海石油的 B5 生物柴油调和设施首次发油，这一项目开始运转后，将增加 B5 生物柴油的供应量，进一步满足市场日趋增长的消费需求。这标志着"地沟油"末端资源化利用的"最后一公里"已经打通，废弃餐厨油脂治理工作取得重大突破。

● 正在斯里兰卡北部港口城市贾夫纳从事考古发掘的上海博物馆考古队传来消息：经过十多天的发掘，中斯首个合作考古项目初显成效，出土了大量北宋晚期中国瓷器碎片。这一成果在英国考古学家约翰·卡斯韦尔 1977 年阿莱皮蒂遗址发现之后，再度印证该遗址在中斯交往史上的重要地位，对于研究海上丝绸之路贸易路线和贸易方式具有重要意义。

22 日

● 在静安区彭浦镇高平路 735 号的爱心暑托班，环保志愿者给 40 多个孩子讲解垃圾分类知识，引来阵阵惊呼和强烈好奇。今年是爱心暑托班开设垃圾分类课程的第五个年头。

● 本市对约 400 辆克隆出租车的集中销毁工作正式启动。近年来，市、区交通执法部门联合市、区公安等部门，通过全市性每月不少于两次、区域性每周不少于两次的联勤联动整治机制，末端执法与源头打击并重、街面查处与精准打击并举的创新执法手段，查处一系列社会影响恶劣的克隆出租车案件，形成对非法网约车、克隆出租车等非法客运的高压整治态势。

● 申城土地市场迎来城中村改造地块的三连拍，来自宝山大场和奉贤南桥新城的三幅含商品住宅属性地块挂牌出让。最终，三幅地块均以底价成交。

23日

● 今天起，《黄浦江、苏州河沿岸地区建设规划》展开为期一个月的征求公众意见，规划以"发展为要、人民为本、生态为基、文化为魂"，瞄准"将一江一河建设成为具有全球影响力的世界级滨水区"目标，实施期为2018年至2035年，同时规划远景展望2050年。

● 一对超低体重龙凤胎早产儿从江苏省淮安市转运至上海交通大学医学院附属新华医院。这是长三角新生儿空中救援通道的首次运行，也是上海首次新生儿救援空中转运。

● 市人大常委会召开理论中心组学习会(扩大)，听取上海WTO事务咨询中心理事长兼总裁王新奎的关于"当前经济全球化发展新趋势与中国对外开放的国际环境"的专题辅导报告。市人大常委会主任殷一璀主持会议。

● 市政协召开专题协商会，围绕坚持"'留改拆'并举，深化城市有机更新，进一步改善市民群众居住条件"深入协商建言。市政协主席董云虎出席并讲话。

● 首届中国国际进口博览会医疗器械及医药保健展区展商客商展前供需对接会在国家会展中心(上海)举行，来自境内外近120家展商客商展开交流对接，共谋合作与发展。

● 2018年地方志与地方史理论研讨会召开，由复旦大学和市地方志办公室主办、《上海地方志》杂志编辑部和复旦大学历史学系承办。多名专家学者围绕地方志专题和地方史与年鉴专题深入交流，总结地方志编修实践规律。同时，上海市地方志发展研究中心在复旦大学签约揭牌。

● 普林斯顿大学学生迎来他们最期待的内容——京剧衣箱与化妆。这19名平均年龄只有20岁的青年，漂洋过海来到中国，利用暑假时间到上海京剧院学习体验京剧。

● 时隔十七个月后，因"萨德"事件遇冷的赴韩国旅游逐步恢复。此次赴韩旅游重启，上海仅有春秋、锦江旅游、众信、中青旅等少数旅行社进入首批操作名单，而包括飞猪、携程、途牛、驴妈妈等在内的在线旅游商暂未上线赴韩游相关产品。

24日

● 市人大常委会部分组成人员赴浦东新区有机质固废处理厂实地调研垃圾资源化处理情况；听取浦东、松江、奉贤、杨浦、长宁、静安六区推进生活垃圾分类的经验和对生活垃圾管理立法的建议意见。

● 15时28分，一架直升机载着一名器官捐赠者的器官，从上海瑞金医院停机坪起飞，并于17时24分抵达安徽合肥的受体医院，延续生命的器官移植手术旋即开始。这是全国首例直升机跨省转运捐献器官，可挽救四个人的生命。

● 常务副市长周波在市政府大厦会见日本航空株式会社董事长植木義晴。周波向来宾介绍上海国际航运中心建设情况，希望双方扎实开展合作交流。

● 市委政法委书记陈寅会见以民主行动党国会领袖林吉祥为团长的马来西亚民主行动党干部考察团。陈寅向来宾们介绍上海改革开放实践和经济社会发展等情况。

● 上海西岸与香港西九文化区正式签署战略合作框架协议，“双西”合作正式开启。未来五年，双方将进一步加强交流合作，打造“双西”特色文化区品牌，助力沪港两地文化大都市建设。

25日

● 上海天文馆（上海科技馆分馆）宣布，我国首次完整回收陨石坑、首次获得西双版纳目击陨石全记录实证，形成“火流星目击视频—陨石主体—主体陨石坑—科研成果—科普讲座—博物馆收藏”的完整实证。

● 上海爱乐乐团发布2018—2019新音乐季，推出5个系列共39场音乐会。不少精品力作将举行中国及上海首演，乐团还将携更多原创作品在五个国家举行七场海外演出，在世界舞台奏响中国强音。

● 作为“党的诞生地发掘宣传工程”革命遗址修缮保护项目之一，“渔阳里”团中央机关旧址纪念馆整体改造项目正式启动，更多有价值的文物和文献资料将在纪念馆整体改造后亮相。

● 为期5天的第二十五届北京国际图书博览会（BIBF）暨第十六届北京国际图书节落下帷幕。上海世纪出版集团、高校出版社、社科文出版社、沪江等近30家上海出版单位携1 500余种图书亮相，重点展示上海出版“走出去”的重点和精品项目成果。

● 从今日起，由市政府新闻办、市绿化市容局指导举办的《垃圾分类听民声——区长对话居民》大型访谈节目，每周六相约社区居民。访谈节目紧扣生活垃圾分类的政策体系构建、成功经验推广、保障措施到位等话题，畅所欲言。

26日

● 上海交通大学与国家海洋局第二海洋研究所达成战略合作，双方共建海洋学院、极地深海研究院，服务海洋强国建设、长三角一体化建设和上海科创中心建设。

27日

● 市委常委会召开会议，审议通过《中共上海市委关于加强党内法规制度建设的实施意见》和《中共上海市委党内法规制定工作五年规划（2018—2022年）》。

● 市委常委会召开扩大会议，传达学习贯彻全国宣传思想工作会议和习近平总书记重要讲话精神。市委书记李强主持会议并讲话。

● 市政协召开十三届十二次主席会议，听取和审议长三角地区政协开展联合调研、联动民主监督工作情况汇报和上海市政协实施方案等议题。

● 市大数据中心与银联、支付宝、微信签署合作协议,共同加速建设“一网通办”公共支付平台,打造服务多渠道、事项全覆盖的支付服务体系。

● 国际量子通信领域最知名、最具影响力的国际学术年度会议“2018 年国际量子密码会议”首次在中国召开。在上海国际会议中心,全球 500 多名专家将在为期一周的会议上探讨量子通信未来发展方向和亟需解决的问题。

● 第十次全国归侨侨眷代表大会上海代表团行前座谈会在市委统战部召开。市委常委、统战部部长郑钢淼在会上讲话。

● 2018(第五届)上海国际科普产品博览会落下帷幕,四天展期共吸引近 12.5 万人次市民观展,现场交易额近 1 200 万元,意向交易额突破 1 亿元。

● 由市教科院、上海开放大学、华东师范大学、上海师范大学和黄浦区社区学院等单位组成的项目组向对外发布“市民终身学习需求与能力监测研究”成果,调查显示,终身学习能力越强,生活幸福指数就越高。56—65 岁市民学习愿望最强。这项调查对全市 16 个区的 16—65 周岁的户籍和非户籍人口进行了 5 000 样本的分层随机、抽样调查。

28 日

● 市委副书记、市长应勇主持召开市政府常务会议,研究设立“上海文化产业发展投资基金”,加快推动文化创意产业创新发展;部署推进社会公益事业建设领域政府信息公开,进一步提升透明度;决定实施中医药发展战略规划纲要,全面推动上海中医药高质量发展。

● 市委召开党外人士座谈会,听取对上海市机构改革工作的意见和建议。市委副书记尹弘在会上通报上海市机构改革方案有关制订情况。

● 中央和地方 30 多家主要媒体的百余名编辑记者出席浦东新区集中采访座谈会,听取关于“浦东经验”的相关介绍。市委常委、浦东新区区委书记翁祖亮介绍浦东开发开放以来取得的成就、经验以及下一步改革发展思路等相关情况。

● 市深化国家监察体制改革试点工作小组召开会议,总结前一阶段全市改革试点工作推进情况,就下一步深化国家监察体制改革试点工作作出全面部署。

● 静安区彭浦新村街道彭三小区五期旧住房成套改造项目集中签约的第一天。当天项目签约率就达到 96%,这标志着彭三五期旧住房改造项目正式生效。

● 全力打响“上海购物”品牌专题研讨班开班。市政府相关部门、商业企业、行业协会负责人等百余人共同为打响“上海购物”品牌,建设具有全球影响力的国际消费城市建言献策。

● 2018 年上海市环境保护第二批督察工作全面启动,静安区、徐汇区、宝山区分别召开督察见面沟通会、督察动员及情况汇报会，三个督察组已全部实现督察进驻。

● 食品安全快速检测技能竞赛在东方绿舟举办，各区市场监管局分别派出三名一线执法人员参加竞赛。

● 在"2018'青春上海'战略合作伙伴签约仪式"上，团市委与来自互联网等七家不同领域的领军企业签订新一批合作伙伴协议并发布《2017上海青年互联网学习研究报告》，用数字解读新时代青年人。

● 上海保利大剧院新演出季正式发布，37台52场精彩节目排片表包括保罗·泰勒舞蹈团"自由之舞"、BBC音乐会管弦乐团"黑色电影原声"系列音乐会、陕西人民艺术剧院话剧《白鹿原》等。

● 市深化国家监察体制改革试点工作小组召开会议，总结前一阶段全市改革试点工作推进情况，就下一步深化国家监察体制改革试点工作作出全面部署。

29日

● 市委书记李强就"上海扩大开放100条"落实推进情况赴中外企业、服务平台、制造工厂调研，听取企业和机构负责人对100条举措的感受和建议。

● 2018年秋季上海高校党政负责干部会议召开。市委副书记尹弘出席会议并讲话。

● 市委政法委召开法律顾问聘任座谈会，8名法学专家受聘担任上海市委政法委法律顾问。市委常委、市委政法委书记陈寅出席并为受聘的法律顾问颁发证书。

● 上午8点51分，在上海交通大学医学院附属新华医院接受亚洲首例胎儿宫内主动脉瓣球囊扩张术的男婴顺利出生。这个男婴体重3 980克，新生儿评分10分，身体发育轨迹与健康新生儿一样。

● 第三十三届(2017年度)全国优秀古籍图书评奖会在云南昆明召开，上海地区共有9家出版社的34种图书获奖，占获奖总数的四分之一，成绩突出。

● 上海大剧院与阿里巴巴文娱集团达成战略合作，双方将通过推进剧院与科技的融合发展，合力建设面向未来的专业化现场演艺生态系统，助力上海"亚洲演艺之都"建设。

● 市人大常委会召开《上海市农村集体资产监督管理条例》执法检查启动会。此次执法检查将深入浦东、闵行、宝山、嘉定、金山、奉贤、松江、青浦、崇明区9个涉农区和部分镇村开展实地检查。

● 市政协召开"贯彻落实中央八项规定和实施细则精神情况"专题通报会，市政协主席董云虎出席并讲话，市委常委、市委秘书长诸葛宇杰通报有关情况。

30日

● 中国共产党上海市第十一届委员会第五次全体会议在上海展览中心召开。全会审议《上海市机构改革方案(草案)》,同意上报党中央审批。

● 领导干部学习贯彻习近平总书记关于科技创新的重要论述专题研讨班开班。市委副书记尹弘作动员讲话。

● 市政府新闻发布会召开,市公安局介绍近阶段上海道路交通违法行为大整治的成效。据统计,开展道路交通违法行为大整治以来,全市道路交通事故数下降22.3%,数字化智慧交通建设将成为下一步大整治的亮点,公安机关将进一步推动高科技技术、信息化手段和装备在交通管理中的应用,推动公安交通管理工作不断提档升级。

● 服务贸易展区展前供需对接会召开,渣打银行、美国联合包裹(UPS)、德勤等20多家参展商与90多家采购商企业"脑力激荡",展开合作对接。

● 首届中国国际进口博览会汽车展区展前洽谈会,吸引福特林肯、沃尔沃、宝马、奔驰、特斯拉等20多家整车和汽车零部件展商前来进行现场展品宣介和信息发布。

● 总建筑面积达22.7万平方米的上海"冰雪之星"项目破土动工,预计2022年全面竣工并投入运营。上海"冰雪之星"项目地处浦东临港地区,建成后将与上海迪士尼度假区、上海海昌海洋公园以及上海天文馆一起,成为上海旅游新地标之一。

● 首个由政府主导的华东无人机基地在金山区揭牌启用。该基地是国内首个允许无人机开展多场景测试、应用的基地,将担负起无人机研发测试、展示交易、行业应用、培训教育、运行管理等任务,进一步引领上海及华东地区无人机产业发展。

31 日

● 市河长制工作电视电话会议召开。会议在16个区设分会场,以视频形式直接面向街镇。市河长办汇报全市河长制工作情况,浦东新区总河长、宝山区总河长、嘉定区江桥镇总河长、松江区永丰街道仓吉村居河长分别作交流发言。

● 2018年各民主党派市委、市工商联负责人和无党派代表人士暑期学习会在市社会主义学院召开。

● "创新社会治理加强基层建设"工作推进会召开。市委组织部、市民政局、市公安局、长宁区、崇明区作交流发言。会前,与会人员赴静安区静安寺街道党建服务中心、浦东新区东方调解中心、徐汇区田林街道智慧社区联合指挥中心、闵行区古美路街道平吉三村居民区等实地考察。

● 中国证监会就《上海证券交易所和伦敦证券交易所市场互联互通存托凭证业务监管规定》公开征求意见。这标志着沪伦通项目落地指日可待,对外准备工作进入全面启动阶段。

● 市长应勇会见意大利经济和财政部部长乔瓦尼·特里亚一行。应勇说希望意大利与上海加强金融、科技、医疗、环保、旅游等领域合作,共享发展机遇。意大利驻华大使谢国谊参加会见。

● 2018 上海设计之都活动周在上海展览中心举办。这是上海设计周历年来规模最大、内容最丰富的一次，25 000 平方米的空间内汇聚了十多个国家 200 余家品牌商带来的万余件设计新品，它们中的 60% 以上为全球首发和特别定制的新物种。

● 证监会批准上海期货交易所开展铜期货期权交易，合约正式挂牌交易时间为 2018 年 9 月 21 日，铜期权成为国内首个工业期货期权品种。

## 本月

1—2 日

● 市委书记李强就全力打响“上海文化”品牌、加快建设国际文化大都市，调研文化产业、察看文化场馆、走访文艺院团，与文化工作者、艺术家和文化企业负责人交流。

2—3 日

● 全国微灌大会暨上海科技论坛在上海市金山区举行，大会围绕“加快节水农业现代化，支撑实施乡村振兴战略”这一主题，邀请国内外高效节水灌溉农业领域的权威专家作专题报告，开展学术交流，并就相关问题深入研讨。

12—16 日

● 部分在沪全国政协委员赴贵州省，围绕“建设生态文明，实现绿色发展”主题考察。在沪全国政协委员召集人、市政协主席董云虎带队参加。在黔期间，考察团听取贵州省生态文明建设和绿色发展情况介绍，赴贵阳市、黔东南州、铜仁市、遵义市等地实地了解生态环境保护、大数据产业发展、生态农业园建设、矿山生态改造等情况，并看望慰问上海援黔干部。

14—15 日

● 市委副书记、市长应勇调研科研院所、共性技术研发与转化功能型平台和科创企业。应勇与市委常委、常务副市长周波一行先后来到中科院上海药物所、上海有机所、上海生化细胞所、神经科学研究所、上海微系统所、上海硅酸盐所，了解院所历史沿革，察看重点实验室，听取重点科研项目介绍，并与科研工作者亲切交流。

22—24 日

● 市长应勇率领的上海市代表团访问香港。应勇会见香港特别行政区行政长官林郑月娥、中央政府驻港联络办主任王志民，出席沪港合作会议第四次会议、2018 沪港澳青年经济发展论坛，并召开上海在港机构、企业座谈会和香港企业座谈会，实地考察香港垃圾处理、养老服务、社区建设、公共体育设施开放等情况。

# 9月

## 1日

● 市委书记李强会见塞拉利昂总统比奥。比奥表示，上海作为现代化国际大都市，城市管理井然有序，充满创新活力，经济社会发展形成的经验做法值得塞拉利昂各城市学习借鉴。希望进一步深化双方在经贸、教育、农业等领域的合作，携手实现更大发展。

● 2018 长三角工业互联网峰会暨 G60 科创走廊工业互联网协同创新工程启动大会宣布，今后 G60 科创走廊九城市（松江、嘉兴、杭州、金华、苏州、湖州、宣城、芜湖、合肥）将加大合作力度，携手推动工业互联网协同创新，促进区域数字经济和实体经济融合发展。本次峰会由长三角区域合作办公室、长三角三省一市经信委以及中国信息通信研究院等共同主办。

●《港澳台居民居住证申领发放办法》正式实施，市公安局在各区设立的 25 个受理点开始受理港澳台居民提交的申请。

● 武警上海总队 3 000 余名老兵卸下警衔，退出现役，踏上返乡的列车。今年退伍的 3 000 余名老兵，90%为上等兵。服役期间，他们圆满完成了“五一”“十一”安保、城市反恐演习等大项任务。

● 长三角地区儿童医疗联盟在沪成立。该联盟由上海市儿童医院、南京市儿童医院、浙江大学医学院附属儿童医院、安徽省儿童医院牵头发起，由沪苏浙皖各级各类医疗机构、卫生行政管理部门以及相关行业、企业、专业人士、志愿者等共同组成。

● 上海正式试行《上海市工程建设项目审批制度改革试点实施方案》及实施细则，深化“放管服”改革和优化营商环境。

● 距 2019 年国际篮联篮球世界杯上海赛区倒计时一周年之际，赛事倒计时钟在上海中心发布。2019 年 8 月 31 日至 9 月 15 日期间，篮球世界杯将第一次落户中国，分别在北京、上海、广州、南京、武汉、深圳、佛山、东莞 8 个城市举办。

● 体彩大乐透第 18102 期开奖，全国共中出两注头奖，每注奖金为 1 000 万元，分落浙江和上海。

## 2日

● 面向全市学生普及公共安全知识的《公共安全教育开学第一课》亮相。本此“电视公开课”由三位人气警官带领 20 多名不同年龄段的学生，走进城市轨道公交车站、城市公共道路、城市大型综合商场等日常生活的真实场景，通过现场演示、情景实验、互动体验等方式，专业、深入地讲解公共安全的注意要点和自防自救的基本技能。

3日

● 市委书记李强赴中外药企、研发中心、科研院所调研上海生物医药产业发展时指出，生物医药产业事关人民健康福祉、事关发展新动能培育，聚焦优势重点领域，攻坚痛点堵点难点，加大自主创新力度，提升产业能级和核心竞争力，促进上海生物医药产业高端化、智能化、国际化发展，不断满足人民群众的健康需求。

● 市委党校、上海行政学院2018年秋季开学典礼举行。市委副书记、市委党校校长尹弘作动员报告。

● 上海戏剧学院附属静安学校成立，成为沪上首所以戏剧教育为特色的九年一贯制学校。

● 上海市首家12309检察服务中心在宝山区人民检察院正式揭牌。服务中心由实体大厅和网络大厅两部分组成，涵盖控告申诉、国家赔偿、国家司法救助、辩护代理预约、法律咨询、案件信息公开等多项功能。

● 2018第一届长三角三省一市一体化城镇供水合作发展论坛在上海举办，苏浙皖沪九家供水企业分别与相邻省（市）接壤区域供水企业签订《长三角三省一市供水企业供水安全保障互联互通共建协议》。

● 上海公共交通乘车码电子车票正式上线，同时开启13天“赠票模式”。至9月15日，每个上海微信用户可免费领取一张价值2元的电子车票。

4日

● 市依法治市领导小组召开会议，传达学习中央全面依法治国委员会第一次会议和习近平总书记重要讲话精神，推进做好全市依法治市各项工作。市委书记、市依法治市领导小组组长李强主持会议并讲话。

● 市委书记李强主持召开上海主要新闻单位负责人座谈会。上海报业集团、解放日报社、文汇报社、新民晚报社，上海广播电视台及东方广播中心、融媒体中心、第一财经，东方网、澎湃新闻、界面·财联社等媒体负责人围绕学习贯彻习近平总书记在全国宣传思想工作会议上的重要讲话精神、结合自身实际做好新闻舆论工作发言。

● 市长应勇主持召开市政府常务会议，研究修订《上海市人民政府工作规则》，进一步加强政府自身建设；听取中国国际工业博览会筹备情况汇报；研究多措并举，促进上海入境旅游发展，加快建设世界著名旅游城市。

● 100多位中国侨联顾问、海外委员参访上海。参访团一行先后参观上海中心、张江科学城、上海历史博物馆以及东航之家，实地感受上海日新月异的变化与城市魅力。

● 2018 年市军转安置双向选择分配会在上海展览中心召开,本市各级党政机关、政法系统、企事业及中心城区共计 300 多家接收安置单位和 1 340 余名军转干部参加。

● 浦东公安分局出入境管理办公室为来自美国的 ZHANG ZHENG 颁发了上海自由贸易试验区首张外国人工作居留许可(加注“兼职”)。拿到许可证后张先生就可作为“双自”区内上海纽约大学的聘雇教授、计算机领域的外籍人才,在“双创”示范基地内的单位兼职创新创业。

● 2018“上海写作计划”将新一年度的“驻市作家”聚集到上海作协爱神花园,作为计划发起人,上海作协主席王安忆以“故事”作为对客人的欢迎辞。今年“上海写作计划”的主题是“众声喧哗”。

5 日

● 市委、市政府召开市旅游发展大会。副市长陈群就《关于促进上海旅游高品质发展加快建成世界著名旅游城市的若干意见》作说明。

● 市委书记李强会见布基纳法索总统卡博雷。

● 国务委员王勇在浦东干部学院省部级干部建设质量强国专题研讨班座谈会上强调,要以习近平新时代中国特色社会主义思想为指导,坚持质量第一、效益优先,全面深入开展质量提升行动,加快实现质量强国建设目标,更好满足人民美好生活需要,显著增强我国经济质量优势。

● 市长应勇在调研市政府实事项目时指出,要坚持以人民为中心的发展思想,把满足人民对美好生活的向往作为目标,注重贴近市民需求,注重调动各方资源,注重创新方式方法,充分发挥实事项目的托底性、普惠性、导向性、协同性,着力解决人民群众反映突出、普遍关心的“急、难、愁”问题,切实起到补短板、惠民生、促转型的作用,进一步增强人民群众的获得感和满意度。

● 市长应勇会见联合利华公司首席执行官保罗·波尔曼一行。联合利华是世界领先的美妆和护理用品、食品和饮料提供商,在《财富》世界 500 强企业中排名第 153 位,其全球研发中心、北亚地区总部设在上海。

● 支持长宁居家和社区养老服务改革试点工作的 5 个配套政策开始实施。长宁将在上海率先探索打造“分层分级的认知症照护体系”,构建“前期筛查—社区预防—家庭支持—专业干预—照护机构入住”服务闭环。

● 市人大常委会副主任沙海林在人民大厦会见德国联邦议院经济与能源委员会主席克劳斯·恩斯特一行。

● 第三届世界公益慈善论坛开幕。论坛的主题是“构建可持续发展的人类命运共同体”,内容有 17 个主旨演讲、8 个高端对话和 1 个慈善晚宴。论坛同期还召开世界公益慈善论坛学术委员会会议和公益慈善与社会服务协同合作网络年度会议。

● 同济大学附属东方医院“马歇尔消化疾病国际诊疗中心”揭牌并开业。该诊疗中心位于东方医院陆家嘴院区新大楼九楼。

● 浦东新区召开迎进口博览会推进大会,启动倒计时冲刺,并结合打响“上海购物”品牌,积极打造进口商品集散地,为境外客商进入中国市场提供多模式、多渠道精准对接服务。

● 上海公安机关在北京、浙江、广东及上海四地同时收网,抓获以杨某为首的非法出售发票团伙成员 220 余名,抓获以张某某、黄某某、谢某某、李某某等人为首的 5 个专事虚开发票犯罪团伙成员 25 名,摧毁一个特大危害税收征管秩序的犯罪网络。这是近年来上海公安经侦部门破获的首起对非法出售和虚开发票犯罪开展全链条打击的案件,也是涉案团伙规模最大、涉案人员最多的涉税犯罪案件。

6日

● 市公安局召开电视电话会议,再动员再部署中国国际进口博览会安保工作。会议要求深入推进“严扫净保”专项行动,进一步加大全市性集中打击整治行动频次、力度,全力确保社会治安持续稳定。

● 市外办携手浦东新区人民政府共同主办“国际化的上海:开放　创新　高品质的浦东”推介活动。各国驻沪总领馆官员、上海市市长国际企业家咨询会议成员、外资企业家、中外媒体记者等 500 余人,齐聚上海中心,共话合作交流。

● 市委常委、警备区政委凌希少将在兴国宾馆会见伊朗国防部长阿米尔·哈塔米准将。

● 市政协召开“深化市场监管体制机制改革,优化营商环境”专题协商会,副市长许昆林应邀向市政协委员通报相关情况,并听取委员意见建议。

● 上海民族乐团原创音乐会《上海奥德赛·外滩故事》在国家大剧院上演。这场由德国人作曲、用中国民乐演奏、表达上海日新月异发展的音乐会,充分展现“海派民乐”的创新与风采,受到首都观众热情赞赏。

● 浦东新区检察院特邀检察官助理聘任仪式举行,聘任来自上海市环境科学研究院等机构具有专门知识的 8 位人才,作为首批特邀检察官助理。

● 市政府召开新闻发布会,详细解读《关于促进上海旅游高品质发展加快建成世界著名旅游城市的若干意见》,为上海旅游未来发展描绘了详细的路线图:至 2020 年,国内旅游人数达 3.6 亿人次,入境旅游人数达 1 000 万人次;到 2035 年,入境旅游人数达 1 400 万人次,将上海建成高品质的世界著名旅游城市。

● 第十五届世界武术锦标赛宣传活动正式启动,上海市副市长陈群出席启动仪式。作为本届武术世锦赛最重要的视觉呈现与传播符号,赛事会徽与吉祥物的征集活动面向全球开启。

● 市旅游局局长徐未晚介绍《关于促进上海旅游高品质发展加快建成世界著名旅游城市的若干意见》,由总体要求、打造更具吸引力的旅游目的地、推动上海旅游转型升级、营造良好旅游环境、提高上海旅游辐射力影响力和保障措施等六方面共30条构成。

● 市委书记李强带领相关市领导、各区和市有关部门负责同志,开展各区经济社会发展学习观摩活动,深入进口博览会场馆周边区域、新兴产业园区、企业创新研发中心、黄浦江滨江公共空间、历史建筑和风貌街区、市民驿站、垃圾资源化利用设施项目现场,实地了解各区经济社会发展情况,促进互学互鉴、互相启发、真抓实干、狠抓落实。

7日

● 上海社会科学院成立六十周年大会暨第四届世界中国学贡献奖颁奖仪式举行。中国社会科学院副院长蔡昉出席并致辞。上海市委常委、宣传部部长周慧琳出席并讲话。

● 市长应勇会见佛得角总理席尔瓦一行,代表上海市政府和上海人民对总理阁下出席中非合作论坛北京峰会后访沪表示热烈欢迎。

● 中国福利会国际和平妇幼保健院奉贤院区建设在奉贤新城启动。

● 市常务副市长周波会见瑞士联邦委员兼经济与教研部长约翰·施奈德·阿曼一行。

● 市人大常委会副主任徐泽洲在衡山宾馆会见泰国曼谷市政府议会联合代表团一行。

● 市交通委员会执法总队、市公安局交警总队、市公安局网安总队联合进驻滴滴(上海)公司开展安全专项检查。三部门将对滴滴(上海)公司影响公共安全和乘客人身安全的问题进行排查,依法坚决查处公司违法违规行为,对发现的问题和隐患提出整改意见,并督促企业落实整改。

● 国家会展中心(上海)北广场上飘起蒙蒙细雨,一支支身披不同制服的队伍伫立在雨中,他们即将参加保障中国国际进口博览会大型综合应急演练,这也是进口博览会召开前的首次应急演练。

● 市人大常委会召开《上海市水资源管理若干规定》和大气污染防治法律法规执法检查启动会。

● 2018夏季上海京剧院沉浸式体验课程结业汇报演出在周信芳戏剧空间举行。今夏,上海京剧院在“Follow Me京剧跟我学”时尚课堂基础上开设海外版教学课程,首期课程由上海京剧院联合上海弘依梅文化传播有限公司、上海戏剧学院共同主办。

8日

● “致敬　最美教师——上海市庆祝第34个教师节主题活动”举办。市教卫工作党委汇报全市教师队伍建设总体情况。

● 市委书记李强会见刚果共和国总统萨苏。

● 市机关事务管理局会同市商务委、市政府合作交流办在人民大厦召开“凝心聚力进博会　建功立业创一流”迎接进博会车辆保障誓师会。上海锦勤汽服进博会保障车队全体驾驶员集体宣誓，力争以“零差错、零事故、零投诉”的一流服务，圆满完成2018年中国国际进口博览会车辆保障任务。

● 新一轮驾驶员培训行业顾客满意度测评结果出炉。总体满意度指数为86.01，较2017年下半年下降了0.3，处于较满意至满意区间。此次测评是由市运输管理处委托第三方专业机构上海市质协用户评价中心，对各培训机构的服务质量进行的综合测评。

● 一年一度的“台北—上海·微游双城”活动启动。今年双城分别以“阅读上海”和“玩味台北”为主题推出系列微旅行线路。

● 第七十五届威尼斯电影节颁奖典礼举行。由王家卫监制、上海泽东电影出品制作、万玛才旦执导的电影《撞死了一只羊》获得“地平线单元”最佳剧本奖。这是本次电影节唯一一部在竞赛单元获奖的中国电影。

9日

● 在位于松江区的同济大学附属养志康复医院（上海市阳光康复中心），第三届上海市青年康复治疗师技能大赛开幕。本届比赛吸引全市84家康复医疗机构的600余名优秀治疗师前来参赛。

● 2018浦东唐城·世界9球中国公开赛在浦东唐镇文化体育中心收官。中国台北选手柯秉逸、中国队选手付小芳分别夺得男、女组冠军，付小芳成为中国赛的“双冠王”。

10日

● 距首届中国国际进口博览会开幕倒计时55天之际，中国国际进口博览会城市保障领导小组召开会议，进一步贯彻落实“冲刺100天、决胜进博会”誓师动员大会精神，研究解决城市服务保障中的问题，要求按照倒计时60天的任务分解抓好推进、抓好落实。

● 市长应勇主持召开市政府常务会议，部署深化服务贸易创新发展试点，探索实施上海自贸试验区跨境服务贸易负面清单管理模式；研究落实今年第三批降低工商业电价，为企业降本减负。

● 市长应勇会见中非共和国总统图瓦德拉,代表上海市政府和上海人民,对总统阁下出席中非合作论坛北京峰会后访问上海表示热烈欢迎。

● 市政协召开"担当新的文化使命,打响'上海文化'品牌"专题通报会,市委常委、宣传部部长周慧琳应邀向市政协委员通报相关情况,并听取委员意见建议。

● 市质监局发布的《上海市质量状况白皮书》显示,上海制造业的质量竞争力名列前茅,93.2 分的制造业质量竞争力指数比全国平均水平高出 8.73 分,自 2009 年起连续九年排名全国第一。

● 市城管执法局、市交警总队、市交通执法总队三部门执法人员前往上海"货拉拉""快狗打车"(原"58 速运")等多家网约货运平台进行突击检查。检查中发现,上海网约货运平台存在车辆注册登记审核不严、擅自改装、强制张贴广告等非法行为,三部门执法人员已开展联合执法检查,对违法行为责令限期整改。

● 2018 世界斯诺克上海大师赛开杆。

● "雪龙 2"号在上海下水。此次新船下水后,将进行冰区防寒设计系统安装、科考绞车系统安装以及动力系统电缆敷设等工作;在所有设备、系统安装完成后,逐步开展系泊试验,包括主发电机动车等工作。新船将于 2019 年上半年交付给中国极地研究中心,执行我国极地科学考察任务。

● 市委、市政府发布《关于全面深化新时代教师队伍建设改革的实施意见》。《实施意见》明确本市教师队伍建设的目标是,到 2035 年,教师专业水平、信息素养、国际视野、创新能力和综合素质达到国际一流水平。

11 日

● 市委中心组召开学习会,听取中国社科院世界政治与经济研究所所长张宇燕研究员关于世界经济发展新趋势的专题辅导报告。

● 距中国国际进口博览会开幕还有 55 天,一辆重 1 110 千克、价值 3 万欧元的生物概念车 Biofore,从芬兰经布鲁塞尔转机运抵上海,并带着展览品国际通行"护照"ATA 单证册向上海海关申报,成为首届中国国际进口博览会首票通关的进境展品。

● 2018 上海崇明生态岛国际论坛"生态 + 文明"专题论坛举办,主题为"新时代 · 新乡风 · 新生活"。上海大学社会学系教授顾骏等专家学者分别发表主题演讲。论坛由崇明区委宣传部主办,崇明区文明办与解放日报区域创新与发展研究中心共同承办。

● 副市长许昆林在人民大厦会见由斯里兰卡公共行政管理兼法律秩序部长拉吉特 · 班达拉率领的斯里兰卡跨党派部长、议员团一行。双方就今后在经贸、文化、旅游、教育等领域拓展交流合作交换意见。

12日

● 中国水产科学研究院两艘3 000吨级海洋渔业综合科学调查船“蓝海101”“蓝海201”，在沪东中华造船（集团）有限公司正式下水。这标志着我国最大的两艘海洋渔业综合科考船主体建造完成，不久将开启强大科考功能。

● 随着最后10米沥青混凝土摊铺结束，上海“门面”—浦东国际机场主进出场道大修工程悄然结束。

● 市纪委监委召开法律顾问座谈会，市委常委、市纪委书记、市监委主任廖国勋为叶青、叶必丰、刘宪权、周敬青、盛雷鸣等5位法律顾问颁发聘书并讲话。

● 2018年上海市“白玉兰纪念奖”颁授仪式举行，来自19个国家的50位杰出外籍人士获此殊荣。今年的获奖者来自经贸、金融、科技、教育、文化、卫生、友好交流等多个领域。

● 2018年上海进藏新兵欢送会在上海火车站新兵专用候车厅召开。45名进藏新兵胸佩红花，精神抖擞，奔赴雪域高原戍边卫国。这是2010年以来本市第三次征集进藏兵。

● 上海民盟同舟公益基金会成立仪式在锦江小礼堂举行。副市长、民盟市委主委陈群出席。该基金会注册资金300万元，将用于开展助困、助学、助老、助残等公益活动，或资助其他相关公益项目。

● 中国（上海）新技术发展与应用论坛在同济大学开幕。副市长陈群出席。

● 在首届中国国际进口博览会倒计时54天之际，中国电信集团在地处浦东的中国电信信息园区举行大型通信保障临战演练。现场通过“大网实战”“应急处置突发情况”两大类十种真实网络场景，展现中国电信强大的通信保障以及应对各种突发事件的处置能力。

● 中国熊猫金币在上海黄金交易所正式挂牌，成为全球唯一在交易所市场挂牌交易的金币产品，也标志着熊猫金币从场外市场进入黄金投资场内市场。首单交易在当日9时成交，成交价为278.8元/克。

● 十一届市委全面深化改革领导小组召开第六次会议。审议通过《关于加快推进司法行政改革的实施意见》《上海市深化律师制度改革实施意见》《关于上海市深化审评审批制度改革鼓励药品医疗器械创新的实施意见》等。

● 首届上海—汉堡中医研究生项目开学典礼暨中医养生文化展开幕式在德国汉堡举行。上海—汉堡中医研究生项目主要针对欧洲西医医生，学制为三年，完成学业者将获得上海中医药大学颁发的相关专业医学硕士学位。

● 中国太保收到中国国际进口博览会主办方通知，经审批，中国太保成为首届中国国际进口博览会财产保险支持企业。

13日

● 市委书记李强就坚持"留改拆"并举、深化城市有机更新、进一步改善市民群众居住条件有关工作，前往普陀、静安、虹口实地调研，现场察看旧住房综合改造、加装电梯等项目推进情况。

● 市委副书记、市长应勇赴徐汇西岸地区察看世界人工智能大会筹备工作。市经信委、徐汇区及相关部门汇报了世界人工智能大会筹备工作情况。

● 市长应勇会见英国劳合社主席布鲁斯·卡耐基·布朗一行。

● 市人大常委会主任殷一璀在人民大厦会见德国图林根州议长克里斯蒂安·卡里乌斯一行。

● 市委常委、组织部部长于绍良在虹桥迎宾馆会见以西班牙工人社会党中央执行委员会成员、地区事务协调书记桑托斯·塞尔丹为团长的西班牙多党青年干部考察团。他向来宾们介绍上海改革开放实践和经济社会发展等情况。

●《上海社会组织自律公约》在沪发布。首批53家来自社会团体、社会服务机构、基金会的社会组织代表签署自律公约。市委常委、统战部部长郑钢淼出席。

● 2018中国快递论坛在上海青浦召开。本届论坛主题为"新时代、新梦想、新征程、新作为—快递让生活更美好"，数百位相关部门负责人、专家学者、行业领袖齐聚青浦，为快递业实现"绿色、开放、智慧"发展建言献策。论坛发布《2018中国快递论坛青浦宣言》。

14日

● 市质量大会召开。市委副书记、市长应勇颁发2017年度上海市市长质量奖，并与副市长许昆林等共同颁发上海市质量金奖。上海电力设计院有限公司、上海振华重工(集团)股份有限公司总裁黄庆丰获市长质量奖。上海市政工程设计研究总院(集团)有限公司、银行间市场清算所股份有限公司等8家单位和卢奕、华建刚等两位个人获市质量金奖。

● 市长应勇在奉贤区调研时指出，奉贤等郊区是实施乡村振兴战略的主战场，是推动产业转型升级的承载区，也是加快生态之城建设的主阵地。

● 中国国际进口博览会供水保障指挥中心正式启用，同时启用的还有上海首个基于大数据技术建立的供水信息综合保障系统。

● 市公安局交通警察总队联合市交通委员会、市绿化和市容管理局、市城市管理行政执法局和市安全监督管理局，召开全市重点运输行业道路交通安全防范警示约谈会，通报本市重点运输企业道路交通安全工作情况，研判存在的问题和面临的形势，并部署下阶段事故预防重点工作。

●"公益上海"信息平台上线仪式在上海科技馆举行，这标志着"上海公益公共服务平台"正式运行。

15日

● 闵行、青浦两区共青团联合举办闵行·青浦青年迎接进口博览会倒计时50天暨"V5服博者联盟"成立仪式。近300名青年现场宣誓,将立足岗位,为进口博览会成功举办提供安全、有序、便捷、高效的城市保障服务。

● 长三角商会组织联席会议成立大会在上海举行,正式宣布长三角商会组织联席会议机制建立,翻开了长三角商会组织共同发展、合作共赢的新篇章。长三角商会组织联席会议理事会还发布《长三角"江湖海"绿色发展倡议书》(长江下游、太湖流域、环杭州湾),号召长三角区域企业家们坚定实践保护环境,坚持绿色发展、可持续发展的责任和决心。

● 9月拍牌个人额度12 712辆,比上月增加2 310辆,参加拍卖人数189 142人,比上月减少3 613人,最低成交价87 300元,平均成交价为87 410元。

16日

● 上海人工智能战略咨询专家会议召开。与会专家潘云鹤、邬贺铨、沈向洋、王坚、曲道奎、吴朝晖、奥赛因·赫尔佐格等分别围绕人工智能助推科创中心建设、促进高质量产业经济发展、提升高品质城市生活服务的主题,分享各自观点、提出针对性建议。

● 十三届全国人大第三期代表学习班开班式在沪举行,全国人大常委会副秘书长、机关党组副书记信春鹰出席,上海市人大常委会主任殷一璀致辞。信春鹰为学习班作关于"深入学习贯彻党的十九大精神,健全人民当家作主制度体系"的专题报告。

● 上海社会组织展示馆在上海公益新天地园开馆。展示馆记录了上海社会组织建设发展的足迹。

● 由解放日报·上观新闻和台湾联合报共同举办的2018上海台北双城健康讲坛暨第三十八届解放健康讲坛,在台北市张荣发基金会国际会议中心举办。

● 2018世界斯诺克上海大师赛落幕。奥沙利文以11比9战胜巴里·霍金斯卫冕成功,第三次捧起上海大师赛冠军奖杯。

● 2018"通向劳力士大师赛之路"国际网球挑战赛上海站落幕。男双决赛上演"中国德比",张择/公茂鑫击败张之臻/华润豪夺得冠军,收获今年第五个挑战赛冠军。

● 由上海普滇实业有限公司主办的《全国首个翡翠珠宝共享项目启动发布会暨翡翠产业共享经济论坛》,在上海江苏饭店举行发布会,中央电视台CCTV证券频道、腾讯视频、今日头条、爱奇艺、优酷、新浪看点、搜狐等六家媒体联合报道。

17日

● 2018世界人工智能大会在上海开幕。中共中央政治局委员、上海市委书记李强宣读习近平的贺信并致辞。

● 2018世界人工智能大会举办系列发布活动和高峰论坛并发布2018世界人工智能产业发展蓝皮书。大会还给2018世界人工智能创新大赛(AIWIN)的最高荣誉SAIL奖获得者颁奖。此次获得卓越奖的项目是“亚马逊AWS云上AI创新”;获得应用奖的项目是“中国工商银行智慧未来银行”;获得创新奖的项目是“依图智能人像大平台”;获得先锋奖的项目是“密集连接卷积神经网络”。全球高校人工智能学术联盟、全国人工智能创业投资服务联盟也在会上正式启动。

● 中共中央政治局委员、国务院副总理刘鹤在上海调研科技创新工作。他强调,要贯彻落实习近平总书记关于科技创新的重要论述,实施创新驱动发展战略,创造公平竞争的市场环境和良好创新氛围,充分发挥企业家、科研人员等微观主体在科技创新中的重要作用。

● 市委书记李强,市委副书记、市长应勇会见出席2018世界人工智能大会的中外企业家代表。

● 上汽集团在上海展览中心向中国国际进口博览会正式交付千余辆接待用车。

● 2018世界人工智能大会·青少年创新创业主题论坛在长阳创谷举办,“上海市青少年人工智能创新实践基地”同时揭牌。本次论坛由世界人工智能大会组委会主办,团市委、杨浦区政府等承办。中小学生和创业者、科学家代表等就人工智能的创新发展等问题进行交流演讲。

● 2018年国家网络安全宣传周上海地区重点活动之一的“网络安全高峰论坛”在复旦大学举办,来自行业、高校、主管部门等数百名代表参加。

● 市人大常委会部分组成人员开展老年人权益保障相关法律法规的执法检查。市人大常委会主任殷一璀参加。

● “全球高校人工智能学术联盟”正式启动。美国麻省理工学院、英国剑桥大学、新加坡南洋理工大学、清华大学、香港中文大学、复旦大学、上海交通大学等高校将联合开展跨国人才培养和科研合作。

18日

● 市人大常委会举召开第十二次主任会议。会议听取关于《上海市生活垃圾管理条例(草案)》《上海市社会救助条例(草案)》《上海市宗教事务条例(修订草案)》三个法规草案的审议意见报告,关于《上海市住宅物业管理规定修正案(草案)》《上海市职业教育条例(修订草案)》等。

● 市长应勇会见出席2018世界人工智能大会的部分知名专家和企业家代表:图灵

奖获得者、美国国家科学院和工程院院士罗杰·瑞迪，诺贝尔化学奖获得者、美国国家科学院院士和英国皇家学会会士迈克尔·莱维特，澳大利亚悉尼大学校长迈克·斯宾塞，高德纳全球管理副总裁托德，微软全球执行副总裁沈向洋，华为公司轮值董事长徐直军，商汤科技创始人、董事长汤晓鸥等。

● 市委书记李强赴2018世界人工智能大会主场馆及展示区，察看中外人工智能参展企业的新技术、新产品、新应用和新理念展示。

● 2018年国家网络安全宣传周上海地区活动在中国（上海）创业者公共实训基地开幕。市委常委、宣传部部长周慧琳出席并讲话。开幕式上，互联网企业代表发起“文明用网、网络安全从我做起”的倡议。

● 市政协副主席方惠萍会见意大利新任驻沪总领事陈琪，介绍上海改革发展近况和市政协履职情况，并就共同推动上海与意大利多领域、深层次合作进行交流。

19日

● 市委常委会召开扩大会议，传达学习全国教育大会和习近平总书记重要讲话精神，研究上海贯彻落实意见。会议还学习贯彻了习近平主席致2018世界人工智能大会的贺信精神。市委书记李强主持会议并讲话。

● 以“创新、智能、绿色”为主题的第二十届中国国际工业博览会开幕式暨颁奖仪式，在国家会展中心（上海）举行。本届工博会各大奖项同时揭晓：高分五号卫星获特别荣誉奖；中国北斗精准时空服务平台等四项展品斩获金奖；激光小型铯原子钟TA1000等四项展品获创新金奖，三维激光切管机3D FABRI GEAR 220 II等四项展品获工业设计金奖。

● 中宣部在上海召开媒体深度融合现场推进会，认真学习领会和贯彻落实习近平总书记在全国宣传思想工作会议上的重要讲话精神，研究借鉴解放日报·上观新闻整体转型的探索实践，交流各地各媒体的经验做法，推动媒体深度融合，真正实现“融为一体、合而为一”。推进会上，“加快将主力军向主阵地挺进”“牢记融合发展的初心和使命”“多出群众喜爱的融合精品”“插上先进技术的翅膀”“培养用好全媒人才”等成为研讨交流的重点内容。

● 市委常委会召开会议，研究上海市生态文明建设目标评价考核办法等事项，听取市领导在大调研中开展专题调研情况汇报。市委书记李强主持会议并讲话。会议审议通过《上海市生态文明建设目标评价考核办法》及相关指标体系。

● 市人大常委会副主任肖贵玉在人民大厦会见欧洲议会经济与货币事务委员会代表团一行。

● 为深入做好进口博览会旅行安全服务保障，进一步提升本市旅游行业应急处置能力，有效防范涉旅突发事件的发生，市旅游局会同宝山区政府，开展本市旅游行业处置旅游突发事件应急演练。

● "艺江南"中华文化走出去项目启动仪式在松江广富林文化遗址内的朵云书院举行。"艺江南"项目由市政府新闻办、市文联、东方网联合主办,旨在向海外展示江南文化的魅力。

● 作为市旅游局推出的"上海礼物"计划的重要部分,首批"上海礼物——优选经营店"在第一食品宣告出炉。此次优选经营店铭牌分别授予第一食品南东店、老凤祥旗舰店和东方明珠纪念品商店,旨在精选出一批符合上海旅游形象的优质旅游购物场所,提升上海旅游购物的整体水平,匹配"建设世界著名旅游城市"的发展需要。

● 国内外法学领域、企事业单位等的250余名嘉宾齐聚2018世界人工智能大会"人工智能与法治"高端研讨会,共议人工智能发展应用与法治保障等话题。会上还发布《人工智能与未来法治构建上海倡议》。

● 2018国家网络安全宣传周上海地区网络安全分论坛举办。分论坛的主题是"金融科技风险防范与安全保障"。

**20日**

● 由江西省委书记刘奇,省委副书记、代省长易炼红率领的江西省党政代表团在沪考察访问。上午,上海市委书记李强,市委副书记、市长应勇与江西省党政代表团举行两地经济社会发展座谈会。

● 由市文明办、市文广局和黄浦区文明委共同主办的"我们的节日——海上花开月正圆"主题晚会举行,来自全市的知名专家学者、国际友人、全国道德模范、侨胞和市民等300余人齐聚上海大世界,邀明月、伴花开,共叙月夜思念,共享文化盛宴。

● 市政协召开"本市组织工作重点工作情况"专题通报会。市委常委、组织部部长于绍良通报有关情况。

● 上海市旅游局发布5条上海工业旅游经典线路。分别为"工业遗存体验之旅""智慧城市互动之旅""极速汽车动感之旅""重工制造辉煌之旅""智能生活探秘之旅"。

● 市政府新闻办、市住建委、市房管局联合召开的媒体通气会上传出消息:上海考虑适当调整放宽启动门槛,在没有居民明确表示反对的情况下,将加装电梯幢的居民意愿征询通过比例由90%放宽到三分之二。若有居民明确反对加装电梯,要在社区协商平台中协商解决。

● 副市长许昆林在市政府贵宾厅会见来访的南非夸祖鲁-纳塔尔省执行委员会委员思乐·齐卡拉拉一行。双方就友好城市关系框架下进一步推动两地经贸、教育、文化领域的合作,加强人员往来深入交换意见。

● 《2019 米其林上海指南》在沪发布，共 34 家上海餐厅成功“摘星”。

21 日

● 市人大常委会召开立法工作会议。上海市十五届人大常委会立法规划（2018—2022 年）正式发布，市人大常委会主任殷一璀主持会议并讲话。市委副书记尹弘出席会议并讲话。

● 市人大规范性文件备案系统运行启动会召开。市人大常委会主任殷一璀参加并讲话。

● 市大数据中心与市邮政管理局签署合作协议，推进“一网通办”统一物流平台建设和“快递＋政务”服务，通过快递服务优化行政审批业务流程，减少送达时间，助力解决政务服务中的“堵点”和“痛点”，为群众和企业到政府办事提供安全、便捷、省心的服务。

● 2018 上海旅游节“百名旅游达人游上海”活动在上海启动。百名旅游达人从上海城市规划展示馆出发，亲身体验黄浦、浦东、长宁、静安、虹口、宝山、杨浦、青浦等各区的旅游精品。

● 市政协召开专题协商会。部分市政协委员听取 2019 年市级预算编制有关情况介绍，并围绕提高财政预算编制和执行科学化水平协商建言。

● 我国首个工业品期权铜期权在上海期货交易所正式挂牌交易。截至当日收市（不包含自对冲），铜期权成交量 18 079 手，成交额 1.66 亿元，持仓量 5 216 手。成交量最大的三个系列分别为 CU1901、CU1906 和 CU1907 系列，占比分别为 82.11%、3.06%和 2.95%。当日参与期权交易的会员 73 家，单位客户成交量占比 90.59%。

● 上海警方披露了多起前期破获的侵权售假案件。警方表示，全市公安经侦部门始终将人民群众切身利益置于首位，严打各类涉及民生的案件，逐步提升广大市民群众的安全感、满意度和获得感。

● 法语音乐剧《悲惨世界》首次以音乐会形式来到中国，开启在上汽·上海文化广场的 11 场演出。

22 日

● 中国国际进口博览会城市保障领导小组利用工博会现场实况举办进口博览会首次城市保障综合演练。此次演练基本涵盖大型展会保障各个环节易发的问题，参加人员均为进口博览会期间的保障人员。

● 在南桥镇古华公园，“古华中秋月　美育修身行”——2018 年奉贤区“我们的节日·中秋”暨第八届好心人节及美育修身展示季拉开帷幕，市民们阖家团圆，品饼赏月，其乐融融。

● 由市政府新闻办指导、上海世纪出版集团主办、朵云轩集团承办的“艺江南·江南百工”非物质文化遗产海外巡展开幕式在新加坡中国文化中心举行。

● 第一次国家统一法律职业资格考试正式开考。上海考区报名人数达 2.65 万人，其中，年龄最大的 70 岁，最小的 18 岁，平均年龄 27 岁；3 600 余人为本科在读，跨省户籍异地报名 1.36 万人，港澳台考生有 90 人。

● 2018 上海国际大众体育节在上海国际旅游度假区揭幕。本届体育节以“体育服务家庭(Sports Serve Family)”为主题口号，分赛事活动类、展示表演类两大板块，并另设体验项目。赛事活动类设有家庭马拉松系列赛、橄榄球、SUP 桨板、城市定向赛等四大项目。

● 上海爱乐乐团携手香港歌剧院的音乐家，接连献上两场“庆祝国家改革开放四十周年”乐响香江音乐会。

● 恢宏磅礴的舞台语言、传唱度极高的金曲，让《悲惨世界》成为无数观众的音乐剧启蒙和终极梦想。对上海观众来说，《悲惨世界》也有与众不同的意义。

23 日

● 历时 5 天、参展规模和专业观众数量均创历史新高的第二十届中国工博会在国家会展中心(上海)落幕。据统计，本届工博会共吸引境内外专业观众 17.4 万人次，较去年增长 3.6%。8 个专业展区、12 个展馆，27 个国家和地区的 2 631 家展商参展，今年工博会涵盖了制造业从基础材料、关键零部件到先进制造装备、整体解决方案的智能绿色制造全产业链。工博会共设“部市合作论坛、发展论坛、科技论坛、行业与企业论坛”四个板块，共有 52 场专题活动。2018 上海旅游节·唐韵中秋活动来到上海桂林公园，在为期两天的活动中为上海市民游客带来身临其境的中秋民俗演绎。本次活动主要分为 6 个板块，满足不同年龄层次观众的游园体验。

● 广深港高铁香港段正式开通运营，金色涂装的复兴号列车 G99 次和 G100 次分别在上海虹桥站和香港西九龙站间首发对开，这标志着沪港两地正式跨入了高铁直通时代。

24 日

● 独脚戏集锦《石库门的笑声》在兰心大戏院首演。首轮 7 场演出门票 3 周售罄。

25 日

● 市科学技术协会第十次代表大会开幕。会上还分别为第十五届上海市科技精英、第九届上海青年科技英才、第十二届上海市大众科学奖获得者代表及市科协系统先进集体标兵、先进工作者标兵获得者代表颁奖。

● 市十五届人大常委会第六次会议召开，《上海市生活垃圾管理条例(草案)》进入一审。市人大常委会主任殷一璀出席会议。

● 市委书记李强会见古巴共产党中央书记处书记、国际关系部部长巴拉格尔一行。李强在会见时向客人介绍上海党的建设、经济社会发展以及改革开放相关情况。

● 市残工委（扩大）会暨表彰工作会议召开。授予邵永安等19名同志“上海市自强模范”称号，授予黄浦区法律援助中心等40个集体“上海市扶残助残先进集体”称号，授予范凡等20名同志“上海市扶残助残先进个人”称号，授予黄浦区残疾人劳动服务所等30个单位“上海市残疾人之家”称号，授予许先波等20名同志“上海市优秀残疾人工作者”称号。

● 2018上海旅游节重点主推活动“龙华精神·英雄之城”首发仪式暨城市深度游“发现之旅”首游，在上海龙华烈士纪念馆启动。百名来自全市多个行业的一线青年和大学生成为飞鹰预备探员，参与这场深度红色之旅。

● 黄浦区委宣传部、区文化局主办的“环人民广场演艺活力区”演艺地图、观剧手账首发式在大世界举行，演艺地图与观剧手账（第一季）同步配送至区域内的22个专业剧场、17家展演空间、10个社区文化活动中心、三星级以上酒店等，市民与游客可以免费取阅。

26日

● “勇立潮头——上海市庆祝改革开放四十周年”大型主题展开幕。从即日起至10月20日，近700幅珍贵历史照片、数千幅来自市民的影像记忆以及一大批实物和互动展项，将汇聚在上海展览中心东一馆，全面再现上海过去四十年不断把握改革机遇、持续创造发展奇迹的历程。

● 上海化学工业区内两家排放挥发性有机物的企业迎来苏浙皖沪三省一市的30余名一线环境执法人员。在其他三省执法人员的监督下，上海市的执法人员对企业环保设施、废气收集处理、控制台账记录等方面的实际情况进行突击检查。这次大规模跨省大气环境执法检查交流是长三角历史上的首次，也宣告今年长三角大气环境互督互学工作的正式启动。

● 市政府四季度工作会议召开。市委常委、常务副市长周波主持会议。副市长吴清、彭沉雷、龚道安部署相关重点工作。会前，中国人民大学法学院院长王轶作“民法典的时代精神与中国特色”专题讲座。

● 市长应勇主持召开市政府常务会议，传达贯彻首届中国国际进口博览会筹备委员会第四次会议精神，要求全力冲刺，做好进口博览会各项筹备工作，提供一流城市服务保障；部署加强安全风险防控，落实风险管理和隐患排查整治措施，确保进口博览会顺利举办，确保城市安全有序运行。

● 中国共产党复旦大学第十五次代表大会开幕。市委副书记尹弘出席并讲话，代表市委向大会的召开表示祝贺。

● 市十五届人大常委会第六次会议召开,听取市民政局局长朱勤皓所作的关于《上海市社会救助条例(草案)》的说明及解读,市民族和宗教事务委员会主任花蓓所作的关于《上海市宗教事务条例(修订草案)》的说明并解读,以及市人大内司委主任委员应雪云所作的相关审议意见报告。并对《上海市生活垃圾管理条例(草案)》进行审议。

● 2018 年上海市侨界国庆招待会召开。市人大常委会副主任沙海林出席,并向出席招待会的 300 多位海外侨胞和归侨侨眷代表致以节日的问候。

● "2018 相聚上海 · 共谋发展"系列活动举办,今年活动主题为"展望再出发——华侨华人与上海改革开放四十周年"。来自五大洲 48 个国家和地区的近 200 位海内外嘉宾出席开幕式。上海社科院副院长张兆安作题为《上海发展的未来展望》的主旨报告。

● "启航浦江 · 助力进博"——服务中国国际进口博览会暨上海涉外法律服务相关机构成立仪式举行。"市司法局、市律师协会(进口博览会)涉外法律服务中心"成立,"进口博览会"服务团组成人员及服务内容同时宣布,服务团成员代表上海律师庄严做出服务承诺。

27 日

● 上海电视开播六十周年纪念会在东视演播剧场召开。市委常委、宣传部部长周慧琳出席并讲话。

● 市委书记李强,市委副书记、市长应勇,市人大常委会主任殷一璀,市委副书记尹弘等市领导和市民群众在上海展览中心参观"勇立潮头——上海市庆祝改革开放四十周年"大型主题展览。本次主题展览以时间线为轴,分为序篇、负重前行谋突破、实现跨越当"龙头"、阔步迈进新时代、改革开放再出发五个部分,以生动丰富的影像资料等集中展示上海改革开放四十年来的发展历程、巨大成就和宝贵经验。

● 长三角全国文明城市(区)文化交流研讨会在奉贤区举行,沪苏浙皖三省一市文明办共同签署关于开展长三角全国文明城市(区)创建工作共建备忘录,三省一市将建立统筹协调机制,形成定期研讨机制,开展共建交流活动,从而深化文明城市(区)创建,助推长三角地区高质量一体化发展。

● 市十五届人大常委会第六次会议继续召开,听取和审议有关检查本市贯彻实施老年人权益保障"一法两条例"情况的报告。听取市人大法制委员会主任委员陈立斌所作的关于《上海市职业教育条例(修订草案)》审议结果的报告。会议还分组审议《上海市社会救助条例(草案)》《上海市宗教事务条例(修订草案)》。

● 市委书记李强会见上海市市长国际企业家咨询会议主席、美国安永全球主席兼首席执行官马克 · 温伯格一行。

● 由市双拥办、市拥军优属基金会举办的“庆祝改革开放四十周年百名烈属看上海活动”在上海中心启动。当天，“见证四十年——上海之巅全景看上海”展览在上海中心 119 层观光厅揭幕。

● 东部战区海军与驻地辖区上海、江苏、浙江、安徽、福建、广东等 6 省市宣传部举行军地政治理论教育跨区协作签约仪式，并向“百名红色政治理论专家讲坛”专家成员代表颁发聘书，标志着驻地 100 余名红色理论专家正式成为该战区海军政治理论教育课堂的特聘教员。

● 市委组织部部长于绍良在虹桥迎宾馆会见以克罗地亚民主共同体成员、政府总理普连科维奇顾问卡尔洛・雷斯斯莱尔为团长的克罗地亚民主共同体干部考察团一行。

● 市政协副主席金兴明会见斐济渔业部长塞米・科罗伊拉维萨乌。双方还就共同推动上海与斐济在渔业、海洋研究领域深化合作进行交流。

● 市委政法委召开全市政法系统党风廉政建设暨警示教育大会，分析当前党风廉政建设中存在的问题，部署做好新形势下党风廉政建设工作。市委常委、市委政法委书记陈寅出席会议并讲话。

● 以“统筹推进优质教育教学资源共享”为主题的第六届民盟教育论坛在上海举办。民盟中央副主席张道宏，民盟中央副主席、上海市委主委陈群出席开幕式。

● 首届爱姆意杯“上海制造”品牌微视频大赛揭晓发布会在沪召开。上汽集团、外高桥造船等 8 家企业的微视频从 88 家入围企业作品中脱颖而出。

● 上海首条燃料电池公交线路在嘉定上线，6 辆申沃牌燃料电池城市客车投入嘉定 114 路运营。车身长近 12 米，宽 2.5 米，高 3.5 米，比一般公交车宽敞，静音效果不错。

● 以“资源共享、合作共赢、平台共建”为主题的 2018 第二届体育资源配置上海峰会在宝山智慧湾科创园召开。专家对“上海体育产业 30 条”“体育资源交易平台”和“体育法律”等热点信息进行权威解读。当天，长三角地区体育产业一体化发展推进会在沪召开。会议确定“建设长三角地区体育产业联盟”“长三角地区青训体系构建”“举办长三角运动休闲体验季”“举办区域性大型体育赛事活动”“建设长三角体育产业信息平台”等一体化项目 20 余项。

● 长三角旅游一体化高峰论坛在上海国际旅游度假区申迪文化中心举办。论坛发起成立“长三角生态旅游区联盟”，首批创始会员包括沪苏浙皖 16 家知名生态景区，联盟打造的首款旅游休闲产品——长三角生态旅游区联盟旅游一卡通联票正式发布。

● 由市旅游局、崇明区政府主办的 2018 年上海崇明森林旅游节暨第二届农趣休闲季开幕花车巡游活动举办，为市民游客奉献一场美轮美奂的视听盛宴，将旅游节的欢乐氛围推向高潮。

● 上海市政府与科大讯飞股份有限公司在沪签署战略合作框架协议。市委书记李强，市委副书记、市长应勇会见科大讯飞股份有限公司董事长刘庆峰一行。

28日

● 46位市人大代表视察进口博览会城市服务保障筹备工作。代表们先抵达虹桥商务区虹桥天地一楼远程值机大厅视察窗口建设情况，然后来到涞港路视察绿地提升工程，接着到会展中心南广场视察工程改造情况，在耶里夏丽视察餐饮供应情况，最后来到徐民东路视察配套道路建设，以及志愿者组织情况等。

● 市委书记李强调研市公安局智慧公安建设情况，听取关于智慧公安建设进展以及下一步工作打算的汇报。

● 市十五届人大常委会第六次会议继续召开，听取和讨论市政府关于首届中国国际进口博览会筹备工作情况的报告，这是本届市人大常委会按照中央精神行使重大事项决定权的首次实践。市人大常委会主任殷一璀主持会议并讲话。

● 市委召开专题协商座谈会，市委常委、常务副市长周波就“上海加快推进自由贸易区建设，构建开放型经济新体制”有关情况作介绍，并与各民主党派市委、市工商联负责人和无党派人士代表座谈交流，听取意见建议。

● 以“5G时代的声音盛宴”为主题的2018中国声音大会在普陀区开幕。市委常委、宣传部部长周慧琳出席大会。

● 以“活力市运　闪亮青春”为主题的上海市第十六届运动会开幕式，在上海财经大学体育馆举行。市委书记李强宣布开幕，市委副书记、市长应勇致辞。

● 上海全球治理与区域国别研究院在上海外国语大学成立。

● 长三角地区异地就医门诊费用试点直接结算启动仪式在上海举行。经三省一市协作共商，江苏省南通市、盐城市、徐州市，浙江省嘉兴市、宁波市、省本级，安徽省滁州市、马鞍山市等8个统筹地区和上海市成为长三角地区异地就医门诊费用直接结算首批试点。

● 陆家嘴滨江金融城船厂1862和南京路步行街世纪广场共同拉开2018上海购物节精彩序幕。副市长吴清及上海购物节组委会各成员单位代表400余人出席2018上海购物节启动仪式。

● 全国首批异地办理的营业执照和工业产品生产许可证在G60科创走廊诞生。G60科创走廊营业执照和工业产品生产许可证“一网通办”开通暨第一批异地证照发放仪式在G60科创走廊九城市同步举行，本次共发放了异地办理的11张营业执照和1张工业产品生产许可证。

● “国漫观澜，海上巡礼——上海动漫产业漫画精品展”在位于张江的上海海派连环画中心开幕，上海市动漫行业协会漫画专业委员会也在此挂牌。

● 以“活力市运　闪亮青春”为主题的上海市第十六届运动会开幕式，在上海财经大学体育馆举行。市委书记李强宣布开幕，市委副书记、市长应勇致辞。

● 上海市政府与网易公司在沪签署战略合作框架协议。市委书记李强，市委副书记、市长应勇会见网易公司董事局主席兼首席执行官丁磊一行。

29 日

● 中国（上海）自由贸易试验区挂牌成立五周年之际，市委书记李强来到位于上海自贸试验区的上海知识产权法院，详细了解知识产权司法保护有关情况。座谈会上，李强听取自贸试验区管委会关于上海自贸试验区五周年建设情况汇报。

● 市委召开专题协商座谈会，围绕“深化商事制度改革，激发各类市场主体活力，进一步优化上海营商环境”这一议题，听取各民主党派市委、市工商联及无党派人士的意见和建议。

● 2018“美好生活”上海公共文化空间创新大赛颁奖典礼在中华艺术宫落幕，12 项奖项尘埃落定。本次大赛放眼全市在公共文化空间的优秀案例和举措，通过专家与市民共同评选，推出市民眼中公共文化空间“美”“好”“新”的典范案例。

● 首届中国国际进口博览会新闻宣传工作动员会在国家会展中心（上海）召开。市委外宣办（市政府新闻办）、市委网信办及本市主要媒体代表作交流发言。中央主要媒体驻沪机构、本市主要新闻单位负责人及进博会新闻宣传保障组各成员单位联络员 130 余人参加会议。

● 市人大常委会召开理论中心组学习会（扩大），听取关于“大数据与公共治理变革”的专题报告。市人大常委会主任殷一璀主持会议。

30 日

● 2018“上海杯”诺卡拉帆船赛暨诺卡拉 17 亚洲锦标赛在滴水湖落幕。本次赛事由世界帆联诺卡拉 17 级别协会、中国帆船帆板运动协会、上海市体育局、上海市临港地区开发建设管理委员会、上海市虹口区政府、上海市体育总会主办，共吸引来自 12 个国家和地区的 12 支赛队参与，共有 24 名世界顶级帆船选手扬帆竞技。

● 市政府举行 2018 年“上海市荣誉市民”称号、“白玉兰荣誉奖”颁授仪式，日本籍人士藤本道生获“上海市荣誉市民”称号，爱尔兰籍人士派特里克·莱特维奇等 10 人获“白玉兰荣誉奖”。上海市市长应勇为获奖者及代表颁授证章、证书，并会见“荣誉市民”。

● 市长应勇前往外滩地区检查节日城市运行安全保障工作，向全市公安干警、武警、消防官兵等所有坚守岗位的一线工作人员表示慰问。

● 市政协副主席李逸平在市政协会见了刚果(金)参议院第一副参议长、刚中友协主席默科洛一行,他向来宾们介绍上海改革开放、经济社会发展的情况。

## 本月

2—11日

● 应斯里兰卡科伦坡市政府、马来西亚雪兰莪州政府以及菲律宾大马尼拉发展署邀请,市人大常委会主任殷一璀率上海市代表团访问斯里兰卡、马来西亚和菲律宾。

7—8日

● “发展经济学在中国:庆祝改革开放四十周年国际研讨会”在上海召开。与会者围绕“改革开放与经济增长”“农业改革与发展”“改革道路”“创新、新经济与可持续发展”等十个议题进行讨论。本次会议由中国社会科学院智库建设协调办公室、中国社会科学院—上海市人民政府上海研究院、上海大学联合主办。中国社科院院长、学部委员谢伏瞻发表主旨演讲。

9—18日

● 市委副书记尹弘应友好城市俄罗斯圣彼得堡市政府、德国汉堡市政府以及挪威奥斯陆市政府邀请,率上海市代表团对上述三国进行友好访问。访问期间,尹弘与圣彼得堡市、莫斯科市、汉堡市、奥斯陆市有关负责人进行了亲切友好的会谈,并代表上海签署《中华人民共和国上海市和俄罗斯联邦莫斯科市建立友好交流关系意向书》《中华人民共和国上海市与挪威王国奥斯陆市2018—2021年友好城市合作备忘录》,在“中俄地方合作交流年”框架内庆祝上海与圣彼得堡结好三十周年。

13—16日

● 全国政协副主席高云龙率全国政协“统筹推进养老服务体系建设”专题调研组在沪调研,听取上海养老服务工作情况介绍,并赴本市各类养老机构实地考察。调研组由全国政协人口资源环境委员会副主任王培安任组长。在沪期间,调研组先后前往徐汇、黄浦、普陀、虹口和松江,实地考察社区嵌入式养老服务设施和各类养老机构,详细了解养老服务相关政策落实、人才队伍建设、社会资本参与等情况,广泛听取各方意见。

17—19日

● 2018世界人工智能大会在上海召开,由国家发改委、科技部、工业和信息化部、国家互联网信息办公室、中国科学院、中国工程院和上海市政府共同主办。来自近40个国家和地区的专家学者、企业家、投资家等围绕人工智能技术前沿、产业趋势和热点问题开展对话交流,200多家人工智能领域领军企业参加论坛和展示活动。

17—20 日

● 市政协港澳委员赴四川省学习考察，并开展捐资助学等活动。在川期间，港澳委员赴成都、都江堰、汶川等地实地考察，听取四川经济社会发展情况介绍，并就推动政协工作提质增效和高质量发展等内容座谈交流。

22—24 日

● 大世界非遗中心举办民俗嘉年华活动，开展中秋民俗导赏，设立许愿墙，组织祭月活动，将表演、导赏、互动融为一体，让广大市民祈福亲情、友情与爱情。

26—28 日

● 由商务部和上海市政府共同主办的第十七届中国（上海）国际跨国采购大会在上海跨国采购会展中心举办。本届展会面积 2 万平方米，共 524 个展位。大会共邀请到来自超过 27 个国家和地区的 411 家采购商参展，境外采购商比例占 60%，其中有 200 多家采购商来自“一带一路”沿线国家和地区。

## 10 月

1 日

● 连接青浦区和昆山市淀山湖镇的盈淀路正式开通，这是长三角一体化上海市打通省界断头路项目中首个通车项目。盈淀路开通后，将同步开通两条青浦区至昆山市的公交线路。两地居民到了盈淀路“只能走小桥、不能开大车”的情况已成历史。

● 今天起，上海边检机关在浦东、虹桥两大国际机场以及上海火车站等旅检口岸边检执勤区域内均设立中国国际进口博览会边检专用通道，一些“文明使者”“业务标兵”等优秀骨干民警担任出入境边防检查工作，对持进口博览会主办单位邀请函或有现场引导的参会企业嘉宾提供快速通关便利。

● 国庆假日第一天，上海迎来晴好天气，全市 135 家旅游景区点共接待游客 95.2 万人次，同比增加 34%。

● 中共二大会址纪念馆在纪念馆东门绿地举办“祖国万岁——庆祝中华人民共和国成立六十九周年升旗仪式”。

● “国歌嘹亮”系列活动在杨浦区举办。升旗仪式过后，上海歌剧院在国歌纪念广场带来原创音乐剧《国之当歌》的演出。

● 黄浦江游览“十一”国庆特别活动在新近落成的十六铺 3 号游船码头举办。活动以“阅读上海　乐游浦江”为主题，通过黄浦江水岸联动的系列活动，集中展示近期“建筑可阅读”、黄浦江游览建设的阶段性成果。

● “迎进口博览会，阅读上海，乐游浦江”微游浦东活动在东方明珠广场举办。结合滨江微旅行,浦东新区积极开展迎进博主题宣传活动,推进进博会志愿服务行动深入开展,并为该区 9 个进博会城市文明志愿服务站点授旗。

● “在国旗下成长,与改革开放同行”浦东新区青少年迎国庆、迎进口博览会主题活动在陆家嘴南滨江广场举办。

2 日

● 上海国际舞蹈中心举办两周年嘉年华活动,用精彩纷呈的公益活动惠及广大舞蹈爱好者,这也是上海国际舞蹈中心首次全区域向市民开放参观。

● 由中国航海博物馆和广东江门市文化广电新闻出版局共同主办的“护行四海——华侨华人护照特展”,在位于临港新城的中国航海博物馆举办。此次展览有 130 余件(套)护照文物,同时设多媒体互动,向受众系统介绍清代、民国时期和新中国成立后三个阶段的护照特点。

4 日

● 进口博览局、国家会展中心开展首次全要素合成演练。演练以时间轴为序,模拟内容涵盖 11 月 5 日开幕式当天的各种“走场”。此外,演练还涉及 11 月 6 日相关会议服务以及现场服务、馆内应急处置等。

● 9 时 58 分,中国国际进口博览会首个进口分拨集装箱,顺利运抵吴淞海关辖区内海关监管作业场所上远集装箱监管站。整箱分拨作业用时仅 10 分钟。

● 首批定向邀请的游客进入上海海昌海洋公园园体验特殊的海洋之旅。公园围绕海洋文化特色,主要分为人鱼海湾、极地小镇、冰雪王国、海底奇域、海洋部落五大主题区,以及南极企鹅馆、海兽探秘馆、冰山北极馆、海底世界馆、火山鲸鲨馆和珊瑚水母馆六个大型动物展示场馆。

● 国庆假期前四天,本市累计接待游客 685 万人次。全市 135 家旅游景区(点)累计接待游客 493.3 万人次,同比增长 30.2%。国庆期间,全市各区共推出“文化民俗”“都市观光”“亲近自然”“乐游农家”四大类 60 余项国庆假日主题旅游产品和活动。

5 日

● 今年第 25 号台风“康妮”(台风级)傍晚到上半夜越过上海同纬度海面。受其外围影响,白天至夜间上海市最大风力 7 至 8 级,长江口区和沿江沿海地区 8 至 10 级。受此影响,上海浦东机场部分航班取消或延误,虹桥机场航班运行正常,两大机场始终处于安全适航状况。

● 本市多部门采取联合行动,分成九个检查组前往各区,对可能存在高空坠物隐患的沿街店铺、在建工地、住宅小区等,巡视、排查防台防汛准备情况以及安全问题隐患,切实落实防御台风“康妮”各项措施,确保市民生命财产安全。

● 经过5天争夺，2018全国青少年（中小学生）U系列冰球锦标赛北京赛区（U8组）5日决出了冠军。上海青少年冰球A队击败北京U8蓝队夺冠。该赛事是国内首个16岁以下青少年全国性冰球赛事。

● 2018NBA中国赛上海站在梅赛德斯奔驰文化中心落幕。费城76人在一度落后15分的情况下后来居上，以120比114逆转战胜达拉斯独行侠。

6日

● 市委书记李强，市委副书记、市长应勇赴国家会展中心（上海）及周边实地检查进口博览会筹备工作。

● 今天是首届中国国际进口博览会开幕倒计时30天，本市在国家会展中心再次举行进口博览会城市保障综合演练。

● 上海城投集团成立进口博览会应急保障指挥中心。在进口博览会召开期间，该指挥中心提供供水服务、防汛排水、垃圾转运、公路保畅、水域保洁等应急功能，以一流服务保障进口博览会正常运行。

● 2018年上海旅游节闭幕音乐会在上海国际旅游度假区迪士尼小镇举行。

● 当绚丽的烟花点亮小镇上空的天幕，为期22天的上海旅游节也宣告圆满落幕。今年上海旅游节精心策划推出七大版块74项活动，共吸引1 275万市民游客参与，相比去年增长约5%，再创历史新高。

7日

● 市政协召开十三届十二次党组（扩大）会议，传达前不久全国政协召开的习近平总书记关于加强和改进政协工作的重要思想理论研讨会精神。市政协主席董云虎主持。

● 据市旅游局统计，国庆七天，本市共接待游客1 038万人次，同比增长12%，增幅创近年来新高；实现旅游收入102.9亿元，同比增长11.4%。本市饭店宾馆客房出租率59%，同比基本持平。

● 2018上海市青少年校园壁球推广项目在瀚叶壁球培训中心启动，这意味着轻巧灵便的壁球运动将走进更多大中小学校园。

8日

● 市委书记李强调研黄浦江、苏州河沿岸规划建设情况。先后来到静安区博华广场、梦清园、世博文化公园等。李强听取了黄浦江、苏州河沿岸地区建设规划情况汇报。

● 市长应勇主持召开市政府常务会议，研究2017年度市级预算执行和其他财政收支审计工作，要求进一步发挥好审计监督作用；听取第三十次上海市市长国际企业家咨询会议筹备工作情况的汇报，强调用好会议平台，汲取全球智慧，推动上海在新时代实现新作为。

● 上海市政府与中央广播电视总台在沪签署深化战略合作框架协议。中央广播电视总台第一个区域总部和地方总站——长江三角洲总部和上海总站同时在沪成立。

● 市人大常委会部分组成人员赴嘉定区就打响“上海制造”品牌、推进制造业转型升级等开展专题调研。市人大常委会主任殷一璀参加调研。

● 2018 年度上半年本市 10 个重点商圈购物诚信指数平均为 87.18,与 2017 年上、下半年相比有所提升。其中南京西路商圈、徐家汇商圈、淮海中路商圈的诚信指数分别为 88.58、88.54 和 88.20,名列三甲。这是受市商务委委托,市质量和标准化研究院围绕打造“上海购物”品牌,建立“上海购物”诚信指数评价体系,通过贯通上海市商务诚信公众服务平台积累的公共信用和市场信用信息,在南京西路、小陆家嘴、豫园等本市 10 个重点商圈开展 2018 年上半年购物诚信指数评价所得出的结论。

● 为进口博览会度身定做的“涉外商事审判法庭”——上海市青浦区人民法院西虹桥(进口博览会)人民法庭在国家会展中心(上海)揭牌成立。

● 国庆节后首个交易日 A 股全线重挫,上证综指失守 2 800 点,大跌逾 3%并创下近四个月最大单日跌幅。深市三大股指跌幅均在 4%以上。

9 日

● 市委书记李强会见美国苹果公司首席执行官蒂姆·库克。李强说,愿与苹果公司等国际知名高科技企业进一步分享创新经验,深化全方位合作,发挥各自优势,实现互利共赢,为上海发展注入更多新活力、新元素。希望苹果公司在促进上海与美国交流合作方面发挥更大作用。

● 首届中国国际进口博览会综合演练在上海举行。中共中央政治局委员、国务院副总理胡春华出席相关活动并讲话。演练活动开始前,胡春华考察了会场场馆改造及布置情况。

● 市长应勇会见加拿大多伦多交易所集团首席执行官埃克莱斯顿一行。埃克莱斯顿说,上海在金融等领域的开放创新举措吸引了世界的关注,上海国际金融中心建设成果丰硕。多伦多交易所集团愿发挥自身所长,与上海加强经验分享,与相关金融机构深化合作,为上海国际金融中心建设作出积极贡献。

● 沪苏浙皖三省一市信访局(办)主要负责人共聚上海,召开长三角地区信访工作协商联动第一次全体会议,签署《长三角地区信访工作协商联动框架协议》。

● 市气象局宣布:上海于 10 月 5 日正式入秋。从 10 月 5 日至 9 日,上海出现连续 5 天日均气温低于 22 ℃。

● 首届中国国际进口博览会上“吨位”最大的展品经过长达45天的海上航行，抵达终点站——上海洋山港。这座“巨无霸”就是来自德国瓦德里希科堡的金牛座龙门铣。

● 市政府新闻办召开新闻发布会，介绍《中国(上海)自由贸易试验区跨境服务贸易负面清单管理模式实施办法》和《中国(上海)自由贸易试验区跨境服务贸易特别管理措施(负面清单)》的制定情况。这是上海在服务贸易领域率先开展制度创新，探索实施跨境服务贸易负面清单管理模式的最新尝试。

● 上海安必生制药技术有限公司总经理雷继峰从徐汇区市场监管局负责人手中接过新的营业执照，这是上海首张药品研发企业上市许可人营业执照。

● 2018年全国“大众创业万众创新活动周”开幕。在为期一周的时间里，位于杨浦区互联宝地的上海分会场将举办多场形式多样、种类丰富的主题活动，包括上海双创成果展、亚洲智能硬件大赛、2018年创客节、“创青春”上海青年创业分享季、走进科学家论坛等。

● “浦江潮涌”——黄浦区庆祝改革开放四十周年主题展览在市工人文化宫开幕。本次展览主体分为摄影作品展、书画篆刻作品展、互动区域三大板块，300余幅摄影、书画、篆刻作品全方位多角度展示该区在改革开放四十周年中取得的成就。

10日

● 市委书记李强会见由江苏省徐州市委书记、市人大常委会主任周铁根，徐州市委副书记、市长庄兆林率领的徐州市党政代表团一行。

● 市长应勇检查进口博览会市容环境保障及窗口单位工作情况。应勇与副市长时光辉、吴清一行察看了进口博览会重点接待活动场所、市容环境保障重点区域。在人民广场、外滩外白渡桥、陆家嘴环岛等地区，设置以“秋实满园”“扬帆起航”“珠联璧荷”等为主题的大型立体花坛，烘托出迎接进口博览会的喜庆氛围。

● 首届G60科创走廊人才峰会在上海召开，上海市松江区，浙江省嘉兴市、杭州市、金华市、湖州市，江苏省苏州市，安徽省宣城市、芜湖市、合肥市等九城市的组织部门负责人共聚一堂，审议通过《G60科创走廊党建共建框架协议》，启动一批共建共享人才工作项目和人才培养服务平台，并发布《共建共享G60科创走廊人才新高地行动方案》。

● 2018沪太协同发展推介会在沪召开。6个沪太合作项目当天正式启动，其中包括太仓岳鹿公路对接嘉定城北路工程等。上海市政协副主席周汉民等出席。

● 首列复兴号“进口博览会主题宣传列车”正式发车。满载着此次盛会“知识点”和“信息量”的高铁列车，将在京沪高铁上运行至11月10日首届中国国际进口博览会闭幕。

● 首届进口博览会投资促进对接交流会召开。市、区商务部门专门在会上推介了为首届进口博览会客商量身定做的 45 条特色参观路线和 30 场投资促进活动,旨在通过一系列活动进一步推介上海营商环境,加强上海各区与进口博览会经贸团组展机构开展投资促进交流对接。

● 音乐家谭盾与主持人白岩松在中国(上海)国际乐器展上以一场“音乐武侠·浪漫天涯”的对谈,为上海音乐出版社出版的“武侠”系列作品揭开盖头。谭盾创作的小提琴奏鸣曲《英雄》、大提琴奏鸣曲《卧虎藏龙》、钢琴奏鸣曲《夜宴》及钢琴、小提琴、大提琴三重奏《复活》四部作品以曲谱形式与听众见面。

● 本市召开首届中国国际进口博览会安保社会面防控工作电视电话会议。

11 日

● 由 SMG、上海京剧院联合出品、摄制的 3D 全景声京剧电影《曹操与杨修》在第六届日本京都国际电影节上参赛入围。经评委会多轮评选,影片中分别扮演曹操和杨修的尚长荣和言兴朋双双获得“京都国际电影节最受尊敬大奖”。这是 3D 全景声京剧电影《曹操与杨修》获得的第一个国际奖项。

● 市长应勇赴市金融办调研。市金融办汇报了重点工作情况。

● 距离首届中国国际进口博览会开幕还有 25 天,处于最后冲刺阶段的各项筹备工作正在全力有序推进。市委书记李强专门前往事关城市安全运行的重点区域,实地调研供电保障、轨道交通和道路交通安全运行以及市政项目建设等重点工作。

● 以“美好时代·金色年华”为主题的上海市 2018 年老年节文艺晚会举行。市委副书记、市老龄委主任尹弘到会致辞,向全市近 500 万老年朋友致以节日问候和美好祝愿,向全市老龄工作者、关心支持老龄事业发展的各界人士表示诚挚慰问和衷心感谢。

● 市长应勇分别会见法国安盛集团董事长德尼·杜威和法国液化空气集团董事长兼首席执行官博天。

● 部分在沪全国政协委员、市政协委员调研进口博览会筹备保障工作。市政协副主席方惠萍参加。

● 市政协“老城厢历史风貌保护与旧区改造对策研究”课题组赴黄浦区调研。市政协副主席赵雯参加。

● 2018 法兰克福书展上,“上海早晨(Shanghai Morning)”国际出版主题日揭幕。这一由上海世纪出版集团与法兰克福书展组委会合力打造的新项目,以“聚焦中国原创、打响上海品牌”为宗旨,未来将每年 10 月在这一全球最大书展定期举办。

12日

● 长三角区域大气污染防治协作小组第七次工作会议暨长三角区域水污染防治协作小组第四次工作会议在上海召开。中共中央政治局委员、上海市委书记、协作小组组长李强主持会议并讲话。生态环境部部长李干杰在会上讲话。上海市市长应勇、江苏省省长吴政隆、浙江省省长袁家军、安徽省省长李国英交流本省市大气和水污染防治工作进展和下一步安排。会前还举行长三角区域环境保护标准协调统一工作备忘录签署、长三角区域生态环境联合研究中心揭牌、长三角区域生态环境协作专家委员会成员聘任等三项仪式。

● 市委副书记尹弘在兴国宾馆会见由代理党主席、政府国务部长西蒙·孔波雷率领的布基纳法索争取进步人民运动代表团，他向来宾们介绍上海改革开放和经济社会发展等情况。

● 本市召开学习贯彻习近平总书记9月21日在中共中央政治局第八次集体学习时的重要讲话精神座谈会。会议要求，上海要继续推进本市乡村振兴战略的实施，一是出台规划，抓紧出台《上海市乡村振兴战略规划(2018—2022)》；二是制定方案，做好上海市乡村振兴战略实施方案；三是落实农业农村优先发展的各项措施，促进各类要素向农村倾斜。

● “2018上海年鉴国际学术论坛”开幕，这是国内首次以年鉴为主题开展的国际学术交流。论坛邀请来自美国、法国、澳大利亚等国及国内各省、自治区、直辖市的地方志系统、高校、研究机构的年鉴专家等百余人，以学术演讲、分组交流等形式，围绕“中外年鉴编纂与利用比较研究”主题，在中外年鉴比较研究、年鉴体例内容和资料利用等方面展开研讨。论坛由市地方志办公室、市法学会、黄浦区政府主办，市人大常委会副主任沙海林会见境外专家并在开幕式上致辞。

● 由市人社局、杨浦区政府共同举办的以“走进科创、走近创客”为主题的“2018创客节”开幕。主办方邀请上海以及长三角地区创业服务机构、创业专家、优秀创业者代表参与，举办主题论坛、创客路演、分享会、创业训练营、创业公开课等活动20场，参加展览的创新创业项目近50家。全市部分高校大学生创业社团到场观摩体验。

● 市科协第十六届学术年会开幕，中科院院士、上海市科协副主席、中科院上海分院院长王建宇在主题报告会上指出，2020年或2021年我国发射火星探测器时，将采用光子通信技术——将信息通过光的偏振调制到一个个光子中，再利用激光进行传输，让地面接收到来自宇宙深空的信息。这种技术比目前广泛采用的微波通信更先进，上海科研团队在光子通信领域处于国际先进水平。

● 在市政府合作交流办、市旅游局和上海市对口支援新疆工作前方指挥部的积极推动下,由上海春秋旅游组织的"上海千名摄影家喀什行"正式启航,首架旅游包机载着 120 余名摄影家抵达喀什。

● 市社会主义学院建院六十周年座谈会召开。市委常委、市委统战部部长、市社会主义学院党组书记郑钢森出席会议并讲话。

● 中国证监会正式发布《上海与伦敦证券市场互联互通存托凭证业务监管规定(试行)》,自公布之日起施行。上海证券交易所和中国结算同步发布相关的配套业务规则。

● 纪念中日和平友好条约缔结四十周年,"魅力上海之夜"——中日艺术交流对话会在日本京都音乐厅召开。尚长荣、廖昌永、谷村新司、坂井音重等 8 位中日艺术家携手登台,围绕中日艺术友好交流等话题进行了对话和即兴表演。

13 日

● "辉煌四十载迈入新时代——2018 第四届上海精彩街艺联展"开幕活动在静安大悦城中心舞台举办。本届"街艺联展"从去年的三个区扩展到静安、长宁、杨浦、黄浦、徐汇、虹口六个中心城区。

● 2019 届上海高校毕业生秋季招聘会暨港澳台侨学生专场招聘会在杨浦区长阳创谷召开。

● "上海统一战线与改革开放四十周年"统战史学术研讨会在市委统战部召开。与会专家学者回顾了上海统一战线在深化改革、扩大开放奋进历程中振奋人心的上海故事、上海人物,畅谈切身感受,从中汲取奋斗过程中的经验和智慧,坚定改革开放再出发的决心和勇气。

● 自日本横滨驶来的"中远非洲"轮缓缓抵靠洋山港四期码头,成为上海国际航运中心洋山深水港迎来的第十万艘次国际航行船舶。

● 以"新时代,'古籍出版'再出发"为题的改革开放四十年古籍出版成果展,在上海古籍书店开幕。中华书局总编辑顾青、齐鲁书社原社长宫晓卫、凤凰出版社总编辑姜小青、上海古籍出版社社长高克勤齐聚"海上博雅讲坛",与读者分享改革开放四十年来古籍出版的成就与未来再出发的方向。

14 日

● 第二届"一带一路"与全球治理国际论坛在复旦大学举办。论坛的主题为"'一带一路'与全球治理:新实践・新理念"。复旦大学一带一路及全球治理研究院发布《"一带一路"年度发展报告》。

● 以"活力市运　闪亮青春"为主题的上海市第十六届运动会(青少年组)男子篮球 A 组决赛在南洋模范中学篮球馆举办。

● "纪念改革开放四十周年上海剧协新剧本朗读会"2018 小戏小品创作征集获奖作

品专场在中华艺术宫举行。《1978，我的生日》是获奖作品之一。

15日

● 市委书记李强在市社联、上海社会科学院调研并主持召开智库专家代表座谈会。市委宣传部汇报上海新型智库建设情况。上海WTO事务咨询中心理事长王新奎、市社联主席王战、上海社科院院长张道根、上海全球城市研究院院长周振华、上海福卡经济预测研究所所长王德培、上海交通大学中国城市治理研究院特聘研究员陈宪、复旦大学美国研究中心副主任宋国友、华东政法大学人工智能与大数据指数研究院院长高奇琦等分别发言。

● 市长应勇主持召开市政府常务会议，部署推进上海新一代信息基础设施建设，提升城市能级和核心竞争力；研究落实中央要求，稳妥做好本市社会保险费和非税收入征管职责划转工作，确保社保费现有征收政策不变，不得集中清缴，确保总体上不增加企业负担；听取上海滴水湖论坛筹备情况的汇报。

● 海南省全国人大代表专题调研组一行来沪，就自贸试验区建设情况等开展调研。上海市人大常委会主任殷一璀主持调研座谈会。调研组一行在沪期间调研了张江创新港、孵化器企业、中国商用飞机有限责任公司、自贸区行政服务中心、浦东新区行政中心等。

● 市委书记李强先后前往中国人民银行上海总部、审计署驻上海特派员办事处、财政部驻上海市财政监察专员办事处调研，看望机关干部并深入听取中央在沪单位对上海经济社会发展的意见建议。

● 市人大常委会召开上海司法体制综合配套改革情况通报会。市人大常委会主任殷一璀出席并讲话。市委常委、市委政法委书记陈寅通报有关工作情况。

● 市高级法院发布《上海法院服务保障中国（上海）自由贸易试验区建设审判白皮书（2013—2018年）》，介绍司法保护自贸试验区建设情况。

● 拥有近百年历史的长江剧场全新亮相，为“环人民广场演艺区”增添一位新成员。长江剧场坐落于黄河路35号，紧邻南京西路，与人民广场近在咫尺，建筑面积3 055平方米，包含“红匣子”和“黑匣子”两个小剧场，观众容量分别为230和100人。

16日

● 2018年上海市对口帮扶地区特色商品展销会在上海源深体育馆开幕。上海对口帮扶的云南、新疆喀什、西藏日喀则、青海果洛、贵州遵义、重庆万州、湖北夷陵等7省（区、市）的20个市（地、州）的5 000余种工艺品和美食亮相展销会。

● 上海铁路警方在铁路上海站南广场开展多警种应急联动处突演练，通过设置爆炸模拟警情，上海站地区铁路公安、地方公安、驻站武警、特警、车站民兵、职工等携带防爆毯、搜爆犬等应急处突装备开展现场处置。

● 沪苏浙皖三省一市边检机关首届中国国际进口博览会安保合作联席会议在上海召开，标志着长三角边检机关一体化区域安保合作机制正式建立。上海边检总站通报了首届中国国际进口博览会边防检查和安全保卫工作推进情况，沪苏浙皖四地边检机关签署《长三角边检机关首届中国国际进口博览会安保合作协议》。

17日

● 市委书记李强，市委副书记、市长应勇赴源深体育中心察看2018年上海市对口帮扶地区特色商品展销会。李强、应勇等市领导逐一察看了新疆喀什、西藏日喀则、青海果洛、贵州遵义、湖北夷陵、重庆万州以及云南省展区。

● 市委中心组召开学习会，听取中央纪委常委、国家监委委员卢希关于深入学习《中国共产党纪律处分条例》、坚持从严管党治党的专题辅导报告。市委书记李强主持会议。

● 经过三个月的试运行，上海政务"一网通办"总门户正式上线。市委书记李强，市委副书记、市长应勇在上海市大数据中心调研"一网通办"工作，出席"一网通办"总门户正式上线开通仪式。

● 市委书记李强，市委副书记、市长应勇，市人大常委会主任殷一璀，市委副书记尹弘等分别前往社区和养老机构看望老年人，察看为老服务项目，推进为老服务工作，向全市老年人送上诚挚的节日问候和祝福。

● 市长应勇会见挪威国王哈拉尔五世，代表上海市政府和上海人民，对国王陛下及代表团一行访沪表示热烈欢迎。

● 商务部在上海召开全国供应链创新与应用试点工作会议。副市长吴清出席会议并致辞，商务部副部长王炳南出席会议并讲话。

● 市政协召开"全力以赴做好进口博览会城市保障，放大溢出效应，推进上海国际贸易中心建设"专题协商会。副市长吴清作首届中国国际进口博览会筹备情况和上海城市服务保障工作进展情况介绍。

● 作为"上海扩大开放100条"中明确的一项措施，上海商标海外维权保护办公室挂牌成立。

● 由市委改革办、市委宣传部组织征集的"上海改革开放标志性首创案例"正式发布，成为再现改革开放四十年来上海各时期各行业各领域深化改革、扩大开放的生动画卷。

● 本市首个为进博会度身定制的线下"6+365"常年展示交易平台——东浩兰生集团进口商品展销中心正式揭幕，首批已有超过100家企业提供超过1 000种商品在此展示。

● 特斯拉(上海)有限公司成功取得上海临港装备产业区Q01-05地块864 885平方

米（合计 1 297.32 亩）工业用地，并与上海市规划和国土资源管理局签订土地出让合同，特斯拉上海超级工厂在临港地区实质落地。

● 东浩兰生集团进口商品展销中心正式启动试运营，这也是“四叶草”内唯一从事常年展销的平台。

18 日

● 市委书记李强分别会见瑞士德科集团全球董事会主席罗尔夫·都瑞、德国大众汽车集团董事长迪斯。

● 市委副书记、市长应勇赴本市部分酒店、客运站、城市文明志愿服务站调研城市服务保障工作。

● 市人大常委会召开党组中心组学习会，围绕“学习贯彻习近平总书记关于坚持和完善人民代表大会制度的重要思想、进一步推动新时代上海人大工作完善发展”开展学习交流。市人大常委会党组书记、主任殷一璀主持会议并讲话。

● 市政协召开“深化司法体制综合配套改革情况”专题通报会。市委常委、市委政法委书记陈寅通报有关情况。

● 市地方志编纂委员会全体委员（扩大）会议召开。市委常委、宣传部部长、市地方志编纂委员会主任委员周慧琳出席会议并讲话。市地方志编纂委员会作工作报告，承担二轮修志规划任务的市交通委、瑞金医院、浦东新区政府和奉贤区人民政府四家单位作交流发言。

● 上海报业集团与国泰君安证券股份有限公司正式签署战略合作协议，希望进一步发挥各自优势，创新产品和服务，加速推进上海文化金融深度合作，为全力打响上海“文化品牌”、加快建设上海国际金融中心做出新的更大贡献。

● 民建上海市委和中共徐汇区委联合举办“2018 上海中小企业发展论坛”。论坛以“激发中小企业活力，提升城市核心竞争力”为主题，周振华、张兆安等专家学者，相关职能部门负责人、企业家、苏浙皖民建省级组织代表等与会，为提升上海城市能级和核心竞争力建言献策。会上发布“2018 年上海中小微企业生存发展指数”和“2018 年上海中小企业创新能力调查报告”。

● 市江南文化研究工作推进会在市社联召开。会议下发《关于推进本市江南文化研究工作的实施意见》。

● 上海海关召开新闻发布会并宣布：由上海海关开发的“跨境贸易管理大数据平台”，正在为进博会参展商提供一条“管得住”“通得快”的智能通关通道。

● 上海金融法院公开开庭审理原告东方证券股份有限公司诉被告北京弘高中太投资有限公司质押式证券回购纠纷案件。这起案件是金融法院正式成立后受理的第一起案件，也是该院首起开庭审理的案件，金融法院院长赵红担任审判长。

● “梦之队”——琉森音乐节管弦乐团亮相上海交响乐团音乐厅，开启一连五场驻场演出“琉森音乐节在上海”。这是琉森音乐节管弦乐团的沪上首秀，也是第二十届上海国际艺术节的重要演出。

● 首届中国国际进口博览会交通组织框架方案出炉。由于国家会展中心(上海)周边道路复杂、停车资源有限，为保障展会期间交通顺畅有序，满足参展商、宾客等出行需求，组织方积极倡导“集约化公共交通出行”。

● 联合国教科文组织(UNESCO)成员国共同完善和修订《终身学习手册》，并于2019年出版，这部手册将更好解析何为“面向2030的终身学习”。

● 由文化和旅游部主办、上海市政府承办的第二十届中国上海国际艺术节拉开帷幕。上海市委书记李强出席开幕式，文化和旅游部部长雒树刚致辞并宣布开幕，上海市市长应勇致辞。

● 棋牌文化博物馆落成仪式暨上海市棋牌文化研究中心揭牌仪式在上海棋院大楼内举行。

19日

● 交响神话《创世秘符》在上海交响乐团音乐厅全球首演，就此为第20届中国上海国际艺术节拉开帷幕。

● 全球医疗科技领导者西门子医疗宣布投资人民币30亿元新建实验室诊断工厂，并在上海举行奠基典礼。

● 市体育总会召开第九届会员大会选举产生市体育总会第九届委员会，并审议通过修改后的《上海市体育总会章程》。副市长陈群出席会议并讲话。

● 市食药监局举行上海市食品药品稽查执法优秀案例展示暨颁奖仪式，现场公布的数据显示，近年来，上海已累计公布食品药品严重违法“黑名单”生产经营单位87家、责任人员166名。

● 市社联举行第十二届(2018)“学会学术活动月”开幕式暨首届会长论坛。本届活动月主题为“纪念改革开放四十周年，构建中国特色哲学社会科学”。

● 市委常委会召开会议，传达学习习近平总书记关于巡视工作的重要指示精神，研究贯彻落实十九届中央第二轮巡视工作动员部署会精神。会议还研究了推动高质量发展有关工作，审议通过《关于促进资源高效率配置推动产业高质量发展的若干意见》《关于我市全面推进土地资源高质量利用的若干意见》《关于加快我市高新技术企业发展的若干意见》以及《促进上海市生物医药产业高质量发展行动方案(2018—2020年)》。市委书记李强主持会议并讲话。

● 市食药监局召开2018年上海市食品药品稽查执法优秀案例展示，并透露处罚案件均已推送市公共信用信息平台实施联合惩戒，近年来累计公布食品药品严重违法"黑名单"生产经营单位 87 家、责任人员 166 名。

● 上汽大众国内首座新能源汽车工厂在嘉定安亭开工建设。该工厂项目总投入 170 亿元，规划年产能 30 万辆，预计将于 2020 年 10 月建成投产。

● 市食药监局接到有关上海市民办中芯学校食品安全问题举报后，会同市教委要求浦东新区市场监管局、教育局立即核查处置民办中芯学校存在的食品安全问题。同时，市食药监局和市教委要求全市所有中小学和幼儿园开展自查，于 10 月 20 日晨起组织对上海怡乐食食品科技有限公司提供餐饮服务的本市所有 28 家学校食堂以及该公司物流仓库全面开展飞行检查，并面向全市中小学校和幼儿园开展食堂食品安全专项检查。

20 日

● 第十二届中国艺术节第一次部市联席会议在上海召开，文化和旅游部党组书记、部长雒树刚，上海市委副书记、市长应勇出席并讲话。第十二届中国艺术节上海市筹委会办公室汇报艺术节筹备进展情况。

● 首届进口博览会志愿者上岗宣誓仪式在国家会展中心(上海)举行。志愿者主题歌《年轻的力量》同步首发。

● "习近平新时代中国特色社会主义思想与浦东开发开放——浦东论坛"在浦东新区区委党校召开，全国多地的党建理论研究专家齐聚一堂，为新时代浦东开发开放提供更多智力支持。

● 市第十四届全民终身学习活动周开幕。本市在全国率先发布为老年朋友学习特别定制的"上海老年人学习卡"。作为发展老年教育现代化重点推进工作之一，精心打造的上海市老年教育信息化管理平台将在全市分批推进。

● 16 时 40 分许，中国国际进口博览会明星展品、一架价值约 2 亿元的意大利莱奥纳多 AW189 型直升飞机，稳稳地降落在上海浦东新区高东机场。这是该型飞机首次来到上海，参展进博会也将是其在中国的首秀。

● 首届国家统一法律职业资格考试主观题考试开考。上海地区共有 9 903 名考生报名参加第二阶段主观题考试，全市共设立 15 个考点、331 个考场，实际参加考试的比例超过 99%。

● 市河长制办公室通报近期本市建成区水质持续黑臭的河道及其河长。

● 在上海立信会计金融学院建校九十周年之际，市委副书记尹弘代表市委、市政府到校表示祝贺。

● 民盟上海市委 2018 年百名律师义务法律咨询活动在浦东、静安、普陀、宝山、杨浦、虹口、黄浦、徐汇八个区同时举办，主会场设在浦东新区。

● “世界传播论坛 2018:一带一路与新闻传播学教育的跨文化交流”暨上海大学新闻传播学院揭牌仪式在上海大学举行。

● 主题为“诗和我的故乡”的第三届上海国际诗歌节开幕,为期五天。中外诗人交流会暨《上海文学》“第三届上海国际诗歌节特刊”首发式在上海作家协会举行。

● 世界传播论坛 2018 暨上海大学新闻传播学院揭牌仪式举行。

21 日

● 上海警备区司令员张晓明少将在兴国宾馆会见尼日利亚国防部长丹阿里。

● 首届中国国际进口博览会餐饮食品供应中转物流总仓在海博西虹桥冷链物流园揭牌。上海领鲜物流有限公司将负责运营管理和配送服务。

● 位于大学路 322 号的上海五角场创新创业学院举行开学典礼,60 位企业创始人成为双创学院首批学员。

22 日

● 上海铁路警方宣布,从今天起提升勤务等级,全面进入首届中国国际进口博览会安保实战阶段,800 名增援力量已经到位,将以“最高标准、最强措施、最实作风、最严要求”全力以赴确保管内治安及铁路运输安全稳定有序。

● 在上海两大机场设立的七个进口博览会综合咨询服务中心全部投入使用。

● 市长应勇主持召开市政府常务会议,研究深入实施乡村振兴战略,加强农民职业培训,促进农民就业增收;部署实施 11 个污染防治攻坚专项行动,全面加强上海生态环境保护。

● 今天是 2019 年度“国考”报名首日,中公教育截至 16 时统计,国考职位中工作地点在上海的职位报名总人数为 1 307 人,最高竞争比例为 80∶1。

23 日

● 市委召开专项民主监督专题协商座谈会,听取各民主党派、市工商联和无党派人士的意见建议。

● 今年前三季度上海经济“成绩单”公布。上海市统计局、国家统计局上海调查总队公布的数据显示,上海经济运行总体平稳,第三产业保持较快增长。初步核算,前三季度全市生产总值(GDP)23 656.69 亿元,按可比价格计算,比去年同期增长 6.6%。其中,第三产业增加值增长 8.2%,占全市 GDP 的比重为 69.6%。

● 清华大学经济管理学院互联网发展与治理研究中心、上海科学技术政策研究所以及领英中国联合发布的《长三角地区数字经济与人才发展研究报告》显示,上海正在引领长三角数字经济发展,不仅在国际、国内、长三角三个层级保持着人才吸引力,而且人才分布与区域发展相吻合。

● “中斯联合考古与海上丝绸之路”座谈会召开。来自上海博物馆、上海国际问题研究院的专家们围绕中斯联合考古与海上丝绸之路，充分发挥上海“一带一路”工作的桥头堡作用建言献策。上海博物馆“一带一路”研究发展中心在会上揭牌，中心学术顾问和研究员接受了聘书。

● 长三角地区国家公共文化服务体系示范区（项目）合作机制启动大会暨首届长三角地区公共文化服务发展论坛在沪举办。启动大会上发布《长三角地区国家公共文化服务体系示范区（项目）合作机制虹桥宣言》，通过《长三角地区国家公共文化服务体系示范区（项目）城市合作机制章程》，并确定了下一届轮值城市为安徽省铜陵市。

● 市卫生计生委和上海保交所合作推进上海健康保险交易中心建设，力争年内实现商业健康保险业务项目落地。

24 日

● 市委书记李强、市委副书记、市长应勇登船沿江检查黄浦江两岸景观灯光提升改造工程和“黄浦江游览”世界级旅游精品建设工作。

● 市政协举行十三届五次常委会议，传达汪洋在习近平总书记关于加强和改进人民政协工作的重要思想理论研讨会上的讲话精神，围绕“深入破解难题瓶颈，推动科创中心建设重大政策举措落实落地”开展专题监督性议政。市政协主席董云虎出席并讲话。

● 市政协召开十三届十四次主席会议，审议“解放思想，对标先进，推进上海乡村振兴战略”“发挥上海核心城市作用，推动长三角一体化发展”、关于进一步加强和改进地区政协工作的调研报告、长三角地区政协“构建区域创新共同体，推动长三角科技创新圈建设”等调研报告。

● 2018 Seatrade 亚太邮轮大会在上海宝山召开。全球范围内的市场主流邮轮公司高管、政府官员和百余位嘉宾相聚在一起，聚焦邮轮产业“品质、品味、品牌”的提升，共同探讨亚太地区邮轮市场的发展及其未来前景。由上海国际邮轮经济研究中心编制的“亚洲邮轮经济发展景气指数报告”首次发布。

● 上海及环沪地区专题工作会议召开，上海市及苏、浙两省的安全监管局向应急管理部汇报进博会期间安全生产保障和危险化学品安全综合治理的情况，上海市地震局汇报了防震减灾及应急救援的有关情况。

● 市政协常委会议审议通过《政协上海市委员会关于加强和改进界别工作更好发挥界别作用的办法（试行）》等三份规章制度。这是政协首次在制度文件中明确界别作用、定性、分类施策新理念。

● 市沪东、沪西地区检察院成立。

● 英国消失点剧团《我心深处》在上海大剧院开始亚洲首演，拉开首届“国际默剧展”人幕。

● 著名指挥家吕嘉执棒上海爱乐乐团和澳门乐团组成120人联合乐团，共同献演布鲁克纳鸿篇巨制《C小调第八交响曲》。

● 上海电机学院和上海立信会计金融学院同一天举办首场2019届毕业生的校园综合招聘会，开启沪上“人才争夺战”求职季大幕。

25日

● 市委书记李强主持召开民营企业负责人座谈会，深入学习贯彻习近平总书记关于民营企业发展的一系列重要指示精神，详细听取民营企业发展情况以及对上海经济社会发展、优化营商环境的意见和建议。

● “浦江颂改革皓首再出发”上海市老干部庆祝改革开放四十周年文艺展演在上海市委党校举行。市委常委、组织部部长于绍良出席文艺展演并致辞。

● 浦东新区在民生艺术码头召开文化工作推进会，“魅力长三角·2019上海浦东公共文化服务产品采购大会”同时启动。《浦东新区关于“打响上海文化品牌、打造文化高地”的实施意见》正式发布。

● 今年7月5日至7月25日，经市委、市政府批准，市环境保护督察组分别对黄浦、闵行、松江三区开展了环境保护督察。今天，督察组分别向三区通报督察反馈意见，三区区委、区政府主要负责人作了表态发言。

● “新理念、新技术、新模式”2018年青年企业家论坛在上海市民营经济研究会报告厅举办。市政协副主席、民建市委主委周汉民出席论坛并作主旨演讲。

● 第十届上海宝山国际民间艺术节迎来第一个重要活动——“弘扬上海精神、促进文旅发展”上合高层论坛。论坛包括“弘扬上海精神、促进文旅发展”主旨论坛和“上合国家城市文化品牌建设”“一带一路”城际文化合作交流两个分论坛，境内外嘉宾约300人出席论坛活动。

● 全国未成年人检察社会支持体系建设座谈会在上海召开。上海、北京、江苏等10家检察机关作交流发言。

● 第十一届中国舞蹈“荷花奖”在上海国际舞蹈中心公布今年入围舞剧评选终评的7部剧目，分别是《大禹》《井岗·井岗》《醒·狮》《刘三姐》《记忆深处》《草原英雄小姐妹》和《花木兰》。

26日

● 市委财经工作领导小组召开会议，分析今年前三季度经济运行情况，研究当前经济形势，部署下一阶段经济工作。

● 中国国际进口博览会城市保障领导小组召开扩大会议，对各项工作进行再研究、再检查、再落实。

● 市委常委会召开会议，传达学习贯彻习近平总书记关于自由贸易试验区建设的重要指示、李克强总理批示和韩正在自由贸易试验区建设五周年座谈会上的讲话精神，传达学习贯彻习近平总书记对全国党委秘书长会议作出的重要指示精神。会议还研究了推进新时代基层党建高质量创新发展、深化农村综合帮扶工作等事项。市委书记李强主持会议并讲话。

● 长三角地区未成年人思想道德建设与新时代城乡一体化学校少年宫发展论坛在金山区落下帷幕，沪苏浙皖三省一市文明办共同签订战略合作框架协议，正式成立长三角地区未成年人思想道德建设与新时代城乡一体化学校少年宫发展联盟。

● 市委财经工作领导小组召开会议，分析今年前三季度经济运行情况，研究当前经济形势，部署下一阶段经济工作。会议分别听取市发展改革委和市统计局关于今年以来全市经济社会发展情况及形势分析的汇报，市财政局关于今年以来全市地方财政收入完成情况及形势分析的汇报。

● 市政府举办外资大项目签约仪式。签约的共有 12 个项目，总投资达到 234 亿元人民币。

27 日

● 市委、市政府举办上海市市长国际企业家咨询会议三十周年纪念活动。市委书记李强，市委副书记、市长应勇同咨询会议成员和嘉宾一道重温难忘历程，共叙珍贵友谊，展望美好未来。

● 市委书记李强分别会见前来参加第三十次上海市市长国际企业家咨询会议的咨询会议首任主席、美国史带公司董事长兼首席执行官莫里斯·格林伯格，美国普华永道会计师事务所全球主席罗浩智，咨询会议前主席、美国贝恩公司全球董事会主席奥里特·加迪耶什。

● 市长应勇分别会见上海市市长国际企业家咨询会议主席、安永会计师事务所全球主席兼首席执行官马克·温伯格，咨询会议前主席苏铭天，咨询会议前主席、银瑞达公司董事会主席雅各布·沃伦伯格，通用汽车董事长兼首席执行官玛丽·博拉，诺华集团董事会主席林浩德，ABB 集团总裁兼首席执行官史毕福，瑞士再保险集团董事长康浩志，蒂森克虏伯集团首席执行官吉多·克尔克霍夫，对各位企业家来沪参加第三十次上海市市长国际企业家咨询会议表示热烈欢迎。

● 上海市政府与 ABB 集团签署战略合作谅解备忘录。上海市市长应勇、ABB 集团总裁兼首席执行官史毕福见证签约，上海市副市长吴清与 ABB 集团亚洲、中东及非洲区总裁顾纯元代表双方签约。

28 日

● 第三十次上海市市长国际企业家咨询会议召开，会议的主题为“新时代、新起点、新作为—新形势下上海高水平对外开放”。

● 上海话剧经典之作《于无声处》亮相美琪大戏院,参演第二十届中国上海国际艺术节,纪念改革开放四十周年。

● “长三角民办教育一体化发展联盟”在上海成立。联盟旨在引导和促进民办学校坚持公益性办学、创新人才培养模式、提升人才培养质量,不断提高长三角地区民办教育整体办学水平和对区域经济社会发展的贡献力。

● 市委书记李强在市委会议室视频连线进口博览会现场指挥部,实时检查服务保障、安全保卫等各项任务细化落实情况。

● 世界各地的34位重量级企业家齐聚世博中心,出席第三十次上海市市长国际企业家咨询会议。今年咨询会议的主题是“新时代、新起点、新作为—新形势下上海高水平对外开放”,上海市市长应勇作主题报告。

● “助力进博会 时刻在行动”2018年上海大学生地铁志愿者服务训练营启动。

● 第十届上海宝山国际民间艺术节拉开帷幕。俄罗斯、保加利亚、波兰、拉脱维亚、墨西哥、哥伦比亚、埃及、新西兰、印度、韩国等11个国外艺术团队以及云南曲靖民间艺术团参加艺术节活动。本届艺术节分为“文之风”“艺之雅”“和之颂”等三个篇章十大活动。

● 复旦大学附属中山医院宣布:经过1 500多例临床验证,国产首台一体化PET/MR获国家药品监督管理局认证,正式推向市场。

29日

● 市委书记李强会见来沪出席第三十次上海市市长国际企业家咨询会议的印度印孚瑟斯技术有限公司首席执行官兼董事总经理潘尚礼、日本野村控股集团总裁兼首席执行官永井浩二、美国铁狮门公司总裁兼首席执行官徐瑞柏。

● 市长应勇主持召开市政府常务会议,部署加强饮用水水源保护,规范饮用水水源保护缓冲区管理;研究统筹优化全市产业项目布局,编制上海市产业地图。

● 浦江创新论坛“科技创新青年造就者圆桌峰会”在上海举办,中科大教授、国家自然科学奖一等奖获得者陆朝阳,法国国家健康与医学研究院实验室主任维多利亚·科里查,科大讯飞人工智能研究院副院长魏思等一批45岁以下青年科学家、创新创业先锋登台演讲,聚焦主题“关于未来的第N种可能”进行跨界交流。论坛上发布上海市科学学研究所编制的《2018上海科技创新中心指数》、中国科技发展战略研究院的《中国区域科技创新评价报告2018》。

● “在路上　再出发——改革开放四十周年,跨国企业在上海”主题展在龙湖上海虹桥天街开幕。活动吸引80多家中外企业参与,经遴选,确定40家企业的42个案例参展。

● 上海市学习贯彻全国教育大会精神宣讲会举行。市委副书记尹弘作宣讲报告。

● 2017年全国健身气功站点联赛半决赛(南部赛区)在上海普陀区体育馆开幕,31支代表队共200余名健身气功高手齐聚申城,共享运动健康与快乐。

30日

● 科技部与上海市政府在沪召开2018年部市工作会商会议。部市双方签署了《部市工作会商制度议定书(2018—2022年)》《关于推进国家科技成果转化引导基金和上海科创中心股权投资基金运作的战略合作协议》。

● 市长、进口博览会执委会主任应勇赴国家会展中心实地检查进口博览会筹备工作并召开现场办公会。

● 市长应勇会见率团来沪出席2018浦江创新论坛的葡萄牙驻华大使杜傲杰、葡萄牙科技基金会主席保罗·费朗一行,对葡萄牙受邀担任本届浦江创新论坛主宾国表示感谢和欢迎。

● 上海五大宗教团体在东方艺术中心音乐厅举办"同向——上海宗教界庆祝改革开放四十周年"音乐会。宣布"上海宗教界对口支援扶贫专项基金"正式启动。

● 作为第二十届中国上海国际艺术节参展项目,"风生水起逐浪高——纪念改革开放四十周年长三角美术作品展"在中华艺术宫开展。

● 沪苏浙皖司法厅(局)在上海召开共同推进更高质量平安长三角法治长三角建设座谈会,并签署《沪苏浙皖司法厅(局)关于共同推进更高质量平安长三角法治长三角建设的合作协议》,进一步深化四地司法厅(局)区域合作,全力做好首届中国国际进口博览会的安全保障工作。

● 位于闵行区剑川路951号的中国(上海)创业者公共实训基地南部科创中心分基地正式启动运营。

● 为迎接首届中国国际进口博览会期间到访上海的海内外游客,进博会25条旅游精品线路发布,这些线路涵盖苏浙沪特色景点。

● 市委政法委召开机关全体党员干部大会,传达贯彻党的十九大精神、习近平总书记在十九届一中全会上的重要讲话精神和全市党员负责干部会议精神,并就学习宣传贯彻十九大精神进行动员部署。

● 市妇女之家旗舰园、上海市儿童之家示范园在位于徐汇区天平路245号的上海市妇女儿童服务指导中心(巾帼园)揭牌。

31日

● 市长、进口博览会执委会主任应勇用一整天时间检查调研进口博览会城市服务保障工作并召开执委会专题会议,对重大活动安排、参展布展、交通组织、志愿者服务等工作再检查、再落实、再优化。

● 副市长许昆林在人民大厦会见由韩国全罗南道副知事尹炳泰率领的代表团一行。双方就今后在经贸、农业等领域拓展交流合作交换意见。

● 上海市商务委员会与中国国际进口博览局共同发布中国国际进口博览会官方小程序和小游戏。用户只需要在微信小程序界面搜索关键字“中国国际进口博览会”和“熊猫进宝”即可使用。

● “2018世界城市日—上海论坛”开幕，上海市规划与国土资源管理局局长徐毅松在会上表示，“一江一河”正在发生三大转变。在发展形态上，从“城市锈带”转向“城市客厅”；在开发模式上，从“大拆大建”转向“上海更新”；在战略能级上，从“上海制造”转向“滨水创造”。他强调，这三大转变不仅局限于滨水区，也是近年来上海全力推进城市有机更新的主导方向。

● 在浦江创新论坛·科技服务业论坛——全球技术转移大会上，胡润研究院首次发布《2018胡润上海科技服务机构榜》，15家机构分获“领军五强”和“新锐十强”，10位上海科技服务技术经理人则获评“Top 10”。上海交通大学、华东理工大学、上海理工大学等高校成为赢家。

● 市人大常委会召开2017年上海市全国人大代表专题调研总结交流会，全国人大代表、市人大常委会主任殷一璀出席并讲话。专题调研小组召集人王均金、孙跃明分别交流开展调研的基本做法、调研报告主要内容、酝酿提出议案和建议的设想，以及对今后组织开展好代表专题调研工作的情况和体会。

● 以“勇担新时代新闻工作者使命任务”为主题的上海新闻界庆祝第十九个中国记者节大会在广电大厦召开。

● 2019世界银行营商环境报告正式出炉，中国总体得分73.64，提高8.64分。此次，在世行营商环境报告中，向全球推荐了上海等地实施的国际贸易单一窗口、企业登记“一窗通”服务、电力在线服务系统、施工许可一体化审批平台、房地产登记信息数字化系统等改革举措，这些举措在显著提高上海营商便利度的同时，也为全球的营商环境建设提供中国经验。

## 本月

### 9—10日

● 由青海省委书记王建军，省委副书记、省长刘宁率领的青海省党政代表团在沪考察访问。上海市委书记李强，市委副书记、市长应勇与青海省党政代表团举行沪青对口支援合作座谈会暨签约仪式。在沪期间，青海省党政代表团瞻仰了中共一大会址，并前往上海自贸试验区、徐汇滨江和相关创新企业等考察。

10—11 日

● 市人大常委会主任殷一璀、副市长彭沉雷率上海市代表团赴辽宁省大连市学习考察深化两地对口合作工作。辽宁省、大连市领导陪同代表团参观考察，双方共同召开沪连对口合作工作座谈会。代表团在大连期间先后考察大连市规划展示中心、东港商务区、大连国际会议中心、大连海昌东方水城、大连船舶重工集团、中科院大连化学物理研究所、大连东泰有机废物处理有限公司、大连金嘉塑料有限公司。

20—21 日

● 第四届犹太研究青年论坛在上海社会科学院举行，以此纪念八十年前发生在德国的“碎玻璃之夜”事件。论坛由上海社科院国际问题研究所、上海犹太研究中心主办，近 30 位来自国内外高校的青年学者参会。论坛围绕“犹太历史和文化研究”“当代以色列研究”“来华犹太人研究”与“大屠杀记忆研究”四个主题进行，全面展现当代中国犹太研究的主要维度。

10 月 31 日—11 月 11 日

● “档案视角：海上非遗摄影展”在刘海粟美术馆开幕。13 位摄影爱好者耗时四年，以宝山区“罗泾十字挑花”“罗店彩灯”、松江区“舞草龙”、崇明区“扁担戏”“灶花”、嘉定区“徐行草编”等 16 个上海非遗项目为拍摄对象，用组照方式呈现上海历史文化遗产。

## 11月

1 日

● 市人大常委会主任殷一璀走访黄浦区南京东路街道，参加市人大代表联系社区活动，就上海市“十三五”规划纲要中期评估监督听取社区居民、专家以及相关部门的意见和建议。

● 今起，从上海口岸入境的适用“144 小时过境免签”政策的外籍人员，可以通过“144 小时过境免签电子申请系统”提前报备入境信息，到达上海口岸后，只需使用自助机自动打印《入境卡》，即可候检通关。

● 市第九届（2016—2017 年度）优秀公共关系案例颁奖大会召开。松江区委、区政府的《打造长三角更高质量一体化的重要引擎，松江区开展 G60 科创走廊建设》等 5 个案例获特别奖，月星集团有限公司《南疆环球港：产业援疆改善民生，促进就业实现双赢》、青浦公安分局《现实版特警史密斯夫妇的系列宣传，构建警察公共关系新局面》等案例分获金奖、银奖和优秀单项奖。此次案例评选还增加了网络投票，《AWE——中国家电及消费电子博览会》等 3 个案例获得人气奖。

● 以“文化担当”为主题的第九届民盟文化论坛在上海社会科学院小礼堂开幕。与会专家学者挖掘阐释了冯友兰、费孝通、梁漱溟、熊佛西、沈钧儒等民盟先贤的文化担当精神对于当代的启示和意义,并探讨“江南文化与海派文化”“新时代中国新型政党关系的历史脉络及未来展望”“文化自觉与新型城镇化和乡村振兴”等议题。

● 人民广场演艺区正式定名为“演艺大世界—人民广场剧场群”。市委宣传部与黄浦区联合发布《“演艺大世界—人民广场剧场群”三年行动计划纲要》。

● 上海市纪念改革开放四十年研究丛书出版座谈会在市社联召开,23种43本书精彩亮相。市委常委、宣传部部长周慧琳出席会议并讲话。

● 上海地铁美术馆地图在人民广场、徐家汇、上海火车站等40余个地铁主要站点供市民免费取阅,“1+16”美术馆市民共享计划专列正式发车。

● 首届中国国际进口博览会执委会第二次会议在上海召开。商务部国际贸易谈判代表兼副部长、进博会执委会常务副主任傅自应主持会议并作工作部署。执委会各工作组汇报了最新工作情况,并围绕重点问题研究讨论。

2日

● 市委书记李强实地走访部分民营企业,同企业负责人深入交流,认真听取企业的发展需求,详细了解有关支持政策的落实情况。

● 市委书记李强,市委副书记、市长应勇赴国家会展中心(上海)等场馆实地检查,再抓落实,再抓深化。

● 市委统战部、市工商联召开民营企业座谈会,传达学习习近平总书记11月1日上午在民营企业座谈会上发表的重要讲话精神。市委常委、统战部部长郑钢淼出席会议并讲话。

● 市委副书记尹弘在市委贵宾厅会见来沪参加首届中国国际进口博览会的德国汉堡市国务秘书安妮特·塔芭拉一行。双方就进一步推动两地在经贸、港口、会展、科技、文化、教育等领域的合作进行交流。

3日

● 市委书记李强在市委会议室视频连线进口博览会现场指挥部,实时检查服务保障、安全保卫等各项任务细化落实情况。

● 市委书记李强赴中国船舶重工集团公司第七〇四研究所、中国科学院神经科学研究所调研有关国家重大科技项目推进情况,听取对上海加快科创中心建设的意见建议。

● “绿水青山待我还”台湾同胞抗日遗址遗迹摄影展在沪开幕。展览展示了自1895年清政府割让台湾至1945年台湾光复期间,与台胞抗日事迹相关遗址遗迹图片近400幅,旨在纪念为中华民族独立和解放事业付出艰辛努力和巨大牺牲的台胞先烈。

● “关爱青少年健康成长”公益音乐会暨表彰仪式在复旦大学相辉堂举行。曹鹏、徐根宝获首批“关爱青少年成长特别贡献奖”荣誉称号。

4日

● 第四届中俄媒体论坛在上海举办。中宣部部长黄坤明和俄罗斯联邦政府副总理阿基莫夫出席开幕式并作主旨演讲。黄坤明作题为“谱写新时代中俄媒体合作新篇章”的主旨演讲。

● 市长应勇会见克罗地亚共和国总理安德烈·普连科维奇，对总理阁下率团来沪参加首届中国国际进口博览会表示热烈欢迎。

● “跨越时空的对话——韬奋纪念馆开馆六十周年文创文献展”在思南书局开幕，《生活书店会议记录1933—1937》一书同时首发。

5日

● 以“新时代，共享未来”为主题的首届中国国际进口博览会在上海开幕。国家主席习近平出席开幕式并发表题为《共建创新包容的开放型世界经济》的主旨演讲。他向全世界宣布了更好发挥上海等地区在对外开放中重要作用的三项重大举措，包括增设自贸试验区新片区、鼓励支持上海大胆创新探索，在上海证交所设立科创板并试点注册制，支持长三角区域一体化发展并上升为国家战略。多个国家和地区领导人、国际组织负责人、各国政府代表以及中外企业家代表等1 500余人出席开幕式。

● 商务部与世贸组织秘书处联合召开《2018年世界贸易报告》中文版发布会。商务部副部长兼国际贸易谈判副代表王受文和世贸组织总干事阿泽维多出席发布会并致辞。

● 市长应勇分别会见萨尔瓦多总统桑切斯、越南总理阮春福、美国微软公司创始人、泰拉能源公司董事长比尔·盖茨，对他们来沪参加首届中国国际进口博览会表示热烈欢迎。

● 应商务部邀请，保加利亚经济部长埃米尔·卡拉尼克洛夫携政府代表团访沪，出席中国国际进口博览会及虹桥国际经贸论坛，副市长吴清会见埃米尔·卡拉尼克洛夫一行。

● 首届虹桥国际经贸论坛举办，举办“贸易与开放”“贸易与创新”“贸易与投资”平行论坛。此外，还同期举办虹桥国际财经媒体和智库论坛。

● 上海市政府与世界知识产权组织在沪签署《关于在知识产权领域发展合作的谅解备忘录的补充协议》。国家知识产权运营公共服务平台国际运营(上海)试点平台同时揭牌。上海市市长应勇，国家知识产权局局长申长雨，世界知识产权组织总十事弗朗西斯·高锐、副总干事王彬颖出席活动。上海市副市长陈群主持。

● 上海市政府与以色列科技部在沪签署关于开展科技合作的备忘录,双方将围绕多个领域开展科技创新合作。上海市市长应勇、以色列科技部部长奥菲尔·阿库尼斯代表双方签约。

6日

● 由沪港16所高校共同发起倡议的"沪港大学联盟"在复旦大学成立。"沪港大学联盟"的上海八所高校包括复旦大学、上海交通大学、同济大学、华东师范大学、上海大学、上海理工大学、上海师范大学、华东政法大学,香港八所高校包括香港大学、香港科技大学、香港理工大学、香港教育大学、香港中文大学、岭南大学、香港浸会大学、香港城市大学。

● 市人大常委会主任殷一璀在衡山宾馆会见葡萄牙波尔图市议会议长米盖尔·雷特一行。

7日

● 市委常委会召开扩大会议,传达学习贯彻习近平总书记在首届中国国际进口博览会开幕式上的主旨演讲和考察上海工作时的重要讲话精神。

● 首届中国国际进口博览会上海市交易团国资分团现场集中签约。45家市属企业集团组建上海市交易团国资分团,采购商企业累计3 500多家,采购人员超过3万人,在智能高端装备、医疗医药保健、汽车零部件、食品农产品、服务贸易等领域将达成100余项交易协议。

● 中国国际进口博览局通过官网发布一系列进博会数据:采购商最感兴趣的三个展区是智能及高端装备、消费电子及家电、服务贸易;最感兴趣的前十类展品是:人工智能、智能家居、移动设备、工业自动化与机器人、生活科技、智能家电、材料加工及成型装备、节能环保装备、健康运动产品、饮料及酒类。

● 作为首届中国国际进口博览会配套活动之一的"共创上海制造新未来"——上海外商投资产业推介会在沪召开。十个项目在会上进行集中签约。这十个项目聚焦未来上海产业发展重点,涉及医疗大健康、智能制造、智能网联汽车、研发中心、地区总部等领域。

● 市委书记李强,市委副书记、市长应勇先后赴进口博览会现场指挥部及相关保障组,实地检查服务保障、安全保卫等各项工作开展情况。

● 应商务部邀请,萨摩亚工商劳工部部长拉乌塔菲·珀赛尔出席在沪举行的首届中国国际进口博览会开幕式及平行论坛。副市长吴清会见拉乌塔菲·珀赛尔部长一行,双方就萨摩亚与上海间商业、工业等合作交流。

● 亚欧地区服务贸易推介洽谈会在沪召开。来自俄罗斯、塔吉克斯坦、吉尔吉斯斯坦、乌兹别克斯坦、波兰、马来西亚、新加坡等十余个国家近400名政商界领袖和代表参会,合力推动“一带一路”服务贸易领域实务合作。本次推介洽谈会由市商务委员会、联合国国际贸易中心、中国—东盟中心联合主办,长宁区人民政府、新疆维吾尔自治区商务厅、安徽省商务厅合作支持。

●《上海市产业地图》出炉,重点聚焦融合性数字产业、战略性新兴产业、现代服务业和现代农业,从空间和产业两个维度,形成现状图和未来图。

● 上海上港队在2018赛季中超联赛提前一轮夺冠,这是上海足球历史上第一个中超联赛冠军,也是时隔二十三年后上海足球再度称霸中国顶级联赛。

8日

● 首届中国国际进口博览会G60科创走廊九城市扩大开放政策发布会召开,上海市委书记李强出席并见证G60科创走廊九城市企业联合采购签约。浙江省委常委、杭州市委书记周江勇,江苏省委常委、苏州市委书记周乃翔,安徽省委常委、合肥市委书记宋国权分别致辞。上海市委常委、常务副市长周波为中国国际进口博览会G60科创走廊九城市采购商联盟授牌。

● 市委副书记、市长、进博会执委会主任应勇来到国家会展中心检查进博会服务保障工作,并召开进博会执委会工作会议。

● 市委书记李强会见巴拿马总统巴雷拉一行。李强代表中共上海市委、市政府和上海人民对巴雷拉总统再次访沪表示热烈欢迎。

● 市长应勇分别会见美国直观医疗公司CEO兼总裁盖瑞·格达特、芬兰诺基亚公司董事长李思拓、韩国现代汽车集团首席副会长郑义宣,对各位企业家来沪参加首届中国国际进口博览会表示热烈欢迎。

● 以“‘一带一路’倡议下的产业国际合作与竞争力提升”为主题的2018年产业国际竞争力合作论坛在上海举办。本次论坛是在商务部贸易救济调查局指导下,由上海市商务委员会与上海社会科学院共同主办的首届中国国际进口博览会配套活动之一。来自中国、美国、瑞士、俄罗斯、印度等地的行业组织、龙头企业及研究机构的代表共同发表产业国际竞争力合作倡议。

● 2018陈伯吹国际儿童文学奖在陈伯吹家乡上海宝山揭晓,15部优秀作品脱颖而出,国际儿童读物联盟第一位华人主席张明舟获得特殊贡献奖,法国童书作家、艺术家、表演家埃尔维·杜莱摘得年度作家奖。

● 首届中国国际进口博览会上海交易团大型零售采购商联盟集中采购签约仪式在国家会展中心举行。来自大型零售采购商联盟的会员企业百联集团、光明集团、绿地集团、家乐福(中国)、来伊份等与来自美洲、欧洲、大洋洲、亚洲15个国家和地区的厂商代表,就29个采购合作项目举行集中签约。

● 2018年市文化科技卫生"三下乡"科技惠农主题活动在嘉定区华亭镇举办。活动的主题是"科技惠农、科技惠民",目的是为"农业增效、农民增收"做实事,建立"常下乡、常在乡"的"科技下乡"新机制。

● 第二十二届上海艺术博览会亮相上海世博展览馆。现场汇集全球近120家画廊和艺术机构的5 000件艺术作品,观众能看到毕加索、伦勃朗等世界顶级艺术家的原作。除了一直比较受欢迎的经典水墨作品外,本届艺博会的当代艺术比例明显增加。

● 由全球著名设计咨询集团AECOM撰写的《中国主题公园项目发展预测报告》出炉。数据显示,2017年中国主题公园游客总量增幅近20%,大力推动全球主题公园的游客增长。报告预测,至2020年,中国的整体游客数量将超越美国,成为世界最大主题娱乐市场。

● 首届中国国际进口博览会最大且最重的展品、从德国漂洋过海来到上海的"金牛座"龙门铣签约售出,并将在展会结束后交付买家。购买者是江苏无锡的一家民营制造企业。

● 静安区第一中心小学举办的现代小公民全学科活动第四季——"摩登大上海,modern小公民"嘉年华活动在校园缤纷展开。启动仪式分为"寻梦老上海""奋进新上海""摩登大上海"三大乐章。

9日

● 市政协召开十三届十五次主席会议,审议关于"深入推动3岁以下幼儿托育服务健康有序发展"的若干建议等议题。市政协主席董云虎主持。会议审议了深化市场监管机制体制改革,优化营商环境调研报告等。还审议了政协上海市第十三届委员会常务委员会工作报告(提纲)、关于十三届一次会议以来提案工作情况的报告(提纲),市政协十三届二次会议筹备工作方案,市政协十三届六次常委会议议程。

● 市政协主席董云虎为市委党校学员作"深入学习贯彻习近平总书记关于加强和改进人民政协工作的重要思想,推动新时代人民政协工作高质量发展"专题报告。

● 市委副书记尹弘在2018年"上海工匠"选树命名暨工匠精神主题论坛讲话。新一批98名"上海工匠"正式揭晓并受到表彰。

● 第六届以"与世界和未来在一起"为主题的中国上海国际童书展在上海世博展览馆开幕,近2万平方米的展馆内,6万余种中外儿童图书新品亮相。《三毛》漫画意大利语版首发,中国首部音乐剧绘本《多杰》与读者见面,芬兰国宝级作家亮相芬兰国宝级作家毛里·库纳斯带来了《圣诞老人》全球特别版本。

● 首届中国国际进口博览会正式开放持券证社会团体观众进馆参展。

● 2018年复旦管理学奖励基金会颁奖典礼举行。复旦大学首席教授、复旦大学东方管理研究院名誉院长苏东水获颁“复旦管理学终身成就奖”。

● 由商务部、上海市人民政府共同支持，商务部外贸发展局主办的“第七届中国国际石油贸易大会”在上海举行。商务部副部长王炳南，上海市人民政府副市长吴清，以及来自国际能源署、中石油、中石化、中海油、中化、上期所的高管出席大会开幕式。

10日

● 市委书记李强会见美国万通金融集团董事长兼首席执行官罗杰·克兰道尔一行。李强向客人重点介绍上海国际金融中心建设最新进展。

● 市民文化节“神话与神画的世界”上海“创世神话”少儿版画创作大赛作品展在虹桥当代艺术馆拉开帷幕。

● 首届中国国际进口博览会闭幕，共吸引172个国家、地区和国际组织参会，3 600多家企业参展，超过40万名境内外采购商到会洽谈采购，展览总面积达30万平方米。按一年计累计意向成交578.3亿美元。

11日

● 全市领导干部会议在上海展览中心召开。会议传达习近平总书记在首届中国国际进口博览会开幕式上的主旨演讲和考察上海时的重要讲话精神，对全市下一步学习宣传贯彻习近平总书记重要讲话精神作全面动员、全面部署。

● 连接上海市金山区与浙江省嘉兴市的叶新公路（朱枫公路—浙江省界）正式开工。

● 为贯彻落实党中央、国务院批准的《上海市机构改革方案》，市委、市政府召开市机构改革动员会，明确上海市机构改革的任务书路线图，动员部署全面推进改革。

● 以“要购物，到上海”为主题的2018上海购物节落下帷幕。本届购物节为期45天，贯穿国庆黄金周、进口博览会等重要时间节点，重点聚焦打响“上海购物”品牌，对接首届“进口博览会”，堪称史上历时最长，也是内涵最为丰富、意义最为特殊的一届购物节。购物节首次推出购物专线10条、新品首发活动15项、国别商品活动13项，百余项重点活动覆盖16个区，涵盖2000多家企业的2万多家网点，打造了全业态、全渠道、全方位、全天候的消费盛宴。

12日

● 市人大常委会机关召开传达学习贯彻习近平总书记重要讲话精神大会。市人大常委会党组副书记、副主任徐泽洲传达习近平总书记在首届中国国际进口博览会开幕式上的主旨演讲和听取市委市政府工作汇报后的重要讲话精神。市人大常委会党组副书记、副主任沙海林传达市委书记李强在全市领导干部会议上的讲话精神。

● 市长应勇主持召开市政府常务会议，研究进一步加大营商环境改革力度，将“放管服”改革推向深入；决定建立完善本市残疾儿童康复救助制度，进一步满足残疾儿童康复服务需求。

● 市政协召开会议，传达学习习近平总书记在考察上海工作时的重要讲话精神和全市领导干部会议精神，对市政协系统学习贯彻总书记重要讲话精神进行动员部署。市政协党组书记、主席董云虎出席并讲话。

● 市委副书记尹弘向市教育、科技、卫生和市委党校系统传达习近平总书记在首届中国国际进口博览会开幕式上的主旨演讲和考察上海时的重要讲话精神，对各系统全面做好学习贯彻工作进行再动员、再部署。

● “国际资管行业发展大会”在陆家嘴召开。全球第三大资管公司道富、全球知名对冲基金 Two Sigma 等 12 家重量级国际知名资管机构签约入驻陆家嘴金融城。至此，已有全球 41 家国际知名金融机构在陆家嘴设立了 56 家各类资产管理机构，全球资管规模排名前 10 的已有 9 家机构落户陆家嘴。

● 2018 年度“最美的书”评选揭晓，全国各地 20 家出版社的 25 种图书荣膺本年度“最美的书”称号，并将代表中国参加 2019 年度“世界最美的书”评选。

● 中国民主革命的伟大先行者孙中山先生诞辰 152 周年纪念活动在上海孙中山故居举行。市委副书记尹弘出席。

13 日

● 绿地全球商品贸易港开业。包括加拿大牛肉国际协会、东盟经济技术促进会、中国泰国商会、格鲁吉亚对外贸易协会、北欧瑞典中心、非洲联合馆等重量级客商与贸易促进机构，绿地全球商品贸易港签约客商及贸易促进机构已经达 112 家。

● 市委中心组召开学习会，专题学习习近平总书记在首届中国国际进口博览会开幕式上的主旨演讲和考察上海时的重要讲话精神，联系工作思想实际交流学习体会。市委书记李强主持会议。

● 首届中国国际进口博览会城市安全保卫工作总结大会在国家会展中心(上海)召开。市长应勇为先进民警代表颁发奖章证书，公安部副部长孙力军宣读公安部嘉奖令，市委常委、市委政法委书记陈寅主持。

● 市人大常委会部分组成人员赴黄浦区开展打响“上海购物”品牌专题调研。市人大常委会主任殷一璀参加并讲话。常委会组成人员和市人大代表视察了“上下”之家体验店、上海世茂国际广场、一百商业中心六合路连廊项目，并召开座谈交流。

● 2018 沪港合作与发展研讨会在上海召开。来自沪港两地专家学者围绕“改革开放再出发，沪港合作创新篇”主题，总结交流经验启示，研究探讨深化改革思路举措。全国政协副主席梁振英出席会议并发表主旨演讲。市政协主席董云虎在开幕式上致辞。

● 市高级法院召开行政庭建庭三十周年座谈会，会议不仅回顾总结了上海法院行政审判三十年的发展历程，还邀请部分行政审判条线的老同志、专家学者、青年法官座谈交流，为上海法院行政审判工作建言献策。

14日

● 市委书记李强赴中国（上海）自由贸易试验区开展调研。调研期间，李强主持召开座谈会，听取上海自贸试验区相关工作汇报，重点就谋划推进“增设上海自贸试验区新片区”这一重大任务和与会同志进行深入讨论。

● 浦东新区政府与上海证券交易所举行长三角资本市场服务基地揭牌仪式，并签署战略合作备忘录和基地共建协议。服务基地落户张江科学城。

● 市长应勇赴上海证券交易所就设立科创板并试点注册制调研。上海证交所理事长黄红元汇报了设立科创板并试点注册制等工作推进情况。

● 市人大常委会部分组成人员赴徐汇区调研本市0至3岁婴幼儿托育情况。组成人员一行调研了徐汇区市立幼儿园、徐汇区儿童家园托育园和徐汇区领幼托育园，听取徐汇区0至3岁托育服务工作情况的汇报并开展座谈交流。市人大常委会主任殷一璀参加调研并讲话。

● 市政协召开“‘不忘初心、牢记使命，勇当新时代排头兵先行者’大调研情况”专题通报会。市政协主席董云虎出席并讲话，市委副书记尹弘作情况通报。尹弘详细介绍了市委开展大调研工作的总体考量、统筹推进的主要方法、取得的阶段性成果和深化推进大调研工作的初步考虑。

● 市长应勇会见美国前国务卿、奥尔布赖特石桥集团董事长玛德琳·奥尔布赖特及阿斯麦公司总裁兼首席执行官彼得·温宁克一行。

● 主题为“国际商事争端解决”的第十届陆家嘴法治论坛在上海国际会议中心举办。司法部副部长刘振宇，市委常委、市委政法委书记陈寅，全国政协常委、民建中央副主席、市政协副主席周汉民等出席论坛。

● 市第十四届哲学社会科学优秀成果颁奖大会暨上海市社会科学界第十六届(2018)学术年会大会召开。本届年会的主题是“中国特色社会主义:实践探索与理论创新”。开幕式后，十场“改革开放四十周年”系列主题论坛将在本市相关高校和科研单位同时举办。

● 副市长许昆林在人民大厦会见由德国法兰克福市长彼得·费尔德曼率领的代表团一行。双方就两市今后在经贸、金融、会展、城市管理、交通等领域拓展交流合作交换意见。上海与法兰克福自2015年结为友好交流关系城市。

● 由虹口区检察院提起的全市首例食药品领域刑事附带民事公益诉讼案件一审开庭,法院当庭判决被告人张某犯生产、销售伪劣商品罪,判处有期徒刑一年六个月,并处罚金人民币25万元;同时在本判决结果生效之日起30日内,就其损害社会公共利益一事,在国家级媒体上向社会公众赔礼道歉,并支付其所生产销售的伪劣减肥保健产品价值10倍的赔偿金,共计24.8万元。

● 第五届"说说唱唱百姓乐"长三角地区曲艺展演活动在上海嘉定区秀舞台举行办。经上海市曲艺家协会倡议,江苏省曲艺家协会、浙江省曲艺家协会与安徽省曲艺家协会积极响应,四地曲协秘书长和艺术家共商成立长三角曲艺合作联盟并通过《长三角曲艺合作联盟框架协议》,确定联盟将于2019年5月在上海成立。

● 2018年全国帆船锦标赛诺卡拉17级别比赛在淀山湖落幕,上海队胡笑笑与广东队麦汇聪组合揽获场地赛、长距离赛事的两个冠军。

● 市总工会发布《上海工匠队伍建设发展情况报告》,通过三年的跟踪研究,用数据勾画出本市2016年以来选树的280位"上海工匠"的群体画像。

15日

● 市人大常委会部分组成人员赴虹口调研相关立法工作情况。市人大常委会主任殷一璀参加并讲话。组成人员察看马厂路地块(风貌保护街坊)保留保护和规划情况、耶松船厂旧址保护情况。市规土局汇报《上海市优秀历史建筑和历史风貌保护条例(草案)》立法情况和法规草案主要内容,市房管局、市政府法制办做了补充汇报。

● 2018上海市教育系统人才工作会议暨党政领导干部专题研修班开班。

● 上海市嘉定区、浙江省温州市召开推进更高质量发展战略合作交流会。双方联合发布共同设立科技创新(研发)园、设立先进制造业深度融合发展示范区(嘉定工业区温州园)、设立民营经济发展基金等十大举措,并集中签约汽车产业链创新联盟等12个合作项目,共同建设更高质量一体化发展深度融合示范区。

● 中国审判理论研究会海事海商审判理论专业委员会2018年年会在上海海事法院召开。本次会议的主题是"航运法治营商环境建设与海事司法创新发展",与会代表围绕"航运法治化营商环境的构建""'一带一路'建设与海事纠纷解决制度机制创新""《海商法》修改与海事审判热点问题"等议题展开深入研讨。

● "世博演艺资源开发利用活动"在上海美琪大戏院启动。上海将重新发掘和整理世博演艺的珍贵宝藏,并逐步建立一个与国际接轨、与时光对话的文化平台,为上海国际文化大都市建设提供有力的服务和支持。

● 市政协开展"坚持留改拆并举,深化城市有机更新,进一步改善市民群众居住条件情况"专题年末视察,政协委员们察看了豫园地区福佑地块,了解黄浦区以及上海全市的旧改推进情况。

● 由澳大利亚国家博物馆推出的展览《大师:澳大利亚树皮画艺术家》上海站巡展在上海自然博物馆(上海科技馆分馆)开幕,展出原住民树皮画中最具代表性的绘画和物件110余件。巡展持续到2019年1月6日。

● 历经十二年潜心打磨的“深坑酒店”——上海佘山世茂洲际酒店正式对外亮相,为上海增添新地标。它设置“深坑人文故事展”,通过自然伤痕、弥合伤痕、设计灵感、构筑想象、致敬伟大的建设者等篇章,用人文故事讲述酒店前世今生。

● 普陀区推出政府智能综合管理服务平台,这个区级“智慧大脑”建成后将极大提升普陀城区科学化、精细化、智能化管理水平。

● 首届“大美中医·大师论坛”在沪揭幕,陈凯先等3位院士、王琦等13位国医大师、严世芸等19位全国名中医以及相关领域国内外资深专家共同见证《大师谈中医》系列访谈纪录片开拍。

● “世博演艺资源开发利用活动”在上海美琪大戏院启动,这意味着海量的世博精品演出资源将得到进一步发掘和整理,逐步建立起与国际接轨的枢纽型文化平台,为上海社会主义现代化国际大都市建设提供有力的服务和支持,让汇聚全球城市的“世博艺术”永不落幕。

16日

● 市委常委会召开会议,传达学习习近平总书记在同全国总工会、团中央、全国妇联新一届领导班子成员集体谈话时的重要讲话精神,中央关于秦岭北麓西安境内违建别墅问题的有关通报精神以及深化中央纪委国家监委派驻机构改革动员部署会精神。会议听取首届中国国际进口博览会举办情况汇报,研究实施党政领导干部安全生产责任制、加强新时代人民政协党的建设工作等事项。市委书记李强主持会议并讲话。

● 市政协召开“实施乡村振兴战略,提升城乡一体化发展水平”专题协商会。市政协主席董云虎出席。副市长彭沉雷通报本市推进城乡一体化发展的具体举措、实施乡村振兴战略的总体部署和工作进展,并听取政协委员意见建议。

● 中国人民保险集团股份有限公司正式登陆A股市场,成为国内第五家A+H股两地上市的金融保险企业。市委副书记、市长应勇与中国人保董事长缪建民在上市仪式上致辞并共同鸣锣开市。交通银行董事长彭纯,中国人保总裁白涛、监事长林帆等出席仪式。

● 市孙中山宋庆龄文物管理委员会会同本市相关机构团体在上海市历史博物馆举办纪念宋庆龄同志诞辰125周年主题系列活动。“海上琼英国之瑰宝——宋庆龄与上海”文物特展揭幕同时,《孙中山宋庆龄上海史迹地图》正式发布。

● 市委书记李强会见由浙江省副省长、温州市委书记陈伟俊率领的温州市代表团一行。

● 中国国际旅游交易会在上海新国际博览中心开幕,共有 107 个国家及地区参加。本届旅交会继续推出全域旅游展区、红色旅游展区和中国特色旅游商品展区,还将首次开辟健康旅游展区。本届旅交会由中华人民共和国文化和旅游部、中国民用航空局、上海市人民政府主办,展位总数 2 245 个。

17 日

● 金山区一生猪养殖户排查出非洲猪瘟疫情。截至目前,该养殖户存栏生猪 314 头,发病 50 头,死亡 11 头。

● 市新四军历史研究会、市中共党史学会、上海抗战和世界反法西斯战争研究会,联合在市社联召开“刘少奇与新四军”学术研讨会。上海、江苏、湖南等省市的党史军史研究专家和新四军老战士代表共 100 余人出席。

● 嘉定区 500 多名医务职工参加“健康嘉定 · 卫生先行”城市定向赛活动。活动中,嘉定区卫生计生系统劳模与专家义诊在嘉定新城、南翔等地,为市民耐心讲解医疗科普知识、急救技能演示、疾病预防等,提高群众自救互救知识。

● 第四届上海国际自然保护周在上海科技馆拉开序幕。本届自然保护周形象大使、著名京剧演员王珮瑜宣读《生态文明行动倡议》。

● 复旦大学医院管理研究所发布一年一度的复旦版《2017 年度中国医院排行榜》和《2017 年度中国医院专科声誉和综合排行榜》。此次,上海有 18 家医院进入医院排行榜前一百。上海交大医学院附属瑞金医院、复旦大学附属中山医院、复旦大学附属华山医院跻身综合排行榜前十,分别位列第四、第六、第九。

● 上海市第十届婚恋博览会(公益万人相亲会)在佘山月湖雕塑公园开幕,上万个单身男女相约在这里。组委会首次公布了针对在上海市生活、求学或工作的 18 至 43 岁单身青年开展的《上海婚博会大数据及青年交友状况调查》。65.1%单身者认为,至今未脱单是因为“交际圈太窄”,56.2%的人归咎于性格内向”。而“害怕婚姻最后走向失败”(48.1%)、“自己还没准备好承担家庭的责任”(41.3%)则是“恐婚”的深层次原因。

18 日

● “青春放歌——上海大学生校园歌会”在复旦大学举办,“牢记时代使命　唱响青春旋律”校园歌曲创作活动推出的优秀原创歌曲在申城唱响。

● 黄浦区福佑地块集体搬迁仪式在人民路 19 号举行,这意味着一直蜗居在逼仄潮湿环境下的 2 000 多户居民将告别“楼上痰盂打翻,楼下人家遭殃”的日子。

● 内蒙古民族艺术剧院民乐团在第二十届中国上海国际艺术节的舞台上,演绎了一台民族管弦乐音乐会《丝路草原》。

● 第二十三届上海国际马拉松赛在外滩金牛广场起跑。来自 85 个国家和地区的 3.8 万名跑者，参加这场盛大的“城市派对”，其中外籍选手逾 6 000 人。来自埃塞俄比亚的男选手图拉率先冲过终点，历时 2 小时 09 分 20 秒；埃塞俄比亚女选手梅里希以 2 小时 20 分 37 秒的成绩折桂，并打破赛会纪录。

● 上海报业集团与新华传媒联手打造的“市民文化客厅”首期活动在上海书城进行，聚焦秋冬心血管疾病防治。

● 由文学报社主办的第六届《文学报 · 新批评》优秀评论奖颁奖暨“新时代、新经验、新书写”主题研讨会在上海市作家协会召开。专家们希望有更具活力更高远的创作与评论生态。

19 日

● 市委书记李强就贯彻落实习近平总书记在首届中国国际进口博览会开幕式上的主旨演讲和考察上海时的重要讲话精神，专题调研实施长江三角洲区域一体化发展国家战略有关情况。

● 市长应勇主持召开市政府常务会议，研究贯彻落实长江经济带发展国家战略，深入推动生态优先绿色发展；部署做好国务院第五次大督查反馈意见的整改落实工作；审议通过宝山区、闵行区、嘉定区总体规划暨土地利用总体规划（2017—2035 年）。

● 市委书记李强，市委副书记、市长应勇会见由贵州省委副书记、省长谌贻琴率领的贵州省代表团一行。

● 市十五届人大常委会第七次会议召开，听取关于市政府机构改革有关情况的报告等。会议听取和审议了市人大法制委员会主任委员陈立斌所作的关于《上海市社会救助条例（草案）》（修改稿）审议结果的报告。听取常务副市长周波所作的关于市政府机构改革有关情况的报告；听取和审议市人大法制委员会副主任委员林荫茂所作的关于《上海市宗教事务条例（修订草案）》（修改稿）审议结果的报告。会议还听取了有关人事任免事项的报告。

● 市政协召开“支持民营经济更好发展”专题座谈会，就推进落实上海刚刚发布的促进民营经济健康发展若干意见，听取本市民营企业家代表意见建议。市政协主席董云虎出席并讲话。

● “中国（上海）自贸试验区扩大开放措施项目签约暨重点企业服务专员工作机制发布会”在浦东召开。市委常委、浦东新区区委书记、中国（上海）自由贸易试验区管理委员会主任翁祖亮出席并讲话。

● 市未成年人思想道德建设工作会议在上海展览中心召开。市委常委、宣传部部长、市文明委常务副主任周慧琳出席会议并讲话,副市长、市文明委副主任翁铁慧宣读表彰决定。会议表彰第四届 91 家上海市未成年人思想道德建设工作先进单位、54 名市未成年人思想道德建设先进工作者。市委宣传部、市文明办、市教卫工作党委等部门和未成年人工作先进代表约 300 人参加会议。嘉定区文明委、奉贤区关工委、大同中学、杨浦区四平路街道、金山区文明办 5 家单位在会上交流发言。

● 市委宣传部部长周慧琳在虹桥迎宾馆会见以复兴党大马士革省省委书记、中央委员会委员穆罕默德・希萨姆・萨曼为团长的叙利亚多党干部考察团一行。

● 安全生产暨今冬明春火灾防控工作视频会议召开。会议指出,近五年,上海冬春季火灾占全年总数的 56.5%,12 起较大亡人火灾中有 8 起发生在这一时期,各单位必须清醒认识当前火灾防控面临的严峻形势,全力聚焦重要节点、高危领域、薄弱环节,强力推进各项冬春火灾防控措施,坚决确保城市运行安全和人民群众生命财产安全。

●《不忘初心,奋发图强——新中国工业档案文献展》上海巡展在上海城市规划展示馆开幕。展览通过 1 300 余件档案,包括部分首次公开的历史档案、重要文献、珍贵图片和实物,围绕重要事件、重要产品、重要人物,回顾了党领导我国工业现代化建设波澜壮阔的伟大征程,也从工业这个侧面再现了我国改革开放所取得的伟大成果。展览由国家档案局中央档案馆、工业和信息化部、上海市人民政府主办,上海市档案局(馆)、上海市经济和信息化委员会、工业和信息化部工业文化发展中心承办。

● 静安区市场监管局表示,已对盒马鲜生"标签门"事件立案调查,对盒马所有产品标签进行检查,并要求当事人对所有库存产品进行安全自查,对后续现场可能产生的投诉举报安排专人处理。

20日

● 市十五届人大常委会第七次会议继续召开,对《上海市生活垃圾管理条例(草案)》进行二审等。市人大常委会主任殷一璀出席会议。会议听取市人大法制委副主任委员丁伟所作的关于《上海市生活垃圾管理条例(草案)》审议结果的报告。听取了市规土局局长徐毅松作的《上海市优秀历史建筑和历史风貌保护条例(草案)》说明及解读等。

● 市长应勇会见日本横滨市市长林文子及议长松本研,对横滨市代表团访沪表示热烈欢迎。

● 市商务委、市外商投资协会联合召开"辉煌外资四十年,风雨同舟再出发"上海外资企业表彰暨双优百强发布会,一批在上海深耕三十年以上的外资企业获得了市政府颁发的"基业长青"荣誉证书,一批长期在外资领域服务并做出积极贡献的个人也获得“卓越贡献”荣誉奖杯，朱戟和联合利华北亚区副总裁曾锡文分别代表各自奖项的获得者发言。

● 市监狱管理局举办“初心筑梦 扬帆征程——纪念上海监狱红烛精神凝练传承三十周年”活动，回顾在监狱建设和监管改造艰苦实践中积累的可贵品质和宝贵经验。市委常委、市委政法委书记陈寅出席活动。

● 世界海关组织“大地女神”第四期国际联合行动总结会在上海召开，来自53个成员海关与11个国际组织的共计150名中外代表出席会议。

● 浦东新区召开中小微民营企业发展调研座谈会，了解民营企业实际困难诉求，全力帮助解决，让民营企业心无旁骛谋发展。

● 市政府新闻发布会召开，介绍市政府新出台的一系列文件，这些政策意在提高要素资源的配置效率，提升实体经济的能级和竞争力，特别对于产业用地，上海在创新出让模式、盘活存量用地、提高开发强度等方面都给出了具有探索性、突破性意义的指引。

● 在上海开放大学主办的“大数据背景下学习分析技术驱动的教与学创新论坛”上，《基于在线学习者画像的精准化终身学习调查报告》发布。报告显示，超过53%的在线学习者拥有本科学历及以上学历。

● 浦发银行携手银联，推出小微企业专属银行卡。该卡是一款面向小微企业客户发行的，以芯片为介质的标准银联卡，解决小微企业日常结算及融资提用等需求痛点，为小微企业再添支付结算、融资经营新工具。

● 由上海欧科微航天科技有限公司研制的卫星“嘉定一号”成功发射并开机，这是我国首颗由商业航天公司独立研制的卫星，开启了我国商业航天新征程。“嘉定一号”也是我国首个低轨通信卫星星座“翔云”的首发星。

21日

● 市长应勇走访调研上海随易网络有限公司、上海联影医疗科技有限公司、均瑶集团等民营企业。

● 市新型智库建设工作推进会在上海师范大学召开。市委常委、宣传部部长周慧琳出席会议并讲话。全市首家重点智库“上海全球城市研究院”正式挂牌成立。

● 上海证券交易所就《上海证券交易所上市公司筹划重大事项停复牌业务指引(征求意见稿)》公开征求意见。

● “春华秋实四十年——上海改革开放成就图片展”在埃及开罗中国文化中心开幕。近80幅精彩图片展示上海的过去与现在，也呈现了改革开放四十年来上海的变迁与成就。

● 义乌市知识产权维权服务中心门口，新挂了一块牌子——上海商标审查协作中心马德里商标国际注册义乌联络部。

22 日

● 市委书记李强用整整一天时间主持召开区委书记座谈会,听取 16 个区学习贯彻习近平总书记重要讲话精神有关情况以及对明年工作的思考和建议。

● 古巴国家芭蕾舞团《堂·吉诃德》献演上海大剧院,为第二十届中国上海国际艺术节画上圆满句号。本届艺术节历时 35 天,来自 63 个国家和国内 22 个省市自治区及港澳台地区的万余名艺术工作者相聚申城,350 项活动惠及观众 500 多万人次。

● 市十五届人大常委会第七次会议表决通过《上海市人大常委会关于支持和保障长三角地区更高质量一体化发展的决定》。市人大常委会主任殷一璀主持下午的全体会议并讲话。

● 2019 年度上海市报刊发行工作会议召开,市委常委、宣传部部长周慧琳出席并讲话。会上,人民日报社上海分社、求是杂志社、中国邮政集团公司上海市分公司作交流发言。本市各区、大口党委和各大企事业单位相关负责同志及本市主要报刊社负责同志、邮政部门代表等参加会议。

● 市卫生健康委首次召开"5 + X"健康服务业园区规划交流会,上海"5 + X"健康服务业园区举行首次"集体秀"。

● 市高级法院召开新闻发布会,对外通报 2016 至 2018 年上海法院"基本解决执行难"工作情况,并发布 2018 年破解执行难十大典型案例、十个执行失信联合惩戒案例和五个"执行不能"案例。

23 日

● 市委中心组再次围绕习近平总书记在首届中国国际进口博览会上的主旨演讲和考察上海时的重要讲话精神举召开专题学习会,与会同志联系工作思想实际深入交流学习体会。

● 市委常委会召开会议,传达学习全国干部教育培训工作会议精神,研究上海市干部教育培训规划、乡村振兴战略规划及实施方案等事项。市委书记李强主持会议并讲话。会议审议通过《2018—2022 年上海市干部教育培训规划》。

● 首届中国国际进口博览会上海城市保障总结表彰大会在国家会展中心(上海)召开。市委副书记、市长、中国国际进口博览会城市保障领导小组组长应勇主持会议,市人大常委会主任殷一璀出席,市委副书记尹弘宣读相关表彰决定,市委常委、常务副市长、中国国际进口博览会城市保障领导小组常务副组长周波作首届进博会城市保障工作总结报告。市领导为受到表彰的先进集体和个人代表颁奖,为保障单位代表颁发荣誉牌,为志愿者代表颁发证书。

● 位于闵行区浦江镇的漕河泾综合保税区通过验收并启用。这也是上海第一个成功转型的海关特殊监管区域，标志着上海海关特殊监管区域整合优化工作向前迈出坚实一步，发展能级进一步得到提升。

● 在一场以“开放、创新、融合、传承”为主题的“中华武术创意时尚秀”中，本届武术世锦赛的会徽与吉祥物向全球发布，国际奥委会副主席、国际武术联合会主席于再清，上海市副市长陈群等出席活动。本次活动的举办也标志着2018年上海市民武术节圆满落下帷幕。

24日

● 上海市市级机关机构改革推进会召开，对全面贯彻落实党中央、国务院批复的《上海市机构改革方案》和市委部署安排进行再明确、再细化、再推进。市委副书记尹弘，市委常委、常务副市长周波出席并讲话。市委常委、组织部部长于绍良主持会议。

● 上海马戏城门前迎来《时空之旅》大篷版首演。大篷占地约3 700平方米，主篷面积2 886平方米，最高处31米，最多时能容纳1 900名观众。

● “上海城市记忆四十年”2018年上海市民文化节市民写作大赛颁奖展演活动在普陀区图书馆举办。

● 2018东方美谷国际化妆品大会在奉贤开幕。来自十余个国家和地区的化妆品协会掌门人、百余家世界知名化妆品企业总裁等行业领军者以及行业内专家学者，接连带来数场主旨演讲和圆桌论坛，共同围绕中国化妆品产业的监管政策、发展趋势等话题展开探讨，并就上海如何进一步发展美丽健康产业建言献策。副市长许昆林出席并致辞。

● 沪、苏、浙、皖三省一市政府部门及相关行业的代表，在南京召开的长三角综合交通发展大会上发出倡议，共同深化长三角综合交通规划有机衔接，加快长三角综合交通基础设施互联互通。此次长三角综合交通发展大会由长三角区域合作办公室指导，江苏省交通运输厅、省综合交通运输学会联合主办。

● “上海高校课程思政理论探索与教学实践研讨会”在复旦大学召开，“课程思政”改革的未来之路通向何方，成为教育界专家、学者热议的焦点。

25日

● 以“社会主义现代化国际大都市建设与上海形象国际传播”为主题的2018上海公共关系国际高峰论坛在上海国际会议中心举办。

● 市委组织部部长于绍良在虹桥迎宾馆会见埃及议会第一副议长赛义德·马哈茂德·谢里夫一行，他向来宾们介绍上海改革开放和经济社会发展等情况。

● 2018上海市安利纽崔莱健康慈善慢跑开跑，5 000名跑者参加这一连续举办十七年的活动。健康跑队伍从上海国际旅游度假区内的大通音乐谷出发,沿申迪南路、申迪东路,途经生态园、香草园,最后返回大通音乐谷,全程约 7.8 公里。

● 由中华海外联谊会指导、中国和平统一促进会和上海海外联谊会共同主办的“文脉中华·聚力促统”海外中青年代表人士主题交流活动在上海举办,66 个国家 102 个海外统促会的 115 名中青年代表人士参与。

● 2018 年中国足球协会技术发展大会在上海落幕,国际足联、法国足协、比利时足协、英格兰足总的专家代表,以及中国足协、会员协会及青训中心、职业俱乐部的教练员等 500 余人参会。本次会议的主题是“俄罗斯世界杯及青训发展”,主要围绕“通过分析俄罗斯世界杯和欧洲足球强国成功之路探讨当前世界足球发展趋势”“法国、英格兰、比利时的足球精英青训体系与青少年足球培养”“中国足球青训体系建设的现状、方向与未来,以及中国足球教练员体系建设与精英教练员培养”三个方面展开。

● 2018 年度上海高中生经济论坛先后在上海证券交易所和华东师范大学附属东昌中学成功举办。论坛由浦东新区教育局、陆家嘴金融城发展局主办,华东师范大学附属东昌中学承办,上海证券交易所协办。来自东昌中学、交大附中、建平中学、控江中学、大同中学、南洋模范中学、延安中学等 26 所高中学校的多名学生与会。

26 日

● “纪念改革开放四十周年、浦东开发开放二十八周年:大型报告文学《浦东史诗》出版座谈会”在浦东新区召开,“中国报告文学浦东创作基地”暨“何建明上海工作室”同时揭牌。

● 市长应勇会见荷兰昕诺飞集团全球首席执行官及全球管理委员会主席洪岸礼一行。

● 浦东新区政府与上海广播电视台举行区台战略合作签约仪式。双方战略合作主要围绕文化产业发展、文化金融服务、文化品牌打造、文化氛围营造等重点领域展开。

● 市政协开展“养老服务体系中社区居家养老相关政策实施情况”专题年末视察,市人力资源和社会保障局相关负责人向政协委员介绍本市社区居家医养结合暨长期护理保险试点工作情况。

● 作为我国第一个由发达国家资助、与发达国家之间的中小学教师互派项目,中英数学教师交流项目在上海师范大学启动。代表团人员规模创两国交流五年来之最。

● 上海动物园披露:园龄最长的动物、创下亚洲象在国内动物园繁殖数量最多纪录的 54 岁野生雌象版纳,于 11 月 25 日 12 时 50 分抢救无效死亡。

27日

● 市委书记李强调研部分科技型企业和服务型企业：千寻位置网络有限公司、优刻得科技股份有限公司、上海东昌企业集团有限公司。

● 上海市政府与百度公司在沪签署战略合作框架协议。市委书记李强，市委副书记、市长应勇会见百度公司董事长兼首席执行官李彦宏一行。

● “上海市海峡两岸民间交流与发展研究会”在上海社会科学院召开成立大会。

● 由中宣部、文化和旅游部共同主办的首届全国红色故事讲解员大赛在上海开赛。来自各省、自治区、直辖市、新疆生产建设兵团以及军队的130名讲解员来沪参赛。

● 市委统战部部长郑钢淼在虹桥迎宾馆会见以党主席马丁内斯为团长的哥伦比亚民主中心党干部考察团，他向来宾们介绍上海改革开放实践和经济社会发展等情况。

● 杨浦区政府、宝山区政府分别与百度公司签署战略合作协议，将在人工智能、云计算等领域展开深度合作，打造杨浦人工智能特色产业集聚区，共建宝山智能城市示范区和人工智能产业集聚高地。

● 市妇联和上海社科院社会学研究所共同发布《改革开放四十年女性发展调研报告》。改革开放四十年来，上海女性的预期寿命从1978年的74.8岁上升到2017年的85.9岁，上升了11.1岁，高出全国平均数6岁多。

● 舞动长宁·第十一届中国舞蹈“荷花奖”舞剧展评在上海国际舞蹈中心大剧场拉开帷幕。未来两周，来自全国各地的七部舞剧作品将在这里进行展演，角逐最终的五个奖项。

● “映美杯”2018年中国国际象棋甲级联赛举行。中国移动上海队战胜广东队，以15胜3和1负积34分场分、63分局分的成绩，提前3轮成功卫冕联赛冠军。

28日

● 市委书记、市总河长李强先后前往闵行区、长宁区，实地检查苏州河环境综合整治四期工程推进及河道水环境治理工作落实情况。

● 上海交通大学医学院附属仁济医院首届患者委员会成立，七名患者委员正式“入职”。这是上海首个综合三甲医院患者委员会，也是医院探索医疗服务第三方评价和管理的尝试。

● 上海集成电路设计产业园正式揭牌，上海市政府与紫光集团有限公司签署战略合作框架协议。紫光集团有限公司、上海韦尔半导体股份有限公司、北京兆易创新科技股份有限公司、阿里巴巴（中国）有限公司等企业和项目首批入驻园区。

● 上海打造全球电竞之都·浦东电竞重点项目签约仪式在梅赛德斯—奔驰文化中心举行。上海市相关部门和浦东新区先后发布一系列有关电竞产业的新规划、新政策,包括先行先试电竞运动员注册制等举措,在浦东率先优化电竞产业发展环境。

● 市人大代表集中视察拉开序幕,首场专题为“打响‘上海服务’品牌,优化营商环境”。代表分两路进行视察,其中一路视察黄浦区行政服务中心、上海票据交易所、上海黄金交易所、上海金融法院等地。另一路是张江科学城企业服务中心、中国(浦东)知识产权保护中心、上海知识产权法院。

● 第十届长三角地区人民法院司法协作工作会议在上海崇明召开。签署了《关于全面加强长江三角洲地区人民法院司法协助交流工作的协议》。

● 市侨联在中科院上海有机化学研究所举办以“长三角区域科技协同创新”为主题的“侨智论坛”,沪苏浙皖的专家、学者、企业家、侨界组织代表及政府部门代表汇聚一堂建言献策。

● 由中国船舶工业集团有限公司所属上海外高桥造船有限公司为招商局能源运输股份有限公司量身订造的全球首艘 40 万吨智能超大型矿砂船(VLOC)“明远”号在上海命名交付,成为中国造船业从“造大船”到“智能化”转型的一个新起点。

● 2018 上海市最佳阳光体育活力园丁系列奖项主题活动在复旦大学举办,李小双、李秋平、孙海平、邹市明、王仪涵、孙吉、浦玮等多位知名体育人士为获奖者颁奖。

29 日

● 市长应勇主持召开经济形势专家座谈会,与国内智库和研究机构的 6 位专家座谈交流,听取大家对当前经济形势的研判和对上海深化改革、扩大开放的意见和建议。

● 首届长三角国际文化产业博览会在上海展览中心开幕,文博会包括展览、论坛、“区城联动”活动三大主体内容。长三角文博会主旨论坛同日举行。以“长三角文化融合与创新发展”为主题,深入探讨长三角文化产业更高质量一体化发展。

● 上海自贸区召开重点融资租赁项目签约暨融资租赁业服务措施发布会。一批新落地的融资租赁企业与自贸区有关片区管理局签约,上海自贸区同时宣布设立融资租赁产业发展服务中心(平台),并发布《中国(上海)自由贸易试验区关于进一步促进融资租赁产业发展的若干措施》。

● “5G 新时代 · 智联长三角”长三角数字经济协同发展高峰论坛举办,由长三角三省一市 5G 联盟共同参与组建的“长三角 5G 创新发展联盟”正式揭牌成立。

30 日

● 市委书记李强在复旦大学调研高校智库建设并主持召开座谈会。复旦大学负责同志就学习贯彻习近平总书记重要讲话精神及学校智库建设情况作了汇报。复旦大学中国研究院院长张维为、泛海国际金融学院执行院长钱军、上海自贸区综合研究院秘书长尹晨等围绕落实三项新的重大任务，结合各自研究领域以及近期研究成果，建言政策举措。

● 市政协召开十三届十六次主席会议，审议长三角地区政协“构建区域创新共同体，推动长三角科技创新圈建设”联合调研报告等议题。市政协主席董云虎主持。

● 市公安局新闻发布会透露，2016 年 9 月至今年 10 月底，上海共打掉 316 个“套路贷”违法犯罪团伙，抓获违法犯罪嫌疑人 1 770 余人，为人民群众挽回经济损失超过 12 亿元。仅今年全市就打掉“套路贷”犯罪团伙 130 个，抓获违法犯罪嫌疑人 770 余人，为人民群众挽回经济损失 4.5 亿余元。

● 全国首份完全聚焦河道的规划指南——《上海市河道规划设计导则》公开征求意见，为期 10 天。这份《导则》不仅关注河道环境，更将视野拓展到水岸空间：不仅关注治理，更是关于河道和滨水空间的全周期研究，包括规划、设计、建设、管理和运维。

● 由国务院参事室指导，国务院参事室长江经济带发展研究中心主办，上海市政府参事室承办的“2018 长江论坛”在上海举办。论坛以“推动长江经济带高质量发展”为主题，重点围绕修复生态环境、打造黄金水道、强化创新驱动和推进协同发展四个专题研讨对话、建言献策。

● 上午，金山区首先邀请 3 位专家作专题讲座，其中既有市委党校的教授，也有大型国企老总，还有城市运营领域学者。下午，全区数百名参会的处级以上干部分经济转型、乡村振兴、联动发展、社会治理四个主题开展分组讨论。

## 本月

4—7 日

● 习近平总书记在上海出席首届中国国际进口博览会开幕式和相关活动，并深入上海的企业、社区、城市运行综合管理中心、高新科技园区考察调研，就上海工作发表重要讲话、作出重要部署。

5—10 日

● 世界上第一个以“进口”为主题的国家级展会——首届中国国际进口博览会在上海举办。博览会吸引了 130 多个国家和地区的 3 000 多家企业，5 000 多件展品在中国市场首秀。

8—11 日

● 市委十个巡视组全部进驻巡视单位，这标志着十一届市委第四轮巡视工作全面展开。本轮巡视共巡视 13 个单位，市委第一到第十巡视组分别巡视上海健康医学院党委；上海城建职业学院党委；上海电力学院党委、上海电机学院党委；上海海事大学党委;上海开放大学党委;上海第二工业大学党委;上海大学党委;华东政法大学党委、上海政法学院党委;上海戏剧学院党委、上海交通大学医学院党委;上海商学院党委。

16—18日

● 2018中国国际旅游交易会在上海新国际博览中心举办,共有107个国家及地区参展。主宾为欧盟,参展国家及地区达107个,展位总数2 245个。

18—20日

● 江苏泰州来沪举办“服务大上海,融入长三角”系列活动。

20—27日

● 应埃及亚历山大省政府和阿联酋迪拜市政府邀请,市政协主席董云虎率上海市代表团访问埃及和阿联酋。访埃期间,董云虎会见埃及议会议长阿里·阿卜杜勒—阿勒,就中埃关系、“一带一路”建设,以及在全面战略伙伴关系框架下进一步推动上海与埃及的议会交流、发展与亚历山大省和开罗省的友好合作关系交换意见。

27—28日

● 全国城市基层党建工作理论研讨会在上海召开。上海、北京、吉林、四川、新疆、杭州、宁波、太原、东莞9地先后作大会发言。与会同志围绕“健全城市基层党建体制机制、提高城市基层党组织领导基层治理能力”进行研讨交流,并赴上海浦东、徐汇、长宁、普陀、静安、虹口、杨浦、黄浦、闵行等区的楼宇、街道、居民社区、滨江公共空间、文化街区、高新技术园区等实地考察城市基层党建工作。

11月29日—12月2日

● 由上海、江苏、浙江、安徽一市三省共同打造的首届长三角国际文化产业博览会召开,这是我国第一个以世界级大城市群的文化产业为参展主题和主要内容的文博会,也是推动长三角文化产业更高质量一体化发展的强力引擎。由展览、论坛和相关活动三部分组成的长三角文博会,全面展示长三角作为世界级大城市群,在全国各地区文化产业中贡献度最大、企业实力最强、国际化程度最高的整体风貌。

## 12月

1日

● 2018年中国海归创业大会暨第六届上海海归人才创新创业大会召开。大会以“智汇长三角,共圆海创梦”为主题,各界嘉宾共话实施长三角一体化发展国家战略、加快推动人工智能产业发展等为海归人才创新创业带来的新机遇。

● 昆山市政府将全国首张跨区域使用、兑现的技术转移类科技创新券,发给昆山福立旺精密机电公司和上海 114 产学研服务平台，后者将到国家技术转移东部中心兑现 30 万元。昆山—上海创新券不仅实现了沪昆两地通用，而且分别以国家技术转移东部中心、昆山市生产力促进中心作为兑付主体，探索出一种长三角创新券通兑方案，这在全国尚属首创。

● 上海证券交易所召开会员理事、监事座谈会，就设立科创板并试点注册制征求市场意见。

● 第五届东北亚和平与发展论坛在沪开幕，主题是“面对新形势、抓住新机遇、实现新发展”。东北亚地区的 60 余位学者专家和资深大使出席，美国智库学者亦应邀与会。外交部副部长孔铉佑出席论坛并发表主旨演讲，副市长许昆林出席开幕式。

● 今日起，使用上海地铁“大都会”App 去杭州、宁波也能乘坐地铁。同样，杭州和宁波的市民也可以使用当地地铁官方 App，刷二维码无障碍乘坐上海地铁。

● 第三届“丝路学・青年论坛”在上海外国语大学闭幕。今年正值“一带一路”倡议提出五周年，来自国内知名高校的 30 余位专家学者围绕“一带一路”倡议与拉美研究、“一带一路”倡议与国别区域研究，及“一带一路”倡议与丝路学研究三个专题展开讨论。论坛由上外丝路战略研究所、上海市国际关系学会与上海外国语大学西方语系等共同主办。

● 零时开始，市公安局、市生态环境局《关于进一步加强机动车噪声污染治理工作的通告》正式施行。通告中规定，上海全天禁止噪声超过 80 分贝的九座以下客车在本市道路(高速公路除外)行驶；每天 21 时至次日 7 时禁止噪声超过 80 分贝的摩托车在本市道路行驶。

2日

● 由沪苏浙皖人社、教育部门共同主办的“2018 年长三角地区人才交流洽谈会暨高校毕业生择业招聘会”在沪召开，共有 540 家企事业单位参加，推出岗位 12 180 个，进场人数 6 500 余人，达成初步意向 1 849 人次。

● 2019 年“国考”笔试。中公教育、相关部门和考试现场的消息显示，2019 年“国考”上海考场设在黄浦、浦东两个区，共有 30 个考点，约 2.1 万考生参加。

● 上海昆剧团携镇团之宝《临川四梦》完成在柏林的四场演出，压轴的《牡丹亭》谢幕，柏林观众全体起立鼓掌，久久不愿散去。

● 由市健康教育协会、市营养学会、《自我保健》杂志社主办，上海社会组织健康传播联席会议部分成员单位协办，玫琳凯(中国)有限公司倾力公益支持的“吃动两平衡，健康每一天”健康美力中国行媒体说明会在上海启动，全国的慢病预防与控制专家、营养学专家、三甲医院的营养科医师代表出席本次活动，中国疾病预防控制中心营养与健康所所长丁钢强、上海交通大学医学院营养系教授蔡美琴在会上发布相关的慢性病数据以及《现代生活方式与健康问题调查》报告。

3 日

● 市委书记李强会见上海检察机关全国先进典型和首届上海检察风云人物(团队)代表。

● 市长应勇主持召开市政府常务会议,部署巩固首届中国国际进口博览会成果,深入推进城市管理精细化工作;研究深化科技奖励制度改革,营造良好创新环境;审议通过年度碳排放配额分配方案,进一步推进节能减排。

● 全市三级检察院 21 名检察长接过相关中学校长的聘书,担任学校的法治副校长。市检察院还与市教委会签订《上海市人民检察院、上海市教育委员会关于进一步加强兼职法治副校长工作的意见》,双方将通力配合,发挥资源优势,深入推进青少年学生法治教育工作。

● 市教委召开第四期“上海市普教系统名校长名师培养工程”推进会。工程助力百所初中“强校工程”学校和乡村学校发展,助推初中“强校工程”学校和乡村学校教师(校长)队伍建设,促进研究课题及理论成果的转化,解决发展中的一些难点、痛点、堵点。

● 今天起至 9 日是市第三十届宪法宣传周。市司法局举办开放日活动,市人大代表、市政协委员、人民监督员、基层群众、高校及中学师生代表以及通过网络报名随机抽选的市民代表等 50 人作为首批观众,走进位于建国西路 648 号的上海市司法行政大楼,参加开放日活动,还有 28.5 万名网民通过网易平台收看活动直播。

● 2019 第二届进博会海外路演活动在新西兰的奥克兰市拉开帷幕。中国国际进口博览局和国家会展中心(上海)在奥克兰举办的首站路演,吸引了大批新西兰出口企业参加,多家企业和机构现场签约参展第二届进博会,展览面积超过 1 600 平方米。此次路演活动由中国驻新西兰大使馆、中国驻奥克兰总领馆以及新西兰中国商会提供支持。

4 日

● 市政协召开本市宗教工作情况专题通报会。市委常委、统战部部长郑钢淼通报有关情况。郑钢淼向政协委员通报中央关于宗教工作的重大决策部署,总结梳理本市贯彻落实中央宗教政策,推进宗教工作的经验做法。分析当前面临的新情况新问题,并详细介绍上海在健全完善工作机制、提升服务管理水平、发挥信教群众在促进本市经济社会发展中积极作用、凝聚宗教界人士智慧力量等方面的具体举措及成效。

● 经过为期半年的宣传推介、投票评选、风采展示,首届上海检察风云人物(团队)

评选结果揭晓。市检察院第三分院跨行政区划办案团队、市检察院法医实验室、浦东新区检察院顾琤琮检察官办案组、市检察院第二分院打击“套路贷”团队、市检察院检察业务专家高峰、浦东新区检察院检察官吴菊萍等10人(团队)当选首届上海检察风云人物(团队)。

● 市高级法院组织全体高级法官及今年以来经市人大常委会任命的法官集体宣誓。仪式主题为“弘扬宪法精神 守护公平正义”。部分人大代表、政协委员、上海高院特约监督员、律师代表、法学院学生代表等社会各界人士应邀观摩。

● 以中国商用飞机研发之路为背景的原创话剧《追梦云天》在上海外高桥文化艺术中心亮相。这部由上海话剧艺术中心制作出品,王俭编剧、胡宗琪执导的原创现实题材舞台作品,带领观众走入中国民航制造业,体验中国民航人在圆梦途上的苦与乐。上海话剧艺术中心演员王一楠、韩秀一、贾景晖、佘晨光等参与演出。

● 副市长彭沉雷在市政府会见世界技能组织首席执行官大卫·霍伊一行。

5日

● 上海市政府与中国船舶工业集团有限公司在沪签署战略合作框架协议。市委书记李强,市委副书记、市长应勇会见中船集团董事长雷凡培、总经理杨金成一行并出席签约仪式。

● 市促进民营经济发展大会在上海展览中心召开。市委副书记、市长应勇主持会议。市领导为第五届上海市非公有制经济人士优秀中国特色社会主义事业建设者称号获得者颁奖。受表彰代表季昕华、民营企业代表汤亮、闵行区委朱芝松、市经济信息化委陈鸣波先后作交流发言。

● 市政协召开上海政协系统党的建设工作会议暨市政协专门委员会(指导组)分党组成立大会,传达习近平总书记近期关于人民政协工作的重要讲话精神,全面贯彻中办《关于加强新时代人民政协党的建设工作的若干意见》和全国政协党的建设工作座谈会精神,全面落实李强关于推进全市政协系统党的建设工作的明确要求。市政协党组书记、主席董云虎出席并讲话。

● 市长应勇调研本市重大投资项目建设情况。应勇与副市长吴清一行首先来到中芯国际,这里正在建设面向下一代高端通讯和消费类电子产品的12英寸芯片生产线,计划投资逾100亿美元,建成后将成为国内技术最先进的芯片生产基地。

● 市人大常委会主任殷一璀主持召开座谈会,听取代表们对民营企业营商环境,“一府一委两院”和市人大常委会工作以及人民群众普遍关心的热点、难点问题的意见和建议,为明年1月召开的市人代会做好准备。

● 市学前教育信息化工作会议透露,全市支持20所数字化实验幼儿园先行先试,打造园所信息技术创新应用示范,以点带面推进信息技术在学前教育的创新和应用。一个数字化、智能化、自动化的互联网+学前教育平台已经初具规模。

● 由上海美术家协会指导、上海久事(集团)有限公司主办的“世纪经典·匠心营造——上海历史建筑风景油画创作展”作品征集仪式,在上海久事美术馆(外滩馆)启动。此次画展以选定的200处本市优秀历史保护建筑为创作题材,即日起至2019年2月底面向艺术家公开征集油画作品。

● 龙华烈士纪念馆推出首季文物资料研析会,面向社会、高校,广发英雄帖,邀请专家学者就馆藏文物进从事学术研究。首季文物包含1904年秋瑾主编的《白话》创刊号、《京汉工人流血记》《国民革命军第五军淞沪抗日画史》及吕士才使用过的显微手术器械包。

● “讲真话——戴逸如图说《随想录》”展在思南书局举办,展出画家根据《随想录》所作的画作。

● 即日起至2019年3月5日“学雷锋日”期间,本市将开展2018上海志愿服务文化推广季系列活动。今年上海志愿服务文化推广季,将包含志愿服务短视频征集大赛,“跟着明星做志愿”网络直播真人秀,春运志愿者慰问活动,长三角地区(上海)志愿服务论坛等系列活动。

● 上海首套全市统一的生活垃圾分类知识读本诞生,首批读本被发放到松江等区的部分小学和初中。

● 一场主题为“青春梦想齐飞扬、垃圾分类新时尚”的上海市生活垃圾全程分类进校园主题活动生动演绎了垃圾分类的“时尚范”。在市人大城建环保委、市教委、团市委、市文明办、市网信办、华东师范大学、市机关事务局、市绿化市容局等共同主办的这场活动上,垃圾分类变成手机游戏,变成RAP,变成垃圾桶打击乐……各种时尚元素的加入,让垃圾分类不再枯燥,更易深入人心。

● 市人社局下发《关于进一步优化本市高等学校专业技术岗位设置管理的意见》,明确要求合理确定高等学校专业技术岗位结构比例,建立动态调整机制。

6日

● 市委常委会召开会议,学习贯彻习近平总书记在十九届中央政治局第十次集体学习时的重要讲话精神,学习贯彻习近平总书记近期关于人民政协工作的重要讲话精神。会议还研究了贯彻落实部分省区市纪委书记监委主任座谈会精神,审议通过《关于提升黄浦江、苏州河沿岸地区规划建设工作的指导意见》。

● 第五届全国大众冰雪季在上海东方体育中心正式启动。上海市委书记李强与群众代表共同启动第五届全国大众冰雪季。国家体育总局局长苟仲文,上海市委副书记、市长应勇分别致辞。启动仪式由国家体育总局、北京2022年冬奥会组委会和上海市人民政府共同主办。

● 市政府举行第29批跨国公司地区总部和研发中心颁证仪式，市长应勇向新认定的跨国公司地区总部和研发中心颁发证书。副市长许昆林致辞。蔻驰贸易(上海)有限公司和迅达(中国)电梯有限公司负责人分别代表跨国公司地区总部、研发中心发言。

● 徐汇区发布《关于建设人工智能发展新高地打造徐汇高质量发展新引擎的实施办法》，将围绕徐汇滨江和轨交15号线形成"U"字形人工智能产业布局，同时从制度供给、空间规划、应用示范、人才服务等四方面建设上海人工智能新高地。

● 市政协召开2018年情况通报会，向各国驻沪机构相关人士通报市政协履职工作情况，并就放大进博会溢出效应、发展更高层次的开放经济、优化营商环境等听取在沪外籍人士意见建议。市政协主席董云虎出席并致辞。

● 杨浦区发布《关于全面提升服务效能，打造民营经济创新活力高地的行动计划》，围绕激发民营企业创新活力的目标，从降低经营成本、完善保障措施、打造全生命周期投融资体系和依法保护民企合法权益等七大方面提出了26条政策举措，全力支持民营经济发展。

● 市委书记李强会见美国驻华大使布兰斯塔德一行。

● 市长应勇会见英国保诚集团首席执行官迈克·威尔斯一行。

● 市长应勇会见韩国釜山广域市市长吴巨敦一行。

●《2018上海市智慧城市发展水平评估报告》发布，智慧城市发展水平指数为105.13，相较去年提升5.6。这是上海市经济和信息化发展研究中心连续第四年发布评估报告。今年的评估主要从网络连接的感受度、智慧化应用的渗透度、环境保障的完备性等方面设置了10个二级指标和42个三级指标。

● 今年夏天因邀请日本成人影片演员作为"助学使者"参加"公益活动"，并在活动期间为其佩戴红领巾而遭到公众谴责的上海臻海实业有限公司被处以罚款100万元，另案罚款30万元。这是迄今上海市场监管部门对于此类案件的最高处罚，也是目前全国关于不当使用红领巾行为的最高处罚。

● 250盒来自哥伦比亚大学的顾维钧数字档案，捐赠给复旦大学和上海图书馆。

● 市第一中级法院一审公开开庭审理被告人黄一川故意杀人案("6·28"浦北路杀害小学生案)。市检察院第一分院派员出庭支持公诉，被告人黄一川及辩护人、被害人的诉讼代理人、鉴定人出庭诉讼。

7日

● 市委书记李强会见美国泰博思萃国际集团(Tapestry，Inc.)首席执行官维克特·路易斯一行。

● 市委书记李强，市长应勇会见由浙江省台州市委书记陈奕君，台州市委副书记、代市长张晓强率领的台州市党政代表团一行。

● 上海博物馆“丹青宝筏——董其昌书画艺术大展”向公众开放。这是大陆举办规模最大的董其昌艺术大展。展览为期三个月，以上博馆藏为主，同时向北京故宫博物院、美国大都会艺术博物馆等海内外15家重要收藏机构商借藏品，遴选董其昌及相关作品共计154件(组)。

● 市长应勇主持召开区长座谈会，听取16个区明年工作谋划以及对全市工作的意见和建议。各区区长先后发言，既立足全市大局，又紧扣各区实际，谈明年工作思考，并对全市工作提出建议。

● 市商务发展研究中心(上海市商业信息中心)发布《上海城市商业综合体发展情况报告(2017—2018年)》。

● 市人大常委会在虹桥街道召开《上海市生活垃圾管理条例(草案)》(修改稿)立法听证会。

●《国家体育总局 上海市人民政府关于冰雪运动项目合作协议书》签约仪式在沪举行。

● 位于徐家汇田林板块的上海漕溪路长租公寓正式开工。规划建筑面积约2.9万平方米，将分别建成七层、二十八层两栋长租公寓。总共约600套租赁住房将于明年10月入市。

● 在包玉刚基金会、上海包玉刚实验学校、上海交通大学等纪念包玉刚百年之际，包玉刚之女、上海包玉刚实验学校理事长包陪庆，包玉刚外孙、副理事长包文骏代表包氏家族，捐设上海交通大学“包玉刚学生社会实践基金”，用以支持大学生学以致用、深入社会，开展不同形式的实践活动。

● 市委书记李强专题调研上海信息基础设施建设。他先后来到中国联通上海分公司网络管理中心、中国移动上海有限公司网络运行管理中心、中国电信上海分公司网络操作维护中心，分别听取智能网络运营及创新业务实践应用、第五代移动通信技术网络建设试点工作以及中国电信全球信息枢纽建设情况。

8日

● 第二十五届“蓝天下的至爱”慈善活动开幕式暨第四届“上海公益微电影节”颁奖典礼启动，本届慈善活动将从12月8日起持续到2019年1月12日结束，历时35天，共计504项。

● 嫦娥四号探测器开启月球探测的新旅程。来自中科院上海技物所、中科院上海天文台、中科院上海硅酸盐所、中科院上海光机所、中科院上海有机化学所的科研人员为这次月球探测贡献出了“上海智慧”。

●“2018健康上海——公共卫生发展论坛”开幕，由上海市疾病预防控制中心、复旦大学公共卫生学院合作建立的健康中国研究院正式揭牌。

● 刘小晴书法工作室揭牌暨刘小晴艺术基金启动仪式在秋海堂文化艺术中心举行。书法家刘小晴不仅在街道社区和学校设立工作点，还捐资500万元成立艺术基金，其中首批100万元对口支援云南红河的书画教育和帮困助学。

● "哲学如何走出象牙塔，与大众亲近、与媒体拥抱?"由上海报业集团与旗下上市公司新华传媒共同打造的文化品牌"市民文化客厅"第二期—文汇讲堂《在这里，中国哲学与世界相遇》新书分享会及同名图片展在上海书城福州路店精彩亮相，并在6家新华书店门店进行同步视频直播及互动提问，15家门店现场直播。

● 首次由长三角大数据主管部门主办的大数据应用比赛"SODA 2018"正式落幕，500多个创新团队踊跃参与，对长三角政务和商业数据大胆加工，大开脑洞，展示了数据跨界流动所能形成的巨大价值。

9日

● 沈尹默诞辰135周年纪念文献展在海派文化中心开幕。文献展由市书法家协会、陕西省汉阴县委县政府、虹口区文联、虹口区文化局、虹口区档案局共同举办。展览将为期三个月。

● 市卫生健康委与文汇报社联合召开庆祝改革开放四十周年——"上海卫生改革发展20件事"新闻发布会，最终揭晓20件事，并探讨总结上海卫生工作经验，希冀继续办好人民满意的医疗。

● 第五届中国工业大奖发布会在北京人民大会堂召开，航天科技集团八院(上海航天)抓总研制的风云系列气象卫星获得中国工业大奖。中国工业大奖是在2004年经国务院批准设立的我国工业领域最高奖项。这也是上海航天首次获此殊荣。

10日

● 市委书记李强实地调研全市重大工程建设推进情况。

● 市长应勇出席2018年市领导与外国驻沪领团见面会，向各国驻沪领馆官员介绍上海经济社会发展和中国国际进口博览会等情况，并就上海进一步扩大开放、优化营商环境等话题与大家坦诚交流。

● 市长应勇主持召开市政府常务会议，部署深化落实河长制，持续推进水环境治理；研究完善政策措施，加快推动电子商务与快递物流协同发展；决定在全市加快推开"证照分离"改革工作。

● 市人大代表继续开展会前集中视察，40多位市人大代表和在沪全国人大代表就"社会治理创新"专题开展视察。市人大常委会主任殷一璀参加视察。

● 市政协召开十三届十七次主席会议，审议"在新的起点上更好推进张江科学城发展"调研报告等议题。市政协主席董云虎主持。

● 市委书记李强会见由浙江省湖州市委书记马晓晖,湖州市委副书记、市长钱三雄率领的湖州市党政代表团一行。

● 市绿化市容局召开新闻通气会,通报上海推进生活垃圾全程分类体系的最新进展:上海力争 2019 年全面建成生活垃圾分类体系,实现全市生活垃圾分类服务全覆盖,并于 2020 年全面达标。

● 市政协召开专题通报会。市人民检察院通报拟提交市第十五届人民代表大会第二次会议审议的《上海市人民检察院工作报告(征求意见稿)》,听取委员意见建议。市政协主席董云虎出席并讲话。市人民检察院检察长张本才通报了报告起草情况及主要内容。

● 市总工会下发《上海市总工会关于组织开展 2019 年元旦春节送温暖活动的通知》,全面部署元旦春节送温暖活动,预计今年全市各级工会将筹集 1.5 亿元用于元旦春节期间的帮困送温暖。

11 日

● 由国家工信部、上海市政府指导,中国半导体行业协会、中国电子信息产业发展研究院主办的"首届全球 IC 企业家大会暨第十六届中国国际半导体博览会"召开。博览会共设立半导体设计、半导体制造封测、设备材料、创新应用、分立器件、高端芯片和推广应用六大展区,参展企业达 200 多家。

● 由市政府参事室主办的"上海 2018 参事国是论坛"举办。全国政协常委、经济委员会副主任,国务院参事林毅夫就我国现代服务业发展和当前经济形势作主题演讲;上海浦东新区副区长、中国(上海)自由贸易试验区管委会副主任王华介绍上海自贸试验区全面深化改革和扩大开放的实践与探索;上海市发展改革委巡视员王思政阐述如何围绕高质量发展创造高品质生活的主题打造上海服务品牌;上海市政府参事、中国首席经济学家论坛研究院院长盛松成分析我国服务业改革开放与发展前景。

● 中心城区最高气温为 8.7 ℃,已连续 5 天日平均气温低于 10 ℃,满足入冬标准。市气象局宣布,上海已进入气象意义上的冬季,12 月 7 日为今年入冬日。

● 市委召开学习讨论会,深入学习贯彻习近平总书记在首届中国国际进口博览会开幕式上的主旨演讲和考察上海时的重要讲话精神,重点围绕落实三项新的重大任务和五方面要求深入研究讨论,推动明年各项工作再上新台阶。

12 日

● 市人大常委会举召开第十五次主任会议。听取关于《上海市生活垃圾管理条例(草案)》(修改稿)修改情况的报告、《上海市大气污染防治条例修正案(草案)》审议结果的报告、《上海市人民代表大会常务委员会关于修改本市部分地方性法规的决定(草案)》的说明等9件地方性法规修正案(草案)的研究意见的报告等,决定将相关法规草案、决定草案提请常委会第八次会议审议。

● 浦东新区召开全区会议,围绕乡村振兴战略,部署推进300多个村"家门口"服务中心建设,打造"四站一室"(党建服务站、市民事项受理服务站、文化服务站、联勤联动站、卫生室)功能载体。这标志着浦东推进"家门口"服务体系再次出发。

● 民盟市委召开庆祝改革开放四十周年大会。会议回顾了上海民盟的发展历程和辉煌成就。

● "人工智能场景建设实施计划"发布,推出"AI+学校""AI+工厂""AI+医院"等十大应用场景,向海内外企业发出征集技术方案;同时,也邀请市民、企事业单位结合自身需求,向AI公司提要求。这是国内第一次面向AI场景广泛征集应用需求,有助于破解AI的发展瓶颈。

● 2018第八届上海国际健康产业品牌博览会暨长三角健康产业博览会开幕。长三角健康产业联盟也在沪成立。会议由中国非处方药物协会和上海市健康产业发展促进协会主办、上海市健康促进中心任指导单位。

● 仁济医院南院启动智慧医疗项目,并上线医院服务号,成为一家智慧医院,为每个病人配备一个电子看病助理,可指引患者完成整个就医流程。

● 市扫黑办主任会议召开,传达贯彻第三次、第四次全国扫黑办主任会议精神,通报本市扫黑除恶专项斗争督导工作情况,部署年末岁初本市扫黑除恶专项斗争工作。

13日

● 南京大屠杀死难者国家公祭日悼念活动暨《英雄壮歌》上海抗战英烈事迹文物图片展开幕仪式在上海淞沪抗战纪念馆与国家公祭同步举行,并进行全市巡展。展览共展出英雄人物31人,照片91张,文物共计43套(53件)。

● 市委、市政府召开上海市农村综合帮扶工作推进会,部署新一轮农村综合帮扶工作。

● 市长应勇调研本市重大投资项目建设情况。

●《东方潮——上海改革开放标志性首创案例选》举行首发式、召开座谈会。该书以《"星期日工程师"打破科技人员跨体制兼职藩篱》为开篇,以《上海创新"一网通办"政务服务模式打造优化营商环境新名片》为结篇,生动再现了改革开放40年来上海各时期各行业各领域深化改革、扩大开放的壮丽画卷。

● 应勇会见国际展览局秘书长、世博会博物馆理事会理事长洛塞泰斯一行。

● 以"创新　合作　发展——迈向未来的世博会"为主题的首届世博发展国际合作论坛在上海世博会博物馆开幕。国际展览局、全球多个世博会举办地负责人深入探讨世博会发展趋势,分析世博会平台的公共外交和贸易投资促进作用,为中国借助世博会全面加强国际合作、积极推动构建全面开放新格局提供新主张、新建议。

● 工业互联网标识解析国家顶级节点(上海)正式启动上线。

● 市委组织部部长于绍良在虹桥迎宾馆会见以俄罗斯联邦共产党中央主席团成员、俄共奔萨州委第一书记、奔萨州立法会议俄共议员团主席卡姆涅夫为团长的俄罗斯联邦共产党干部考察团一行,他向来宾们介绍上海改革开放和经济社会发展情况。

● 首届服务保障长江经济带发展检察论坛在上海举办,长江经济带 11 省市检察院代表在论坛上作主旨发言和经验交流。最高人民检察院党组副书记、副检察长邱学强,最高检副检察长张雪樵,上海市委常委、政法委书记陈寅出席论坛。

●《与时代同行》纪念改革开放四十年上海杂技展演在商城剧院举行。在市杂技家协会牵头组织下,上海杂技团、市马戏学校、上海魔术团、上海青年马戏团、上海星光杂技团等多个获得过国际金奖的优秀节目轮番上演,充分展现改革开放四十年来上海杂技所取得的优秀成果。

● 支付宝在沪发布全新的刷脸支付产品"蜻蜓",让经营者可以更低成本接入刷脸支付服务,提高效率。

14 日

● 市政协举召开十三届六次常委会议。市委副书记、市长应勇通报本市经济社会发展情况。市政协主席董云虎主持。

● 上海文广演艺(集团)有限公司宣布联手上海久事体育产业发展(集团)有限公司,通过文娱业态导入,把上海东方体育中心打造成具有国际一流水准的体育娱乐综合体。未来两个集团通过场馆、内容、管理、产业优势互补,逐渐形成体育娱乐产业"生态圈"。

● 市总工会和复旦大学针对开展工会人才培养及工运理论研究合作签约,这是一次打造上海市工人运动理论研究高地的跨界合作。市人大常委会副主任、市总工会主席莫负春,复旦大学党委书记焦扬出席签约仪式,并为"马克思主义工运理论研究基地"揭牌。

● 奉贤区举办上海石油化工交易中心十年成果发布活动。该中心成立十年来,已成长为年交易额近 2 000 亿元、国内最大的石油化工大宗商品现货交易中心。

● 以"开启新时代长三角教育更高质量一体化发展新征程"为主题的第十届长三角教育一体化发展会议在上海召开。上海、江苏、浙江、安徽三省一市共同签署《长三角地区教育更高质量一体化发展战略协作框架协议》和《长三角地区教育一体化发展三年行动计划》。

● 由英国碰撞戏剧公司创作、上海文广演艺集团制作呈现的浸入式戏剧《不眠之夜》上海版迎来两周年600场。自2016年12月首演至今，该剧售出门票超199 050张，成为上海门票销售告罄最快的戏剧演出。

● 人民日报新媒体中心推出的“时光博物馆”在上海正式开启全国巡展首站。馆内共设有五大主题展馆，包括反映改革开放四十年来人们衣食住行变化的时光杂货铺、奇妙时空屋、年代照相馆和岁月交通局，还有上海特展——声音博物馆。

15日

● 用于查处“机动车隧道内不开灯”的电子警察设备今天正式启用，对违反“隧道开灯”警告标志指示的车辆，将按照违反警告标志指示的行为，处以200元罚款。

● 2018年上海科普教育创新奖颁奖典礼举行。植物生理学家、中科院植物生理生态研究所许智宏院士，泌尿外科专家、海军军医大学（第二军医大学）校长孙颖浩院士，获得本年度“科普杰出人物奖”。

●“改革开放四十年・上海法学法律人见证的改革发展”主题演讲比赛决赛在上海广播电视台举办。市第一中级法院的审判员杨斯空以96.9的高分获得一等奖，市检察院二分院检察官助理杨晶晶和上海市吴家洼监狱干警乔然获得二等奖，上海申浩律师事务所合伙人张玉霞等3名选手获三等奖。演讲赛由上海市委政法委和上海市法学会联合发起。

● 由上海中华职教社、上海中华职业教育温暖工程基金会共同举办的2018年度“中华助学金”发放仪式举行。今年共有本市52所职业院校和宁夏2所职业院校的260名困难学生得到资助，资助金额共计50万元。

● 由上海交通大学上海高级金融学院、中国金融研究院和国际金融家论坛主办的2018年上海金融论坛举行，聚焦“开放的中国金融与世界”主题，来自全球的专家学者齐聚一堂，为金融与全球经济增长中的关键课题探寻新路径。

● 今年最后一次上海私车额度拍卖举行。本月沪牌额度最低成交价87 400元，平均成交价87 508元。

16日

● 沪苏浙皖四地欧美同学会联合在沪举办首届长三角海归青年创新创意创业高峰会议。会议以“聚焦世界科技前沿，智慧融合美好未来”为主题，来自长三角区域人工智能、量子科学、生命科学、智慧能源等多领域的海归青年科学家介绍了相关领域的前沿科技突破，青年创业者分享了转型发展的经历和感悟。沪苏浙皖四地欧美同学会共同发表“长三角海归青年宣言”。

● 首届上海游戏交易会（GTF）在上海国际会议中心召开。交易会由市网络游戏行业协会和东方明珠新媒体股份有限公司联合主办，腾讯、盛大、巨人网络、瀚叶互娱等百家游戏研发商参展,300余家游戏运营商和周边服务商参观交流。

● 第二十五届“蓝天下的至爱”慈善活动之一的“爱我中华”慈善教育专项基金捐助仪式暨“知识改变命运”大型慈善报告会,在上海烟草集团有限责任公司举行。上海烟草集团有限责任公司再次向上海市慈善基金会捐赠人民币1 000万元,以充实“爱我中华”慈善教育专项基金。上海市1 000名品学兼优且家庭贫困的大、中学学生获得了由该专项基金颁发的300万元助学金。

● “2018海狮发布・大世界城市舞台中国魅力榜年度颁奖盛典”举行。上海京剧院的京剧《盘丝洞》、江苏省杂技团的杂技剧《小桥流水人家》等获此殊荣。2019大世界城市舞台中国魅力榜全球海选活动同时启动。

17日

● 市委常委会召开会议,传达贯彻推动长江经济带发展领导小组会议精神,审议通过《关于加强巡视整改落实工作的办法》。市委书记李强主持会议并讲话。

● 市作家协会第十次会员大会开幕。王安忆连任上海作协主席。新一届上海作协主席团成员同时选举产生,马文运、王伟、王晓明、孙甘露、杨扬、陈思和、赵丽宏、秦文君、袁筱一、潘向黎、薛舒当选为副主席,王丽萍、刘炜(血红)、张海波(小白)、郜元宝、殷健灵、滕肖澜当选为主席团委员。马文运、滕肖澜兼任上海市作协秘书长、副秘书长。

● 市委召开专题协商座谈会,就今年经济社会发展情况和明年重点工作安排听取各民主党派、市工商联和无党派人士的意见和建议。

● 上海推进科技创新中心建设办公室召开第八次全体会议,总结今年科创中心建设情况,研究明年总体工作安排。市委副书记、市长应勇,国家发展改革委副主任林念修共同主持会议并讲话。

● 上海金融服务实体经济签约暨银行业金融机构上线市企业服务云仪式举行,沪上15家金融机构与15家民营企业当场签约,共为50个实体经济项目提供金融支持,总金额近1 000亿元。

18日

● 庆祝改革开放四十周年大会在北京人民大会堂隆重召开。上海市领导李强、应勇、殷一璀、董云虎、尹弘和市委、市人大常委会、市政府、市政协有关负责同志同机关干部一起收看大会电视直播,认真聆听习近平总书记所作的重要讲话。

● 市委军民融合发展委员会第一次全体会议召开。市委书记、市委军民融合发展委员会主任李强主持会议。市长、市委军民融合发展委员会副主任应勇传达习近平总书记在十九届中央军民融合发展委员会全体会议上的重要讲话精神以及全国军民融合发展工作座谈会精神。会议总结今年上海军民融合发展工作并研究部署明年工作，审议通过相关工作规则。

● 市十五届人大常委会第八次会议召开，市委副书记、市长应勇通报本市经济社会发展情况。市人大常委会主任殷一璀主持会议。

● 由上海市新闻工作者协会承编，上海市新闻出版局、上海报业集团、解放日报、文汇报、新民晚报等单位参编，历时三年多编纂的《上海市志・新闻出版分志・报业卷(1978—2010)》召开出版座谈会。该志书包含150多万字、112幅图照，全面记载上海报业改革创新的发展历史和探索历程。

● 上海少年儿童图书馆新馆在普陀区大渡河路光复西路长风1号绿地正式开工建设。新馆的设计灵感来源于莫奈的传世名作《桥》，建筑形体模拟一座彩虹桥，通过底层起拱，贯通南北两座公园的景观，融合文化建筑与公园绿地，为人类的童年与成熟未来架起桥梁。

19日

● 市区级机构改革部署会召开。市委副书记尹弘出席并讲话，市委常委、组织部部长于绍良主持。

● 市政协召开专题通报会。市高级法院通报拟提交市第十五届人民代表大会第二次会议审议的《上海市高级人民法院工作报告(征求意见稿)》，听取委员意见建议。市政协主席董云虎出席。

● 市人民政协理论研究会召开三届一次会员大会暨理论研讨会，选举产生新一届研究会理事会，并围绕"推动人民政协这一具有中国特色的制度安排更加成熟更加定型、发挥好专门协商机构的作用"主题进行研讨。会议审议通过了二届理事会工作报告等事项，表彰了2017年度优秀论文。

● 市第十五届人大常委会第八次会议继续召开，对市政府关于2017年度国有资产管理情况的综合报告、关于2017年度金融企业国有资产的专项报告等进行分组审议。这是本市贯彻落实中央有关意见，市人大常委会首次听取和审议市政府关于国有资产管理情况的报告。

● 市委副书记尹弘在兴国宾馆会见由土耳其正义与发展党(正发党)副主席、政府前副总理切夫德特・耶尔马兹率领的土耳其正发党代表团，他向来宾们介绍了上海改革开放和经济社会发展等情况。

● 国家发改委在官网宣布，正式批复同意上海市城市轨道交通第三期建设规划，建设19号线、20号线一期、21号线一期、23号线一期、13号线西延伸线、1号线西延伸线及机场联络线、嘉闵线、崇明线等九个项目，规划期为2018—2023年，初步估算项目总投资约2 983.48亿元。

● 民盟市委在民主党派大厦召开十五届三次全委(扩大)会议，会议传达学习了习近平总书记近期系列重要讲话精神和民盟十二届二中全会精神,审议并通过民盟上海市第十五届委员会常务委员会年度工作报告,通过民盟市委监督委员会换届推荐人选名单,民盟市委部分专委会进行了年度工作述职。

● 即日起,由百度公司与上海新高度旅游公司合作推出的全球首批人工智能双层观光车开启试运行。

● "上海健康云"助力"健康上海 2030"年度分享会召开。今后登录"上海疾控""上海健康云"微信公众号,家长便可查询儿童疫苗接种记录。家长还可通过上海健康云 App 实现线上预约疫苗接种、自助建档缴费、线上签名等服务,多角度升级疫苗接种体验。

20 日

● 市十五届人大常委会第八次会议继续召开,听取和审议关于检查本市贯彻实施《上海市农村集体资产监督管理条例》情况的报告等。会议表决通过市人大常委会关于修改《上海市大气污染防治条例》的决定、关于修改本市部分地方性法规的决定、关于修改《上海市供水管理条例》等九件地方性法规的决定等。

● 市公立医院党的建设工作会议暨公立医院党政领导干部培训班开班。市委副书记尹弘出席并讲话。

● 以"永续的城市,永续的发展"为主题的 2018 台北上海城市论坛在台北举办。上海市常务副市长周波率领上海市政府访问团出席论坛并发表主题演讲。论坛上,沪台两市签署三项交流合作备忘录,台北市市长柯文哲出席签署仪式并致辞。沪台两市代表就大健康产业、文化、公共住宅与都市更新、环保与市民服务等议题在论坛上进行交流。

● 上海张华浜码头,一台刀盘直径 13.19 米、长 101 米、重 2 600 余吨、货值高达 1.7 亿元的盾构机,乘坐"凤凰松"号货轮前往印尼。这是我国首次向海外出口高铁用超大直径泥水平衡盾构机,将用于雅万高铁(雅加达—万隆)项目。

● 上海自贸试验区第九批金融创新案例正式发布。本次发布的 15 个金融创新案例,在落实国家对外开放重大举措、促进"一带一路"资金融通、服务长三角一体化发展、深入推进上海国际金融中心建设等方面具有一定的典型性与可借鉴性,分为金融开放创新、金融市场创新、金融服务创新和保险业务创新四类。

● 上海工会宣传思想工作会议暨职业道德建设"双十佳"表彰大会召开,部署当前和今后一个时期上海工会宣传思想工作。

● 副市长许昆林在市政府会见来访的科威特第一副首相兼国防大臣纳赛尔,他向客人介绍上海近年来城市建设和经济发展的情况。

● 民建市委召开十三届三次全体会议,学习习近平总书记在庆祝改革开放四十周年大会上的重要讲话和考察上海时的重要讲话精神，传达并学习了民建第十一届中央委员会第二次全体会议精神，听取并审议了常委会工作报告、民建市委监督委员会工作报告，选举并增补杨成长为民建十三届市委副主委，选举并增补了民建十三届市委常委、委员，通过了民建市委十三届三次全会决议，确定了2019年民建市委工作的重点。

● 主题为"深化司法体制综合配套改革与全面落实司法责任制"的第三届上海司法高峰论坛在上海市人民检察院召开。本市司法机关、法学会、政法院校相关负责人和专家学者等参加。

21日

● 由中宣部、中国记协举办的第五届"好记者讲好故事"巡讲活动第一路巡讲团在上海举办两场巡讲和交流活动。十名来自全国各地的一线新闻工作者，用自己的亲身经历，向听众传递这个时代的正能量。

● 教育部、国家卫生健康委员会、上海市政府共建托管复旦大学上海医学院及其直属附属医院签约仪式在京举行。教育部党组书记、部长陈宝生，上海市委副书记、市长应勇，国家卫生健康委员会副主任曾益新出席签约仪式并讲话。

● 市公安局披露，今年以来，上海警方通过各种劝阻手段，成功避免群众经济损失34亿元。从现在起至明年年底，本市公安机关将开展新一轮严厉打击电信网络诈骗专项行动。

● 市政府和市总工会召开2018政府与工会联席会议，审议并通过"共同加强组织灵活就业群体入会工作及建立灵活就业群体工会会员专享基本保障"等议题，下发《上海市人民政府办公厅关于本市建立完善政府与工会联席会议制度的意见》。市人大常委会副主任、市总工会主席莫负春，副市长彭沉雷出席会议。

● 九三学社市委十七届三次全体（扩大）会议召开，学习习近平总书记在庆祝改革开放四十周年大会上的重要讲话精神，传达九三学社中央十四届二次全会精神，审议并通过常委会工作报告，增选九三学社市委委员。

● 首场"上海市促进民营经济发展政策宣讲活动"在上海展览中心举办。该活动由市工商联（总商会）牵头，联合市发展改革委、市经济信息化委共同举办，直指民营企业关心的"27条"及相关政策内容，吸引了来自全市各区、各商协会和青创联等组织代表近千人到场聆听。

● 奇艺世纪知识产权资产支持证券（ABS）在上海证券交易所发行，标志着全国首单知识产权资产支持证券落地，实现了我国知识产权证券化的零突破，为解决知识产权行业融资难题迈出了一步。

22日

● 市委书记李强实地察看落户上海的中国证券博物馆。全国政协副主席梁振英,中国证监会主席刘士余,上海市委副书记、市长应勇,国家文物局局长刘玉珠,中国证券博物馆理事长姜洋共同为中国证券博物馆揭牌,刘士余、应勇、刘玉珠分别致辞。

● 全市领导干部会议召开,市委书记李强和市委副书记、市长应勇分别传达习近平总书记和李克强总理在中央经济工作会议上的重要讲话精神。

● 由国家大剧院与上海广播电视台联合摄制的歌剧电影《这里的黎明静悄悄》首映。这是目前全球首部使用8K技术拍摄的4K全景声歌剧电影。

23日

● "第四届邬达克建筑遗产文化月""2018邬达克年"在上海历史博物馆落幕,同期举办"城市建筑的文化使命"高峰论坛,作家叶辛、建筑师任力之发表主题演讲。

● 上海陆家嘴中心L+Mall正式开业迎客。这是今年上海开业的唯一一个位于核心中央商务区的购物中心。

24日

● 市委常委会召开会议,审议通过《关于进一步严明党的政治纪律和政治规矩坚决做到"两个维护"的意见》,听取全市2018年经济社会发展主要指标完成情况以及2019年发展目标和重点工作安排、2018年地方财政预算执行情况和2019年地方财政预算安排建议的汇报。市委书记李强主持会议并讲话。

● 上海市庆祝改革开放四十周年大会在世博中心隆重召开。

● 上海市政府与中国太平保险集团有限责任公司在沪签署战略合作协议。市委书记李强,市委副书记、市长应勇会见了中国太平保险集团董事长罗熹一行。

● 张泾河南延伸整治工程正式建设拉开帷幕。这是在金山区龙泉港出海口之后建设的第二出海口,届时将大大改善河网水质,降低防洪除涝压力,提升应急突发事件能力,提升城市品质。

● 上海近期连续发生两起人员密集场所物体倾倒致人伤亡事件,市安全生产委员会办公室发出通知,将加强人员密集场所安全隐患专项整治。这两起事件分别为:12月8日晚19时许,徐汇区飞洲国际商场一家商户立式试衣镜倾倒,导致1名6岁女童死亡;12月22日上午8时许,长宁区虹桥雅高美爵酒店会议室木门倾倒,压伤1名7岁男童。

● 印有96.05%的签约比例完成数揭幕,预示上海虹口区59街坊征收达标生效。虹口区59街坊东至高阳路,南至东大名路,西至新建路,北至东长治路,土地面积为2.7万余平方米,居民总证数1 038证。该地块旧改征收于2012年启动,签约期经两次延长至2013年3月27日，签约率达76.03%，由于未能达到85%的签约生效比例，该地块终止实施旧改征收。时隔六年，应广大居民强烈呼吁，59街坊再次重启征收。

● 市交通委员会执法总队会同公安交警、治安部门在全市机场、火车站等重要交通枢纽、客流集散地开展网约车非法客运联合整治行动，全面核查网约车平台整改落实情况。

● 首届中国足协U23联赛落下帷幕，上海上港队4比1逆转战胜上海绿地申花队，夺得冠军。上海足球过去两年分别夺得中超、足协杯冠军，包括U23和U19联赛冠军，展现上海职业足球的底蕴。

25日

● 上海国际航运中心洋山深水港四期工程正式通过上海市交通委组织的竣工验收。经核定，码头靠泊能力为15万吨级。

● 市委副书记、市长应勇主持召开市政府常务会议，研究2019年市政府实事立项工作，要求切实提升市民群众的获得感和满意度；贯彻落实国务院有关要求，制订本市各类交易场所规范发展的管理办法；部署推进金山第二工业区深度调整、整体转型。

● 市长应勇调研世博文化公园建设工作。应勇和市委常委、浦东新区区委书记翁祖亮一行来到世博文化公园地块，察看区域土地现状，并对照规划图，详细了解腾地工作进展。

● 市政协召开十三届十九次主席会议，审议市政协2018年优秀提案奖(草案)等议题。市政协主席董云虎主持。

● 市统一战线(工作)先进集体和先进个人表彰大会在市委党校召开。会议认真总结近三年来全市统战工作取得的重要经验，隆重表彰实践中涌现出的先进集体和个人，进一步明确今后工作的目标方向、总体要求和重点任务。市委常委、统战部部长郑钢淼出席会议并讲话。

● 董其昌书画艺术博物馆开馆仪式在松江醉白池公园举行。同时，“翰墨云间——程十发书画艺术特展”也在该馆临展厅展出。开幕式上，松江区以“艺江南”为主线，挖掘松江文化中的江南元素，发布了《加快推进人文松江建设三年行动计划松江区江南文化行动实施方案》。

26日

● 市政府召开全体会议，审议2019年《政府工作报告》(征求意见稿)，部署岁末年初各项工作。

● 沪浙毗邻地区又一条省界断头路——金山平湖兴豪路开通工程正式开工。仪式结束后,金山区委组织部、嘉兴市委组织部在金山区会议中心联合签署《金山区嘉兴市关于深化“毗邻党建”推动长三角更高质量一体化发展工作的意见》,并发布金山嘉兴“毗邻党建”引领区域联动发展2019年重点合作项目20项,内容涉及编制城镇圈协同规划、打造张江长三角科技城、古镇协同开发、新材料产业发展、人才合作交流等,一大批合作项目将助力沪浙一体化向纵深发展。

● 青浦区复兴路北延伸工程正式开工,将向北和昆山曙光路对接。这是继盈淀路后青浦区又一条开工的省界断头路。

● 上海召开2019年元旦春节平安工作视频会议,部署做好2019年元旦春节期间全市社会面防控、社会稳定、安全生产、烟花爆竹安全管控、城市安全运行等各项工作。

● 由上海交通大学外国语学院与上海交大出版社合作成立的“元济译书院”揭牌。

● 松江有轨电车2号线(仓华路站—中辰路站)于松江大学城开通试运营。本次试运营开通段设20站,串联松江新城、老城及松江大学城,与轨道交通9号线形成换乘。

● 上海交通大学医学院附属仁济医院宁波医院(又称宁波市第二医院杭州湾院区、宁波市杭州湾医院)正式开业试运营。这家新医院一出生就融合“沪甬合作”基因,目标是建成浙东医学高地。

27日

● “今日浦东——庆祝中国改革开放四十周年暨浦东开发开放二十八周年浦东美术作品展”于北京中国国家画院美术馆拉开帷幕。展览由上海市浦东新区人民政府主办,集结110余位画家以中国画、油画、水彩等形式创作的130多件精品力作。

● 市服务企业联席会议第二次全体会议召开。会议总结2018年全市企业服务工作,并对2019年重点工作进行部署。

● 市政府任命的国家工作人员宪法宣誓仪式举行,自2017年10月以来市政府任命的96位国家工作人员进行庄严的宪法宣誓。市委副书记、市长应勇监誓并讲话。市领导周波、翁铁慧、吴清、陈群、龚道安出席。

● 市长应勇专题调研“一网通办”并召开工作推进会。应勇与市委常委、常务副市长周波,以及全市各区、各委办局主要负责人先后来到徐汇区行政服务中心、上海市大数据中心了解情况。

● 本市新时代基层党建高质量创新发展工作会议暨基层党建工作队伍专题培训班举办。

● 市政府召开全市新版社会保障卡集中换发动员工作视频会议。会议要求各区、各有关单位提高政治站位、强化担当意识,着力推进新版社会保障卡换发工作,把这项涉及千家万户的民心工程办实办好。

● 市纪委监委发布消息，通报浦东新区图书馆党总支副书记、副馆长（主持工作）郭慧、副馆长王韧违规公款吃喝问题等6起违反中央八项规定精神问题。

● 2018年上海城市业余联赛总结会暨2019年赛事活动推介会在普陀体育馆举办。据统计，2018年城市业余联赛共举办各级各类赛事活动6 186个，有809 476名市民、近250万人次参与。

● 在天津市多部门成立的联合调查组进驻权健集团展开核查之际，上海各区的监管部门开始对权健门店进行检查。

● 由解放日报社、上海国有资本运营研究院和中国金融信息中心共同主办的2018年度暨第九届上海国资高峰论坛举办。论坛以国资国企改革创新实践为主题，邀请上海及长三角多地国资国企负责人共话改革、交流经验，分享来自改革最前沿的创新思想与精彩观点。

28日

● 中国共产党上海市第十一届委员会第六次全体会议在世博中心召开。全会审议通过《关于深入学习贯彻落实习近平总书记考察上海重要讲话精神奋力谱写新时代上海改革发展新篇章的意见》，认真总结2018年工作，全面部署2019年任务。

● C919飞机迎来103架机的首飞。11时07分，C919飞机103架机在上海浦东国际机场第四跑道顺利起飞，并于12时45分平安降落，圆满完成第一次飞行。这标志着目前共有三架C919飞机进入试飞状态。

● 23家上海科创企业在上海股权托管交易中心科技创新板挂牌上市。至此，上股交科技创新板挂牌企业总数达223家。其中，科技型企业208家，创新型企业15家，分布于先进制造、信息技术、节能环保、生物医疗等20个新兴行业。

● 上海消防救援队伍迎旗宣誓仪式在上海展览中心举行，市委书记李强出席仪式并讲话。

29日

● 市委书记李强与中央主要新闻单位驻沪机构负责人座谈。人民日报社上海分社、新华社上海分社、中央广播电视总台央广上海记者站、中央广播电视总台央视上海记者站、光明日报上海记者站、经济日报上海记者站、中国日报上海分社、中新社上海分社负责人围绕座谈会主题畅谈思路想法，提出意见建议。

● 市长应勇赴市政府参事室调研并召开座谈会，就即将提交市十五届人大二次会议审议的《政府工作报告》（征求意见稿）向市政府参事征求意见和建议。

● G1501高速公路跨吴淞江桥启动建设，标志着苏申内港线西段航道整治工程暨吴淞江工程（上海段）西段正式开工。这是上海市“一环十射”航道网络和太湖流域防洪治理规划的重要组成部分。

● 长三角协同优势产业基金的共同发起人在上海市政府签署基金合伙协议,这标志着长三角协同优势产业基金正式成立。

● 市商务委、市司法局、市信息中心三方共同签署《推进商务领域和司法领域信用合作备忘录》,促成商务诚信与司法公信的牵手。

● 今天早晨全市最低气温普遍在零下2℃至零下4℃之间,其中崇明达到了零下3.7℃,中心城区徐家汇站测得最低气温零下2.4℃,创下下半年气温新低,今天成为今冬最冷的一天。

● 上海外语口译证书考试网发布《2019年春季上海外语口译证书考试报名补充通知》称,自2019年1月1日起,上海外语口译证书考试(基础口译、中级口译、高级口译)不接受18周岁以下中小学生报名。

30日

● 今天是元旦小长假第一天。市委书记李强,市委副书记、市长应勇分两路前往社区菜场、铁路调度指挥中心、地铁站、消防站、警务指挥室实地检查。

●“全面启动苏州河环境综合整治四期工程、坚决打赢碧水保卫战”活动举行。“苏四期”骨干工程苏州河(真北路—蕰藻浜)堤防达标及底泥疏浚工程正式开工建设。该工程包括30.11公里堤防达标改造和约172万立方米河道底泥疏浚,计划到2020年全面完成。

● 上海今冬第二场雪如期而至。截至17时,大部分地区累积降雪量都在0.5毫米以下,松江地区最大,在0.7毫米。

● 一场名为“跨越2019让阅读美好如初”的分享活动在上海书城一楼大厅举办。读者、书城员工、出版机构、作者等各方代表纷纷上台,讲述二十年来自己与上海书城的难忘往事。

31日

● 一场盛大的新年音乐会在上交音乐厅奏响。2019年是新中国成立七十周年,是上海交响乐团成立一百四十周年,也是“上海新年音乐会”创立十周年。

● 申城灯火璀璨,登高迎新、唱响未来倒计时、迎新跨年跑、跨年迎新促销等各色跨年活动在各区同时举办,数百万市民、游客参与其中迎接新年的到来。

## 本月

● 上海、江苏、浙江、安徽三省一市的人大常委会会议分别表决通过各自《关于支持和保障长三角地区更高质量一体化发展的决定》,要求抓住重大历史机遇,凝心聚力支持和保障长三角区域一体化发展。一个区域内各省级人大同步作出支持和保障国家战略发展的重大事项决定，这在人大工作上尚属首次。

3—5 日

● 全国政协副主席卢展工率全国政协“发挥商业养老保险在养老保障体系中的重要作用”调研组在沪调研。市政协主席董云虎出席调研座谈会并致辞。在沪期间，调研组实地考察了部分保险企业、养老服务机构，并听取市政府及有关部门情况汇报。

6—7 日

● 全国政协副主席王正伟率全国政协外事委员会“自由贸易试验区建设情况”考察组在沪考察，出席座谈会并讲话。考察组由全国政协常委、外事委员会主任楼继伟任组长。市政协主席董云虎出席座谈会并致辞。市委常委、常务副市长周波汇报有关工作情况。在沪期间，考察组赴上海自由贸易试验区实地考察部分企业，并听取市政府及市发展改革委、市商务委、市财政局、上海海关、上海自贸试验管委会关于上海自由贸易试验区建设情况汇报。

9—12 日

● “大洋洲研究高层论坛”在上海举办，来自 30 多个高校和科研院所的 70 多位专家学者出席论坛，本次论坛由华东师范大学国际关系与地区发展研究院主办、《世界历史》编辑部协办。

10—11 日

● 最高法院在上海召开全国法院司法体制综合配套改革推进会。最高法院党组成员、副院长李少平，上海市委常委、市委政法委书记陈寅出席会议并讲话，上海市高级法院党组书记、院长刘晓云介绍了上海法院推进司法体制综合配套改革的做法和成效。

11—12 日

● 由西藏自治区党委副书记、自治区主席齐扎拉率领的西藏自治区党政代表团在上海考察访问。上海市委书记李强，市委副书记、市长应勇与西藏自治区党政代表团举行上海西藏对口支援工作座谈会。西藏自治区党政代表团在沪期间，瞻仰了中共一大会址，考察了上海自贸试验区、张江科学城以及有关园区、企业和学校。

12—14 日

● 三角区域三省一市部分全国人大代表就“太湖流域水环境治理”主题展开联合视察调研。这也是长三角区域全国人大代表首次联合调查。此次视察调研由上海市人大牵头，与江苏、浙江、安徽省人大联合组织，沿太湖展开，实地视察无锡、苏州和嘉兴、湖州等太湖水环境的治理情况。

14—15 日

● 由云南省委书记、省人大常委会主任陈豪,省委副书记、省长阮成发率领的云南省党政代表团在沪考察。上海市委书记李强,市委副书记、市长应勇和云南省党政代表团举行上海云南扶贫协作联席会议。在沪期间,云南省党政代表团考察国家会展中心(上海)、张江科学城、浦东新区城市运行综合管理中心、上海西郊国际农产品交易中心等。

20—21 日

● 第十四届“江浙沪”教育联盟交流与研讨活动在上海市日新实验小学举办。与会的主办单位上海市日新实验小学,联盟单位南京市拉萨路小学、南京市银城小学、南京市金陵汇文学校、南京第二师范学院附小、南京市宝船小学、南京市方兴小学、杭州新世纪外国语学校、杭州市抚宁巷小学、杭州师范大学附属仓前实验小学、杭州余杭区星桥第二小学,以及邀请单位,围绕“融合课程”的主题,以“融合课程”的课堂教学交流、专题论坛、校长沙龙等方式,进行了广泛而深入的探讨。

30—31 日

● 上海大剧院 2019 新年音乐延续传统,继续邀请国际指挥大师执棒,与上海歌剧院交响乐团、合唱团合力打造第五个“跨年之夜”,这也拉开了上海歌剧院 2019 演出季序幕。

“2018 上海国际航运中心建设十大事件”:

1. 洋山深水港区四期工程竣工验收,运行效率不断提升。

2. 新华—波罗的海国际航运中心发展指数发布,上海跃居第四。

3. 长江口南槽航道治理一期工程开工,长江口大型邮轮和大型集装箱船舶“超宽交会”常态化运行,长江咽喉要道能力将大幅提升。

4. 以上海为中心引领长三角城市群发展,交通运输部联合长三角三省一市发布《关于协同推进长三角港航一体化发展六大行动方案》。

5. 航运人许立荣、包起帆入选“改革先锋”100 人。

6. 豪华邮轮建造实质性启动,邮轮船票试点成功,通关效率达一流水平。

7. 第十四届“中国航海日”主题活动在上海举办。

8. 上海航空枢纽服务能级提升,虹桥临空经济示范区建设提速。

9. 聚焦“可持续”,上海国际航运中心积极推动“绿色”发展。

10. 上海市虹口区发布建设北外滩航运品牌“百年老店”,上海航运交易所全力打造“上海航运指数”品牌。

万件，审结 79.4 万件，其中入选最高人民法院公报案例 8 件，上海高院被评为全国“解决执行难样板法院”。同时，上海法院司法体制综合配套改革顺利推进，设立了全国首家金融法院——上海金融法院。

● 2018 年上海以 64 183 元的居民人均可支配收入，继续领先全国，是全国平均水平的 2.27 倍。

● 2018 年，上海口岸出入境人员达 4 620 余万人次，同比增长约 5.8%，再创历史新高。其中，浦东国际机场口岸全年出入境人员数量超 3 840 万人次，同比增长约 7.7%；上海邮轮口岸出入境人数近 370 万人次。

● 全市家庭医生“1 + 1 + 1”医疗机构组合共签约居民 666 万人，常住居民签约率达 30%。2018 年一年，签约居民中社区卫生服务中心向上级医院转诊超过 80 万人次，上级医院向社区转诊 6.9 万人次，转诊更及时、畅通成为居民切实的获得感。

● 2018 年全市道路交通安全形势总体平稳、可控，交通事故起数和死亡人数继续实现“双下降”，创历史新低，且实现全年一次死亡 5 人(含)以上道路交通事故“零发生”。但是，“两客一危”(长途客运、旅游客运、危化品运输)、渣土运输、公交客运、出租客运、混凝土搅拌等重点运输行业交通安全形势不容乐观，车均事故率 0.32 起，万车死亡率达 21.4 人，远高于全市平均水平。

● 2018 年，18 家上海市级国有院团新创(含改编)大型剧目 98 部，较 2017 年增加 19 部；演出收入 2.85 亿元，较 2017 年增长 0.29 亿元，增幅 11.3%；全年共完成演出 10 219 场，较 2017 年增加 476 场；观众 331.36 万人次。

● 上海市博物馆 2018 年度运营大数据显示：2018 年，沪上博物馆全年接待观众 2 216 万人次，其中，红色革命类场馆参观人数显著上升，同比增长 132%。一年间，以红色文化、海派文化、江南文化为主题，上海的博物馆举办了近百场专题展览。走进博物馆感知文化传承，已经成为越来越多市民日常生活的一部分。

2018年上海十大新闻：

1. 首届中国国际进口博览会在上海成功举办，习近平出席开幕式并发表主旨演讲。

2. 习近平考察上海，对各方面工作给予肯定，交给上海三项新的重大任务，提出五个方面工作要求。

3. 习近平写信勉励新近入党的电影表演艺术家牛犇。

4. 上海市新一届国家机构领导人选出，市级机构改革年底前基本落实到位。

5. 上海发布打响“四大品牌”行动计划，明确提升城市能级和核心竞争力的目标和任务。

6. 长三角地区一体化发展三年行动计划发布。

7. “一网通办”总门户上线，上海在全球营商环境评价中取得显著进步。

8. 上港问鼎中超冠军，时隔二十三年上海足球再加冕。

9. 我国首颗商业公司独立研制卫星“嘉定一号”发射成功。

10. 上海推出扩大开放“100条”，全年引进外资实现新增长、新突破。

● 2018年上海财政收入保持持续稳定增长。全市一般公共预算收入7 108.1亿元，比2017年增长7%。其中市级一般公共预算收入3 362亿元，增长6.5%；区级一般公共预算收入3 746.1亿元，增长7.5%。

● 2018年，为促进营商环境优化，全市新增“减税降费”超过500亿元，并通过国有资本经营预算安排资金20亿元用于支持组建上市公司纾困基金，同时将本市中小微企业政策性融资担保基金规模从50亿元扩大至85亿元。

● 上海2018年完成新能源汽车新车注册登记73 724辆，较2017年增长20.2%。截至2018年底，上海新能源汽车保有量239 784辆，推广总量继续保持国内领先。

● 2018年上海户籍人口期望寿命83.63岁，其中男性81.25岁，女性86.08岁；上海地区婴儿死亡率为3.52‰；上海地区孕产妇死亡率为1.15/10万。平均期望寿命持续攀升，孕产妇死亡率、婴儿死亡率进一步降低，市民三大健康指标已连续十多年保持国内领先，并达到世界发达国家和地区领先水平，为上海“五个中心”建设奠定扎实的健康基础。

● 2018年，上海市摧毁恶势力犯罪集团和团伙136个，抓获涉黑涉恶犯罪嫌疑人1 017人。上海市排摸核查涉黑涉恶线索700余条，侦破3起涉黑案件，破黑恶团伙案件262起，查封、冻结、扣押涉案资产4.5亿余元，上海市涉黑涉恶类警情同比下降25.2%。

● 2018年，上海法院紧紧围绕国家战略和上海工作大局，全年共受理各类案件79.8

# 后　记

编写《21 世纪上海纪事》系列丛书的初衷是记录上海这座城市每天发生的事，感悟它的瞬息之变，审视它发展的各类问题和前进的轨迹，为了解和研究当代上海提供一份鲜活的材料。作为当代上海研究所的传统项目，编写《21 世纪上海纪事》成为我们的日常功课，如何忠实、客观、详实地记录上海每天发生的变化，勾勒其发展的轨迹，成为该书责无旁贷的使命。

古老而年轻的上海生机勃勃，发展日新月异。每年都有波澜壮阔的重大事件，《上海城市总体规划 2017—2035 年》获批，首届中国国际进口博览会成功举办，黄浦江两岸步道全面贯通，崇明 2014：建设世界级生态岛，2018 世界人工智能大会召开，上海时隔 23 年再夺中国足球顶级联赛冠军等等，一桩桩激动人心、一件件目不暇接，体现了上海蕴藉的活力，昭示了上海前进的步伐，预示了上海灿烂的前景，宛如上海一如既往的发展中掀起的狂涛巨澜，给上海这座古老而又年轻的城市增添了一抹抹夺人眼目的璀璨亮色。2018 年恰逢中国改革开放四十年，纵观上海改革开放四十年历程，波澜壮阔、灿烂辉煌。从 20 世纪 80 年代中国改革开放的“后卫”，到 90 年代的“前锋”，上海高举浦东开发开放的旗帜，实现翻天覆地“大变样”；从 21 世纪初直面中国加入 WTO 的机遇与挑战，加快“四个中心”和现代化国际大都市建设，到 21 世纪第二个十年从容应对全球金融危机，主动实行创新驱动、转型发展，推动上海经济、政治、社会、文化、生态文明全面发展。为了记述这段历程，特地梳理了改革开放四十年的上海城市治理、城市建设、区域合作、产业升级、教育体制改革、文化体制改革等。

如何避免挂万漏一又不陷入事无巨细？经过反复研究，我们认为记录常事、关注新事、突出大事应成为本书的宗旨和原则。

“记录常事”就要反映全貌,做到无一阙漏,一些低层面的事件就会进入“纪事”,而这样势必导致流水账式的“叙家常”,这似乎又不符合“上海纪事”的高度,如何兼顾“广度和高度”,这是摆在编者面前的绕不过去的一个难题。换句话说,如何界定“每日纪事”入选的门槛,成为困扰编者的难题。

为了体现“忠实记录、客观反映”的原则,我们也不回避天灾、人祸和时弊,对事件的记录则本着“述而不论”的原则,以最大限度客观记载,为上海留下珍贵可信的历史档案,为广大读者了解当代上海、研究当代上海提供全面、真实的材料。

“关注新事”一直体现在“每日纪事”栏中。“突出大事”是“纪事体”的必须。因此,我们设立了“专题纪事”一栏,罗列2017至2018年度发生的重大事件,适当加以回溯,为读者深度了解。

本书是当代上海研究所组织所内外有关研究人员共同完成的作品,是集体智慧的结晶,是一曲合作的赞歌,当代上海研究所副所长宋仲琤对本书的编撰体例、宗旨、选材原则(标准)等煞费苦心,办公室主任黄婷在组织协调、专题选择、文字修改等方面殚精竭虑、深度思考。本书“每日纪事”由史越、冯军、张强编撰,“专题纪事”部分由戚德志、吕志伟、史越、邓光耀、刘雪芹、翟辉等撰写;本书照片由市地方志办公室《上海年鉴》编辑部沈思睿提供,本书的终审工作由宋仲琤承担。对于他们的辛勤劳动,在此一并表示衷心的感谢!

由于涉猎面和研究程度及掌握资料等各方面的关系,本书难免存在挂万漏一之处,敬请各位专家、读者批评指正。

编　者

2019年3月

**图书在版编目(CIP)数据**

21世纪上海纪事.2017～2018/当代上海研究所编
.—上海:上海人民出版社,2019
ISBN 978-7-208-15841-2

Ⅰ.①2… Ⅱ.①当… Ⅲ.①上海-大事记-2017-2018 Ⅳ.①K295.1

中国版本图书馆CIP数据核字(2019)第082589号

**责任编辑** 周 珍
**封面设计** 傅惟本

**21世纪上海纪事(2017—2018)**
当代上海研究所 编

出 版 上海人民出版社
(200001 上海福建中路193号)
发 行 上海人民出版社发行中心
印 刷 上海商务联西印刷有限公司
开 本 720×1000 1/16
印 张 37.5
插 页 10
字 数 687,000
版 次 2019年6月第1版
印 次 2019年6月第1次印刷
ISBN 978-7-208-15841-2/K·2859
定 价 128.00元